Ottfried Neubecker

Großes Wappen-Bilder-Lexikon

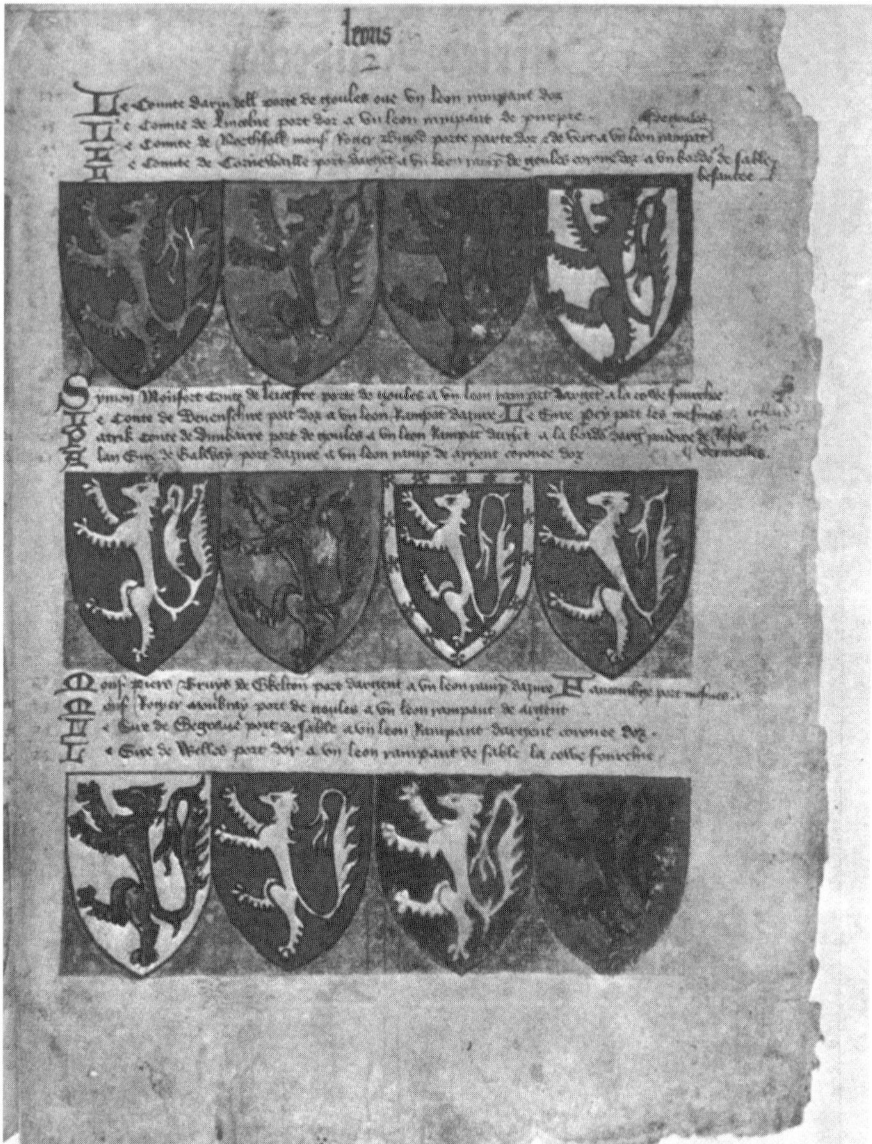

Überschriften zu den ersten vier Schilden:
Le Counte darindell porte de goules oue vn leon rampant dor
Le Counte de Lincolne port dor a vn leon rampant de purpre
Le Counte de Northfolk mons^{r} Roger & Bigod porte parte dor & de vert a vn leon rampat de gouöes
Le Counte de Cornewaille port darget a vn Leon ramp de goules corone dor a vn bordo^{vr} de sable besantee

Thomas Jenyns' Book, um 1410
Eine der 14 Seiten mit Löwenwappen, dabei das des Römischen Königs Richard von Cornwall
Nach dem Exemplar der Königin Margarete von Anjou im Besitz des British Museum Add. 40851

Ottfried Neubecker

Großes Wappen-Bilder-Lexikon

Der bürgerlichen Geschlechter
Deutschlands, Österreichs und der Schweiz

Battenberg

Bibliographische Information der Deutschen Bibliothek
Die Deutsche Bibliothek verzeichnet diese Publikation in der Deutschen Nationalbibliografie; detaillierte bibliografische Daten sind im Internet über http://dnb.ddb.de abrufbar.

ISBN 978-3-86646-047-8

Auflage 2009

(www.battenberg.de)

VORWORT

Zur Geschichte der Wappenbildersystematisierung

In den letzten dreihundert Jahren wurde eine Vielzahl heraldischer Leitfäden in verschiedenen Ländern und Sprachen verfaßt. In allen steht zu lesen, Wappen seien Erkennungszeichen. Das ist auch richtig. Doch sind in der über achthundertjährigen Wappengeschichte bisher keine Übersichten erschienen, die das Erkennen heraldischer Zeichen tatsächlich erleichtern oder überhaupt erst ermöglichen. Nur in England, wo man dank der ständischen Ordnung eigentlich immer mit heraldischer Denkweise vertraut war, pflegte man bereits in der Blütezeit des Wappenwesens, die etwa bis um 1500 dauerte, den Grundsatz, daß kein Wappen einem anderen verwechselbar ähnlich sein dürfe. Eine solche Kontrolle ist nur mit Hilfe einer Bildregistratur möglich. Auf dem europäischen Kontinent teilte man zwar diese Ansicht, doch sind während des Mittelalters hier keine Bildregister entstanden. Deshalb gibt es in Frankreich unzählige sich gleichende Wappen nicht verwandter Familien; und in Deutschland wurden neugeschaffene zur Unterscheidung mit Figuren und Farbanordnungen geradezu überladen. Vorsichtshalber sicherten sich die Verleiher etwa mit folgendem Vorbehaltsvermerk ab: »Unschedlich doch andern villeicht der gemelten Wappen und cleinetten gleich furtten an iren Wappen und Rechten«.

Die mangelnde Prüfmöglichkeit auf bildlicher oder schriftlicher Grundlage trug mit dazu bei, aus der Wappenkenntnis ein Spezialwissen, ja eine Art Geheimwissenschaft zu machen, zu der nur besondere Kenner Zugang hatten. Daß diese Kennerschaft sich auf die beruflich mit Personenkenntnis ausgerüsteten Herolde konzentrierte, ergab sich sozusagen von selbst; daher heißt auch alles, was mit Wappen zusammenhängt, Heraldik: also Wappenwesen, Wappenkunst, Wappenlehre, in Italien sogar Adelswesen. Die Wappenkenner des europäischen Mittelalters waren zumeist Berufs-Herolde. Soweit wir schriftliche oder bildliche Zeugnisse ihres wappenkundlichen Interesses besitzen, sind diese ständisch orientiert, d.h. sie gliedern ihre Sammlungen zunächst regional und innerhalb der regionalen Gruppen hierarchisch. Auf diese Weise war es immerhin möglich, ohne zu großen Aufwand Wappenähnlichkeiten innerhalb eines gewissen Gebietes zu verhindern, bzw. wie am Niederrhein, das Beizeichenwesen auszubauen. Alles, was darüber hinaus zu beachten gewesen wäre, mußte dem Erinnerungsvermögen überlassen werden. In Portugal ging das so weit, daß das künstlerisch hervorragende »Große Wappenbuch« als Geheimsache galt.

Wer nun eine optisch erfaßbare Kontrollmöglichkeit schaffen will, muß ein Ordnungssystem ersinnen. Das erste englische Figurenregister, das der angestrebten Ordnung halber »Ordinary« genannt werden kann, faßt zwar ganze Gruppen zusammen, aber die Abfolge der Gruppen scheint doch ziemlich zufällig zu sein; jedenfalls sind schon die sogenannten gemeinen Figuren und die Heroldstücke nicht auseinandergehalten. Auch eine alphabetische Ordnung oder eine Berücksichtigung der Quantitäten ist nicht erkennbar. Das erste, nach seinem Vorbesitzer Robert Cooke, dem Clarenceux Herold des Jahres 1576, benannte Ordinary (Abb. S. 6) läßt das ständische Interesse dadurch erkennen, daß jede betroffene Gruppe mit einem als Fahne an der Lanze gemalten rechteckigen Feld für einen Bannerherrn statt eines Wappenschildes beginnt, übrigens eine Methode, die auch die etwa gleichzeitige Wappenrolle von Zürich auf ihren ersten Tafeln für die Territorien anwendet. Sodann schließen die 646 Schilde in nachstehender – bezifferter – Weise an. Es folgen beispielsweise 23 Kreuze, 67 Löwen, 15 Adler usw. Etwa gleichzeitig entstand das sehr bedeutende Cotgrave's Ordinary, von dem es nur noch eine mit 219 Wappenskizzen am Rande illustrierte Kopie aus dem Jahre 1562 gibt. Diese hat damals Hugh Cotgrave of Sermes nach dem ihm von Hugh Fitzwilliam of Sprotborough (in der Grafschaft Lincoln) als Erbstück vorgelegten Original mühsam unter Weglassung dessen, was er nicht entziffern konnte, angefertigt. Sie ist deswegen so wichtig, weil sie Wappenbeschreibungen in einer ausgebildeten Fachsprache zu einem Zeitpunkt bietet, zu dem in Mitteleuropa an eine Terminologie bei weitem nicht zu denken war. Der Inhalt hat zwar große Ähnlichkeit mit Cooke's Ordinary, ist aber dank der sprachlichen Formulierungen genauer gegliedert. So sind die Kreuze etwa in Dornenkreuze, Tatzenkreuze, Ankerkreuze und Lilienkreuze untergliedert, die Löwen in springende und Löwen allgemein, hersehende und schreitende Löwen sowie »mehrere Löwen«.

Etwa 40 Jahre später wurde ein Ordinary auf den ersten Blättern in gleicher Weise angereichert, wie dies auch auf dem Kontinent üblich war, d.h. mit den Wappen fremder Herrscher und einheimischer Prinzen.

In dem Hauptteil dieses Codex, *William Jenyns' Ordinary,* fällt ungeachtet der auf 1611 angestiegenen Zahl der gemalten Wappen das Fehlen der Gruppe »Kreuze« und eine weniger komprimierte Zusammenfassung der Bildgruppen auf. Löwen und Adler eröffnen nunmehr den Reigen und betonen somit ihre Rolle als Könige ihrer Tiergattungen, die Löwen in weitaus größerer Anzahl als die Adler. Die Vielfalt der zu gruppierenden Figuren nimmt zu und erschwert die Klassifizierung.

Die Bilder sind inzwischen angesichts ihrer Menge schon nach Seitenzahlen und nicht mehr nach einzelnen Nummern zu zitieren; etwa: Blatt 4b – 14 Löwen; 14b Adler; oder 15 – 16b Pfähle und Keile.

Dieses Ordinary ist nach William Jenyns, Lancaster Herold von 1516 bis 1527, benannt, da sein Wappen zweimal in diesen Codex eingemalt ist. Der jetzige Eigentümer, seit etwa 1880/90 das College of Arms in London, unterscheidet diese Sammlung von dem in

Cooke's Ordinary, um 1340, Schilde Nr. 435 – 490
Das älteste Wappenbildregister der Welt
Privatbesitz des seinerzeitigen Chefs des englischen Heroldsamts, Sir Anthony Wagner,
Garter King of Arms, heute Clarenceux, King of Arms

der Literatur öfter hiermit verwechselten Thomas Jenyns' Book. Von letzterem gibt es zahlreiche Kopien, die wiederum in zwei Gruppen zerfallen. Die eine wird als Gruppe der Königin Margarete angesehen; die andere als die Fassung des Thomas Jenyns selbst. Königin Margarete aus dem Hause Anjou war die Gemahlin König Heinrichs VI. (1445 – 1482) und leiht dieser Gruppe ihren Namen, weil vorne im Original (British Museum MS. Add. 40851, aus dem Handel erworben 1923) ihr Wappen eingemalt ist.
Thomas Jenyns, ein Edler aus dem Hause oder dem Haushalt des Grafen Henry von Huntingdon, hatte den inzwischen verlorenen Band im Jahre 1578 vom Vorbesitzer, Robert Glover aus Somerset, erhalten. Diese Sammlung bedeutet (in beiden Fassungen) insofern einen Fortschritt, als zu je vier nebeneinanderstehenden Schildchen in vier darübergeschriebenen Zeilen die Beschreibung in französischer Sprache steht (Abb. S. 2), ein weiterer Beleg dafür, daß die französische Sprache die Mutter der heraldischen Terminologien aller Sprachen ist. Ein neues Problem der Anordnung tauchte durch die Methode auf, Wappen durch Quadrierung zu verbinden, da sich die Frage ergab, welches der vier Felder das Leitmotiv liefert. In *Thomas Jenyns' Book,* das um 1410 datiert wird, weist bereits das erste Wappen auf dieses Problem hin: das des Königs von Spanien, das bei den Löwen steht, obwohl darin das Löwenwappen von León erst den 2. und 3. Platz hinter dem Wappen von Kastilien einnimmt.
Weiterhin zeichnet sich ein neuer Ordnungsgedanke ab, indem nach den privilegierten Tieren Löwe und Adler zunächst Heroldsbilder und erst danach gemeine Figuren kommen. Die Ordnung der insgesamt 1208 Schilde sieht so aus:
Seite 5b – 12 Löwen; 12b – 13b hersehende schreitende Löwen (sogen. Leoparden); 14 – 14b Adler; 15 – 19 Schrägbalken; 19b – 21 Schrägbalken; 21b – 22 Zickzackbalken; 22b – 25 einzelne Balken; 25b – 29 mehrere Balken; 29b quergestreift; 30 wellengeteilt; 30b – 31 Feh; 31b – 32 Dornenbalken oder Feuerstähle; 32b – 36 Sparren; 36b – 37 gegittert; 37b – 39 Schildhäupter; 40 – 43b Kreuze; 44 Wassersäcke; 44b – 45b geviert; 45b – 46 Ringe; 46b Rosen; mit Figuren belegte Ringe, Gürtelschnallen, Halbmonde; 47 – 47b Fünfblätter, Rosen, Gürtelschnallen; 48 – 48b Rauten; 48b – 49 Taschenärmel; 49b Keile, Pfähle, Ständer; 50 – 51 Schildchen; 51b – 52 Schach; 52b Kelche, Trompeten; 53 Scheiben; 53b Sterne (Sporenräder); 54 Garben; 54b – 55 Lilien; 55 Keile, Fische; 55b Muscheln, Hasen. Die anschließenden Schilde bis Nr. 1595 sind nicht mehr nach Bildern geordnet, fallen daher für unsere Betrachtung aus.
Der Kontinent hat nichts Gleichwertiges aufzuweisen, obwohl auch hier regional Wappengruppen entstanden. Diese gründeten sich aber auf Vasallenverhältnisse oder gemeinsame Stammväter, sind also ständisch oder genealogisch zu verstehen (Abb. S. 9).
Mit den englischen Wappenbüchern haben die europäischen nunmehr gemeinsam, daß sie mit den Wappen der abendländischen Fürsten, apokryphen Wappen von Heiligen und Herrschern des Altertums und des fernen Orients beginnen und sich dann dem einheimischen Adel zuwenden. Zu den großen Ausnahmen gehören im Mittelalter Wappenbücher, die unpersönliche Wappen verzeichnen. Hier ist in erster Linie auf Jörg *Rugenn's Wappenbuch* (Universitätsbibliothek Innsbruck MS 545) aus der Zeit um 1492 hinzuweisen. Es bietet von Blatt 231 an eine große Zahl von Stadtwappen, viele davon erstmals in Farben dargestellt, wie z. B. das Wappen von Berlin. Auch Jörg Rugenn bleibt jedoch in den gewohnten Bahnen der regionalen Zusammenfassung.
Den entscheidenden Schritt in Richtung auf eine durchdachte Ordnung hat erst der römische Jesuit Silvester Petra Sancta 1638 mit seinem Werke *Tesserae gentilitiae* getan,[1] indem er in den Kapiteln 19 – 66 folgende Klassifikation[2] vorgenommen hat:
19. Zu den Metallen und Farben kommen zwei Wappenpelzwerke hinzu – 20. Die innere Einteilung des Wappenschildes wird beschrieben – 21. Über die mit dem bloßen Metall oder leuchtender Farbe versehenen Schilde – 22. Über das in zwei Hälften aufgeteilte Schildfeld – 23. Über das in zwei ungleiche Teile aufgeteilte Schildfeld – 24. Über das dreigeteilte Wappenschildfeld – 25. Über das viergeteilte Wappenschildfeld – 26. Über das in mehrere Felder aufgeteilte Wappenschildfeld – 27. Über den Wappenbalken und dessen verschiedenen Gebrauch – 28. Über den Pfosten oder Wappenpfahl – 29. Über die Wappenschärpe (= Schrägbalken) – 30. Über den Schrägstreifen, der von der linken Schildecke zur oberen geführt zu werden pflegt. – 31. Über Wappensparren – 32. Über Wappenwolkenbild – 33. Über die wellenförmigen Geschlechterwappen – 34. Über die gestreiften oder röhrenüberzogenen Geschlechterwappen – 35. Über die gekrümmten und bogenförmigen Wappen – 36. Über die gezahnten Geschlechterwappen – 37. Über Gebrauch der Mauerzinnen in Wappenschilden – 38. Über die dreieckigen Wappenflügel (= Ständer) – 39. Über die Schildchen oder symbolischen Kärtchen (= Schach, Rauten, Wecken) – 40. Über die Wappenschindeln – 41. Über die Wappenspindeln – 42. Über die Byzantinischen Münzen – 43. Über Wappenkuchen – 44. Über Wappenfladen – 45. Über durchkreuzte Geschlechterschildchen – 46. Über Wappenkarfunkel (= Lilienhaspel) – 47. Über Schildmarken oder mit einem Buchstaben oder einem Wort beschriftete Schilde – 48. Über das symbolische Kreuz und über seine verschiedene Gestaltung – 49. Über den Schild-Zehner und über dessen verschiedene Gestaltung (Schrägkreuz) – 50. Über Kreuzchen und deren verschiedenen Gebrauch – 51. Über den Fellüberzug des Schildes – 52. Über das Hermelinfell – 53. Über den Löwen – 54. Andere, teils wilde, teils zahme Lebewesen, werden vorgeführt – 55. Über die Wappenschlangen – 56. Über die Wappenfische – 57. Über den Adler – 58. Über andere symbolische Vögel – 59. Über Sonne, Mond und andere Sterne in Wappen – 60. Über Wappenblumen – 61. Über Wappenbienen[3] – 62. Über Früchte und Bäume in

1 *Tesserae gentilitiae.* A Silvestro Petra Sancta Romano. Societatis Jesu, ex legibus fecialium descriptae, Romae, typis haered. Francisci Corbeletti Superiorum permissu MDCXXXVIII. (Geschlechter-Wappen. Von Silvester Petra Sancta aus den Heroldsgesetzen beschrieben. Rom, Druck Erben des Francesco Corbeletti, mit Erlaubnis der Oberen, 1638, (678 Seiten folio.)
2 Wiedergabe im lateinischen Urtext bei Gustav Ad. Seyler, *Geschichte der Heraldik* = J. Siebmacher's Großes Wappenbuch. Band A, Nürnberg 1890, Reprint Neustadt a.d. Aisch 1970, S. 588. Wir geben eine wörtliche Übersetzung, die u. a. erkennen läßt, welche drolligen Verrenkungen erforderlich sind, um antike Wörter auf die Heraldik anwendbar zu machen.
3 Daß die Bienen ein eigenes Kapitel erhielten, dürfte wohl darauf zurückzuführen sein, daß damals ein Papst aus dem Hause Barberini, Urban VIII. (1623 – 1644), regierte. Das Wappen dieses Geschlechts, das eigentlich Tafani da Barberino heißt, zeigt in Blau drei goldene Bienen, ursprünglich Tafani (Pferdebremsen).
4 Seyler a. a. O. – S. 592. Dazu: O. Neubecker, Die Priorität der Erfindung der heraldischen Schraffuren, in: Der Tappert, Mitteilungen des Wappen – HEROLD.

Wappen – 63. Einige Werkzeuge, die in unserm Wappenwesen vorkommen, werden vorgeführt – 64. Über Wappenbauwerke – 65. Über das Menschenbild und die Darstellung der Teile davon in Wappen – 66. Über Mittelschilde.

Petra Sancta galt als Erfinder der heraldischen Schraffierungen[4]; inzwischen weiß man aber, daß sie sich seit etwa 1600 von den Niederlanden aus verbreitet haben. Das stimmt damit überein, daß Petra Sancta selbst darauf hinweist, wieviel Material zur Sache er gerade in Deutschland und den Niederlanden gefunden habe; in seinem Werk gibt er auch den sogen. »Alten Siebmacher« vielfach als Belegstelle an.

Petra Sancta handelt von Wappen immer nur als Adelsmarken; die Berücksichtigung öffentlicher Wappen kommt auch ihm nur in den Sinn, wenn es um fürstliche Prunkentfaltung geht. Das konnte zu seiner Zeit gar nicht anders sein, denn eine gedruckte Sammlung »bürgerlicher« Wappen gab es damals noch nicht.

Hinweise für die Benutzung

Diese Quellenlage hat sich bis zur Wende zum 20. Jahrhundert nicht gebessert. Nach dem Erscheinen des Armorial général von J. B. Rietstap (†1931) im Jahre 1874 war zwar der bürgerlichen Heraldik, vor allem des Auslandes, ein zusätzliches Parkett neben der adeligen Szene eröffnet, aber die zaghaften Anfänge des »Bürgerlichen Siebmacher« konnten im sogenannten umgedrehten Rietstap noch kaum in Erscheinung treten. Der »umgedrehte« Rietstap, korrekt »Dictionnaire des figures héraldiques« des Belgiers Théodore Comte de Renesse (1894–1903), konnte nicht mehr verarbeiten, als Rietstap, der bis kurz vor seinem Tode Parlamentsstenograph in Den Haag war, geliefert hatte, also etwa 3000 Namen, und zwar mit einer total unsystematischen Anordnung der Stichwörter, die nur mit Hilfe des alphabetischen Registers im siebten Band zu handhaben ist. Um der Wahrheit aber die Ehre zu geben: Die Behandlung innerhalb eines Stichworts der Gruppierung »armes complètes, armes non complètes, armes écartelées« ist von einer so eisernen Logik, daß man einen Namen, den Rietstap meldet, bei Renesse an »seinem« Platz finden müßte, der unter Umständen von den Farben mitbestimmt sein kann. Der Durchforschung der deutschen bürgerlichen Heraldik ist damit allerdings nur wenig gedient. Auch die Heranziehung des Computers, an den zu denken naheliegt, ist einstweilen noch Utopie.[5, 6]

Mit der Entstehung des Wappenwesens geht gleichzeitig das Bedürfnis einher, zu einem Wappen auch den Namen des Trägers zu erfahren. Anfänglich war das nicht sonderlich schwierig, da der Kreis der Wappenträger verhältnismäßig beschränkt war. Sobald aber die Sitte, ein Wappen zu führen, auf das Bürgertum übergriff, also schon im späten 13. Jahrhundert, ging die Übersicht verloren; denn die Bürger unterstanden nicht der strengen Aufsicht durch die Herolde. Die seit dem frühen 17. Jahrhundert entstandenen gedruckten Wappensammlungen vermerken zwar bei ihren tabellarischen Übersichten, ob die Familien, deren Wappen dargestellt sind, einer adeligen, einer patrizischen, einer ehrbaren oder einer bürgerlichen Familie gehören, lassen aber die Frage offen, wie man ein Wappen identifizieren kann, dessen Herkunft man nicht kennt.

Wappenpublikationen aus den letzten Jahrzehnten weisen in der Regel auch eine Anordnung oder einen Anhang auf, in dem die Wappen nach ihren Elementen geordnet sind. Eine Übereinkunft über die Methode ist bisher jedoch keineswegs erzielt worden.

Insbesondere fehlt bisher eine Möglichkeit, auf der Basis des gesamten deutschen Sprachgebietes von den Erörterungen zu Taten überzugehen.

Das soll mit diesem Werk geschehen. Hat doch die seit 1854 laufende Reihe der Siebmacherschen Wappenbücher in klarer Erkenntnis der Unterschiedlichkeit zwischen bürgerlicher und adliger Heraldik 1858 den Bürgerwappen einen eigenen Band, die Abteilung »V« – eingeräumt, so daß die damit gezogenen Abgrenzungen den Rahmen abgesteckt haben, der mit einer Bilderordnung ausgefüllt werden kann. Wie nützlich dieses Vorhaben ist, mögen ein paar Beispiele aus der Praxis zeigen.

Familie G. läßt nach dem eventuell auffindbaren »Urwappen« forschen. Enttäuscht von dem für den Fachmann voraussehbaren Mißerfolg, sendet der Anfrager überraschenderweise die Photographie eines mit einem Wappen gravierten Silberlöffels ein und erwartet nun, daß dieses Wappen sich als das seiner Familie herausstellte. Da es aber im »Bürgerlichen Siebmacher« Abt. 8, Seite 48, Tafel 52 versteckt ist, ließ es sich erst mit Hilfe unserer Sortierarbeit identifizieren. Wie groß war das Erstaunen und auch die Freude des Einsenders, als sich nach weiterer Untersuchung der im »Siebmacher« gegebenen Hinweise herausstellte, daß ein Berliner Träger des Namens Schlicht um 1700 in der Ahnenreihe des Anfragers vorkommt und sich somit an Hand der nunmehr verfolgbaren Genealogie der Löffel als ein antikes Erbstück erwies, das nicht vom Vater auf den Sohn und dann wieder den Sohn, sondern von Mutter zu Tochter und so weiter, also als ein Teil des Hausrates, vererbt worden war.

Das Bayerische Nationalmuseum in München besitzt eine weltberühmte Sammlung geschliffener Gläser und hat im Lauf der Jahre viel Mühe darauf verwandt, die Auftraggeber zu bestimmen. Leider sind erst nach Abschluß des Prachtwerkes über diese Sammlung mit Hilfe der Siebmacher-Sortierarbeit weitere Aufschlüsse gelungen. So ist z. B. das Glas Nr. G 183, Ng 5151 9/12 der Münchener Familie Hoffsess zuzuweisen, zu der 1718 der Dr.jur.theol., geistlicher Rat zu München Franz Andreas gehört (Bürgerl. Siebmacher, Abt. 4, S. 58, Tfl. 67.

Das Kunstgewerbemuseum in Berlin, eine Abteilung der Stiftung Preußischer Kulturbesitz, katalogisiert zur Zeit seine Steinzeugsammlung; zahlreiche Auftraggeber verschiedener Stände konnten mit den konventionellen Hilfs-

5 Der Stand der wissenschaftlichen Bemühungen ist ausführlich dargelegt in dem Sonderheft »Deutsche Wappensammlungen und Wappenrepertorien« mit den vier folgenden Aufsätzen = Blätter für Fränkische Familienkunde, 7. Bd., Heft 8, April 1960:
O. Neubecker, Das Wappenbilderlexikon des HEROLD, Berlin, S. 242–252;
Hr. Dr. Deininger, Die Wappensammlung von Eduard Zimmermann im Stadtarchiv Augsburg, S. 253–259;
K. Stadler, Wappen- und Siegelsammlungen im Bayerischen Hauptstaatsarchiv München, S. 260–265;
L. Rothenfelder, Das Wappenrepertorium des Germanischen National-Museums Nürnberg, S. 265–270;

6 Dann: J. Arndt, Zur Ordnung der Wappen nach Bildern in historischer und systematischer Betrachtung, in: Herold-Jahrbuch, 1. Bd., Berlin 1972, S. 5–24, bes. S. 12.
Th. Stothers, Identification of Ensigns Armorial by Computer, in: Genealogica et Heraldica, 10. Internat. Kongreß für genealogische und heraldische Wissenschaften, Wien 14.–19. Sept. 1970, Wien 1972, S. 439–444
J. C. Loutsch, L'utilisation d'un ordinateur pour le classement des armoiries connues et de la recherche des armoiries inconnues, in: Colloque international d'héraldique, Muttenz 11.–15. 10. 1978, S. 55–71
Idem, Expériences dans l'identification des armoiries, l.c., p. 72–75.

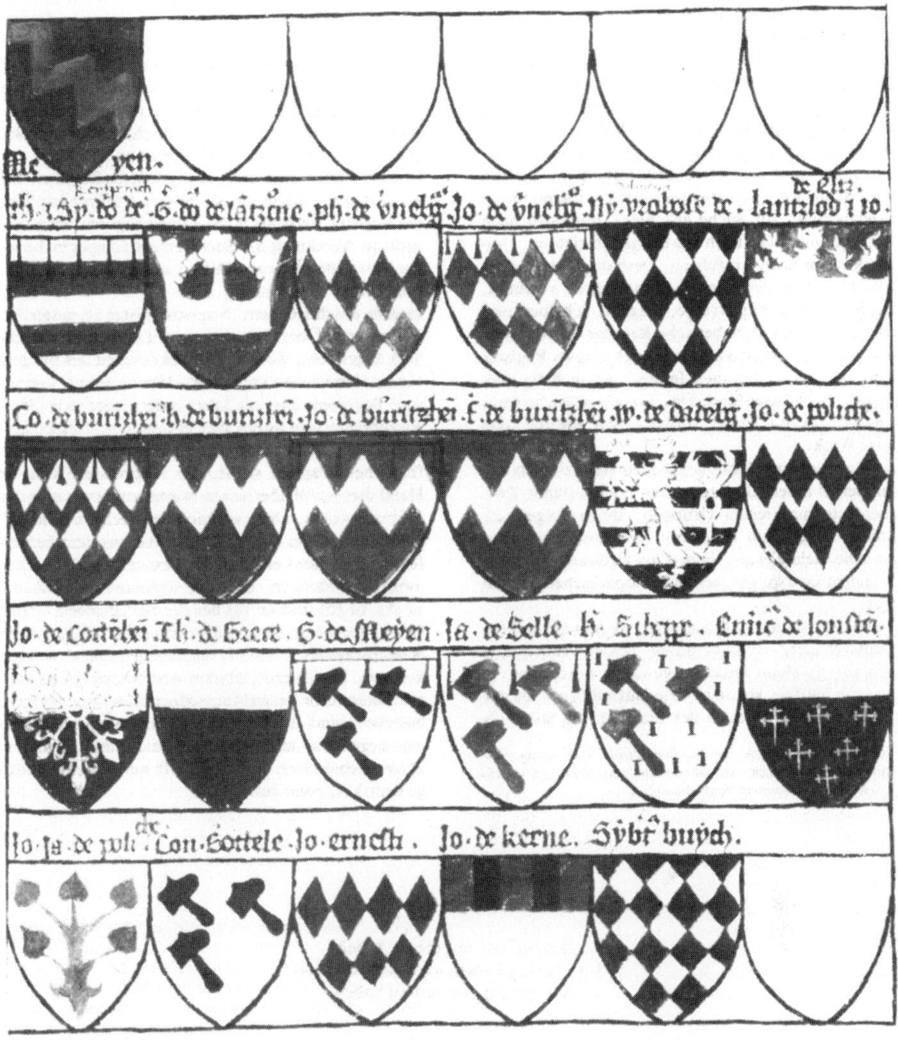

Liste der Burgmannen der Burg des Erzbischofs von Trier zu Mayen
S. 12 (= 6v) des *Balduineums*. Codex im Besitz des Staatsarchivs Koblenz, Bildzeile 2 bis 6
Das erste Wappen ist im Original gänzlich rot übermalt; auf der Photographie scheint ein Zickzackschrägbalken durch.

mitteln aufgeklärt werden. Aber das Wappen mit dem Engelsköpfchen war erst zu identifizieren, als die Siebmacher-Verkartung weit genug fortgeschritten war. Dabei war neben dem Engelskopf im oberen Feld in Betracht zu ziehen, daß die beiden Felder durch einen (leeren) Balken getrennt sind. Nun weiß man, wohin das wertvolle Museumsstück gehört: das Wappen ist nachgewiesen auf dem Porträt des fürstlich sachsen-weimarischen Geheimen Rats und Vizekanzlers Ludwig Heinrich Heidenreich (1660–1724); der »Bürgerliche Siebmacher« Abt. 3, S. 25, Tfl. 28 hat diese Tatsache festgehalten. Die Bilderregistratur, die hier vorgelegt wird, löst das Versteck gänzlich auf (S. 979).

Der »Bürgerliche Siebmacher« enthält immerhin weit über 20000 Meldungen, so daß er alle »bürgerlichen« regionalen Wappensammlungen quantitativ in den Schatten stellt.

Ob es je dazu kommen kann, die an verschiedenen Stellen gedruckten Veröffentlichungen regionalen Charakters gesammelt aufzuschlüsseln, muß einstweilen allen Computern zum Trotze noch immer als Utopie angesehen werden. Deshalb haben wir uns entschlossen, wenigstens den Bürgerlichen Siebmacher »umzudrehen« und dies grundsätzlich auf enzyklopädischer Grundlage, der ein alphabetisches Register zuhilfekommt.
Diese Hilfe erstreckt sich vor allem auf diejenigen Wappen, die nicht nur ein einzelnes bestimmtes Element aufweisen, also auf alle »Vollwappen« mit Helm und Helmzier. Die deutsche Heraldik, auch die bürgerliche, ist ja durch das mit Helm und Helmzier komplettierte Vollwappen gekennzeichnet. Jedes im Bürgerlichen Siebmacher gemeldete Wappen kommt

grundsätzlich nur einmal in Abbildung vor, und dies in unserem Werk nur an seinem ihm enzyklopädisch zuzuordnenden Platz.[7]
Bei Wappen gleichen Inhalts sind alle gleichartigen Schilde ohne Berücksichtigung ihrer Farben so angeordnet, daß die Klassifikation der Reihenfolge des Ordnungsprinzips der des ganzen Werkes folgt. Die Farben wurden entgegen aller Übung deswegen vernachlässigt, weil sie als Suchkriterium nicht tauglich sind, denn wer sich beispielsweise anhand eines Siegelabdrucks zur Suche anschickt, muß sich nach Umrissen und nicht nach Farbangaben richten. Umrisse können auch irreführen. Deshalb sind zweifelhafte Figuren unter einem Sammelbegriff vereinigt, also Reifen und Fingerringe, Kugeln, Scheiben und Reichsapfel. Das alphabetische Register weist alle erkannten Möglichkeitsvarianten nach; dieses Register ist so aufgebaut, daß mehrfeldige und mehrfigurige Wappen erschlossen sind. Das enzyklopädische Ordnungsprinzip durchzieht, alphabetisch gestützt, das ganze Werk.
Die Wappen mit bekanntgegebenen Helmzierden stehen hierbei innerhalb ihrer durch hochlaufende Zwischentexte markierten Gruppen; ihnen folgen die Schilde, denen kein Helm mit Helmzier beigegeben war. Die Helmzierden dienen als Ordnungshilfsmittel, indem sie dem gleichen enzyklopädischen System folgen.
Um das Auffinden zu erleichtern, ist dem Bildteil ein Inhaltsverzeichnis vorgeschaltet, dessen Anordnung auch auf die Helmzierden angewandt worden ist, so daß eine häufige Helmzier wie Büffelhörner an der Stelle erscheint, wo auch der Platz für die Stiere als Helmzier wäre. Zusätzliche Büffelhörner und Flügel (2 Flügel) werden dann nicht als Ordnungskriterien behandelt, wenn sie ein weiteres Element einschließen. Ähnlich wie bei Renesse werden Sterne möglichst unberücksichtigt gelassen; das gilt auch für die Heroldstücke, also z. B. Querstreifungen und dgl., weil »gemeine« Figuren in Gesellschaft von »Heroldstücken« geeignetere Fundkriterien anbieten.
In allen Fällen hilft das feingegliederte Register, das als 2. Band zu beziehen ist, bei der Auffindung. Dieses Register weist auch diejenigen Figuren nach, die nicht in Abbildung als Suchelement fungieren konnten, etwa die unteren Hälften quergeteilter Schilde, z. B. Seite 816–911.
In dem anschließenden Namensregister ist möglichst weitgehende Übereinstimmung mit jenen Namensformen angestrebt, die in der Druckausgabe des Bürgerlichen Siebmacher von 1854–1960 gewählt worden war. Bei einem über ein Jahrhundert währenden Herausgabezeitraum waren allerlei Unstimmigkeiten auszugleichen, auch Lesefehler zu berichtigen. Wer ein fragliches Wappen sucht, der vergewissere sich an Hand dieses alphabetischen Namensregisters und des Bildnachweises, ob er wirklich den rechten Pfad beschreitet, sodann erst schlage er die aus dem betreffenden Textband ersichtliche Textstelle auf. Hierbei möge er bedenken, daß die sogenannten Umlaute ae (ä), oe (ö) und ue (ü) bei der Sortierarbeit wegen ihrer Undeutlichkeit oft nicht erkannt und folglich im Namensregister S. 1081 ff. nicht eingearbeitet werden konnten. In manchen Bänden sind Nachträge zu älteren Meldungen enthalten; sofern diese nur im Text bestehen, sind die Hinweise im alphabetischen Namensregister so angegeben, als ob die Bildtafeln den Hinweis enthielten. So werden oft wertvolle Nachträge dem Vergessen entrissen.

7 Wenn im Originalwerk, aus welchem Grund auch immer, ausnahmsweise ein Wappen zweimal oder gar öfter publiziert worden ist, erscheint es in unserem Werk ebenso oft.

Wir hoffen, mit dieser Arbeit
G.A. Seylers Lebenswerk eine würdige
Abrundung beschert zu haben

Dezember 1985 Dr. Ottfried Neubecker

Inhalt

HEROLDSBILDER 1–39
Geteilt 1
Balken 1–6
Gespalten 6
Pfahl 6–7
Geviert 7–8
Schach 8–9
Freiviertel 9
Schräggeteilt 9–10
Schrägbalken 10–13
Schräggestreift 14–16
Sparren 16–20
Deichsel 20
Spitze 20–21
Zickzack 21–23
Stufen und Zinnen 23–25
Krücken 25
Rauten 25–28
Schräggitter 29
Ständerung 29
Ornamentschnitte 29–30
Kreuz 30–36
Antoniuskreuz 36–37
Doppelkreuz 37–38
Schrägkreuz 38–39

KOSMOS 40–90
Sonne 40–42
Sonne, Mond und Stern 42–43
Mond 43–49
Mond und Stern 50–59
Stern 59–85
Weltall 85–86
Landschaft 86–90

LEBEWESEN 91–466
Mensch, unbekleidet 91–98
Mohren 98–99
Mann, bekleidet 99–116
in Tätigkeit 112–116
Mann, gerüstet 116–121
Frau 121–125
Kind 125–126
Mehrere menschliche Gestalten 126–127
Mensch und Pferd 127–129
Mensch und andere Vierbeiner 129–130
Mensch und andere Tiere 130
Mensch, oberhalb 130–155
unbekleidet, etwas haltend 130–131
Mohr, oberhalb 131–132
Mann, bekleidet, oberhalb, nichts haltend 132–133
Mann, bekleidet, oberhalb, etwas haltend 133–153
Mann, gerüstet, oberhalb, etwas haltend 153–155
Frau, bekleidet, oberhalb 155–156
Mensch, Rumpf 156–159
Mensch, Kopf 159–163
Mensch, Totenschädel 164–165
Mensch, Knochen 165
Mensch, Gliedmaßen 165–166
Mensch, Drei Köpfe 166–168
Mensch, Auge 168
Mensch, Hand 168–169
Mensch, Arm 169–190
Herz 190–200
Löwe, springend, nichts haltend 200–215
Löwe, schreitend 215–217
Löwe, springend, etwas haltend 217–238
Löwe, oberhalb 238–242
Löwe von vorn 242–243
Mehrere Löwen 243–245
Löwenkopf 245–246
Pferd 247–256
Esel 256
Einhorn 256–265
Panther 266
Bär 266–273
Eber 273–275
Fuchs, Wolf 276–284
Hund 284–293
Hirsch 293–305
Hirschstangen 305–308
Reh 308–309
Schaf, Lamm 309–311
Osterlamm 311–315
Schaf mit Beiwerk 315–316
Widder 316–320
Bock, Steinbock 320–327
Gemse 328–330
Zwei Böcke 331
Bockshörner 331–332
Rind 332–338
Büffelhörner 338
Elefant 338–339
Kamel 339–340
Luchs 340
Hase 340–343
Affe 343
Katze 343–344
Dachs 344
Igel 344
Biber, Fischotter 344–346
Wiesel, Hermelin 345–346
Eichhörnchen 346–347
Maulwurf, Maus, Ratte 347
Gliedmaßen von Vierbeinern 348–349
Vierbeiner und Baum 349–356
Adler 355–358
Vogel, Flügel angelegt, nichts im Schnabel ... 359–368
Vogel, Flügel angelegt, etwas im Schnabel 368–371
Vogel, Flügel angelegt, mit Beiwerk 371–372
Vogel, etwas im Fuß haltend 372
Vogel, flatternd, nichts haltend 372–376
Vogel, flatternd, nichts im Schnabel,
auf etwas stehend 376–377
Vogel, flatternd, etwas im Schnabel 377–379
Vogel, flatternd, etwas in den Krallen haltend . 379
Vogel, flatternd, durchschossen 379–380
Schwimmvögel 380–386
Pelikan 386–390
Stelzvögel 390–397

Hahn ... 397–401
Huhn ... 401–402
Pfau ... 402
Phönix ... 402–403
Eule ... 403–405
Mehrere Vögel ... 405–409
Vogelkopf ... 410–412
Vogelbeine ... 412–415
Klauflügel ... 415–416
Flügel ... 416–419
Federn ... 420
Ei ... 420–421
Fisch ... 421–432
Fledermaus ... 432–433
Drache, Lindwurm ... 433
Schildkröte ... 433
Schlange ... 433–437
Frosch ... 437
Krebs ... 437–439
Schnecke ... 439
Insekten ... 439–440
Muschel ... 440–442
Engel ... 442–445
Mischwesen (menschliche) ... 445–449
Mischwesen (Vierbeiner) ... 449
Pegasus ... 449–450
Geflügelter Hirsch ... 450–451
Lukaslöwe ... 451
Greif ... 451–463
Mischwesen (Vierbeiner und Fisch) ... 463–464
Mischwesen (Fisch und Vogel) ... 464
Weitere Mischwesen ... 464–465
Zwei Lebewesen ... 465–466

PFLANZEN ... 467–608
Laubbaum ... 467–476
Eiche ... 476–478
Mehrere Laubbäume ... 478–480
Laubbaum, begleitet ... 480–481
Laubbaum, umzäunt ... 481–484
Laubbaum und Vogel ... 484–485
Dornbusch ... 485–486
Tanne ... 486–488
Palme ... 488–490
Weide ... 490
Baumstumpf ... 490–492
Knorrenaststück ... 492–494
Baumstumpf mit Trieben ... 494–495
Aststück ... 495–497
Knorrenast, Brände ... 497–500
Aststücke mit Blättern ... 500–503
Zweig ... 503–505
Blätterdreipaß ... 505–506
Eichenaststück ... 506–510
Eichenblatt ... 510–511
Eicheln ... 511–512
Palmwedel ... 512–513
Blattpflanze ... 513–516
Blatt ... 516–519
Stechpalme ... 519–520
Klee ... 520–529
Eine Rose, heraldisch ... 529–534
Zwei Rosen, heraldisch ... 534–537
Drei Rosen, heraldisch ... 537–548
Mehrere Rosen, heraldisch ... 548–550
Lilie, heraldisch ... 550–568
Natürliche Rose ... 568–576
Verschiedene Blumen ... 576–584
Früchte ... 584–585
Kranz ... 585–589
Gemüse ... 589–590
Obstbaumfrüchte ... 590–593
Stangenpflanzen ... 593
Wein und Hopfen ... 593–599
Getreideähren ... 599–605
Garben ... 605–607
Rohrkolben ... 607–608

GERÄTE ... 609–777
Bauwerk ... 609–632
Mauer ... 609–611
Turm ... 611–614
Burg ... 614–618
Brücke ... 618
Haus ... 619–621
Hausfront ... 621
Portal ... 621–622
Häusergruppe ... 622
Gerüst ... 623
Zaun ... 624
Mühle ... 624–625
Kirche ... 625–626
Brunnen ... 626–628
Feuerstelle ... 628
Säule ... 628–630
Zelt ... 630
Bienenkorb ... 630
Schiff ... 630–632
Weitere Gegenstände ... 633–777
Anker ... 633–640
Armbrust/Bogen ... 641–642
Beil ... 642–647
Buch ... 647–648
Hammer ... 648–652
Hufeisen ... 652–656
Kesselhaken ... 656
Leiter ... 656–657
Mühleisen ... 657–659
Mühlrad ... 659–664
Ornament ... 664
Schlüssel ... 664–667
Schwert ... 667–672
Sensenklinge ... 673–674
Sense ... 674–675
Sichel ... 675–677
Steigbügel ... 677
Waage ... 678
Ein Stab, verschiedener Gestalt ... 678–680
Zwei Stäbe ... 680–685
Drei Stäbe ... 685–686
Nagel ... 686–687
Klammer ... 687–689
Pfeil ... 690–700
Speere ... 700
Streitkolben ... 701
Wedel (Pinsel) ... 702
Fackel ... 702–703
Leuchter (Lampe) ... 703
Schaufel/Ruder ... 703–705
Hacke/Haken ... 705–707
Kelle/Löffel ... 707–708
Gabel ... 708
Reibeisen ... 708
Stempel ... 708–709
Rechen ... 709
Dreschflegel ... 709–710
Seilerhaken ... 710
Fahne ... 710–711
Angelhaken ... 711
Joch ... 711–712
Bügeleisen ... 712
Feuerstahl ... 712
Kette ... 713
Schloß ... 713
Schleife/Zopf ... 713–714
Scheibe, Kugel ... 714–720
Reifen ... 721–723
Fingerring ... 723
Mühlstein ... 723–724
Reichsapfel ... 725
Granate ... 725
Rad ... 726–728
Pflug ... 728
Schubkarren ... 728
Backwerk ... 728–730
Weberschiffchen ... 730–731

Spindel 731
Dreieck, Spickel .... 731 – 732
Pflugschar .... 732 – 736
Winkelmaß .... 736 – 737
Schindeln 737
Schildchen .... 737 – 739
Würfel 739
Gewichte 739
Pentagramm .... 739 – 740
Hexagramm 740
Rahmen .... 740 – 741
Ziegel(form) 741
Egge .... 741 – 742
Rost 742
Sieb 742
Mobiliar .... 742 – 743
Sattel 743
Schachfigur 743
Lilienhaspel u.ä. .... 743 – 744
Messer .... 744 – 745
Säge 745
Schere .... 475 – 747
Zange .... 747 – 748
Werkzeug 748
Gefäße (Tonne, Faß) .... 748 – 749
Gefäße (Napf) 749
Gefäße (Kessel) 750
Gefäße (Flasche, Kegel) 751
Gefäße (Henkelkanne) 752
Gefäße (Schnabelkanne) 753
Gefäß (zweihenklig) .... 753 – 754
Gefäße (Becher) .... 754 – 756
Gefäße (Füllhorn) 756
Gefäße (Blumenvase u.ä.) .... 756 – 759
Gefäße (dampfend) 759
Rolle .... 759 – 760
Kanone 760
Sanduhr 760
Jagdhorn .... 760 – 764
Trompete 764
Flöte 764
Trommel .... 764 – 765
Glocke .... 765 – 766
Schelle 766
Leier, Lyra 767
Harfe 767
Geige, Laute .... 767 – 768
Rüstung 768
Oberbekleidung 768
Helm .... 768 – 769
Hut .... 769 – 771
Andere Kopfbedeckungen 771
Krone .... 771 – 773
Fußbekleidung .... 774 – 775
Schnalle .... 775 – 776
Schärpe, Gürtel 777
Tasche, Sack, Beutel .... 776 – 777
Handschuh 777
Brille 777

BUCHSTABEN UND MARKEN .... 777 – 815
Buchstaben A – B .... 777 – 778
Buchstaben B – H .... 779 – 780
Buchstaben H – M 780
Buchstaben M – P .... 780 – 781
Buchstaben P – S .... 781 – 782
Buchstaben T 783
Buchstaben T – W .... 783 – 784
Buchstaben W – Z .... 784 – 785
Inschriftzeilen .... 785 – 786
Buchstaben, kursive .... 786 – 787
Marken .... 787 – 815

MEHRFELDIGE SCHILDE .... 816 – 1079
Geteilt, oben Heroldsbild .... 816 – 820
  oben Kosmos .... 821 – 831
Geteilt, oben Lebewesen .... 831 – 885
  oben Mensch .... 831 – 842
  oben Löwe .... 842 – 857
  oben Pferd .... 857 – 858
  oben Einhorn 858
  oben Panther 858
  oben Bär .... 858 – 859
  oben Wolf/Fuchs 859
  oben Hund .... 859 – 860
  oben Hirsch 860
  oben Lamm .... 860 – 861
  oben Bock 861
  oben Rind 861
  oben Hase .... 861 – 862
  oben Biber u.ä. 862
  oben halbes Pferd .... 862 – 863
  oben halbes Einhorn .... 863 – 865
  oben halber Panther 865
  oben halber Bär 865
  oben halber Eber 865
  oben halber Wolf 866
  oben halber Hund 866
  oben halber Hirsch .... 866 – 867
  oben halber Bock .... 867 – 868
  oben halbes Rind .... 868 – 869
  oben Tierköpfe 869
  oben Geweih 869
  oben Horn 869
  oben Pranken 870
  oben Fisch 870
  oben Schlange 871
  oben Krebs 871
  oben Muschel 871
  oben Insekt 871
  oben Drache 871
  oben Mischwesen 871
  oben Adler .... 871 – 876
  oben Vogel .... 876 – 880
  oben Vogelteile .... 880 – 881
Geteilt, oben Mischwesen .... 881 – 885
  oben Engel .... 881 – 882
  oben Pegasus 882
  oben Fischweib 882
  oben Greif .... 882 – 883
  oben halber Greif .... 883 – 885
Geteilt, oben Pflanzen .... 885 – 897
  oben Baum .... 885 – 886
  oben Baumteile .... 886 – 887
  oben Klee .... 887 – 888
  oben Rose .... 888 – 891
  oben Lilie .... 891 – 894
  oben Baumzweige .... 894 – 895
  oben Kranz 895
  oben Früchte 895
  oben Wein 896
  oben Getreide 896
  oben Rohrkolben .... 896 – 897
Geteilt, oben Geräte .... 897 – 911
  oben Anker 897
  oben Bauwerk .... 897 – 898
  oben Schiff 898
  oben Bienenkorb 898
  oben Beil .... 898 – 899
  oben Bogen 899
  oben Hut 899
  oben Schuh 899
  oben Buch 899
  oben Egge 899
  oben Gabel 899
  oben Gefäß .... 899 – 900
  oben Glocke 900
  oben Hammer 900
  oben Helm 900
  oben Hobel 900
  oben Hufeisen 900
  oben Horn .... 901 – 902
  oben Kanone 902
  oben Kegel 902
  oben Kolben 902
  oben Krone .... 902 – 903

oben Messer 903
oben Mühleisen 903
oben Mühlrad 903–904
oben Mühlstein 904
oben Nagel 904
oben Pfeil 904
oben Pflugschar 904–905
oben Pflug 905
oben Rad 905
oben Schere/Zange 905
oben Schildchen 905–906
oben Schwert 906–907
oben Scheibe oder Ring 907
oben Schlüssel 907–908
oben Stab 908
oben Rechen 908
oben Spaten 909
oben Sichel 909
oben Sense 909
oben Waage 909
oben Würfel 909
oben Riegel 909
oben Weberschiffchen 909
oben Winkelmaß 909
oben Werkzeug 910
oben Doppelhaken 910
oben Rahmen 910
oben Buchstabe 910–911
oben Musiknoten 911
Gespalten, rechts Heroldstücke 911–917
rechts Kosmos 917–920
Gespalten, rechts Lebewesen 920–942
rechts Mensch 920–922
rechts Körperteile 922–923
rechts Löwe 924–928
rechts Vierbeiner 928–931
rechts Hirschstange 932
rechts Horn 932
rechts Adler 932
rechts halber Adler 923–938
rechts Vogel 938–939
rechts Flügel 939–940
rechts Vogelbein 940
rechts Feder 940
rechts Fisch 940
rechts Lindwurm 940
rechts Schlange 940–941
rechts Frosch 941
rechts Insekt 941
rechts Mischwesen 941
rechts Greif 941–942
Gespalten, rechts Pflanzen 942–953
rechts Baum 942–944
rechts Baumstamm 944
rechts Eichenteile 944
rechts Zweig 944–945
rechts Blatt 945
rechts Klee 945
rechts Blume 945–946
rechts Früchte 946
rechts halbe Rose 946
rechts eine Rose 946–947
rechts mehrere Rosen 947–949
rechts halbe Lilie 949–950
rechts eine Lilie 950
rechts mehrere Lilien 951
rechts Wein 951–952
rechts Ähren 952–953
rechts Garbe 953
Gespalten, rechts Geräte 953–962
rechts Bauwerk 953
rechts Schiff 954
rechts Kugel 954
rechts Mühlstein 954
rechts Reif 954
rechts Rad 954–955
rechts Tropfen 955
rechts Kolben 955
rechts Spindeln 955
rechts Sanduhr 956
rechts Mühleisen 956
rechts Rolle 956
rechts Würfel 956
rechts Spaten 956
rechts Leier 956
rechts Schildchen 956
rechts Stab 956–957
rechts Leuchter 957
rechts Hammer 957
rechts Beil 957
rechts Hellebarde 958
rechts Hufeisen 958
rechts Sporn 958
rechts Kesselrinken 958
rechts Schere 958
rechts Zirkel 958
rechts Waage 958
rechts Anker 958
rechts Bogen 958
rechts Armbrustschaft 958
rechts Buch 958–959
rechts Gefäß 959–960
rechts Glocke 959
rechts Helm 959
rechts Pfeil 959–960
rechts Pflugschar 960
rechts Schlüssel 960
rechts Schwert 960–961
rechts Sense 961
rechts Sichel 961
rechts Buchstaben 961
rechts Marke 962–963
Schräggeteilt, oben Heroldstück 963
oben Kosmos 963–964
oben Mensch 964–965
oben Löwe 965–968
oben Pferd 968
oben Einhorn 968
oben Luchs 968
oben Bär 968
oben Fuchs 969
oben Hund 969
oben Hirsch 969
oben Hirschstangen 970
oben Lamm 970
oben Bock 970
oben Vogel 970
oben Fisch 971
oben Schlange 971
oben Greif 971
oben Pegasus 971
oben Baum 971
oben Zweig 971–972
oben Blatt 972
oben Wedel 972
oben Rose 972
oben Lilie 972
oben Blumen 973
oben Ähren 973
oben Ornament 973
oben Gerät 973–974
oben Buchstabe 974
oben Marke 974
Balken, leer, oben begleitet von Heroldstück, unten verschieden 974
oben Kreuz 974–975
oben Kosmos 975–976
oben Mensch 977
oben Löwe 977–978
oben Einhorn 978
oben Fuchs 978
oben Hund 978
oben Hirsch 978
oben Hirschstange 979
oben Rind 979
oben Adler 979

oben Vogel ... 979
oben Fisch ... 979
oben Engel ... 979
oben Greif ... 979
oben Bäume ... 979
oben Zweige ... 979
oben Blätter ... 980
oben Klee ... 980
oben Rose ... 980
oben Lilie ... 980 – 981
oben Blumen ... 981
oben Rohrkolben ... 981
oben Bauwerk ... 981
oben Gerät ... 981 – 982
Balken, belegt und unten begleitet ... 982
belegt und oben begleitet ... 983 – 984
Figuren zwischen Heroldstücken ... 983
Balken, belegt und begleitet von duplizierten Bildern ... 983 – 986
Balken, belegt und ungleichmäßig begleitet ... 986 – 989
Pfahl, begleitet ... 990 – 991
Schrägbalken, begleitet ... 991 – 992
Spitze, belegt ... 992 – 1009
unten Heroldstück ... 992
unten Kreuz ... 992
unten Kosmos ... 992 – 993
unten Mensch ... 993 – 994
unten Herz ... 995
unten Löwe ... 995 – 997
unten Vierbeiner ... 997 – 999
unten Vögel ... 999 – 1001
unten Fisch ... 1001
unten Fabelwesen ... 1001
unten Greif ... 1001
unten Baum ... 1001 – 1002
unten Pflanze ... 1002 – 1003
unten Rose ... 1003
unten Lilie ... 1003 – 1004
unten Blume ... 1004
unten Blätter ... 1004
unten Rübe ... 1004
unten Frucht ... 1004
unten Wein ... 1004
unten Ähren ... 1005
unten Bauwerk ... 1005
unten Schiff ... 1005
unten Gerät ... 1005 – 1008
unten Marke ... 1008 – 1009
Gestürzte Spitze, oben Kosmos ... 1009
oben Mensch ... 1009
oben Vierbeiner ... 1009
oben Adler ... 1009
oben Vogel ... 1009
oben Greif ... 1009
oben Pflanze ... 1010
oben Gerät ... 1010
Deichsel, begleitet ... 1010
Geteilt und halbgespalten, oben leer ... 1010 – 1011
oben Heroldstück ... 1011
oben Kosmos ... 1011
oben Mensch ... 1011
oben Löwe ... 1011
oben Vierbeiner ... 1011
oben Adler ... 1011 – 1012
oben Vogel ... 1012
oben Fabelwesen ... 1012
oben Pflanze ... 1012
oben Schiff ... 1012
oben Gerät ... 1012
links Heroldstück ... 1012 – 1013
links Mensch ... 1013
links Löwe ... 1013
links Vierbeiner ... 1013
links Adler ... 1013
links Greif ... 1013
links Baum ... 1013 – 1014
Halbgeteilt und gespalten ... 1013 – 1014
links ... 1013 – 1014
Zweige ... 1014
Garbe ... 1014
Gerät ... 1014
Gespalten und halbgeteilt ... 1014 – 1017
rechts leer ... 1014
rechts Heroldstück ... 1014
rechts Kreuz ... 1015
rechts Kosmos ... 1015
rechts Mensch ... 1015
rechts Löwe ... 1015
rechts Adler ... 1015 – 1016
rechts Vogel ... 1016
rechts Greif ... 1016
rechts Pflanzen ... 1016
rechts Bauwerk ... 1016
rechts Gerät ... 1016 – 1017
rechts Marke ... 1017
Halbgespalten und geteilt ... 1017 – 1020
unten leer ... 1017
unten Kosmos ... 1017
unten Heroldstück ... 1017
unten Kreuz ... 1017
unten Mensch ... 1017 – 1018
unten Löwe ... 1018
unten Vierbeiner ... 1018
unten Vogel ... 1018
unten Baum ... 1018 – 1019
unten Zweig ... 1019
unten Rose ... 1019
unten Lilie ... 1019
unten Ähren ... 1019
unten Bauwerk ... 1019
unten Schiff ... 1019
unten Gerät ... 1019 – 1020
Balken, verschieden belegt ... 1020
Balken, Teilungen überdeckend ... 1020
Pfahl, Teilungen überdeckend ... 1020
Schrägbalken, leer, begleitet ... 1020
oben Kosmos ... 1021
oben Mensch ... 1021
oben Löwe ... 1021
oben Vierbeiner ... 1021 – 1022
oben Vogel ... 1022
oben Pflanze ... 1022 – 1023
oben Gerät ... 1023 – 1024
Schrägbalken, verschieden belegt ... 1024
Schrägbalken, belegt und begleitet von Heroldstücken ... 1024 – 1025
Schrägbalken, belegt, begleitet von Kreuzen ... 1025
begleitet von Kosmos ... 1025 – 1927
begleitet von Mensch ... 1027
begleitet von Löwen ... 1027 – 1028
begleitet von Pferden ... 1028
begleitet von Vögeln ... 1028
begleitet von Muscheln ... 1028
begleitet von Greifen ... 1028
begleitet von Pflanzen ... 1028 – 1029
begleitet von Rosen ... 1029 – 1030
begleitet von Lilien ... 1030
begleitet von Blumen ... 1030 – 1031
begleitet von Früchten ... 1031
begleitet von Getreide ... 1031
begleitet von Geräten ... 1031 – 1032
begleitet oben von Kreuz ... 1032
begleitet oben von Kosmos ... 1032 – 1033
begleitet oben von Mensch ... 1033
begleitet oben von Vierbeiner ... 1033
begleitet oben von Vogel ... 1033
begleitet oben von Schlange ... 1033
begleitet oben von Greif ... 1033 – 1034
begleitet oben von Pflanze ... 1034
begleitet oben von Gerät ... 1034
Schrägbalken, Felder überdeckend ... 1034 – 1035
Schrägkreuz, begleitet ... 1035
Sparren, leer, begleitet ... 1035 – 1936
Sturzsparren ... 1037
Sparren, belegt und begleitet ... 1036 – 1037

Zwei Sparren, begleitet 1037
Sparren, leer, begleitet
oben Heroldstücke 1037
oben Kosmos .... 1037 – 1039
oben Lebewesen 1039
oben Pflanzen .... 1039 – 1040
oben Geräte .... 1040 – 1041
oben verschieden begleitet 1041
Geviert, 1 u. 4 leer 1041
in 1 u. 4: Heroldstück .... 1041 – 1045
in 1: Kreuz 1045
in 1: Kosmos .... 1045 – 1048
in 1: Lebewesen, Mensch .... 1048 – 1052
in 1: Löwe .... 1052 – 1056
in 1: Pferd 1056
in 1: Bär 1057
in 1: Fuchs/Wolf 1057
in 1: Hund 1057
in 1: Hirsch .... 1057 – 1058
in 1: Lamm, Schaf, Bock 1058
in 1: Rind 1058
in 1: Pferdeteile 1059
in 1: Reiter 1059
in 1: Einhorn 1059
in 1: Weitere Vierbeiner .... 1059 – 1060
in 1: Teile von Vierbeinern 1060
in 1: Adler .... 1060 – 1062
in 1: Vögel .... 1062 – 1064
in 1: Fische 1064
in 1: Schlange 1064
in 1: Schnecke 1064
in 1: Insekten 1064
in 1: Greif .... 1065 – 1066
in 1: Fabelwesen 1066
in 1: Baum 1066
in 1: Äste 1066
in 1: Zweige 1067
in 1: Klee 1067
in 1: Rose .... 1067 – 1068
in 1: Lilie .... 1069 – 1070
in 1: Zweige .... 1070 – 1071
in 1: Wurzeln 1071
in 1: Früchte 1071
in 1: Wein 1071
in 1: Ähren .... 1071 – 1072
in 1: Bauwerk .... 1072 – 1073
in 1: Schiff 1073
in 1: Gerät .... 1073 – 1078
in 1: Buchstabe 1078
in 1: Marke 1078
Schräggeviert .... 1078 – 1079
Geviert, von Balken überdeckt 1079
Mehr als vier Felder 1079
Nachträge 1080

Herolds-bilder

Einmal geteilt

Meder

Lütke

Fentzel

Rossberg

Springintgud

Haugk

Le Brun

Friess

Milliges

Idenstein

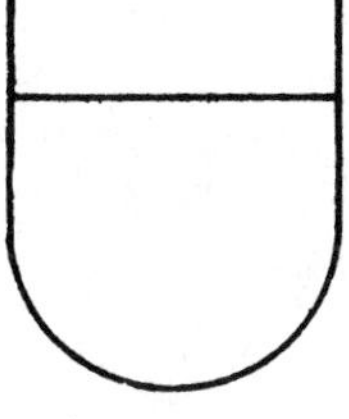

Steinmeyger

Nothlieb

Ein Balken oder zweimal geteilt

Willer

Herr

Bergkhausen

Nanne

Schwartz

Michelsen

Schultz

Wienner

Gelder

Welzel

Rothenfelder

Welse

Helbich

Suse

Müller

Stadler

Stockamer

Knorr

von Bippen

Kreplin

Reinhart

Friedberger

Balken, unterteilt

Farnbacher

Gerads

Löffler

Herring

Willers

Willers

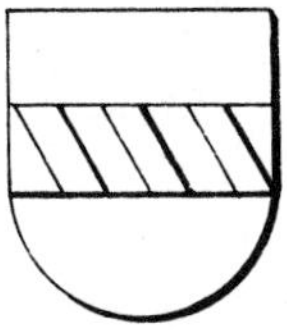
Penkuhn

Froitzem

Möller

Luspeck

Francott

Hausmaner

Wild

Primavesi

Balken, gekrümmt begrenzt

Madsperger

Bornemann

Siemsen

Langenbeck

Langenbeck

Rheiner

Beck

Friedebach

Born

Balken in unterteiltem Grunde

de Schworen

Markhaus

Brücke

Schoderl

Stinauer

Oldehorst

Dreimal quergeteilt

Olber

Geysmer

Grote

Hefner

Hefinger

Zwei Balken oder viermal geteilt

Uhlmann

von Aussem

Schweitzer

Sachs

Heffner

Blechmann

Bleckmann

Buer

Hefinger

Lange

Jakoby

Rotterdamm

Balcke

Wolffius

Thierbach

Graf

Uster

Drei Balken oder sechsmal geteilt

Heuchelin

Imhoff

Klehenz

Freiheldt

Ervesen

Schoeller

Luckan

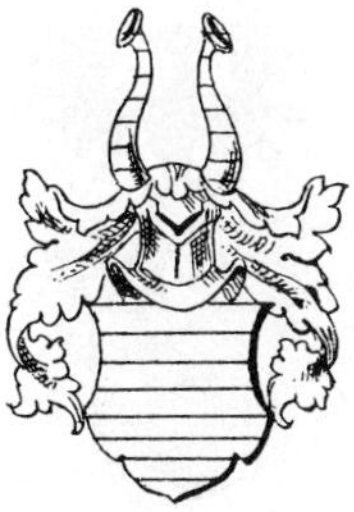

Rittscher

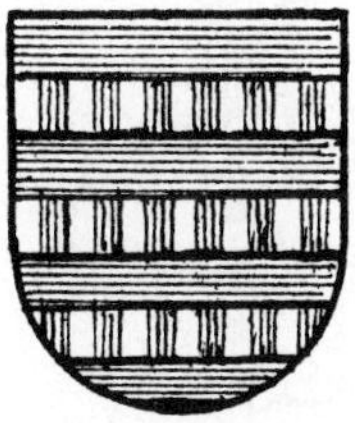

Leich

Teichert

Mehrfach quergestreift

Elverfeld

Elverfeld

Hetling

Hettling

Mehrfach wellengeteilt

Clostermair

Stromer

Schwebende Balken-Varianten

Buc v. Brubach

Ahorner

Gespalten

Dornkreil, Dornkrell

Grabner

Pfahl oder zweimal gespalten

Zielfelder

Strach

Schoppe

Schopf

Hasse

Wickelberger

Pusch

Bosseck

Taler

Pfahl, unterteilt

Krebs

Fels

Pfahl in unterteiltem Grunde

Rotenpeck

Ramer

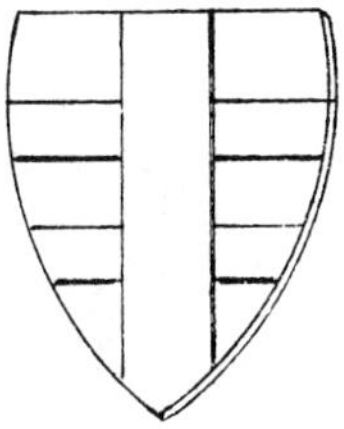

Seyler

Längsgestreift

Ramer

Volt

Ussler

Gundlach

Guetman

Hagen

Hillensperg

Klein

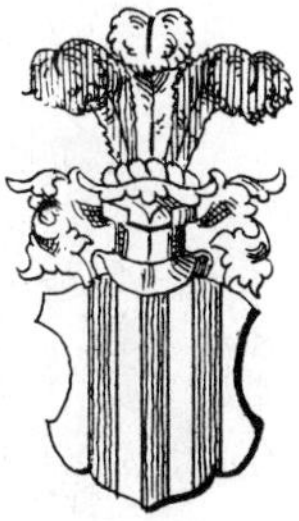

Gundling

Reiser

Pal

Beutterich

Lesmeister

Borckhardt

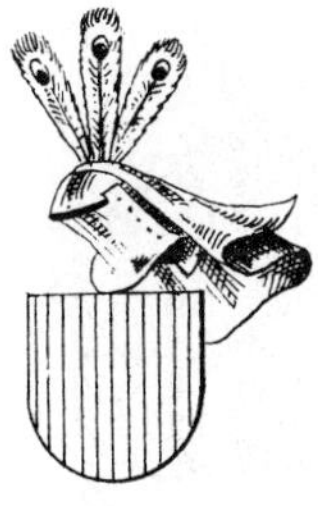

Wulflam

Geviert (quadriert)

Wiedmann

Zeileisen

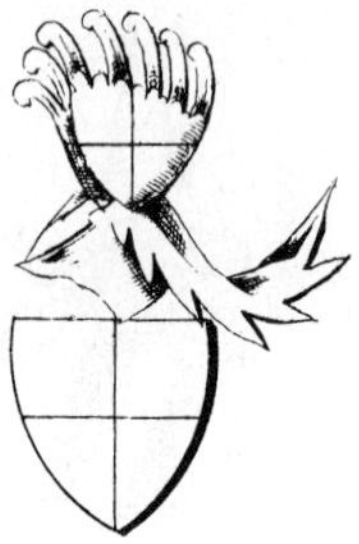

Hasselbeck

Thilenius

Zeileisen

Lichtenstein

Kombinationen von Teilungen und Spaltungen

Limmer

Zeiller

Dräxl

von Beeck

de Klerck

Raup

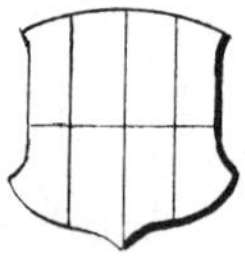

Weissmann

Drosihn

Stubenweg

Resch

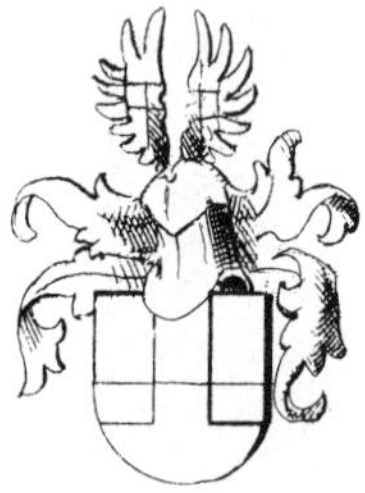

Falterer

Jungen, Junghen

Schachfeld

Rhost

Hach

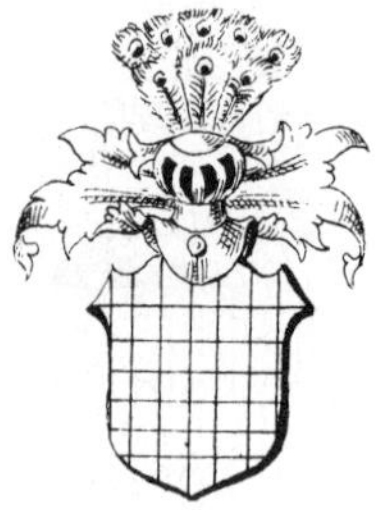

Lorbeer

Mangold

Gumpost

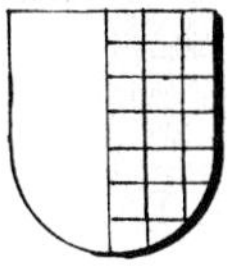

Marschall

Carpentier

Faber

Schmidt

Freiviertel

Went

Schölerz

Schatz

Halbgespalten und geteilt

Hauenschild

Schräggeteilt

Küffner

Stuler

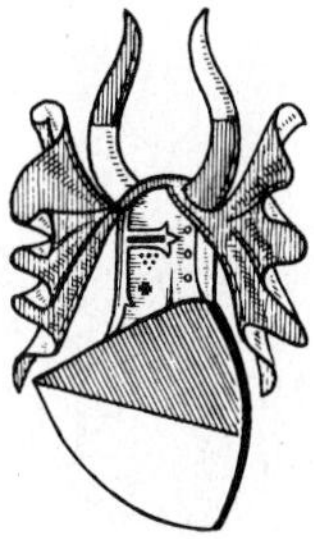

Maier

Gewrsperger

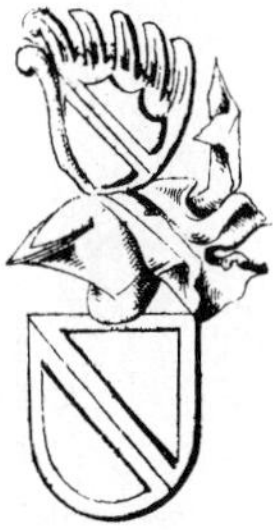

Braunsbacher

Hackher

Maurer

Löhle

Hoffstetter

Lange

Biltstein

Hainspeckh

Schrägbalken oder zweimal schräggeteilt

Abendroth

Abendroth

Feuerlein

Fetzer

Pegnitzer

Kessel

Kessel

Rodt

Alberti

Dornedden

Rebeck

Beaudrier

Greding

Wunder

Zerres

Rausch

Werzinger

Badicke

Scheck

Guttzeit

Tesmer

Schambach

Schopen

Mendel

Wild

Söhnlein

Oehmcke

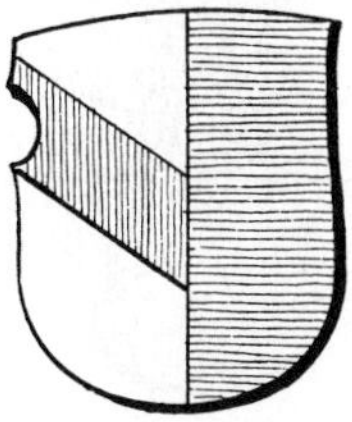
Spilmann

Schrägbalken, unterteilt

Hollweg

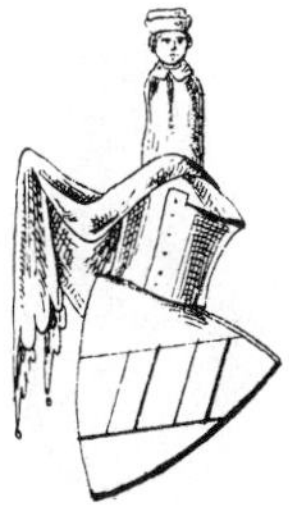
Junge

Bachmann

Seydenschwanz

Herden

Frölich

Frölich

Christoffel

Wachschlager

Wiss

Gräss

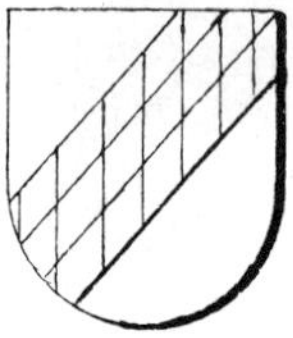

Cyrus

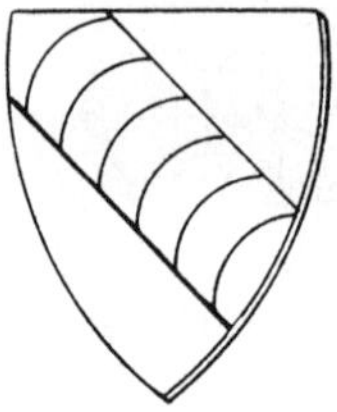

Eisenmann

Kohler

Keferlein

Tritschler

Belkow

Schrägbalken in unterteiltem Grunde

Giesecke

Giesecke

Schrägbalken, gekrümmt begrenzt

Heise

Bach

Hoffmann

Massmann

Grienpacher

de Drusina

Grienpacher

Fladen

Pachmair

Reichenbacher

Steidel

Stierpach

Wittenbach

Strass

Lackner

Fürtenbach

Dieffenbach

Lechner

Schwertzenbach

Greiner

Reine

Jordan

Waldbach

Kalt

Feuchter

Raves

Paurs

Wiegelein

Schelldorfer

Breitenbach

zer Kinden

Schmalenbach

Schräggestreift zu 4 Plätzen

Kramer

Kramer

Gösswein

Karg

Pfefferbalg

Gösswein

Gösswein

Sternecker

Würdinger

Strasser

Staude

Staude

Hofmann

Schräggeteilt oder -gestreift zu 5 Plätzen

Schiller

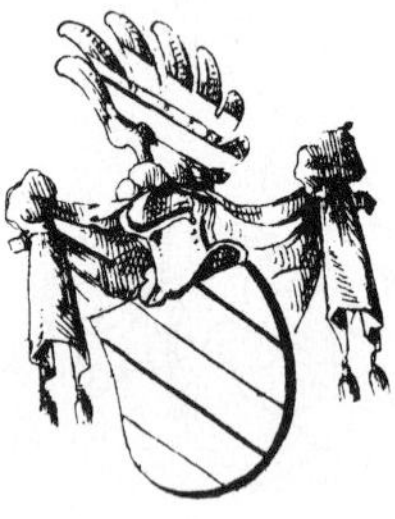

Mayr

Busse

Wasser

Maier

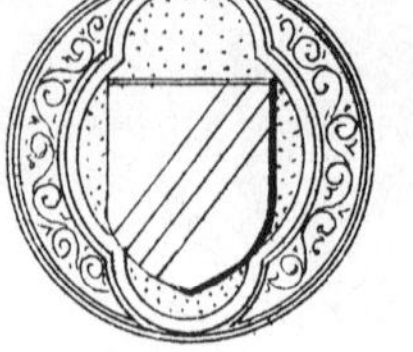

Haren

Regnat

Hofmann

Schräggeteilt oder -gestreift zu 6 Plätzen

Trost

Falck

Thondörfer

Perlensreuter

Togweiler

Schräggeteilt oder -gestreift zu 7 Plätzen

Eber

Neurodt

Packebusch

Senning

Hjarup

Fues

Bernard

Nöldecke

Höhne

Eber

Mölsch

Schräggestreift zu mehr als 7 Plätzen

Wittgenstein

Lavater

Uterwedde

Friedrich

Schräggestreift neben leerem Feld

Bürckli

Huber

Cammerer

Rappold

Rainer

Lüdecking

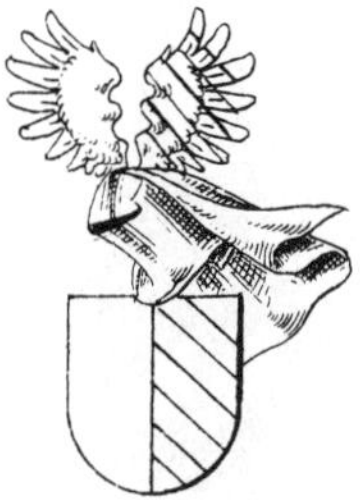

Schwerzel

Tulchinger

Weiler

Sparren

Kreglinger

Sebaldt

Zimmermann

Winckler

Lefelad

Grebner

Langmann

Sebaldt

Sebaldt

Seyfferheld

Seufferheld

Seiferheld

Guet

von Allen

Bitelmar

Bittelmair

Büttelmayer

Pitlmeyer

Daum

Diehl

Fielitz

Gruber

Grueber

Krumbholz

Logs

Schmuggenhoffer

Vorsthover

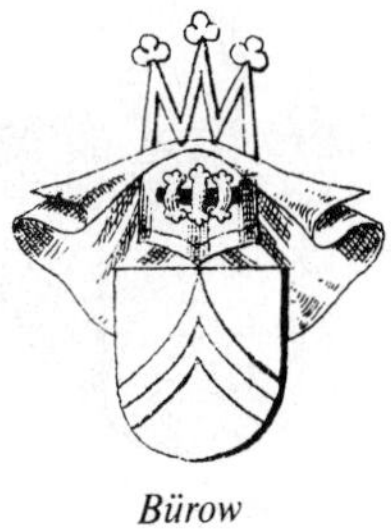
Bürow

Sonkel

Geisenfelder

Dörnlein

Forchtl

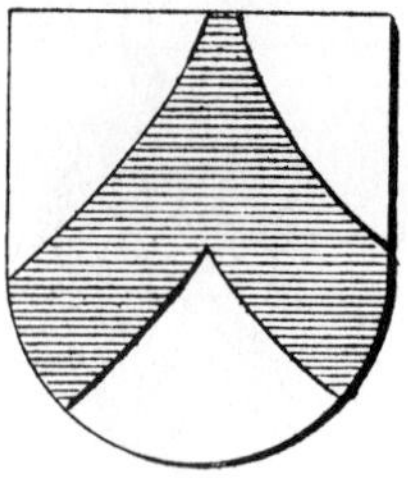

Mayrhofer

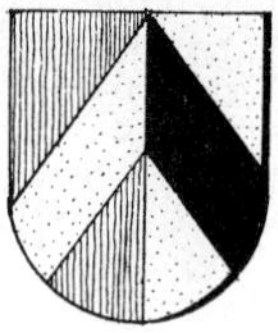

Hofer

Klügel

Dintner

Gottschalk

Schrage

Schradin

Dahlen

Frisshammer

Wieland

Mehrere Sparren, gesperrt

Fielitz

Niemitz

Altmann

Law

Schnepf

Freidel

Sudermann

Sudermann

Dopheide

Henrici

Ziegler

Wydenmann

Stemmermann

Jännicke

Jägkli

Holzhauser

Oswald

Gysi

Tächer

Winckhler

Erlabeck

Oschwalt

Wintersteiner

Aufleger

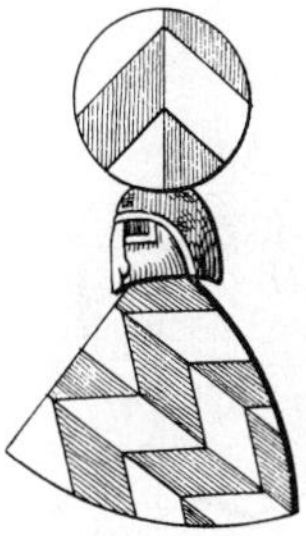
Tartara

Hueber

Rübel

Hueber

Siebeck

Strasburg

Frymann

Willecke

Rassler

Bollinger

Helgers

Deichsel

Deichsler

Deichsler

Göpel

Kunstmann

Kindermann

Spickel

Wild

Penther

von Eitzen

von Eitzen

Zürn

Spitze

Breitingen

Saltzmann

Dreyer

Mackh

Seyfried

Räbel

Dressenberger

Petersen

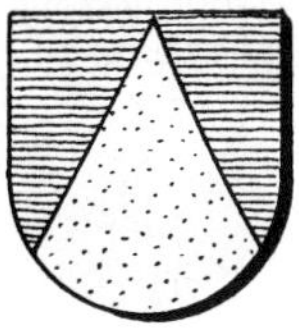
Wolff

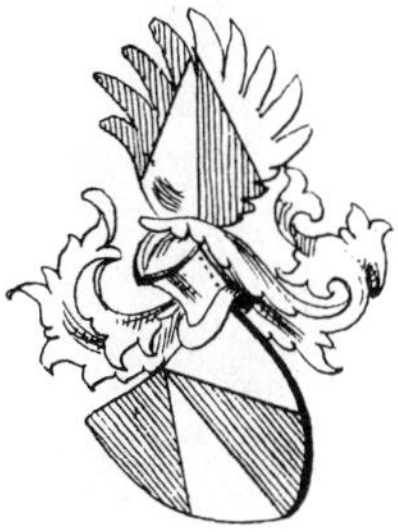
Rupp

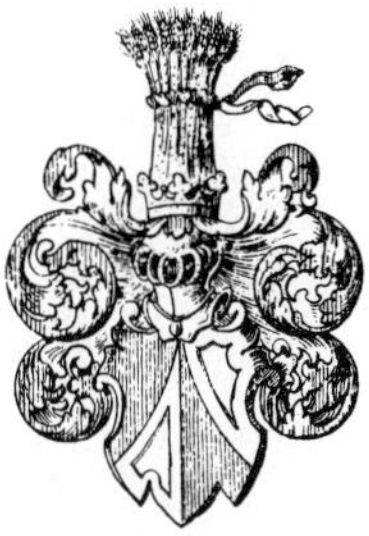
Reidenbach

Matte

Spitze, gestürzt

Lynsi

Uttenhöfer

Storch

Österreicher

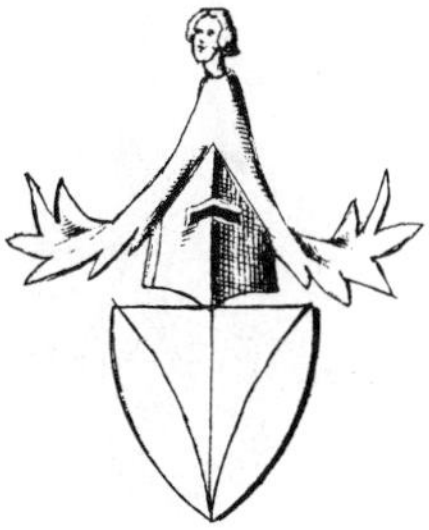
Österreicher

Spitzen nebeneinander

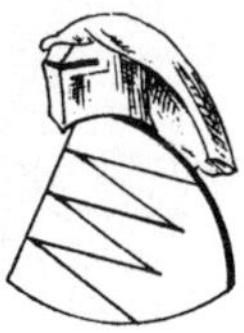
Grambow

Scheidegger

Börding

Börding

Wüst

Weber

Zirk

Kalt

de Tzevena

Handrock

Jobst

Seyer

Hezelsdörfer

Schurger

Zickzackbalken

Riemo

ze Burgtor

ze Burgtor

Bordensloe

Auer

Mit Spitzen gespalten

Klesheimer

Stoy

Grube

Gmainer

Siegen

Ebner

von der Ruhr

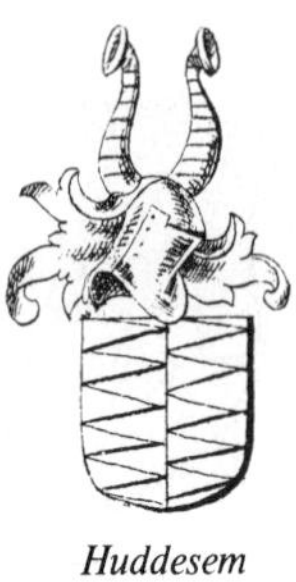
Huddesem

Gruber

Unregelmäßig gehälftet

Hoser

Hasenbalg

Spitzmacher

Kalhart

Delniczer

Seitz

Schlyninger

Ständer

Söhnlein

Winkler

Stain

Miller

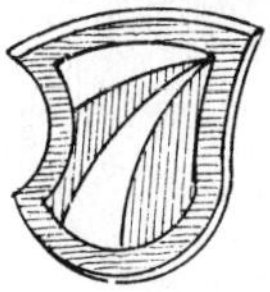

Knab

Bletscher

Stufen- und Zinnenschnitte

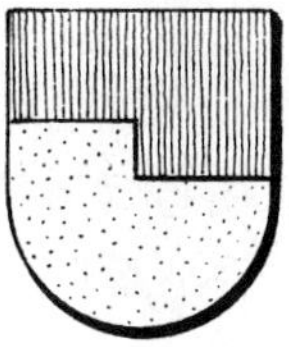

Steinbeis

Schamel

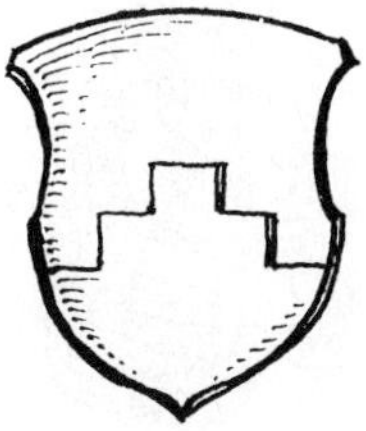

Boysen

Eckart

Ragkel

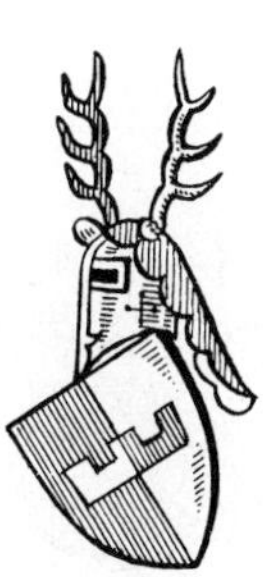

Palmer

Bruck

Brück

Mannel

Nadler

Scheldorfer

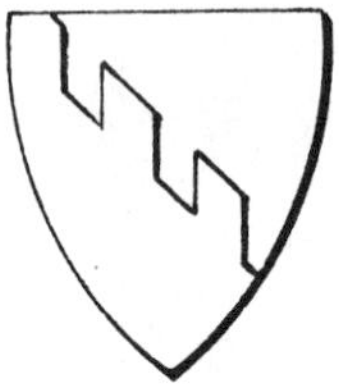

Westerburger

Hohentanner

Bardenheuer

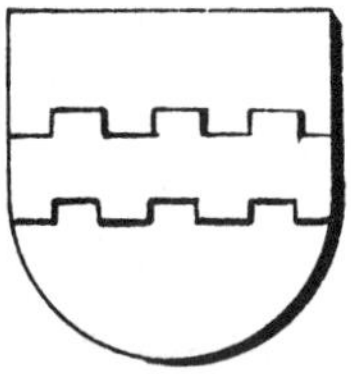

Kannengiesser

Respetino

Ingolstetter

Dahlem

Junge

Herr

von Hern

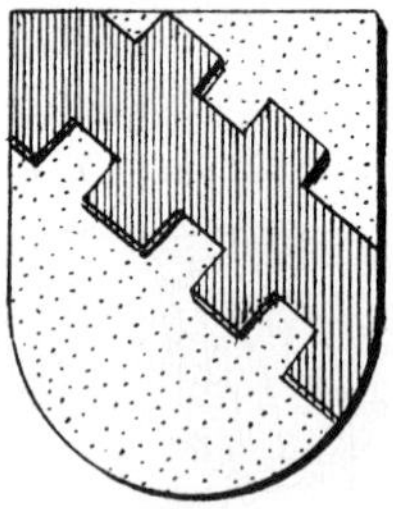

Wernle

Zeyner

Ewanhauser

Goldinen

Praedel

Murer

Bühler

Ling

Linck

Calmüntzer

Meurer

Krücken

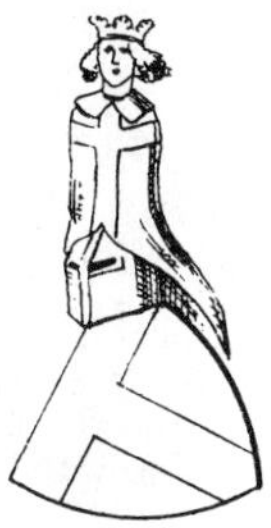

Senno

Tönnsen

Zeddies

Stegemann

Zickzackspaltung

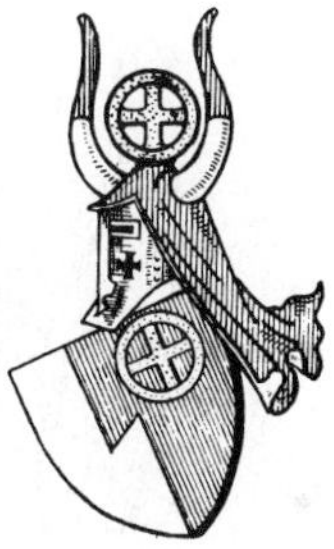

Suhre

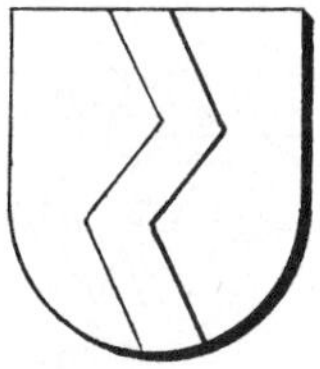

Strasser

Schnarke

Smollenski

Stainkeller

Ehinger

Conzet

Sawall

Eine Raute

Fux

Köhler

Eckardt

Holl

Zwei Rauten

Spitzweck

Sulzpeck

Sondermann-Hofmann

Brauch

Drei Rauten

Haug

Riem

von der Helle

Schweinfurter

Krantz

Frech

Prächt

Rottmar

Lengfelder

Beyer

Reumann

Roetenbeccius

Rötenbeck

Ackermann

Eggel

Eckstein

Diek

Bayer

Bethe

Kellerhoff

Joost

van der Borght

Stein

Krakau

Goverts

Eisenhard

Eisenhard

Bürkhammer

Kreitzenbeck

Baumann

Bruneckh

Bosch

Schuster

Elwert

Klawitter

Paungarttner

Vetter

von den Buschofstave

Vier Rauten

Weiss

Eckher

Bühring

Kramer

Rautenbergk

Mehr als vier Rauten

Steinwender

Kessel

Friesslich

Schaller

Isenbeckh

Peurbeck

Peuerbeck

Gerautet, Schräggitter

Lafontaine

Papenhagen

Sack

Gundersheimer

Rotengatter

Rottengatter

Rottengatter

Brähler

Zanders

Schräggeviert

Hartzheim

Rüssegger

Gumprecht

Person

Geständert

Speidel

Stucki

Harms zum Spreckel

von Pölde

Lemkes

Ornamentale Schnitte

Ratabot

Heinszen

Hyen

Karl

Sachs

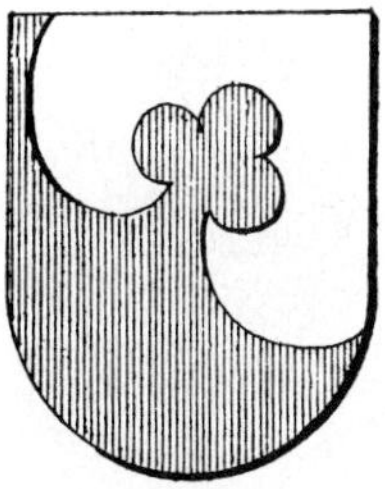

Kallinger

Moser

de Murari

Ries

Papendorf

Krümlin

Rheude

Hillinger

Altorfer

Welli

Kreuz, durchgehend

Christmann

Klapproth

Fürmunt

Böschlin

Barbierer

Apel

Arrets

Clarus

Fenkner

Günther

Geörg

Jörg

Huber

Christ

Mußweiler

Mischke

Kreuz, schwebend

Friedrich

Spörer

Schilter

Bodel

Volz

Kahler

Baltzer

Wegeler

Goede

Schiele

Kerig

Kunad

Teubner

Michaelis

Delius

Brügel

Ehrmans

Mallmann

Kitt

Kreuze neben Heroldsbild

Beuss

Jerger

Jerger

Merwart

Heuschkel

Hammerer

Mehrere Kreuze

Terlahn

Hogeherten

Stemeli

Goebel

Leitenrot

Schulte-Hiltrop

Jerusalem

Sielentz

Schwebendes Kreuz, begleitet

Verch

Dürsteller

Oberhuser

Camenzind

Hochkreuz, schwebend, begleitet

Streng

Hasse

Kynast

Hochkreuz, aufsitzend

Sützer

Plechschmidt

Weigl

Sandrock

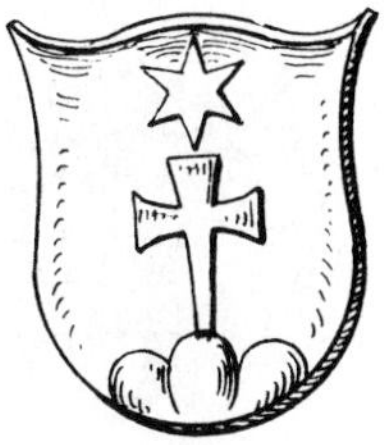
Grob

Hofmann

Wurster

Rynacher

Gasser

Steiner

Senn

Loser

Bitter

Strassgüt

Priester

Dietrich

Stadler

Priester

Hammer

Hagedorn

Brunner

Sonderendige Kreuze

Haver

Bönhoff

Eschenbach

Brassart

Köpper

Harteger

Reichenbach

Sprengenguet

Frömberg

Petersen

Grabmann

Kramer

Raumair

Baumeister

Wurster

Ferber

Frick

Trutmann

Trutmann

Arnoldi

Amort

Mirus

Ambts

Wirsch

Bapst gen. Sittard

Jörissen

Bex

Artopoeus

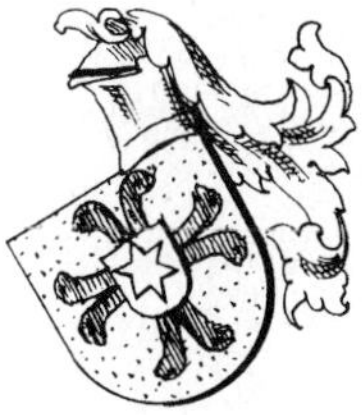
Bruggen

von den Driesch

Durchkreuzte Kreuze

Schreiber

Kreutzer

Beck

Camenzind

Deinhardt

Schaiblein

Cantzler

Schmid

Küttel

Wingens

Güth

Raven

Schuch

Seher

Bach

Bühler

Müchel

Jäger

Reisch

Huber

Häbelkofer

zur Eich

Antoniuskreuz (Krücke)

Marstaller

Hell

Hutzin

Boyn

Doppelkreuz

Brunne

Lepper

Schätzle

Stürmer

Grote

Meyer

Barthmann

Metz

Fürstenhauer

Fürstenauer

Burckhart

Schwyter

Lenerder

Moscoph

Knüsel

Bodmer

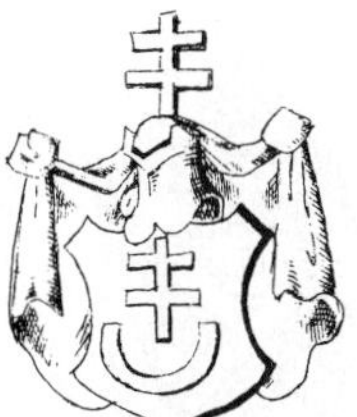
Rathel

Schwabe

Dietrich

Studer

Erichson

Dotzler

Thomae

Memminger

Hentzschel

Kempfer

Salfeld

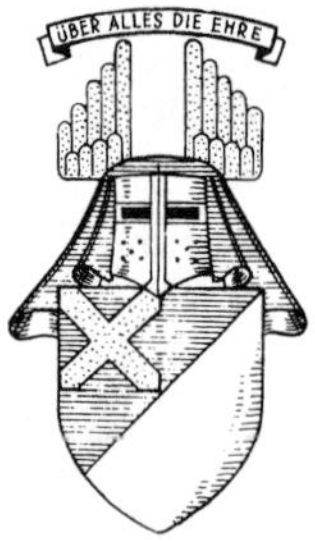

Detjen

Kaich

Gleist

Stissner

Sailler

Mussmann

Gladebeck

Ulman

Erythraeus

Meyer

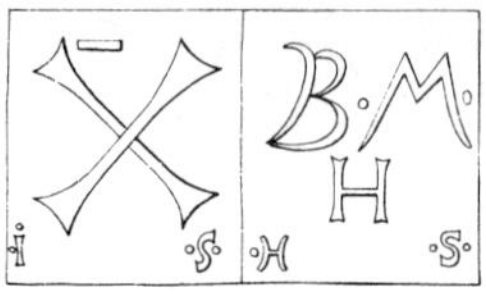

Meyer

Reidenhausen

Ries

Krauss

Offenberg

von Aue

Kosmos

Sonne

Sonder

Frey

Dürr

Schantze

Zandt

Ludwiger

Glitzmann

Porsch

Künzel

Mundius

Mülhofer

Schmidt

Boys

Kleinhans

Kleinhaus

Hübschmann

Paulsen

Salzwedel

Solis

Meitner

Lach

Rörer

Sonne mit Beiwerk

Sommer

Lentz

Simeringer

Steus

Anss

Hipschmann

Diehl

Sonnenhol

Rottok

Heinicke

Sonntag

Bräuning

Bräuning

Sonnenhol

Halbe Sonne

Scheny

Scheny

Hesse

Eschlingsperger

Sudeck

Mehrere Sonnen

Brunjohann

Mildebrath

Sonner

Soll

Soll

Sonne und Mond

Tücksen

Gerstenbrand

Praesent

Goetz

Frey

Sonnemann

Frey

Sonne und Stern(e)

Christlmüller

Belau

Mörckh

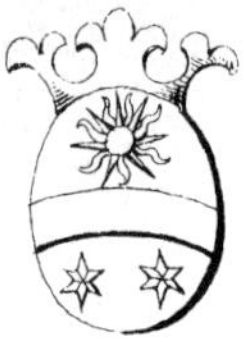

Schmid

Lorinser

v. d. Ketten

Haar

Kupferschmied

Huttler

Sachtleben

Des Arts

Jehle

Sonne, Mond und Stern(e)

Coelestinus

Coelestinus

Heller

Ismair

Mussinann

Klostermann

Frey

Lonicer

Vollmond

Hanneken

Grüen

Vollmann

Halbmond

Seidel

Velten

Kretschmann

Haug

Zeug

Jung

Jung

Wilde

Grüner

Grunner

Roet

Scheel

Grüner

Grüner

Meininghaus

Halbrugker

Münzmeister

Philippi

Ebell

von Grab

Schnetzer

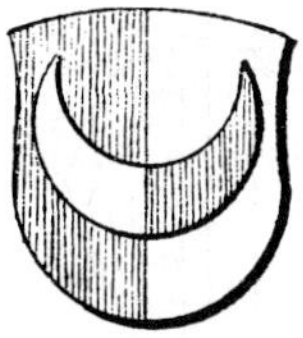
Gruner

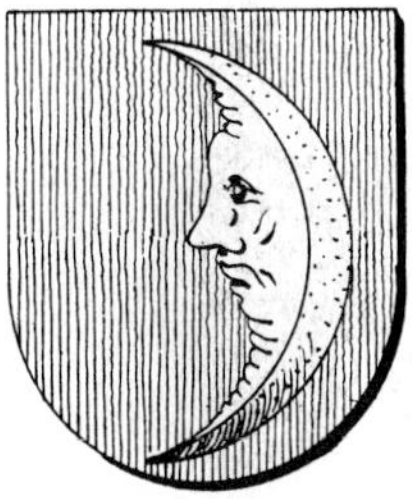
Kornmesser

Halbmond in Schildteil

Heckmann

Ziegler

Hipsch

Zumerum

Halbmond mit Beiwerk

Niedermair

Wein

Hohner

Zeibig

Lebenter

Weingärtner

Schwarzenbach

Ratgeb

Ratgeben

Kaenel

Gneuss

Maintzer

Gibel

Remboldt

Wäber

Tober

Paumbgarttner

Kreutzer

von Wyl

Trojanowski

Hungar

Seidel

Neu

Wiser

Schnellmann

Signer

Ulrich

Schwartz

Lindemann

Holman

Salenbach

Ebeling

Riem

Koller

Lüdtke

Zwei Halbmonde

Luxstein

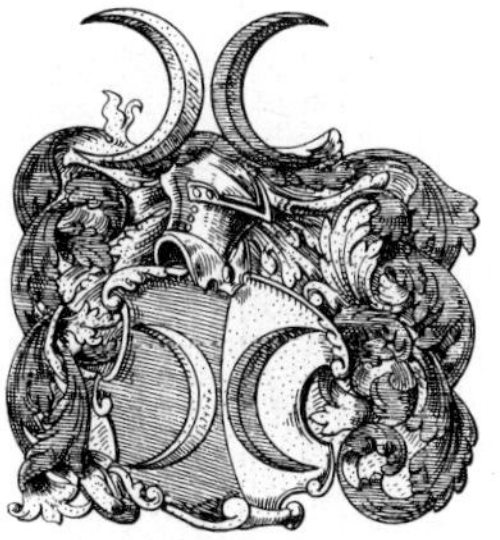

Herwagen

Herwagen

Thumas

Thumus

Schaub

Tschäppi

Merkle

Waltenheim

Waltenheim

Culman

Woehrnitz

Chrumer

Mondschein

Binder

Kemmerer

Kemmerer

Zunehmer

Mayrhofer

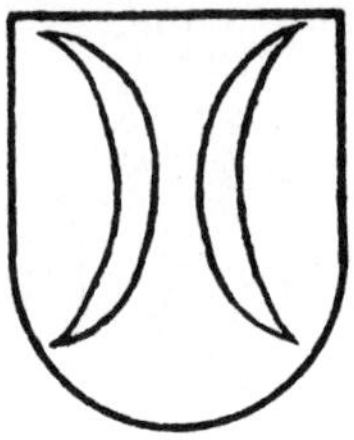
Agstein

Halbert

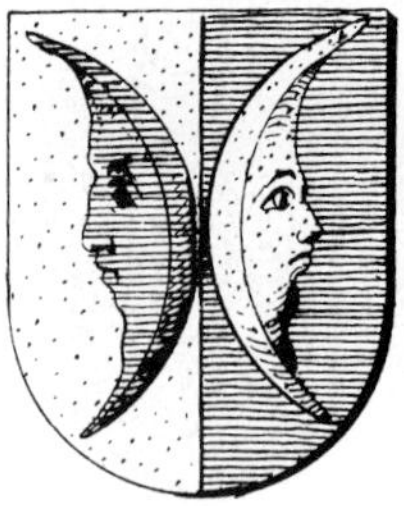
Hofmann

Zwei Halbmonde mit Beiwerk

Bachmann

Dinsbeckh

Lintz

von Wyl

Kardolinski

Barnisike

Glesting

Runshorn

Losan

Helbling

Top

Leyser

Werdmüller

Drei Halbmonde

Aach

Rhenius

Rhenius

Virnich

Virnich

Bethge

Jössel

Josty

Hanstein

Drei Halbmonde mit Beiwerk

Leonhardt

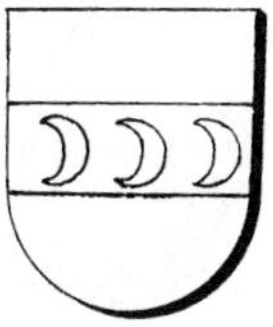
Havemann

Ney

Grossmann

Rudolph

Werlemann

Grossmann

Sattler

Posler

Klein

Reimerdes

Vier und mehr Halbmonde

Ruffmann

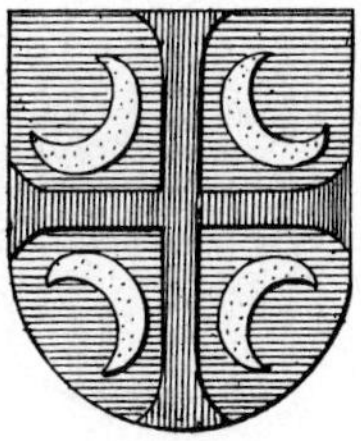
Oth

Pfenning

Halbmond, deformiert

Grün

Halbmond und Stern

Baumann

Oehme

Simon

Neumann

Neumayr

Riedel

Städeli

Böhme

Goebel

Paumann

Lossius

Senden

Seiler

Karkhof

Wedekind

Wedekind

Seiler

Mentzer

Gilow

Beyschlag

Weber

Prentl

Schemel

Spleiss

Weber

Mauch

Friday-Wellenkamp

Loth

Echaust

Laskowski

Gläser

Hemmi

Bochart

Goldschmid

Neumann

Simon

Tytenkofer

Sprüngli

Stein

Siemers

Halbmond und Stern mit Beiwerk

Utzinger

Hemmi

Haim

Usteri

Walther

Rychner

Richner

Crispus

Harder

Siegfried

Bächtold

Ernst

Dillier

Näf

Rauschenbach

Seebeck

Walbaum

Crusius

Mahler

Dillier

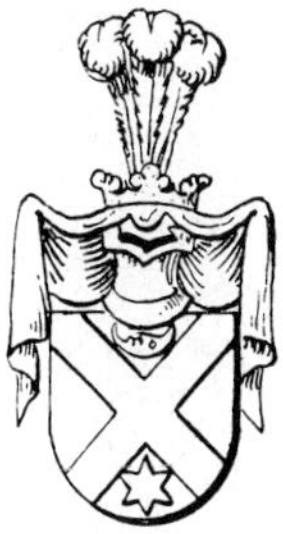
Parisey

Schinz

Sidler

Fietz

Halbmond und 2 Sterne

Relstab

Künig

Näf

Cosmar

Kayser

Faeckenstedt

Höfer

Neander

Bautze

Mösch

Reetz

Domarus

Halbmond, 2 Sterne und Beiwerk

Wirth

Scherbius

Bonrieder

Serre

Frönhoven

Preiss

Rüttimann

Ernst

an der Halden

Fonne

Hügli

Symers

Kiesling

Halbmond und 3 Sterne

Mosmar

Kulenkamp

Mestern

Bodenstein

Reuter

Schrag

Blatter

Eppinger

Eppinger

Eppinger

Eppinger

Crato

Meyer

Theodor

Klessen

Reutter

Unfueg

Trammel

Boning

Naumann

Glückh

Pfaff

Layritz

Glück

Weber

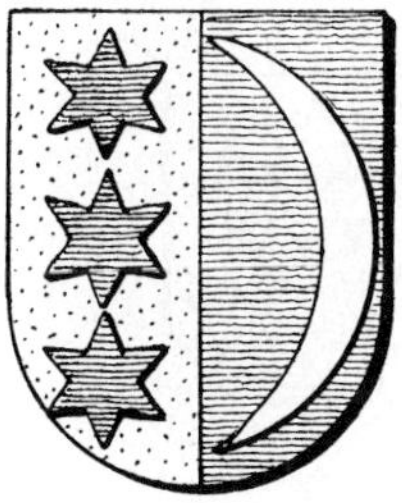
Tramel

Küster

Kruckenberg

am Rhyn

Weber

Hartner

Goll

Finstermacher

Duncker

Buch

Facundus

Meyer

Egckhl

Manthey

Schenck

Hänni

Weydmann

Bernard

Halbmond, drei Sterne und Beiwerk

Weber

Krauer

Durrer

Gloor

Schad

de Sausi

Hieber

Beyther

Maag

Duncker

Morus

Halbmond mit 4 und mehr Sternen

Albrecht

Roeder

Gröning

Kellermann

Kalert

Kusch

Zwei Halbmonde und Stern(e)

Frick

Tubenmann

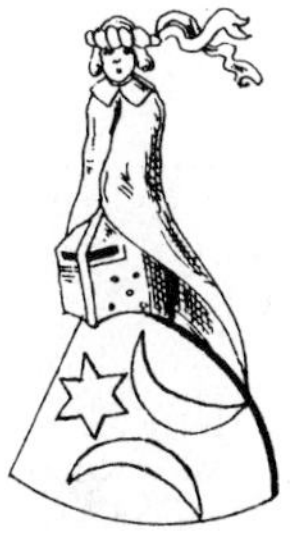
Taubenmann

Phyrgion

Saudler

Vollmann

Hotz

Sulger

Rücker

Mertel

Mertelius

Frörenteig

Münden

Münder

Kulmann

Nüscheler

Geiger

Pfaff

Stampf

Krampff

Zwei Halbmonde, Sterne und Beiwerk

Röthlin

Bam

Wolff

Riel

Niesli

Gay

Pfaff

Haug

Koven

Wilkins

Drei Halbmonde und Stern(e)

Dens

Mereell

Kirchmayr

Sibinck

Heinsius

Freiberger

Durham

Vier Halbmonde und ein Stern

Suler

Ein Stern

Volckert

Leuchtweis

Pucher

Himmelreich

Lange

Reinmann

Morgen

Brun

Scheffer

Schuchart

Stern

Göldner

Englmayr

Lauer

Frumolt

Remmlein

Kelheimer

Brewer

Stein

Folckershofer

Irnsinger

Martin

Yrsch

Wickh

Wickh

Vick

Aster

Fickler

Kohn

Gericke

Grammdorf

Ritter

Vogler

Stern, mehrzackig

Badisch

Heidichen

Klotzsch

Miller

Bader

Endegeve

Schultheiss

Wichnand

von Baumgarten

Mittag

Graff

Glum

Irnsinger

Rösch

Schmidt-Ramsin

Färber

Daur

Stern, deformiert

Zaler

Tempelmann

Gehmiller

Stern auf Berg u. dergl.

Kübler

Höchberg

von Scherz

Kaltenbach

Eissner

Leiber

Eckenstein

Hartmann

Felsberg

Bergk

Schützenberg

Müglich

Wall

Stern neben Wolken oder Wellen

Brauns

Ziegler

Nebel

Mein

Blanckenheim

Laer

Stern über Mauer

Bartels-Bartelshof

Hurrle

Obernheimer

Stern in einem Nebenfeld

Obermair

Mentzel

Dux

Gombracht

Wyrttener

Voigt

Torkuhl

Voigt

Engelhardt

Ebersheimer

Bomnüter

Wenig

Stern neben Heroldsbild (Balken)

Rhodius

Westphal

Algöwer

Selve

Keller

Werll

Sterne neben Heroldsbild (Pfahl)

up en Perde

Stern neben Heroldsbild (Schrägbalken)

von Oldendorp

Ulerich

Hoffmann

Reichenbach

Melbach

Limberger

Emmenegger

Stern in Spitze

Zoller

Herter

Freyheimer

Freihaimer

Tommer

Stern neben Sparren

Kaler

Zipperlen

Frank

Behaghel

Ruchti

Kaler

Vytler

Poss

Hochst

Geroltzpeckh

Hocher

Groz

Wiskott

Schumann

Stern in Heroldsbild (Balken)

Bing

Harttung

Weiss

Guetl

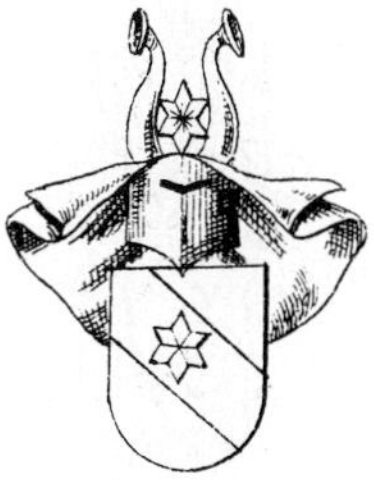
Coch

Walmerreutter

Palmreuter

Guetl

Hechler

Sterner

Kilchmeyer

Schernstainer

Tegen

Heller

Heller

Verhoven

Verhoven

Offerl

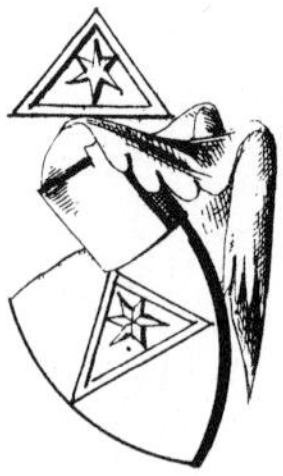
Hübner

Fassbind

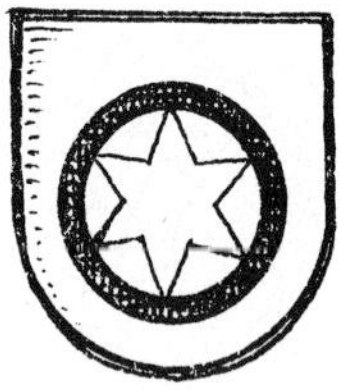
Fassbind

Böckh

Zwei Sterne

Martens

Huober, Huber

Hübscher

Schröder

Tinne

Ochsenfelder

Hiller

Huber

Koßwig

Rom

Zephelius

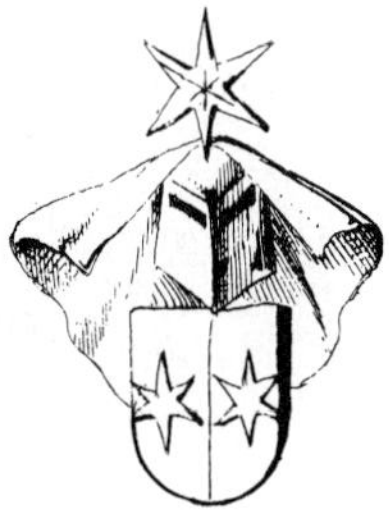

Riedtmayer

Ussmair

Jung

Deutinger

Hofmann

Hoffmann

Heckel

Hecke

Hamerer

Sternecker

Giseke

Gassner

Gassner

Daser

Daser

Hemerl

Hämerlein

Hehel

Hesel

Heel

Hertzog

Stofer

Schlund

Rumpel

Nozli

Mengelberg

Aaberli

Sieveking

Büler

Meusel

Schultheiss

Brandt

Bunsow

Schultheiß

Schlarffius

Engelmann

Essken

am Stad

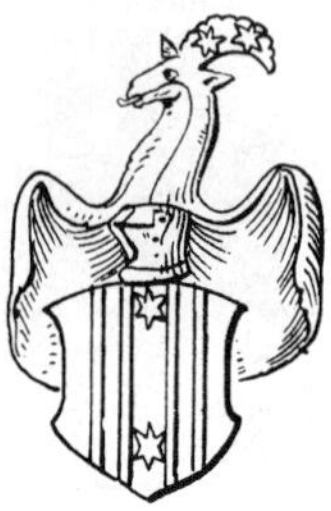
Langenberger

Langerberger

Tuchtfeld

Zendler

Jodoci

Schumann

Tura

Gemminger

Jordans

Bützslin

Drezel

Hell

Sautter

Hellmuth

Ulrich

Engelhard

Hirsch

Bohl

Focke

Giseke

Bühner

Erlisholz

de Wette

Geisselmayer

Lüders

Bressler

Schopenhauer

Freese

Lassan

Königsbach

Jordan

Haussieren

Petermann

Lechmüller

Salfelder

Jordan

Strasser

Smittermer

Brauner

Schrämli

Beck

Polch

Lonicerus

Granetel

Jeckel

Walch

Pfantzer

Carl

Ulrich

Hagen

Regulein

Koch

Puchinger

Puehinger

Castner

Moessmer

Osswald

Lawer

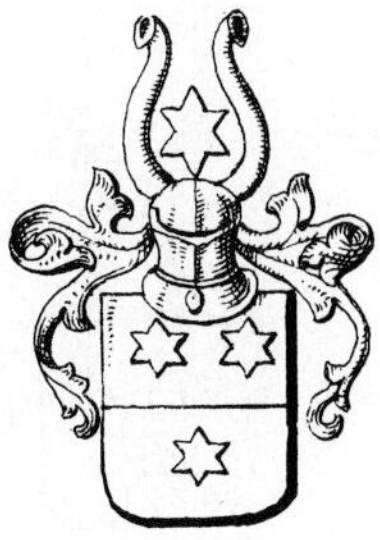
Lauer

v. Birckel

Gulden

Lauer

Wäsch

Schmauss

Schmauss

Garlieb

Gleiß

Lächele

Clar

Scheele

v. Bonn

Blawen

Dalner

Zettel

Köllein

Grundgreifer

Kolmer

Linder

Bachmann

Fabri

Sivers

Boltze

Nese

Richard

Hannes

Nybe

Schmauss

Ridder

Kerres

Geider

Hotz

Münch

Stuntz

Büttner

Guettratt

Schweitzer

Labandt

Kunss

Otto

Otto

Fleck

Ingeram

Windfelder

Statius

Riese

Nardin

Piekenbrock

Schaffenrath

Heppelius

Biler

Caumont

Klapperodt

Kröll

Manzini

Leins

Stephan

van Dülmen

Korth

Babst

Breidner

Schönfeld

Leins

Schelhorn

Sautter

Grener

Thielen

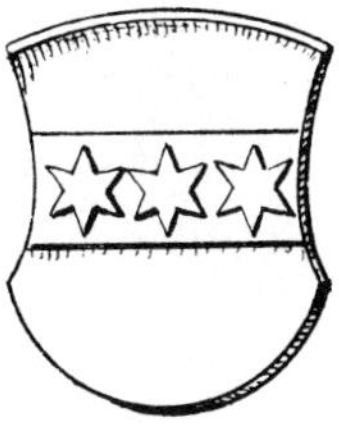
Krel

Zetzler

Loennies

Nordbeck

Merklein

Marggraff

Gloy

Schiler

Wolfhart

Bechler

Gässler

Steinau

Krechter

Hellweg

Dessler

Alckens

Heuser

Emmich

Arning

Pfnor

Pechler

Graff

Westphal

Diehl

Rabe

Dieterich

Harkort

Heinrich

Teschemacher

Geihoch

Mörike

Eger

Gerer

Gerer

Seiler

Conratter

Jenichen

Sternecker

Tyrmann

Leonhard

Castner

Helling

Binninger

Dahl

Caesar

Caesar

Crullius

Röhrig

Röhrig

Krötzsch

Manitius

Gebhard

Ebner

Oberst

Curtmann

Gülle

Klocker

Mayr

Gunetzhrainer

Strigell

Weiss

Reinhardt

Karcher

Sartorius

Stepeck

Kubisch

Freund

Brand

Koch

Steigertahl

Herzog

Hainz

Wacker

Söltner

Friederich

Hainz

Feind

Wittje

Meister

Baader

Bader

Fleischer

Haßkerll

Knackfuß

Will

Neibecker

Merxmüller

Gebhard

Greflinger

Frandorff

Bregler

v. Egri

von Aegeri

Pregler

Trinkler

Stiehler

Jürgens

Parstorffer

Parstorffer

Moll

Lotter

Blodau

Bestholtz

Petersen

Wittmair

Zell

Busch

Nüffer

Wernickh

Wernicke

Neudörffer

Leyss

Leisner

Buochmann

Ellinger

Grundlacher

Nauflezer

Nauffletzer

Harpprecht

Fibus

Hell

Murray

Lienau

Glandorp

Esslinger

Meister

Rebolt

Ott

Winkler

Liebsdorf

Westhof

Oberkamp

Oberkamp

Rausch

Stadler

Heel

Karl

Seidl

Seydl

Stadler

Ziegler

Reisacher

Bredt

Wilhelmy

Fleischhauer

Fleischhauer

Ammann

Schröttel

Ulrich

Steffen

Fellner

Hermann

Braunsbach

Eisengrein

Albrecht

Weron

Groshauser

Liechti

Curion

Ulsenheimer

Lüder

Meyer

Nuwyler

Dustenhefer

Harkort

Vier Sterne

Weber

Bahl

Bahls

Deßloch

Benthe

Franke

Rüdiger

Asam

Punschel

Seebach

Bender

Morath

Christiani

Fünf Sterne

Sinner

Schädler

Bausch

Bausch

Weidenbruch

Winter

Högenstaller

Bayr

Ruppel

Sechs Sterne

Bäumer

Uhl

Braun

Filter

Hoefeld

Buch

Becker

Folkmer

Gewald

Pirander

Polke

7 und mehr Sterne

Becker

Kuhn

Boots

Echte

Rentzsch

Gottschalk

Seyfardt

Seiler

Rieck

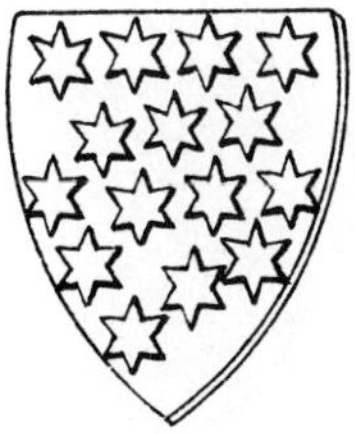

Seiler

Brandes

Bornhusen

Rubens

Komet(en)

Gonzanus

Ritter

Kettler

Globus

Galuschka

Galuschke

Wegelin

Volbracht

Landschaft

Ettling

Nieper

Tobler

Billerbeck

Exborn

Eckelspach

Wetter, Gewitter

Hertel

Duncker

Tunner

Hensle

Wetter

Regenbogen

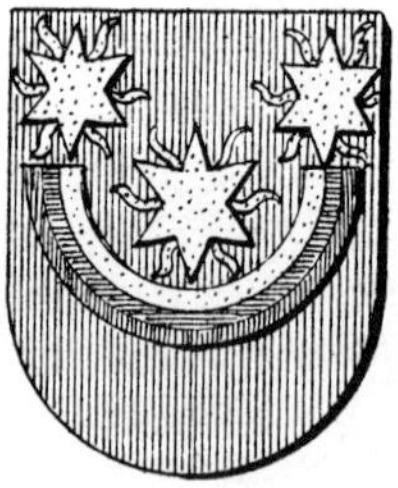

Neukam

Hug

Studer

Berg(e)

Bergmann

Freydenreich

Salzburger

von Bockell

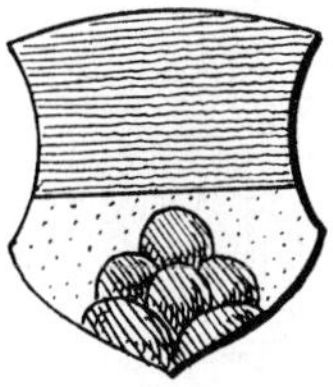
Lauchenberger

Mutter

Mutter

Bercker

Schepperlin

Schöpperle

Reinhardt

Eisenberg

Lichtenberger

Friedlieb

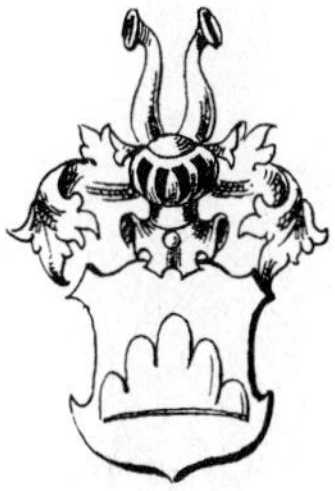
Friedlieb

Geldersen

zu der Linden

Wartenberg

Hohenbuech

Berger

Spiegelberg

Scharfenberg

Gnepenberg

Steinberger

Bergner

Bruder

Girsberg

Felss

van Brink

Klippe

Felss

Lomberg

Brenner

Spangenberger

Notz

Notz

Rotenflüe

Spiegelberger

Heiligenthal

Petersen

Cronberger

Mossegger

Steine

Scholl

Kissling

Kysel

Ebner

Schönbach

Brennende Berge

Bürser

Fürtter

Stürnlin

Brönner

Freudenthal

Voltz

Köhler

Brandt

Feissler

Feistlin

Funckh

Harrer

Brandt

Heiss

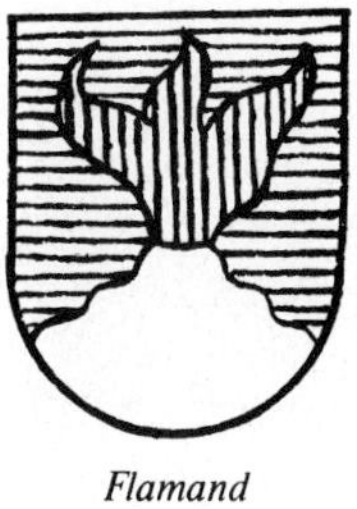
Flamand

Degler

Zundel

Zundel

Zundel

Uhl

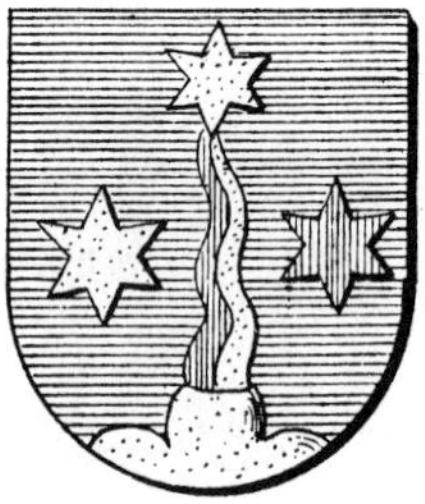
Uhl

Lessel

Seidelmeier

Rynow

Prennberger

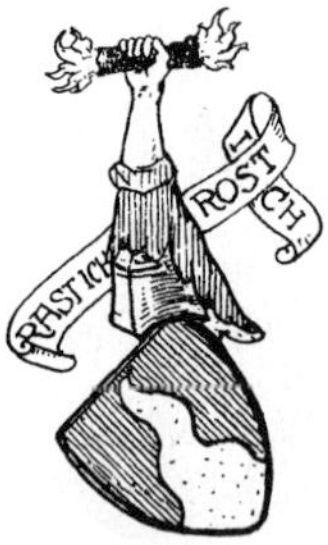
Brenner

Zibol

Stoketo

Kukchinger

Sasse

Coci

Brun

Lebewesen

Mensch, unbekleidet

Kind

Sebastian

Kimmerle

Goßmann

Erkert

Mann, unbekleidet mit Beiwerk

Schröder

Harttober

Schenkel

Deichmann

Ruland

Wilder Mann

Kampff

Ive

Lastrop

Ruch

Greve

Wilckens

Damerow

Westermann

Schmoll

Brase

Willigmann

Hostmann

Beckmann

Rughe

Wichmann

Wild

Marr

Heermann

Grimm

Walliser

Hartmann

Selmann

Kolb

Krull

Hartmann

Barchmann

Kielmann

Jacobsen

Kohlmann

Braumann

Krogmann

Tiedemann

Graumann

Blessing

Hermanni

Woele

Beckmann

Meyer

Roese

Kölmann

Nehrmann

Beyrer

Unold

Campmann

Osnabrügge

Wildeck

Volckmann

Mentze

Wild

Teyssner

Wilckens

Mar

Wilsam

Ul

Feldmann

Lodemann

Tanner

Waldmann

Willburger

Waldtmann

Henle

Lindemann

Lindemann

Waldmann

Winterberger

Wiedemann

Rayssmann

Bartels

Wilder

Bermutter

Struckmann

Rouwe

Pirchinger

Buchmann

Häuptlein

Langendorf

Wichmann

Rimann

Thiermann

Türschmann

Mann

Willers

Havemann

Held

Frey

Timmermann

Baumhauer

Bomhouwer

Waldmann

Doormann

Geidemann

Waldmann

Willers

Lange

Hildeprandt

Marr

Mendlin

Krafft

Krafft

Schoof

Hopfer

Merlich

Hülsemann

Grönberger

Haisermann

Nather

Zenckh

Dentzer

Goschl

Dantzer

Mahncke

Wilcken

Bube

Timmermann

Schmidt

Schutte

Beuthel

Raue

Zeyll

König

Hagemeyer

Zeitz

Mejer

Gerstel

Maier

Kalchschmidt

Wildeisen

Colsmann

Frank

Lodtmann

Crauch

Ortmann

Krux

Bartter

Mayrs

Ambach

Sellmann

Scheytt

Winkelmann

Mohr

Winkler

Praunsmännl

Morasch

Bubenleber

Marquardt

Lantzing

Pichlmayer

Westermor

Schwarz

Schwartz

Schwarz

Schwartz

Staehle

Koch

Mohr

Hann

Prantner

Mulich

Schwarzmann

Mayr

Schwarte

Mohrdorff

Mann, bekleidet

Still

Frölich

Schweigger

Ostermann

Hutzmann

Brachmann

Zschetzsche

Mit Beiwerk aus Kosmos

Unholtz

Dieterle

Ganzmann

Kaltner

Gindlmair

Melber

Bauer

Gutermann

Gutermann

Etwas schulternd oder oben tragend

Mylius

Preis

Thiell

Tackmann

Bauer

Etwas aus Tierreich haltend

Bauer

Hoefmann

Vogl

Mann, bekleidet, etwas Pflanzliches haltend

Vogler

Küchlperger

Schefflmaier

Frese

Schwenter

Schwendter

Etwas Pflanzliches haltend

Schwenter

Holtzmann

Bäumler

Reckenschink

Oberlachner

Heuptlein

Mannert

Gilman

Altmann

Negelein

Tiedemann

Gertner

Nägeli

Curter

Hänselmeier

Hornschuch

Hornschuch

Ruthinger

Altmann

Bertzner

Schmautzenberger

Noder

Kaltenhauser

Lemme

Kümmell

Dreher

Pfefferlin

Stetter

Rötinger

Röttinger

Knab

Wallasser

Knab

Daumiller

Daumiller

Trautmann

Wiedtmann

Hopfer

Widemann

Dürr

Laubmann

Wiedenmann

Daxenbacher

Ebermayr

Neidhart

Neidhart

Lohmann

Grasmann

Widemann

Büsching

Aumayer

Bau

Treubler

Weinmann

Weinmann

Beurlin

Mostelius

Weinmann

Lenz

Schwender

Gerstlacher

Gerstlacher

Zehedtner

Zehendtner

Weydemann

Zauner

Vesenbeck

Avenarius

Breitmoser

Bauer

Ettlinger

Eisfeld

Seelemann

Mair

Körnichen

Kulemann

Stainwerfer

Zwerger

Heyer

Ohrlein

Knaus

Dahler

Garkoch

Rockenbach

Knoblauch

Hainrich

Mann, bekleidet, etwas Stabförmiges haltend

Altkover

Oberrauch

Herold

Ostermeyer

Rösch

Greis

John

Teslow

Manderscheidt

Schmutterer

Selva

Stakemann

Stadelmann

Hirt

Becker

Schüz

Karl

Stempfel

Hofmaister

Pfeiffelmann

Greis

Fehr

Reschke

Hudtwalker

Königer

Conradt

Schäfer

Leuffer

Wolff

Holl

Bachmann

Klemm

Lang

Pfyffer

Mit Beil

Wagner

Wagner

Felgenhauer

Bangemann

Barthold

Franke

Weitschacher

Berthold

Mit Dreschflegel

Tallmayr

Neubauer

Baur

Bauer

Mit Fackel

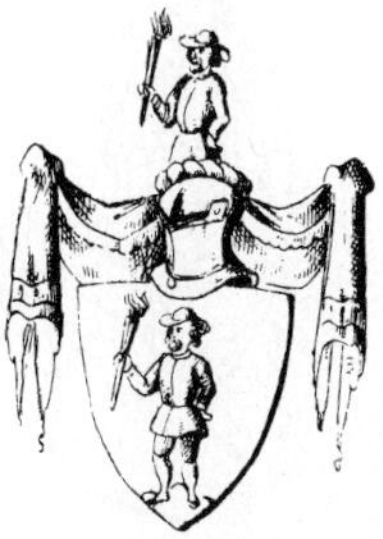
Kiehn

Schauberg

Kiehn

Hillebrandt

Mit Gabel

Burmann

Leuchsner

Leuchs

Mit Hacke

Sonnenmayer

Wegmacher

Rübsamen

Ertt

Mit Hellebarde

Waibl

Laucker

Rambsbeckh

wie vor, hier Hellebarde

Reuter

Cramer

Hinselmann

Hartmann

Bauer

Mit Fahne

Ziegra

Mit Fischernetz

Fiel

Fischer

Mit Anker

Hayden

Hofer

Wilbrandt

Mit Becher

Seydler

Weinmann

Scheuermann

Bechtholt

Mit Bienenkorb

Zitelmann

Seiler

Mit Armbrust oder Flitzbogen

Plenndel

Sandberger

Sandberger

Kapfer

Reitter

Grueber

Mit Backwerk

Löser

Neumann

Neumann

Mit Buch

Buchner

Dollmetsch

Thumb

Mit Füllhorn

Hucker

Mit Hammer

Schmiedknecht

Dörffler

Gnam

Faber

Harttung

Rohdmann

Jungklaus

Schalhamer

Wilhelm

Mit Hufeisen

Haltenhoff

Mit Hut

Friedrich

Mit Horn

Hurlimann

Jäger

Mit Keule

Schwaiger

Marr

Holtzmann

Kolb

Bartman

Fabricius

Koch

Mit Pfeil

Strobl

Strobl

Kramer

Mayer gen. Ragener

Maritz

Fürth

Bachmann

Stehlin

Mit Pflug

Hueber

Huber

Mit Rost

Munter

Mit Säge

Seeger

Mit Schaufel

Stadlman

Scheuffelein

Brockmann

Mit Schelle

Scheller

Mit Schlüssel

Kaemmerer

Mit Schuhen

Knabenschuh

Mit Schwert

Stroh

Magania

Fueßstettner

Groß

Crabathen

Weiß

Schlechter

Stegemann

Schulthos

Seelmann

Streitberger

Mit Schild

Ernest

Mit Seil

Sprüngli

Mit Sense

Paur

Wichmann

Mejer

Grienschneider

Camerarius

Cammerer

Distelmeier

Mit Sichel

Grölein

Baur

Schönfelder

Schneider

Hofman

Gertner

Zaemann

Zeeman

Mit Sieb

Siberer

Mit Waage

Wieger

Wanner

Mit Weberschiffchen

Altmann

Mit Winkel

Thomä

Mit Zirkel

Zirgle

Mit Zuckerhut

Carstens

Mann, bekleidet, in Umwelt, hier Sämann

Bauer

Agricola

Hier Jäger

Du-Mont

Hier Bergbau

Parchsteiner

Schmeißer

Butscher

Bergmann

Prefenhueber

In Landschaft

Böcker

Lopau

Bei Ernte

Meyer

Höger

Hagemeyer

Helmaier

Schneider

Köler

In Zeltlager

Ziesche

Am Wasser

Aeschpacher

Stegemann

Vergawer

Lauterbach

Fehr

Mann, sitzend

Schützinger

Kurtzhals

Gronewold

Winter

Winter

Mann, kniend

Ehrgott

Mellemann

Werenberg

Bettmann

Möncheberg

Weber

Mann, geistlich

Schuldorp

Deutschmann

von der Möhlen

Dietrich

Mönkeberg

Pfaff

Pfaff

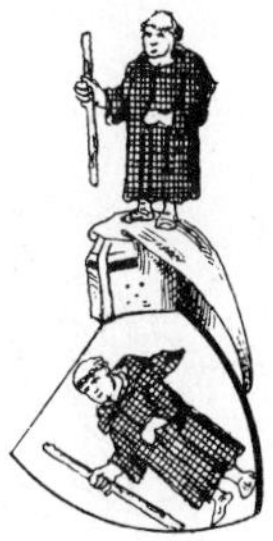
Gries

Monachus

Runzler

Berensbach

Thomasius

Stoffl

Lutherus

Laurentius

Fromann

Martinssen

Hoser

Leser

Augustin

Harmens

Jesslin

Oppermann

Bendecke

Bischoff

Closner

Andreae

Mann

Mann, gerüstet

Clauberg

Mann, gerüstet etwas haltend, hier Kreuz

Kulmus

Mit Beil

Beyel

Mit Armbrust oder Flitzbogen

Jesse

Siegfried

Greiner

Lauerer

Mit Fackel

Hileprant

Mit Fahne

Friedl

Jörger (Jerger)

Junker

Herrmann

Mit Hammer

Speckl

Hueber

Hartmann

Specklin

Mit Hellebarde

Römer

Streitmann

Studtbeck

Thomann

Barbisch

Tutzer

Winter

Aichholzer

Mit Keule oder Kolben

Tönig

Gau

Goldemann

Kolbinhueber

Koch

Richter

Schäffer

Kolb

Hartmann

Hermann

Tetzlaff

Helt

Russ

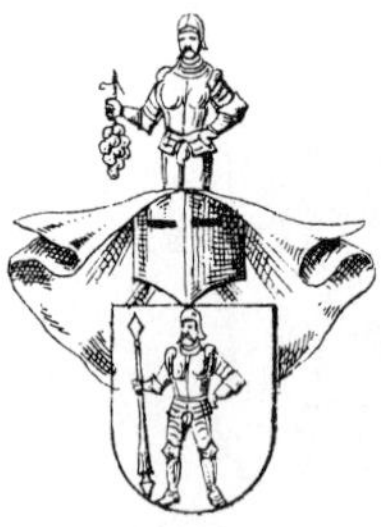
Eisermann

Held

Schnabel

Mit Lanze

Mascher

Spieß

Kempin

Handtmann

Möckermann

Hinklmann

Römheld

Heune

Seifried

Schepeler

Mit Schild

Seitz

Mit Schwert

Richertz

de la Camp

Köhn

Hermann

Heermann

Schaare

Ruland

Schirmer

Jungendress

Christmann

Seefels

Hueber

Hoeftmann

Seidel

Heldberg

Rietberger

Eisenhauer

Komig

Mayr

Salomon

Mit Sense

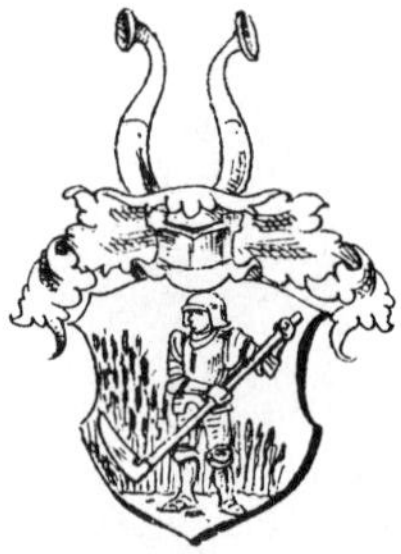

Meyer

Mit Stab

Riess

Riess

Otto

Mayer

Avemann

Knopff

Mit Pokal

Traxl

Mit Tasche

Wetzelius

Mit Winkel

Boehmer

Mit Teil von Lebewesen

Heerman

Stieveleben

Mit etwas Pflanzlichem

Lemmé

Mayr

Rischmann

Korn

unbekleidet

Huetmacher

Tuschelius

Mayer

Sievers

Grisebach

Vatzin

Billerbeck

bekleidet mit Tier

Nikutowski

Sommer

Schönich

Fortuna

Wichmann

Erkert

Brehmer

Guderian

Kaulfuß

Steinkopff

de Marck

Bollmeyer

König

Anderson

Wittwer

Plöhn

Walther

Jencquel

Jencquel

Axen

von Axen

Raschig

Sager

Spiller

Frau, bekleidet

Tyle

Miltenberg

Mit Beiwerk aus Kosmos

Clarner

Flockh

Klarner

Röting

Mit Beiwerk aus Tierreich

Heffner

Mit etwas Pflanzlichem

Hermans

Meyer

Nehmitz

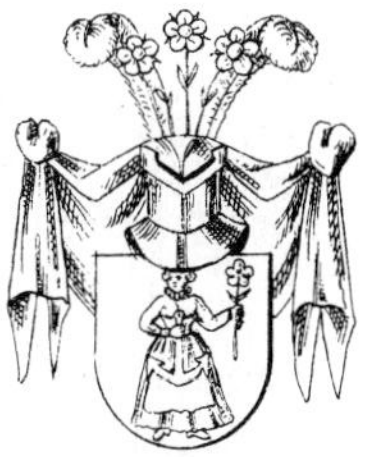
Brandenburg

Appel

Rollenbutz

Rollenbutz

Mit Gerät, hier Anker

Schmieden

Öhmchen

Rücker

Schmidt

Rücker

Kojacht

Valentin

Haanwinkel

Bentzmann

Schmidt

Hasentin

Kurella

Brand

Otto

Schmidt

Mit Blasebalg

Blaßbalg

Mit Fackel

Selfisch

Mit Schild

Völschow

Völschow

Mit Schwert

Paullini

Mit Schwert und Waage

Bodenstein

Jentsch

Pfender

Hellwig

Rentsch

Redlich

Richter

Mentzel

Friedrich

Kauffmann

Hoffmann

Rösner

Richter

Richter

Grichtmaier

Pfender

Richter

Mit Sichel

Starke

Mit Stundenglas

Zeitmann

Mit Zahnrad

zer Kinden

Kind

Maickler

Freuler

Mellmann

Gutwasser

Rott

Kindlimann

Schönkindt

von Docken

Meder

Auherer

Underrainer

Enikl

Wiegner

Wiegner

Hosentauer

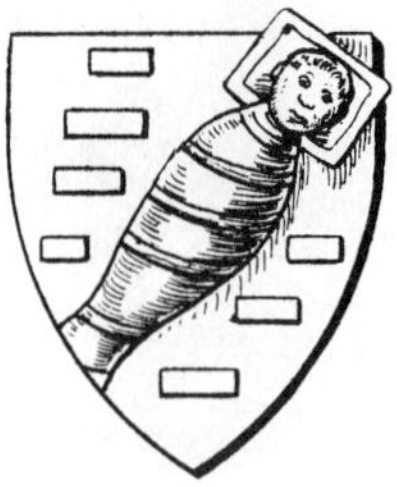

Kindeken

Schloemer

Lorette

Sowcke

Zimens

Sahr

Breuning

Dubbe

Waldmann

Roggenbruck

Kindsvater

Kleeberger

Disseni

Binding

Rike

Koocken

Stehnmann

Lodders

Riem

von Damme

Runkel

Janssen

Drei Gestalten

Schwartz

Osterkamp

Rohtlieb

Meineking

Völkl

Mehrere Personen

Gettel

Menne

Official

Mönckmeyer

Mensch und Löwe

Albertus

Stark

Lay

Gormann

Modelmayr

Mensch und Pferd

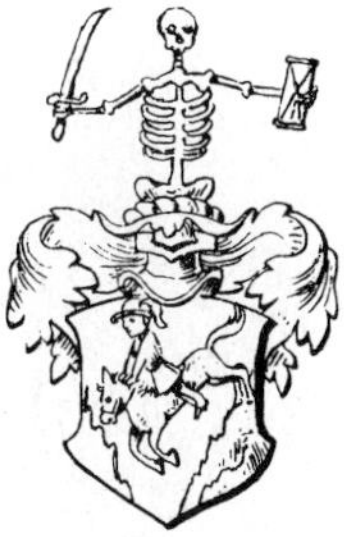

Curtius

Sandreitter

Kurtz

Reutter

Pfendler

Seitz

Köster

Ponacker

Rittberger

Haym

Freimann

Felwinger

Ehrendreich

Voigt

Reidter

Dannreutter

Haunreuter

Stridtholt

Meyer

Renninger

Rentzsch

Pfaffreuter

Herrmuth

Haan

Hatoff

Post

Reiter

Neumayer

Reutter

Seel

Haunreuter

Ritter

Schnauer

Sattler

Mensch und Bär

Behrmann

Wölfel

Wyszomirski

Wolfflin

Mensch und Hirsch

Bünger

Janssen

Buck

Hartmann

Keilholz

Borstelmann

Mensch und Hund

Hetzer

Tschertte

Mensch und Schaf

Blees

von Heerde

Heeren

Schaffhirt

Mensch und Vogel

Pistorius

Martini

Hanakamm

Schaidenreihser

Mensch und Reptil

Guestbeen

Gerstäcker

Hebenstreit

Mensch und Fabelwesen

Lay

Mensch, unbekleidet, oberhalb, Nebenfeld leer

Waltmann

Walter

Bader

Mensch, unbekleidet, oberhalb oder abgedeckt

Brückmann

Kuschel

Tieffbrunn

Hellmuth

Schwarz

Schwartz

Wild

Mensch, unbekleidet, oberhalb, etwas haltend

Angerer

Angerer

Rulandt

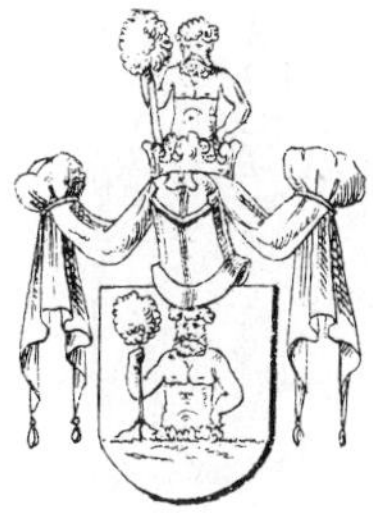

Hertel

Schuckmann

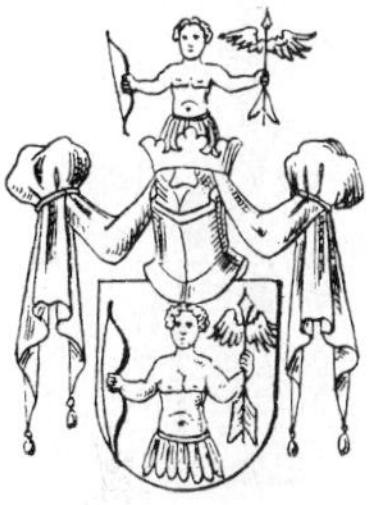

Schambogen

Bunnemann

Kröl

Kerl

Beckmann

Beckmann

Mohr, oberhalb

Heye

Morhardt

Schwab

Ruprecht

Westermair

Möringer

Nürnberger

Palm

Schurich

Schmidt

Mair

Burkhard

Haug

Berkmayr

Mann, bekleidet, oberhalb, nichts haltend

Grabmayer

Gross

Müller

Späth

Koller

Marauer

Sweble

Schwäbl

Gisterle

Nichts haltend

Wagner

Gallus

Barth

Kleindienst

Fingerlein

Schweigklin

Lechmair

Tum

Mayr

Mayr

Knopff

Dahlheim

Etwas haltend,
hier: aus Kosmos

Taglang

Mann

Baumann

Seitz

Seitz

Wasmuth

Bröckhell

Etwas haltend,
hier: Kreuz

Stenglin

Aus Tierreich

Frey

Frey

Miller

Miller

Gsell

Gussmann

Dröxner

Kirmeyr

Fink

Geyerhalter

Heinzelmann

Sperber

Walch

Hanmayr

Kinzler

Kienzle

Federlin

Bachmann

Hecht

Hecht

Vischer

Fischer

Ströbel

de Furno

Resch

In einer Hand etwas Pflanzliches haltend

Mayer

Albrecht

Lentilius

Dürr

Palm

Schleenried

Fichtel

Strehlin

Mayer

Zink

Kleeblatt

Daumüller

Grieninger

Merkel

Peckh

Schweyer

Schweyer

Aichler

Eichler

Fromm

Manz

Guter

Beck

Beckh

Beck

Ressach

Faber

Curter

Greussing

Mayer

Gehring

Gering

Megerlin

Wagner

Günzler

Weickhman

Merzbach

Hohenberger

Hofmann

Höllischer

Kern

Lang

Lotter

Frey

Fortsch

Lips

Weinhardt

Schneidewein

Zinner

Trumppenberger

Niemand

Weinmann

Weinmann

Eppelman

Kochl

Kochl

Krell

Kiffhaber

Dorsch

Hohenberger

Kruth

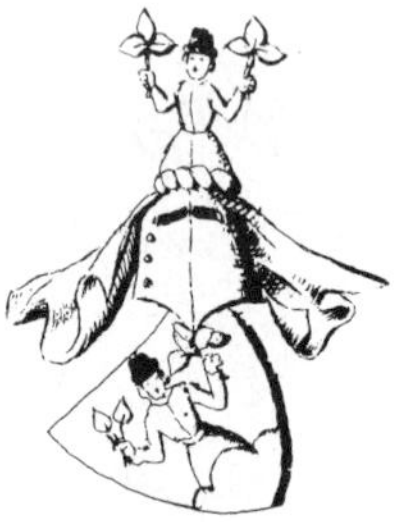
Gundlach

Widemann

Blattenhart

Plattenhart

Widenman

Kneller

Weilhammer

Pröbstl

Dötsch

Kiefhaber

Dötsch-Benziger

Symmerl

Preininger

Heiglin

Hohenberger

Simmerl

Strohmeyer

Preininger

Kolb

Hunger

Weinmayr

Erb

Gantner

Mann, bekleidet, oberhalb, in beiden Händen verschiedenes haltend

Veielmann

Spring

Haas

Hettinger

Schäbel

Haas

Adam

Müller

Mann, bekleidet, oberhalb, lasttragend

Miller

Mann, bekleidet, oberhalb, Gerät tragend, hier Globus

Mästlin

Mit Anker

Haagg

Stephani

Mit Becher

Schwerzer

Mit Beil

Frey

Weigel

Holer

Keilhauer

Hackhl

Zeidler

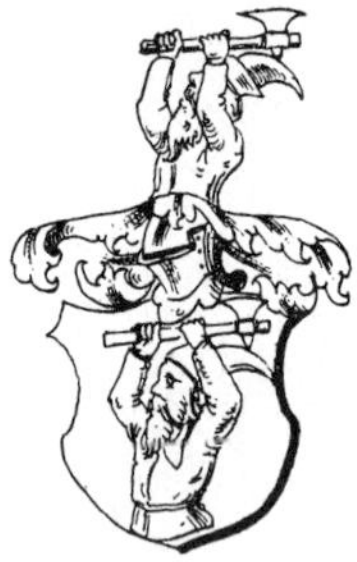

Heydenreich

Spanhauer

Bartholomäus

Metzler

Metzger

Mit Beutel

Siebenbeutel

Mit Armbrust oder Flitzbogen

Druckl

Syntz

Schwarzhuber

Rottenburger

Schambögen

Jäger

Hützler

Volkmann

Mit Brief

Sigel

Mit Brille

Ulmann

Mit Buch

Guttknecht

Espermüller

Ungebauer

Mit Buchstaben

Schochner

Mit Dreschflegel

Hofmann

Kurbin

Mit Fackel

Prenner

Christmann

Heerbrandt

Prenner

Mit Gabel

Rösch

Gering

Feickelmann

Mit Harke oder Haken

Mäleskircher

Bickhel

Castner

Zostitz

Popp

Hanck

Keilhauer

Passavant

Schultzenstein

Starke

Schun

Mit Hammer

Schmidt

Schmid

Schmid

Faber

Hammerschmidt

Rueprecht

Leibhaimer

Melber

Wisshack

Frieshaimer

Kolvenrott

Herrnschmid

Hemmerlein

Maschke

Krauß

Althammer

Preyninger

Lederer

Lederer

Murhaimer

Perchtner

Eisenmann

Schmidt

Buntz

Mit Hellebarde

Fuehrmann

Freyberger

Kollach

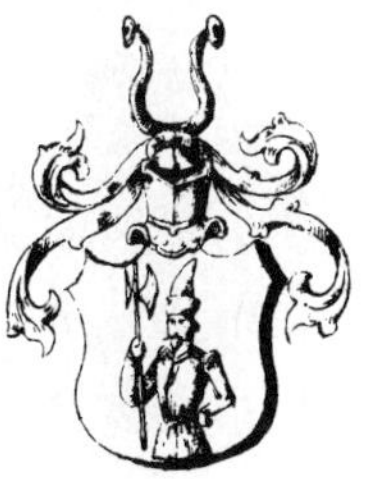

Frey

Frey

Bössecker

Mit Horn

Haintz

Flurer

Jäger

Siebenhorn

Jägerschmidt

Böhm

Mit Gefäß

Diettmann

Huttenloch

Schenk

Voll

Hofer

Hofherr

Mit Kelle

Maurer

Mit Kette

Oesenbrei

Mit Keule

Kling

Dremel

Pfundtner

Carl

Behamb

Hofer

Mit Pfeife

Pfeifer

Mit Pfeil

Parth

Revelmann

Walpenhofer

Kucher

Gregk

Flentz

Dietz

Roenagel

Schwarzmann

Stählin

Mit Pflugschar

Strebel

Mit Reichsapfel

Kaiser

Mit Ring

Witzmann

Widmann

Mit Ruder

Rudeloff

Mit Säule

Krafft

Mit Schlüssel

Dietterich

Mit Schöpflöffel

Sapper

Mit Schuh

Schuch

Mit Schwert

Hörmann

Glückh

Glückh

Feustt

Weise

Schweytzer

Schalmoser

Dürnizl

Mann

Ramsbeck

Leußler

Zugkheys

Hager

Hess

Heilmann

Stoy

Schmidt

Unger

Mit Sense

Plech

Meyer

Mit Sichel

Weinmann

Hess

Bauer

Marquart

Lauer

Bauer

Mit Stab

Bäurlin

Mutzbauer

Lantzinger

Wack

Haid

Flenz

Gloseisen

Zoller

Holzinger

Regenfuß

Lichtenegger

Wagner

Seuter

Seuter

Seuter

Pötinger

Dopfer

Zinsstag

Vogtherr

Hauptman

Fitzihäuser

Roesch

Anlauf

Schulze

Siedelmann

Baier

Bleicher

Pfannenschmidt

Klincksieck

Rörl

Vogther

Steeb

Mit Stofftuch

Regner

Mit Striegel

Strigler

Mit Waage

Rangner

Stellwag

Renger

Mit Winkelmaß

Weichelt

Mit Wollbogen

Koler

Mit Zange der Schere

Volet

Hoeckl

Mit Zeichen

Schwartz

Kleines Objekt haltend

Schwab

Steininger

Högl

Kern

Daler

Münzinger

Wechsler

Krapff

Hirnpain

Freissleben

Ammon

Zwei kleine Objekte haltend

Ayermann

Schöppler

Codomann

Moroldt

Frank

Dehler

Drechsel

Berkmüller

langgestreckte Objekte haltend

Sidelmann

etwas vor den Leib haltend

Pfaff

Stattmiller

Müller

Berchmair

Im Land

Im Land

Etwas haltend, in Nebenfeld, unten leer

Helfreich

Vischer

Rivinus

Waldtmann

Dürr

Beham

Behem

Beham

Mertz

Mertz

Mertz

Elsperger

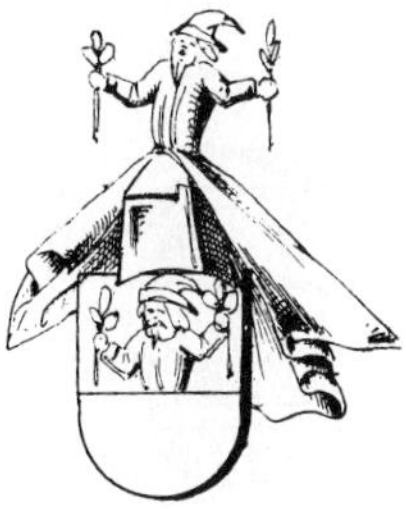

Lindeman

Oberrauch

Forster

Forster

Prandstetter

Hauer

Kandel

Hirthes

Hirthes

Koch

Herdegen

Kempff

Hofmair

Wucherer

Aus Gefäß hervorkommend

Passavant

Salzmann

Bruhns

Salzmann

Potth

Wernle

Bergmann

Aus Bauwerk hervorkommend

Hirt

Zeinle

Prugger

Rupp

Volkmanns

Ziegler

Beyschlag

Hammerlin

Gutthaeter

Voyk

Maurer

Unger

Mayr

Textor

Wörlin

Hoffmann

Hauf

Wucherer

Plamauer

Mayr

Schmidlin

Werherr

Senger

Singer

Geistlich gewandet

Mönch

Münch

Abt

Vits

Probst

Martin

Probst

Pantzerbiter

Gerüstet

Rüdinger

Eisselin

Aineder

Schmidt

Amman

Hebenstreit

Kürwang

Reyttmair

Schunter

Schöber

Kothen

Neuman

Schuchmacher

Heermann

Reis

Kreutzer

Freyburger

Beham

Maister

Avemann

Dölderlein

Eisenmann

Heerdegen

Brückner

Hartmann

Jungermann

Pflaum

Creutz

Wachter

Frau

Schön

Mätzler

Hagenlocher

Unterstetter

Grieninger

Frauenpreiss

Krohn

Chrzescinski

Völschow

Meyer

Möringer

Brosum

Lindtmayer

Hepp

Albrecht

Schimmelpfeng

Leibfriedt

Mensch, Rumpf, bekleidet

Bartel

Bidermann

Straub

Lorbeer

Vetter

Hyrner

Ostermeyr

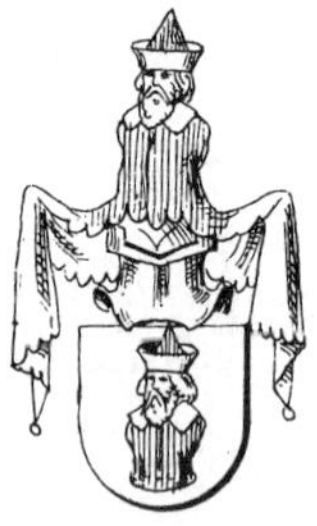

Stamberger

Gullmann

Gullmann

Buckel

Wild

Kerl

Naumann

Rademann

Hagenwyler

Hayd

Heldenberg

Staudt

Schorer

Vogtmann

Stückhs

Mantel

Lechner

Mayr

Schwarzenberger

Schwartzkopf

Zangmeister

Schwartz

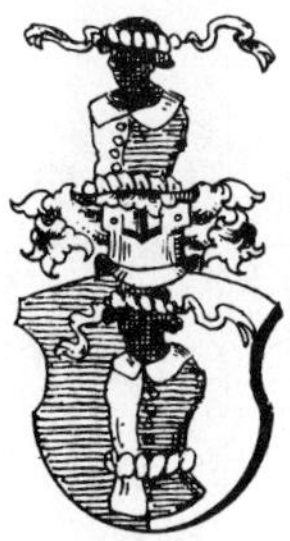
Pschor

Wirder

Schwartz

Zangmeister

Schmid

Möringer

Neumair

Erler

Schuldts

Mair

Wunderer

Rumpf in Nebenfeld

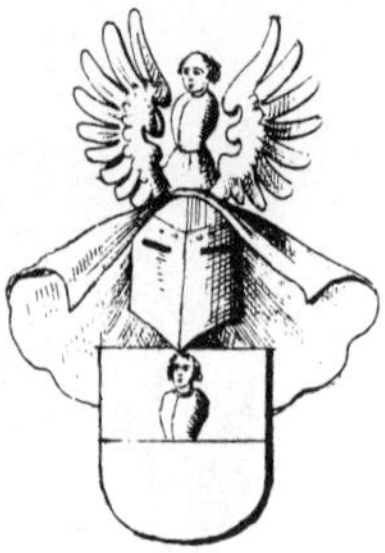

Fürstenauer

Limberger

Gralock

Frauenbüste

Gutbier

Zwei Frauenbüsten

Ernst

Kurower

Kruselmann

Zwei Köpfe

Halveren

Stendal

Rumpf, hervorkommend

Lochmair

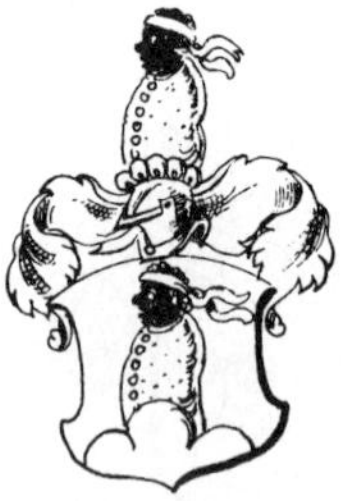

Ramsperger

Frommold

Wiesmair

Mendl

Münch

Rumpf, begleitet

Mertin

Gay

Lehmann

Trechsel gen. Grosskopf

Merck

Mohlen

Wick

Hereszeller

Schöllkopf

Schedel

Coler

Marx

Haupt

Picht

Krüll

Frese

Glatzl

Ott

Barth

Miltenberg

Breithaupt

Wullhöbt

Cold

Januskopf

Janus

Theopold

Weisse

Hoffmann

Jahns

Havelland

Mohrenweiser

Erythropel

Mohrenkopf

Knippius

Knippius

Schubart

Schweighartt

Mair

Krafft

Mor

Mor

Möhringer

Layman

Morel

Beschorn

Schwarzkopf

Strack

Schirmer

Hovet

Hovet

Köppen

Glacian

Glatz

Stahel

Mohr

Moritzen

Borgelin

Schwartzkopf

Möring

Hamm

Sturtz

Schwartz

Eick

Kopf, bekränzt

Mannskopf

Kober

Coppertz

Haubt

Keyser

Kopf, bedeckt

Maier

Kaiser

Truitwein

Kessler

Schnabel

Haupt

Gugelweith

Heidt

Moringer

Morch

Nieding

Mayr

Kopf, gekrönt

Zoller

Breithaupt

Kopf, behelmt

Richter

Helm

Sauselm

Groskopff

Picht

Helmreich

Kopf mit Beiwerk

Branner

Scharer

Negrioli

Bussi

Pohlmann

Waldheim

Zwilchenbart

Zwilchenbart

Weissbrodt

Weiss

Mohr

Hottermann

Utzberg

Totenschädel

Korn

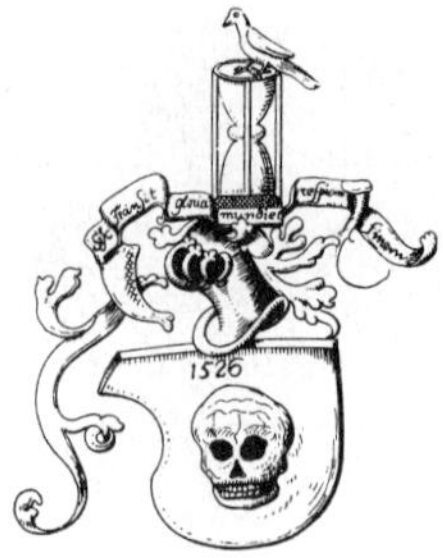

Moringer

Laurentius

Coppen

Schmidt

Hagemann

Wermuthausser

Haberstroh

Musaeus

Tod

Eliass

Geverdes

Boye

Khoen

Schultz

Beschilling

Steinmetz

Arnold

Hollweg

Schultz

Schedel

Settegast

Giese

Prahl

Wernicke

Haupt

Skelett

Todt

Knochen

Steymer

Vleesch

Vetter

Mussmann

Bein(e), Füße

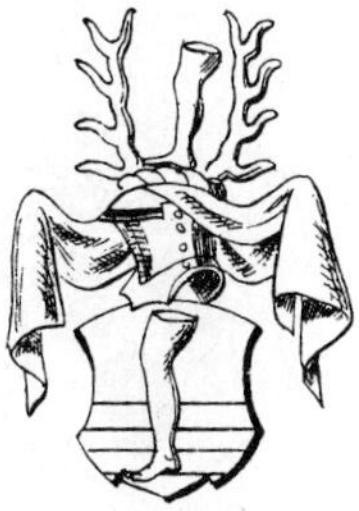
Rothbein

Schenkel

Wydelersen

Trittel

Trittel

Lersch

Meefuss

Fuss

Fues

Fues

Fues

Drei Köpfe

Swart

Mor

Tockler

Breitinger

Mohr

Peuntner

Peuntner

Engels

Mair

Holdthusen

Mittauer

Enckrich

Magelsen

Moors

Fabricius

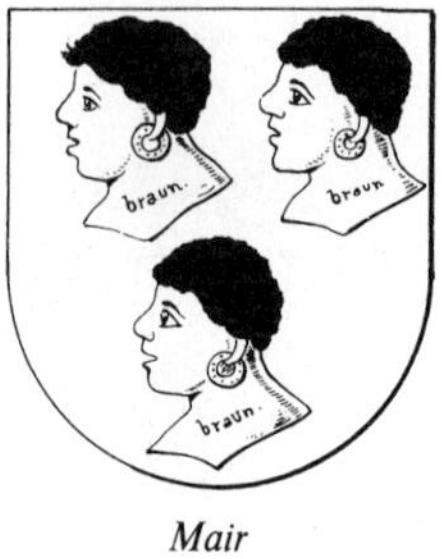

Mair

Kopmann

Russe

Kruse

Beren

Ernst

Krull

Ameldung

Breitinger

Schmidt

Reiser

Kramer

Schwartz

Hoyer

Höger

Oeri

Lochau

König

Schönbergius

Bartels

Jungkenn

Maurmans

Auge(n)

Behn

Scheling

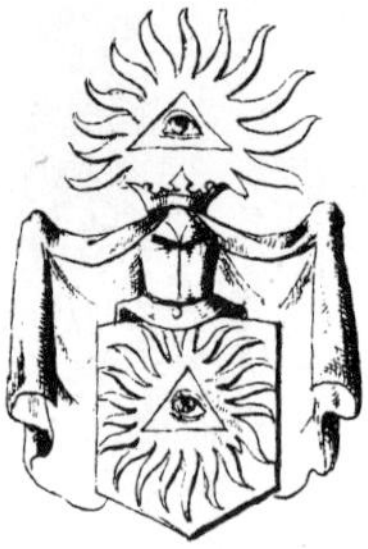

Lang

Credé

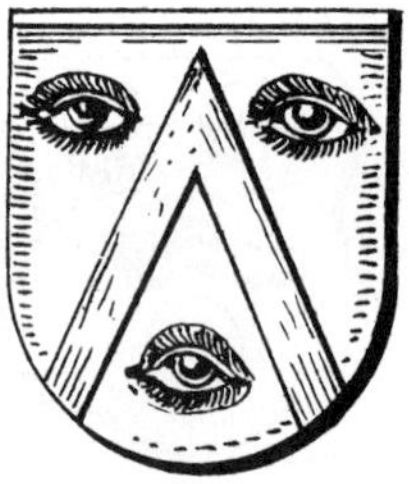

Holloger

Hand

Harneckh

Horneck

Flemming

Fürst

Grosse

Link

Demler

Stettner

Vorthkamp

Praun

Wolff

Linecke

Horneck

Faust

Haller

Hand und Beiwerk

Friderich

Calvin

Kieser

Weber

Arm

Fingerlin

Fingerlin

Fingerlin

Rost

Finger

Pimpfinger

Link

Morhardt

Schwörer

Kündiger

Albrecht

Konberg

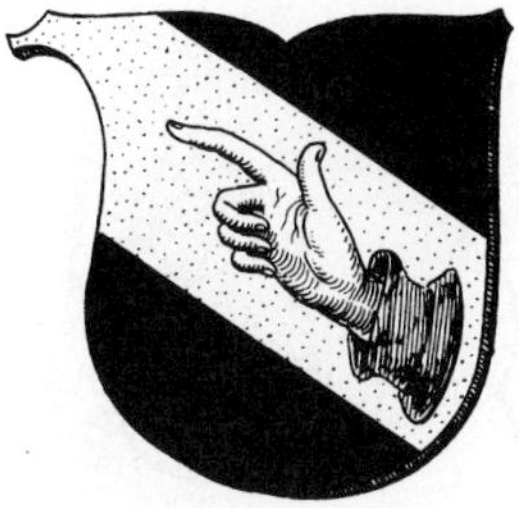
Fingerlin

Arm, mit Beiwerk

Brantten

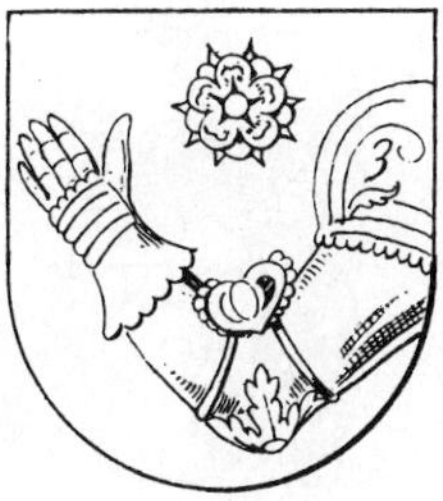
Diettel

Fischet

Mit Kreuz

Teske

Christ

Mit Stern

Huber

Walther

Engler

Mit Körperteil oder Tier

Stumm

Dale

Grätter

Eisenwanger

Detmering

Godeffroy

Mauritius

Arens

Pusch

Roemer

Kall

Burmeister

Willmerding

Schloyer

Hosstrup

Paul

Mit Baum

Holste

Holste

Holste

Holste

Holste

Lindemann

Holderbaum

Lindenberg

Busch

Mit etwas Pflanzlichem

Kummerett

Jessen

Löschenprandt

Entzinger

Weidner

Boecker

Knöller

Armher

Balck

Rittershusius

Friedrich

Schacht

Pauli

Honold

Gottfried

Friedel

Henrici

v. Bingen

Hueber

Kleinholtz

Winkler

Rittershusius

Rittershusius

Henner

Königsmann

Feustking

Grienörbl

Ottenwalder

Mathesius

Pöler

Stampehl

Lange

Gebhardt

Gebhardt

Stampeel

Stampel

Handrack

Nüttinger

Happel

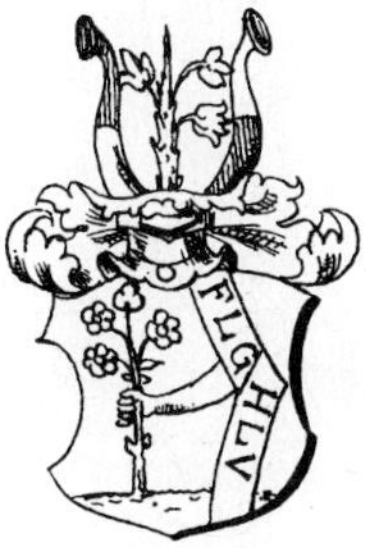

Stampeel

Berger

Weihe

Sapio

Stengel

Blume

Höfel

Zeerleder

Blohm

Hess

Blohm

Ebeling

Barchtfelde

Stampeel

Negelein

Saubert

Perret

Hagen

Lütkemann

Drescher

Gardt

Hempel

Guetkorn

Gerstmann

Held

Niemayer (Neimayer)

Schaiblin

Schäublin

Arnold

Albers

Becker

Wineken

Rudorff

Kraft

Mit Anker

Roerup

von Düten

Collmann

Köster

Alberti

Hartmann

Mit Becher

Baedeker

Keller

Mit Beil

Heistermann

Kumerell

Hayessen

Metzger

Knusert

Klügmann

Zimmermann

Biel

Koller

Mit Beutel

Bues

Mit Buch

Boeck

Mit Bauwerk

Studmann

Schröder

Mit Fackel

Wilbrandt

Prandt

Draing

Werner

Lesch

Mit Fahne

Wedel

Vibrans

Mit Flasche

Gerdes

Mit Füllhorn

Hill

Mit Gabel

Wiszhar

Heistermann

Breuwer

Mit Glocke

Klockenbring

Mit Haken

Hockh

Poelchau

Radecke

Mit Hammer

Matzdorff

Stubmer

Schmedding

Hartmann

Schmidt

Schmidt

Fauth

Kaiser

Hammer

Breithaupt

Meurer

Schöllhammer

Maurer

Schlegel

Holzheimer

Schafelitzky

Hammels

Freidehamer

Streit

Hammer

Pühler

Hartmann

Latomus

Schlaberg

Breithaupt

Schmidt

Schmid

Fabricius

Bauhin

Schellhammer

Faber

Haverlandt

Schmidt

Küper

Meyer

Mit Harfe

Schickedanz

Mit Hellebarde

Pulmer

Butz

Mit Helm

Wilhelm

Mit Hexagramm

Preu

Preu

Mit Horn

Wilken

Crotus

Jäger

Reusner

Mit Kanne

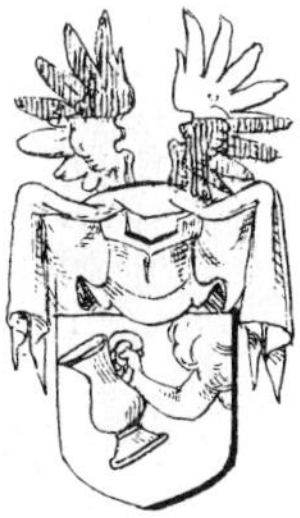

Krüger

Mit Kasten

Ladingk

Mit Keule oder Kolben

Knoll

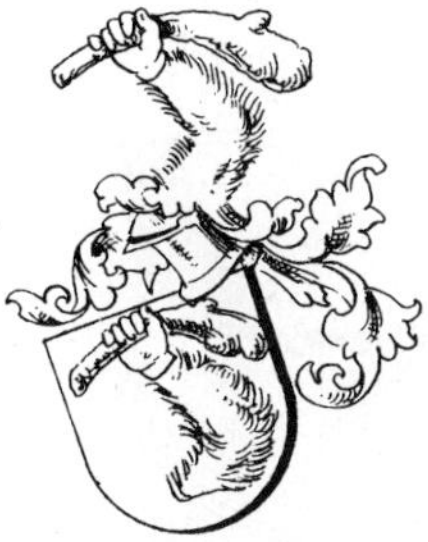

Rist

die Risten

Staehelin

Ueberreuter

Hanntlosz

Mattenkofer

Keil

Eck

Stähelin

Mit Krone

Hermann

Hueber

Mit Lampe

Lampe

Mit Löffel

Koch

Koch

Mit Messer

Meltzer

Schneid

Mit Nägeln

Kiess

Kress

Mit Pfanne

Pfann

Pfannmus

Mit Pfeil

Wüst

Wüst

Hieber

Eck

Dägger

Dögker

Lang

Stoss

Epter

Gaudöl

Bolte

Vitalis

Gerten

Ehlers

Mit Quaste

Cohpe

Mit Rad

Keller

v. Dieteren

Mit Ring

Saubert

Schiller

Saubert

Oelze

Schiller

Liedert

Benser

Rinck

Mit Schere

Theis

Mit Schild

Gottschildt

Cöler

Mit Schlüssel

Schlüter

Schlüter

Schleicher

Schlüter

Schlötel

Clasen

Köllner

Schlüter

Mit Schuh

Schuster

Mit Schwert

Gölz

Münzer

Schneidewind

Dörell

Doerell

Kossagk

Haug

Armand

Calixt

Degenhardt

Prechtl

Herdegen

Münzer

Roepke

Davin

Starcke

Kunth

Rist

Schulle

Tanke

Schott

Herdegen

Vindex

Ulmer

Thiell

Jordan

Loß

Cuno

Alker

v. Arms

Heinrich

Lange

Lange

Stigleder

Held

Hasse

Curadi

Franke

Degner

Beybam

Melchior

Moßpacher

Haue

Rendelmann

Sauer

Sauer

Budde

Fickhinger

Jordan

Helmkampff

Seippel

Haunschild

Metzel

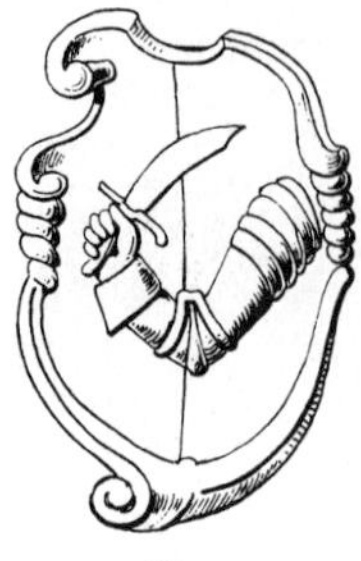
Herr

Herzog

Witte

Martens

Käser

Mit Segel

Focke

Mit Sense

Kirsten

Meyer

Meyer

Stromeyer

Mit Sichel

Hagen

Niemeyer

Gröser

Heppner

Mit Stab

Eck

Gross

Göhring

Peitan

Siggard

Priestaff

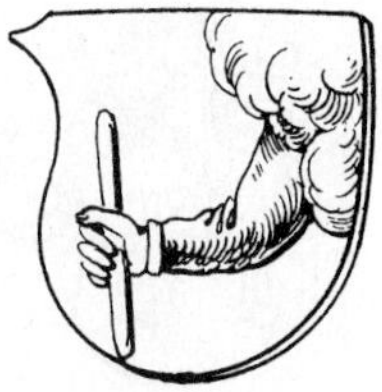
Timmermann

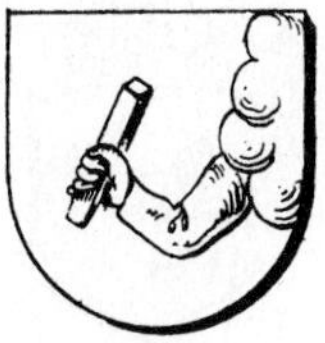
Meißel

Klemm

Breuwer

Freissem

Hirte

Heisterman

Lemme

Hohenzweig

Rathgeb

Rahtgeb

Abt

Mit Waage

Handloss

Heitmann

Menle

Wagener

Montans

Wagner

Frantzki

Frantz

Wegner

Wegner

Wegner

Fademrecht

Richers

Berth

Berth

Cramer

Mit Winkelmaß

Winkler

Winkler

Mit Zirkel

Kryck

Zwei Hände oder Arme

Mainone

Zorn

Fingerlin

Treuhände

Crasemann

Prochaska

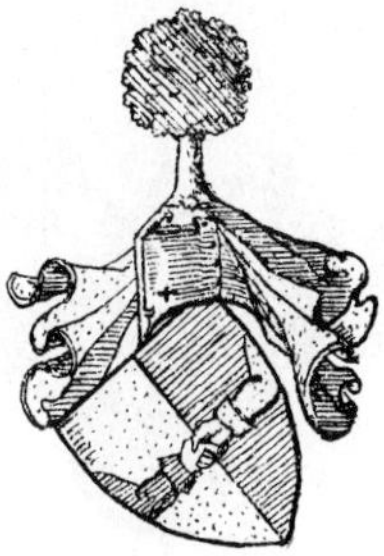

Promis

Blum

Gräfe

Tentzler

Denzler

Treuer

Minola

Scheiner

Höbermann

Früauf

Jabach

Dressler

Treudel

Zwei Arme, hochgereckt, nichts haltend

Felbner

Kaiser

Minner

Raspe

Krufft

Faust

Mettinger

Zwei Arme, emporgestreckt, etwas haltend, hier Stern

Berbstorff

Grote

Zwei Arme, gemeinsam Gerät (Anker) haltend

Gressingk

Mit Egge

Aettinger

Mit Fackel

Sibrant

Mit Füllhorn

Treu

Treu

Hentschel

Mit Hammer

Schmid

Mit Harfe

Gumbrecht

Mit Leiter

Steyg

Mit Pfeil

Cusig

Mit Ring

Otto

Mit Schwert

Raschke

Weber

Mit Tuch

Öttinger

Mit Waage

Weger

Mit Wünschelrute

Weiss

Mit Zange

Kniper

Zang

Symmetrisch, zwei Objekte haltend

Spolich

Pfarkircher

Gade

Pfeil

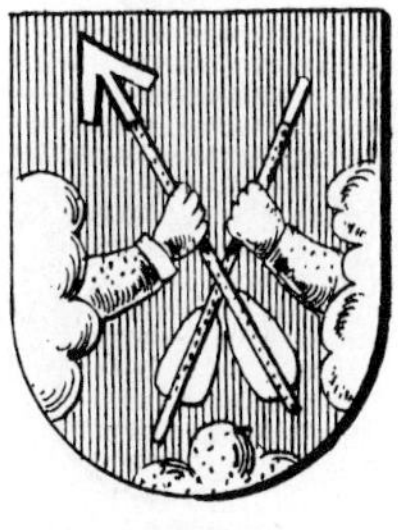

Seifried

Ungelter

Kampfert

Fichtel

Kempff

Zwei Arme, je etwas haltend

Schnitter

Schnitter

Drei Arme, etwas haltend

Fettenhennen

Herz, allein

Hartmann

Lemke

Hocker

Gramm

Hesselbarth

Jntelmann

Intelmann

Hachtmann

Herz und Mond

Schmidlin

Herz und Sterne

Wesenberg

Kunhardt

Hattorffs

Fischer

Fabers

Kantengiesser

Hattorff

Fürstenhauer

Trautvetter

Brennend

Gruevel

Engelhard

Roth-Scholz

Leonhardi

Brandten

Hamberger

Mit Kreuz besetzt

Koppen

Christius

Schlegtendal

Dietzel

Janssen

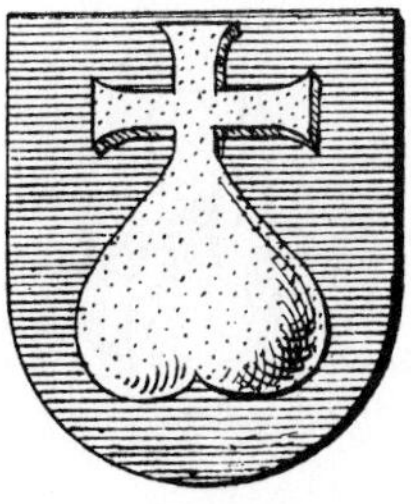

Wattenbach

Sello

Ratzenberger

Artopoeus

Unter Krone

Hofsess

Kroeber

Pitzsch

Ehrentraut

Götten

Schwech

Einmal durchbohrt

Satler

Hillebrant

Stolp

Spreng

Grill

Friese

Herz, zweimal von Pfeilen durchbohrt

Fritze

Rumpp

Schröder

Köneke

Hofbauer

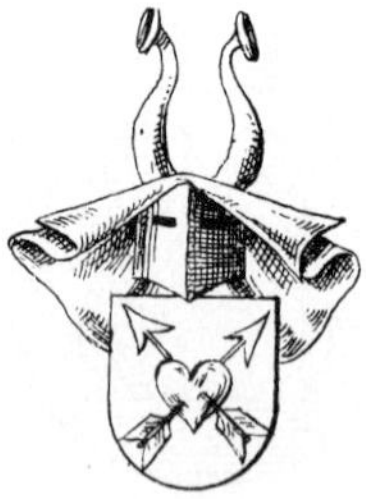
Thomas

Köhler

Rütling

Schleiffius

Bolten

Reimers

Cariot

Seyfriedt

Döring

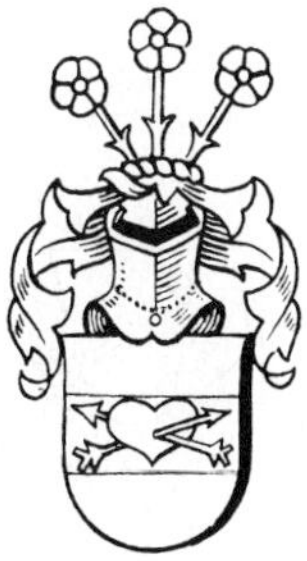
Künzel

Herz, mehrfach von Pfeilen durchbohrt

Noos

Schütte

Herz und Nägel

Nagel

Ramstedt

Struth

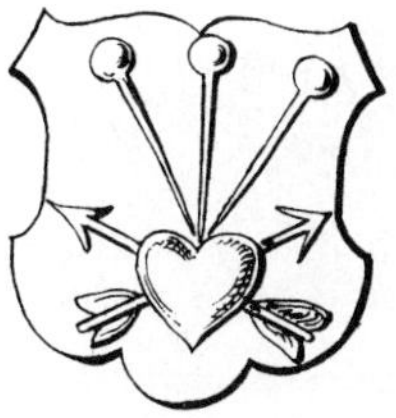
Meynn

Herz und Schwerter

Blümwer

Ferber

Alberti

Verschiedenartig durchbohrt

Trüstedt

Trustet

Hermann

Jacobs

Braun

Broher

Herz, besetzt aus Fauna

Oom

Seding

Zink

Kistmacher

Schmidt

Tessmer

Liebl

Kyesel

Remstede

Brasch

Seidler

Lutz

Herz und Pflanzen

Schönfeld

Temminck

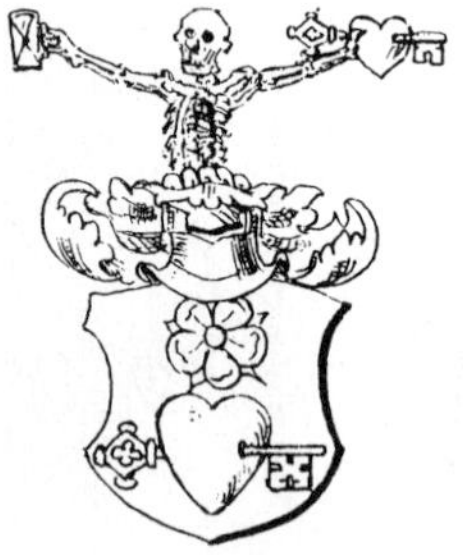

Schlüter

Neeb

Jungherr

Eckart

Junckherr

Büsing

Steg

Plenske

Plenzke

Junckherr

Herz und drei Rosen

Gesterding

Faber

Schmid

Atzenheim

Engel

Hoffmann

Sartorius

Gühlich

Schrimpf

Weyrowitz

Zernecke

Zernecke

Stavenhagen

Gudlin

Sasse

Schulze

Uhlich

Hupka

Wilmerstorf

Herzog

Wachsmuth

Bostelmann

Clementz

Tedener

Frölich

Bardtmann

Rosenbaum

Frenz

Wilhelm

Walch

Kroes

Blume

Damus

Langguth

Richter

Christen

Blumenau

Steffanus

Christen

Clemens

Christen

Meyer

Nagelius

Gieseler

Hartwig

Knodt

Herlitz

Krebs

Metzner

Perthes

Frech

Metzner

Dithmers

Knodt

Schwanckhardt

Hambloch

Hoffrogge

Soltau

Heise

Lutz

Havemann

Scherff

Seger

Libbach

Jacob

Spener

Risius

Bruning

Müller

von Ockerseel

Voss

Rössler

Hungrighausen

Schmidt

Gailhard

Zwei Herzen

Streiff

Below

Wendt

Ruschenbusch

Westphal

Drei Herzen

Hertz

Bleibtreu

Hertz

Herz

Schmidt

Hertzel

Vittler

Murer

Balderslob

Hagdorn

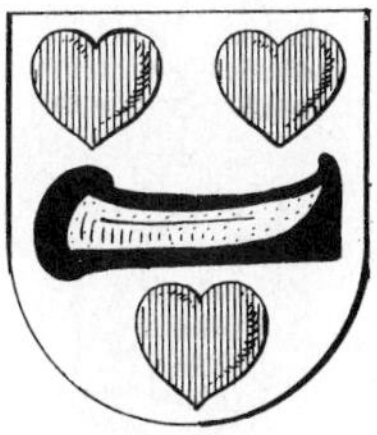

Schuster

Budwein

Grunau

Spechswinkel

Strauss

Bruhn

Kinkel

Kenckel

Kinkel

Gihnt

Wulst

Braun

Minn

Herz

Hardt

Mehr als drei Herzen

Blankenheim

Löwe, Helmzier: Kosmos

Vitzthamb

Vitzdomb

Vaschang

Helmzier: Mensch

Sasse

Nechelin

Conradty

Lau

Renner

Rohrmann

Schmidt

Schmidt

Wydler

Held

Hirth

Pröbster

Funckh

Birnbaum

Nickel

Jänisch

Hergert

Helmzier: Löwe

Puecher

Heppermann

v. Enssen

Severini

Schott

Wisser

Granner

Hueber

Seydlitz

Helmzier: wachsender Löwe

Arnold

Bassow

Bröseke

Dinzel

Franz

Freyhart

Fröhlich

Gleis

Grimm

Hubert

Kalhardt

Karl

Kortholt

Kühnle

Lange

Lechner

Leo

Leopold

Leu

Liedel

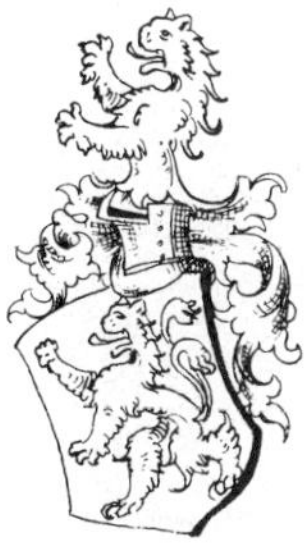
Löuw

Loew

Mainberger

Meixner

Müller

Oeffelein

Oelhafen

Placiola

Planckh

Reiffenstuel

Reux

Richart

Roffel

Sauer

Schiller

Schlabart

Schlapp

Vogl

Wedege

Zettel

Zugenmayr

Funk

Gunzler

Harrer

Lederlein

Vichhauser

Zieringer

Feyrabend

Weinrich

Dresch

Herdigg

Schwartz

Tittel

Vollandt

Pruy

Pegelau

Löuwenberg

Ludwig

Walschleb

Wirth

Keller

Lewparter

Gay

Roth

Pretterschnegger

Koblt

von Hagen

Hiltprandt

Ströling

Gasser

Mentel

Planck

Gaugus

Schick

Pazagl

Frey

Freyer

Freier

Frölich

Külssner

Plinthammer

Pauckher

Muscay

Löw

Langsdorff

Berger

Scherer

Herle

Marcus

Scheichel

Stöckhle

Steininger

Krauthausen

Strodl

Adolff

Nindl

Lechner

Troyer

Helmzier: aus Fauna (Vierbeiner)

Hoffstetter

Siber

Ziegler

Stoss

Hammer

Schipper

Kreidenweis

Pfister

Schoeneberger

Geiger

Geiger

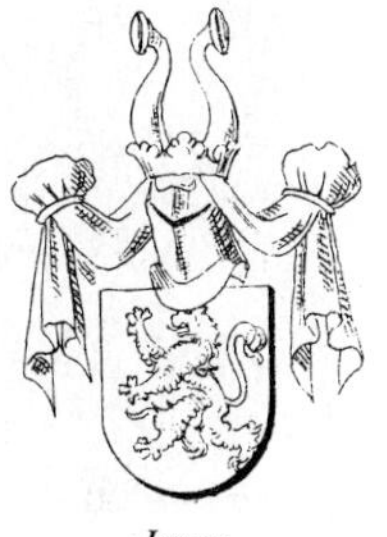

Jenny

Cober

Schwartzmaier

Leeb

Hain

Callwer

Hartzer

Frey

Leeb

Krüger

Helmzier: aus Fauna (Vogelwelt)

Seidlinger

Boye

Bschor

Vermehr

Bückmann

Rützer

Patrick

Patrick

Knöll

Pretfeld

Zorn

Freundt

Schönberger

Eberstaller

Schinnagl

Wampel

Mair

Schätzel

Bückmann

Büdtner

Ruegg

Müller

Gross

Epplin

Riem

Helmzier: aus Pflanzenwelt

Poppermüller

Wagner

Lengnich

Strichler

Wyrich

Helmzier: Gerät

Hasenclever

van Osen

Habroder

Helmzier nicht angegeben

Spiser

Hochherz

Hein

Bölsterli

Anger

Anger

Maier

Waberer

Steer

Herbrot

Brauer

Lallberg

Brandt

Leonis

Löwe neben Heroldsbild

Merkel

Albrecht

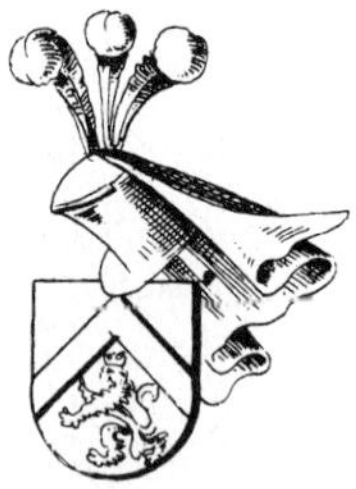
Klamer

Spahr

Pollart

mit kleinem Beiwerk

Meinell

Dalmer

Humperdinck

Fröhlich

Aichinger

Galow

van Waesberghe

Löwe in Heroldstück

Wolf

Schultheis

Musehold

Long

Sanzenbach

Orstner

Scheuring

Lay

Gasser

Panwolf

Berchtoldt

Bergdolt

Bergdolt

Lochner

Löchner

Tradel

Manzeneder

Stögmair

Corell

Maritz

Ruoff

Hueber

Ballmer

Weissmayr

Herbst

Herbst

Besolt

Heller

Conradi

Schönbach

Löwe, Heroldstücke überdeckend

Löwenberg

Feldhusen

Stenglin

Stenglin

Ludwig

Hostauer

Enderiss

Löwe, von Heroldstück überdeckt

Hunecker

Hunecker

Fleiner

Rothschild

Meyer

Friesl

Strass

Brogsitter

Zan

Keck

Lanius

Lechner

Löwe, schräg ansteigend

Pretz

Widmer

Agricola

Pleytuess

Croll

Tessalan

Staffler

Pliemel

Pliemel

Sprintz

Karadi

Stapf

Martini

Löwe auf Unterlage

Merz

Höss

Hess

Kissendorfer

Kueffmüller

Lauenstein

Planer

Thayssen

Eites

Löwe, bekleidet

Kramer

Kamferbeck

Birck

Dorrer

Blöd

Leo

Groothom

Ringmacher

Amhauser

Löwe hinter Gittern

Pfennigsack

Daniels

Hersehender Löwe, springend

Klopfer

Zobinger

Luwarth

Weiss

Grindl

Wurr

End

Dillner

Salzmann

Löwe, schreitend

Puchstein

Neumann

Schaber

Röver

Herbster

Girsberger

Iversen

Knibbe

Pantl

Preusser

Leonhardy

Drescher

Schröder

Kuhn

Trösch

Agricola

Blancheteste

Fleischelt

Klenbarg

Merlin

Löwe, schreitend, etwas haltend

Lange

Beirer

Reiser

Grimsehl

Ehingen

Koch

Graumiller

Schröter

Flander

Kell

Aus Kosmos

Diemer

Schmidt

Schmid

Tessalän

Lutz

Pobay

Mener

Mayer

Eger

Dunterstetter

Ungenem

Steyerthal

Gerbl

Findsinger

Schneytters

Mit Kreuz

Marci

Kreuzweger

Schienbein

Mit Teilen von Lebewesen oder Kleintier

Platner

Koch

Hirzenberger

Stockher

Broll

Spall

Sartorius

Metzger

Mezger

Lemp

Schwäbl

Wierth

Wildvogel

Heidler

Vischer

Vischer

Mark

Esch

Huech

Kretzer

Grimm

Prem

Mit etwas Pflanzlichem

Walckmann

Hagenbuch

Puchelberger

Pemer

Bonz

Hess

Stemper

Grosholz

Reyser

Wimpheling

Stöckl

Walther

Walther

Underrichter

Harder

Waltter

Waybel

Gnätz

Branstetter

Lescher

Poppelow

Hildebrand

Leutner

Aichberger

Aycke

Schlägel

Aichle

Kerner

Bonhöffer

Reitz

Schel

Bantlin

Buntz

Beutler

Schüler

Beurer

Schlemiller

Widholz

Mayer

Ehlens

Aus Pflanzenreich

Lindenspier

Puchsbaum

Öhme

Schell

Miller

Wertsch

Preu

Gag

Käserer

Graf

Mark

Blickhlin

Veihel

Zweckstetter

Oberndorffer

Mayr

Grim

Dittmar

Hotz

Nüsser

Fabricius

Roht

Mayr

Egarter

Hertell

Bastineller

Brem

Distelfink

Meig

Wetzenhausen

Beudener

Franck

Mayr

Leopold

Witzenhusen

Mertz

Mertz

Leopoldi

Beurer

Korn

Korn

Wallnöfer

Grosspeundtner

Mayr

Linsenmann

Moninger

Ulrici

Weber

Bötcher

Bertram

Stadell

Wille

Jesinger

Seytz

Ingram

Sengel

Memminger

Jullius

Sauter

Hueber

Leonpacher

Dietmair

Forcher

Herbst

Guetwill

Hoppe

Pfeissinger

Kabes

Iwinger

Däffinger

Del Ayo

Schlee

Mit Anker

Mooz

Spengler

Mit Armbrust

Armbruster

Langjahr

Mit Beil

Zimmermann

Martin

Pröll

Wyssenbach

Wagner

Mit Bienenkorb

Küster

Mit Buch

Lobelich

Mathis

Schuler

Schuler

Peisl

Sutor

Faul

Gläser

Mit Fackel

Brendel

Radermacher

Brandmiller

Mit Fahne

Hermann

Hermann

Aufschlager

Hofmann

Mit Gabel

Gabl

Mit Glocke

Glocknitzer

Hetzel

Lüthi

Mit Haken

Angele

Mit Hammer

Seyler

Seyler

Schmidt

Schmid

Holzhammer

Hofer

Schregin

Hammer

Greisselhamer

Strobel

Zirn

Goldschmidt

Maurer

Mit Harfe

Herpfer

Mit Hellebarde

Klein

Knecht

Hauckh

Hopper

Spies

Hoppenbichler

Kuhn

Pardt

Spörnöder

Mit Helm

Grave

Helm

Rinck

Helmer

Helms

von Helms

Mit Horn

Buchhorn

Mit Hufeisen

Schmidt

Mit Hut

Herzog

Mit Kamm oder Säge

Kamm

Kemblein

Sarathet

Mit Kanne, Becher und Gefäßen

Schenck

Brastberger

Kraus

Krauser

Stürzel

Ortten

Haff

Kessler

Kappeller

Kessler

Zott

Preyer

Gomer

Prunner

Köberer

Becher

Haffner

Kastenbain

Emmert

Kessler

Ströber

Schenk

Klauser

Clauser

Mit Kette

Kayser

Issler

Bernstein

Albrecht

Mit Krone

Hindenlang

Rom

Papst

Papst

Kron

Mit Laute

Weiss

Mit Messer

Mayrhofer

Maisser

Lieff

Mit Mühlstein

Hueber

Müller

Müller

Miller

Mit Pfeil

Drück

Mair

Rep

Heideloff

Keppel

Oeffinger

Schickhardt

Grimb

Busereut

Busereut

Keppeler

Fabri

Jürgorth

Orth

Ortt

Kraffter

Duckhs

v. Balen

Wende

Mit Pflugschar

Braun

Faulhaber

Haller

Jaist

Mit Rad

Wagner

Stadtmüller

Stattmüller

Segmehl

Müller

Flaigg

Mit Schaufel

Rieder

Mit Schießgewehr

Kienlen

Bohls

Mit Schildchen

Mutke

Vitner

Vieregkl

Leygebe

Rietmann

Mit Schlüssel

Keller

Schlüter

Schlüter

Sailer

Grimm

Kemmerich

Hermann

Mit Schwert

Harlandter

Hunger

Feichtinger

Pockrandt

Schneid

Teuffel

Walker

Ritter

Keerer

Pyrbach

Schad

Hasslach

Freyer

Helm

Steinkamm

Mindl

Duria

Stempfl

Schnurer

Spittler

Carl

Hostauer

Straub

Mit Sense

Ansbach

Hueber

Mader

Mit Sichel

Reichel

Masser

Weiss

Stürzel

Mit Trommel

Schaller

Mit Waage

Stolle

Kramer

Mit Winkelmaß

Schloterbeck

Schloterpöckh

Erismann

Mit Zange

Jestel

Mit Stab-Gestalt

Jestell

Gugler

Stieber

Brenninger

Bossler

Rychelberg

Kraft

Schiller

Zerreis

Putz

v. Aldenhofen

Gasser

Schinnagel

Nagel

Müller

Silbernagel

Maystetter

Spleiss

Gramer

Raiser

Ernst

Raiser

Inderthal

Arnold

Arnold

Khoch

Riedl

Oblacher

Mair

Mayestetter

Lippert

Lipperdt

Cleer

Rümmelin

Carl

Sedlmayer

Langen

Lobhartzberger

Aldenhofen

Reiser

Stark

Kessler

Wager

Wager

Joch

Kesselring

Arnold

Heittler

Sponrib

Widmer

Mit Kugelgestalt

Leuprecht

Busse

Soncinus

Sälzlin

Käselau

Lehmann

Schnorff

Vietz

Kayser

Kaiser

Ludolff

Nithart

Dornigk

Unold

Schmid

Gotfroid

Türing

Troffner

Kleidorfer

Maucher

Westken

Mit viereckigem Objekt

Braittenstein

Hartweck

Statmüller

Hartmann

Zagler

Roming

Ramming

Scherger

Mit kleinem Objekt

Fridereich

Seckel

Seckler

Harmader

Vetter

Feyerabendt

Planer

Kramer

Herbsteiner

Beller

Sengler

Haug

Mit Bauwerk

Lobenhoffer

Maurer

Hartprunner

Erhart

Starck

Hausheer

Hausheer

Löwe, oberhalb

Borsteld

Kaufmann

Kraft

Lederer

Obermair

Hofmann

Siess

Schetter

Wenkh

Wieland

In Nebenfeld

Lehmann

Gapler

Herbertz

Martens

Meynau

de Monte

Brewer

Schreier

Bachmair

Lowe

Mengershusen

Neben Heroldstück

Kraft

Schetter

Flor

Hosemann

Crantz

Mit Beiwerk aus Kosmos

Vogel

Haldenberger

Nebel

Lekebusch

v. Schoten

Sünderhauf

Mit Beiwerk aus Fauna

Probst

Mit Beiwerk aus Pflanzenreich

Freyberger

Busch

Stöcklin

Mayrhauser

Magerl

Kast

Mit Bauwerk

Oldenborch

Oldenhof

Mit Backwerk

Godelmann

Mit Beil

Freysleben

Meili

Mit Gabel

Frese

Mit Hacke

Hager

Mit Hammer

Volckhamer

Mit Hellebarde

Deckmann

Mit Kanne

Krug

Mit Krone

Reicherseder

Mit Pfeil

Schiessl

Mit Ruder

Vischer

Mit Schwert

Thysius

Urspringer

Gimper

Endelshauser

Kunhoffer

Knauer

Mit Sichel

Streitberger

Mit Stange

Gesdorffer

Sliem

Prügel

In Nebenfeld, etwas haltend

Joss

Bleul

Kurrer

Link

Folchamer

Bullion

Wentzel

Zwei oberhalbe Löwen

Westheim

Schaurmayr

Drei oberhalbe Löwen

Seyda

Löwe von vorn, etwas haltend

de Koning

Aigner

Baisch

Baisch

Berckhamer

Müller

Oberhalbe Löwe von vorn, etwas haltend

Schwarzerd

Haynoldt

Müller

Moses

Aufrecht

Hueber

Löbell

Lechner

Gerbrecht

Rether

Hindenlang

Geiger

Gemeinsam etwas haltend

Hepperger

Kreitzer

Rothmund

Rothmundt

Rothmundt

Waldner

Stocking

Grelling

Kimmel

Streitt

Forsbom

Lauriga

Frey

Apel

Kropff

Cammerer

Remedi

Egen

Jochmus

Lehner

Lechner

Castner

Clausen

Kartlow

Flesch

Turner

Marker

Trodel

Hertel

Hertel

Zwei schreitende Löwen

Prieffer

Leickher

Walther

Walter

Schubert

Garsee

Attlmayr

Biccius

Boldt

Drei Löwen

Anthony

Bresges

Ackermann

Ackermann

Vier Löwen

Cronenburgh

Löwenkopf

Fischer

Dienken

Paulini

Schrader

Steinkopff

Helchner

Nauer

Kliem

Drei Löwenköpfe

Calff

Havemeister

Zurn

Bockelius

Fessler

v. Hattingen

Turgke

Hantelmann

Helman

Helmann

Wagner

mehrere Löwenköpfe

Baumann

Löwenmaske

Einkopf

Goldberg

Hutterock

Ludwig

Stürmer

Legat

Hitzler

Zaderus

Drei Löwenmasken

van der Zypen

van der Zypen

Fentzmair

Augsburger

Gess

Ulrich

Timmermann

Breitstain

van der Ven

Vessler

Fürstenberg

Loy

Pferd, schreitend und springend

Hueber

Lorenz

Breunlin

Römer

Reuter

Reuter

Reuter

Karrer

Möhner

Laber

Vollmar

Rossteuscher

Rössing

Schönlein

Rösch

Roessler

Helmzier Pferd

Koler

Schöckh

Hayl

Bläsy

Blum

Brück

Caball

Diller

Freudenberg

Glöckler

Heinckhell

Ingram

Kentz

Kipper

Mothes

Rapp

Rappard

Reiche

Rosinus

Rösser

Rössler

Rösslin

Rossnagel

Rossow

Schultheis

Schulz

Vade

Vorster

Anrater

Füll

Guhl

Kramer

Menhart

Möler

Reuttmayer

Umreuter

Umreuter

Rössle

Campe

von Vehelen

Walch

Scheckh

Helmzier: Andere Vierbeiner

Volgrecht

Rössler

Pfafstaller

Herz

Gämperl

Helmzier aus Vogelwelt

Hoffmann

Pläss

Schulz

Happe

Serlo

Overweg

Helmzier aus Pflanzenwelt

Teurkauff

Braune

Kinzel

Thomsen

Giesker

Westphalen

Helmzier Gerät

Barth

Förster

Reiche

Ziselsberger

Schimmler

Martin

Keine Helmzier angegeben

Braun

Cavallo

Guhl

Happe

Reutter

Rudolf

Sanctor

Stettner

In Nebenfeld

vom Berge

Willebacher

Frank

Pferd und Heroldstück

Frey

Schlechtigen

Fülman

Stürzer

Sigersreuter

Kasten

Schön

Colmann

Pferd, aufgezäumt

Caul

Neumayer

Deggeler

Knüsli

Rossle

Rösslin

Steinborn

Friess

Fries

Küentzler

Neumair

Neumair

Höfl

Höfl

Starosse

Mit Beiwerk aus Kosmos

Sindersberger

Ötterich

Dingerdissen

Gülcher

Westphal

Mit Beiwerk aus Pflanzenreich

Kerenstock

Graff

Homann

Oppermann

Oppermann

Rösch

Mit Bauwerk

Dahinden

Drenbeck

Mit Gerät

Smend

Rösch

Grossheim

Fehling

Lueger

Krienen

Rösch

Knüsli

Knüsli

Kegel

Halbes Pferd

Feierabend

Grueber

Grueber

Krieger

Krimer

Mainhofer

Springenzaun

Stotz

Zobel

Hayer

Insinger

Aufgezäumt

Thiel

Clostermayer

Kanntz

Pfehringer

Streit

Thile

Hedenus

In Nebenfeld

Schultz

Faber

Spielberger

Zwei Pferde

Rentz

Pferdekopf

Mair

Rosshirt

Leinsperger

Reinsperger

Ramm

Hausin

Schwarze

Kummerow

Rosskopff

Rossbecher

Pferdeköpfe

Reuter

Nikolaus

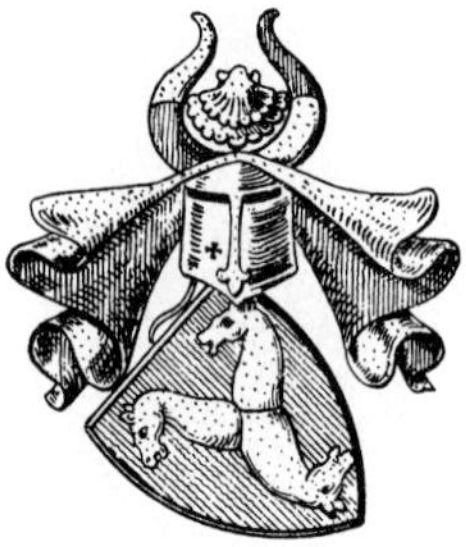

Jakob

Esel

Ehmbsen

Eselskopf

Weckenesel

Schneider

Eseller

Zandow

Einhorn, Helmzier Mensch

Hornung

Kierer

Rissbach

Teichstett

Helmzier Einhorn

Babock

Benthe

Diemer

Dirks

v. Doven

Feuer

Freneau

Fritz

Gelnaur

Graf

Grumprunner

Hack

Heilger

Herbst

Hofstetter

Hor

Horbach

Horen

Hörner

Kentz

Kickh

Lang

Mantz

Mayer

Müller

Neuber

Öller

Preu

von S. Johannes

Schultze

Schwab

Strehle

Tewes

Wantsch

Wegener

Winter

Zeitner

Zillich

Eglauer

Geissler

Hirnpas

Hohenauer

Leichtl

Leuchtl

Multz

Paltinger

Remmer

Resch

Resch

Reschlin

Reschlin

Franck

Kherer

Krell

Rumpel

Schleifenheimer

Storzer

Heptner

Helmzier aus Vogelwelt

Ahagen

Grassenauer

Niedner

Helmzier Gerät

Bomgarten

Helmzier aus Pflanzenreich

Nutz

Einhorn auf Dreiberg oder Boden, Helmzier Mensch

Feyrtag

Helmzier Einhorn

Dorr

Linger

Helmzier wachsendes Einhorn oder Einhornrumpf

Bopp

Brumby

Diemair

Demer

Diemer

Donat

Dorr

Freiseisen

Freiseisen

Heussler

Hörning

Hornlius

Hornung

Lobenschrot

Neuber

Perger

Perger

Peutelschmidt

Springkorn

Strobel

Ueberlinger

Wernlin

Graff

Isnabach

Braun

Holler

Hornschuch

Huebmer

Jobst

Kirmayr

Schnell

Ulrich

Weiss

Grünenwaldt

Grunewald

Hayder

Knauss

Knaus

Trost

Helmzier von anderen Vierbeinern

Härbinger

Hoff

Jäckel

Helmzier aus Vogelwelt

Stadlin

Helmzier Gerät

Dorffel

Einhorn, Helmzier nicht angegeben

Bruppacher

Bauer

Beham

Breittenhiller

Emberg

Kobenhaupt

Pepersack

Stainau

Villiger

Zeilfelder

Einhorn und Heroldstück

Kirsinger

Getsch

Colmann

Erasmus

Jappe

Hilz

Bernhard

Bernhart

Hundertschocker

Krüger

Mit Beiwerk aus Kosmos

Tornow

Ermeler

Albon

Mit Kreuz

Plöntzig

Mit Beiwerk aus Pflanzenreich

Breitholz

Hornung

Cornills

Lindiner

Suhl

Petershagen

Ehlers

Frister

Mörwaldt

Weiss

Frey

Graf

Mit Beiwerk Gerät

Tornow

Pogner

Maynerius

Maurer

Zwei Einhörner

Büttner

Halbes Einhorn

Bavier

Bodenstede

Fedlmayer

Furnriet

Rugger

Steinberg

Olhamer

Feltenhamer

Weidler

Duttenhofer

Gerschow

Scherb

Wiland

Bletzger

Buch

Eggers

Stählin

Winter

Körner

Fraisl

Bentouns

Stehelin

Schnell

Benem

Prenninger

Albrecht

Meichsner

Hornig

Huethofer

Pfreundt

Einhornrumpf

Haerbach

Runge

Zwei Einhornrümpfe

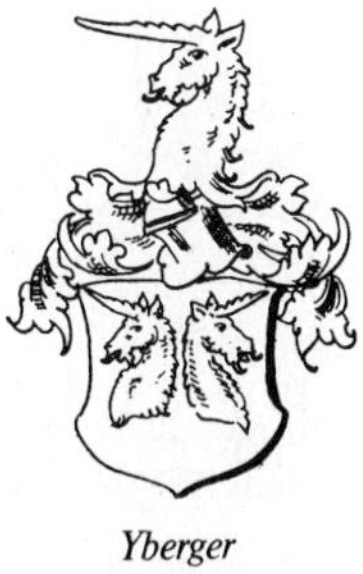
Yberger

Garnutsch

Hughen

Drei Einhornrümpfe

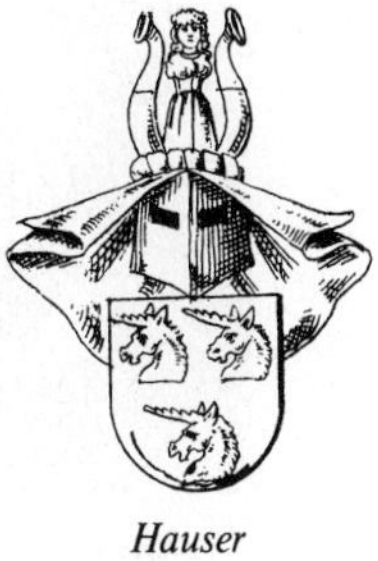
Hauser

Fritze

Glinicke

Panther

Wendler

Langen

Volkamer

Eberhardt

Wahl

Bischoffsstarffer

Ralfs

Bär, aufrecht

Vigl

Behrle

Bernhart

Beron

Beron

Bertram

Freyhofer

Hermann

von Hospitahl

Krehmke

Ölper

Peer

Peer

Melber

Timmermann

Broll

Broll

Lang

Klopp

Schellepeper

Liel

Vogt

Beer

Bär mit Halsband

Beermann

Behr

Behr

Bosch

Braunbehrens

Herer

Bär mit Beiwerk

Berger

Birckicht

Bernhard u. Forbach

Aus Pflanzenreich

Peer

Behrends

Biehl

Lidl

Essich

Berendes

Bern

Stock

Bärthold

Bärtsch

Zeiderle

Elsler

Mitterndorffer

Beringer

Beerenberg

Klein

Klein

Kneutzel

Baier

Mit Gerät

Bader

Beer

Petzer

Feuerlein

Feuerlein

Zeidler

Beringer

Kneizl

Schmid

Kneutzel

Sponfelder

Dreher

Gering

Mayer

Beringer

Kessler

Petter

Stebler

Baumeister

Berwartter

Beringius

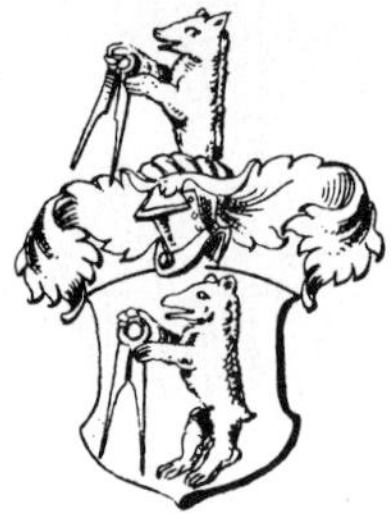
Hilger

Hilger

Schmuckh

Dieffenbach

Dieffenbach

Peter-Zinum

Kässpair

Ullmann

Heiss

Berwyn

Bär, schreitend

Behrmann

Bernus

Fels

Bernau

Beer

Behrens

Bernus

Mehlis

Enderlin

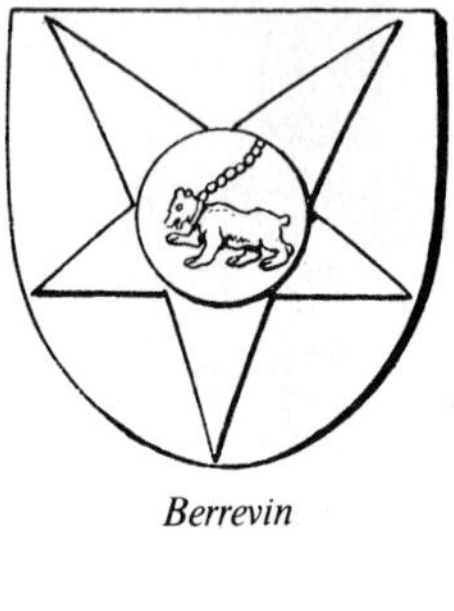
Berrevin

Balke

Bayr

Berlin

Beer

Pericht

Enders

Bährecke

Bährecke

von Streich

Unsinn

Bernhard

Berthold

Peer

Pernegger

Barre

Halber Bär

Peetz

Teurel

Peringer

Perlocher

Bernkopf

Halber Bär

Ottebernhusen

Pergner

Mayr

Thoman

Hofmann

Link

Peetz

Baerwart

Berngruber

Marquard

Troger

Arnold

Weinhart

Künhofer

Zwei Bären

Behrenbach

Perndl

Gebhart

Behr

Drei Bären

Quickelberger

v. Dallem

Drach

Bärenkopf

Abel

Barttels

Fend

Peringer

Schönstetter

Bärenrumpf

Schumacher

Drei Bärenköpfe

Bernbeck

Pernwert

Peutlhauser

Ripsch

Eber

Starzheimer

Haunold

Schweindl

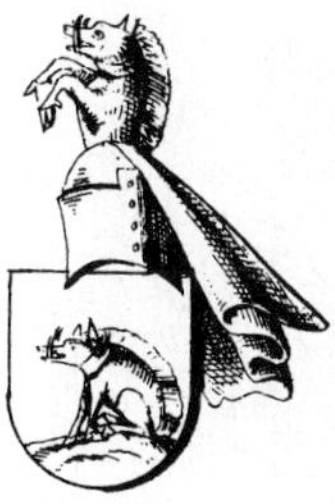
Eberbach

Eberbach

Eberhard

Eberle

Ratenberger

Verken

Herold

Ebermayer

Reck

Suckow

Helmsauer

Everken

Dietter

Kriechbaum

Junckersdorf

Eberle

Schweinetzer

Daes

Eberbach

Halber Eber

Eber

Förstl

Förstlin

Kahnler

Kurz

Rütz

Eber

Ebert

Lebkucher

Widmann

Kandler

Kumler

Wust

Wüst

Beler

Poll

Aberlin

Eberkopf

Eberhardt

Ebertz

Evers

Hautsch

Seweloh

Döllel

Eberhardi

Eberwein

Everts

Eberhart

de Joncheere

Broling

Schönleben

Korn

Zwei Eberköpfe

Karstener

Drei Eberköpfe

Ferber

Boere

Hurlin

Lohet

Eberhauer

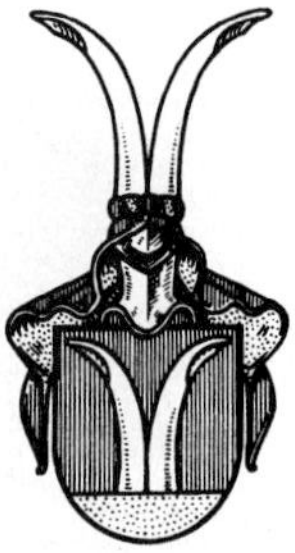
Raff

Fuchs und Wolf, Helmzier wie Schildbild

Fuchser

Fuchs

Schaller

Wolff

Fuchs

Eckert

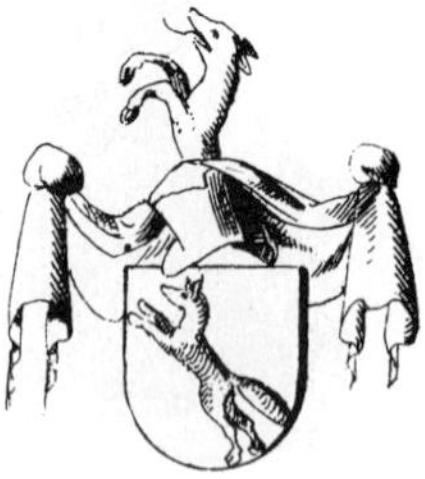
Fuchs

Hillessem

List

Lülf-Ludewolding

Murr

Reinhard

de Voß

Wolf

Wolfinger

Wulfert

Zyrerrer

Helmzier wie Schildbild mit Beiwerk

Fuchs

Trötscher

Fuchs

Landshutter

Moeglin

Frankh

Wolff

Fuchs

Fuchs

Helmzier andere Vierbeiner

Reinicke

Helmzier aus Vogelwelt

Wolff

Wolf

Keine Helmzier angegeben

Wolf

Voesz

Brentz

Brockhusen

Sitzend

Happ

Auf Dreiberg oder Boden

Fuchs

Ott

Wolff

Fuchs

Fuchsart

Auggenthaler

Wolf

Wolff

Ammon

Gehwolff

Mödlhammer

Schmid

Fuchs

Wülfing

Wülfing

Landsberg

Fuchs

Singer

Helmzier nicht angegeben

Pergauer

Wolf

Bönl

Mit Wasser

Suter

Wolfferts

Ueberbau

In einem Nebenfeld

Trunckel

Reincke

Wichura

Fuchs

In einem Heroldstück

Sandvoss

Wolfstaig

Holl

Holle

Rudolphi

Rudolphi

Paindtkopfer

Wolffart

Etwas im Maule haltend, hier Mensch oder Teil

Weidenfeld

Dechandt

Tierische Beute im Maule haltend

Wolff

Wolff

Fuchs

Wolffhard

Wolffhardt

Wolffhardt

Buwenau

Hainler

Unbescheid

Vischer

Durnperger

Spaiser

Stauber

Objekt im Maule haltend

Hinträger

Megenhardt

Wolff

Beyrer

Rudorff

Echenhauser

Höffter

Wolfhart

Fleischberger

Pommer

Pommer

Wolff

Melthammer

Wolfshammer

Pfanner

Graw

Gerdts

Streitwolf

Bamberger

Wolff

Bischoff

Mit Beiwerk

Wolff

Reinhart

Reinhard

Reunert

Rost

Drönewulf

Hohusen

Wulfing

Fläming

Guterman

Reinicke

Fürst

Lutz

Zwei Wölfe

Wlochatius

Halber Wolf oder Fuchs

Posch

Wolff

Wolff

Grauwer

Hartlieb

Wolf

Wölfflin

Wölfflin

Halber Wolf oder Fuchs, in Nebenfeld

Habelkofer

Häbelkofer

Wolff

Burkhart

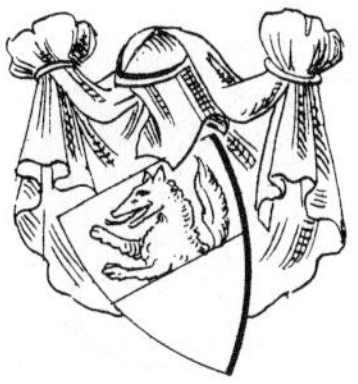

Maier

Aus Heroldstück hervorkommend

Schwerin

Wolff

Aus gemeiner Figur hervorkommend

Kesselboden

Grueber

Grueber

Wollstein

Halber Wolf oder Fuchs, tierische Beute im Maul

Wolfhard

Wolffhardt

Grätl

Zwei Wölfe oder Füchse

Lang

Voss

Wilsdorf

Fuertner

Scheffer

Wolfsfamilie

Romal

3 halbe Wölfe

Velhauer

Wolf- oder Fuchskopf

von der Zehnen

Eystätter

Wigand

Kastnmayr

Wolf

Meurer gen. Fraß

Lang

Wolf

Wolf

Drei Wolfs- oder Fuchsköpfe

Paxmann

Schutte

Simons

Schütte

Fuchs oder Wolf, in Landschaft

Horstmann

Haleholtscho

Wulff

Wolf

Hund, Helmzier Mensch

Erasmi

Weidheltsch

Waidhals

Bühler

Gruber

Hofer

Helmzier Hund

Trainer

Zatzer

Zorn

Steub

Uttenhofer

Gieser

Helmzier wachsender Hund

Bertanis

Clauser

Clauser

Cnyrim

Forchunt

v. Geylen

Hetzer

Hug

Hunnius

Jacob

Mancinus

Kraft

Leiter

Lindner

Loeper

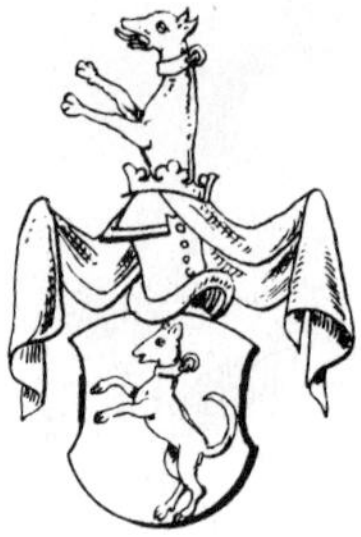
Marb

Ries

Schelhß

Schmelz

Schwartz

Selzemann

Ulrich

Vollmer

Werlitsch

Wündorffer

Zorn

Zott

Helmzier Hund mit Beiwerk

Versmann

Weyrmann

Staiber

Stauber

Helmzier wachsender Hund mit Beiwerk

Alkover

Burckhardt

Fabricius

Goggl

Hetzenpichler

Hundthaimer

Mumprecht

Prackenheimer

Rüdt

Strassgut

Viatis

Grieninger

Hetzler

Hunthum

Ihring

Mützel

Zwithorn

Helmzier Hunderumpf

Dragosch

Germainer

Helmzier von anderen Vierbeinern

Germainer

Ried

Kundig

Stoeff

Sander

Helmzier von Vogelwelt

Hünten

Luiz

Ungelays

Breudtigam

Helmzier aus Pflanzenwelt

Weidler

Helmzier Gerät

Hundseder

Helmzier nicht angegeben

Baldinger

Gelterking

Gelterkinger

Grewsler

Gruber

Lauppe

Lengefelder

Lindenmair

Oberpach

Pergenstörffer

Steffan

Toggenburg

Voss

Zatzer

Sitzend

Stainberger

Vorbrack

Rauscher

Bölmann

Stadler

Pögnitz

Streccius

Dietter

Detert

Dieter

Kramer

Etwas im Maule haltend

Marb

Ridt

Rüd

Rüd

Rodde

Marb

Eysenhover

Weckherlin

Brackenhöffer

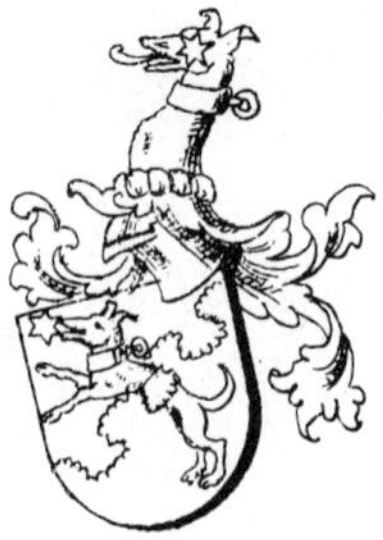
Gebwiler

In Nebenfeld

Freundt

Grötzler

Westernacher

Kratz

In einem Heroldstück

Voerste

Schmidmair

Buchholtzer

von Dort

Prügel

Bordt

Resch

Schicker

Mit Beiwerk

Hunsinger

Helder

Gierstein

Wipacher

Huntheim gen. Weckenwein

Pfeilschmidt

Werner

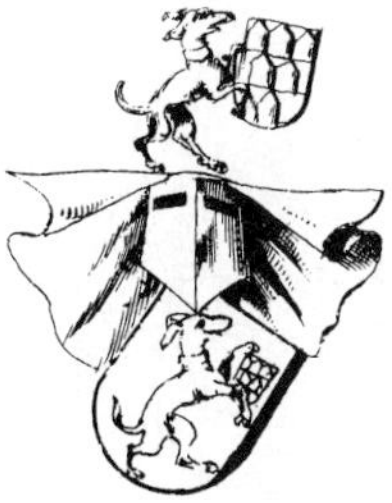
Mannschardt

Mörkhl

In Umwelt

Poesch

Töbing

Zwei Hunde

Bissinger

Padewet

Bissinger

Bissinger

Heilwagen

Röffel

Bluntschli

Erhart

Wentzel

Neupeckh

Steinmayer

Halber Hund

Bensle

Mütesgleicher

Reisner

Sorgenfrei

Ehrer

Tiefstetter

Brekwald

Kruss

Gratter

Jendl

Drei halbe Hunde

Spillmann

Hundekopf

Rösch

Koehn

Pfyffer

Plessinger

Schidinger

Protzer

Procer

Heininger

Soest

Robele

Rossteuscher

Protzer

Korn

Korn

2 Hundeköpfe

Riecke

Drei Hundeköpfe

Esthius

Petersen

Arndes

Matthiessen

Matthiessen

Beerschamp

Lopow

Schröder

Papendorf

Hirsch, Helmzier Mensch

Witte

Feller

Händler

Händler

Krug

Hirschmann

Hirschmann

Hirsch

Leidel

Hirsch

Springer

Graf

Haberes

Rammlmayr

Schönfelder

Rehwald

Pfender

Schetter

Schetter

Helmzier von Vierbeinern

Aichner

Vetscher

Fetscher

von der Myle

Helmzier Hirsch

Laitz

Remboldt

Reimboldt

Brakow

Helmzier wachsender Hirsch

Alberti

Alberti

Albrecht

Apotegker

Bajol

Berger

Blanckh

Brem

Christiani

Corradin

Crudener

Deinhardt

Dietrich

Dreyer

Ewerbeck

Evers

Goltmann

Graf

Gremlach

Hartiges

Hartz

Helmreich

Herzog

Hirsch

Hirsch

Hirze

Högg

Humler

Jung

Kahlke

Khun

Krazer

Krazer

Kunn

Laën

Laub

Laub

Laurentin

Lerch

Lochte

Lorentz

Mente

Metzger

Mönck

zur Mühlen

Offenstetter

Offenstetter

Pächler

Paris

Paris

Parys

Paulsen

Philgus

Ratschiller

Reichswirdt

Rechberger

Reidemeister

Riederer

Riederer

Riessenbrand

Röhl

Sattler

Sadler

Sattler

Sackreuter

Schanz

Schlecht

Schorren

Seiler

Strasser

Straub

Tempelhoff

Tesdorpf

Thiess

Turrian

Vogt

Widmoser

Wolff

Helmzier wachsender Hirsch mit Beiwerk

Cuno

Gamper

Gerlach

Griesbacher

Gwandschneider

Hain

Haller

Harscher

Hetzer

Hiersching

Kün

Morstett

Stein

Cochs

Ditz

Hein

Hertzbach

Hirsch von Hirschau

Jungschultz

Rechauer

Rickmann

Seiler

Straub

Helmzier Hirschrumpf

Hirschler

Kugler

Helmzier Geweih

Gebhardt

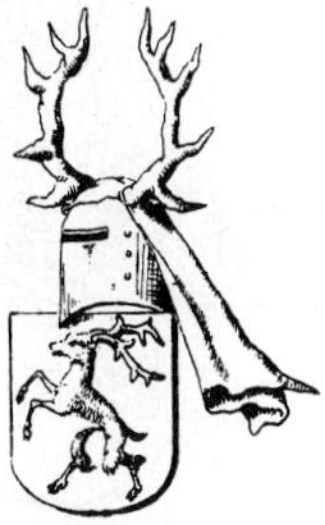
Krall

Popp

Stempher

Zeilhofer

Zirenberg

Jörk

Weber

Hirsch

Helmzier aus Vogelwelt

Bock

Deutz

Bachmann

Holtzermann

Jäger

Hirss

Helmzier aus Pflanzenreich

Walther

Berendt

Söncke

Goltter

Helmzier Geräte

Rasch

Seyler

Helmzier nicht angegeben

Hirsch

Hirschberger

Huenerwolf

Krakow

Kunn

Luttelheine

Zacha

Kahlke

Seyler

Voigt

In einem Schildteil

Thalhammer

Springer

Forster

Meichl

Mit Beiwerk

Reinhardt

Hirzel

Tegerseer

Mulner

Haberer

Hupper

Gueinzius

Ueßler

Schwarz

Schwind

Herckenrath

Hirschgard

Thiergärtner

Paintl

Amberger

Amberger

Frese

Harbart

Hirzel

Mende

Halber Hirsch

Fridach

Beham

Eltzhum

Grießer

Heinrichs

Himelstein

Scheibl

Schwebermair

Teufelhart

Scheibler

Prawest

Glaser

Rehlein

Mentzer

Wachowski

Reichel

Dägischer

Gebhart

Hiller

Ihering

Huber

Kroll

Guntz

Ihering

Kol

Arnold

Arnold

Schwartz

Hirschkopf

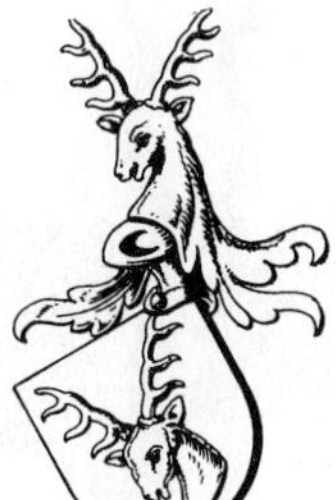
Tuckermann

Herzberg

Herzberg

Ziegler

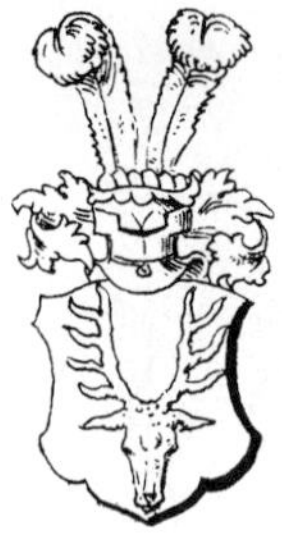
Lanting

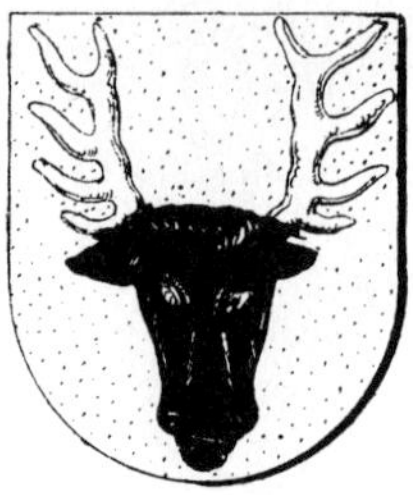
Hornberger

Ussermann

Uldokat

Günther

Seifert

Refart

Agte

Hohenwarter

Weber

Weyersberg

Zur Mühlen

Holtzberger

Krafftshofer

Kühne

Kühne

Achtziger

Schibel

Trunz

Xander

Zwei Hirschköpfe

Kolck

Eine Hirschstange

Luegel

Schröck

Schröck

Schröckh

Simold

Vay

Osterriederer

Weissenhorn

Weissenhorn

Mittell

Zincke

Schmutz

Lochmann

Horner

Zink

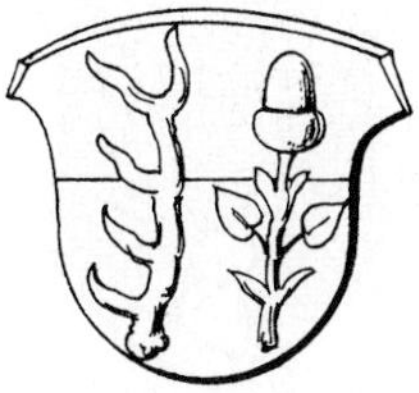

Hirspeckius

Schmutz

Schmidli

Zwei Hirschstangen, ein Geweih

Cottenhagen

Rodler

Schweighartt

Schnoch

Hörner

Albrecht

Hirtzl

Kastner

Kaulisch

Lucan

Walther

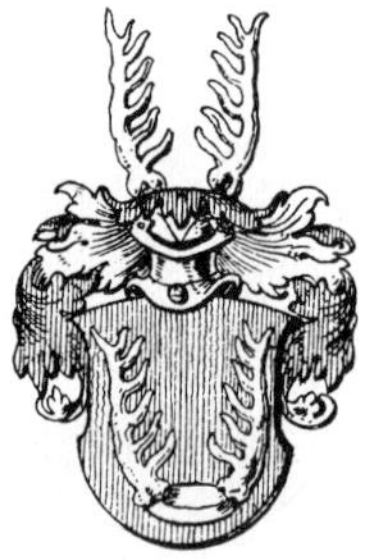
Weidlich

Aiglspeck

Elchinger

Friess

Krussen

Vay

Zink

Giengenbach

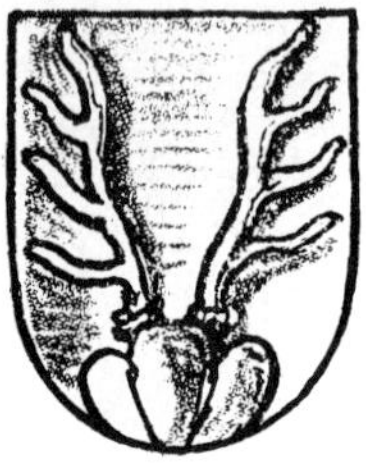
Stocker

Giffende

Pühler

Trachsler

Hubert

Schindler

Papenburger

Seifert

Trachsler

Kiefer

Kiefer-Feuerbach

Frey

Rummel

Höger

Gimmel

Wegener

Hirsch

Taig

Schindler

Widmer

Horner

Blughen

Zwei Hirschstangen

Hörner

Schmidt

Weiss

Weis

Drei Hirschstangen

Glattfelder

Rütimann

Zwei Geweihe

Hörner

Reh

Wilterer

Rehbein

Riederer

Euler

Förster

Hiller

Rechthaler

Reheis

Rehfeldt

Rehlen

Rhelin

Rohleder

Wild

Rehfeldt

Wildmayster

Scheckenburlin

Lobwasser

Lobwasser

Rehefeld

Rehlein

Wilde

Schwindt

Beurlin

Zwei Rehe

Menken

Halbes Reh

Schemberger

Burnel

Ayrer

Rehkopf

Rehkopf

Bohwinkel

Schaf, Helmzier Mensch

Schäffer

Schäfer

Mannheimer

Scheckenburlin

Helmzier Schaf

Friderich.

Lemmlein

Jarck

Fleischbein

Fleischbein

Helmzier wachsendes Lamm

Beheim

Betz

Friderich

Frölich

Frölich

Grässl

Grässl

Grässl

Hubel

Hubel

Lamboy

Lammers

Lembcke

Lemmlein

Mollin

Schäffer

Schäffer

Helmzier wachsendes Lamm mit Beiwerk

Betz

Betzold

Buch

Mögling

Rieger

Schäfler

Helmzier: von anderen Vierbeinern

Asinger

Pastorius

Helmzier aus Vogelwelt

Lammert

Immich

Oeberl

Helmzier Gerät

Neseke

Helmzier nicht angegeben

Petzold

Friderich

Voelberg

Osterlamm, Helmzier Stern

Lamprecht

Leschke

Westing

Westling

Lamprecht

Helmzier Kreuz

Schäfer

Schäfer

Spiess

Helmzier Mensch

Gengler

Timmermann

Bürger

Richter

Keilholz

Kempe

Pasche

Pasche

Cretschmar

Schachtrupp

Helmzier Vierbeiner

Riediger

Kiendl

Schmidt

Alexandri

Lamm

Schröder

Schröder

Helmzier Lamm

Osterbindt

Schaffitz

Lemmermann

Helmzier Osterlamm

Fattly

Happel

Kreutzer

Lambrecht

Lemm

Mützel

Neander

Ostertag

Ostertag

Pascha

Petiscus

Pierer

Rhese

Steffan

Sturtzenegger

Wolffrum

Wülfer

Helmzier Osterlamm wachsend

Aernlin

Blass

Leemann

Lembke

Lussi

Schröder

Helmzier aus Vogelwelt

Wagner

Jeckel

Wölfel

Spier

Molitor

Schaepmann

Helmzier aus Pflanzenreich

Lindheimer

Sartorius

Harmes

Kahl

Schaefer

Eggert

Eggert

Grösche

König

Pancovius

Klatte

Fiedler

Körner

Faber

Helmzier Gerät

Nitzsche

Spengler

Helmzier nicht angegeben

Lüncker

Ostertag

Weissmantel

Zeume

Musculus

Mit Beiwerk

Schwarzenberg

Bernhardt

Galow

Schaf mit Beiwerk

Güsmer

Wöhrl

Keiser

Iszing

Lammers

Lembl

Ostertag

Halbes Schaf

Weidler

Metzger

Drei Lammköpfe

Lammeshaupt

Widder, Helmzier Mensch

Herman

Hamelmann

Widder, Helmzier wachsender Widder

Bauhofer

Hamborch

Hetzel

Hezel

Hünenberger

Jonas

Matz

Ramminger

Scheibler

Schilebeckh

Spelt

Spelt

Sunderlin

Wedel

Widder

Widerich

Widerkehr

Wiedersheim

Widder, Helmzier wachsender Widder mit Beiwerk

Ramsler

Wider

Widmarkter

Hermann

Widder, Helmzier aus Vogelwelt

Metzhuber

Goslinowski

Hertint

Wiederhofer

Weddingen

Widder in Heroldstück

Seckhell

Widder, keine Helmzier angegeben

Elveke

Frisching

Schnitzer

Widenman

Mit Beiwerk

Stolterfoth

Kilchsperger

Mummi

Kilchsperger

Sachtleven

Widerstein

Kirchmair

Wipacher

Wiederhold

Bürkli

Freitag

Schmidt

Borckhardt

Halber Widder

Ferber

Rüttlinger

Reuttlinger

Pöckel

Stromer

Herman

Herman

Hämmelmann

Ernst

Heymann

Rott

Schafner

Berger

Widder

Wyder

Zubell

Peters

Kuenel

Schäfler

Widderkopf

Kramer

Ottnandt

Buchner

Werner

Schaper

Helwig

Zwei Widderköpfe

Derschau

Loytved

Drei Widderköpfe

Limburgkh

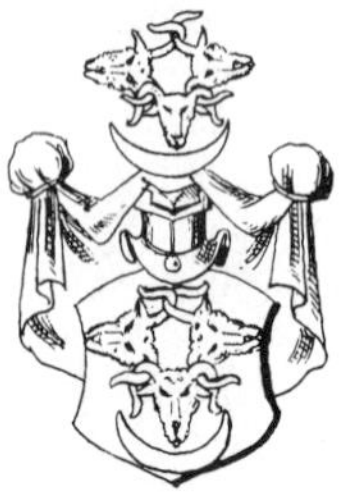

Weisskopf

Bock, Helmzier: Mensch

Stain

Bock, Helmzier: Bock

Köpfs

Bock, Helmzier wachsender Bock

Adach

Aitinger

Altinger

Becker

Böck

Bockh

Böcklen

van den Buck

Dulinger

Ebersberger

Elmpeckh

Gotsperger

Has

Humborch

Kesler

Lebzelter

Meier

Matsen

Moser

Nürnberger

Rantzen

Schräfl

Stein

Sellder

Bock, Helmzier wachsender Bock mit Beiwerk

von Bocken

Buck

Drach

Heinricher

Pockh

Schirmbeckh

Uhlherr

Bock, Helmzier aus Vogelwelt

Grim

Ryke

Haedrich

Retzlow

Bock, keine Helmzier angegeben

Grossmann

Hitterolt

Koch

Schedner

Wilde

Bock in einem Heroldstück

Hollermayr

Bayr

Bock auf Fels oder Berg

Stein

Diel

Felss

Stainer

Klieber

Gamper

Kirschstein

Bock mit Beiwerk

Gaissert

Hablizel

Bock

Majinger

Rostenzweid

Rauschmayr

Stain

Leonbösk

von Stenderen

Wilbrandt

Halber Bock

Budiger

Durigl

Emser

Hygendorffer

Wagenrieder

Epp

Wildperger

Forter

Fürter

Baumgarten-Crusius

Hordleder

Lenkher

Wettmann

Obrist

Bellardi

Rummel

Mair

Kappenfuß

Praunisch

Steyger

Steinacher

Walther

Zelgers

Ortner

Otto

Pöck

Dörffner

Fürter

Bockskopf

Bürgers

Eisele

Goldschmid

Megkart

Weinmayr

Wildberg

Hettlinger

Karbow

Kramer

Rothenberg

Altman

Weck

Buck

Drei Bocksköpfe

Clyppinck

Steinbock, Helmzier wachsender Steinbock

Anger

Berger

Blobel

Bock

Butzeriner

Gaishover

Garleder

Hermanni

Hutter gen. Schreckeisen

Klingenfus

Klipstein

Markh

Nürenberger

Perger

Rorer

Schindler

Stainperger

Vietor

Zwahlen

Steinbock, Helmzier wachsender Steinbock mit Beiwerk

Salzer

Stutz

Steinbock, Helmzier Steinbocksrumpf

Hildebrandt

Studler

Steinbock, Helmzier Steinbockshörner

Bertlin

Dennstedt

Steinbock, Helmzier aus Vogelwelt

Örttel

Riecke

Reich

Steinbock, keine Helmzier angegeben

Seldner

Gemlich

Ulherr

Elbs

Steinbock mit Beiwerk

Bocksilber

Keller

Hablitz

Steiger

Köpffl

Ziegenweidt

Schoene

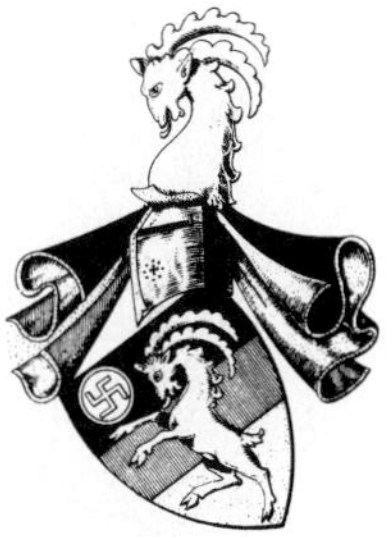

Bock

Halber Steinbock

Schulthess

Tierl

Wittenwiler

Hedenus

Beck

Erlpeck

Thoman

Rothe

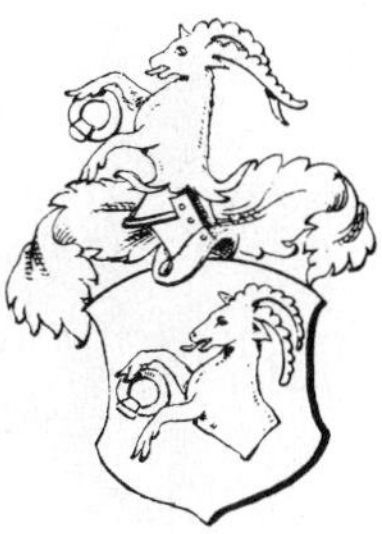

Ferber

Eysemburger

Pocksberger

Wilhelmy

Helmzier Mensch

Gemperlin

Gemperlein

Toss

Toss

Bühel

Köbl

Helmzier Gemse

Köbl

Kutzer

Rüll

Schropp

Helmzier Gemse mit Beiwerk

Seidl

Domeier

Helmzier wachsende Gemse

Gambs

Gamßer

Gamßer

Gembsensteiner

Huebmer

Jon

Mayr

Nürnberger

Oefner

Patscheider

Scharfenberger

Stampart

Steiner

Walther

Dalhamer

Helmzier wachsende Gemse mit Beiwerk

Hertl

Hörtinger

Hörtnit

Hueber

Hueber

Schultess

Schwendell

Velser

Wiser

Hueber

Mayr

Helmzier Gemsenrumpf mit Beiwerk

Domeier

Helmzier aus Vogelwelt

Natzke

Keine Helmzier angegeben

Schidle

Striegel

Byli

In Heroldstück

Guetl

Hellermair

Mit Beiwerk

Strolz

Schilling

Thomas

Rauschmair

Lechler

Lechler

Seckhler

Halbe Gemse

Hinterburger

Schwegler

Grems

Kohl

Gemelich

Helgers

Lyrer

Busch

Zwei Böcke

Böckh

Geisshardt

Wildeisen

Sader

Griessenpöck

von der Fechte

Hettler

Hofer

Kübler

Pauhinger

Bockshorn

Wiener

Bach

Ganzhorn

Siegwein

Siefert

Reinhardt

Zwei Bockshörner

Messinger

Marthi

Winter

Trautenweiler

Haldenstein

Galati

Nasal

Horn

uf der Mur

Drei Bockshörner

Scharnstteten

Otto

Ochse, Helmzier Mensch

Humbaur

Frei

Tison

Ochse, Helmzier Löwe

Modelmayer

Ochse, Helmzier Ochse

Burkhard

Ochse, Helmzier wachsender Ochse

Clauss

Claussen

Hueber

Lucas

Mair

Ochs

Stechlin

Stierlein

Stiermair

Vassnaler

Zündel

Helmzier wachsender Ochse mit Beiwerk

Clauss

Claus

Günzer

Ginser

Rauh

Ettmüller

Helmzier aus Vogelwelt

Ryher

Helmzier Gerät

Fleischer

Keine Helmzier angegeben

Clauer

Lay

Auf Boden oder mit Beiwerk

Burkhard

Viehweider

Hagendorn

Hagenauer

Rinderknecht

Brotthagen

Stier

Oechslin

Girard

Halber Ochse

Fraislich

Frayslich

Kölbl

Mötzger

Metzger

Ochsner

Oexle

Smydel

Schmidel

Stirn

Stirn

Spalter

Wesent

Amman

Halber Ochse mit Beiwerk

Kolbenstainer

Wepeiss

Fleischlin

Zelger

Flechte

Einfaltig

Zelger

Stierlein

Meister

Meister

Reimer

Ochsenkopf, Helmzier Mensch

Kohmann

Klar

Carben

Metzger

Mercker

Vollimhauß

Pfannmuss

Ochsenkopf, Helmzier Löwe

Wagner

Ochsenkopf, Helmzier Ochsenkopf oder -rumpf

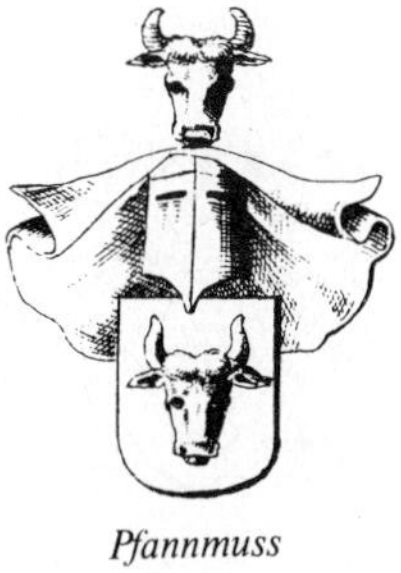

Pfannmuss

Rhodt

Roht

Breuning

Kudorff

Ochsenkuen

Sorg

Ochsenkopf, Helmzier
Ochsenkopf mit Beiwerk

Trummer

Mecz

am Büel

Ochsenkopf, Helmzier
Büffelhörner

Hilbrandt

Oechsler

Ochsenkopf, Helmzier
Vierbeiner

Eichhorn

Ochsenkopf, Helmzier
aus Vogelwelt

Hainz

Lux

Ochsenkopf, Helmzier
aus Pflanzenreich

Erickes

Ochsenkopf, Helmzier
Bauwerk

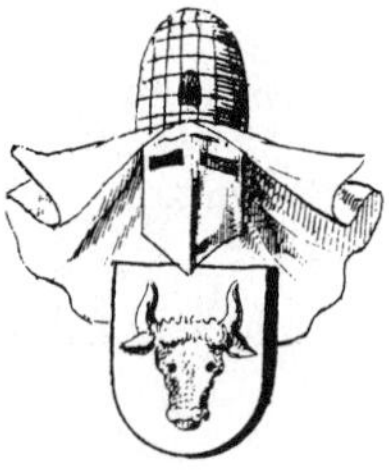
Hach

Ochsenkopf, keine Helmzier
angegeben

Kremser

Ochsenkopf mit Nasenring,
allein

Heigl

Ruoff

Ruoff

Ruoff

Spalter

Taurelius

Thourot

Urner

Ochsenkopf mit Beiwerk

Schultheiss

Mayer

Ruprecht

Wurster

der Frauen

Aspelt

Rorat

Weißbach

Osmers

Commeter

Bulle

Rambskopff

Gilg

Hofstetter

Moog

Oder

Oechsner

Wernecke

Zwei Ochsenköpfe

Geiger

Brünninghausen

Drei Ochsenköpfe

Fostier

Rinder

von Lude

Hollerauer

Horn, Hörner

Gloede

Horger

Oppermann

Schönermark

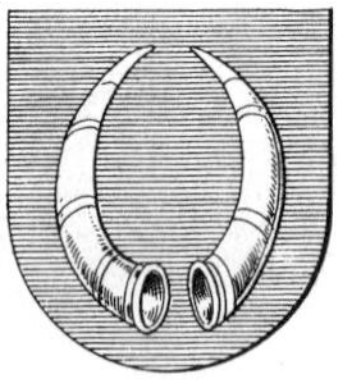

Schissler

Lechler

Mondbach

Kauer

Satler

Lebendiger

Lohstöter

Zehentgraf

Strub

Elefant

Köchelt

Niemeyer

Beringer

Helfrich

Seibert

Odontius

Menges

Helffen

Veirabent

Gutmann

Gutmann

Zenndl

Kamel

Cammerer

Drummer

Lehner

Zeiler

Camelus

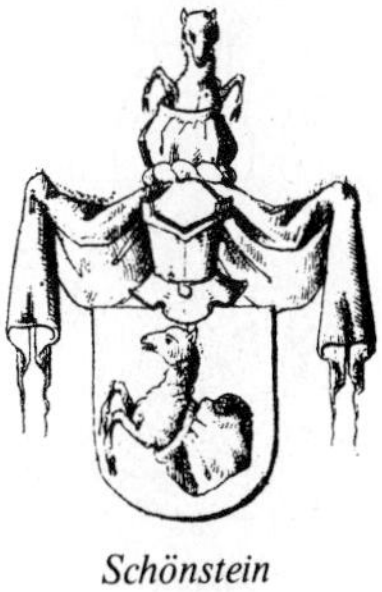
Schönstein

Kembter

Wanschka

Teuerer

Philippe

Luchs

Baumeister

Mertz

Luz

Blindhammer

Dulner

Hasse

Haunolt

Preu

Blussing

Welser

Welser

Liephart

Ahamer

Rieser

Hase

Veitt

Hase

Haas

Hass

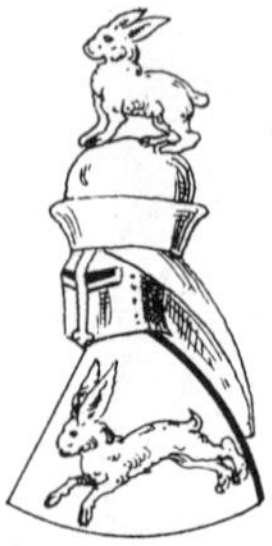

Hassfurter

Haslach

Haas

Killinger

Luchner

Friess

Haas

Hasenberg

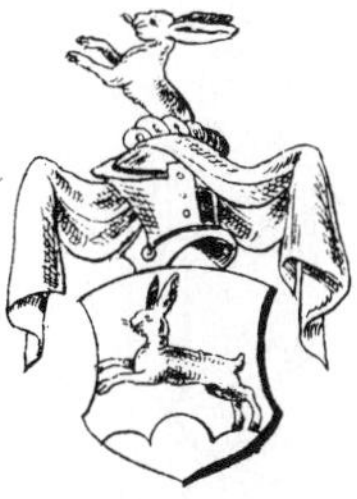
Machtolff

Machtolf

Haaß

Heseler

Haas

Möger

Hassl

Häsle

Hasenwinkel

Has

Hasenhart

Heseler

Kuenlin

Reber

Haas

Hass

Has

Haselpeckh

Haselpeckh

Hass

Haase

Kienlin

Nellinger

Kärgl

Hass

Halber Hase

Rebstein

Rebstain

Lugendorffer

Hasenkrogh

Wollhase

Lang

Zwei Hasen

Hasenjäger

Hasert

Kohl

Schelhase

Schelhase

Schellhaas

Drei Hasen

Hessel

Hasenkopf

Hoffmann

Affe, Meerkatze

Aff

Abeken

Aff

Fiechter

Abeken

Abeken

Spanfelder

Haug

Katze

Kaz

Katzmair

Katzmair

Katzensteiner

Harder

Hasenclever

Ketzer

Träkhl

Brockmann

Kaz

Dämel

Kah

Dachs

Grevel

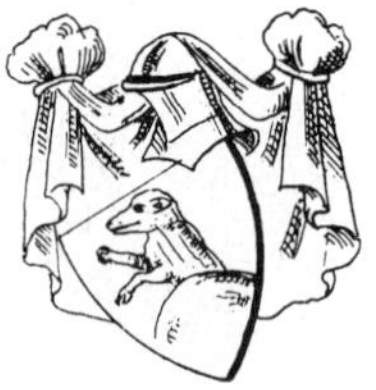
Dächser

Igel

Igler

Staudigl

Grünauer

Wenigel

Bruere

Igler

Schallenauer

Iglberger

Frank

Grändl

de la Raparlier

Grinigl

Biber und Fischotter

Steuber

Zobinger

Menk

Ott

Fischer

von Ottera

Ott

Oberndorffer

Merkh

Wagner

Wagner

Wieser

Otto

Otto

Ott

Viechter

Pirher

Wießer

Ott

Wiesel, Hermelin

Beckherrn

Beckherrn

Mumelter

Mumeldter

Mütschelin

Jugerts

Halber Biber und ähnliche

Martinsen

Otte

Eisen

Dieckhoff

Eichhörnchen

Knauß

Siess

Stumpf

Gutbrod

Guetprot

Eller

Vorster

Döner

Schweighartt

Fleckhamer

Gautinger

Knauß

Link

Fierer

Dreyer

Praun

Liet

Riccius

Steinweg

Pröbstl

Hürning

Eichhorn

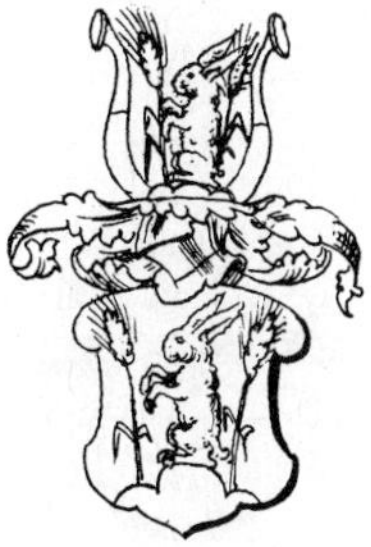
Haut

Drei Eichhörnchen

Bavemann

Maulwurf, Maus, Ratte

Max

Muuss

Rättlin

Meysl

Radax

Fette

Meussel

Müsgen

Beine von Vierbeinern

Schunck

Hama

Hamann

Hammen

Poten

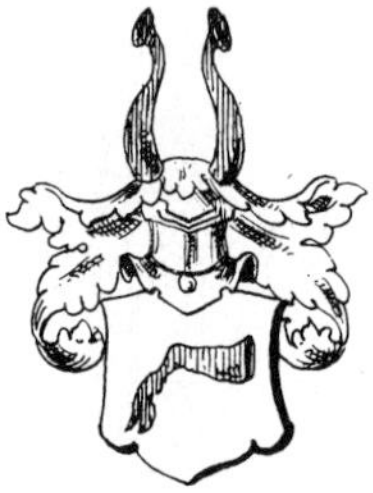

Weigel

Schneider

Tratz

Schneider

Haman

Pranken von Vierbeinern

Seitz

Klüfer

Korenmann

Renner

Frey

Frey

Faulhaber

Pühler

Schettmer

Stettner

König

Clüver

Bertelkin

Pleitner

Streitter

Zwei Pranken

Bruchli

Leonhard

Bernet

Wunder

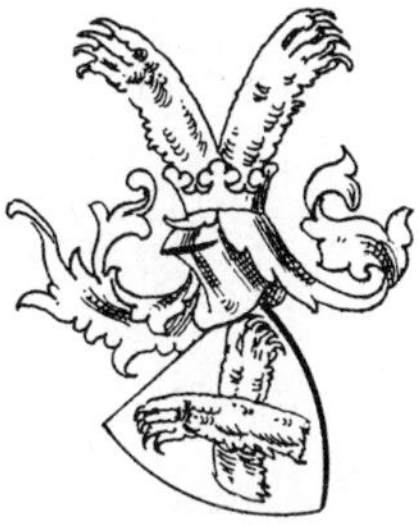

Wellemberg

Wickardt

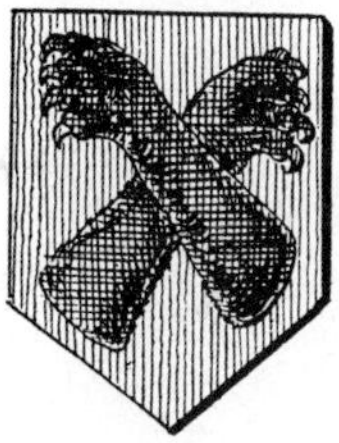

Kratzer

Krämer

Bertschlin

Barkey

Hugelius

Gebel

Gebel

Baum und Löwe

Siewersen

Marmann

Pirani

Freytag

Schramm

Vierbeiner in oder vor Bäumen und Wald

Garlefstorp

Rittzscher

Lonicerus

Bäume und Pferd

Berckens

Bäume und Esel

Mühle

Bäume und Einhorn

Hagenbuch

Wilcken

Woldt

Weghorst

Hinkeldey

Wilder

Bäume und Panther

Lübbers

Wehlandt

Bäume und Bär

Behrenston

Kruse

Bahre

Bäume und Eber

Bere

Massdorf

Kieser

von Dom

Bäume und Wolf/Fuchs

Evers

Voss

Fuchs

Brennecke

Paumgarten

Wülffken

Wulff

Kempe

Dempwolff

Rhebinder

Lindholtz

Schinkel-Jagehase

Rode

Bessell

Bracklow

Forke

Hertzberg

Nicol

Lohnhardt

Grünwald

Lenertsen

Petersen

Rasch

Rehders

Baum hinter Hirsch

Hierschman

Feldt

Wedigen

Hesse

Rehders

Wessel

Becker

Reitzel

Hesse

Grön

Hirsch in Landschaft

Neymann

Spitzenberch

Walluncke

Künne

Ronborch

Cratz

Bone

Füchting

Pusch

Hasche

von Graffen

Boock

Elers

Geitel

Paulsen

Ribook

Simmers

Spitzenberch

Spring oder Vollmer

Tessin

Mantzel

Tessin

Wildfanck

Göritz

Scherenhagen

von Lohn

Wolters

Hettling

Halffer

Horsten

Bäume und Lamm

Lemke

Bäume und Bock

Buck

Buek

Hökenkamp

Geisenheyner

Ueberfeld

Schielbock

Eckhoff

Baum und Katze

Baldrian

Bäume und Hase

Leppin

Aberlin

Bäume und Zobel

Zobel

Bäume und Eichhörnchen

Koop

Erickes

Baum und Fabelwesen

Lindholtz

Palm

Scheuer

Adler, Helmzier Mensch

Adler

Halveren

Halbenaren

Herz

Adler, Helmzier Löwe

Arbeisl

Adler, Helmzier Einhorn

Lemaistre

Adler, Helmzier Adler

Wuttig

Wyssling

Mark

Adler

Spyri

Lauenburg

Geiger

Stabius

Rückert

Rückert

Adler, Helmzier Adlerkopf

Bub

Ferg

Adler, Helmzier Flügel

Gainbach

Adler

Adler

Adler

Canto

v. Spyr

Adler, Helmzier aus Vogelwelt

Schöneberger

Schlaudersbach

Atzenholtz

Adler, Helmzier aus Pflanzenreich

Gerstenbrandt

Goertz

Adler, keine Helmzier angegeben

Schwab

Koeltgen

Meiszahn

Adler

Adler mit Beiwerk

Malchin

Bannir

Kaintz

Waldtsberger

Keirlin

Fauwes

Kirchmüller

Tholde

Pfleiderer

v. Cleve

Müllner

Müller

Machtolff

Adler, verstümmelt

Zapalowski

Wiech

Krögher

Lunte

Seitlich halber Adler

Tapolet

Hoffmann

Doppeladler

Wachtmann

Houpline

Heitzig

Koltz

Keyser

Streuff

Schwindt

Fabel-Adler

Sumerauer

Vaerst

Oberhalber Adler

Hartung

Frey

Wagner

Drei Vögel

Lerberger

Souchay

Allart

Gier

Hagen

Vogelsanger

Vogelsang

Vogel, Flügel angelegt

Rauh

Sittig

Falck

Ravens

Stain

Fetzingk

Weyh

Geier

Altzinger

Nolda

Perzlinger

Busse

Ranninger

Stamminger

Gensel

Rothmundt

Egelius

Eckolt

Eckhostt

Roth

Vogel

Vogel, Flügel angelegt, nichts im Schnabel in einem Schildteile

Eisfogel

Förster

Langen

Feldhun

Marxhausen

Nobel

Biagosch

Meise

Weide

Geilenkirchen

Gragans

Gensterer

Weiss

Waldner

Matthias

Schrey

Schrey

Vockelius

Schrey

Moser

Dezelski

Grüninger

Enslin

Vogel

Kronner

Wittich

Roman

Koix

Vogel, Flügel angelegt, nichts im Schnabel, auf Boden oder Berg

Rebhan

Menck

Kellner

Trappe

Arny

Arny

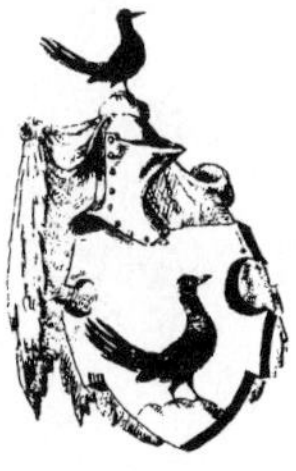
Azelt

Besold

Eisinger

Geier

Geier

v. Guhren

Habicht

Kamer

Kamerer

Kilian

Koppensteiner

Krag

Marbeck

Rephuen

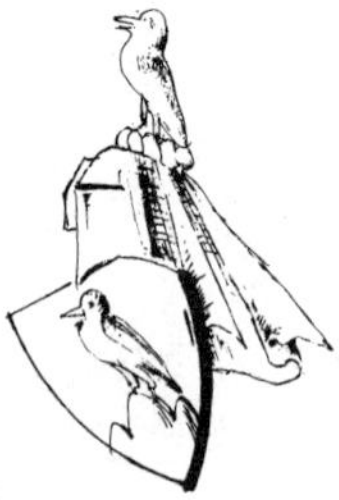
Schravogel

Star

Suermann

Trapp

Troschel

Uttendorffer

Egenolphus

Eggaldt

Fasold

Finckh

Folk

Goll

Gumpell

Heerdel

Lippert

Pürkauer

Schacht

Sparr

Sparr

Taubinger

Troschel

Veldner

Wöttinger

Falckenberg

Raebel

Griesinger

Backhaus

Hunoldt

von Bergen

Gericke

von Sienen

Raab

Burkhard

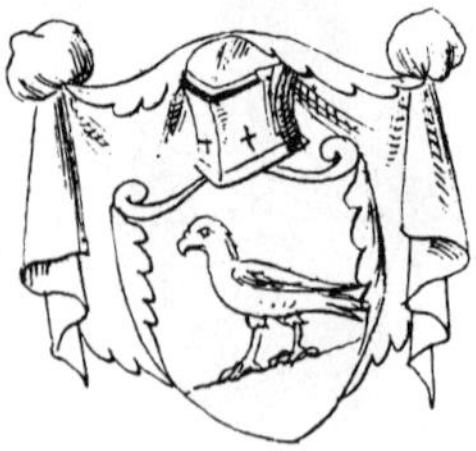

Falke

Habbich

Langenberg

Maisenberger

Perdrix

Ravenschlag

Valckenberg

Vogel, Flügel angelegt, nichts im Schnabel, auf Kosmos oder Tierreich stehend

Camenzind

Crueiger

Nehring

Erpf

Specht

Godeffroy

Gebert

Thielen

Beisweil

Hambloch

Vogel, Flügel angelegt, nichts im Schnabel, auf Ast- oder Baumstück stehend

Billeter

Billing

Hopp

Hülsen

Vogelgsang

Vogler

Zilcken

Finckh

Douven

König

Masch

Stoer

Rabner

Heger

Meise

Momenson

Schare

Schröder

Sickart

Seipp

Stettner

Süess

Werner

Springorum

Buley

Walrave

Huepe

Sighart

Vogel, Flügel angelegt, nichts im Schnabel, auf Aststück mit Blättern stehend

Emmerling

Dalner

Duve

Hummel

Amsler

Berlingius

Lamberz

Ulrich

Schmidt

Liebenaicher

Pape

Remme

Koless

Stieglitz

Kradolfer

Pritz

Vogel, Flügel angelegt, nichts im Schnabel, auf etwas aus Pflanzenreich stehend

Kupfermann

Vogler

Tils

Zeissig

Vogel, Flügel angelegt, nichts im Schnabel, auf Gerät stehend

Eisenwanger

Büttner

Belzer

Vogel

Olszewski

Schlatter

Nestle

Stavenhager

Dilthey

Petersheimer

Kopp

Vögelin

Vogelrieder

Keller

Falkensteiner

Falkenstein

Schmalz

Ramsauer

Ramsower

Vogel, Flügel angelegt, Zweig im Schnabel

Bud

Voglmair

Riecke

Bonnet

Bonnet

Guilbert

Masch

Simon

Wielius

Weigert

Vogel, Flügel angelegt, auf Boden oder Berg, Zweig im Schnabel

Schindler

Täuber

Vöelberg

Voelberg

Rotermund

Krakau

Draudt

Heller

Hoffmann

Becceler

Henning

Hofmann

Holtzemius

Ludwig

Hieronymus

Liebl

Vögeli

Kolligs

Hüffer

Kippenberg

Kralowitzky

Schultze

Riecke

Tampke

Jentzsch

v. Bergen

Teubner

Vogel, Zweig im Schnabel, auf etwas stehend

Gödelman

Dumrath

Pätzelt

Bengerad

Pape

Green

Platzmann

Klauder

Vogel, Flügel angelegt, Ring im Schnabel

Heyde

Frenching

Eskens

Meiss

Krayenried

Döring

Doering

Trappe

Fassnacht

Gugger

Dankwerth

Schancz

Pape

wie vor, Pfeil im Schnabel

Martini

Vogel, Flügel angelegt, mit Beiwerk aus Kosmos oder Natur

Schuchart

Jacobsen

Lind

Lorch

Lorch

Wachtler

Evers

Schwelant

Horst

Homuth

Kröll

Grave

Gugger

Krebner

Böhmer

von Lengerke

Weigelius

Vogel, einenen Gegenstand im Fuß haltend

Birkhammer

Pirkhamer

Geschke

Hebich

Schellenberg

Falke

Laubereau

Crauser

Karl

Vogel in Gefangenschaft

Niebur

Niebur

Sittich

Vogel, flatternd, nichts im Schnabel, allein

Frank

Wayer

Falcke

Fink

Geyer

Gyr

Hertzog

wie vor

Ramminger

Riepenhausen

Vogel

Vogel

Vogler

Schwalke

Nauheim

Opitz

Falkh

Forckenbeck

Schnepf

Tybelius

Enthofer

Köper

Valck

Schwalb

Schwalb

Hentsch

Franck

Geier

Petersen

Vogel, flatternd, nichts im Schnabel, in einem Schildteil

Zahn

Columbanus

Beckendorp

Beckendorf

Roch

Resch

Lerchenfelder

Starenberger

Vogel, flatternd, nichts im Schnabel, auf Berg oder Boden

Elstermann

Falkner

Speichert

Auer

Boler

Eisvogel

Falk

Falkner

Fassnacht

Gans

Gyr

Habich

Haible

Hirschvogel

Kofeler

Krey

Landolt

Pirkhamer

Rauneckher

Schirlinger

Schnepff

Schnepff

Valwickl

Vogl

Wibbeking

Witte

Wye

Vogel

Wielandt

Ernst

Habich

Kehr

Falck

Weihenmaier

Staininger

Cludius

Guggenbühl

Ganser

Florwy

Geigy

Heckel

Karlstadt

Schweitzer

Steyn

Werenberg

Vogel, flatternd, nichts im Schnabel, auf etwas stehend

Trittenpreis

Enders

Kramauer

Vogel, flatternd, nichts im Schnabel, auf Pflanzlichem stehend

Falkner

Hassel

Horst

Stockar

Stockher

Stockar

Ullrich

Ulrich

Thiel

Reyser

Reuser

Therentianus

Rollfink

Bubbel

Vogel, flatternd oder fliegend, Zweig im Schnabel

Lehmann

Schram

Kahl

Oeltze

Junghanß

Fidler

Ahrens

Adolff

Deutsch

Vogel, flatternd oder fliegend, Ring im Schnabel

Lobes

Rab

von Rinck

Hartmann

Vogel, flatternd, etwas im Schnabel, auf Berg oder Boden

Zetzner

Hueber

Hartter

Rinck

Flax

Gönner

Gothofredus

Hoffmann

Lechler

Vogel

Meichsner

Graff

Honstede

Flügge

Völkerling

Vierling

Nordanus

Nordanus

Trumer

Vogel, zur Sonne oder zum Himmel auffliegend

Berg

Conrad

Ahlers

Seelhorst

Vagelbusch

Vogel, abwärts fliegend

Witzendorff

Raben

Vogel, flatternd, etwas in den Krallen haltend

Gussmann

Stoesser

Hammesfahr

Fries

Coccius

Schmidt

Ringler

Geier

Luder

Vogel, flatternd, durchschossen

Zölffel

Zölffel

Crafft

Rissleber

Ganser

Rotenberger

Schwimmvogel (außer Schwan)

Güssfeld

Ganser

Kreppner

Gösling

Oeste

Ganz

Ganser

Bair

Pair

Gandert

Schwimmvogel auf Boden

Koch

Ganser

Gänsler

Gause

Griess

Jansen

Jansen

Schneegans

Ganser

Engel

Schwimmvogel, schwimmend

Daucher

Endter

Vorant

Ganser

Entmooser

Schwimmvogel, etwas im Schnabel haltend

Beckher

Scherb

Scherb

Teichler

Schwan

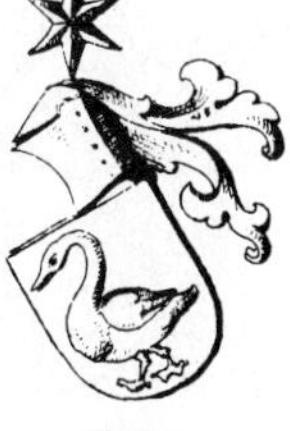

Fidler

Menzel

Neiz

Ochinger

Lanckhals

Manske

Naub

Nentwich

Popp

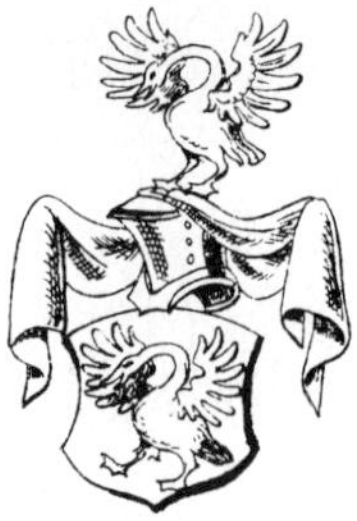
Sattler

Schwend

Schwind

Waldpach

Beck

Schwabe

Tenge

Tettelbach

Sastrow

Popp

Ulrich

Suane

Schwonke

Klussmann

Gauger

Heibler

Illikusen

Licher

Schaller

Schwab

Schwand

Ulrich

Auf Berg oder Boden

Mörl

Schwehle

Muelich

Rodekohr

Brämer

Oschwaldt

Schwanberg

Neugenhofer

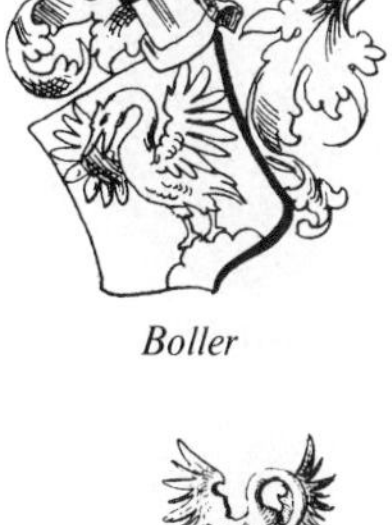
Boller

Heberer

Heintz

Schwab

Thumberger

Welti

Bechmann

Rainhardt

Weissenberger

Finckelhäuser

Becht

Gödemann

Marten

Schwendke

Eitinger

Schulter

Schwäger

Schwan, auf Wasser stehend

Goetz

von Ach

Mit Nebenwerk

Schwanecke

Cranach

Oesterreicher

Hessus

Fallen

Soermanns

Schwander

Thost

Etwas im Schnabel haltend

Fleiner

Schwanberger

Cropacius

Hueber

Kaufmann

Schwanring

Schwan, schwimmend

Schröder

Gladbach

Wagner

Gödemann

Witte

Kroon

Gschbander

Tettelbach

Tettelbach

Luttermann

Flaccus

Fleck

Poensgen

Francke

Francke

Schlutius

Stilke

Wasser

Schwimmend, mit Beiwerk

Riem

Welti

Utrecht

Kornmesser

Martens

Ardomedes

Lackner

Neuhold

Pelikan ohne Jungen

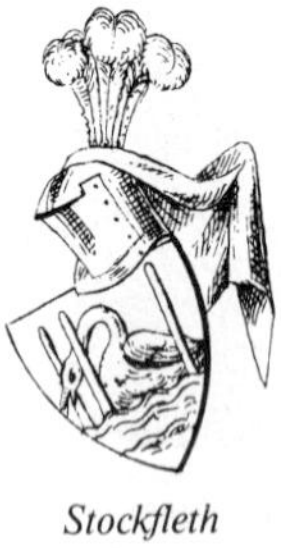
Stockfleth

Witte

Schultz

Gaspar

Frisner

Haylandt

Hartlieb

Heberer

Heberrer

Heberrer

Moll

Heberer

Raecke

Pleninger

Im Nest, mit Jungen

Lehmann

Martini

Boeddinghaus

Curth

Reinhard

Gruner

Elerd

Lahr

Vogel

Plenninger

Freytag

Arianus

Bünemann

Hellwig

Hellwig

Kloß

Krey

Mener

Nestler

Pelican

Tumperger

Schobert

Strahl

Treutler

Trost

Weidlich

Kindler

Benter

Pell

Heintze

Hutfeld

Kamb

Liebler

Mentzius

Scharf

Vogler

Redelffsen

Kindler

Niethe

Sarninghausen

Dedekind

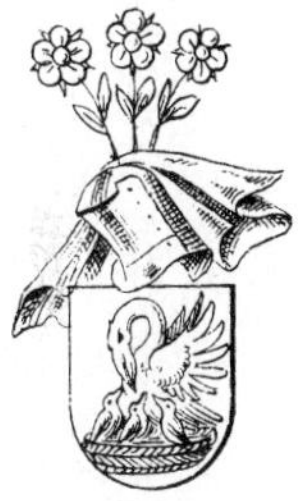
Theurich

Leonhardi

Henning

Pehmöller

Wadsack

Starcke

Kleemann

Mayer

Deneke

Schramm

Brand

Boell

Helwig

Gloxin

Walter

Beckmann

Meiner

Stelzvogel

Kranold

Stüver

Storre

Besold

Grossheim

Inderstorffer

Rau

Rieger

Rütschi

Schmalholz

Schnepf

Tolle

Röhricht

Trapp

Oeler

Rager

Witzl

Auffliegend

Groull

Adelmann

Engesser

von Grolms

Auf etwas stehend

Mayer

Riem

Neydeck

Bielitz

Wassertier im Schnabel haltend

Speißegger

Fischer

Juner

Rathgeb

Hafendorffer

Hoffer

Reyger

Schwaiger

Schweiger

Stizl

Umbach

aus'm Werth

Raid

Rathgeb

Edel

Pelargus

Anthony

Schübler

Vischer

Horngawer

Reteke

Malchin

Malchin

Leybold

Kamlah

Hansen

Reuert

Stelzvogel, etwas im Schnabel oder Fuß haltend

Hueber

Tatsch

Coccyus

Zeitler

Emmelius

Kranich, mit Stein im Fuß

Gregory

Rehm

Brockmayer

Vigitill

Schaer

Wachau

Hilbrandt

Dresen

Lademann

Klitscher

Furkel

Abštorský

Beitzman

Bingert

Gregorii

Gottschalck

Hevelke

Lütke

Pauli

Sichardus

Stilke

Süß

Unselt

Höltzl

Ranniger

Fauschütz

Heintze

Hofmener

Reuehalter

Krohn

Marchthaler

Krohn

Ferber

Kiesewetter

Matthaei

Gottschalck

Naurath

Nopitsch

Backhaus

Keber

Meyer

Kühnzell

Kinross

Werner

Wacker

Wechter

Steinert

Storch, nichts im Schnabel

Reichel

Langemak

Storckh

die Lotten

Polster

Storck

Wittneben

Lackner

Leutner

Trost

Jänicke

Stork

Storck

Strauß, ohne Hufeisen

Buchman

Dieminger

Straub

Straubenberger

Strauss

Strauß, mit Hufeisen

Eisenbart

Eisenbart

Nitsch

Berlich

Bartenstein

Rechseisen

Smid

Strauss

Strauss

Vogl

Kränkl

Leiß

Straus

Strauss

Underweger

Krause

Krause

Langgruber

Grymeysse

Hatteisen

Sinnhuber

Strauss

Wahler

Strobl

Jeuchdenhammer

Hahn

Schrey

Wehrmann

Gruson

Hahn

Belss

Gall

Haan

Haan

Hahn

Hanitzsch

Heinlein

Henner

Kramer

Rothhan

Schalutzer

Hoenemann

Reisser

Vorner

Gallus

Heysinger

Haan

Haan

Hain

Hahn

Hahn

Haring

Abstreiter

Hanewinkel

Kilchherr

Hahn, nichts haltend, auf Boden oder Berg stehend

Hoen

Hamberger

Aurnhammer

Aurnheimer

Gall

Gallus

Gockel

Gockel

Gögginger

Gull

Hahn

Haneberger

Hänel

Hänel

Havol

Hünicke

Hankrat

Zipfel

Gailing

Hahn

Hienlen

Hainickhe

Haniel

Hienlin

Henlin

Hünlin

Heyn

Henin

Haenel

Johann

Schenk

Nusch

Hahn, etwas haltend

Honold

Hannoldt

Han

Schmidt

Landmann

Hayn

Helmschmid

Hänlein

Mit Beiwerk

Hienlin

von die Corput

Han

Berghan

Hennig

Bloss

Riphahn

Ulrich

Hahn

Buckrucker

Steinheimer

Haanwinkel

Huhn

Hendel

Hennenberger

Hienlein

Honauer

Hönauer

Hönn

Hönne

Hönn

Henneberg

Hennies

Sparr

Huenfelder

Hienlin

Hennenberg

Hener

Pfau

Riescher

Berghofer

Stoltz

Sohr

Pfau

Pfaudtner

Schütter

Fasold

Pfau

Bruckner

Phönix

Reitz

Brand

Grosch

Meschger

Zöpfin

Bötefür

Weng

Weng

Junghans

Junghans

Wills

Eule

Frölich

Eule

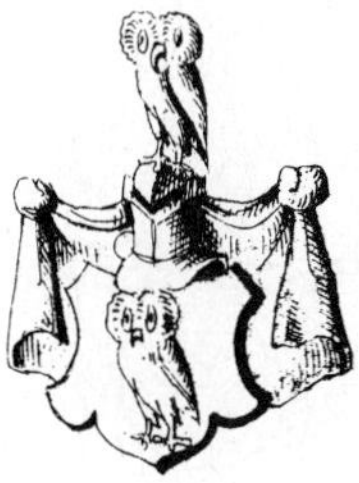
Hildebrand

Warnberger

Kämauf

Eulner

Faulwetter

Ulhart

Ulhardt

Kremer

Thumb

Mack

Koebel

Hüping

Kautz

Köhler

Holzer

Eule

Bayer

Helbig

Helbig

Wiehl

Kauz

Gassner

Mengel

Uhlhorn

Salomon

Renhart

Walther

Haller

Saxo

Eilhardt

Timmermann

Friederich

von Berg

Warnecke

Vogel

Krell

Trappendrey

Huebner

Han

Divissen

Hofstetter

Heindl

Bonitz

Haderschlieff

Friedel

Nehring

Sambucus

Wieder

Graf

Kreel

Simon

Umbscheiden

Moltz

Jitschin

Schinpein

Falckh

Harmsen

Taubner

Kramer v. Dottelen

Stipel

Rive

Rausch

Warnecke

Haim

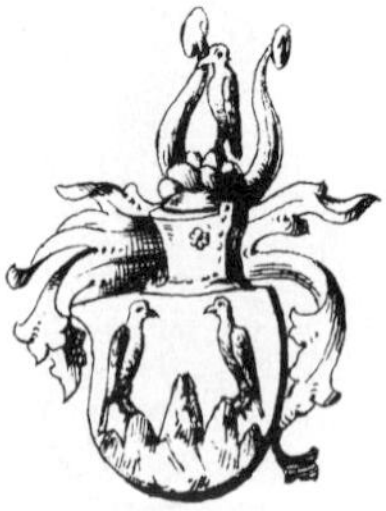
Pühler

Petersen

Barkow

Fredenhagen

Fritz

Eppich

Arnoldi

Corvinus

Zenker

Hennemann

Mentele

Drei Vögel

Wallraf

von Mere

Winkelblech

Camerarius

Rieß

Hübens

Schmidt

Hübens

Stein

Schwan

Heher

Schnabel

Grüter

Custodis

Graseck

Dresel

Vogels

Camerarius

Vogeler

Schmod

Tischer

Leewaldt

Tischer

Kreutzer

Ehinger

Hübens

Stegemann

Gierlach

Esser

Antze

Harlaken

Gantzeberch

Wildegans

Woller

du Puits

Fink

Tauber

Jungfinkh

Finckh II

Fink

Grusell

Stärl

Lange

Frank

Taubert

Berkhan

Niebuhr

Kray

von Velme

Fünf Vögel

Fünfer

Schworm

Hosius

Schrafl

Sechs Vögel

Bleuenheuft

Schoefferlin

Cusani

Arndes

Grochert

Grochert

Trampe

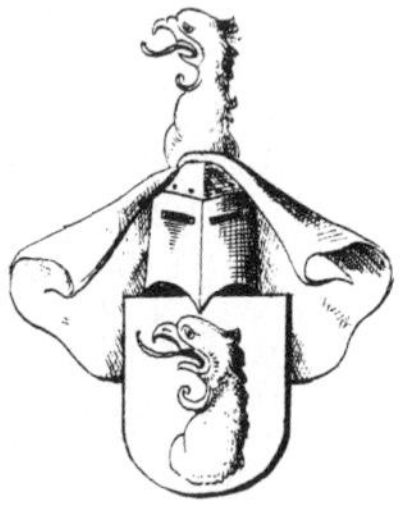
Strang

Hörung

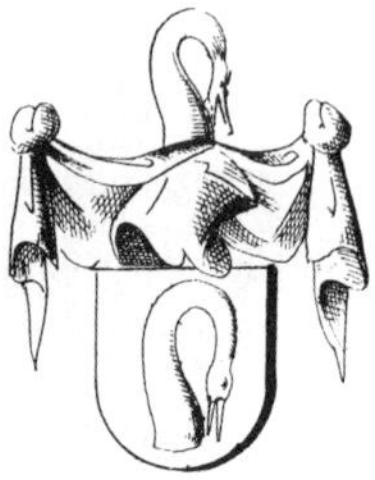
Khuen

Kuhn

Grueber

Geistert

Lüher

Grünhofer

Rappli

Satler

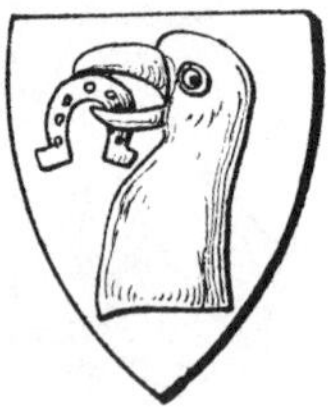
Storre

Hünerjäger

Elmbeckh

Heinlein

Ziegler

Hirschfogel

Olber

Schoenemann

Loheisen

Schulte

Fürstenberg

Wesselhoeft

Unverfähr

Brill

Zwei Vogelköpfe

Ferkmaister

Bowey

Weller

Raab

Stangen

Drei Vogelköpfe

Brahe

Keller

Gosswiller

Micyllus

Lackemacher

Arndt

Arpe

Hüttfeld

Here

von Elveren

Störning

Cuvier

Eggebrecht

Koderwitz

Vier Vogelköpfe

Link

Vogelbein

Hamann

Senfft

Baner

Gossler

Doebner

Finkbeiner

Pessler

Paunberger

Spieler

Deckher

Hoffmeister

Nies

Gössler

Crause

Freher

Kreel

Stahel

Krassel

Pfaut

Schulenburg

Grewlich

Staal

Byss

Albeck

Nierott

Starzhauser

Meier

Hinderniss

Geirhoss

Talkner

Vogelbein mit Beiwerk

Reimboth

Reichenberg

Cappelbec

Vogelbein, etwas haltend

Rastett

Hochgürtel

Uffsteiner

Spiecker

Zwei Vogelbeine

Füssel

Crell

Krell

Reichard

Schmittner

Grutter

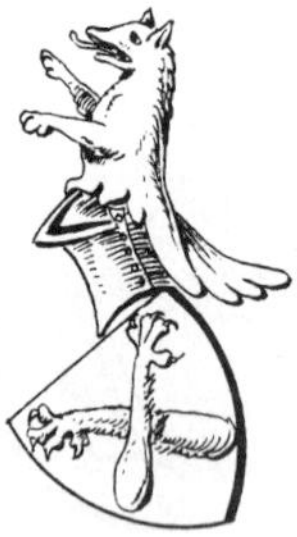

Pfottel

Grimm

Üli

Grote

Bengel

Neefe

Drei Vogelfüße

Weisland

Weisland

Rath

Grambeke

Klauflügel

Augenlitsch

Kastner

Rorschacher

Slawik

Zansebur

Hoyer

Hoeyer

Hoier

Hartmann

Hartmann

Wardenberg

Ulrich

Aps

Trebbus

Ritter

Visch

Wacker

Flügl

Zwei Klauflügel

Cysat

Marquard

Vischer

Drei Klauflügel

Schüting

Flügel

Körner

Berg

Bergius

Hager

Koch

Katzpeck

Fluckh

Fettich

Fettich

Gleim

Raschke

Lübbing

Bliderhäuser

Baresys

von Halle

Gordon

Fliecher

Kübel

Onselt

Hüpeden

Spoor

Pfister

Hüpeden

Krettler

Lohse

Hüpeden

von Halle

Engel

Prunengel

Zwei Flügel

Weber

Arnschwanger

Röttenberger

Kegel

Hovekost

Schweling

Brait

vam Lo

Weteschwyler

Huesgen

Huesgen

Huisken

Lettenbaur

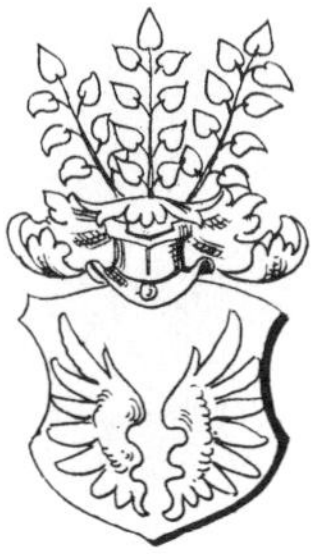
Wülschen

Haehnel

Weidemann

Zwei Flügel, in gespaltenem Schilde

Lochmair

Federer

Erhardt

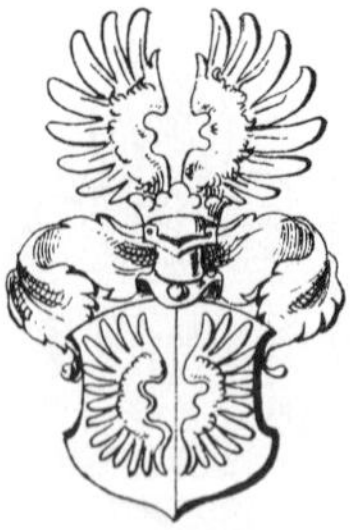
Schwing

Ginheimer

Kryger

Mülbacher

Vogl

Widenman

Zwei Flügel und Beiwerk

Weiszflog

Terlow

Pfeffer

Leuth

Lachner

Lachner

Neumair

Triller

Mossau

Donath-Franke

Siegfried

Witte

Drenkhahn

Glasser

Dicktes

Ziegler

Raschig

Drei Flügel

Morgenstern

Stotebrügge

Otto

Rentzel

Vogelfeder

Petri

Meier

Gossler

Zwei Federn

Harder

Pawes

Pabst

Sagerbeckh

von Hoya

Gumpolt

Schinz

Kox

Drei Federn

von der Fedder

Graf

Göbel

Göbl

Federbusch

Frederich

Pischl

Chuden

Berchtoldt

Ei

Rümbeli

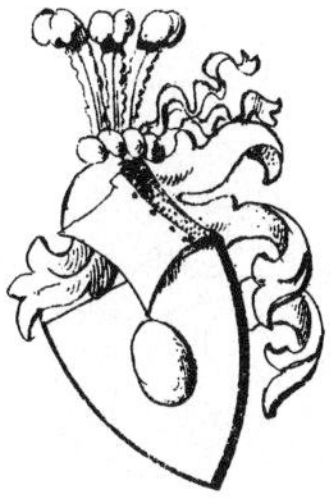

Busch

Ey

Domeyer

Fisch, balkenweise

Fischer

Heine

Bacher

Lange

Küster

Fisch, pfahlweise

Altermann

Stör

Hübschlin

Fisch, schräg

Salm

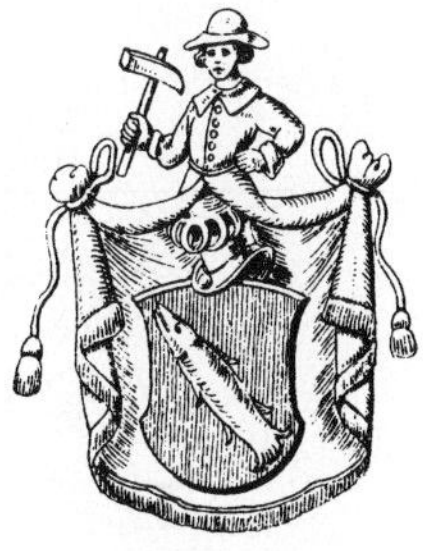

Hecht-Neuhof

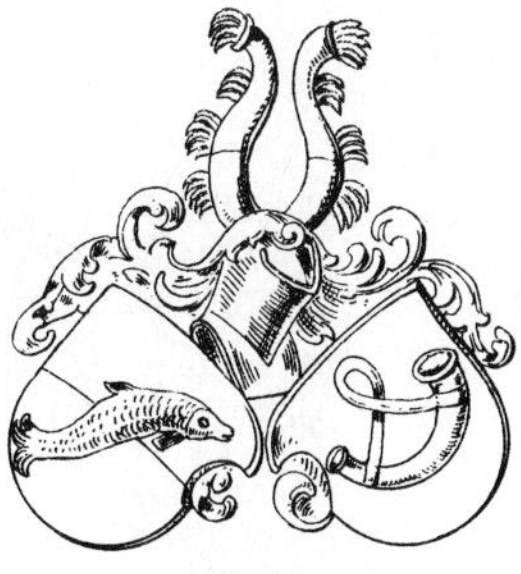

Vischer

Braetfisch

Allandsee

Hering

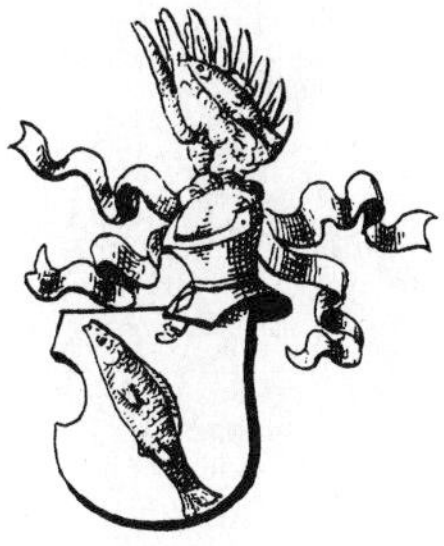

Stöberl

Umpfenbach

Blendefisch

Fisch, gekrümmt

Fischer

Hecht

Aschl

Burkhardt

Epp

Rochau

Hecht

Finoldt

Fischer

Egli

Wolff

Fischer

Lucius

Schwöller

Bechtl

Bach

Grave

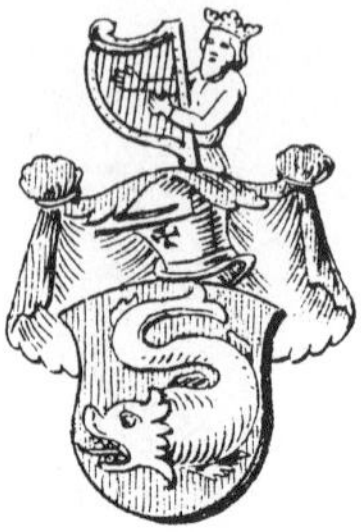
Reinhardt

Ulmer

Otto

Weltz

Wallner

Wasser

Delff

Fisch in Nebenfeld

Aschenhamer

Fischbach

Fisch in Heroldstück

Vischer

Geltmann

Fischer

Gruppenbach

Alt

Hecht

Meuschen

Roth

Gastel

Fisch

Haussner

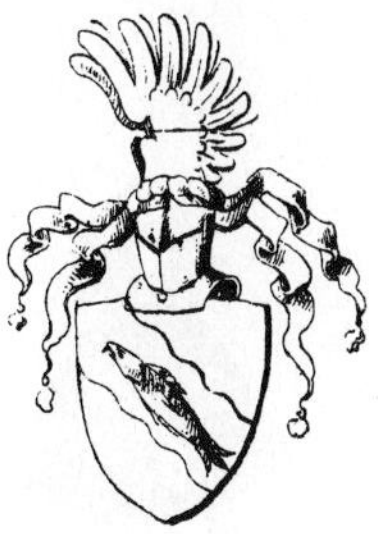
Seütz

Orff

Eckentaler

Fisch mit Beiwerk aus Kosmos und Lebewesen

Arter

Heintz

Heiz

Fischer

Wiggerich

Kneul

Fischer

Aschwanden

Hürlimann

Weinpruner

Heilbronner

Hoffmeister

Sorg

Fischer

Weltz

Weltz

Fisch mit Beiwerk aus Pflanzenreich

Klebert

Schindeli

Rigler

Egli

Kaulparsch

Mathys

Fischer

Vischer

Simon

Stoedter

Wädischwiler

Golter

Geltzer

Carpzow

Carpzow

Fisch mit Beiwerk (Geräte)

Egger

Egli

Gogel

Gogel

Altenweyer

Scholl

Regel

Wunderlich

Eck

Huchbar

Storck

Kon

Storck

Zwei Fische, balkenweise

Vischer

Zanders

Fischer

Brosius

Grubbe

Roch

Vischer

Vischer

Parseval

Rott

Kaumann

Reichardt

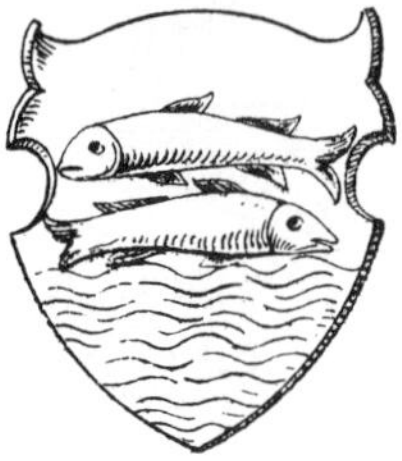

Fischer

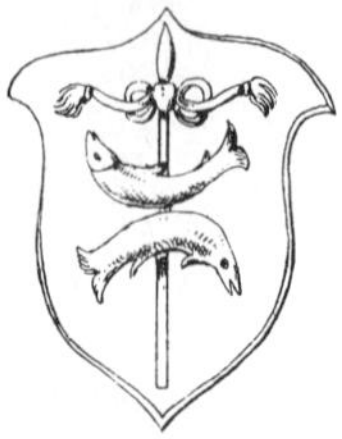

Peter Vischer

Zwei Fische, nebeneinander

Fischer

Fischer

Vischer

Fischer

Koch

Bourgreeff

Gritzner

Jungclaus

Böcking

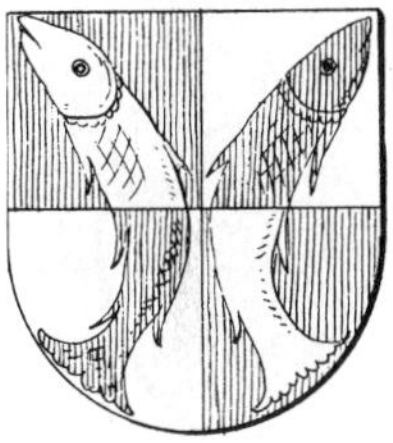

Esel

Karp

Schliemann

Böcking

Böcking

Schwenck

Euringer

Hecht

Lutz

Hambloch

Gritzner

Vischer

Brohmann

Zwei Fische, gekreuzt

Link

Hitzler

Bücking

Rau

Leonhard

Schorey

Vischer

Rötgers

Bücking

Bertling

Fischer

Fischer

Pertsch

Niederländer

Hewring

Hecht

Merk

Fischer

Karp

Schapp

Zwei Fische, verschränkt oder hintereinander

Ruhm

Dacher

Laber

Gruober

zum Weissenbach

Hipler

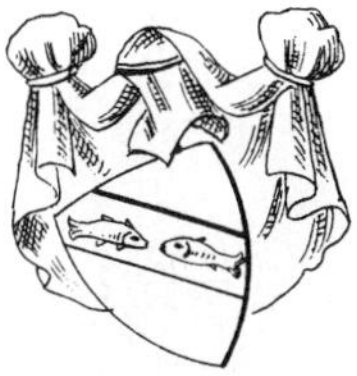
Schambeck

Rindler

Böcking

Drei Fische, balkenweise

Fischbeck

Häring

Ockel

Schnoeck

Schnook

Friedel

Hertting

Klever

Bernbach

Russe

Bley

Fischbeck

Noppe

Petersen

Meyer

Lachsfenger

Stuhr

Drei Fische, pfahlweise

Baersch, gt. Olichschläger

Charisius

Plötze

Gevekot

Kress

Drei Fische im Dreipaß

Hünder

Scholler

Hutawa

Viskulen

Viskulen

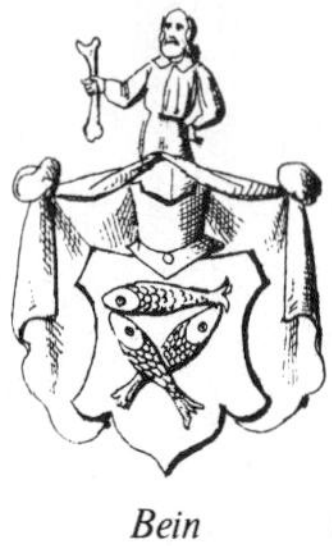
Bein

Knorr

Knorr

Knorr

Witick

Fischer

Hecht

Fischer

Fischer

Göbel

zu Karpe

Karpe

Esch

Vischer

Witte

Witte

Pfefferlin

Fischer

Drei Fische in Heroldstück

Hering

Volden

Bückling

Eschell

Daur

Sechs Fische

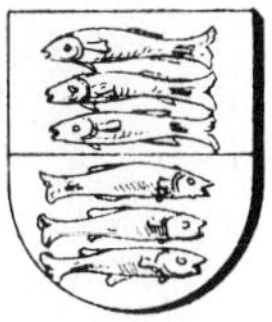
Jürß

Brunswig

Ein Fischkopf

von Windeberg

Kurtzahn

Böke

Hinrichsen

Heinrichsen

Kuhn

Butt

Drei Fischköpfe

Friese

Langenbeck

Gräten

Gratl

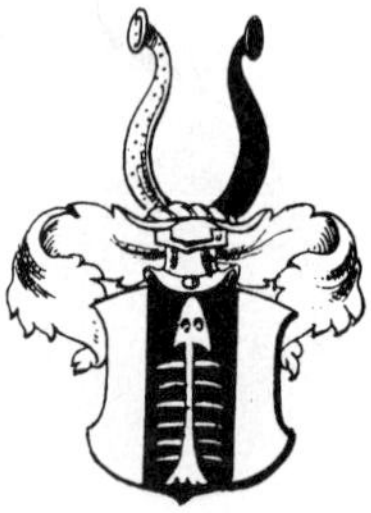

Grätl

Gradl

Rey

Grat

Schulte

Halber Fisch

Niemann

Röper

Kopman

Fledermaus

Krüdener

Wengatz

Trippel

Drache, Lindwurm

Huber

Schönau

Wagner

Basler

Specker

Goldwurm

Freysam

Wurm

Lindheimer

Molch, Salamander

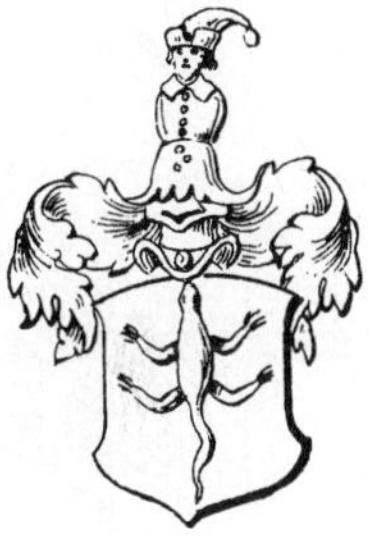
Moll

Brand

Schildkröte

Xylander

Xilander

Schlange

Ketzmann

Klemm

Langschmidt

Dapping

Jung

Schilling

Spilmann

Heiß

Ketzmann

Brüning

Krajewski

Weiler

Wyller

Schlangenring

Hofer

Moni

Jess

Schlange, verschlungen

Hildebrandt

Klügel

von Pütken

Dreyer

Adam

Bansa

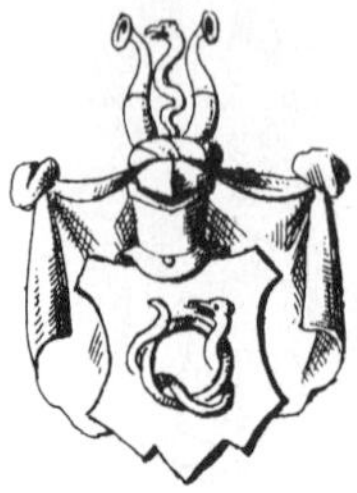
Bansa

Schlange und Pflanzenreich

Leisewitz

Eden

Apfel

Gorck

Cordemann

Adams

Ruprecht

Krieger

Menzer

Schlange und Gerät

Rösch

Crummel

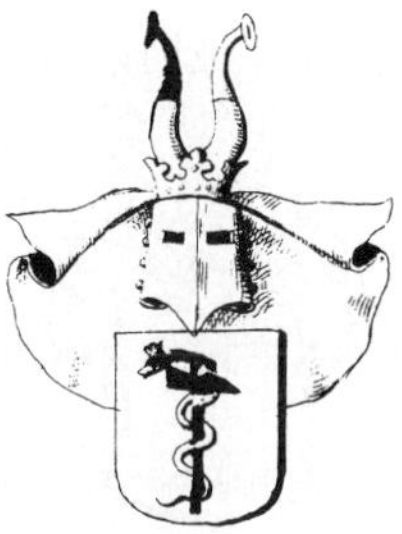
Schmidbauer

Spass

Spass

Spatz

zur Nedden

Sechell

Stapel

Esslinger

Klauder

Schultze

Beyer

Schwaiger

Hambloch

Dassow

Schmid

Zwei Schlangen

Wissler

Reinhartt

Wißler

Kuhen

Holtzendorff

Simler

Natter

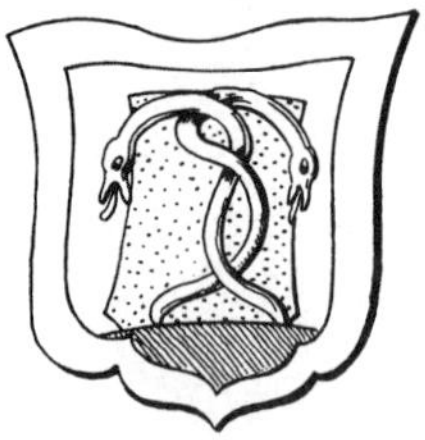

Bode

Meyer

Schiller

Schiller

Zeisold

Frischlin

Lesse

Oberndorfer

Clauder

Klauder

Mensch

Drei Schlangen oder Aale

Schrag

Brewer

Neuner

Grass

Vier Schlangen

Stiehl

Contzen

Viele Schlangen (Würmer)

Fischer

Frosch, Frösche

Rood

Mollinger

Kegler

Krottendorfer

Fröschl

Froschauer

Fröschlin

Froschauer

Froschauer

Frosch

Krebs

Krabler

Eschenberger

Letzner

Scheyt

Scheyt

Krebser

Krebser

Schärling

Turber

Kreps

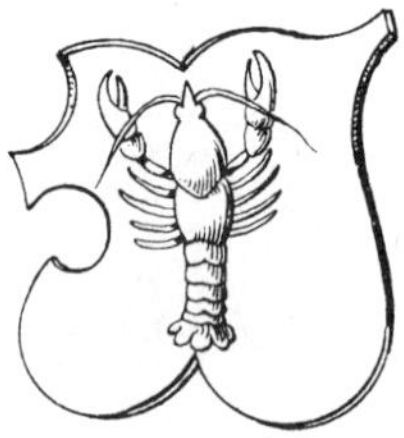
Heller

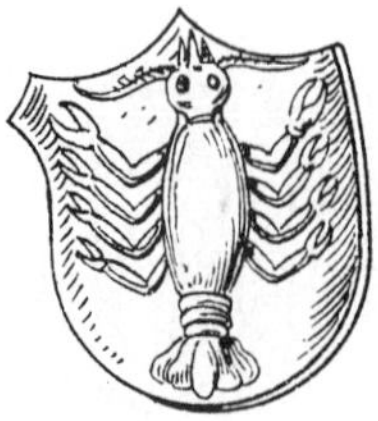
Cusanus

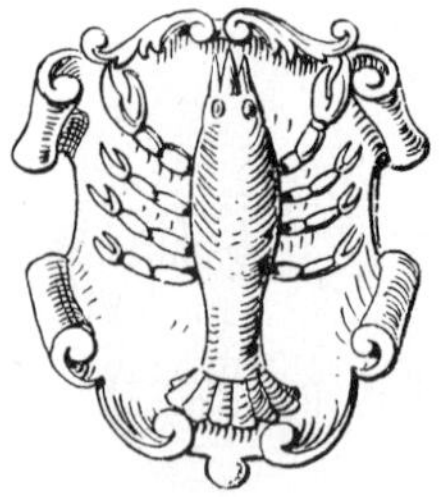
Rüttschy

Krebs

Krebs

Bocer

Embs

Krebsschere

Schlüter

Schare

Koltmann

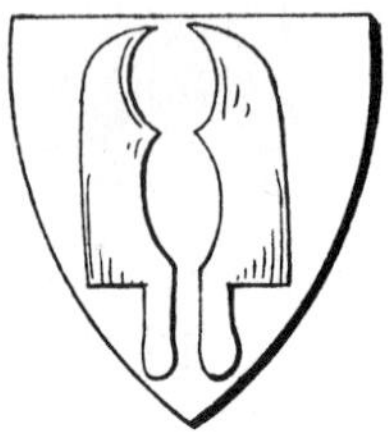
Virnkorn

Gerold

Schnecke

Scheffer

Nölting

Erdwin

Reimers

Hyltprandt

Schneckh

Schned

Hirschkäfer

Schröder

Nenneken

Schrottberger

Schröder

Schrott

Insekt

Arnold

Wernberger

Naumann

Ehmbsen

Kröttlin

Zeckher

Zwei Insekten

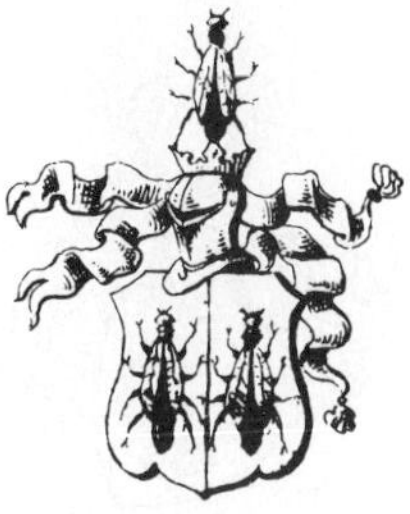

Grillinger

Drei Insekten

Muheim

Carstens

Kreichel

Immel

Apinus

Apinus

Prem

Immlin

Immlin

Hummel

Roßwurm

Prem

Mehrere Insekten

Bänninger

Spinne

Weber

Weber

Muschel

Schröter

Johannes

Hagen

Muschler

Born

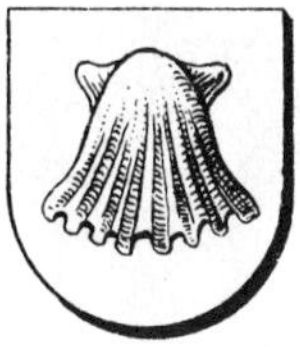

Esebeck

Ort

Stanecke

Pfefferle

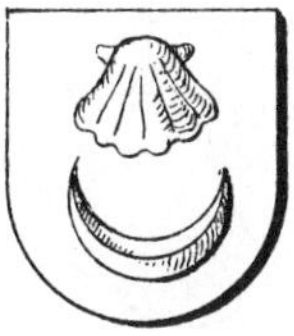

Hellwerth

Zwei Muscheln

Linger

Hagnauer

Durrieu

Pfleghart

Drei Muscheln

Haddenbrock

Jacob

Yelen

Yelin

Mayr

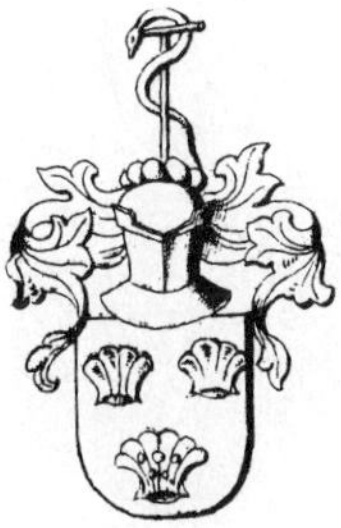

Perlett

Jacobsen

Grimm

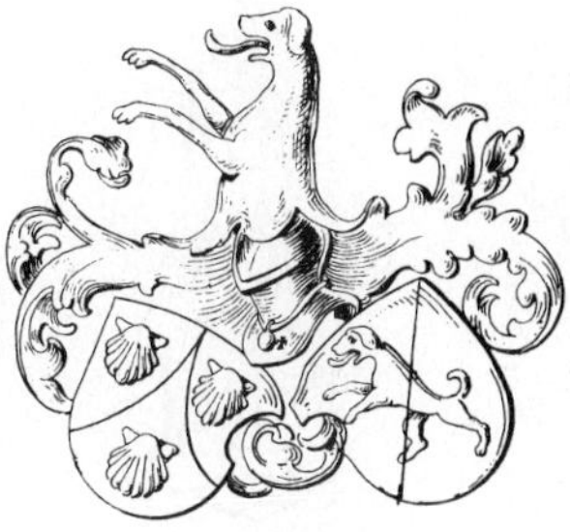

Jacob

Monetarius

Raimon

Struve

Cucuel

Pilgram

Wege

Cox

Schaffner

Schaffner

Kaltofen

Glestin

Catz

Gutbublin

Pletz

Glase

Mischwesen
Mensch und Vogel (Engel)

Weinert

Engels

Engelhardt

Engelhardt

Scheele

Weccius

Matz

Engels

Engels

Kulmich

Engeller

Engelbrecht

Schlosser

Engel

Engels

Englert

Angelus

Otto

Bessler

Meyers

Lustnawer

Lustnauer

Potner

Dinckel

Tidemann

Englert

Engel und Fabeltier

Engelbrecht

Michel

Michelmann

Michael

Michaelis

Schaff

Engel und weiteres Beiwerk

Thurschius

Schamberger

Halber Engel

Engelhart

Spörl

Gebhardt

Püchler

Wielandt

Engel

Englhart

Hylmair

Engelsperger

Wesener

Engel

Neuwer

Wieland

Bender

Studion

Engelhart

Lindinger

Engelhart

Bender

Engelskopf

Glatz

Bindschedler

Neumair

Kirsten

Engel

Hauptlaub

Engelsköpfe

Schilher

Brüser

Heinrich

Mischwesen (Mensch und Löwe)

Salzmann

Stegmann

Mayer

Weiß

Mensch und weitere Vierbeiner

Deschler

Kentman

Rambach

Müllner

Wiedemann

Lachenbeck

Werckmeister

Kugler

Kugler

Grimmen

Lenz

Knoderer

Rawschnabel

Rauchschnabel

Rauscher

Mensch und Fisch, einschwänzig

Kayser

Ohnesorge

Bemelini

Ottmann

Lange

Schulzmerlin

Haidinger

Flochtner

Bilderbeck

Lestinck

Bulling

Heberl

Heberlein

Taschner

Galandi

Gorian

Gorian

Bayr

Mensch und Fisch, etwas haltend

Grätter

Zweiffel

Gretter

des Marees

de Neru

Mensch und Fisch, zweischwänzig

Wolff

Bender

Westermayer

Westermayr

Sutter

Fischer

Hesenthaler

Vischer

Bender

Hager

Lackhner

Merwart

Unsin

Feuchter

Strobl

Wuppermann

Matthey

Vischer

Marschall

Rueger

Wasser

Wasserreich

Vischer

Meerjungfrau, geflügelt

Wunsch

Zwei Meerjungfrauen

Gerdtmann

Meerjungfrau, gestümmelt

Knetz

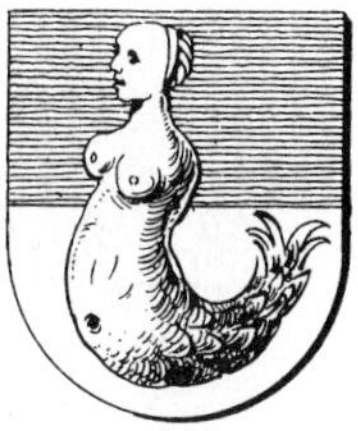

Gratz

Löwe und Drache

Weiß

Löwe und Löwe

Teilnkes

Smit gen. Dratzieher

Merckhlin

Löwe und Bock

Harsleben

Pferd und Pferd

Agger

Hund und Löwe

Lehenmann

Hirsch und Löwe

Rosenzweid

Elefant und Löwe

Greudner

Löwe und Adlerkopf

Görlich

Löwe und Vogel

Heyder

Kienle

Lacher

Mayr

Spreng

Strigell

Striegel

Fraydinger

Hippius

Pauer

Nordhoff

Breiding

Lamberg

Lößler

Buhlert

Ladebach

Werner

Wibner

Kessler

Grunewald

Brüning

Lederer

Lamberg

Porss

Kellner

Kellner

Kellner

Danzel

Lucas

Pancow

Löwe und Adler (Greif), nichts haltend

Allcon

Voß

Hail

Holdenried

Lödl

Veil

Voges

Düttel

Kurtz

Renker

Pranger

Adelgayr

Bächlen

Bayr

Bichner

Bischoff

Brener

Dolmetsch

Egarter

Fehen

Fehr

Frech

Fürst

Fürst

Gessl

Gmeiner

Graf

Graff

Cramer

Greiner

Gschlendt

Haffner

Hafner

Haliz

Hardtwigk

Hofer

Holzinger

Hueber

Kaltschmidt

Kaufmann

Lauther

Marcinkowski

Martens

Nerrer

Öllinger

Öllinger

Ottl

Plewkiewicz

Promoli

Reitter

Remmerson

Ronner

Rychmut

Schillmayr

Schreiner

Snethlage

Stieblinger

Strußnigg

Aischendorfer

Verklayrer

Vogel

Widmann

Weiß

Wieland

Wiest

Wiert

Ziegler

Ziegler

Bonkowski

Baur

Baus

Boeckh

Bruns

Greibswalder

Harscher

Hübmer

Gesselberger

Reichl

Berlin

Dalfinger

Greif

Reichold

Dietz

Ollinger

Widner

Stublinger

Stublinger

Zweckh

Greif in einem Schildteil

Schildteich

Buel

Thanmüller

Marck

Krannöst

Krust

Kaub

Keck

Keck

Matsch

Meschmann

Greif, etwas haltend, aus Kosmos

Graf von Greffenberg

Zöpfel

Zöpfl

Hartmann

Gref

Brendell

Plaichner

Greif, etwas haltend, aus Lebewesen

Klutsch

Limmer

Hamberger

Kopp

de Helis

Dolmätsch

Artmann

Greif, etwas haltend, aus Pflanzenreich

Pochlaner

Präst

Präst

Stam

Bieckh

Gumpeltsheimer

Furster

Döderlein

Mosser

Landrer

Weitz

Wächsler

Mamhofer

Dorrer

Saur

Born

Frölich

Golter

Reisiger

Resenberger

Kinnicher

Grembsl

Ottenbach

Pilling

Schlapp

Hörwarter

Weinperger

Mayburger

Geling

Mentzinger

Greif, etwas haltend, Gerät

Hübsch

Fernberger

Dalchetti

Berghammer

Perckhamber

Pickel

Schmidt

Esel gen. Grünnagel

Gross

Raschke

Jahn

Mylius

Dramiller

Gassenfaidt

Hainoldt

Schütz

Paulus

Wagner

Weirich

Friederich

Fritz

Greif

Raiffinger

Kobelt

Kriegseisen

Linprunner

Mager

Maratz

Messerer

Messerer

Pießer

Schwaigkofer

Staiger

Steger

Meder

Weiß

Reimann

Geys

Kaimer

Kesel

Kaym

Schoch

Grebmayer

Martens

Neyffer

Pomer

Arnold

Zirfus

Breßer

Mayr

Sibmer

Schmit

Füssel

Füssel

Eichholtzer

Ertl

Sieber

Schissler

Scheuffele

Tucher

Schilder

Greiff

Greiff

Zemke

Streit

Pfaffenberger

Hafner

Stöckl

Kanndler

Bruno

Stahel

Fenitzer

Haunold

Schwabbauer

Grief

Manger

Klemme

Stahell

Lechner

Pfenning

Dietrich

Schuh

Süss

Allinger

Fabri

Fabri

Stang

Rittell

Halber Greif

Klose

Sedelmayr

Ruff

Poland

Achtermann

Gross

Gross

Finckh

Knebel

Kühn

Lanzl

Schuhmacher

Wernecke

Bohd

Höenstein

Seipel

Teutschlinder

Gerhardt

Beck

Warnaba

Mischwesen (Vierbeiner und Fisch)

Holdorff

Perger

Perger

Gymnicus

Ortner

Vormehren

Boldick

Symonis

Zeggin

Brederkow

Schmolk

Schmolck

Fortdran

Mathesius

Fisch und Vogel

Aigl

Geyss

Mustetter

Mutzeltin

Damm

Mair

Jäger

Vogelmann

Weitere Mischwesen

Fichter

Volkhamer

Sinzel

Brengler

Sing

Döller

Heusinger

Bühler

Hutz

Cranach

Grasmann

Gymnicus

Pobantz

Pobantz

Orthegrell

Zwei verschiedene Lebewesen

John

Jonas

Reiffenstein

Goedtkens

Hasserodt

Dreier

Nennecke

Starcke

Ruegg

Lamprecht

Engelbrecht

Ringler

Pflanzen

Ein Laubbaum

Eibhardt

Klefecker

Feurbom

von Hargen

Baum

Klug

Nussbaum

Schrader

Reichardt

Wirtenberger

Bircher

Böckmann

Böckmann

Kiederlin

Bebie

Berkermann

Scheidemandel

Dürr

Weidenkeller

Gumpert

Weidenkopf

Weidenkopf

Lädebur

Harder

Meyer

Meyer

Stocker

Stockers

Baumgartner

Buser

Groote

Koschwanez

May

Mayr

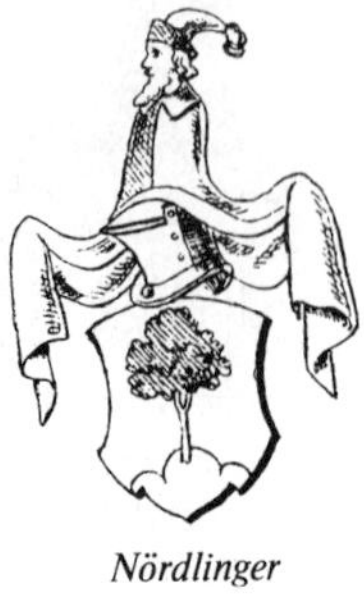
Nördlinger

Tillkes

Bürger

Wester

Sahler

Lindemann

Rönnecke

Borutzky

Ficker

Daenke

Koch

Petersen

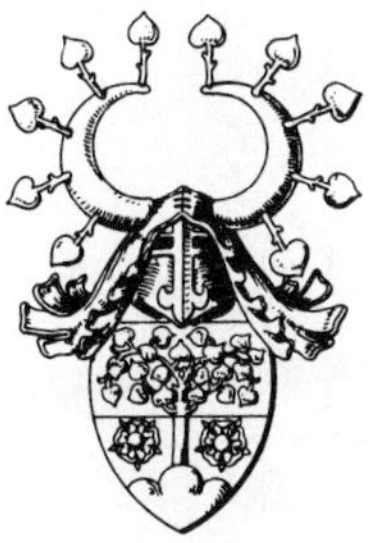
zur Buch

Holtzapfel

Buchholz

Reinking

Beumler

Höger

Schröder

Vogelgesang

Albers

Eisslinger

Bürkel

Plümicke

Holpöckh

Plümicke

Hayner

Plümicke

Glitzenhirn

Glitzenhirn

Büchner

Bucherer

Boichem

Warmböcke

Paminger

an der Allmend

Paninger

Lindener

Lorentzen

Bürkner

Duve

Grünewaldt

Tarnow

Lindenberg

Lumparter

Heidsieck

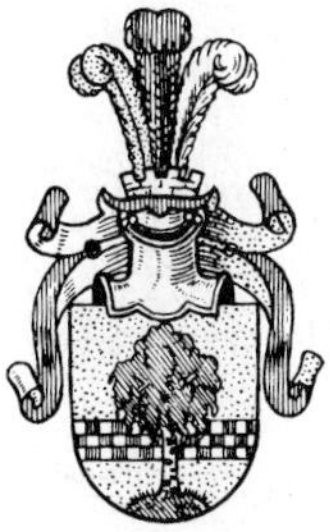

Berkey–Berken

Friedrich

Mahlmann

Droysen

Boeck

Boeckholt

Bonenberg

Bongarts

Braunbaum

Brescius

Buchholz

Buckendahl

Buschmann

Buske

Bussmann

Croll

Diener

Ebhardt

Elsner

Hagen

Hoffmann

Höltzlin

Kerschbaumer

Kerschbaumer

Ketterlin

Kruse

Lindebohm

Lint

Maje

Meelboum

Melbaum

Meyenberg

Meymers

Müller

Olearius

Poschendorfer

Paumfelder

Pflaumbaum

Ritzer

Schönbucher

Stamm

Störtelberg

Tanner

Waltl

Waldenberger

Werneburg

Wolffaiger

Behrens

Buch

Buch

Dencker

Mothes

Palmpichler

Paumfelder

Schott

Staudacher

Mayenschein

Abels

Bucher

Bucher

Lindner

Mayr

Nusspaumer

Paumgartner

Bocholtz

Widow

Boeck

Godickh

Feig

Mey

Paschke

Schive

Mai

Lindenberg

Milot

Paschke

Riedbaum

Presch

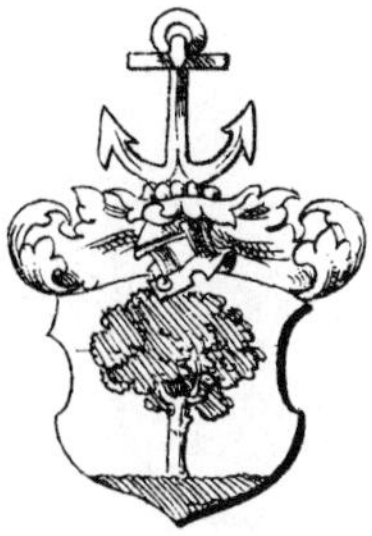
Rafunk

Bohm

Birnbaum

Zimmermann

Neumann

Ehrich

Ziebarth

Wolterich

von der Allmend

Baum

Baumberger

Berger

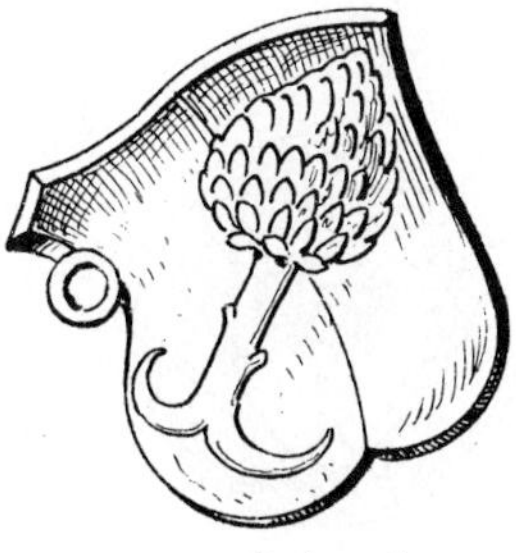
Berkenvelt

Bierbaum

Boogarts

Boucke

Eichmann

Genzel

Grün

Hammacher

Hembeck

Holzapfel

Igler

Knopaeus

Knopaeus

Laurentius

Lindemann

Linder

Lindholtz

Lindner

Nottebohm

Paumfelder

Paur

Severin

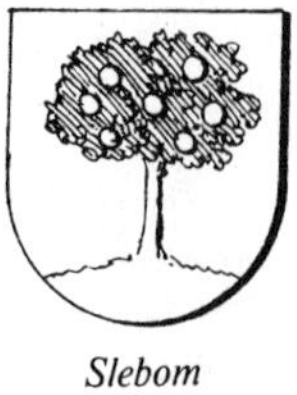
Slebom

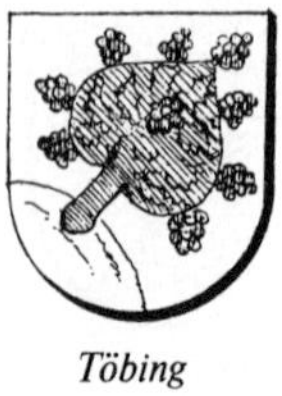
Töbing

Günter

Neumann

Ehrhardt

Hofmann

von Campe

Lehmann

vom Campe

Illies

Eichler

Eichstedt

Seel

Holtz

Suter

Grass

Aichler

Forster

Meyer zu Spielbrink

Vahlkampf

Barkhausen

Wernich

Prume

Töbing

Steinmair

Weichbrodt

Eichner

Eicker

Zwei Laubbäume

Baumgartner

Baumgarten

Troger

Leve

Wilde

Bäumler

Steinmeyer

Büsch

Twebom

Drei Laubbäume

Waldherr

Rehwold

Stelling

Waldner

Dreyer

Determeyer

Patow

Röbbelen

Dreyer

Holtz

Holte

Sengle

Heine

Delffes

Hesterberg

Braunwald

vom Walde

Wilhelmi

Schlebusch

Bendeler

Meienberg

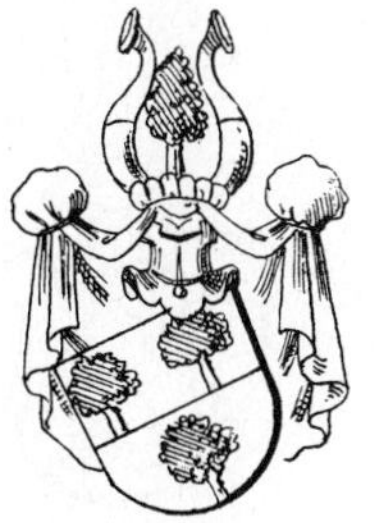
Buske

Baumgarten

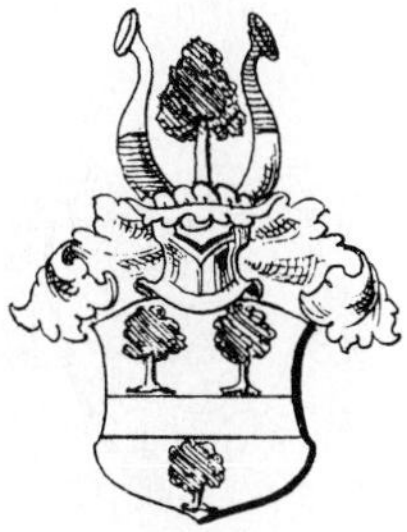
Büsch

Clacius

Brekewolt

Brennwald

Buchenegger

Grünwald

Pesch

Saliger

Mehrere Laubbäume

von Holten

Lau

Forsbeck

Forster

Wolers

Gadebusch

Neuwaldt

Rowehlt

Ein Laubbaum, begleitet

Blanckenberg

Beegius

Gross

Posewitz

Escher

Holdener

Bonhorst

von den Wettern

Hellwanger

Lergetbohrer

von Campe

Bartels

Bestelmayer

Holderbusch

de Mallein

Mayer

Becker

zum Velde

Witteneven

Hohenaicher

Wydler

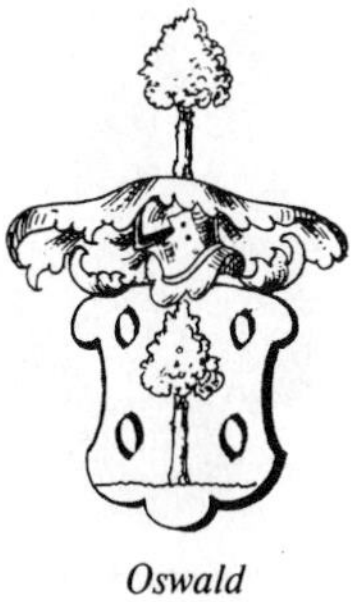
Oswald

Coester

Laubbaum und gerader Zaun

Gartenschläger

Paugartner

Holthoff

Olthof

Bartels

Gartner

Baumgarten

Pawher

Berkefeld

Zirbes

Hagenbuch

Schrader

Hagemann

Baumgarten

a.

v. Baumgarten

Ein Baum im Hag

Hoffmann

Paumbgartner

Baumgartner

Wedemhoff

Holzkamp

Baumgartner

Baumgart

Baumgarten

Bönhoff

Büchi

Eckhoff

Froriep

Ladehoff

Zwei und mehr Bäume im Hag

Korff

Werlhof

Walther

Baumgarten

Dieckhoff

Dieckhoff

Beckhoff

Holtzkampff

Engenhagen

von Hoeven

Dwerhagen

Dieckhoff

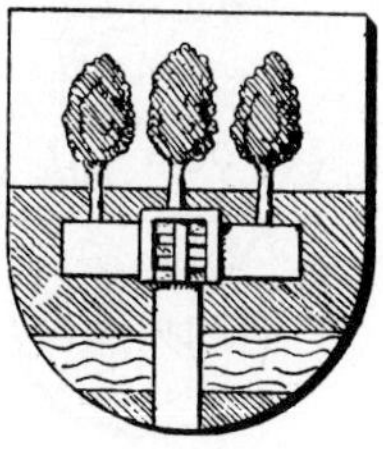
Dieckhoff

Kniphoff

Dieckhoff

Holtzkampff

Laubbäume in Landschaft

Friedach

Albers

Tietgens

Eckhoff

Würzelberger

van der Widen

Seneschal

Mürmester

Lüders

Arras

Hugershoff

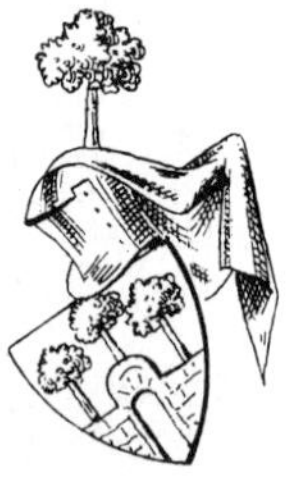
Uthof

Baum mit Vogel

Bell

Gautzland

Einwaldt

Vögeler

Lütkens

Vogeler

Schröttering

Hävesche

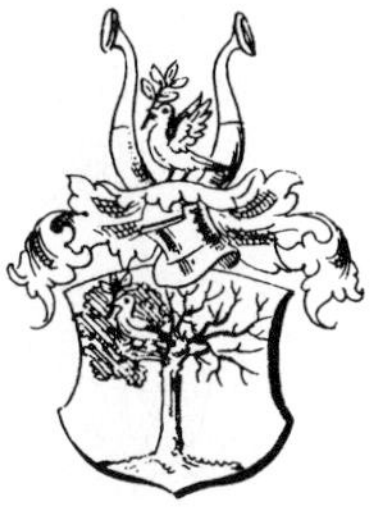
Duve

Spicker

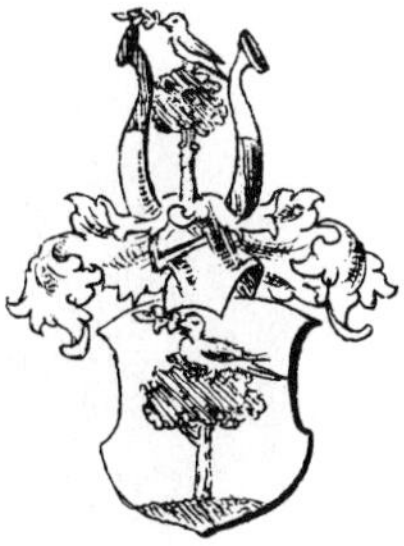
Lorentzen

Warmers

Freysinger

Birckmann

Koebel

Sonnenberg

Busch

Petersen

Vogeler

Schroeder

Girtanner

Zarnack

Hanewald

Dürre Bäume, Dornbusch

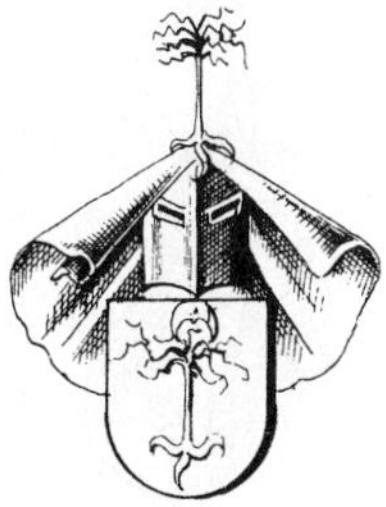
Rauchdorn

Dieringer

Storr

Mühl

Dorner

Baumgartner

Henning

Dornuff

Dornuff

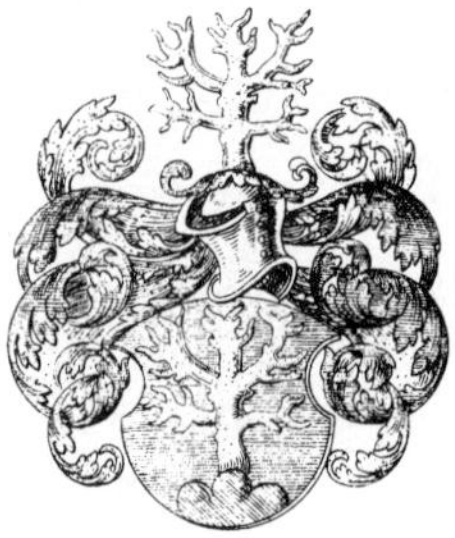
Dorn

Dorner

Welcker

Durr

Holvelder

Derrie

Breckwolt

Tanne

Fover

Blümener

Schrader

Lindtmayr

Schläpfer

Amman

Tanner

Lumpartter

Abeken

Tenner

Dann

Zöpfl

Campe

Dannemann

Danner

Gadient

Zitzmann

Fichtperger

Tenner

Danner

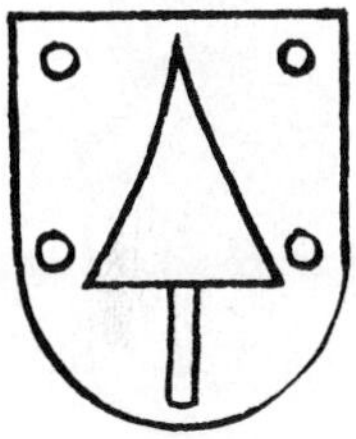

Feuer

Holdener

Holtzmann

Markwalder

Tamme

Walder

Zech

Tröndle

Scheele

Dennler

Zwei Tannen

Feichtmair

Drei Tannen

Werner

Röbbelen

Kaufholz

Hassler

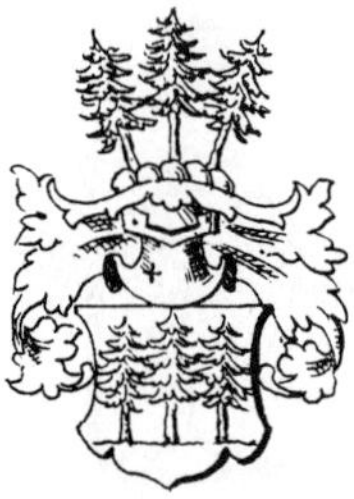

Böning

Ohswaldt

vor dem Wald

Knupp

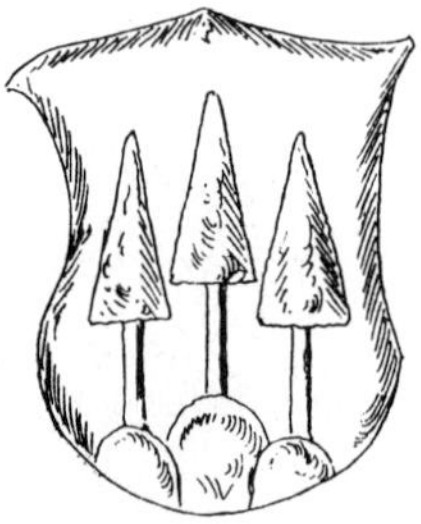

Walder

Dölker

Schneider

Ein Palmbaum

Echzeller

Frese

Gerdsen

Balmer

Pollmann

Grunelius

Schlenk

Plessing

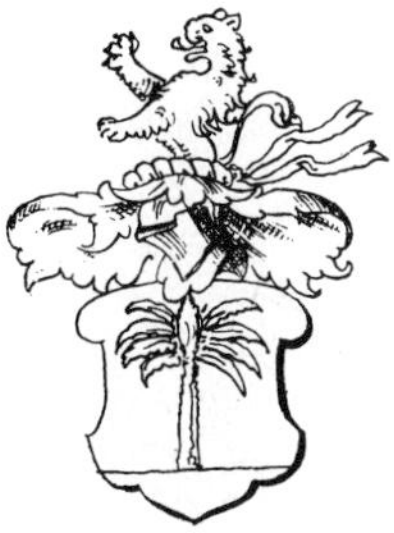
Lütjens

Weidacher

Kell

Kell

Palm

Rolffsen

Matthaei

Fresenius

Adamy

Balmer

Böhme

Busch

Fresenius

Hennike

Meinck

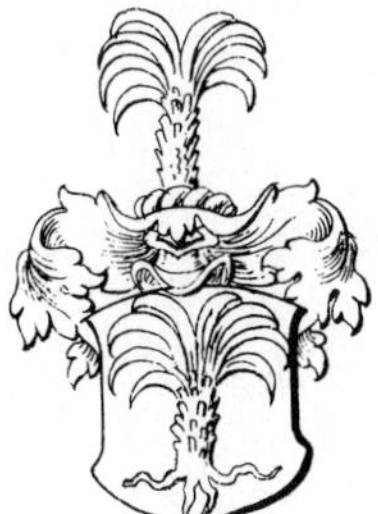
Oldenburg

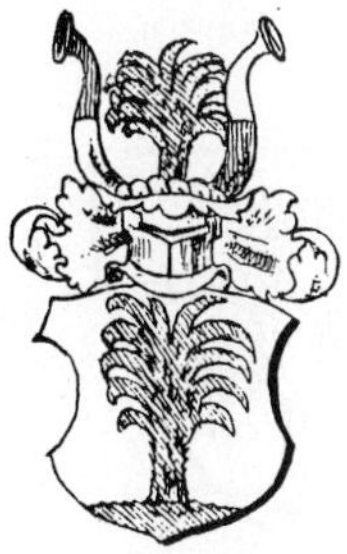
Calms

Kern

Reusch

Reichel

Hottewitz

Wasmuht

Wasmuth

Grünwald

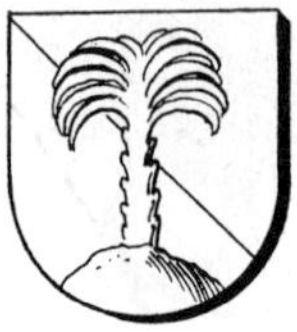
Grunelius

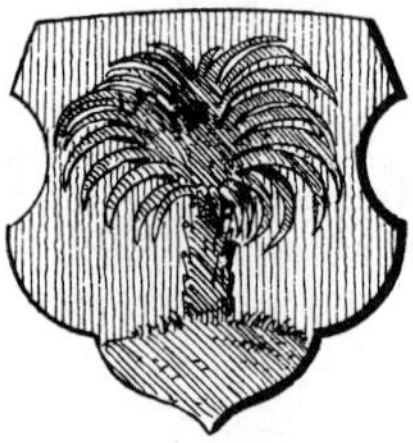
Pahl

Weydemann

Weidmann

Saler

Weidenkeller

Weidenkopf

Oswald

Oswald

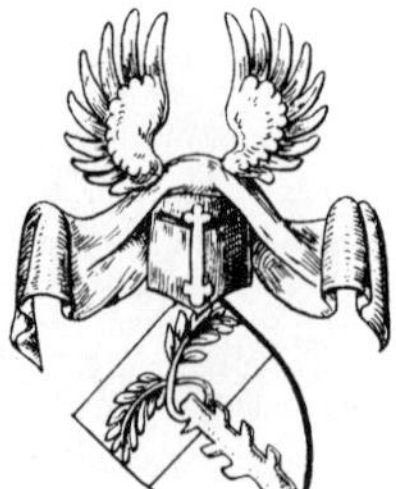
Dorn

Wiedenroth

van der Wide

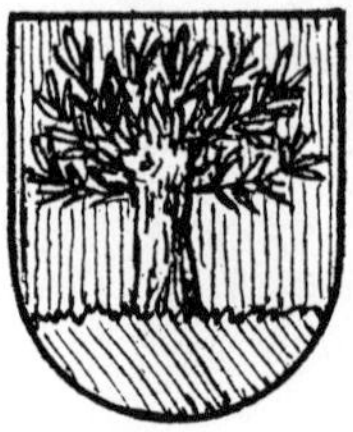
Weidemann

von der Weide

Baumstücke ohne Blätter, bewurzelt

Strobl

Stockner

Masser

Gösz

Klotz

Englhardt

Paumbgartner

Zimmermann

Baumstücke ohne Blätter

Stamm

Stamm

Bestler

Bloch

Block

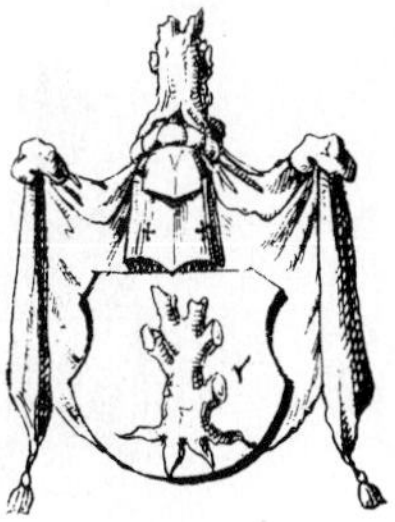

Bohner

Brand

Brandt

Stumpf

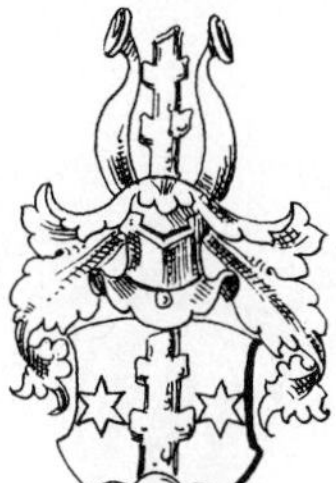

Eckhardt

Mayer

Prueller

Prueller

Lampe

Brandt

Brandt

Griot

Knod

Stammler

Stammler

Stock

Fehr

Drei Baumstücke ohne Blätter

Butzmann

Stang

Erlenbach

Schwob

Pföstl

Heiland

vam Brocke

Koelbrandt

von den Brennen

Zeundl

v. d. Dussel

Zwei Baumstücke ohne Blätter

Eisenmenger

Prendler

Brändler

Kienhofer

Brand

Schwab

Randinger

Malsch

Brennwald

Hochholzer

Zwei Baumstücke, gekreuzt

Münchmeyer

Scheitterberg

Rakow

Fauss

Speidel

Etlinsberger

Geser

Höltzel

Düsselius

Baur

Drei Baumstücke ohne Blätter

Donauwer

Niemann

Sechs Baumstücke ohne Blätter

Pfister

Pfister

Baumstumpf mit Trieben

Struck

North

Bade

Herrnbauer

Burrowes

Stämmler

Vogel

Scheele

Berger

Wentzel

Rasander

Stamberger

Eckholtz

Kuhn

Felber

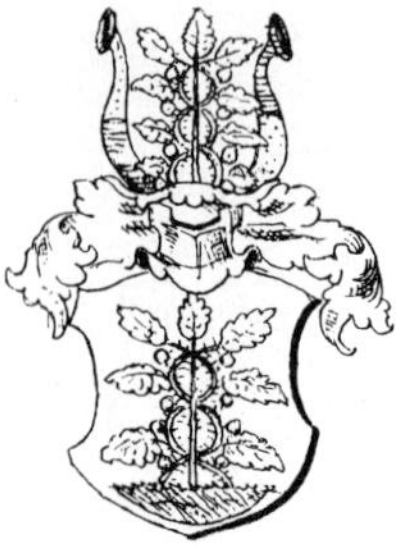

Schlebusch

Stahmer

Stöckhl

Stubbe

Fimel

Stamberg

Limberg

Telge

Rauw

Seidensticker

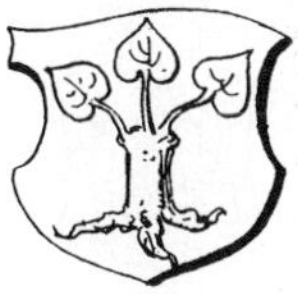
Holdener

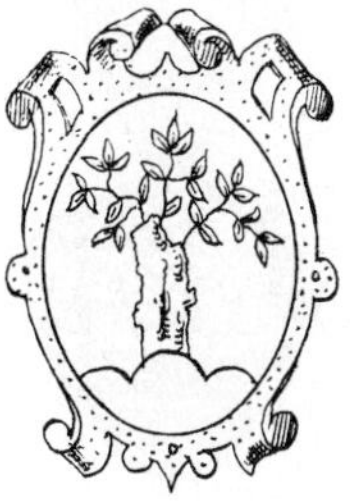
Weid

Schilling

Aststücke mit Blättern, Blüten oder Früchten

Reiners

Schön

Runge

Schönermark

Praetorius

Schwartz

Mutzenbecher

Thode

Sweder

Stilke

Mykonius

Heiring

Hummel

Schulte

Arnsperger

Holtzapffl

Schönermark

Neide

Appel

Ritter

Lunde

Eschbacher

Liss

Neser

Bunting

Curdes

Hartmann

Heyer

Ike

Oppermann

Prale

Völschow

Krause

Friedrigs

Mulnfritz

Huet

Wedemeyer

Linde

Werlien

Blume

Döring

Herold

Berbom

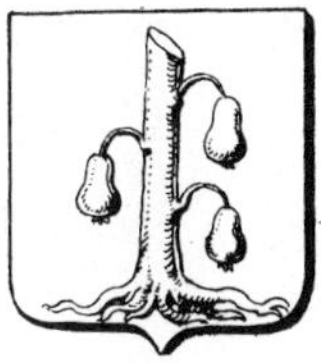
Schultz

Warnecke

Becker

Hidden

Lagemann

Rösner

Aststücke und Brände, ohne Blätter

Clotz

Kienast

Kienast

Köhler

Ehwald

Kliber

Astfalckh

Hogenvelt

Goldast

Frängl

Ploch

Wigk

Steir

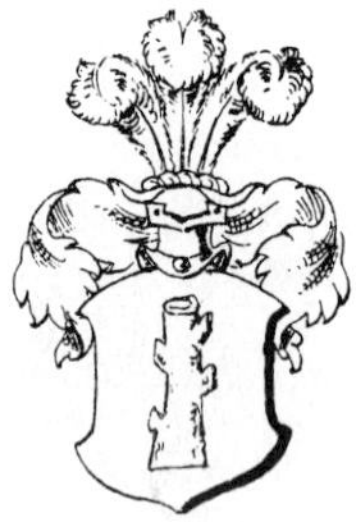
Rupstein

Hagen

Leschenbrandt

Leschenbrand

Stamler

Stör

Stumpf

Brandes

Frankenstein

Grotz

Löschenbrandt

Stumpf

Schwarz

Brandis

Zallinger

Geuss

Willebrandt

Dürr

Landenberger

Klotz

Forster

Koler

Stockinger

Vorholtzer

Prandlin

Khol

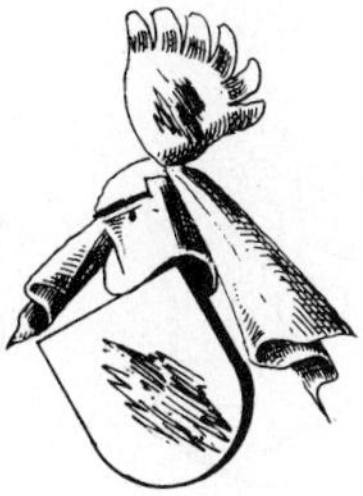
Spänlein

Mehrere Aststücke ohne Blätter

Opala

Riemelin

Heidrich

Spölin

Aststücke mit Blättern, außer Eiche

Poss

Hochmann

Ertzli

Birch

Schulten

Landholz

Assmann

Muding

Haller

Smalian

Schreiber

Zeyringer

Lotter

Stefensperger

Hofkircher

Buchner

Weidenholzer

zur Linden

van Spreckelsen

Bremer

Müller

Müller

Schmiedt

Rüdel

Scherholzer

Schouwshusen

Reiche

Cammann

von Som

Stultz

Fürster

von der Linde

Goldast

Klagk

Böhmer

Lustig

Schönleben

Vasmer

Lindinner

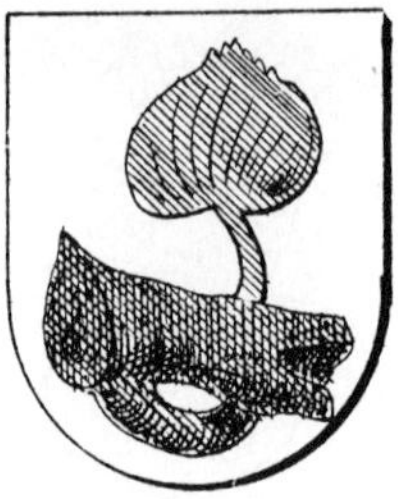
Meckh

Töpffer

Femmel

Froling

Horn

Lindemann

Bethe

Blate

Braun

Brehmer

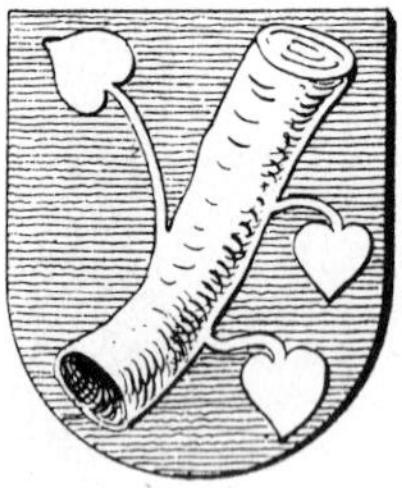
Eschbacher

Gebel

Hummen

Martitz

Misner

Nast

Praetorius

Studer

Wichardes

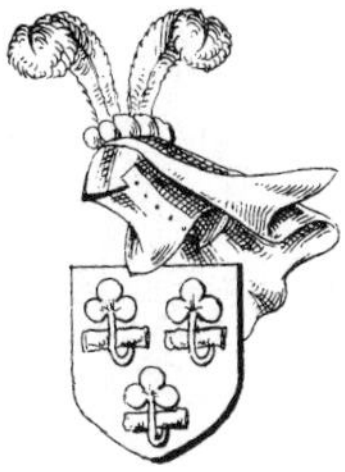
Huge

Voss

Grote

Radeleff

Huge

Orth

Zweige

Pirrss

Loibl

Linder

Linder

Laubmayr

Kips

Braun

Bernouly

Seysser

Varenkamp

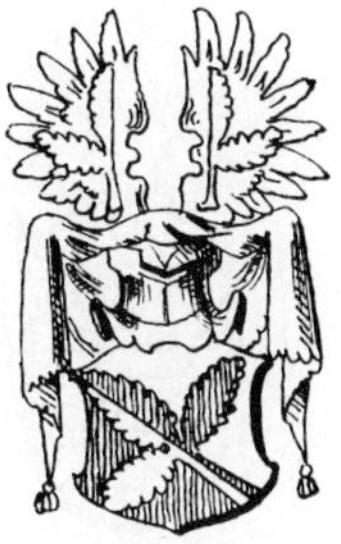
Hessus

Scheppler

Lebender

Bueck

Herdtmann

Goldast

Hueck

Külaw

Lübbecke

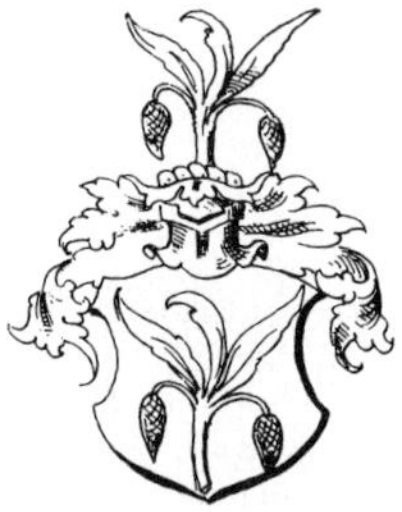

Schudt

Weidmann

Schmid

Schwartz

Mentelberger

Bayer

Burkhardt

Burkhard

Kühnast

Boonen

Wiese

Hohnhorst

Kamlah

Sasse

Schilling

Brassican

Zwei Zweige

Höhnraidt

Feichtner

Sepökh

Gruner

Weidig

Knyp

Lindner

Olken

Straub

Mehr als zwei Zweige

Aign

Orth

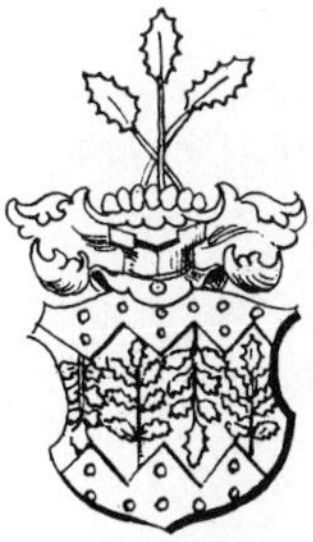
Grönhagen

Blätterdreipaß

Neutschmann

Prigge

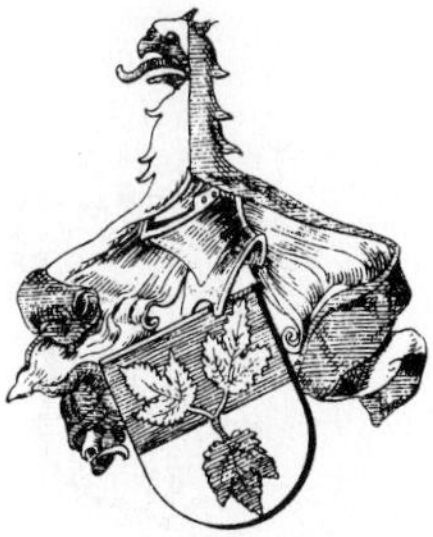
Höpfner

Wierlspeck

Mauerer, seit 1472: Meurl

Meggel

Eichenaststück mit Blättern und Eicheln

Lindner

Agendorffer

Kohl

Bröckel

Stockhausen

Braitenloher

Brüel

Lueder

Lueder

Horlemann

Alwich

Prass

Hübner

Milagius

Dithmer

Huge

Hamm

Eiffe

Glandorph

Gruntmann

Mildendorpf

Wolder

Kamann

Hermund

Stuken

Weller

Moyelke

Thielke

Meier

Roth

Eichenaststück mit Blättern

Brookmann

Behling

Vahlkampf

Knorr

Plock

Rimpau

Boberger

Klaholt

Detert

Eichenaststück mit Eicheln

Gackenholtz

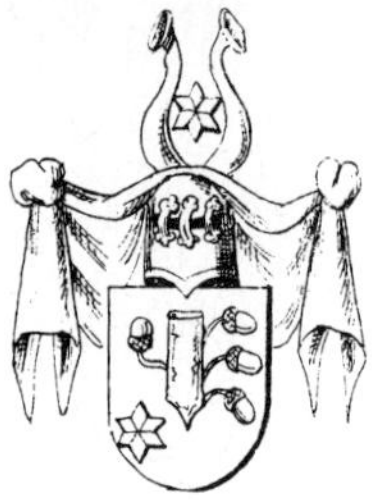

Ambrosii

Hoy

Hartlaub

Ziegler

Kuhns

Reiche

Loffsen

Rodemann

Cammann

Eckhoff

Kochs

Itter

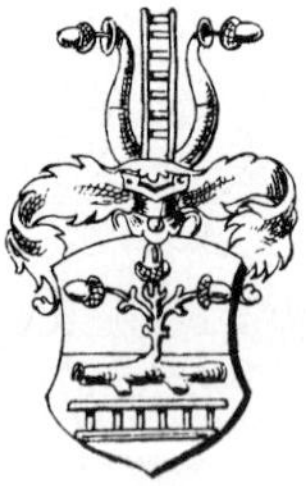

Rosst

Schlemm

Oswald

Eichenzweige

Spengel

Gamersfelder

Waitzhofer

Hess

Gwerb

Aichelin

Klaffschenkel

Frey

Nitsch

Aichstetter

Hofer

Riesch

Beyschlag

Buschler

Darr

Fürstenberg

Eickemeyer

Höfflich

Kühns

Magen

Boye

Mayer

Otto

Ruta

Kipp

Eccard

Offeney

Waldschmidt

Schomerus

Voigt

Süchten

Eick

Cuntz

Fabri

Eichinger

Spillner

Eichenblatt

Bisterfeld

Klock

Mejerski

Bertel

Töpfer

Meyer

Aicher

Hurck

Krütli

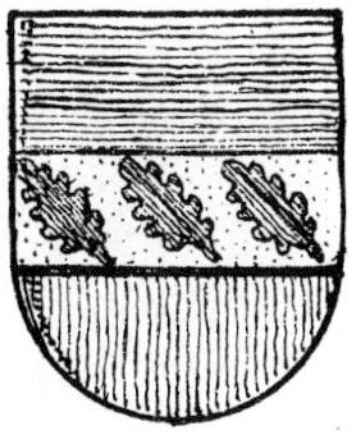
Groth

Braun

Krause

Smollenski

Bender

Kalies

Meyer zum Vorwalde

Eicheln

Eichholtz

Gross

Grasser

Kühll

Kühll

von Bergen

Reinhard

Eichler

Eichacker

Im Hofe

Speck

Aichinger

Aichinger

Gerbelius

v. Ackere

Linnenbecker

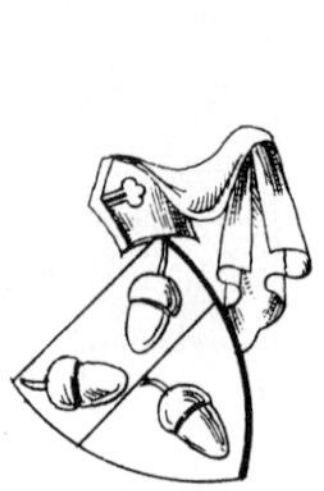

Mayr

Gwerb

Eicheln am Stengel

Großheim

Treichel

Albert

Berger

Eder

Eggert

Hindersin

Willink

Waldschmidt

Fritsch

Köhler

Kähler

Eyb

Lieboldt

Palm- und Farnwedel

Fitzmann

Clausing

Raderius

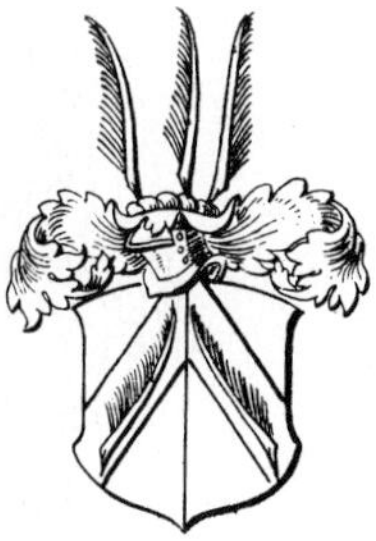
Just

Matthäi

Rodinghusen

Claesen

Kobbeus

Farner

Balduwin

Knoblauch

Zwierlein

Friedrichsen

Blattpflanze

Gichtl

Vichtl

Lindner

Oettinger

Monse

Keller

Maurer

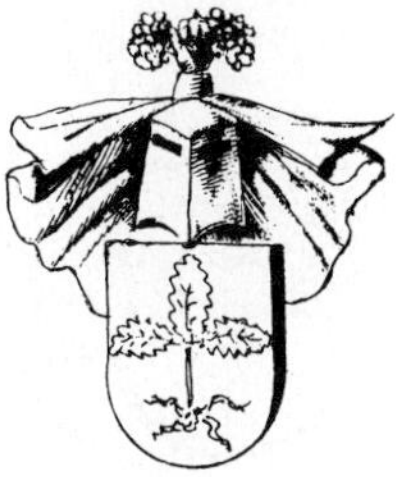
Milot

Lindemann

Lindner

Holpökh

Schöntale

Gast

Hermanns

Iflinger

Laub

Luis

Luis

Mörte

Prutze

Spalatinus

Tege

Kohl

Khol

Laub

Pirchach

Lindlin

Pirkl

Seydl

Polemann

Boese gen. Halteren

Buchholz

Castenholz

Heinckein

Jäger

Knodt

Meyer

Meier

Schürmeyer

Sulzer

Vitel

Krausenick

Greuter

Grüter

Held

Rezer

Meyerhencke

Zwei Blattpflanzen

Schwedianer

Hoogklimmer

Weyder

Stosch

Oelrichs

Blatman

Blatt

Pecstein

Müssinger

Himstedt

Rottenpuecher

Nessler

Ludwig

Frickinger

Frickingen

Offenbeckh

Ebeling

Ramensperg

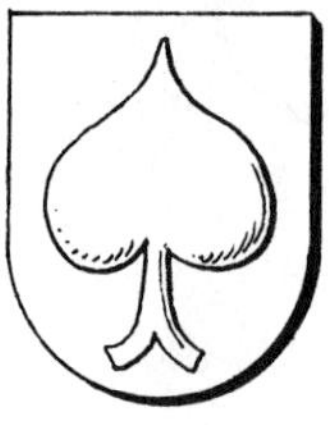
Schütz

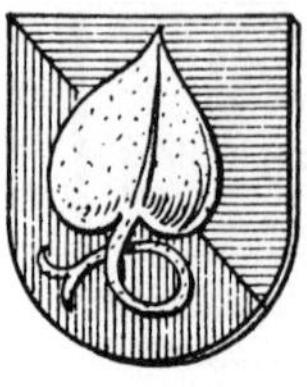
Zingel

Lindenlaube

Laubi

Laubi

Vischgrätel

Sieveking

Bulderen

Zwei Blätter

Berck

Epner

Epner

Pachmann

Gottfried

Stenmann

zer Kilchen

Drei Blätter (2:1 und 1:2)

Rümeli

Bodmer

Nyerode

Leinacher

Landauer

Landauer

Urbetz

Bodden

Kemnitz

Drei Blätter in Heroldstück

Heyder

Stud

Lauber

Gollinger

Ströling

Schöttl

Rusdorffer

Linder

Grien

Linder

Schgraffer

Penser

Lauber

Lessenich

Lauber

Peisser

Drei Blätter neben Heroldstück

Eggers

Bodden

Esch

Clottenus

Wedig

Höling

Hollinck

Elze

Meier

Laubenberger

Planz

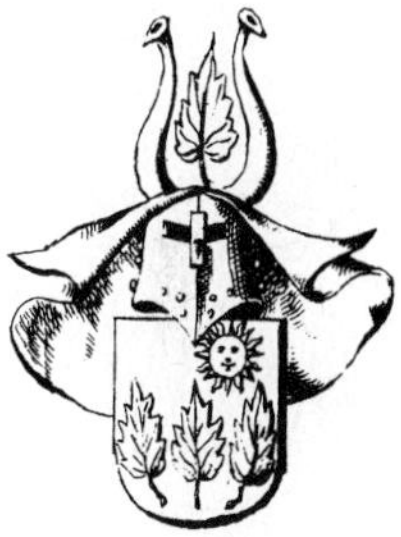

Grünwald

Schevastes

Dinnies

Kaenel

Obersols

Thümen

Stechpalmen- oder Distelblätter

Hülsberg

Hülsemann

Busch

Tegge

Hülst

Schreiber

Barm

Snauenberg

Swol

Ambsing

Amsinck

Amsinck

Siebert

Kappel

Wallich

Hülsenbeck

Mehrere Blätter

Pfeiffer

Kleeblatt

Adelbalner

Merkel

Trübsbach

Kolbe

Brug

Krug

Maus

Klein

Geller

Wehen

Biningus

Cadus

Reinhart

Goebel

Loz

Muldorffer

Romanus

Sauer

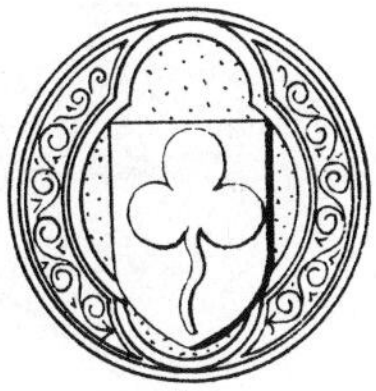

Dorpen

Grenicher

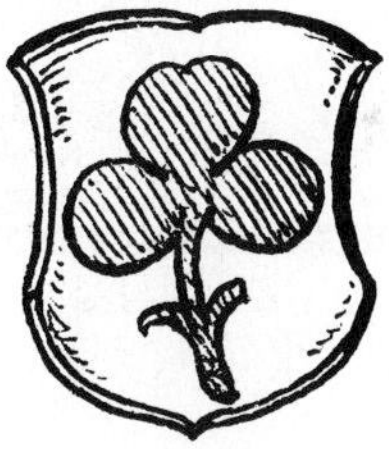

Hornschuch

Mündemann

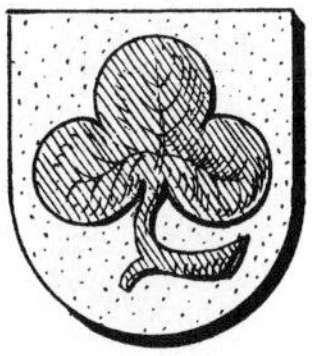

Sulzer

Druchlaub

Splieth

Grote

Grote

Pirbaum

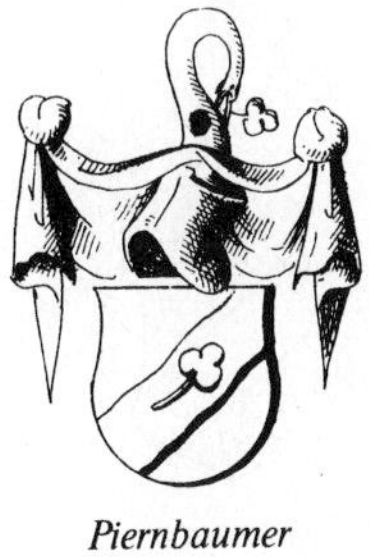

Piernbaumer

Täglichsbeck

Bertram

Bertram

Hürlimann

Altendorffer

Drümmer

Senseschmid

von Heydermarck

Krüntungen

Aeppli

Gräffe

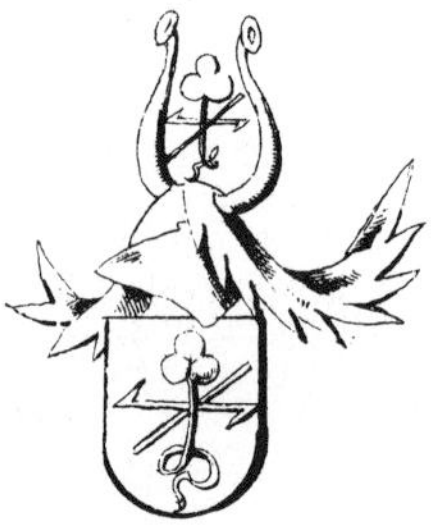

Schultheiß

Ott

Zwei Kleeblätter

Auer

Probst

Dietrich

Schneider

Schimpf

Kleemann

Ludolph

Brechtell

Camerarius

Segers

Mersweiler

Drei Kleeblätter

Meinhart

Lanemann

Lappe

Hiltner

Hiltner

Hiltner

Schwaiger

Seyler

Seyler

Schnabel

Meißner

Schwenk

Reuland

Hillebrecht

Biermann

Bucholz

Hoffmann

Eschenbrenner

Schulte-Witten

Schulte

Meyer

Drei Kleeblätter in Balken

Langguth

Fruyö

Gayling

v. Freyen

Drei Kleeblätter neben Balken

Grammendorp

Ackermann

Friderichs

Matfeld

Schnabel

Nahde

Seiler

Schortmann

Lechner

Lengfelder

Dierna

Pastoir

Pastoir

Matfeld

Pastoir

Neubauer

Wydenbruch

Kley v. Herwegh

Drei Kleeblätter in Sparren

Pfuhle

Förg

Bies

Drei Kleeblätter neben Sparren

Harms

Harms

Burmester

Hertzig

Bosch

Schlech

Alter

Harms

Klebe

Ecke

Rettstadt

Drei Kleeblätter in Schrägbalken

Dieterich

Dieterich

Grosse

Dieterich

Pitterlin

Grässl

Lasser

Schraffer

Vilsmayer

Kleeranke

Klemm

Graß

Kunst

Brendel

Dultzer

Buchholtz

Klee-Dreipaß

Sturtzkopf

Sturtzkopf

Goldewitz

Hochstockner

Vier und mehr Kleeblätter

Gissinger

Teissier

Kleeblatt, langgestielt, auf Boden

Sulzer

Meyer

Buol

Rottaler

Walch

Kohlreuter

Kleger

Schwartz

Beham

Kleger

Nettesheim

Nötterle

Utenberg

Grenicher

Zwei Kleeblätter, langgestielt

von Sewn

Weixner

Schilling

Pabinger

Sachs

Zwei Kleeblätter mit Beiwerk

Hudler

Hartmann

Wernecke

Dreiblätterige Kleepflanze

Kleberger

Engelhardt

Henning

Clesz

Roehl

Rumler

Beckh

Klein

Lindtbergk

Scherer

Gildemeister

Gildemeister

Hollmann

Hollmann

Klaiber

Schmidt

Untertriefalter

Westermann

Kleperger

Jungmake

Heugell

Sommerfeld

Lambrecht

Conradt

Liebknecht

Kleeberger

Lüders

Redeke

tom Siel

Rose
Helmzier aus Kosmos

These

Breyer

Helmzier Kreuz

Hobbie

Schmid

Helmzier Mensch

Chelius

Pape

Schwartz

Köler

Misler

Luther

Helmzier Vierbeiner

Simons

Niermberger

Hoffmann

Resl

Meuderlin

Helmzier aus Pflanzenreich

Wieland

Wieland

Hachenreiner

Pretzner

Helmzier aus Vogelwelt

Memhardt

Busenreut

Picart

Pickart

Khuen

Memhardt

Zeller

Meyer

Lidbergh

Angerer

Russ

Bilrinck

Beuther

Helmzier aus Pflanzenreich

Rosnovius

Prock

Büsgen

Faber

Tunte

Porst

Breier

Bree

Chrzanowski

Wienczkowsky

Rosst

Golcke

Platz

Langelotz

Knott

Glambeck

Kiening

Pattun

Rose

Schmit

Wasum

Grossmann

Müssiggang

Dietrich

Godeschalk

Rose in Nebenfeld

Cauer

Streitt

Rose in Heroldstück

Beck

Oehler

Melber

Chölner

Melber

Eberhart

Sartorius

Schbeigkl

Sommerau

Kinsele

Drewes

Prunss

Amman

Faller

Faller

Ableitner

Volker

Voelcker

Rose neben Heroldstück

Blome

Weibel

Lingelsheim

Arnoldt

Mut

Rose mit Beiwerk

Sury

Luther

Jael

Greverode

Santini

Birkner

Schleußner

Biel

Dehmar

Rixner

Delius

Delius

Kremer

Luther

Aldorfer

Altorffer

Luther

Zwei Rosen übereinander

Roß

vom Sode

Löscher

Sander

Löscher

Zwei Rosen nebeneinander

Griesbach

Struve

Bühler

Weselin

Weselin

Fuchs

Büeler

Memberger

Rösner

Tiele

Elebeck

Hohnberg

Rechlinger

Heyer

Zwei Rosen und Beiwerk

Aretz

Weber

Mielka

Zachow

Lauk

Schieeg

Schieg

de Ar

Rosenberger

Zwei Rosen schräg

Hiller

Weiss

Schoenebeck

Diehm

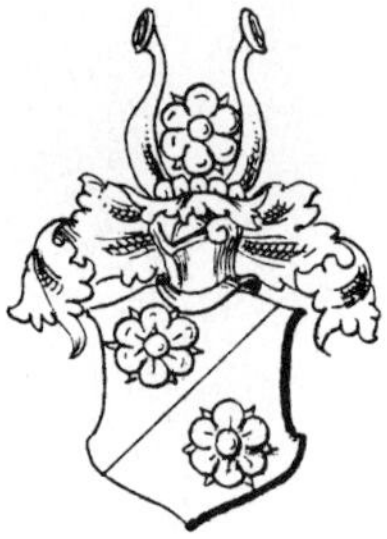
Bremer

Rosenbach

Wacker

Hungrighausen

Reichensperger

Beringer

Schilter

Mützler

Hartmann

de Indagine

Straaßer

Pühelmaier

Ruperti

Rösgen

Moeller

Moeller

Lang

Busse

Küpfer

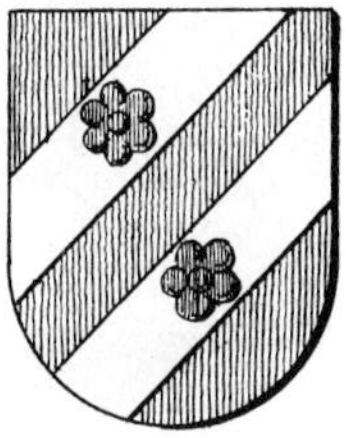
Lodter

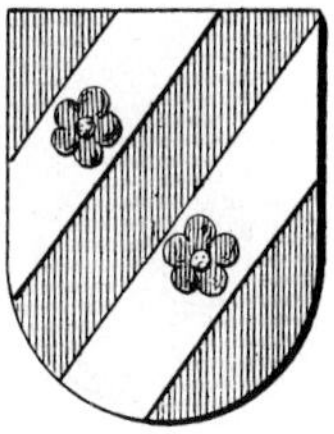
Rott

Zwei Rosen und Beiwerk

Schaller

Schulze

Sing

Herpel

Drei Rosen balkenweise nebeneinander

Zinner

Minsterer

Schiedt

Schilling

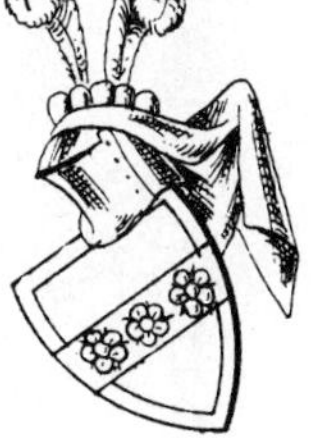
Schilling

de Hove

Schwender

Zelle

Pürckl

Reiffensberger

Krajewski

Matth

Eberhard

Drei Rosen pfahlweise übereinander

Bieberacher

Maurer

Schwinghammer

Vigelius

Weidlich

Benckendorff

Dietterlin

Meßkow

Drei Rosen 2:1, Helmzier Mensch

Klenk

Fröhofen

Bertelsmann

Sauber

Pörl

Spörl

Föhlin

Fehling

Hohmann

Helmzier Löwe

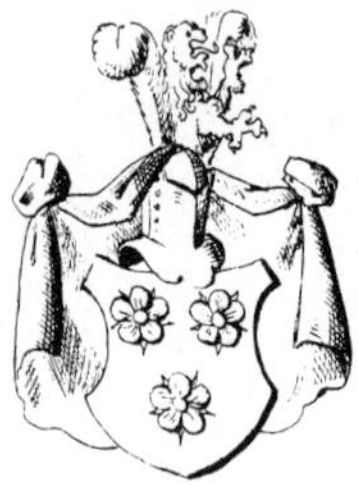
Sohn

Helmzier Vierbeiner

Gildemeister

Märckh

Hars

Bernekolt

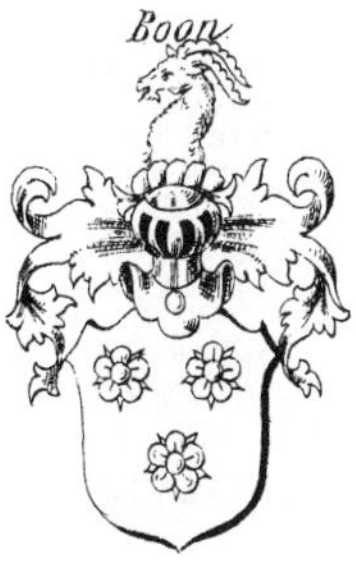

Boon

Pfeiffer

Helmzier aus Vogelwelt

Porst

Roosen

Roosen

Christ

Dotzler

Händler

Bosseler

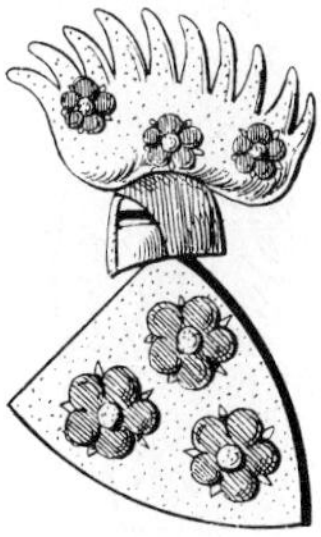
Kiefer

Totzler

Sawilski

Gehrich

Lohrer

Lucht

Textor

Helmzier aus Pflanzenreich

Grueber

Gruber

v. Bergheim

Rößler

Weiß

Vreint

Blume

Burggraf

von Call

Ecklin

Langermann

Langermann

Oppermann

Rosa

Rosa

Schulte

Vogt

Volkardt

Rosenberger

Zetzner

Cabes

Deußen

Weber

Rosenmund

Aschenbrenner

Beer

Best

Heuckenroth

Heyl

Pineker

Ketel

Panning

Dransfeld

Keine Helmzier angegeben

Alreleye

von Besselich

Geratswol

Glarner

Koecklin

Madlung

Meyer

Rosenegger

Schwartz

Spörel

Winkler

Drei Rosen mit Beiwerk

v. Besselich

von Besselich

Ruward

Ebeling

Flegel

Mollenbeck

vam Mere

Stöckey

Scheid

Drei Rosen 2:1 neben Balken

die Gotzen

Gotzen

Gellert

Rösingk

Pacher

Egges

Esenbeck

Hassel

Rudolf

Rosa

Gletzelmann

Biskamp

Eggers

Burret

Calenius

Salm

Conrad

Petersen

Titot

de Chapeaurouge

Popillon

Ridder

Acker

Drei Rosen neben Sparren

Bader

Hausmann

Hausmann

Rosner

Schleich

Schüesstl

Declaris

Rose

Becker

Flegel

Timmerscheidt

Voitus

Lippe

Hartken

Seldenboten

Grantz

Rose

Busch

Scheurl

Dyckhoff

Vezin

Drei Rosen 2:1 und Beiwerk

Münchmeyer

Rosen im Sparren

Agricola

Grave

Kistner

Paederus

Stambach

Weber

Rosendaller

Vorcher

Roth

Gronow

Röhland

Wedekindt

Poss

Hake

Motschi

Drei Rosen schräg

Heimpel

Rynns

Helmzier Mensch

Neithart

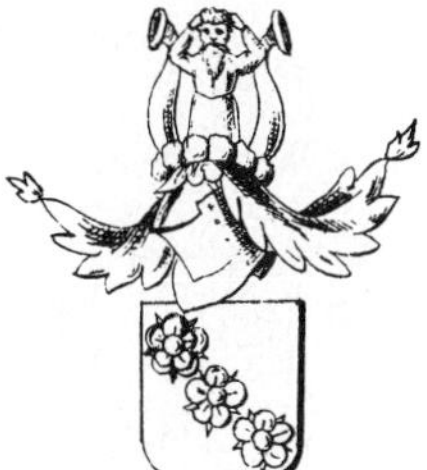
Handtmann

Ramsenthaler

Schwab

Krafft

Blezger

Gridell

Roth

Roth

Varges

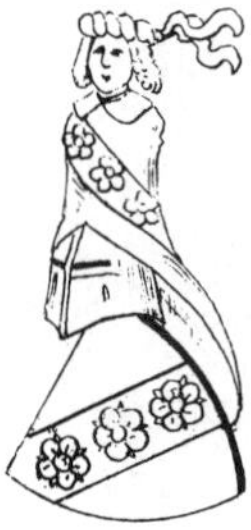
Ettspuler

Radomski

Rauscher

Römer

Vischer

Engelhard

Hesch

Helmzier Vierbeiner

Ferdinand

Warnecke

Bock

Knocker

Rothmann

Helmzier aus Vogelwelt

Rößler

Baliffke

Roele

Tholaeus

Burger

Grafft

Drechsler

Ehinger

Engeland

Manger

Meier

Fronbaß

Rosenwürth

Rossner

Sartorius

Schnotzius

Utzinger

Winter

Besch

Besch

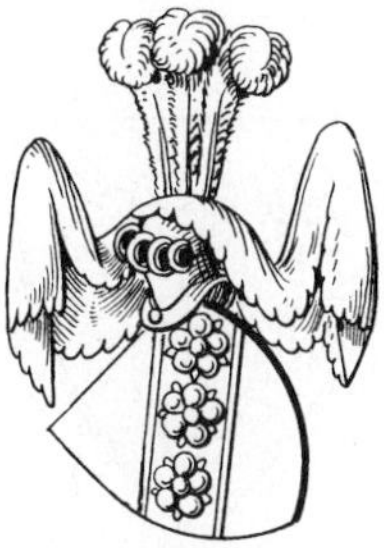
Hübner

Helmzier aus Pflanzenreich

Gise

Klauen

Zander

Halle

Hoffmann

Skompski

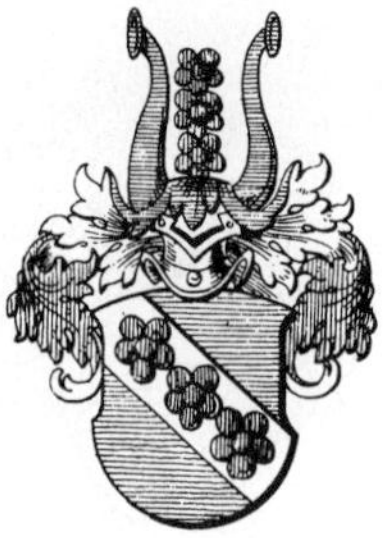
Skompski

Chemnitz

Rayser

Böhringer

Florin

Mielck

Helmzier: Gerät

Roeder

Keine Helmzier angegeben

Kolmann

Ploß

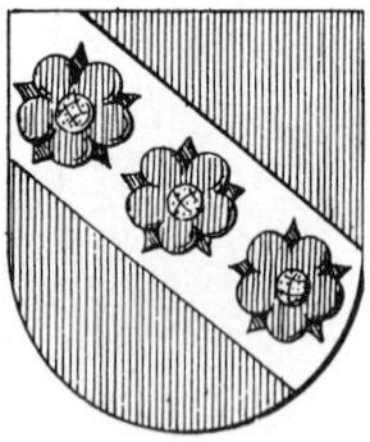
Raiser

Sartorius

Blaschro

Rethem

Vier Rosen

Wenterich

Rosenhain

Rosenhain

Horlemann

v. Höeckelshoven

Keding

Creutzer

Andreae

Andreae

Andreae

Rath

Möller

Baetech

Zahn

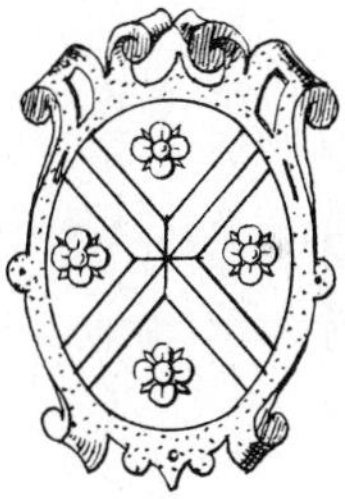
Andreae

Stisser

Fünf Rosen

Stüber

Nentwich

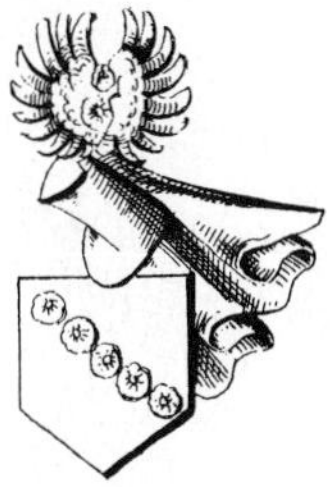
Langen

Mair

Sechs Rosen

Heudörffer

Bieber

Koppler

Suespekh

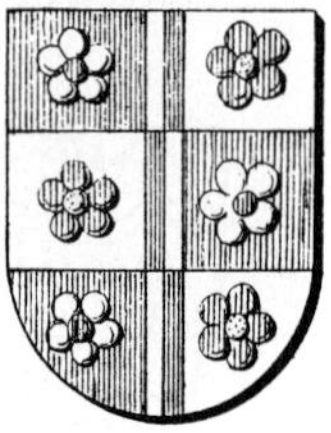
Unbehaw

Albinus

Küster

Lang

Mehr als sechs Rosen

Wortmann

Blome

Grim

Lilie
Helmzier Kosmos

Hesse

Beck

Sammet

Schwellengrebel

Helmzier Kreuz

Breunlin

Helmzier Mensch

Kauffmann

Brasch

Guyer

Hilty

Reinhardt

Engelhard

Engelhardt

Winkelhofer

Hafenberger

Krafft

Hess

Helmzier Vierbeiner

Letzkau

Hauer

Visl

Helmzier aus Vogelwelt

Lilienthal

Lilienthal

Gundlach

Gundlach

Kuhn

Wild

Wyss

Appold

Brechtel

Gebhart

Ludwig

Maußer

Mayer

Mayer

Weißmann

Kilchhamer

Vickhy

Haecks

Albrecht

Crusius

Erlbeck

Geibel

Henseler

Kürn

Langerhanß

Ludolph

Melchior

Riedinus

Riedty

Schmidt

Spyrer

Veit

Dresky

Fencher

Geider

Geuder

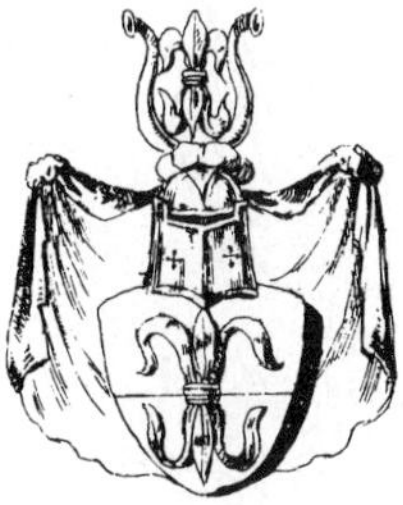
Gilg

Grösse

Hayn

Schrodt

Hertzberg

Hofer

Koggel

Leher

Loeckell

Marperger

Memmersdörfer

Moser

Oestereicher

Preuschel

Purgleuttner

Rentz

Schatz

Schnee

Schwarz

Stüler

Winkelhofer

Witte

Zacharias

Dresky

Gropper

v. Kerpen

Magerl

Mielich

Wasner

Metzener

Oertel

Schriver

Helmzier Gerät

Ebeling

Krafft

Keine Helmzier angegeben

Broecker

Gelzer

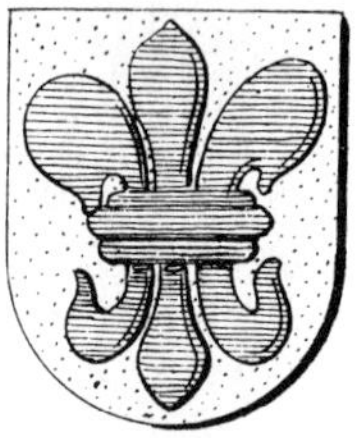
Gilg

Gletig

Grote

Höchstetter

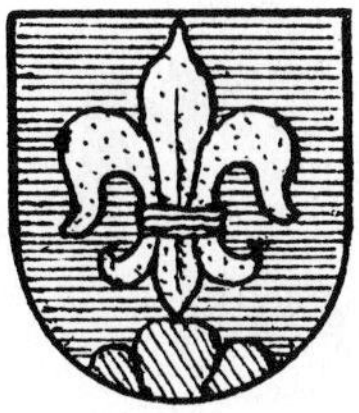
Ilg

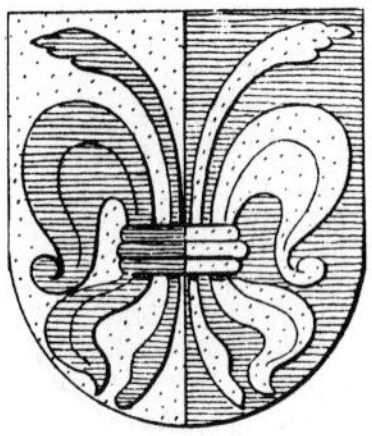
Küng

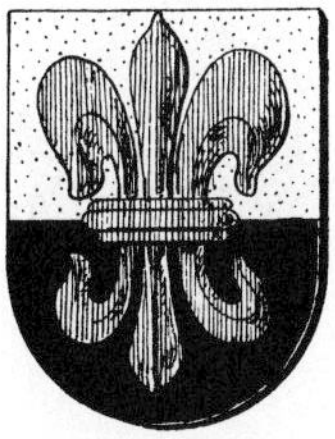
Lohr

Metzges

Mottler

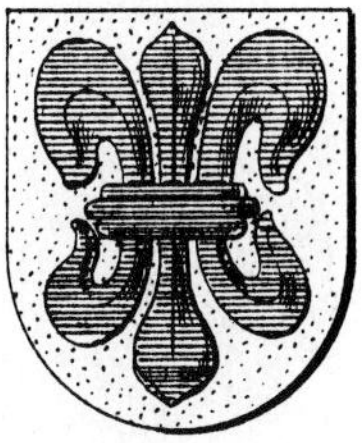
Mulich

Poner

Puffen

Rossel

Schorebach

Steinbrück

Stöger

Sydella

Thut

Volkenshagen

Volkolt

Lilie in einem Schildteil

Mentelin

Jamnitzer

Jacob

Lechner

Kirchmayer

Listemann

Muswieck

Praun

Nördlinger

Beußer

Maurer

Cleminius

Paur

Schedler

Ungemuett

Ungemuet

Brechtl

van Reijde

Hecht

Ungerer

Lilie besteckt

Ponholzer

Finckh

Möller

Müller

Pollene

Richter

Richter

Gerstner

Lilie mit Beiwerk

Duntzl

Daemen

Freyermut

Gräslin

Gremenstetter

Henz

Hentz

Kißling

Koch

Erhard

Dauenstein

Godenau

Heller

Ludwig

Tuneysen

Zimmermann

Bühler

Hirdt

Dauenstein

Hässi

Garhamer

Högger

Seeholzer

Gsel

in der Hub

Nottinger

Suter

Pechstein

Hamächer

Holthusen

Stutz

Emans

Kresiment

Kannegiesser

Pryol

Krafft

Dautzenberg

Römer

Grüter

Vollgnad

Lienhart

Schufelberger

Boisselier

Gruter

Holthausen

Bawr

Beltzinger

Zwei Lilien balkenweise nebeneinander

Deichmann

Lechner

Steurer

Höfler

Slicker

Steurer

Frieß

Riete

Rode

Lutichius

Weber

Werner

Wernher

Broelmann

Broilmann

Werner

Werder

Lang

Zwei Lilien pfahlweise übereinander

Püchler

Rössler

Eimbker

Zwei Lilien, schräggestellt oder -gelegt

Willmann

Marstaller

Schnell

Budjuhn

Marcard

Wanner

Weickersreuter

Marquardi

Baiz

Menzl

Haidt

Ritter

Ritter

Schermbach

Pleckenwegner

Cuntzler

Spruck

Saßnick

Dobereiner

Dobereiner

Stavenhagen

Weber

Zwei Lilien gekreuzt

Müelbach

Mayer

Drei Lilien balkenweise nebeneinander

Prombach

Ortolf

Erhard

Derrer

Puechhofer

Bissenbeck

Drei Lilien pfahlweise

Grießl

Drei Lilien schräg

Seidel

Knost

Schiller

Drei Lilien 2:1

Gamper gen. Stauffenecker

Kenlin

Ziegler

Werenfels

Grueber

Ladewich

Heckert

Schnee

Schlewitzer

Reich

Grätz

Matt

Nacke

Brock

Brock

von Norten

Rümeli

Schmelzlein

Gerhardt

Goldstein

Ruttlandt

Schuhmacher

Sturm

Graetz

Korte

von Norten

Brunner

Gleim

Weber

Obermiller

Bruns

Frantz

Junker

Lange

Lotze

Prunner

Rampf

Weier

Wittich

Drei Lilien neben Balken

Saur

Müller

Steck

Graetz

Krapff

Botter

Drei Lilien in Schrägbalken

Gauger

Gaugler

Nützel

Topff

Partzner

Muckh

Plank

Cracow

Moser

Ambrosius

Knorr

Sittl

Sittl

Brantscheit

Colmann

Plank

Zaglhamer

Zierer

Drei Lilien 1:2

Haine

Drei Lilien neben Sparren

v. Lüdinghausen

Remy gen. Paillet

Remy gen. Paillet

Koch

Meyllinger

Pfitzius

Rainer

Riedmüller

Gerloch

Campe

Drei Linien in Sparren

Keferl

Kelblin

Wiedemann

Drei Lilien neben Schrägbalken

Caspers

Caspari

Drei Lilien und Beiwerk

Hackstein

Mylius

Harpertz

Märki

Graff

Saedt

Vier Lilien

Ruckenhauser

Gralath

Gralath

Schobert

Peters

Merklin

Fünf Lilien und mehr

Hittorf

op den Dyck

Helffenstein

Stoltzenberg

in der Halden

Krüger

Halbe Lilie

Schalckh

Schalk

Lindner

Paschen

Sigbot

Sintz

Maurer

Chemnitz

Zeygler

Zeygler

Chemnitz

Freiburger

Rasper

Zwei halbe Lilien

Hagenbecke

Hecht

Drei halbe Lilien

Hecht

Glebe

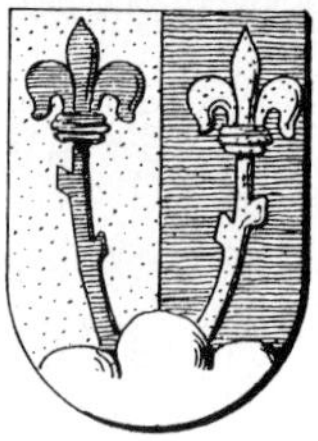
Zolner

Ritgen

Lesemann

Techow

Bornehusen

Gutke

Schönhals

Eine natürliche Rose

Hunger

Häffeli

Roeser

Netzer

Thomae

Herold

Röder

Roth

Göckel

Pair

Spengler

Sumermann

Brinkmann

Dexbach

Röhling

Gellert

Zeutner

Dolscius

Schaller

Vaget

Dettloff

Sommer

Mändli

Haefelin

Knapen

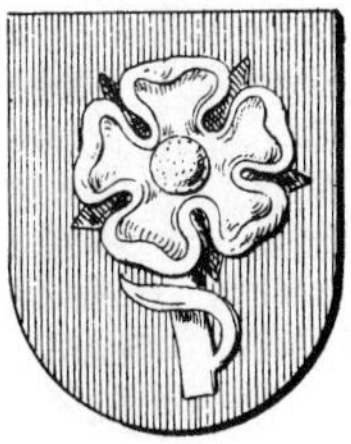
Moller

Mülvetz

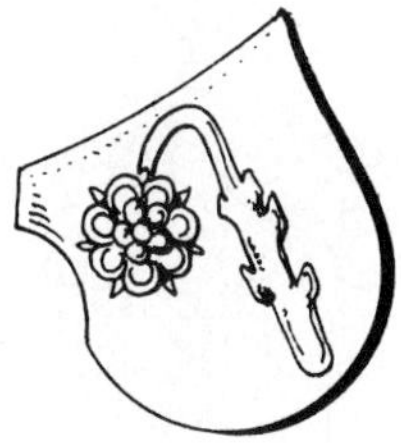
Mynten

Riem

Rosenritter

Zwei natürliche Rosen

Krage

Maile

Nordeck

Dulmann

Böttcher

Drei Rosen an einem Stiel

Bottiger

Missing

Miesinger

Meister

Agatz

Rose

Meyer

Schwarz

Rosenberg

Hackhenmüller

Röser

Parkbusch

Frese

Kob

Reichnau

Juncker

Keuchen

Landersperger

Lohmeyer

Röser

Zeeb

Seiz

Strauch

Weber

Berlower

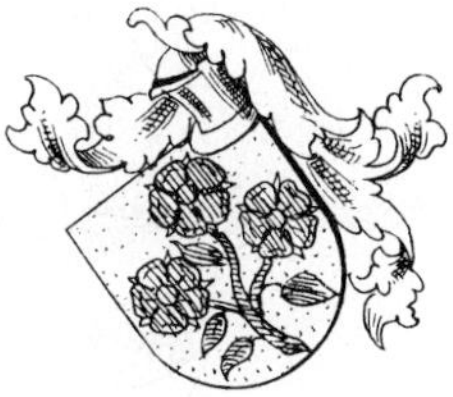
Christophels

Domann

Krohn

Plümel

Strickler

Stutzel

Stellmacher

Zwei gestielte Rosen

Clamer

Neuwürth

Bosset

Gassner

Weißner

Wesslin

Stöcker

Boettcher

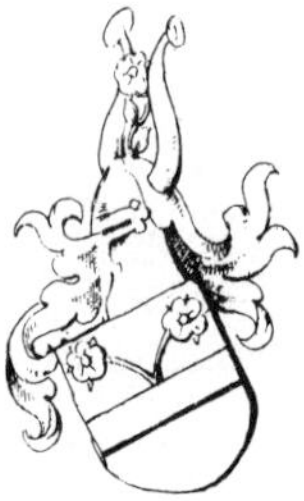
Schickhardt

Saalefeldt

Gerdes

Rose

Gyger

Gyger

Geiger

Fritzer

Drei gestielte Rosen

Brambeer

Schmiedt

Missinger

Deschner

Dorn

Hegi

Blumenstein

Erni

Weber

Baumann

Esbach

Kißling

Grimm

Rothfuchs

Ubbelohde

Lebenter

Dietterich

Arends

Lang

Wellser

Letz von Grab

Dittrich

Kanther

Werner

Fliesen

Woeltgen

Reinhardt

Frentzel

Hoyer

Studer

Zöhran

Bartels

Beyer

Herliberger

Rosenmund

Blohm

von Blomenbarch

Dorendorf

Gehlhaar

Göpffhardt

Güntzlein

Juncker

Langritius

Meißner

Millies

Rosenbach

Steitz

Westerholt

Zechner

Gaedechens

Gerlach

Höker

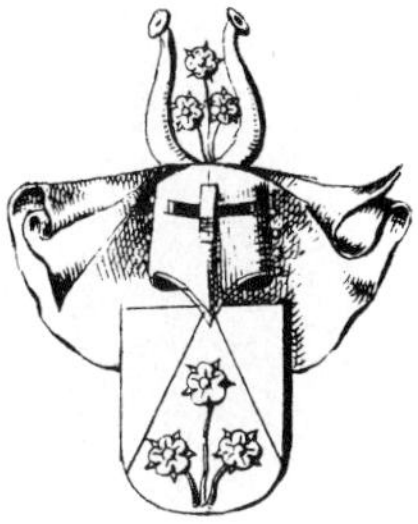
Gilbert

Schelnberger

Kaff

Khobler

Khobler

Koller

Feulner

Jäde

Müller

Herrliberger

Küntzel

Scheuwig

Rosenthal

Golling

Zeher

Becker

Herzogenrath

Blezger

Veygel

Veyhelin

Mehr als drei gestielte Rosen

Gruner

Leupold

Sträußl

Bäumlein

Roeschen

Bohnen

Helvesius

Lindwurm

Dornkrell

Manger

Bach

Corthum

Strauch

Cortüm

Verschiedene Blumen

Duotenhefer

Tschirschnitz

Tiefenbach

Steuernagel

Ludemann

Engels

Wilke

Wilke

Olbricht

Thierbach

Schoettke

Nägeli

Nägeli

Braun

Rhoden

Töbing

Mack

Kummell

Seitz

Stumm

Witzmann

Zwei Blüten an einem Stiel

Weinzierl

Mirus

Platzer

Rühle

Laurentius

Wesslele

Mehrere Blüten an einem Stiel

Maier

Werner

Negelein

Zaubzer

Frigk

Twestreng

Haydrich

Berens

Gölgel

Saffran

Schwartz

Böschen

Gölgl

Glanner

Heidelberger

Prütze

Rahn

Bertram

Hammerthaler

Wackenroder

Pendner

Kneitz

Matthews

Kümmell

Lenker

Marsilius

Stein

Zwei Blüten an zwei Stielen

Maul

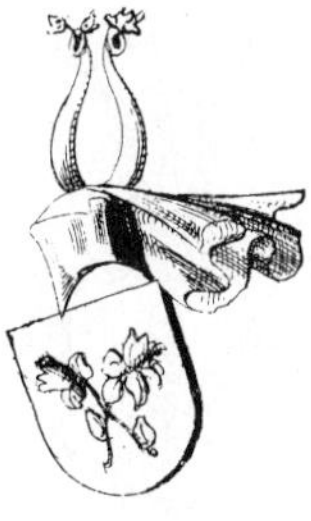

Straißer

Detert

Schürer

Schmula

Frölich

Rauchbar

Lüden

Drei und mehr Blüten an einzelnen Stielen

Kümmell

Rückhenpäumb

Fudickar

Haertel

Nägeli

Weissmann

Weissmann

Bansovius

Steets

Kruse

Isselhorst

Behn

Bruel

Bunck

Cleinow

Dickel

Janefeldt

Knobloch

Nölting

Prandtner

Ratmannsperger

zum Sande

Stresow

Stresow

Striepe

Thorbeck

Tieffenbach

Lösecke

Hornung

Zeiger

Hinrichs

Blieml

Pürker

Sandmann

Zwei und drei Lilien an Stielen

Daford

Machenau

Machenau

Bertelkyn

Hilbrandt

Dreyspring

in der Bund

Werner

Gerich

Hock

Bünte

Bausch

von Herten

Nölting

Stripeus

Weißenborn

Magelsen

Mayland

Cordes

Froböse

Isselhorst

Blumen eingezäunt

Schnehagen

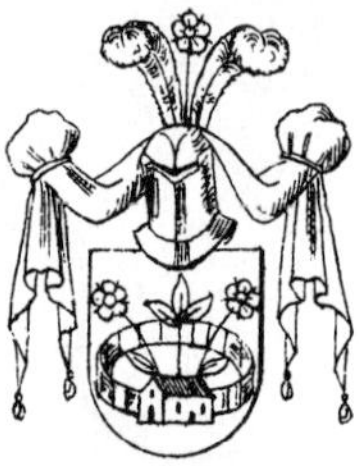
Wördenhoff

Nürnberg

Drei Blumen und mehr, schwebend

Beckstein

Blumert

Groot

Angermondt

v. Herten

Langen

Koch

Plate

Bokelmann

Koch

Maiglöckchen

Hohenbuch

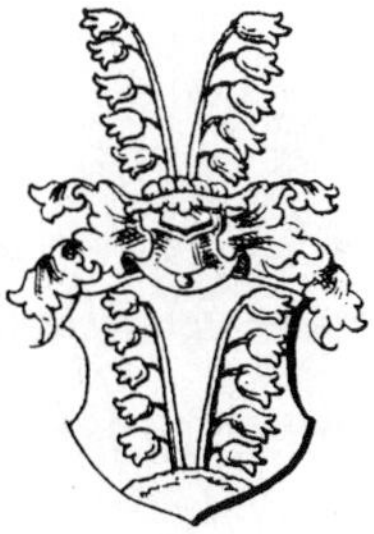
Tide

Tiede

Dommes

Hegi

Werner

Brasche

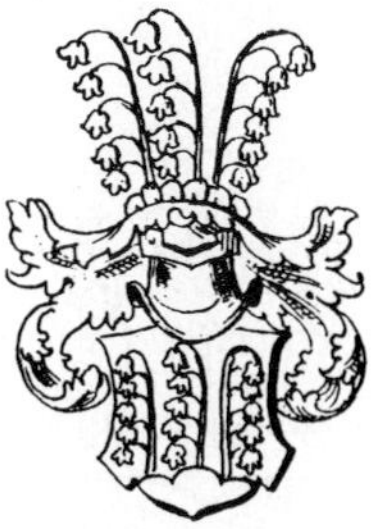
Brosius

Schröder

Mai

Meyer

Maiweg

Meienberg

Fingerhut

Sander

Distel

Völker

Posth

Plattenhart

Ruch

Distelbacher

Glasow

Warpeck

Hasse

Neuhaus

Rauchbar

Wetken

Kletten

Lappenberg

Klette

Kletten

Meichsner

Klett

Erdbeere

Böringer

Elbers

Gelder

Klepper

Schamroth

Zachenperger

Zechenberger

Gemüsepflanzen

Bohner

Laaser

Kranz

Sicherd

Hummel

Maennel

Esich

Vieth

von Elspp

Lange

Buezerin

Friedsam

Strecker

Scheppler

Strecker

Bismark

Krantz

Meier

Esich

Bansau

Crantz

Zeggers

Kranz mit Beiwerk

Völschow

Kranz, etwas einschließend

Paulsen

Falck

Deter

Stever

Stever

von Essen

Wehn

Duborg

Hemminger

Lohmann

Gedersen

Parcham

Bonn

Stroband

Crantz

Fiant

Lang

Lang

Deens

Middendag

Bräutigam

Pistorius

Henke

Klinckebeil

Lietsmann

Kranz

Becker

Gabl

Kitzerow

Chemnitius

Kranz, zwei Zweige zum Kranz gelegt

Cranz

Höfleiner

Höfleiner

Kranz

Schurtzfleisch

Hagedorn

Krantz

Schullmann

Dietz

Quistorp

von Gohren

Haselberger

Zwei Kränze

Rademin

Königsfelder

Greverade

Greverade

vom Aren

Drei Kränze

Schicke

Petersen

Sigward

Rusackh

Joris

Crantz

Kohl

Kraut

Kraut

Köhler

Krautt

Gebhardt

Gabeshaupt

Ollandt

Rüben, Rettich u. dergl.

Engelhardt

Rettig

Rüb

Rätich

Birkenholz

Birckholz

Rüber

Tentzl

Riepp

Birckholz

Rhaw

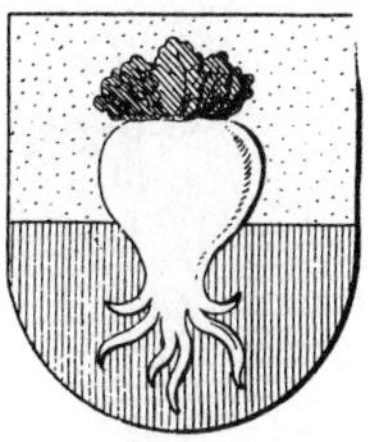

Ruff

Rettich

Beckstein

Riempp

Nachtrueb

Riepel

Rueben

Pilze

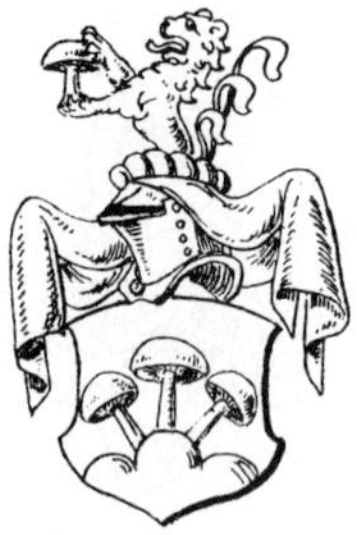
Kaiser

Frucht

Reinhold

Appel

Hoffmann

Melonius

Monhaupt

Knaupp

Wasserbirer

Kölner

Piernpöck

Flandin

Friederici

Zwei Früchte

Kockh

Willer

Kirmair

Pantzer

Erdinger

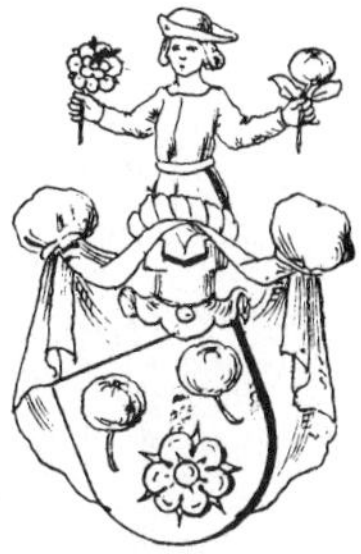
Luther

Kestner

Drei Früchte

Kloter

Mohebanus

Dolitsch

Harrer

Kittlinger

Hamershamer

Fromart

Seitz

Zaller

Kumphoff

Brauweiler

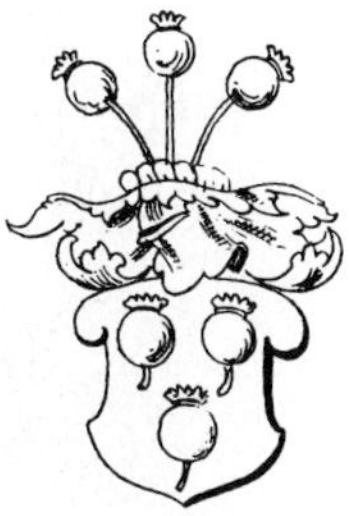
Upleggher

Pleier

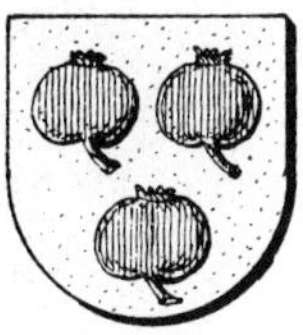
Adam

Haverung

Küsel

Markloff

Drejer

Grasser

Schöpper

Welsch

Kuttenfelder

Ortel

Paccot

Pflaum

Rollwag

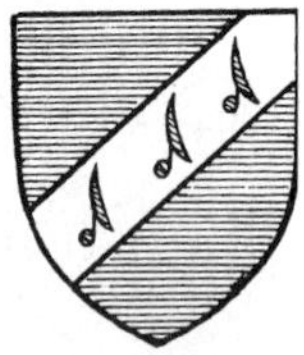
Fleißig

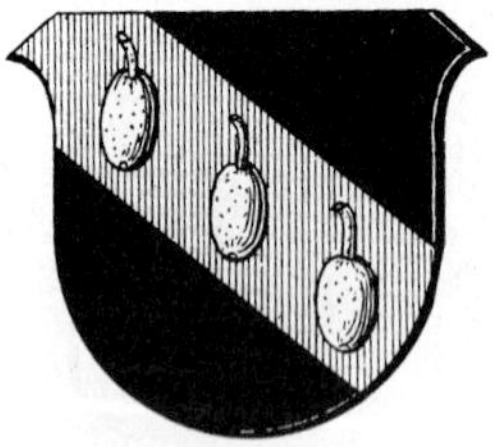
Pflaum

Kirchmair

Brammerts

Zeller

Oesterreicher

Schurer

Lachmund

Apel

Fünf Früchte

Hohenbuch

Lachmund/Lachemundt

Donstein

Stangenpflanzen

Bohn

Schudt

Grünwald

Soltow

Ein Wein- oder Hopfenstock

Winter

Kreitz

Heunisch

Traub

Mayer

Hiepe

Weinlein

Gatzen

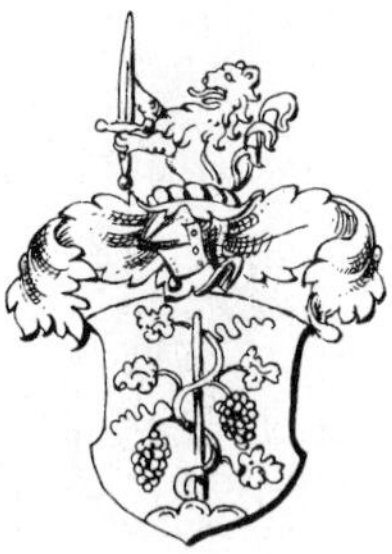

Hasenbalg

Ehlich

Valentiner

Grote

Sarasin

Hoppe

Franck

Weinreich

Hopp

Wingert

Hobsinger

Ricvillerus

Tröltzsch

Weinlich

Surland

Hoppe

Sass

Weinberger

Francke

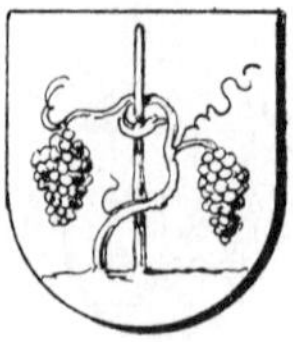
Franke

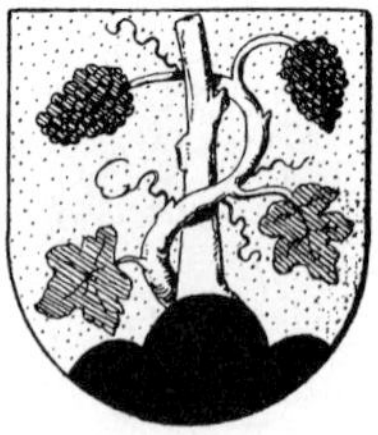
Weinold

Drei Wein- oder Hopfenstöcke

Höppener

Rieger

Stake

Aststück mit Trauben

Weinholtz

Winckel

Hoffmann

Machtolff

Plathner

Wyneken

Frowein

Kleewein

Weisbach

Hanses

Ruck

Eltzen

Schlaepf

Hanses

Hoppe

Lange

Weinranke

Reber

von Essen

Balemann

Plathner

Kleewein

Reblin

Tröltzsch

Ramspeck

Algesheim

Christ

Weingartner

Weinmeister

Zwei Weinranken

Richter

Sievert

Weinberg

Weinleb

Balder

Balder

Lautenboich

Eine Weintraube

Metzler

Frank

Frank

Volz

Hofmann

Suhr

Eill

Köchlin

Weinholtz

Wintzer/Winzer

Jue

Zoller

Weinzierl

Freitag

Krüger

Pfeiffer

Pfeiffer

Pfeiffer

Siricius

Bruns/Bruhns

Hueber

Hueber

Lanner

Köchli

Muggler

Schöltraub

Ulrich

Wirth

Zwei Weintrauben

Christa

Lodewiges

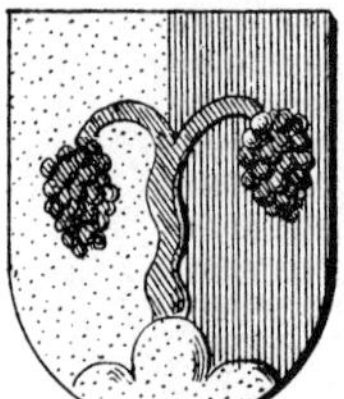

Weinzierl

vam Rhyne

Herbling

Drei Weintrauben

Schoch

Voigt

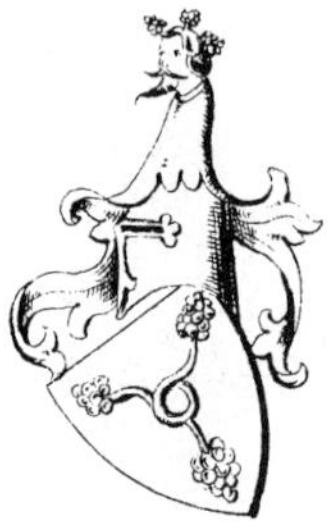

Decherheimer

Widmann

Widmann

Brammerts

Hoppenhaus

Sandrart

Hoppe

Krüger

Leonhardt

Büring

thor Lippe

Tenchen

Endemann

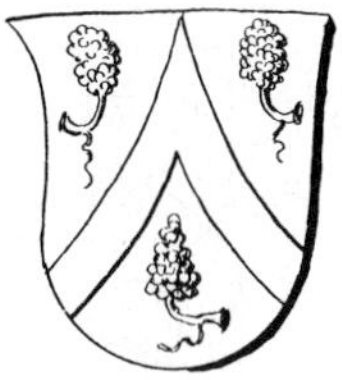

Schöninck

Wonstorp

Strobl

Fünf Weintrauben

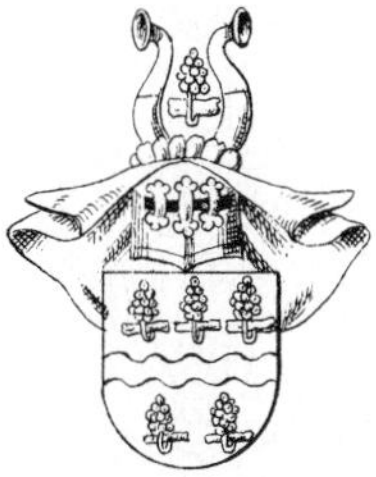

Berchmann

Getreideähren, ein Stiel

Petersen

Häberle

Havers

Fischer

Veltmann

Kobbe

de Buhr

Gerstnecker

Häberle

Getreideähren, zwei Stiele

Roever

Bethge

Heydenreich

Zastrow

Tieffenbach

Lacher

Getreideähren, drei Stiele

Lacher

Kossen

Hockmeyer

Schmidt

Prange

Homann

Wunderer

Mayr

Essenwein

Kornemann

Rockenstihl

Kobbe

Heins

Meyer

Achermann

Westphalen

Taegener

Graepel

Rehfeldt

Utermann

Bremer

Korn

Wagner

Warpeck

Sander

Arens

Streubel

Pagell

Sievers

Schinckel

Rust

Süver

Soltau

Altrogge

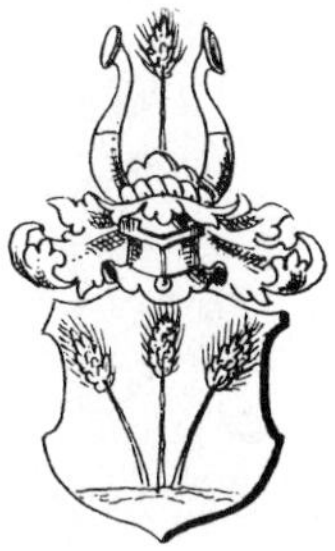

Arberg

Cordes

Körner

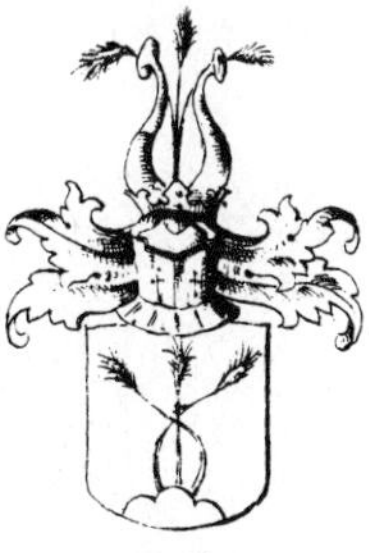

Küchlin

Körner

Wilckens

Bodenschatz

Hunicke

Silm

Arnhold

Arnold

Becker

Binder

Binder

Bode

Bommelmann

Braunbehrens

Dreykorn

Dünkel

Ecke

Erdinger

Faulhaber

Faulhaber

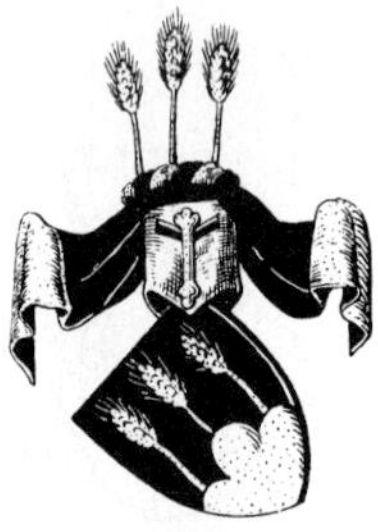
Gräser

Haberkorn

Harder

Hockmeyer

Hübner

Kock

Kölpin

Krafft

Moll

Roscher

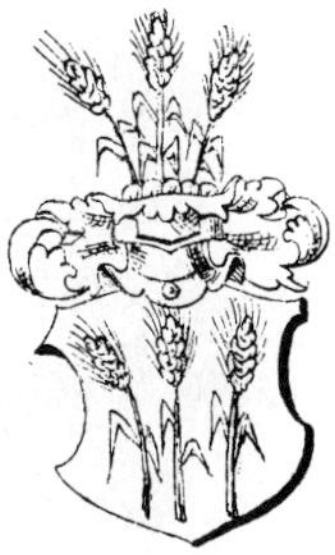
Schulz

Steinwich

Vermehren

Weitzke

Voigt

Arents

Häberle

Möser

Schulte to Ostrop

Graßhof

Caspari

Grapel

Körner

Spieker

Drei Ähren mit Beiwerk

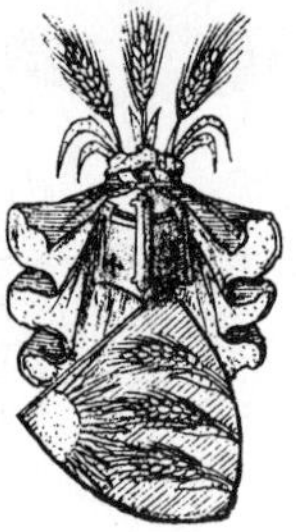
Methner

Stotte

Hertzog

Kabitzsch

Kern

Gerster

Scholze

Cordes

Schultze

Schrader

Henkel

Waitz

Höntsch

Weber

Vier und mehr Ähren

Voigt

Faistenauer

Jarre

Wilckens

Scheller

Körner

Kündig

Gesenius

Segebode

Segebode

Both

Braune

Hänisch

Wichmann

Reichhelm

Junius

Eine Garbe oder Ährenbündel

Mack

Zollner

Osthaus

Sachse

Schäbel

Knüsli

Bonacher

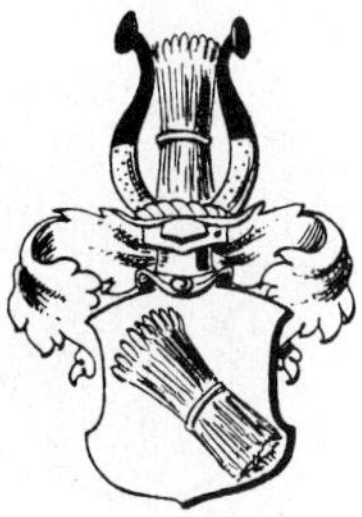
Gassenhart

Staub

Körner

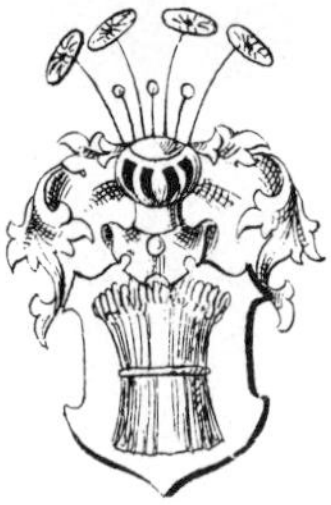
Ronnegreve

Wieck

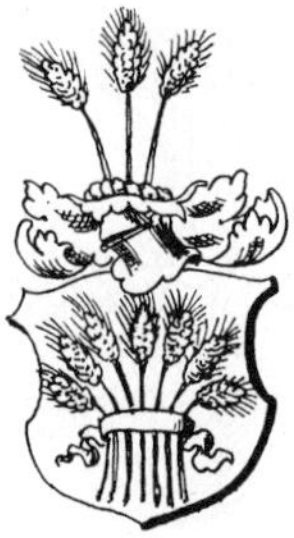
Zitschy

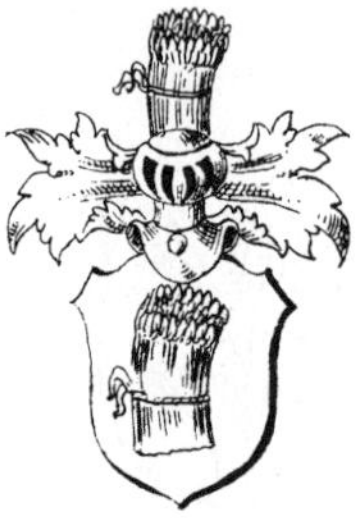
Gerber

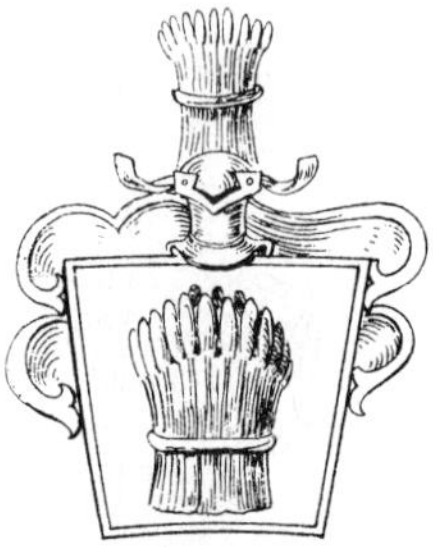
Häberlein

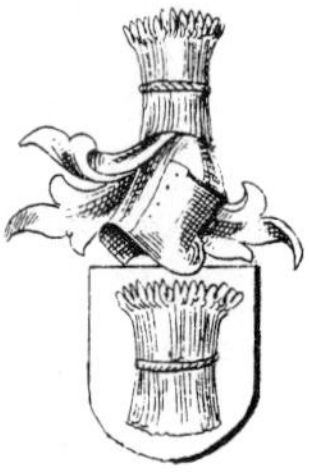
Jenefeldt

Schönfelder

Thiessen

Wilhelmi

Schaub

Creusen

Gerbers

Grieshaber

Praunskorn

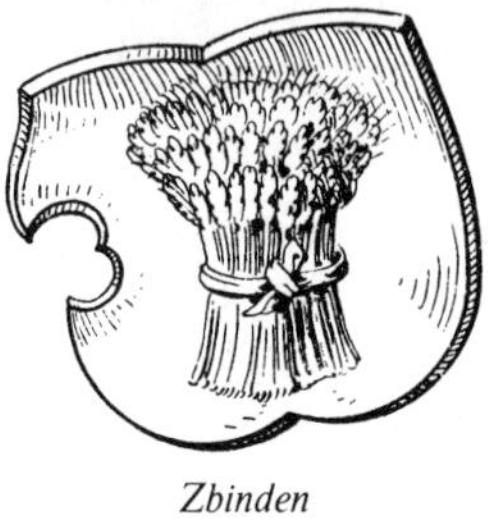
Zbinden

Stroüwli

Gassenhart

Baron

Mandelius

Zwei Garben

Gutt

Guett

Drei und mehr Garben

Bening

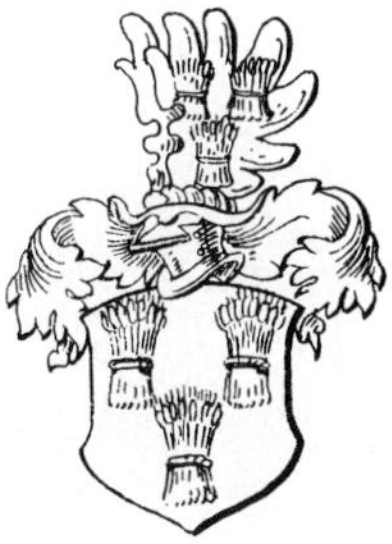
Engelhardt

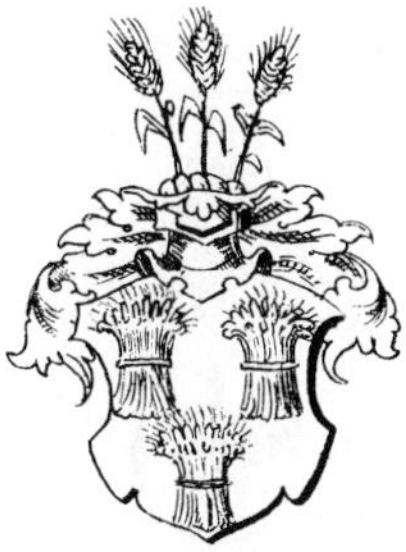
Garven

Krumstroh

Weigergangk

Stock

Ein Rohrkolben

Rentzler

Kölbl

Büntz

Rorbach

Zwei und mehr Rohrkolben

Kolb

Moser

Rohr

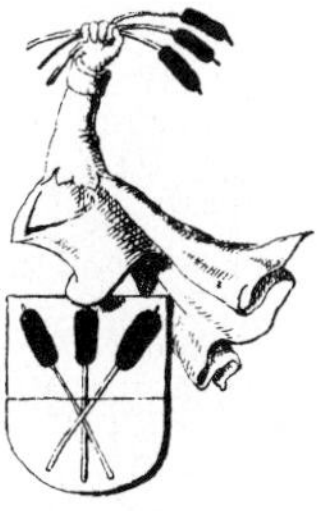
Prell

Prell

Schmidt-Kufeke

Melbeck

Melbeck

Rusch

Röhr

Köblin

Moser

Moser

Rieger

Rohrbeck

Kolbe

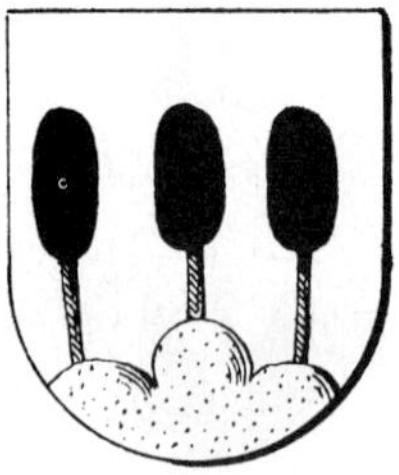

Heuffler

Wegener

Rohrer

Binswanger

Soltau

Rohrbach

Kolb

Geräte

Mauer, allein

Ziegler

Reysoldt

uf der Mur

Pambstl

Maurer

Michael

Vierkotten

Schliepe

Mauer, belegt

Schmidt

Benkhner

Mauer, überhöht

Walbaum

Maurer

Schabert

Hofer

Torborch

Mauer, besetzt

Melas

Busmann

Vojter

Streitt

Zennefels

Weickhmann

Morhard

Meisel

Ballweg

Feustel

Borchmann

Pschorr

Blau

Brackhenhofer

Gunderraun

Milbinger

Eisele

Gromnica

Steiger

Cybulski

Bogacki

Sokolowski

Liese

Leuffer

Suske

Hirsch

Meurer

Ziering

Knoff

Bickel

Rommler

Zelter

Rothenhofer

Dräger

Behn

Steinbusch

Borckmann

Leonhardt

Zinnenturm allein

Melber

Baumeister

Dellinghausen

Burchardi

Truckh

Anstett

Passarin

Burckart

Fritz

Herwardt

Huetter

Kestel

König

Menzer

Walpurger

Burckhardt

Hinderhöfer

Pluderhauser

Baldersteiner

Divelius

Knuser

Lang

Turner

Zinnenturm, oben besetzt

Martius

Mattfeld

Lange

König

Born

Ybel

Mehrere Zinnentürme

Trendlenburg

Tünger

Steinhauser

Sak

Lüneborch

Schultz-Meders

Schultz-Medow

Schultz-Medow

vom Platz

Merkel

Merckhl

Zinnenturm, begleitet

Warth

Göttling

Flemickh

Kapfenberger

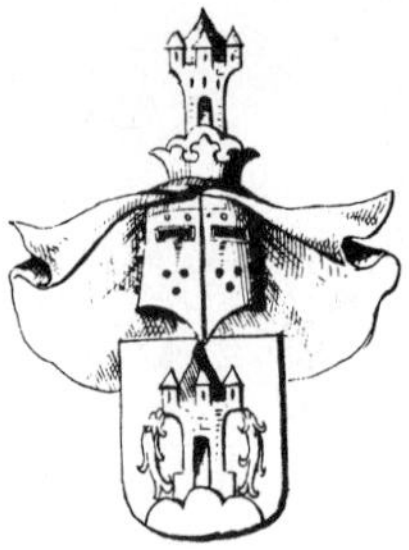
Wendelstein

Rodenborg

Rotenberg

Elmhoff

Rinmann

Mahling

Deich

Klein

Heusgen

Rawissa

Laßleben

Grussendorf

Backenburg

Marx

Burg, Festung, eintürmig,

Wallenburg

Staden

Danjes

Gossastat

Gossastat

Stadmann

Schluttig

Hitz

Penserot

Meyer

Burg, Festung, zweitürmig

Ravensburg

Ravensburg

Campe

Porttenpurger

Steinhausen

Burger

Burtenbach

Russ

Begleitet

Bürgi

Burri

Burri

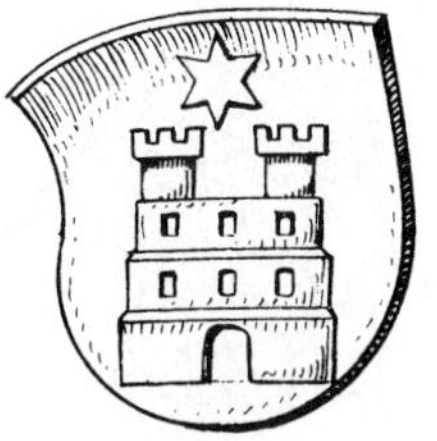
Burri

Lanfer

Köhn

Blanck

Louis

Schacht

Markees

Dürig

Haus zwischen zwei Türmen

Zinner

Sessa

Hüsli

Burkhard

Gschlössl

Andaress

Burkhard

Mit drei Türmen

Oldenburg

Konopatzki

Burghardi

Burghardi

Holekamp

Augspurg

Tubinger

Warnecke

Meisinger

Eckmeyer

Eschenburg

Casteller

Weisskircher

Warnecke

Koburger

Eschenburg

von der Neunburg

Burk

Thurm

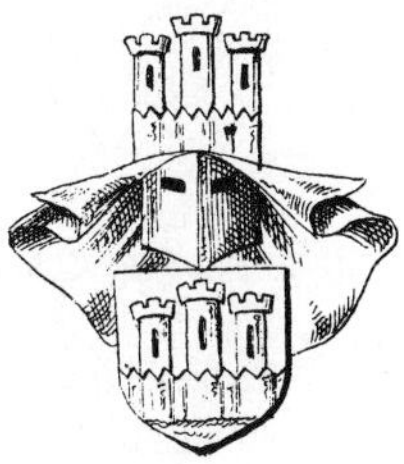

Horburg

Reich

Burkhard

Châtel

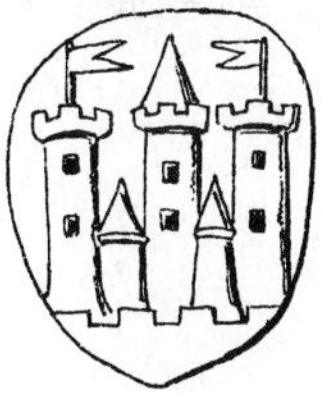

Grosse

Pampelius

Raspe

Spangenberg

Steinhauser

Auf hohem Fels

Meckelburg

Hoburg

Burg, vieltürmig

Schossberger

Stadtmann

Erckelens

to Westen

Brandenburg

Brandenburg

Burg, begleitet

Borchold

Suerborg

Amberger

Brücke

Brückmann

Brückner

Brückner

Brückner

Mühry

Steger

Wollersheim

Prugger

Wüst

Prugger

Kayser

Nusall

Haus

Neuhäuser

Neuhäuser

Schiermann

Hausmann

Tilger

Felderhoff

Schaffhausen

Neuhaus

Scholtz

Stainhauser

Hauser

Bachausen

Brockhaus

Brockhaus

Häussler

Städel

Hüssli

Hochhauss

Wahn

Wischhausen

Freylingshausen

Berendshuser

Dammann

Wahn

Dyckerhoff

Heister

Hauser

Städel

Erp-Brockhausen

Deumeland

Hornschuch

Begleitet

Küentzler

Dannhäuser

Rönkendorf

Borchers

Lobeck

Barkhausen

Vorwerk

Forsthuber

Dyckerhoff

Hausfront

Feldhaus

Spitta

Althaus

Greimolt

Asseburg

Maxheimer

Bornhauser

Kammerknecht

Haushofer

Lengelern

Spitta

Hagemann

Giebelbretter

Koetter

Thilo

Gieseke

Hellwinkel

Kamp

Hünnes

Heidkamp

Portal

Dürer

Thormann

Thormann

Thorer

Thurmann

Höfl

Menshausen

zo der Porten

Portal, begleitet

Schünemann

Riehl

Burgwedel

Schmidt

Renninsfeldt

Mehrere Häuser

Liermann

Morstadt

Osterdorff

Ohlendorf

Bernstorff

Hüser

Segebade

Ludendorff

Udorff

Middeldorp

Buerdorp

Mittelsdorff

Schabbel

Lubbersted

Gerüst

Prugkher

Scherer

Cramer

Spitta

Spitta

Spitta

Raven

Zöller

Zaun, Hag

Erber

Hager

Sessolzheim

Gatterer

Blanckh

Blancus

Kol

Bingesser

Velhage

Rauss

Datt

von der Vecke

Bruynleder

Krause

Wüsthoff

Stockinger

Heigl

Schmidell (Schmidl)

Ainhofer

Boenhoff

Bollmann

Lüdemann

Spethmann

Thiergärtner

Mühle

Möllerhoff

van Voorthuysen

Moller

Pergkmüller

Berckmüller

Matern

Im Hof

Mühle

Moller

Gunzenhauser

Brockmöller

Müller

Kirche

Schwind

Kirchhoff

Kirchmayer

Kirchner

Kirchmayr

Kirmse

Caspers

Liemke

Kirchner

Kilchen

von Kilchen

Neukhircher

Kappeler

Kircheisen

Kilchberger

Rauhenberger

Kirchhofer

Oldenbourg

Chapel

Kirchhofer

Freiburger

Begleitet

Betthaus

Stifft

Wißkirchen

Pforr

Kirchoff

Brunnen

Limbrunner

Born

Pronner

Brunner

Tieffbrunn

Post

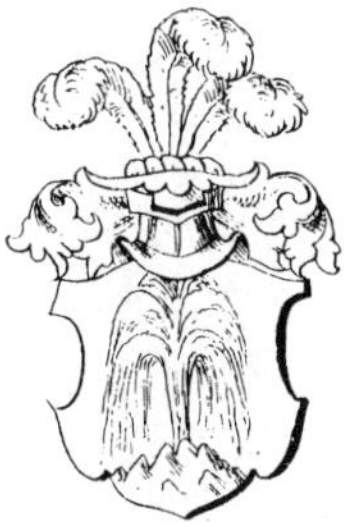

Fontaine

Calenborn

Schönborn

Brunner

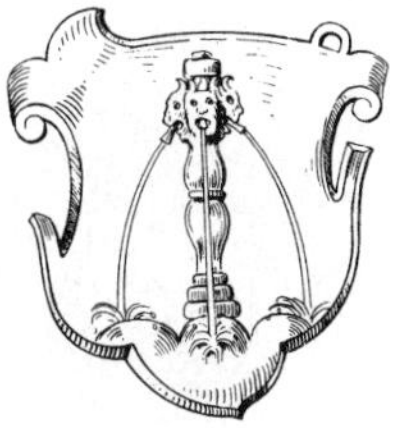

Schober

Brumm

Brunner

Börner

Ziehbrunnen

Brunner

Pruner

Bronnhöfer

Brunnenhofer

Brunner

Heidborn

Heilbrunner

Brunner

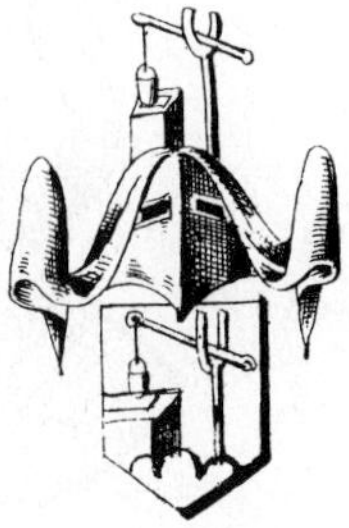

Prunner

Brunnenhäuschen

Brünnemann

Tiefbrunnen

Alborn

Pütter

Heilbrunner

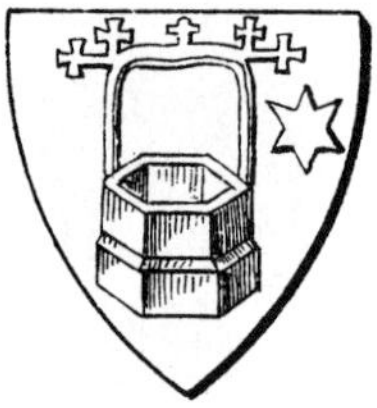

von dem Putte

Putz

Schnapsbrennerei

Röhr

Ofen, Feuerstelle

Öfelin

Luttenwang

Brandt

Bachoffen

Appel

Koler

Bachofen

Herder

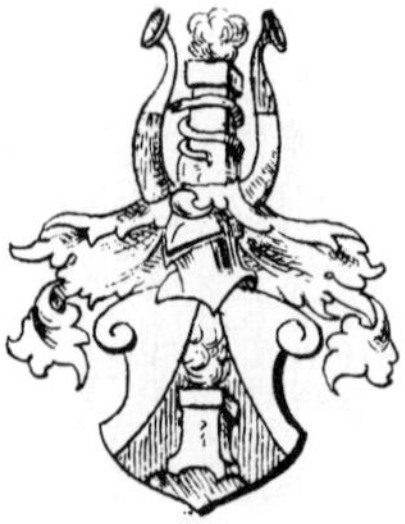

Kemenater

Gollwitzer

Sprengsatz

Tunner

Säule

Hanne

Schweitzer

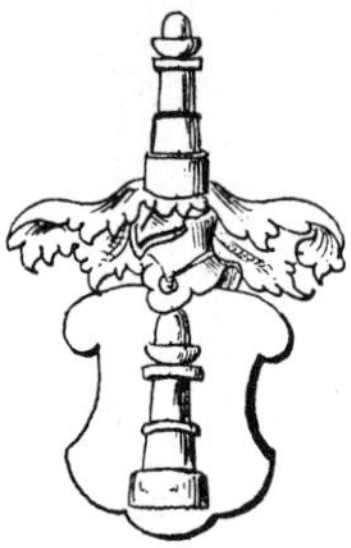

Dellinghausen

Funck

Standfest

Trüber

Heiberg

Ziemssen

Tetzloff

Andares

Reusch

Gleichmann

Reichel

Gethmann

Weber

Lamersdorf

Finis

Kühnlein

Plathner

Wigbers

Bundis

Halfpaap

Roloff

Philipp

Kugler

Zelt

Zeller

Zeller

Hüser

Hirzel

Zeltner

Fraid

Fraidt

Fraidt

Besecke

Bienenkorb

Mehlis

Bienert

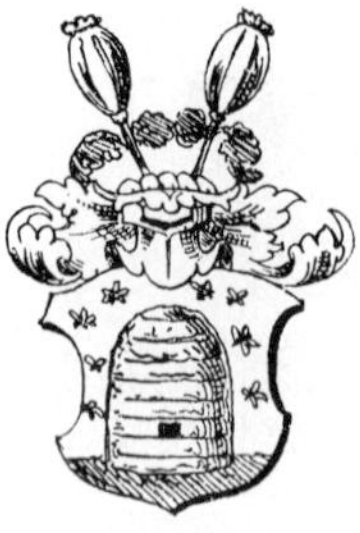

Mello

Weckherlin

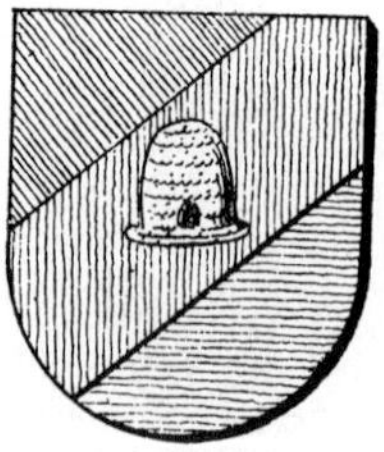

Dieckhoff

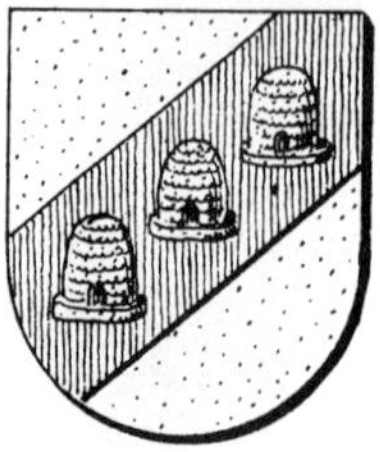

Dieckhoff

Friedlieb

Boote, Schiffe

Böthe

Vollbrecht

Achenbach

Rodemann

Schiffmann

Schiffli

Jankowski

Barkhausen

Gülich

Schiffer

Delbrück

Gebeschus

Oloff

Terne

Secker

Schiffmann

Koch

Schmitz

Schmidt

van Maack

Hollender

Schifflin

Stoffel

Wahl

Klein

Wohlfahrt

Rumpold

Cords

Hey

Johannsen

Emeke

Reuther

Fähndrich

Seegel

Meichlbeck

Wolpmann

Gehrckens

Weyer

Wolters

Kurz

Gättens

Fick

Amboß

Schmidt

Heyles

Guder

Fabricius

Hohenawer

Anker

Körner

Beier

Bestenbostel

Faber

Mairlin

Gattiker

Koch

Schuback

Schuback

Gernet

Gernet

Rüdinger

Bechtelsamer

Benndorf

Deucke

Francke

Funke

Gristede

Häberlin

Lohmann

Ludwig

Rieme

Stilke

Kell

Thomas

Wonlich

Kuskopff

Pepper

Hüttenschmid

Richter

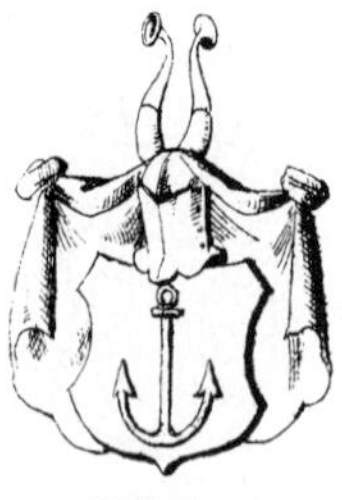
Heberlein

Davids

Bernd

Ernesti

Nicolai

Propp

Grabe

Wieseus

Hancker

Deneke

Komorowski

Salbach

Pfeifer

Pfeiffer

Kellenberg

Henkel

Niemann

Fette

Gosch

Gosch

Lüderitz

Danckert

Unbescheid

Witte

Fredebeil

Hücke

Krause

Mehlem

Weiler

Gollmann

Hansen

Begleitet

Pelloutier

Günther

Schramm

Voigt

Neumann

Neumann

Hoffmann

Hoffmann

Hoffmann

Hoffmann

Schwab

Stimler

Müller

Steffen

Bretnüz

Ernesti

Leimer

Schultz

Ludovicus

Neuhof

Schwieler

Krecke

Parisius

Ernesti

Sachse

Brinkmann

Höcker

Spede

Aumüller

Lorentz

Bugs

Schubarth

Stephan

Ulrich

Düms

Eckhold

Wenker

op dem Berge

op dem Berge

Grell

Heuer

Hurter

Wanckel

Fleischer

Schierholz

Heiss

Oheimb

Müller

Haveland

Haveland

Bechtold

Poppenberger

Osternberger

Osternperger

Schmirer

Grynaeus

Löchell

Parisius

Hoffmann

Behn

Dürr

Dürr

Lütmann

Lagowitz

Pand

Mecklenburg

Fuchs

vom Backhaus

Lingler

Gohgreve

Goygrave

Othanii

Bruel

Sauer

Edinger

Fuchs

Wirth

Vasant

Selber

Bohnen

Fischer

Zwei Anker

Petsch

Nagel

Angerer

Mithoff

Dinner

Fergen

Deutz

Kreys

Wittstruck

Carstanyen

Drei Anker

Kunau

Conovius

Briegleb

Armbrust

Pogner

Brunner

Lubkowitz

Camenzind

Schütz

Ebert

Martens

Wencker

Schütte

Basler

Schaller

Reysenleutter

Reisenleitter

Flesche

Merk

Dietschi

Schütz

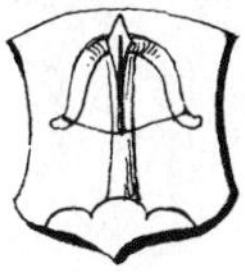
Stäheli

Hünerjäger

Boegenmecher

Kleinschrot

Seeliger

Bogen

Pögl

Maskowsky

Bogen mit Pfeil/Bolzen

Schütz

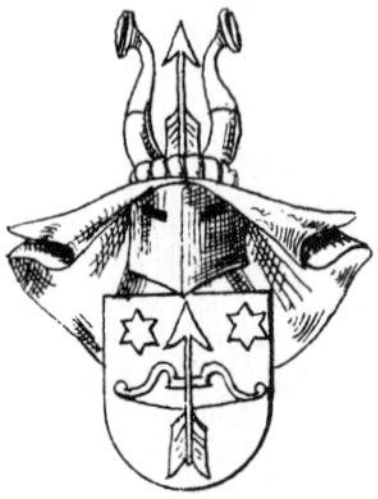
Scheller

Seliger

Schütz

Schütz

Baag

Beil

Besser

Beiler

Helm

Zimmermann

Socius

Camrer

Bartenbach

Beinhauer

Blum

Görzhain

Jaranowski

Müller

Biel

Sorger

Albrechts

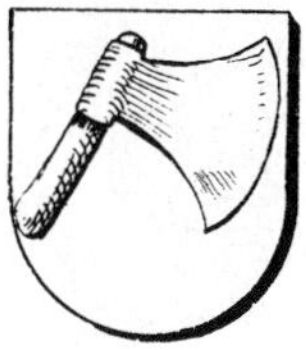
Esebeck

Evernhusen

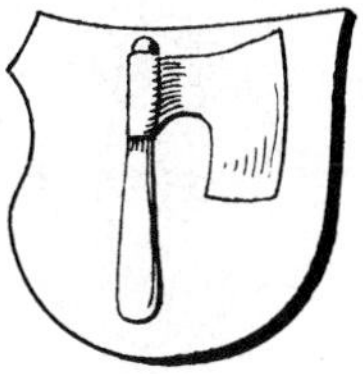
Grobecker

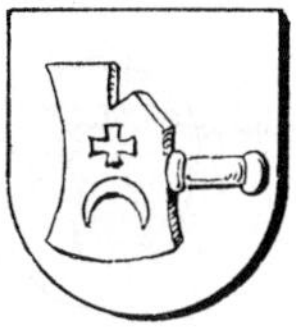
Heginer

Heverling

Holscher

Klincke

Kother

Reichard

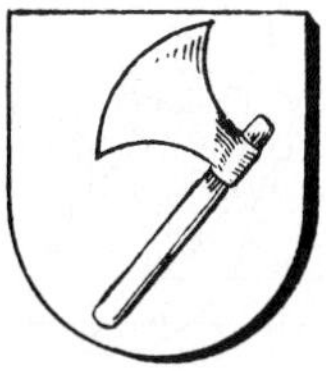
Reyndes

Schyterberg

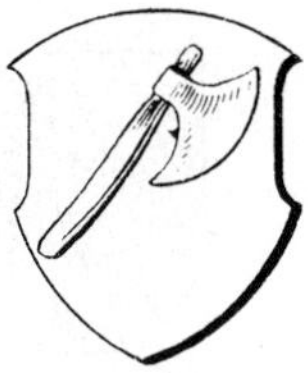
Schmitmann

Schopp

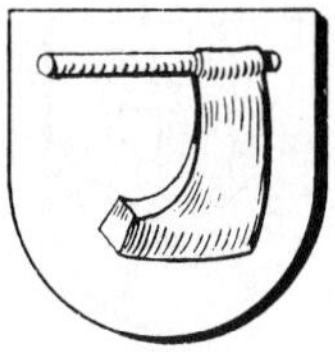
Tihoff

Teck

Steinbrüchel

Lauffer

Marburg

Axt

Behlau

Geuschel

Kluntz

Deck

Degg

Wolfhart

Harkstroh

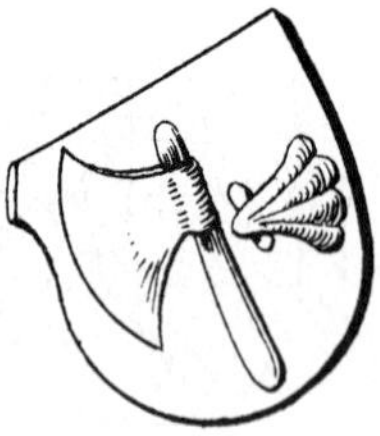

Meier

Reichard

Fürstenberg

Holthusen

Rosenstock

Ernst

Hardmeier

Bart

Abegg

Reichard

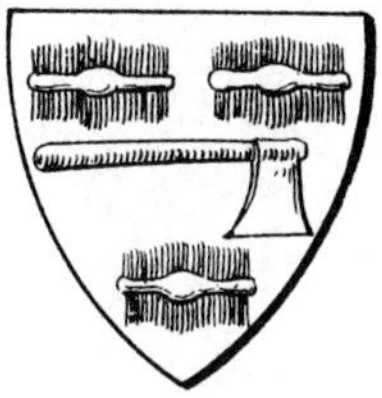

Offerkamp

Schmiedtmann

Schmiedtmann

Twernemann

Stotz

Bürkli

Spross

Bienz

Wagner

Frei

Billing

Imgarten

Schwaiger

Rinshofer

Ehrb

Körner

Öttinger

Koller

Zwei Beile

Anton

Barter

Bielau

Scheplitz

Denner

Denner

Schaper

Gfeller

Oeder

Brattler

Koehler

Deffner

Zehrer

Beham

Beyell

Gylcher

Murrer

Bartels

Axt

Haekel

Heigel

Axt

Schiller

Zenker

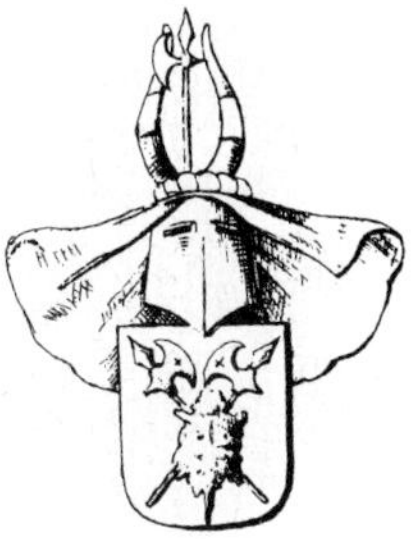
Kaltenhausser

Model

Model

Graf

Müller

Plamsch

Kappert

Waldeck

v. Kuickhoven

Schweickher

Schweickher

Schindler

Barthe

Theissen

Buch, offen

Fürst

Köster

Grimm

Hecksch

Stengel

Herr

Benthin

Hasse

Buch, geschlossen

Köhler

Brandt

Städler

Brendel

Fahrenbruch

Gehring

Boeck

Buchholz

Hammer

zum Lamme

Thalhammer

Staindecker

Richter

Faber

Schmitz

Schmidt

Begleitet

Pickher

Binder

Schmidt

Hammerbeck

Kellermann

Thomsen

Güntter

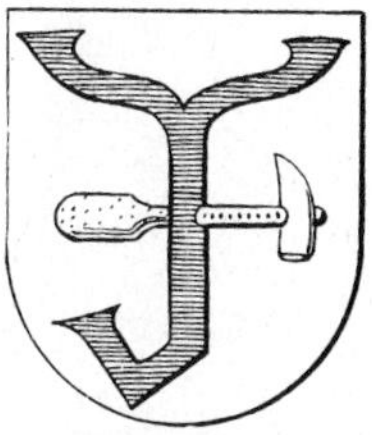
Maisteter

Wehrli

Strasser

Hill

Schwytzer

Greninger

Paur

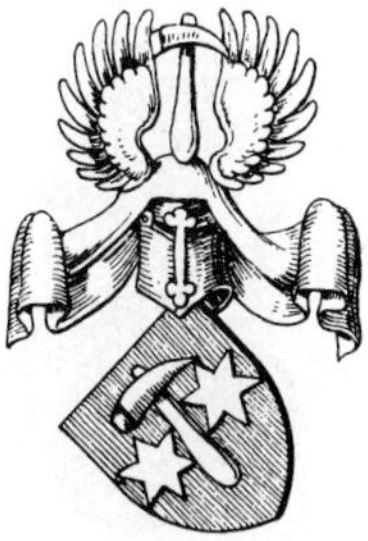
Thümmel

Thümmel

Binder

Hug

Rodel

Vette

Jahr

Steinmeister

Nagel

Hammerstein

Paulus

Thaler

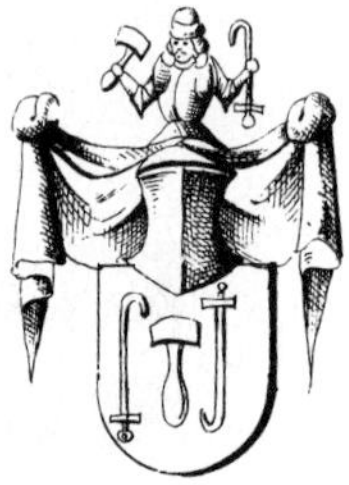
Butner

Dänicke

Zwei Hämmer

Sayler

Steinweg

Schmid

Spaether

Ottlin

Kessler

Hammer

Pilssacher

Rode

Spät

Hämer

Blankenheim

Schmidt

Pütner

Kaltenhauser

Brese

Schöller

Jornow

Weinzierl

Gerresheim

Imme

Hammerer

Schleyer

Schlegel

Küffer

Hammer

Hammerbacher

Hammerbacher

Hammerle

Flöser

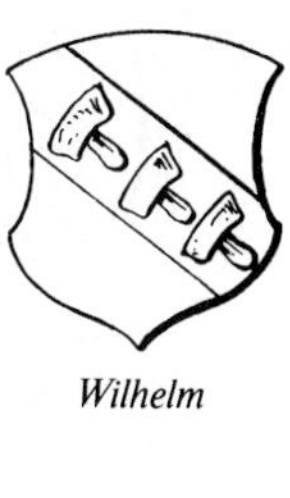

Wilhelm

Corneli

Meisterzeichen von Gmünd

Hufeisen

Halbeysen

Halbisen

Walther

Repp

Dreyer

Amberger

Schalhardt

Bischoff

Buyschoff

Vogt

Eisenberger

Dittmann

Reiseisen

Amberger

Schalhardt

Hufeisen, begleitet

Suchodolphus

Zmidzinski

Borowski

Borowski

Hawlitschke

Milewski

Orlovius

Zalewski

Rzepecki

Grünwald

Falkeisen

Falkysen

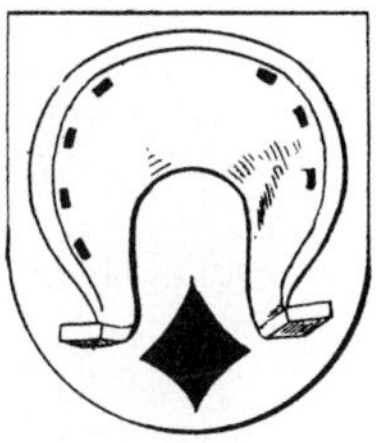
Eggelberger

Kolb

Sieber

Walther

Januszkiewicz

Lupolt

Stabrowski

Walant

Schmidt

Schmitt

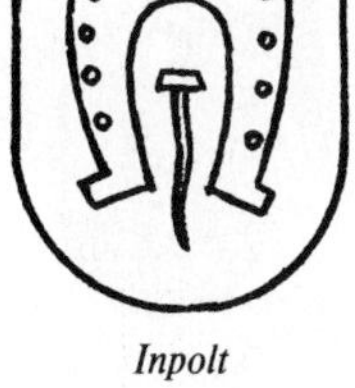
Inpolt

Meyli

Studer

Malinowski

Mauerkirchen

Obrist

Kelischowsky

Schmidt

Schmied

Albrecht

Blosfeld

Lukowski

Prabudzki

Schmidläder

Gregorovius

Rozynski

Kussler

Sniegocki

Mehrere Hufeisen

Eisenbach

Diezein

Schmidt

Schmidlein

Reichshofer

Eissner

Junckerstorff

Fabri

Schmidt

Aussem

Fabritius

Schmidt

Schmidt

Rieken

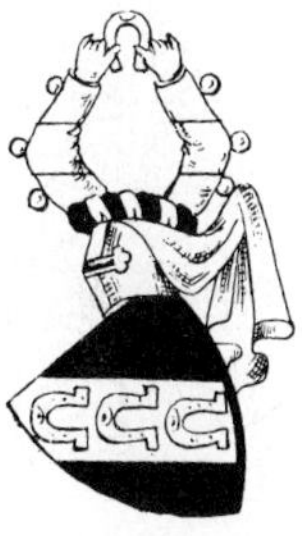
Langeysen

Hübner

Strasser

Faber

Eiseler

Lebherz

Deformiert

Kambli

Kuser

Kuser

Hadewerk

Kesselhaken

Zersch

Kessler

Baumeister

Leiter

Glimmann

Zollinger

Zimmermann

Rohner

Brucker

Keller

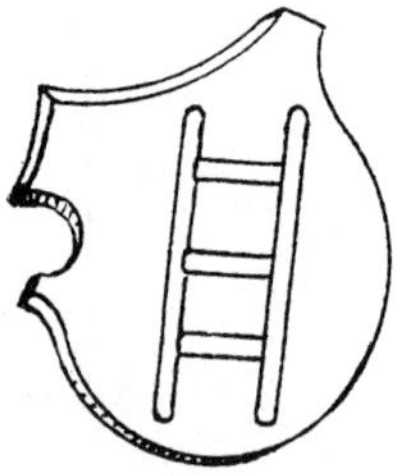
Rost

Ternes

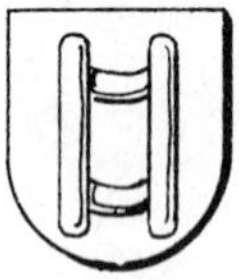
Zimmermann

Zollinger

Helling

Strauch

Schürpff

Köller

Rost

Feltens

Feltens

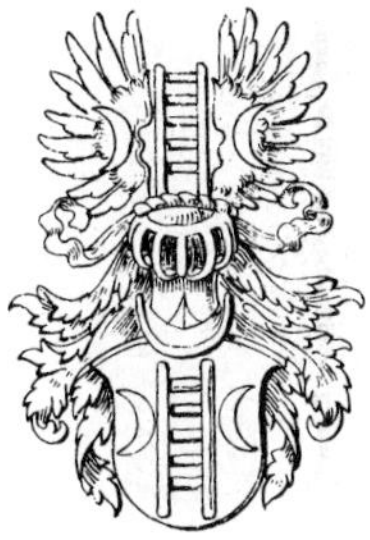
Feltens-Baerlag

Willems

Knod

Knod

Buckinck

Gradenigi

Mühleisen

Bullinger

Bullinger

Merheim

Müller

Mühleisen

Klövekorn

Pranisser

Prinz

Schleiermacher

Müller

Sommer

Müller

Federkiel

Hasseldt

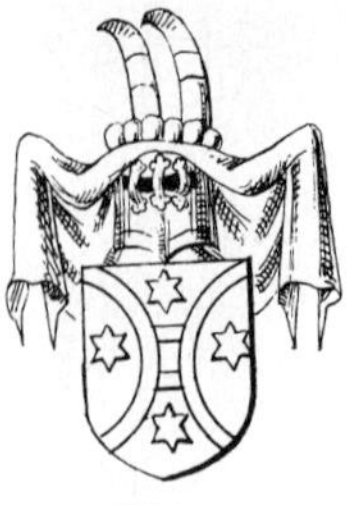
Köting

Lang

Müller

Mühleisen

Schrick

Back

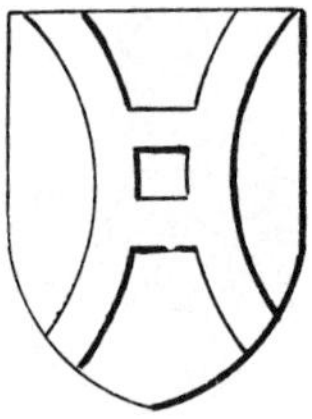
Cloetta

Faller

Fritschal

Maagh

Miller

Müleisen

Schaur

Weiß

Mehrere

Letscher

Bullinger

Ewig

Müller

Esser

Kuysten

Krumbhaar

Waldschmidt

Lockermann

Braun

Braun

Pawer

Händel

Schneider

Draep

Bauradt

Bauradt

Möller

Mülliman

Miler

Prochnow

Molitor

Rislom

Müller

Miller

Müller

Müller

Schnerrer

Sylburg

Müller

Mättig

Schwarzmüller

Basse

Erlmiller

Müller-Funk

Willich

Müllner

Behr

Gautschi

Kerling

Megger

Miller

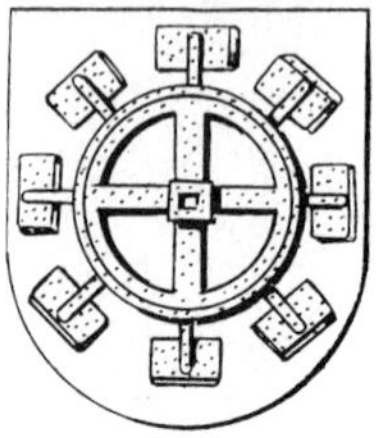
Miller

Müller

Elsinger

Möller

Teichmüller

Müller

Hager

Schnellmüller

Seiler

Miller

Begleitet

Möller

Vögeli

Müller

Anklam

Stelzmann

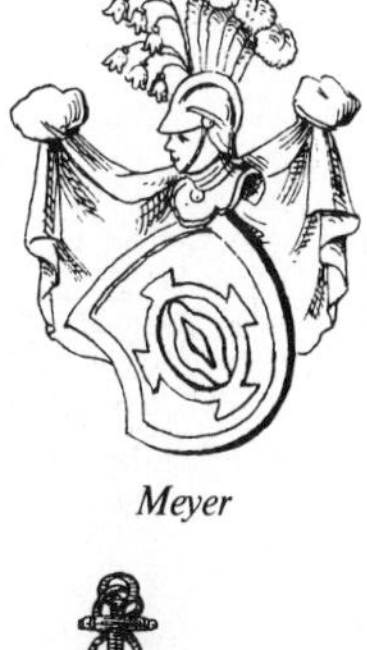

Meyer

Meyer

Brüggler

Hofmann

Hansen

Burkhardt

Miller

Mühlrath

Nossmüller

Meyer

Bernius

Leitmann

Bremer

Conradi

Müller

Junghänel

Schragmüller

Müller

Wachtschild

Hager

Müller

Wagner

Molitor

Molitor

Müller

Ofner

Volkart

Volkart

Hager

Brühschwein

Mullner

Müller

Egg

Kadig

Bossert

Pfenninger

Mylius

Mylius

Hager

Gyssling

Tiefenauer

Matter

Matter

Schmelzer

Büdeler

Schragmüller

zur Linden

Mehrere

Angermüller

Beuttenmüller

Mylaurus

Ornament

Riegelhofer

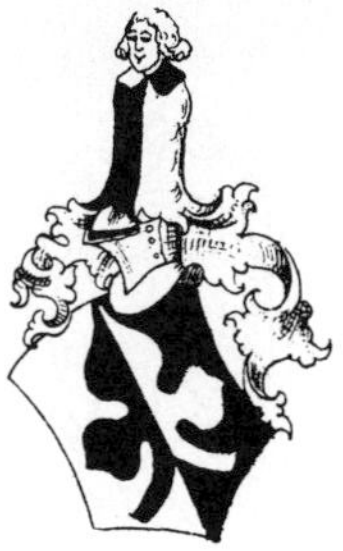
von Leer

Göringer

Endewat

Wirsung

Blank

Ein Schlüssel

Keller

Keller

Dieterich

Dietrich

von Staden

Kellner

Küster

Küster

Jablonoswski

Diderichs

Kühn

Peter

Schlüter

Reineri

Everards

Fäsi

Fritzen

Kautz

Schickenberg

Begleitet

Lange

Zerreisen

Keller

Neth

Bender

Bieneck

Bieneck

Schlosser

Schlosser

Dremel

Habersot

Nähler

Zwei Schlüssel

Tiemer

Kemmerer

Wilms

Grove

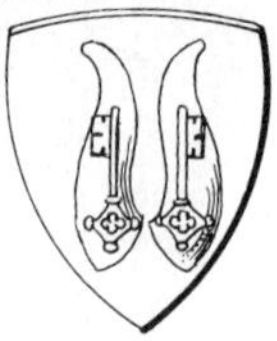
Slüters

Dittrich

Schlüsselberger

Schlüterberg

Heitzig

Barisys

Bickel

Lehmann

Schlüter

Begleitet

Dieterich

Eberhard

Walden

Becker

Schmidt

Ammann

Weriker

Dutkowski

Garze

Schertel

Drei Schlüssel

Späth

Mack

Bremen

Schwert

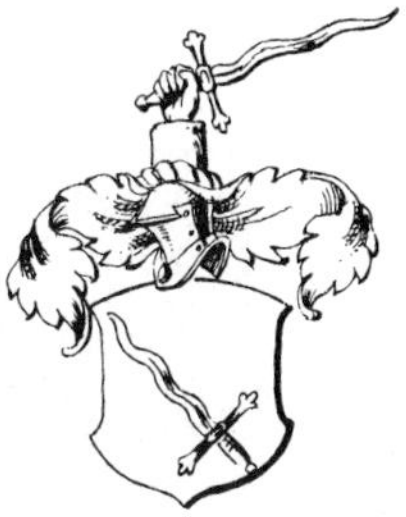

Mallmann

Schwertfürer

Schwerdtführer

Wehr

Gisler

Wenig

Weydmann

Knauff

Klinger

Deigendesch

Weidmann

Brunstermann

Scharf

Steinhart

Ecke

Degenfeld

vom Rath

Hübner

Herdegen

Begleitet

Schoechli

Sprengel

Vanselow

Brandt

Wehrli

Schwerter

Högling

Metzinger

Engelbart

Beitzke

Dallmer

Schmidt

Oppler

Pahl

Pahl

Kraft

Füger

Beelitz

Lenne

Dägen

Hültenschmidt

Meinhold

Meyer

Meyer

Guminski

Felsch

Claus

Burkhardt

Schaare

Mammen

Kuhlmann

Kussnagel

Kussnagel

Wiebe

Harms

Zwei Schwerter

Tegetmeier

Zyplinger

Lubler

Degen

Gebhard

Griessmayer

Jonasun

Gaupp

Gaupp

Mirow

Leege

Harting

Schwert

Amany

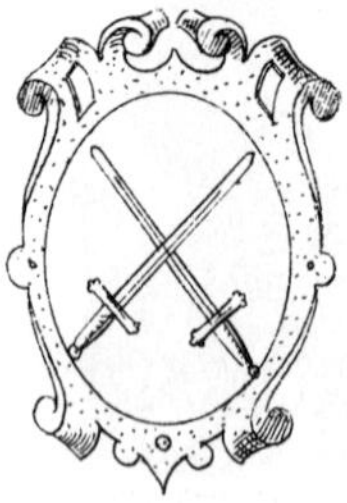
Fecht

Gebhart

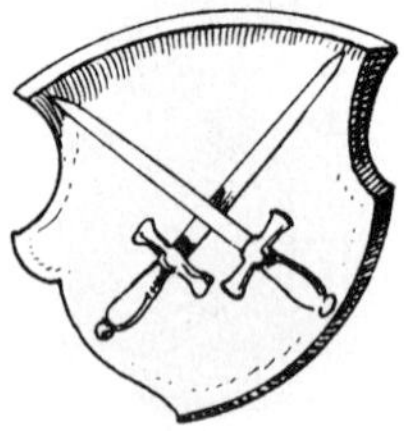
Messerschmidt

Schuster

Begleitet

Schwertt

Gebhart

Fechter

Fechter

Klingler

Hawyser

Zoller

Schwarz

Sumerer

Eisen

Krick

Weyersberg

Knibbe

Grebenitz

Sibberen

Stöckert

Thode

Clingshiern

Pustau

Schirmer

Stauch

Freybe

Scharf

Heitz

Rothe

Clingenstein

Kuhn

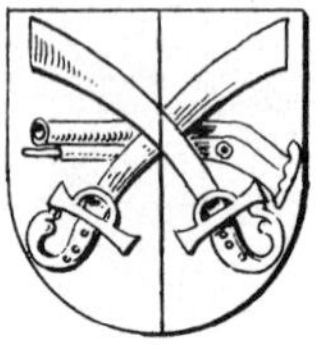

Arnold

Drei Schwerter

Spillmann

Krippendorf

Hindersin

Geldeke

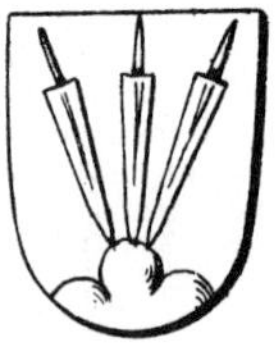

Klingler

Klingler

Klingler

Deg

Koch

Spalding

Morand

Fennitzer

Gutmann

Heyne

Liebold

Sensenklinge

Zäger

Heinichen

Büchner

Büchner

Gürchner

Proch

Scholl

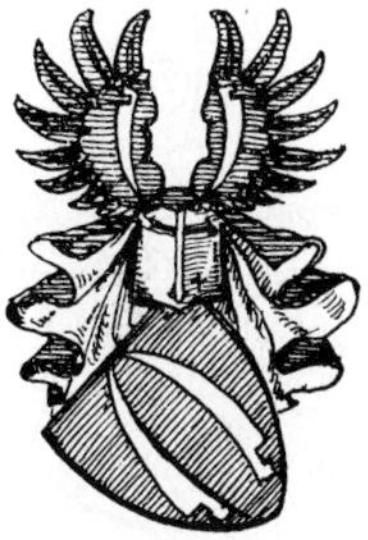

Erxleben

Strell

Meder

Jörger

Myslenta

Nissl

Meder

Preuß

Wickart

Wickart

Voges

Labhardt

Meyer

Meyer

Lang

Beissel

Agricola

Meyer

Janicki

Ganze Sense

Mäder

Blumenau

Roth

Strölein

Meyer

Meyer

Meyer

Meyer

Meyer

Ostermeier

Roth

Meyer

Ransleben

Ostermeyer

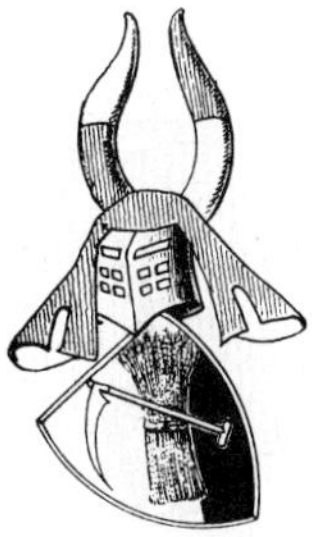

Kieckebusch

Völkel

Mehrere Sensen

Meyer

Mayer

Quitt

Marheinecke

Meier

Klingel

Wäldispuil

Meyer

Englmeier

Grosse-Dresselhaus

Meyer

Meyer

Hecht-Tangnitz

Meyer

Pregel

Schneider-Linow

Meyer

Sichel

Thumb

Lüders

Tietz

Grassmann

Begleitet

Spahn

Rübel

Nötzli

Deyle

Graser

Riem

Wydenmacher

Löhne

Lehmitz

Mrongovius

Scharffenberg

Bischof

Albrecht

Mehrere Sicheln

Schuhmacher

Stumpf

Reichart

Hepp

Heim

Scheufferer

Pfoteknecht

Lehmann

Lehmann

Lehmann

Winter

Koch

Hepp

Schneider

Schneider

Hepp

Steigbügel

Pfister

Kneyssl

Belitz

Spornberger

Pfister

Steigüber

Viether

Halbritter

Waage

Preuss

Schnall

Möller

Einweg

Medicus

Ulrich

Biedermann

Vagius

Buchbach

Krieg

Stab

Herber

Schneider

Plenk

Blankenberg

Wager

Genckhinger

Bohrer

Grün

Teuchnitz

Bischoff

Bischoff

Bischoff

Esch

Seemann

Frank

Schultheiss

Schäfer

Dorffner

Stempel

Falb

Regenfuß

Schilher

Volkart

Barth

Mastinger

Scherer

Bräm

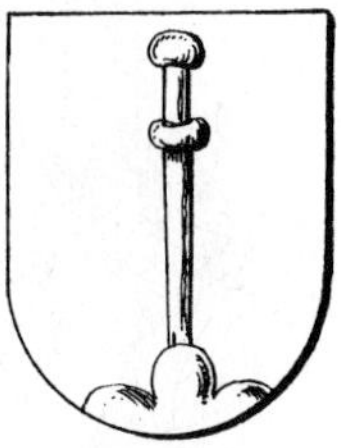

Volckart

Stab

Pfänder

Michesperger

Helmreich

Brandt

Schaiblin

Bischoff

Schille

Willrich

Aulig

Carstens

Dörner

Richter

Nesenus

Massow

Matscherneeks

Bracksieck

Claussen

Bemeleit

Zwei Stäbe

Krüppel

Haarhaus

Vogel

Ertinger

Gantner

Knuttel

Walther

Lenker

Labhart

Engelfrid

Kleffel

Barth

Keul

Schleber

Crüwell

Lenker

Locher

Pilgram

Scheu

Hagk

Koyne

Gröbel

Flörke

Schultheiss

Keulen

Schmid

Wolffart

Bart

Christian

Dorpen

Hoffmeister

Hornschuch

Krawel

Krüppel

Kolb

Keppler

Wentzel

Gutekunst

Begleitet

Schweizer

Barschuch

Wirth

Ulrich

Hirt

Schumann

Prandstetter

Lichtenberger

Schüler

Wischhaimer

Grötsch

Schriber

Klauser

Handrich

Diemand

Gevelsdorff

Heese-Golm

Breiter

Kuhlmann

Rasor

Köhler

Schriber

Köhler

Schreiber

Stoll

Thierfelder

Stisser

Schäfer

Brueder

Erythraeus

Jacobs

Schüler

Schüler

Rutger

Kaltenhauser

Schranner

Amman

Schriber

Zwei verschiedene Stäbe

Gravius

Grau

Gravius

Grau

Bischoff

Aren

Kerschdorffer

Hajen

Meermann

Dreyer

Lentz

Foch

Lasan

Grosselfinger

Heinemann

Drei Stäbe

Knevel

Bonnier

Bilger

Löpelmann

Pilgrum

Soltow

Witte

Schlegelberger

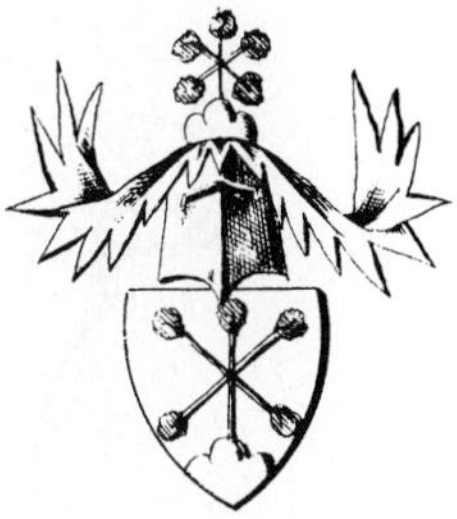
Haldolf

Herold

Hoffmann

Stäbinger

Bechtel

Böck

Duschl

Löher

Mühling

Nagel

Nagel

Nagel

Baschnagel

Hisman

Heyles

Zwei Nägel

Nagel

Negele

Weltenburger

Mehrere Nägel

Spickart

Clasen

Vogt

Nagel

Spitzer

Hubenschmid

Nagel

Dittenberger

Negl

Huefnagel

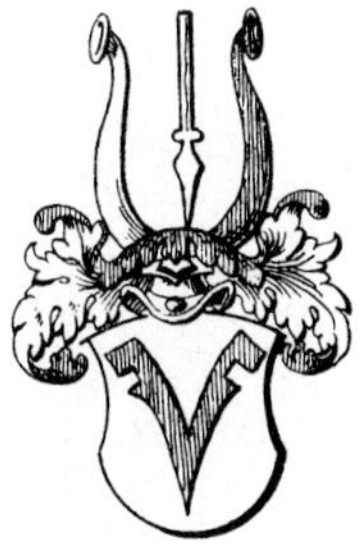
Gerth

Wirtz

Keil

Klötzl

Pahle

Falck

Keil

Klammer

Hess

Plaghal

Sievert

Fenner

Stahl

Steffan

Gieselmann

Brand

Brandt

Brandt

Fricko

Reutter

Brand

Schattauer

Pfister

Klammer, gekreuzt

Thum

Rheinländer

Schmid

Hütter

Miltz

Koch

Koch

Koch

Zwei Klammern

Iffland

Körner

Probst

Iffland

Wernher

Orth

Bremer

Gontzen

Zohren

Hopff

Spitler

Weber

Drei Klammern

Hacks

Hake

Zillesius

Plech

Blech

Stapelfeld

Lindstedt

Haack

Busch

Glitzenhirn

Vier Klammern

Dretsch

Pfeil

Müller

Mässlin

Stegmann

Vittel

Back

Ried

Kalass

Garlepow

Altikar

Adenau

Claner

Heckher

Keppel, alt

Lype

Menzinger

Rappolt

Böni

Pichl

Weickmann

Wickmann

Reichardt

Ulrich

Ulrichen

Meloner

Rauchbain

Tumbmuet

Gross

Stöckle

Stöckli

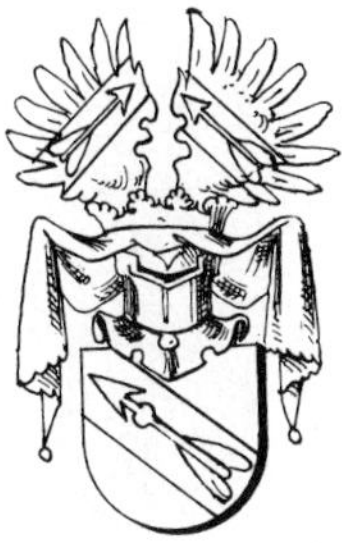
Talhamer

Deller

Hebenstreit

Rothmaler

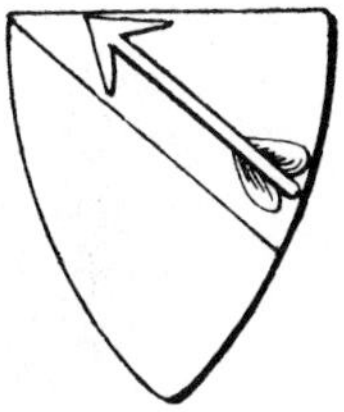
Billung

Held

Henne

Illinger

Stöcklein

Stöcklin

Villinger

Schedler

Teller

Begleitet

Grotteheimb

Trechßler

Jaworsky

Fisch

Hertel

Hegner

Falck

Kruog

Sulzberger

Gussmann

Riedlin

Zech

Trechsel

Zingel

Weddings

Kleemann

Dürr

Dietbold

Dietbold

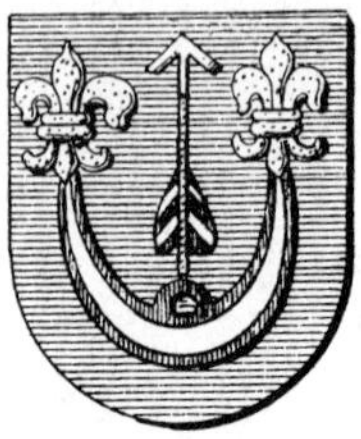
Meulndorfer

Fallenberger

Friedel

Zapf

Durheim

Schramm

Kleine

Scharff

Künell

Waraus

Reymann

Braunbehrens

Schlemm

Schlemm

Winhart

Vichtinger

Bastgen

Dietenhausen

Edler

Spöndli

Staffer

Stahl

Hasenmüller

Ernst

Rakowski

Brechtel

Treudel

Treudel

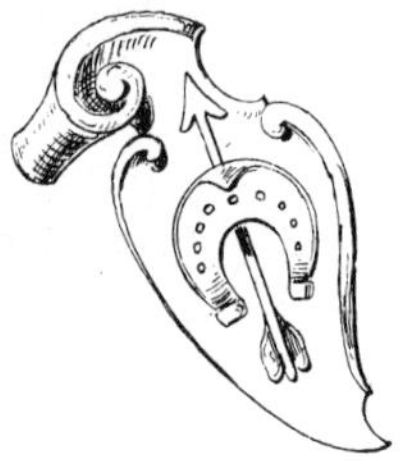
Eissler

Dörffler

Spöndli

Hollatz

Durst

Rehm

Zubrott

Thumb

Leypold

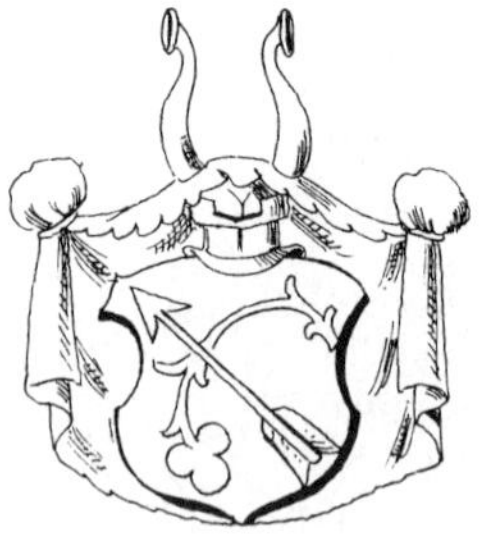
Leypold

Demleitner

Eissler

Steckler

Kristan

Schuster

Philipps

Pfeil, gekreuzt

Jans

Hausen

Spelt

Spät

Spät

Spet

Singer

Knebel

Axen

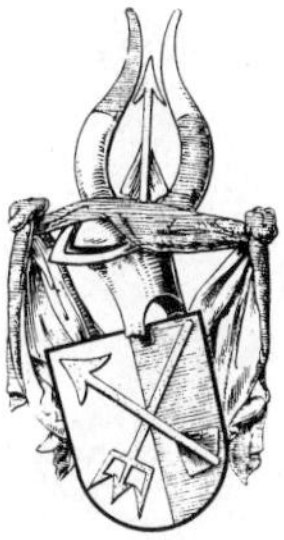

Lutteroth

Lutteroth

Allmacher

Bolen

Kanzler

Lutterodt

Hertlin

Kunn

Sehler

Schenteling

Wetter

Bünny

Ringler

Seiffe

Maler

Zeuner

Zwei Pfeile

Zehnder

Eder

Lechner

Brenneysen

Mayr

Maier

Zwei Pfeile, gekreuzt

Jansenius

Büttner

Voltz

Dilzer

Knöbel

Rauscher

Tenck

Specovius

Schabrock

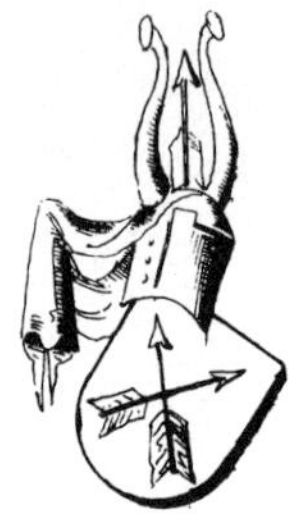

Hebenstreit

Keidel

Dolnhofer

Söldner

Strahl

Eitensheimer

Kramer

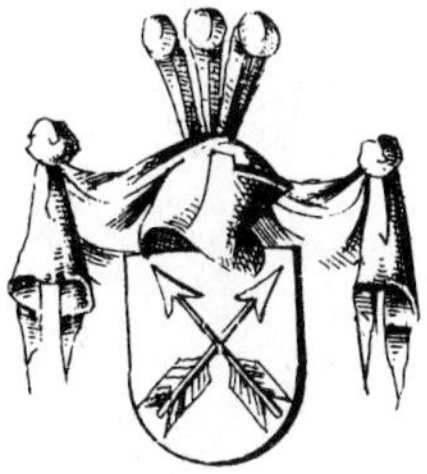
Leykauf

Pegnitzer

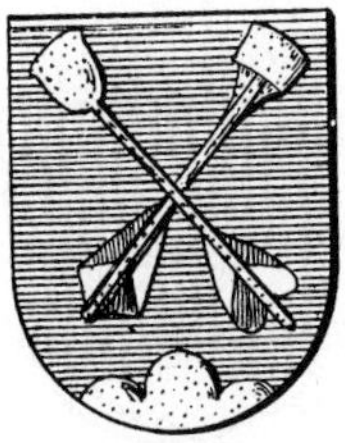
Pösch

Reineke

Resch

Begleitet

Schaum

Zülsdorf

Widmann

Ruegg

Pfeilschmidt

Wagner

Widmann

Feist

Schwan

Friederici

Schütz

Diemer

Lotz

Rückel

Roth

Schütz

Seubold

Truzettel

Fridli

Liechtenberger

Richter

Boysen

Uppmann

Wegger

Koch

Krimmel

Balthaschwyer

Naeher

Meicksner

Drei Pfeile

Liessmayr

Gelinck

Esselborn

Stralen

Abeken

Abeken

Abeken

Schultz

Kiefer

Vessler

Merk

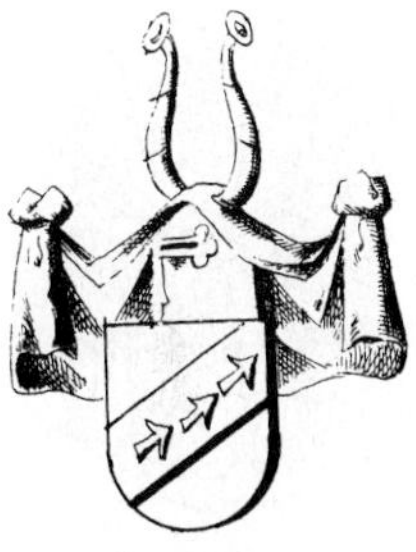

Stralunger

Merk

Strolitz

Hesse

Hemmann

Hemman

Bayer

Mandt

Kluge

Vicelius

Strahl

Kirchmayr

Remy

Piderit

Frey

Dürr

Stilke

Stilke

Weitzel

Dahlem

Eisenhofer

Vier Pfeile

Kind

Speerspitze

Zwinker

Spies

Gerland

Bernhart

Topel

Peck

Anckelmann

Spiess

Zwei Speere

Stecher

Gaupp

Unger

Wiest

Kiss

Schwytzer

Gerhard

Lanssenstill

Baumann

Barschuch

Kolb

Lencker

Lencker

Kulemann

Kolb

Kolb

Kule

Steding

Kausemann

Wedel

Hagen

v. d. Hoye

Nunner

Elbring

Bürstli

Weyh

Kolb

Geswindubel

Quast

Rese

Hildesheim

Bartl

Wessel

Krawell

Fackel

Brandt

Brandt

Prenner

Ziehme

Schapranz

Finckhelthusius

Hinricking

Flamm

Sailer

Licht, Leuchter

Licht

Vilmar

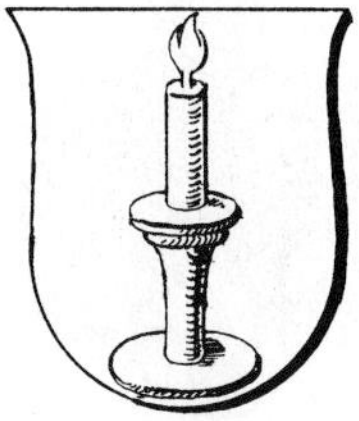
Hickmann

Brenner-Joos

Bonnet

Volckmann

Mammitsch

Knäppeler

Lampadius

Lampe

Schaufel

Scharmann

Georgi

Lange

Bauer

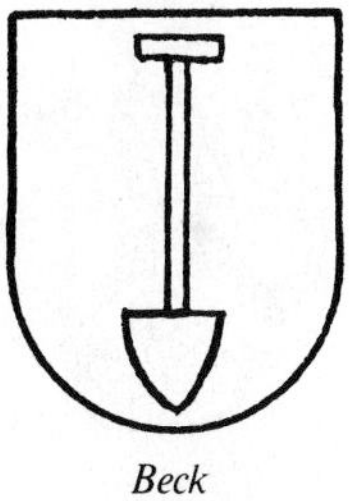
Beck

Scharlapaur

Schäufelin

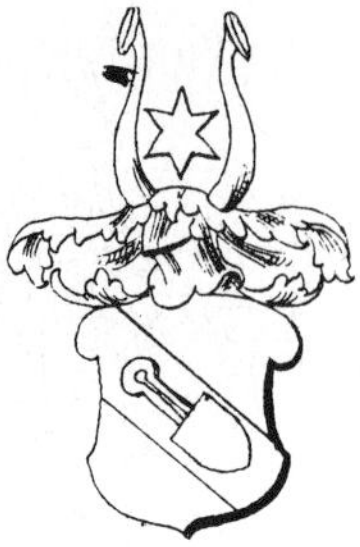
Schacher

Baggenstoss

Huber

Kham

Stuben

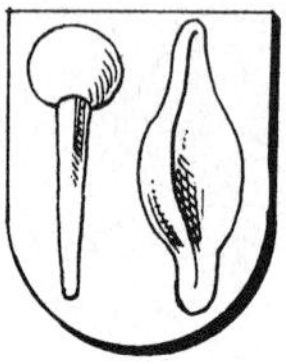
Buchennas

Brockmann

Mehrere Schaufeln

Gelder

Scholl

Schwamberger

Scheufler

Kockerols

Buschler

Puschler

Scheiffele

Hochfelder

Erkel

Scheuffelhut

Tengler

Pröll

Prell

Moch

Ruder, Bootshaken

Frey

Petermann

Schütz

Angil

Rauscher

Münch

Hedinger

Bertschinger

Waser

Waser

Schellart

Fischer

Rhüede

Hacke, Haken

Radefeld

Keylhau

Kaes

Reuter

Alber

Reuter

Haack

Iphofen

Ipfhofen

Frickh

Myller

Heigel

Sidelmann

Flaiser

Hille

Nathan

Rechtern

Begleitet

Eckhart

Kägi

Schreiber

Wahl

Drexel

Drexel

Tödt

Schmidt

König

Vischer

Ziessler

Rothenfelder (Ratvelder)

Rothenfelder (Günther)

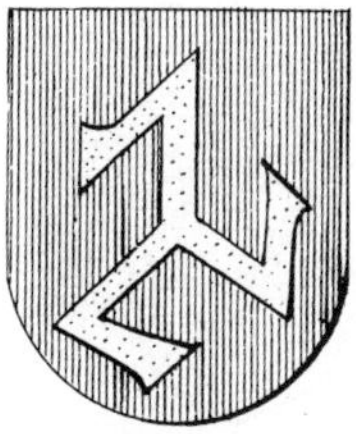

Scheittenberger

Messerschmid

Wieland

Haken

Hacker

Westarff

Berchem

Tuchscherer

Kelle, Löffel

Sartorius

Koch

Reber

Kegel

Seyfried

Kelner

Pfann

Magyrus

Dulliker

Pfannenstiel

Dickemann

Maurer

Gabel

Gabler

Nölle (Nülle)

Brewer

Gabler

Meyer

Glötzener

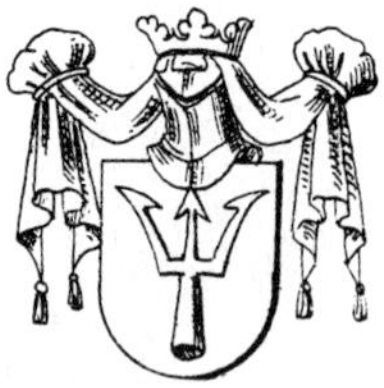

Pfeffel

Gabler

Gabler

Anwandter

Höwer

Reibeisen

Patge

Ribeisen

Kegel

Stempel

Wehn

Breidenstein

Dubbruner

Spadenbeck

Rechen

Vischer

Rech

Herzog

Reichardt

Höwer

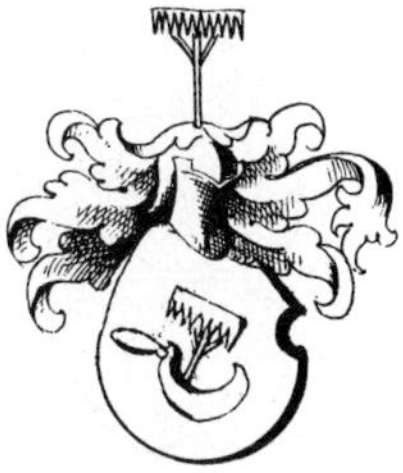

Hayn

Krezer

Ropnack

Wietzendorf

Meiners

Reichard

Herzog

Dreschflegel

Troesch

Agricola

Kolb

Baling

Drisch

Heidegger

Schulze

Reichard

Seilerhaken

Lohner

Lad

Seyler

Seyler

Seyler

Schurter

Seiler

Hindermeister

Fahne

Frommann

Mioduski

Erberhard

Ostermann

Herold

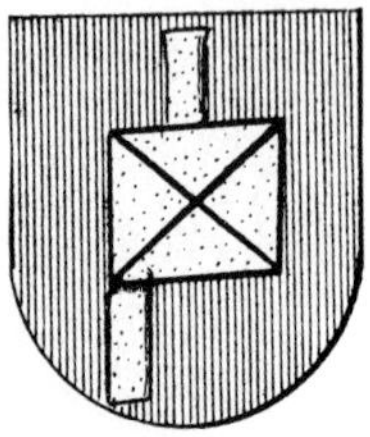

Tochtermann

Schwyger

Dinst

Dienst

Jordis

Vackwiller

Marquart

Sanne

Knoodt

Knodt

Knod

Angelhaken

Wyss

Zuger

Federangler

Hackmann

Gundel

Halfius

Helltaler

Jaghafft

Riem

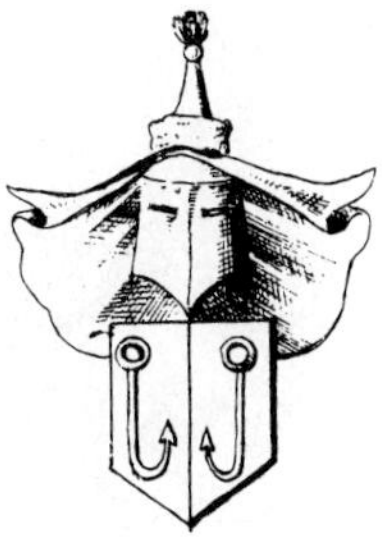

Anger

Michaelis

Vischer

Joch

Mundbach

Kessler

Knieps

Walschborn

Heinserlin

Kronbiegel gen. Collenbusch

Vischer

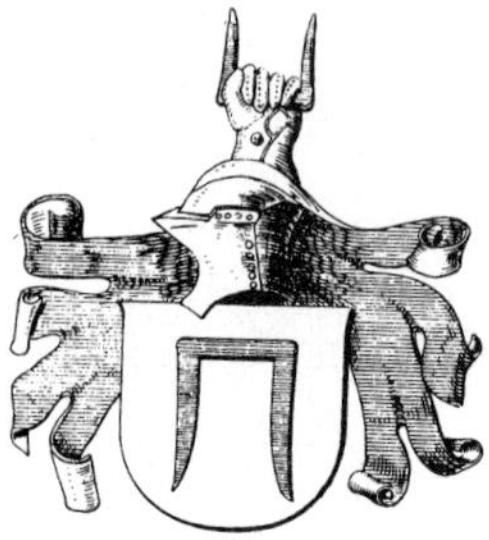
Schwann

Jugler

Luz

Plast

Ripenhausen

Rupp

Bügler

Wal

Damerony

Eisen

Zinkgräff

Zinkgräff

Riffenschael

Brünninghausen

Kette

Schneider

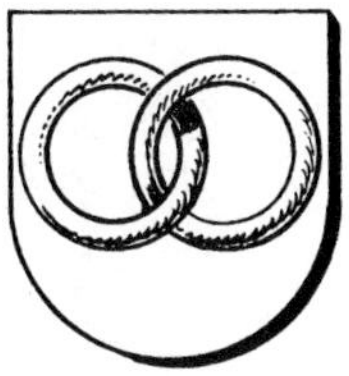

Tifer

Schopper

Eschmann

Diepenbeck

Smeburg

Harnister

Bönhoff

Rudolff

Heinz

Harnister

Ziegenbein

Hülpe

Horbalt

Vorhängeschloß

Ketterle

Schlutius

Schnüre, Knoten, Schleife

Cordier

Nestler

Olnhausen

Zweifel

Zweifel

Reepen

Voltz

Lachmann

Jarre

Seidendorf

Niescher

Ganitzer

Walch

Knorreus

de Licht

Salpeter

Berth

Zulauf

Zepff

Scheibe, Kugel

Herber

Herber

Düren

Rodt

Petter

Kühne

Schinep

Marquardt

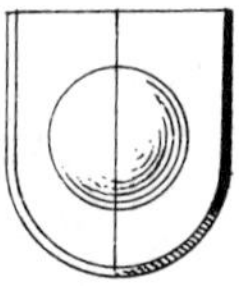
Wedemann

Zeiss

Koberger

Hiersching

Zwei Scheiben

Gluck

Bosshart

Scheibe

Scheibe

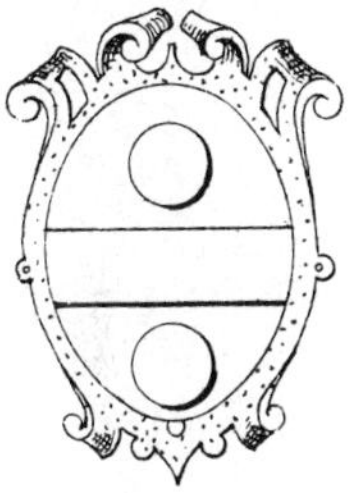
Angermüller

Cichino

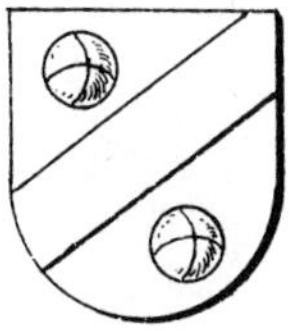
Schlatter

Romswinkel

Schlatter

Dorls

Freiberger

Drei Scheiben

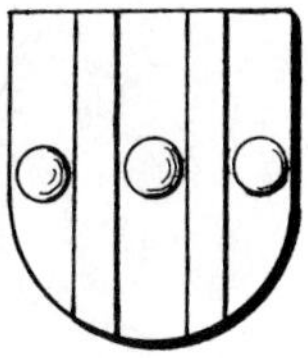
Zülich

Murer

Murer

Enderlin

Engels

Balthasar

Seeber

Velder

Lerender

Landauer

Stoller

Wolmaier

Dreyer

Niball

Baldenius

Köttel

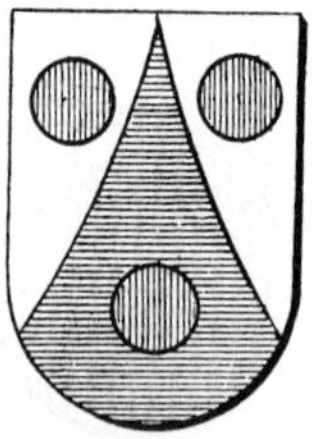
Rotscheub

Schöttler

Hiller

Vetter

Korten

Bauer

Egger

Frickh

Freiberger

Zeller

Strecker

Melchers

Diehle

Steiner

Kügler

Ball

Packenius

Dieze

Locher

Reyhing

Stiehl

Hauslaib

Haussleib

Pfeffer

Nöttel

Duitz

Friedrich

Paracelsus

Rauh

Lagemann

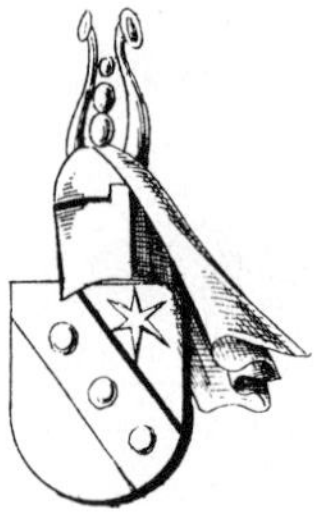

Körner

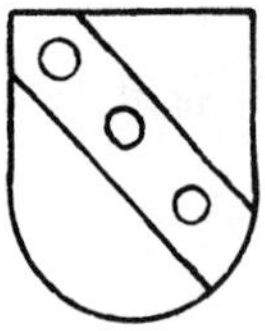

Berniger

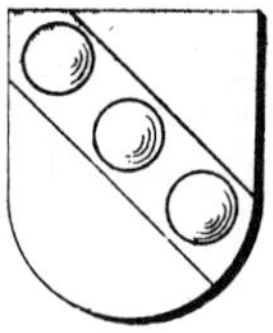

Frederich

Gartzweiler

zur Hecken

Murer

Ossendorf

Kloeben

Poss

Zimmermann

Wietfeldt

Schorn

Cloodt

Helling

Boss

Heller

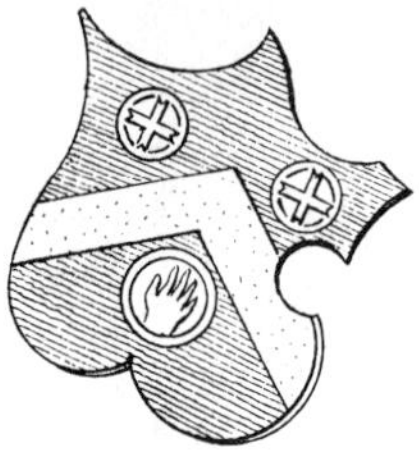

Heller

Bourel

Boës

Axter

Fabri

Cramer

Vier Scheiben

Sembler

Polle

Christiani

Eigenbrodt

Koxen

Viele Scheiben

Lede

Müller

Steffen

Schlenker

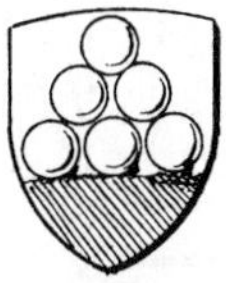
Schoch

Schellenberg

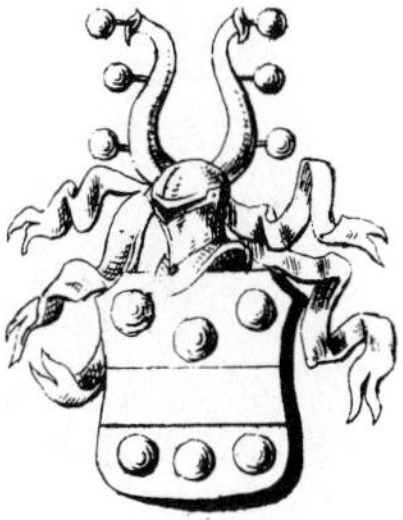
Schäl

Schael

Bär

Klövekorn

Lehmus

Schön

Stoffregen

Reif

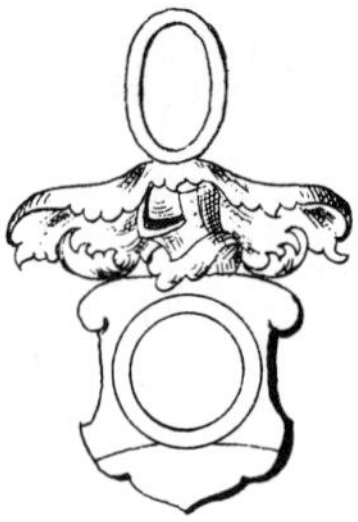

Reiffli

Ringler

Zwingli

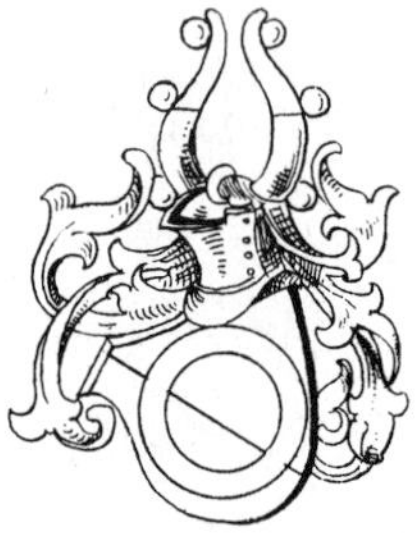

Gollenhofer

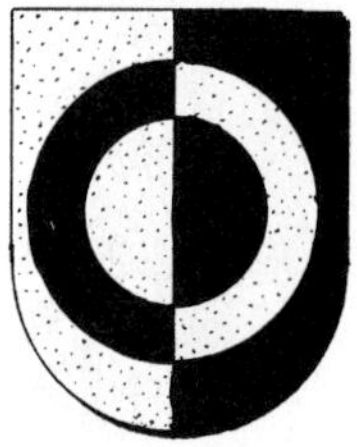

Ziegler

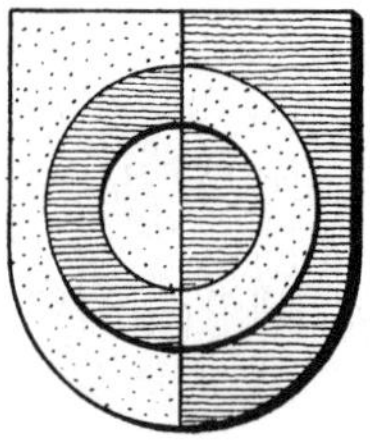

Hundertpfund

Eschmann

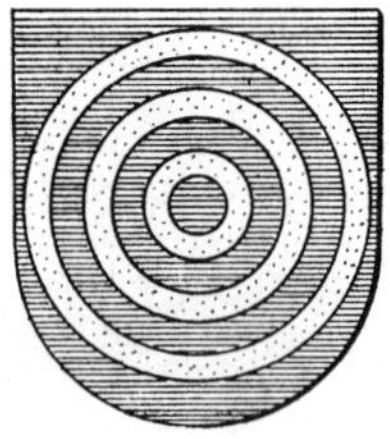

Walther

Smaller

Oeschey

Tripscher

Braun

Batzner

Glättli

Künher

Kunherr

Schumacher

Puck

Zwei Reifen

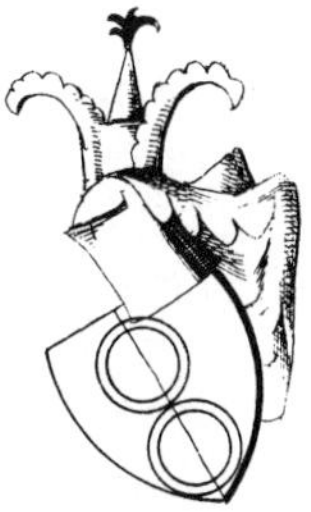

Daucher

Nittl

Reitnauer

Glim

Herrmann

Scheuchzer

Kreis

Goldbach

Ringholz

Simmet

Drei Reifen

Molitor

Ringler

Reifschneider

Kille

Peter

Harnister

Wibel

Wibel

Götzke

Hansen

Burggraf

Wigeringk

Rittel

Fassbind

Heintz

Fassbind

Winthen

Reuning

Geller

Ringler

Ringler

von der Becken

Ringer

Viele Reifen

Silberbortt

Franz

Erythraeus

Anekoms

Dillier

Hussong

Werber

Deformierte Reifen

Keretz

Vogel

Hornberg

Fingerring

Ringelstorffer

Weihmann

Ringelstein

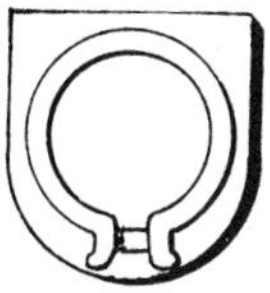

Seyler

Hehla

Eichele

von der Walen

Mehrere Fingerringe

Gering

Kamphus

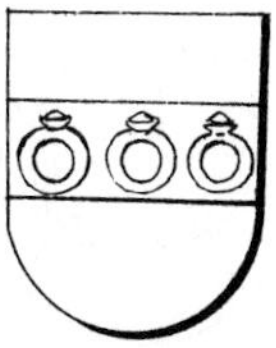

Dimant

Frech

Bering

Pantzer

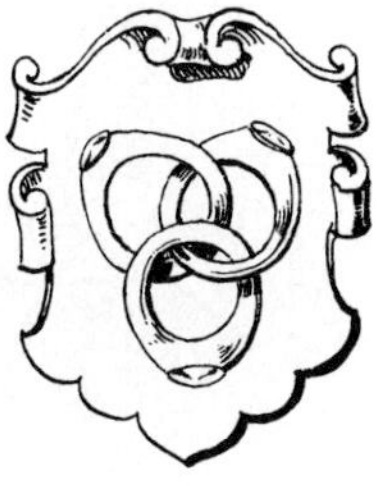

Lessing

Simon

Peinemann

Mühlstein

Pfeiffle

Cleiner

Müller-Freiberg

Müllner

Steimüllner

von der Muel

Meissner

Müller

Hübscher

Steger

Steger

Brandtmüller

Kilianstein

Müllensteiner

Moller

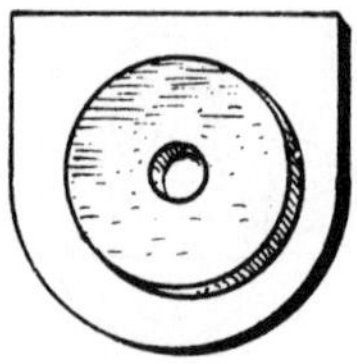
Müller

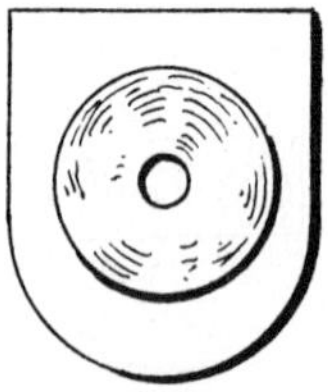
Scheibli

Urmiller

Reibenstein

Römer

Arira

Reichsapfel

Landsmann

von Werlen

Heckel

Nydeggen

Brunnemann

Gulden

Österreicher

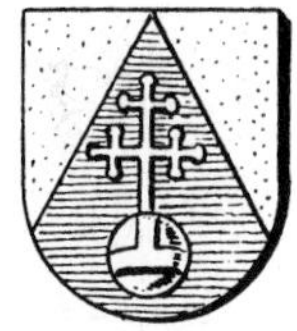

Österreicher

Diersdorff

Ühlinger

Schmid

Schmid

Strymacher

de Ball

Wehrkamp

Hausen

Hofer

Pregizer

Granate

Küffer

Schmeidler

Ein Rad

Wagner

Rüdinger

Scherringer

Welper

Welper

Schneider

Wagner

Wageningen

Wirt

Erfurt

Stainmüller

Steding

Zendel

Peyr

Rampp

Röder

Gailkirchner

Raadt

Instöcken

Begleitet

Gerning

Bamberger

Kauffmann

Frielinghaus

Raidl

Schubinski

Wagner

Radmann

Hemme

Stein

Erensberger

Zwei Räder

Bieger

Wöllner

Reibel

Wegele

Wagenstarch

Mehrere Räder

Radermacher

Wehner

Halbes Rad

Fölkel

Wagner

Thumtaler

Preul

Wagner

Eberhard

Kolreuther

Kolreuter

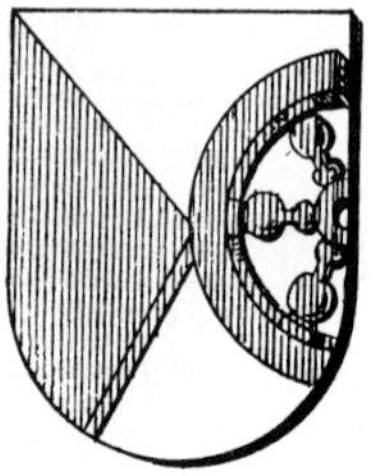
Radnecker

Pfister

Fladt

Radfelge

Dorsch

Stück

Pflug

Petersen

Georgi

vam Kroghe

Pries

Otzen

Fitschen

Trüb

Willemer

Schubkarren

Ludolff

Backwerk

Stempel

Schomann

Semler

Beck

Höffer

Katzenberger

Kemmerer

Küster

Rim

Stumpf

Ziemermann

Waller

Beck

Beck

Beck

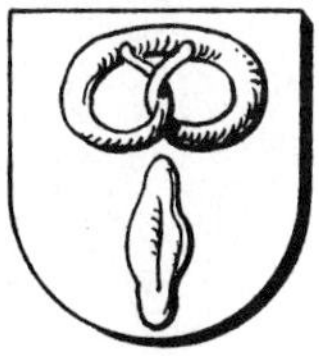

Klotten

Sauer

Sturm

Beck

Kindler

Beck

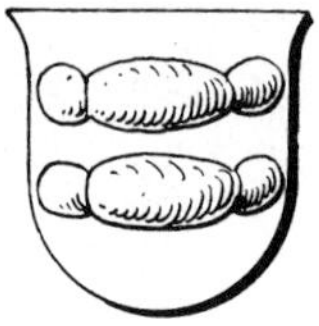
Becker

Fötzer

Peckh

Feuchtweck

Benzler

Schmalzer

Semler

Barssen

Barssen

Lenen

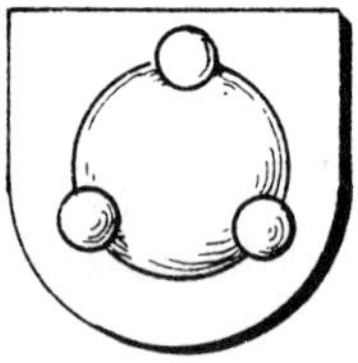
Roloves

Dormann

Barssen

Weberschiffchen

Leidner

Leidner

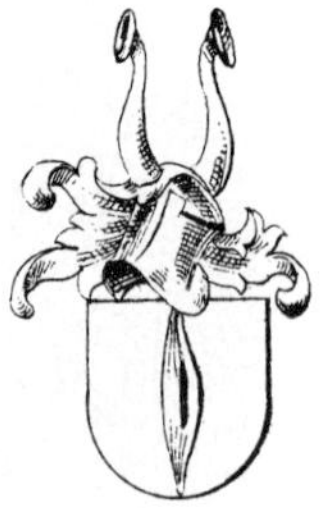
Weber

Zörnlein

Schleiermacher

Schwarzgräber

Weber

Drucker

Weber

Sahlender

Textor

Wollenweber

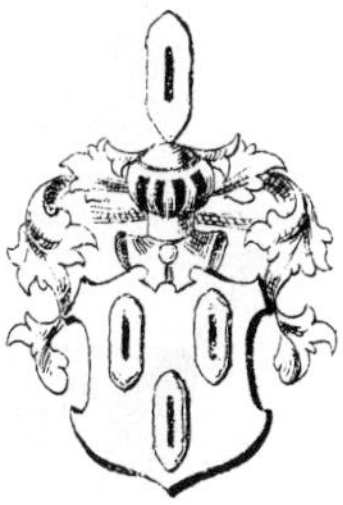

Cappel

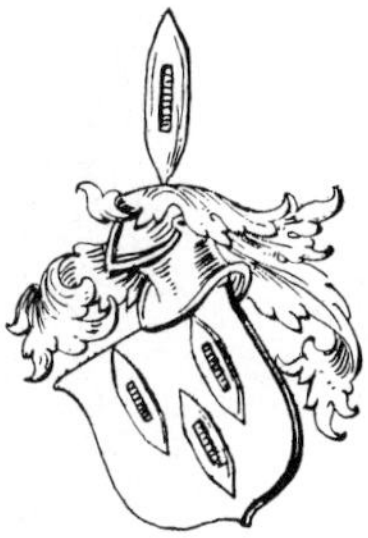

Cappel

Schild

Breidenstein

Spindel

Spinner

Weissbach

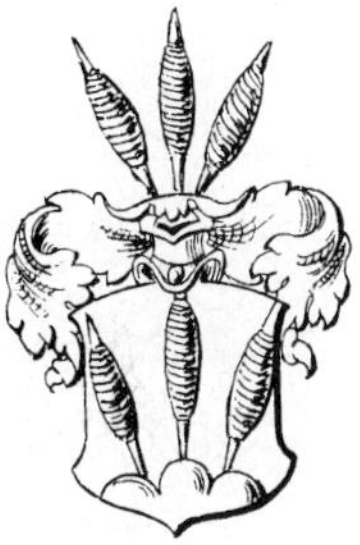

Spiller

ter Meer

Dreieck, Spickel

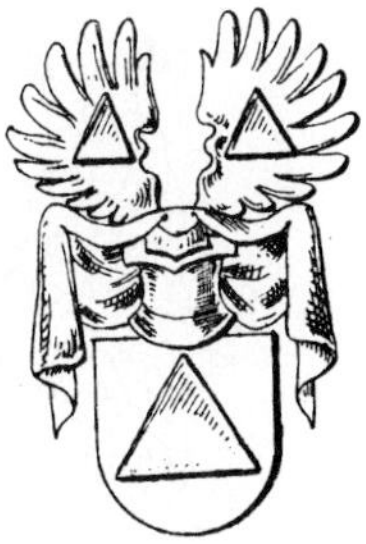

Knab

Abegg

Abegg

Alynga

Scheid

Scheid

Wirz

Speidel

Ernst

Kiesling

Bauhofer

Knüsli

Werner

Zeissolf

Hilchen

Husung

Buschdorf

Spinter

Balthassar

Dunker

Schwolla

Bötker

Ulner

New

Fritschal

Findeisen

Agricola

Agricola

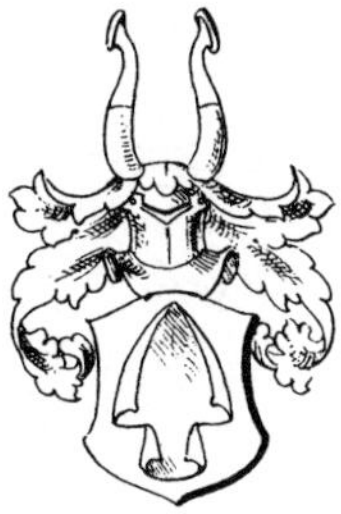
Bauwhoff

Kiesel

Riehl

Bührer

Hueber

Köller

Wagenmann

Wirsching

Schilling

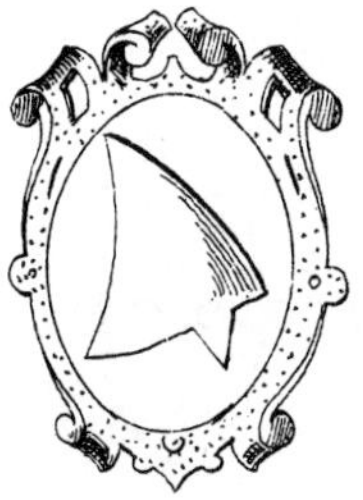
Kaufmann

Laudenberger

von Werta

Techtermann

Holdermeyer

Oest

Schlackhwein

Trüb

Becker

Haun

Scha(a)re

von Werd

Belegt

Stolz

Seltzen

die Seltzen

Bergholz

Zubler

Scheffelenz

Begleitet

Schumann

Buloth

Leimbacher

Wegmann

Freyermut

Lang

Lang

Baumeister

Fintelmann

Rulf

Rembert

Haidenreich

Haidenreich

Träber

Beber

Binggeli

Wethli

Greverade

Braun

Kissling

Kissling

Bantli

Röllich/Röllig

König

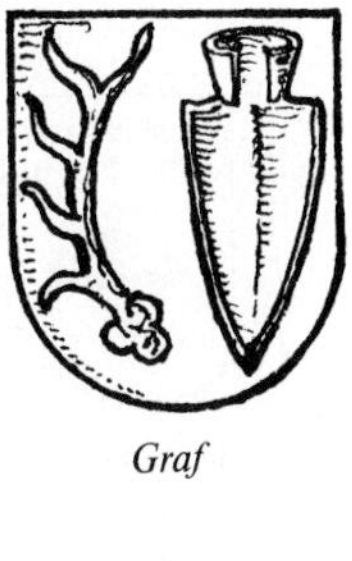

Graf

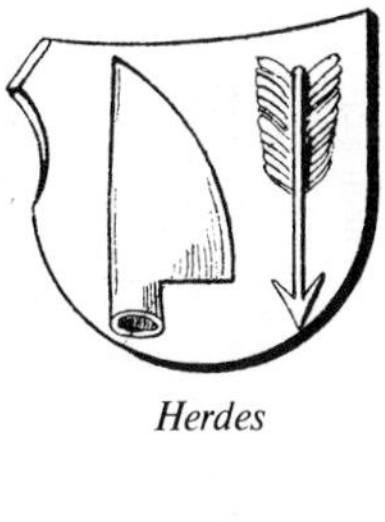

Herdes

Beirlin

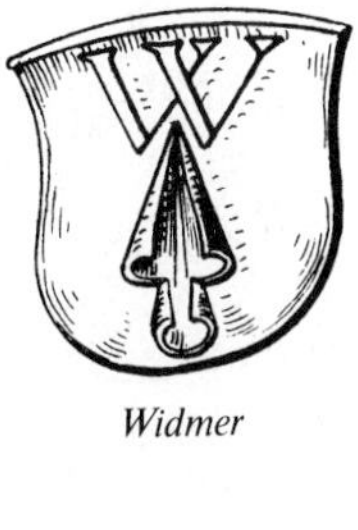

Widmer

Zwei Pflugscharen

Mayer

Mayer

Mantz

Mantz

Drei Pflugscharen

Trüb

Bauer

Stiebler

Stiebler

Egerer

Bauwr

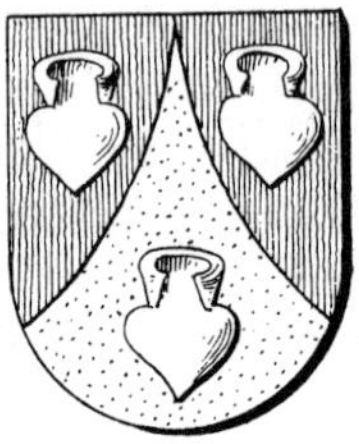
Dietz

Bedau

Kürrmann

Wisenhauer

Welcker

Maurer

Jugett

Jugett

Winkel(maß)

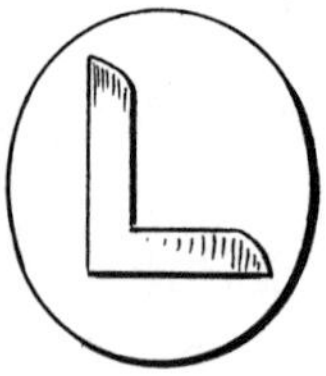
Emert

Keufeler

Wiler

Siegfried

Hilspach

Winkelmann

Winckhler

Winkelmann

Weber

Michel

Widenmann

Scheirlin

Winkelmann

Horner

Horner

Zwei Winkel

Zschocke

Steinmetz

Winkelmann

Viereck (Schindeln)

Stein

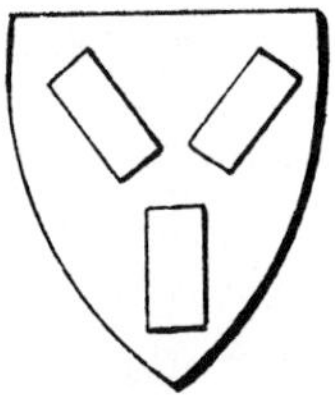

Stohler

Warkentien

Gaedecke

Brief

Schildchen

Schilt

Woieck

Pototschnig

Herder

Pyl

Ludwig

Stolle

Schildknecht

Wreen

Caspari

Maler

Schildt

Velckl

Schilde

Moller

Schildl

Knus

Horneck

Ziegler

Schiltl

Roick

Ziegler

Ithen

Ithen

Moterer

Würfel

Lobstein

Loser

Gewichte

Syassen

Hundertpfund

Pentagramm

Ziegler

Nürnberger

Soeter

Meyer

Pütter

Scriver

Hotz

Schultz

Wieser

Umbscheiden

Umbescheiden

Unbescheiden

Jagenberg

Zerbst

Corneli I

Hexagramm

Bertsche

Matthes

Mar

Mattheis

Höchel

Kuchenbecker

Krämer

Trier

Trier

Werder

Tholde

Deber

Rahmen

Stein

Eidurff

du Rosey

Rothenfelder

Rothenfelder (Ratvelder)

Rothenfelder (Ratfelder)

Glaßmann

Thomas

Berkmiller

Schmid

Triselmann

Ziegel(form)

Gordon

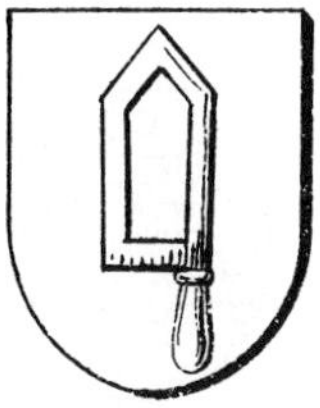

Ringger

Wiesendanger

Meyer

Schneider

Schnider

Däniker

Egge

Egen

Eglinger

Eglinger

Held (Hellt)

Egen

Eggerß (Eggerss)

Eckers

Eckers

Egger

Kol

Geelen

Eggert

Eggert

Koll

Ecker

Eglinger

Rost, Bratrost

Laurenz

Resch

Lorenz

Sieb

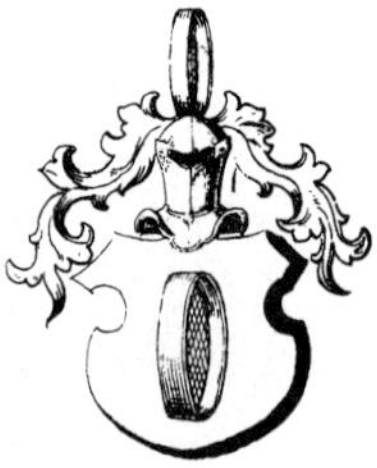

Siebmacher

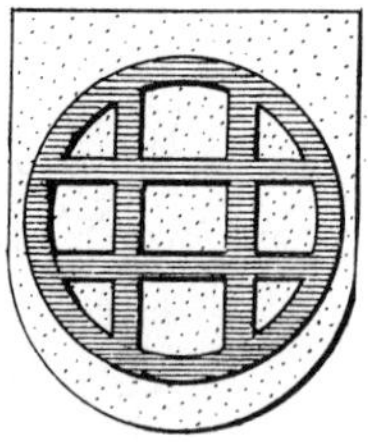

Siber

Sieber

Siber

Möbel

Kestner

Kestner

Castner

Schachner

Schachner

Rike

Tisch

Seyler

Crowel

Morneweck

Krippe

Kripp

Stuhl

Stühlinger

Sella

Kissen

Pfister

Sattel

Ulrich

Schachfigur

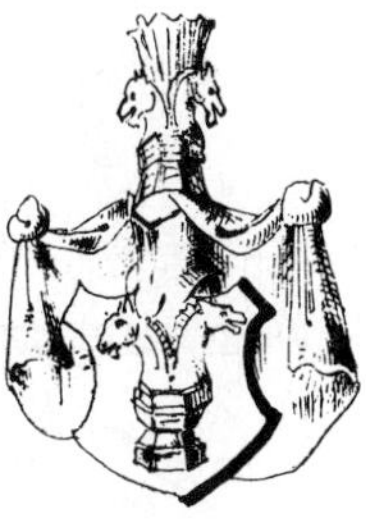

Oberkircher

Rohrmann

Polster

Gollhuter

zum Lufft

Sternmuster, Lilienhaspel

Buck

Buc

Hauptmann

Langforth

Behnisch

Behnisch

Bock in Pont

Berkmüller

Schnitzer

Lentzen

Schele

Hammes

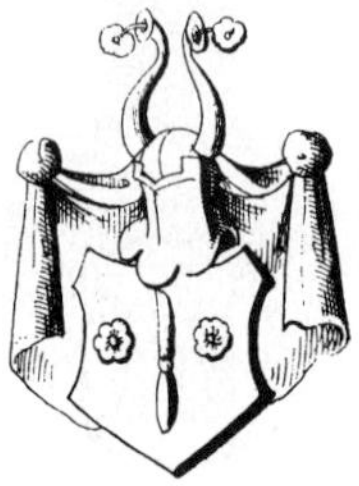
Messerschmid

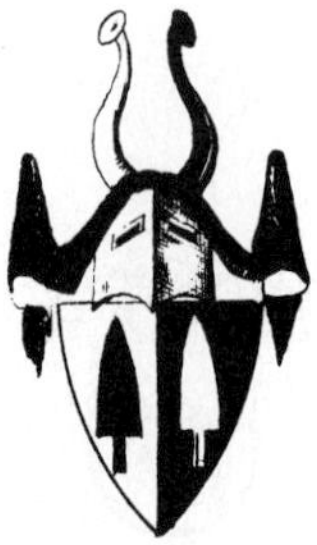
Hochstätter

Steker

Sleker

Riemschneider

Schneider

Langerfeldt

Wullschleger

Glenter

Hänsler

Lingler

Lederer

Lederer

Meder

Täger

Beeli

Ritter

Brechenmacher

Billeb

Gisler

Seltzer

Säge

Segerer

Sager

Seger

Simon

Seeger

Rischauner

Züssel

Foltz-Eberle

Igl

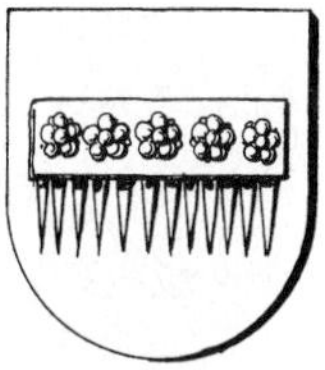

Kopp

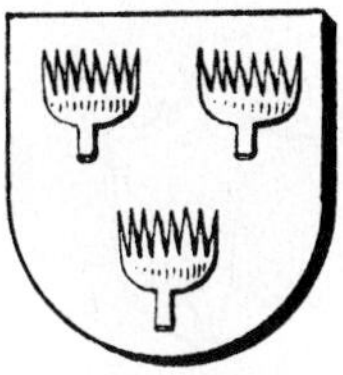

Schloesgen

Schere

Luitten

Schneider

Schneider

Dithmar

Englhart

Münnich

Münnich

Edelstein

Guntlichs

Sury

Braune

Schneider

Scherer

Schweigert

Scheeres

Hürlimann

Hüvelmann

Meinboldt

Hintertor

Tuchscherer

Schorer

Schneider

Buck

Haes

Zange

von Harlesen

Pisswanger

Zenger

Schweizer

Ströbel

Wolff

Schön

Ellper

Aschauer

Heine

Gundlacher

Schmidhauser

Schmidhuser

von Collen

von Collen

Schmidt

Waldeisen

Fabritius

Zenger

Dinnendahl

Zirkel

Haruda

Bendel

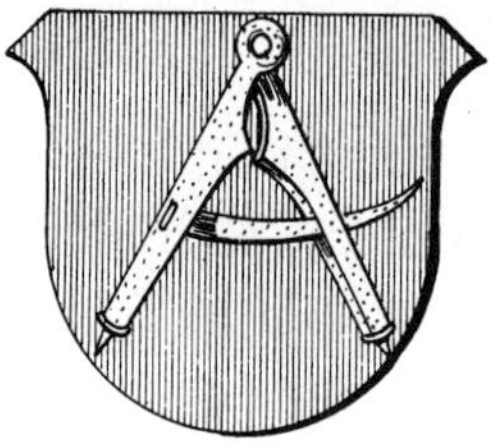
Ruprecht

Stephan

Nath

Hartmann

Schue

Herrmann

Lucius

Lucius

Horlacher

Harthung

Werkzeug

Kleinau

Agkli

Weinbüch

Sander

Gefäß, Tonne

Goldkuhl

Goldkuhl

Kufner

Faß, Tonne

Hörrler

Bardtmann

Loos

Barreau

Hecht

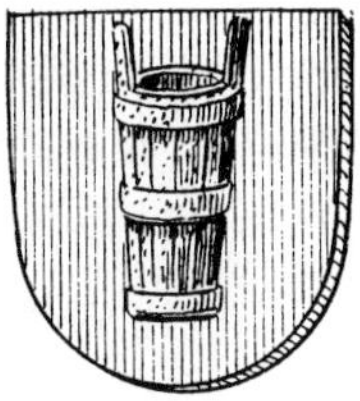

Salzinger

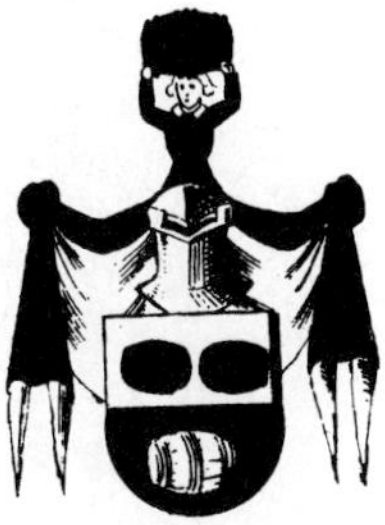

Hoffmann

Hoffmann

Barall

Bierstättl

Saltzer

Hoffmann

Kofler

Scheffel, Napf

Glatznapf

Zuber

Korbmacher

Lagelberger

Scheffel

Simmerl

Drost

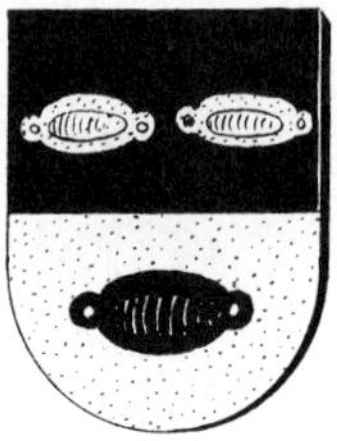
Trost

Welsch

Kessel

Kessler

Kessel

Kessel

Kessel

Endres

Ayerschöttel

Sengli

Wagner

Rutger

Ryss

Senng

Keßler

Keßler

Breynich

Kessel

Gutwein

Kessel mit Füßen oder Gestell

Köchli

Koch

Koch

Flasche, Kegel

Reuß

Churfiezer

Neydung

Glender

Michelsen

von Blechen

Kapffmann

Kegel

Krug ohne Henkel, Mörser

Krauß

Piechl

Krug

Drews

Krug

Carchesius

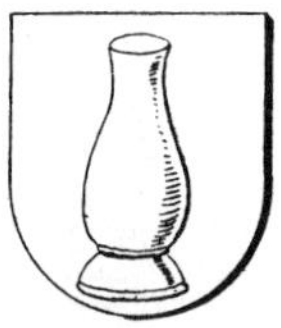

Flesch

Krauß

Kosinski

Dürr

Negelein

Krause

Crusius

Heyder

Krögher

Henkelkanne

Lory

Fricke

Spengler

Mattseer

Steinkop

van Biema

Krueg

Müe

Severin

Kessler

Külwein

Krüger

Schenk

Conradi

Kriger

Bursgen

Schnabelkanne

Beck

Kandler

Schenckius

Schenckius

Gießperger

Wirde

Kannengeiter

Krug

Kannenberg

Prock

Dehn

Zweihenkliges Gefäß

Koch

Krauß

Gönner

Trachsel

Ringger

Devrient

Barth

Geiger

Köpfinger

Schefler

Flaschen

Klonk

Senffle

Hurnuss

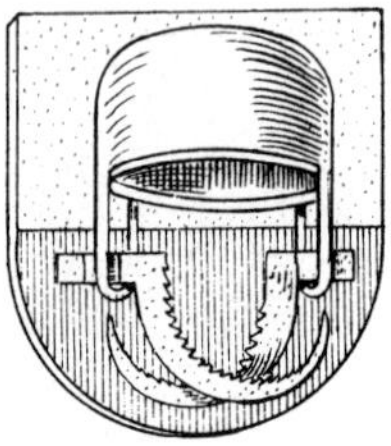
Hurnus

Häfelin

Häfliger

Häfeli

Pott

Ramme

Ringger

Edelmann

Edelmann

Becher

Becker

Eßlinger

Güntzburger

Kellner

Becherer

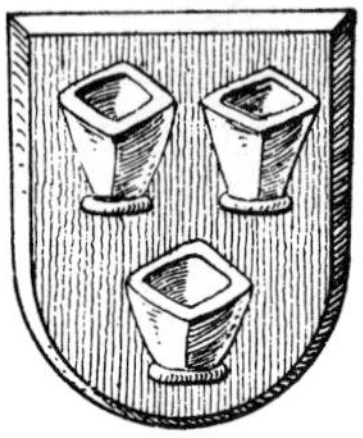
Tegler

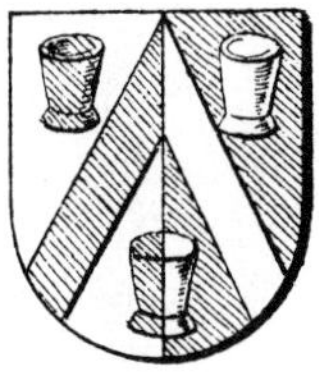

Wettel

Pokal

Beckering

Kelch

Hazi

Conradt

Clarenbach

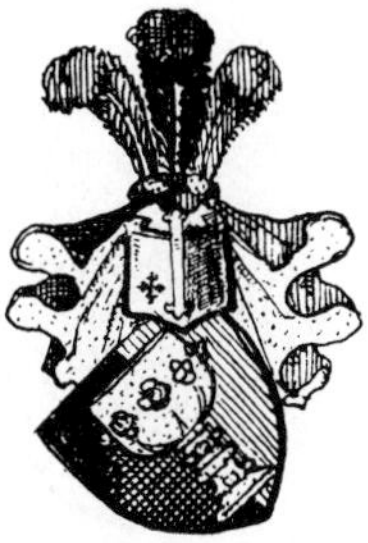

Moritz

Obermair

Röhmer

Mathie

Sibler

Trümler

Kumpf

Kumpf

Sibeth

Schenk

Römer

Römer

Doppelpokal

Vollandt

Schenk

Hochradt

Beck

Köpfinger

Schenk

Focking

Keess

Kittelin

Geerssen

Füllhorn

Hentschel

Schulze

Herbst

Schöner

Reishauer

Herbst

Hornschuch

Schildt

Vollmer

Gefäß mit Pflanze(n)

Meyer

Lührs

Lautensack

Geltner

Ferber

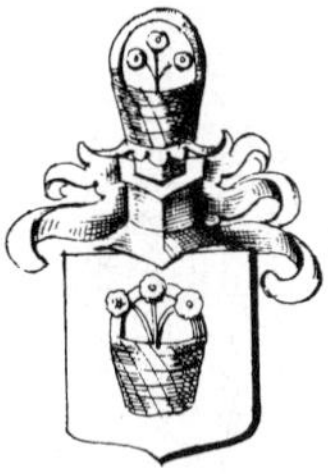
Magdeburg

Köpke

Blumenvasen

Schwayger

Glenner

Grapengießer

Krause

Meyer

Krauß

Peuschen

Schaumann

Krüger

Meyer

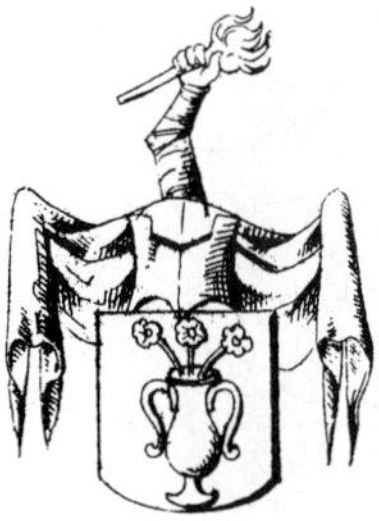
Krug

Bohnstedt

Gauler

Janni

Janni

Sauer

Ortlob

Hildebrandt

Krause

Beust

Heffner

Lappenberg

Geltner

Loskart

Loskant

Möser

Steinmann

Witte

Wegehausen

Könnecke

Güthlein

Cruser

Hafner

Holdorff

Keurleber

Leipoldt

Rast

Volgeraht

Rese

Bossert

Diggelmann

Häfeli

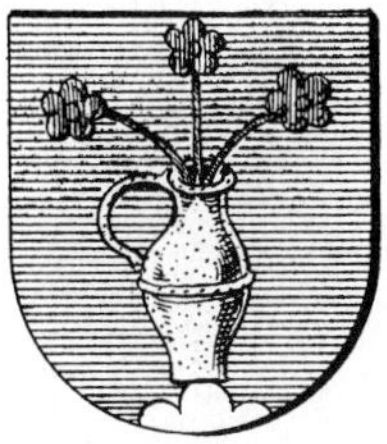
Krug

Möser

Möser

Ostermeyer

Demiani

Dampfende Gefäße

Hartmann

Kretzer

Brandl

Hirnstein

Reuchlin

Heinricher

Rolle

Röll

Relstab

Wund

Terberger

Kanone

Tunder

Krieg

Bartels

von Damb

Stückelberg

Reinking

Stucki

Sanduhr

Gevers

Wahns

Wahns

Medinck

Ein Horn

Fuchs

Lütsch

Jäger

Balve

Grambs

Hornschuch

Wyneken

Volhaupt

Scheyt

Horn

Horne

Stoll

Horn

Engelhartshofen

Stemshorn

von Berchem

Forster

Horn

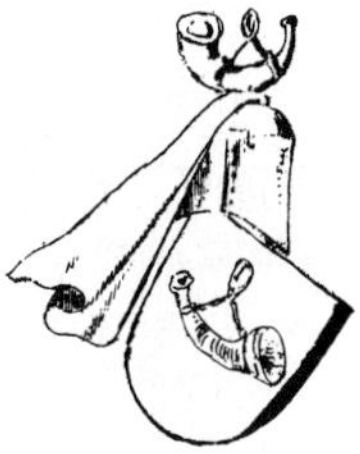

Roschmann

Mundt

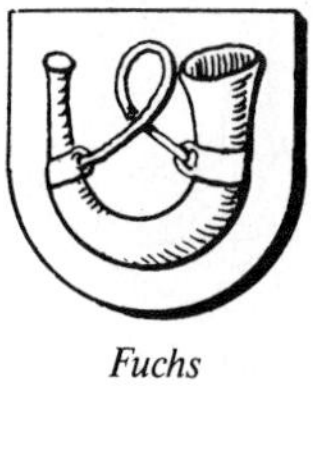

Fuchs

Hornung

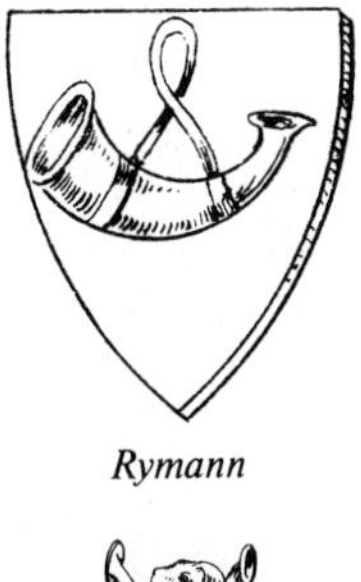

Rymann

Schaller

Vischer, Ursula

Jaeger

Jageis

Horlacher

Reinsdorff

Reinstorp

Spreng

Arntzen

Jäger

Steinbrüchel

Pfau

Gohr

Kneußel

Kneißl

Stoll

Bruhm

Mundt

Sander

Schander

Forstenheuser

Jäger

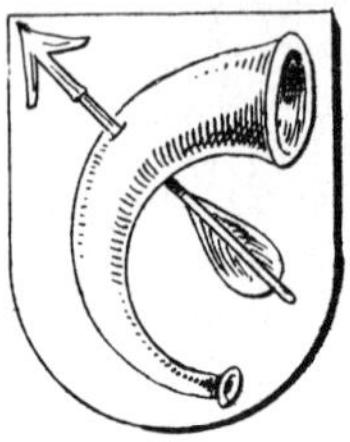
Kristan

Stöffler

Jeger

Freitag

Zwei Hörner

Hornung

Horn

Walsleben

Bärbinger

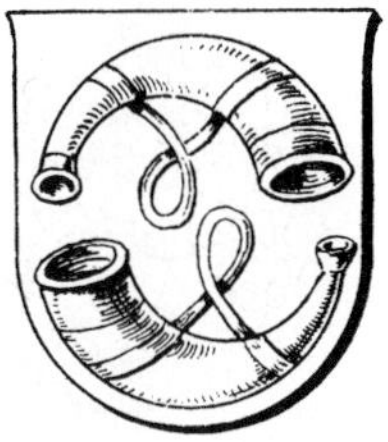

Horn

Kegell

Hornberg

Horn

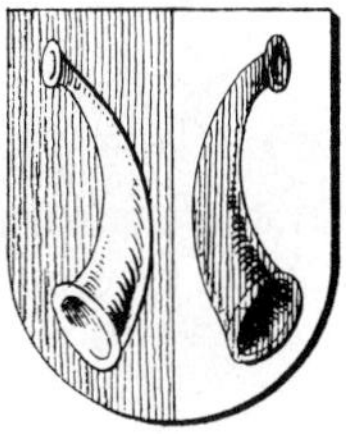

Horn

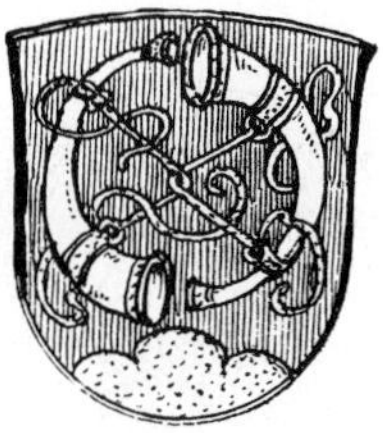

Hornberg

Jäger

Hornung

Koyen

Horn

Schumann

Kopen

Bosch

Drei Hörner

Zingg

Zinsmeister

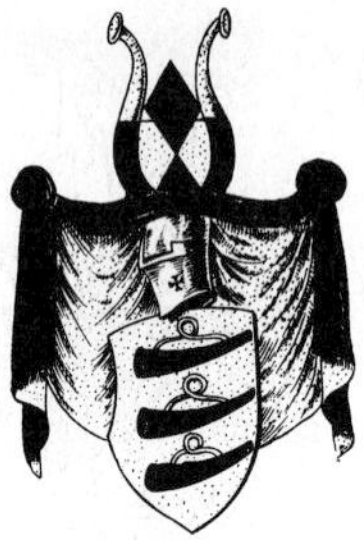

Schlumpff

Schlumpff

Godefroy

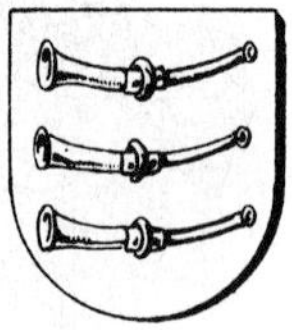

Zingg

Wirwatz

Coronilliessen

Lippe

Bühler

Hagen

Spring

Hiller

Höhn

Jordan

Herrlin

Krakowski

Hörnecke

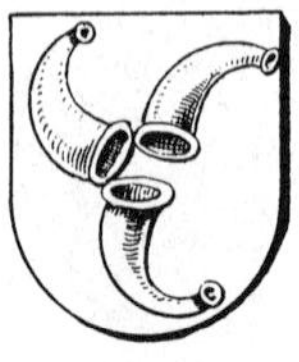

Thomae

Trompete

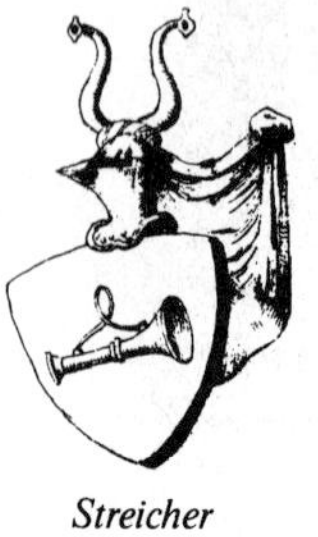

Streicher

Flöte

Pfeiffer

Trommel

Drommer

Schaumann

Schaumann

Werbe

Glocke

Kien

Glockh

Schaup

Diettrich

von Trier

Glocker

Merklin

Mercklin

Kippe

Leuttner

Erishaubt

Klincke

Klingelhöffer

Antoni

Glockengießer

Lüti

Leuthold

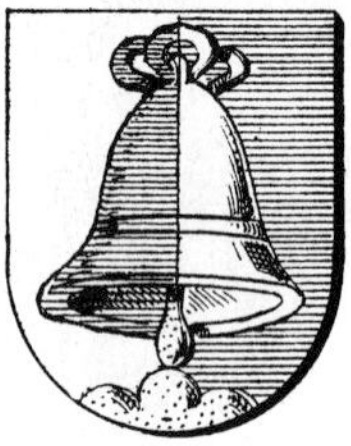
Ulstetter

Füssli

Klingelhöffer

Speerli

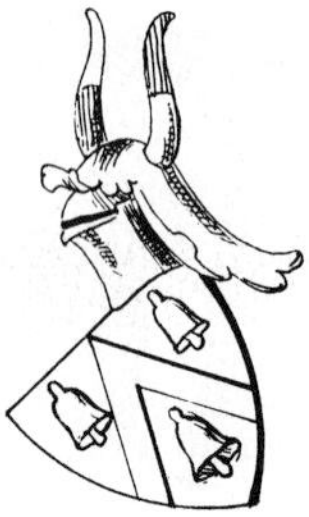
Klöcker

Klocke

Costert

Lorich

Klingelin

Klocke

Klinger

Lüdemann

Schelle

Schell

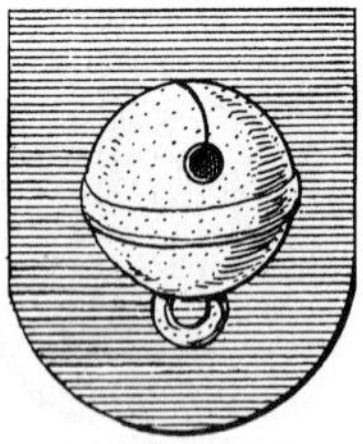
Schelling

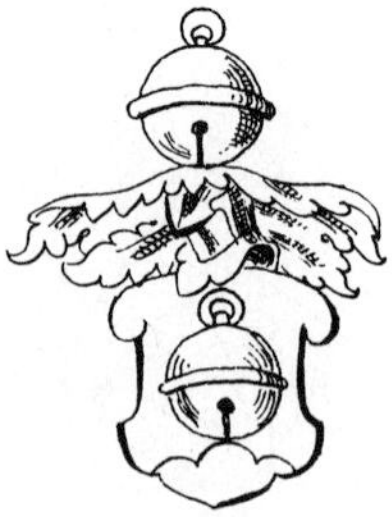
Schellenberg

Schellenberg

Schildt

Mack

Gessel

Birlen

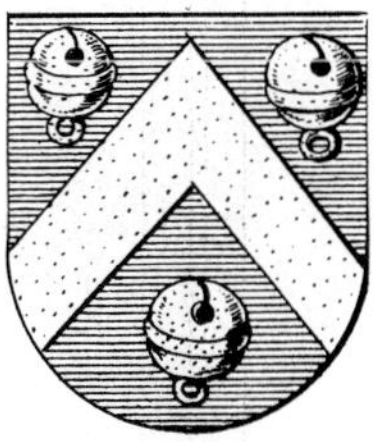
Sorg

Swalb

Leier, Lyra

Müller

Bilse

Hilpert

Leyriz

Harfe

Finkler

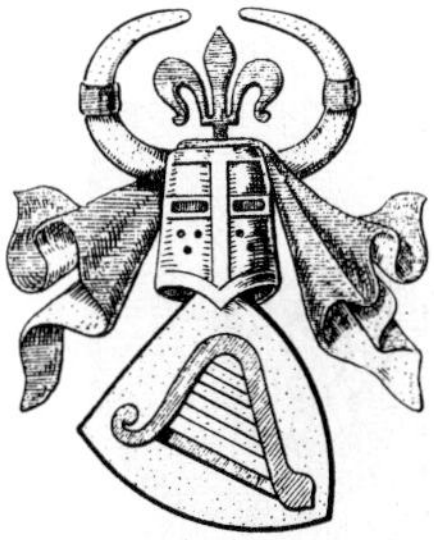
Davidsen

Herpfer

Herpfer

Paix

Herpffer

Geige, Laute

Basse

Lauten

Geiger

Geiger

Leurer

Geiger

Geiger

Geiger

Brode

Geiger

Geiger

Basse

Geiger

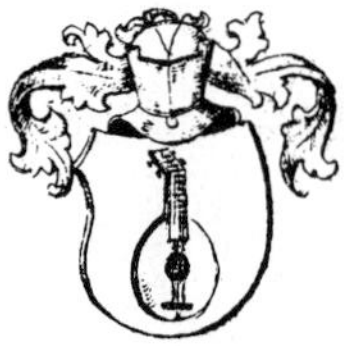
Gerle

v. Bemmel

Harnisch

Harnisch

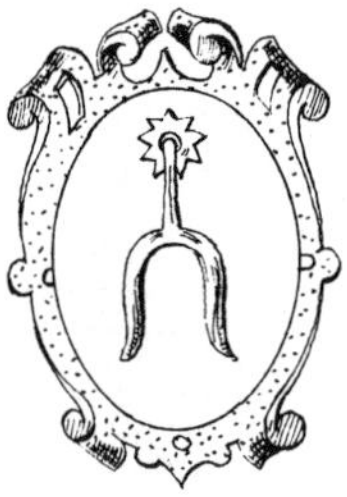
Steinwig

Weißermel

Strobel

Frese

Peffenhauser

Gärtner

Oberbekleidung

Schöckh

Sieghardt

Mantel

Jacke

Deppisch

Helm

Renner

Hauben

Mochinger

Schreve

Landshuter

Haberkorn

Helmlin

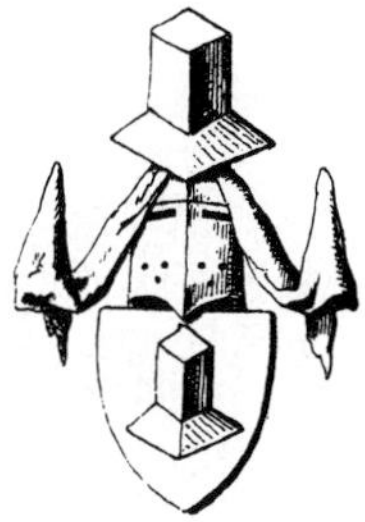
Isenhut

Helmbrecht

Reuter

Loff

Sturm

Konerding

Kuse

Helmer

Edessen

Grimm

Helmholtz

Sturm

Hut

Naimer

Huth

Hutt

Brisacher

Eschelauer

Nadeldorfer

Ziegra

Köhten

Hocke

Meyer

Meyer

Ziegra

Eulenhauck

Sigwein

Ruth

Knilling

Wißhardt

Riem

Eygner

Grünewald

Dorn

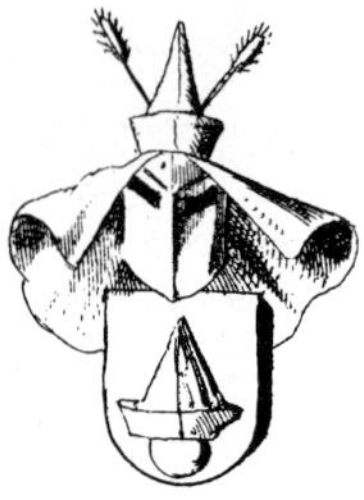
Müllegg

Mühleck

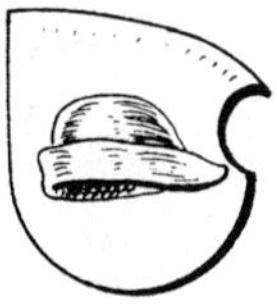

Gordon

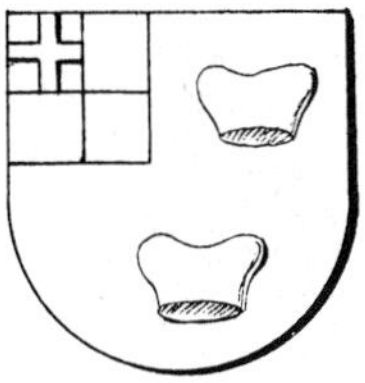

Bourgeois

Zwei Hüte

Hütter

Drei Hüte

Kyven

Pfaff

Bidekapff

Hudemann

Hüetlin

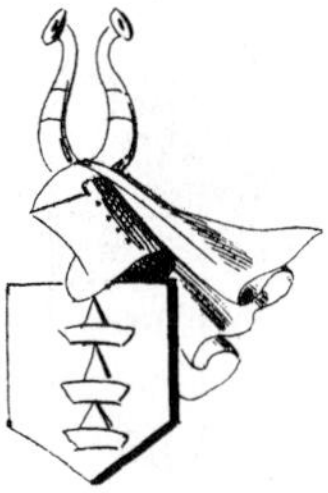

Berlin

König

Herbart

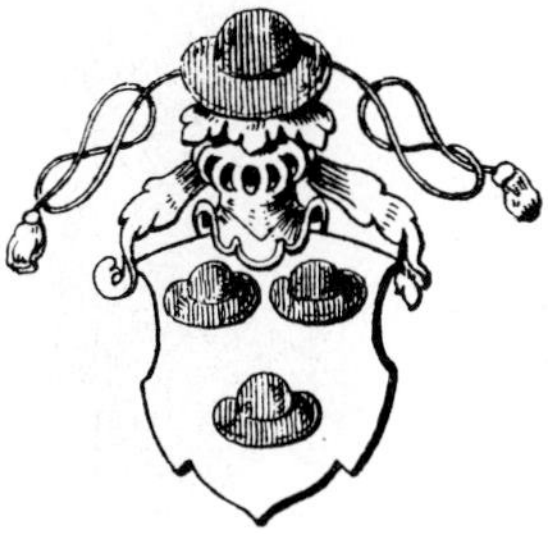

von der Lahr

Iritz

Turban

Schnellmüller

Bausch

Haube

Haubentaller

Gugel

Gurr

Kogel

Krone

Fiecht

Schweigger

Schweigger

Dietschi

Cron

Giebner

Küng

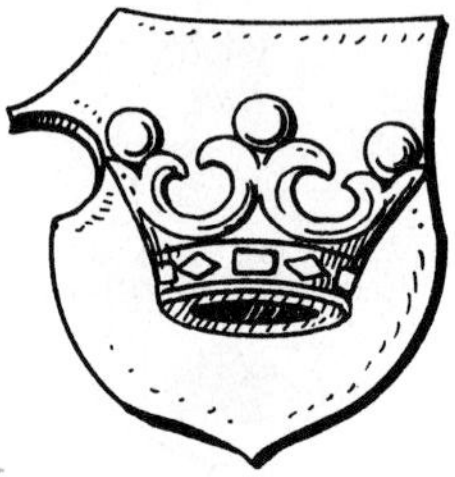
Küng

Precht

Cronewitz

Zinkeisen

Coblenzer

König

Schönsperger

Rieder

Cronenberger

Artus

Schröttel

Langhans

Löscher

Carblom

Löfferer

Pieper

Feist

Schön

Schmidt

Capmeyer

Koch

Fries

Glattfelder

Drei Kronen

Stephan

Stephan

Meßmann

Kölsch

Fluck

Hörauf

Hörauf

König

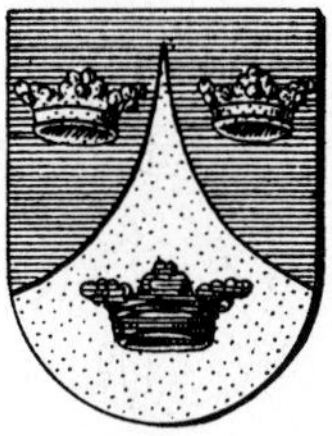
König

Mehr als drei Kronen

Kroninger

Siebenhaar

Schuhe, Sandalen

Rößner

Leistmayer

Holtzschuch

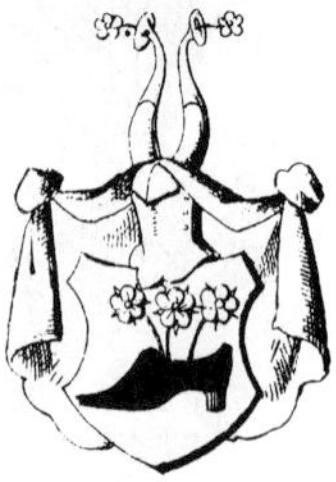

Schuster

Anger

Weidschuch

Watsack

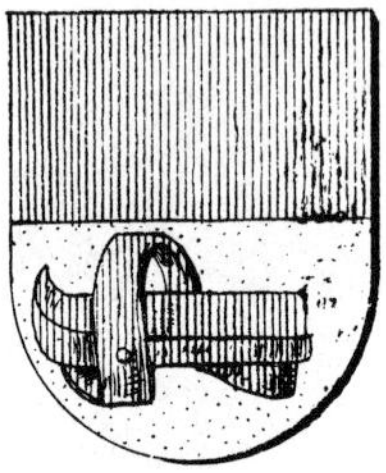

Purer

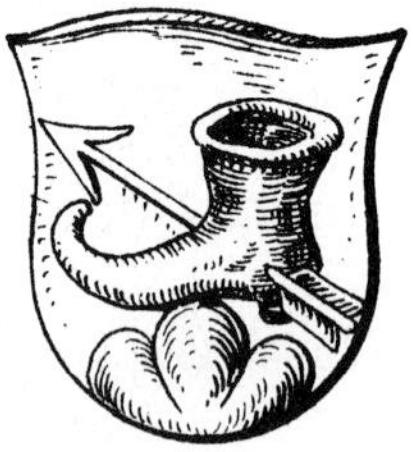

Bruy

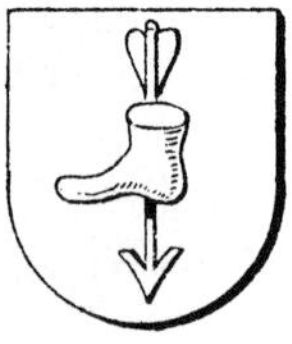

Furrer

Trescho

Stiefel, Strumpfhosen

Erlenbach

Beneke

Tibianus

Hos

Hos

Hos

Meili

Boye

Voess

Fuess

Kickler

Fiess

Scharfenschwerdt

Stevelin

Pferger

Behn

Behn

Behn

Schnalle

Schernberger

Sottorf

Hoppen

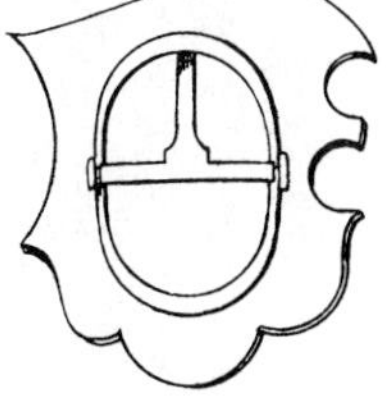

Slebuesch

Opmann

Schreye

von Heimbach

Dorpen

Monnick

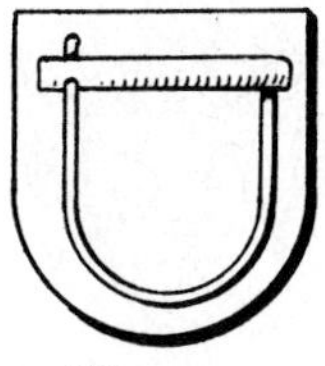

Weinmann

Speth

Schulz

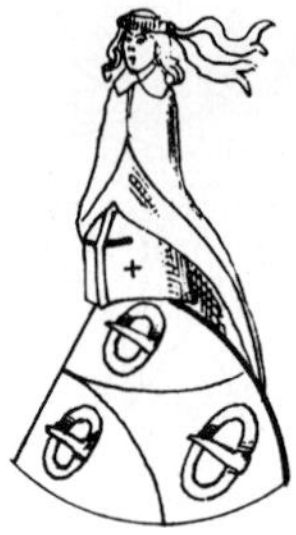
Ringli

Lüneburg

Clerike

Accessoires

Clericus

Przyborowski

Bunsch

Butschkow

Tasche, Sack, Beutel

Kunowski

Richter

Teschemacher

Täscher

Roffsack

Marggraf

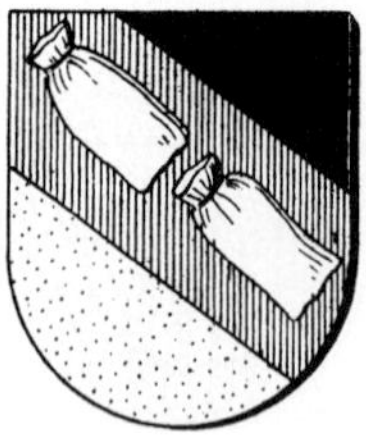
Sackh

Rüffer

Rüffer

Merk

Merck

Merck

Boursen

Handschuh

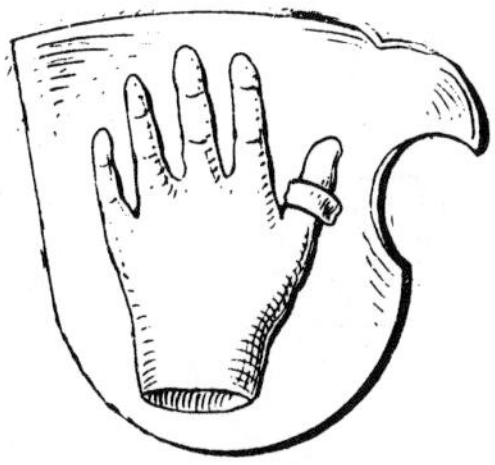

Hornbach

Braun

Finckh

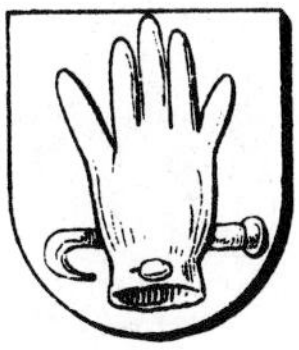

Guden

Brille

Brüll

Buchstaben, Minuskeln

Huser

Beltzinger

Ganaper

Ensinger

Ensinger

Witteke

Reich

Schütz

Nordicon

Buchstabe A

Eccard

Eckhard

Onsorg

Arend

Metzger

Vogt

Fagt

Bischel

Laymann

Betz

Hasselt

Dethmarus

Seublin

Schick

Ardüser

Amman

Ruidius

Oelmen

Höfischmann

Imendorff

Warneken

Schotte

Buchstabe B

Brüngger

Bauer

Büttner

Buchstabe C

Clauß

Unbescheiden

Diettel

Buchstabe D

Donapaur

Buchstabe E

Schinhut

Ellingerot

Buchstabe F

Frenzel

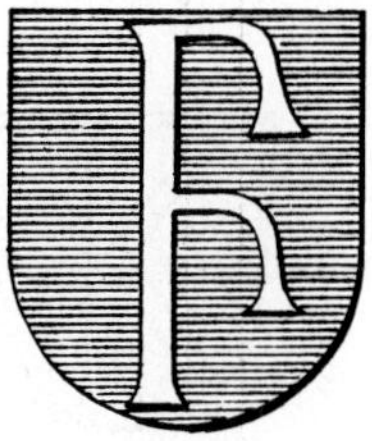

Vischer

Hauth

Imwald

Buchstabe G

Georg

Buchstabe H

Heuss

Bauer

Hügi

Hardegen

Pahl

Schuster

Stark

Stoecker

Stachel

Stachel

Buchstabe I

Letter

Bermann

Wagner

Uttinger

Buchstabe K

Schriber

Krüger

Clement

Kielsmus

Kehr

Fries

Reiners

Krebel

Buchstabe L

Losch

Buchstabe M

Glas

Peißel

von Minsleben

Kulver

Manasser

von Nuiss

Klot

Merklin

Foget

Riemann

Buchstabe N

Nauer

Osburch

Neuffer

Richter

Neuffer

Nelles

Altentaller

Neidecken

Schwartzbach

Buchstabe O

Stain

Buchstabe P

Kroth

Peuchel

Kroth

von Collen

van Aussem

Menig

Buchstabe R

Resse

Reinesius

Buchstabe S

Seyboldt

Esser

Sedeler

Stehler

Reizner

Schönauer

Stirlin

Schönborn

Burckhardt

Burckhardt

Burckhardt

Staudacher

Schmidts

»Unbekannt«

Eissler

Simon

Stengel

Buchstabe T

Richter

Faustgen

Tüllinger

Mettenius

Schnabel

Upchover

Well

Burmann

Hutzin

Scherrer

Egli

Kaiserling

Hell

Trichtinger

von Zerf

Hinnen

Wackstein

Krumbtingen

Imfeld

Trinkler

Schüler

Odendall

Buchstabe U, V

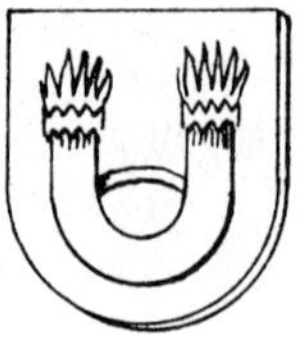

Ziegel

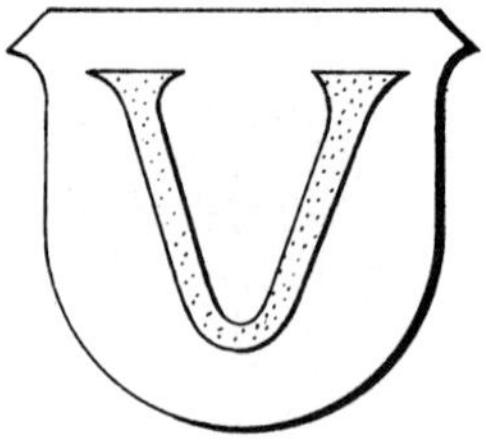

Fürst

Meyer

Küns

Ehinger

Ulsenheimer

Goldschmid

Ziegler

Liernur

Marti

Buchstabe W

Willutzky

Welling

Jeger

Walter

Mair

Werther

Waad

Studer

Wirttemberg

Borowski

Helmbrecht

Hellwag

Klot

Kra

Buchstabe X

Uttersy

Buchstabe Y

Stein

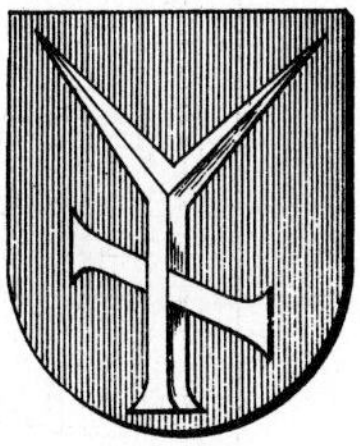

Lutz

von Damb

Knetsch

Antoni

Buchstabe Z

Lutz

Schmidt

Hack

Fänner

Greiner

Rogand

Zillesius

Inschrift-Zeile

Karte

Prost

Vlitz

Graumeister

Buchstabengruppen

Deutz

Stote

Wimmer

Levin

Monogramme

Stephan

Klüpfel

Franken

Stephan

Faller

Goley

Wetzler

Schneider

Weber

Buchstaben, kursive

Bieß

Brunn

Gellert

Goeschel

Hempell

Vogt

Weber

Runen

Haux

Meinecke

Schlüter

Boysen

Kremer

2.

Meisterzeichen von Gmünd

Schulze

Meyer

Marke, ein Schaft

Wetzis

Schaub

Ostermann

Lang

Klingenbeck

Dietschi

Hotz

Sideler

Meus

Francken

Bileter

Marke, ein Schaft, Oberkopfabstrebe durchkreuzt

Plesmann

Weber

Bornemann

Stadler

Wagner

Haid

Snippe

Stolle

Düggeli

Hafner

Greven

Kogel

Angst

Prolis

Marquardt

Marke, ein Schaft, Oberkopfabstrebe, Fußstütze

Höw

Böning

Zai

Volmer

Roggenkneder

Leser

Winters

Wie vor, durchkreuzt

Schindewit

Koch

Riederer

Claus

Claus

Hartmann

Rügistorfer

Fridberger

Mensching

Marke, Schaft, Kopfkreuz

Hagg

Igenhauser

Dorffner

Haffner

Neumair

Gerhard

Gerhard

Medeborch

Richthauser

Lüdecke

Wie vor, Sparrenfuß

Reyman

Hueber

Kesel

Neumair

Scheller

Scheller

Gilhausen

Marke, Schaft, Seitensprossen und- streben

Meyer

Schetzer

Hacken

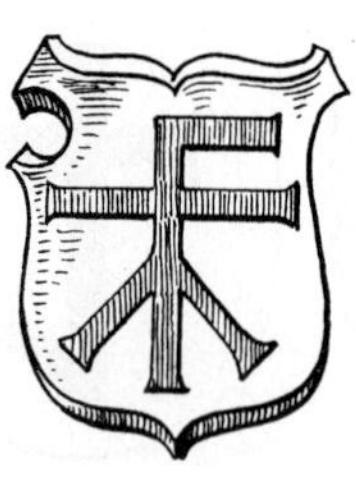

Krüger

Vlote

Frank

Walter

Plickenberger

Glemser

Utermölen

Boner

Grevener

Grevener

Erbermann

Koch

Marke, ein Schaft, Doppelhaken

Creutz

Lutz

Gladebeck

Wichert

Schmitt

Martin

Bauer

Werner

Ein Schaft, Doppelhaken und Streben

Mündemann

Mündemann

Hochscheid

Schröder

Witbart

Ein Schaft, Doppelhaken durchkreuzt

Kopmann

Sturm

Linden

Lauff

Hueck

Stroßmann

Sturm

Bauer

Hill

Hillesheim

Huber

Tatsch

Sasse

Schumacher

Rheinbay

Speckbötel

Wickauer

Kuntzen

Ulinger

Herpe

Tiemendorff

Gerhardt

Doppelhaken, mehrfach durchkreuzt

Schlecht

Kettermann

Wagner

Schmidt

Tymmermann

Seibotten

Schmid

Märkel

Umbach

Siegfried

Khapff

Tessmar

Riemenschneider

Widenmann

Eschenmayer

Brauneck

Gekreuzte Schäfte

Fichtel

Strass

Layman

Staiger

Rauner

Küttel

Külper

Amelinck

Willich

Mair

von Goor

Heypke

Langjan

Miltz

Milz

Kersten

Labhart

Niedermayr

Lasan

Senheim

Klot

Prenner

Stiell

Polchow

Stahl

Heiderich

Morsdorf

Coppelow

Blaemendael

Kommel

Coster

Langjan

Jost

Ruden

Steidlin

Schilling

Ernst

Marti

Gekreuzte und balken-/pfahlweise durchkreuzte Schäfte

Jost

Kaldenberg

Meier

Hummen

Niesen

Niesen

Schneider

Kisling

Happach

Kannengiesser

von Omborn

Endris

Oertel

Burkhart

Fentzel

Maurmiller

Burkhart

Scheffler

Riss

Mayr

Körnli

Borcken

Busmann

Stoltley

Holtzer

Bach

Bach

Schleifenbaum

Schaft, Kopf: Stern

Hänsler

Henenforer

Mohr

Schaft, Kopf: Ring

Lohs

Hürlimann

Camenzind

Schaft, Kreuzkopf einfache Füße

Gumpolzhaimer

Kretzschmer

Kaiser

Keck

Keck

Homberger

Koch

Hilltbrandt

Nadler

Pelkover

Beck

Schlankoff

Langhans

Hardegsen

Stoy

Raidt

Mair

Groneveld

Schaft, Kopfkreuz, Pfahlsparrenfuß, Dreiecksfuß

Laudert

Herport

April

Schöneke

Filtz

Welle

Küchenmeister

Studt

Priester

Karg

Andreas

Ingolstetter

Klingebiel

Klingebiel

Schreiber

Wolf

Wischemann

Embd

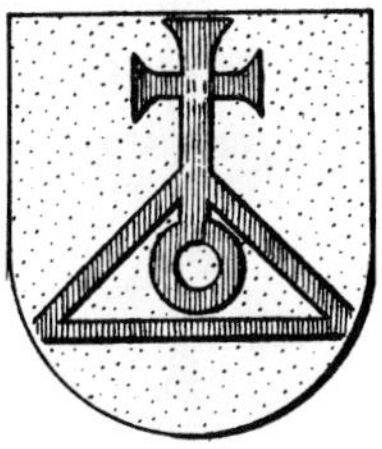
Wanner

Hütter

Schaft, Kreuzkopf, Seitenstreben, komplizierte Füße

Stahl

Büsch

Lorenz

Sarburg

Germann

Herrnbeck

Bühler

Burckhardt

Gottschall

Gerhard

Schaft, Kreuzkopf komplizierte Füße

Zöpfl

Balber

Kröpelin

Michel

Küechlin

Ketwiche

Grote

Hess

zu Käss

Luntsch

Miller

Danbeck

Labenwolff

Scherling

Laudert

Schaller

Keyser

Keyser

Mittweg

Schaft, Schrägkreuzkopf

Leinacher

Niessli

van Som

Falch

Maler

Vogel

Stierlin

Stapff

Keetmann

Görlin

Tolle

Feltmann

Kelner

Kelterborn

Kätzi

Witzenhusen

Schaft, Sparrenkopf

Ottiker

Geiger

Mair

Ripenhausen

Ridder

Ridder

Imbsen

Gerhard

Wischemann

Gerhard

Kormann

Sideler

Henkel

Wilde

Bolicken

Weckenesel

Schmid

Stöcklin

Stoeckel

Ruffler

Mentzen

Schaft, Sparrenkopf komplizierter Fuß

Lechelmair

Beirlin

Pauls

Dürr

Mär

Strase

Kedd

Thomann

Grote

Schaft, Sparrenkopf doppelt durchkreuzt, komplizierter Fuß

Lang

Manasser

Norden

Speckbötel

Speckbötel

Widershusen

Freimuth

Pleel

Weller

Melb

Packübel

Lindner

Mascher

Miller

Scheirer

Orth ab Hagen

Vierkopfschaft

Nerreter

Hegemann

Witt

König

Linssi

Schacht

Schlanhoff

Geiger

Schwemmer

Memmert

Schürer

Calue

Calue

Thanisch

Schmid

Schurman

Knochenhauer

Ehrlich

Calue

Stürmer

Koep

Helt

Quieser

Heidfelt

Lauer

Stokelef

Gülcher

Ritzart

Lind

Dockweiler

Küng

Hoffmann

Krieger

Jons

Zimmermann

van Halven

Varemwolt

Bender

Lädebur

Hintertor

Oberkan

Heger

Calue

Rhaw

Lommertzem

Volck

Plattner

Henkel

Oertel (Schütz)

Hill

Paal

Schilling

Claussen

Kober

Henninges

Melfürer

Moog

Simon

Telgmann

von Neuss

Müller

Twernemann

Paal

Franz

Riepe

Schlosser

Kumpf

Windler

Claussen

Heubült

Tieffenthal

Kröber

Biedermann

Kroeber

Jacobs

Jacobs

Jacobs

Jacobs

Krahnke

Emert

Klamroth

Feldbausch

Gladbach

Gosecke

Vibrans

Ein Schaft, Dreieckkopf

Richart

Heidenreich

Lentzer

Widenman

Quentin

Bracht

Ein Schaft, Gabelkopf

Storck

Obermair

Imbsen

Fobbe

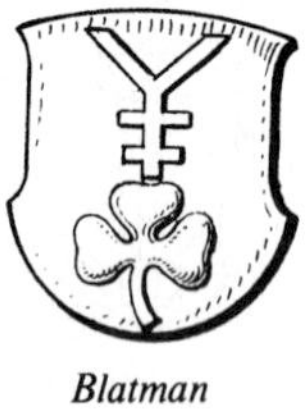
Blatman

Bon

Bach

Sedelmair

Caspari

Staub

Hörauf

Spöri

Spöri

Walcher

Binfelt

Clockener

Clockener

Henkel

Zweifel

Conradi

Ein Schaft, Krückenkopf

Weissgerber

Scheffer

Dreysen

Winter

Winter

Fischer

Rottaler

Kother

Berger

Bretzius

Caspari

Schalk

Ein Schaft, Dreizinkengabelkopf

Heinz

Schul

Schul

Rissacher

Bühnemann

Wende

Bremm

Berckenmeir

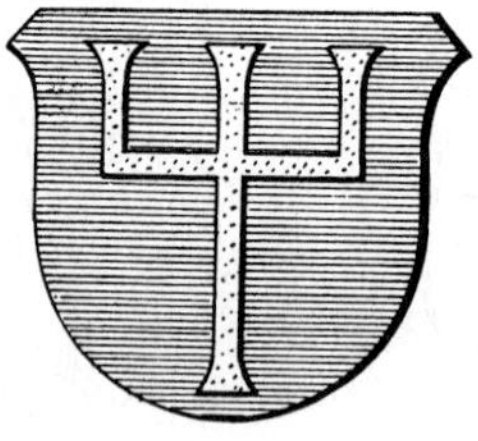

Binder

Georg

Gerhard

Suhren

Weiler

Pfeiffelmann

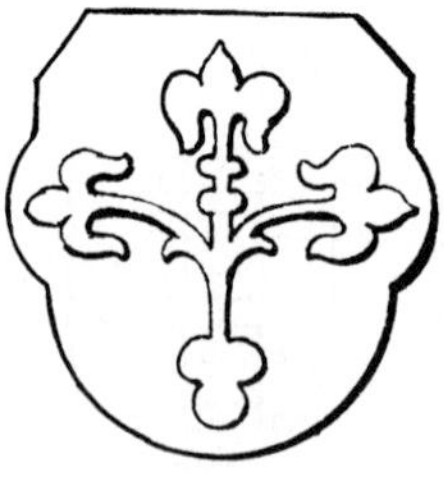

Gottschalch

»Stühle«

Mair

Grell

Snippe

Ein Schaft, mehrfach schräg durchkreuzt

Martin

Martin

Neperschmid

Hanss

Dreieckfuß

Brukmann

Deber

v. Bielefeld

Idershusen

Miltert

Block

Nockendahl

Rukop

Holborn

Cramer

Ferg

Fabri

»Sanduhr«

Honisen

Schößler

Block

Ams

Bautz

Kytwaldus

Fries

Meisnthaler

Donndorff

Nipage

Dreischaftmarken

Mair

Satloder

Satloder

Helle

Eifert

Staub

Berg (Raversbeuren)

Matzberger

Dreieck-Marke

Röder

Röder

Kramer

Zimmermann

Zeissolf

Heinrich

Metius

Siderich

Boos

Knüsli

Knus

Hans

Salomon

Geknickte Schäfte

Lütje

Hunger

Duissbergh

Schräg durchkreuzte Schäfte

Reimar

Selig

Klot

Tolle

Michel

Sturzdreieckmarken

Hassel

Caspar

Ortt

Hag

Taschü

Schwerdt

Heldt

Jauch

Haltermann

Rinck

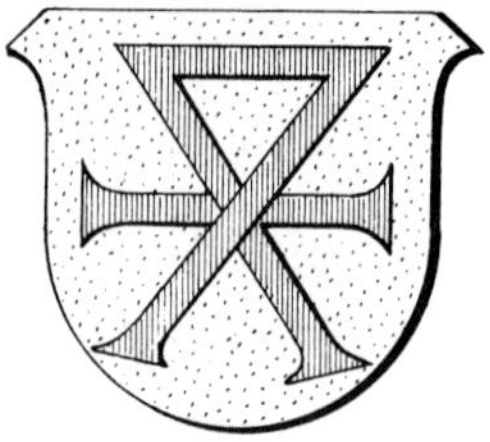
Schaur

Schmid

Spede

Marb

Ganal

Schaftlose Marke, Sparrenbasis

Hoppener

Bunsch gen. Lewen

Helt

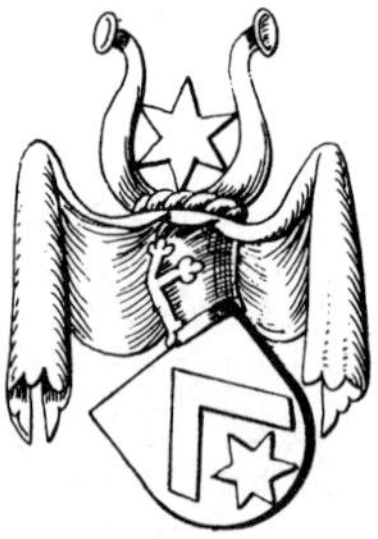
Knobloch

Lotter

Gercken

Sparren durchkreuzt

Frank

Ostermair

Kimmen

Scherer

Schaftlose Marke, Balkenbasis

Ochs

Adam

Engelhard

Falke

Schleifenförmige Marke

Reisch

Elsesser

Spaiser

Zwei Schäfte

Hürlimann

Löber

Pühler

Wollin

Krüne

Amman

Reusing

Reusing

Holderbaum

Vetter

Helling

Magercurdt

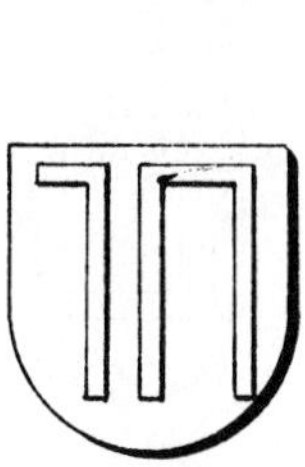

Heise

Buczkowski

Drei Schäfte

Guettinger

Stanglmayr

Mehrfeldige Schilder

Oben Heroldsbild

Benz

Reinewald

Bockx

Wegscheider

Flach

Straubinger

Kühlwein

Wagner

Schallehn

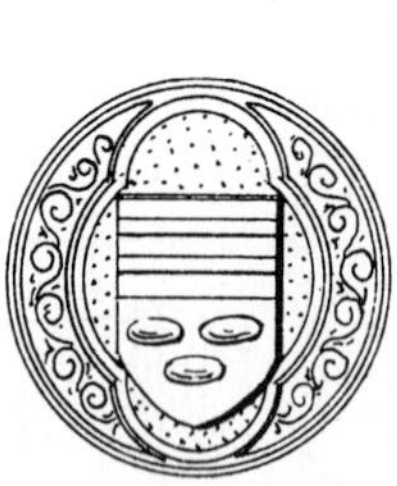

Kannemaker

Clasius

Burkmaister

Baumann

Dreher

Helding

Unten Kosmos

Böning

Böning

Böning

Böning

Cordes

Mestern

Unten Lebewesen

Donald

Preu

Steingötter

Marx

Preu

Unten Pflanzen

Maire

Porter

Leers

Baur

Oben Feh

Kegeler

Oben schräggestreift

Bertsch

Peuschel

Watzelberger

Eyssler

Wagner

Sandvoss

Rheiner

Volbrecht

Wagner

Geissler

Dickschas

Fabritii

Becker

Römer

von der Weser

Heussel

Wunderholler

Bertram

Hochheimer

Dopler

Keilbach

Wurst

Zöllner

Vehmeyer

Moiban

Will

van Stege

Bollbach

Gutkindt

Gutkind

Nuber

Nuber

Utesch

Olemann

Olemann

Messmer

Meyer

Sander

Heyd

Biltstein

Riester

Seidlitz

Pardigol

Jorewitz

Trittermann

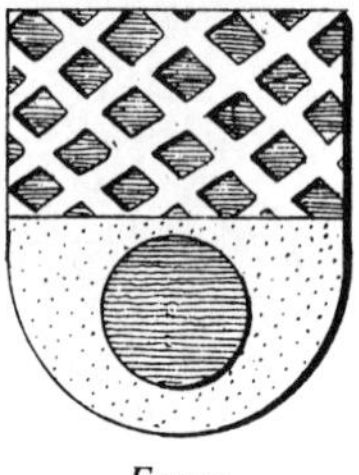

Egerer

Hermeking

Oben Kreuz

Thelen

Schwaller

Humell

Grulich

Roloff

Kirsten

Hürlimann (Horolanus)

Schwarz

Fink

Spalding

Walder

Treeck

Francke

Engel

Dingeldey

Helle

Haccius

Bergmann

Oben Kosmos

Taeschner

Verger

Daege

Schmidt

Price

Scultetus

Ortelius

Erkinger

Goldkofer

Leher

Seher

Wöhning

Düring

Rintelen

Siedler

Clayhills

Barthels

Schrader

Brinckmann

Schönian

Schönian

Durege

Lesse

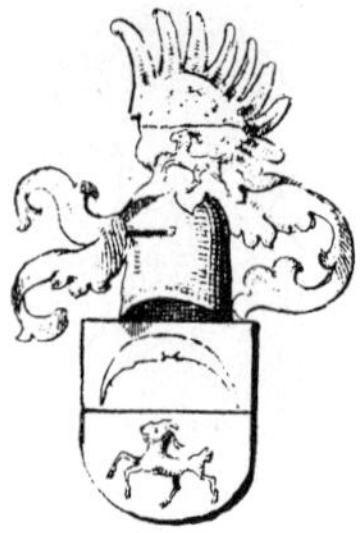
Puckhmann

Schaller

Manrieder

Peurl

Bethke

Rosenbergh

Snellmann

Krüger

Unterholzer

Schöne

Lietzmann

Schaltenbrand

Schmidt

Ranstl

Graf

Schütz

Theobald

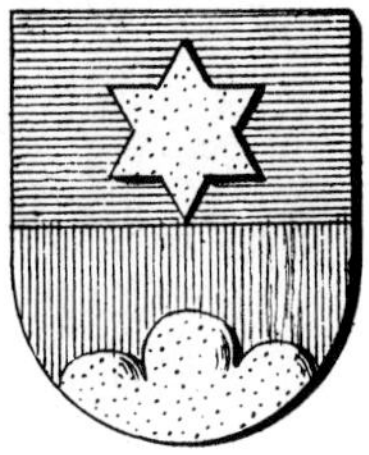
Vendenhamer

Köster

Rumann

Rumann

Reschius

Vaius

Vaius

Ludwell

Epplen

Boye

Boesner

Hartmann

Liebenzeller

Binder

Rape

Heise

Nimptsch

Andresen

Brüglinger

Hürlimann

Lang

Unten Gerät

Tettenbacher

Jäckel

Grashoff-Cäcispeja

Lauer

Usteri

Thun

Gehring

Sarpe

Lang-Lungean (neu)

Volland

Wörfel

Frechard

Jökel

Reichard

Zwei Sterne

Maass

Himmelreich

Lehmkuhl

Lüders

Heintzenberger

Lehmann

Oedenkoven

Volmar

von Nordheim

Dingnauer

Hagnauer

Kleinmayer

Koch

Blunschli

Schwalbe

Mayr

Mayer

Schröder

Gerstenkorn

von Spreckelsen

Reinfart

Krüger

Rabbow

Diettmann

Spalckhawer

Esmarch

König

Hugo

Kniper

Ebersberger

Fick

Finhagen

Breyding

v. Glehn

Steiner

Wolke

Möller

Plitz

Drei Sterne

Huffziger

Niemeyer

Niemeyer

Schmalstieg

Uffelmann

Oppenrieder

Oppenrieder

Fröschel

Fröschlin

Raehmel

Viereck

Hubert

Wittelspeck

Grossmann

Unten Lebewesen

Hellmuth

Tretter

Ruckher

Ludwig

Gembling

Krauth

Stillger

Trochtelfinger

Wolff

Wolff

Höltzl

Boot

Syz

Muzell

Schaffer

Schäfer

Werner

Schwarz

Brickenstein

Reuber

Röber

Schmidt

Schmidt, Willer u. Reuber

Zimmler

Friebel

Friebel

Himblperger

Vogel

Falck

List

Werner

Fischle

Seligmann

Kobligk

Bauer

Visbeck

Lippacher

Köninger

Unten Pflanzen

Nahmmacher

Wiemer

Seydell

Sydell

Mayer

Thesmar

Dibbern

Rosenow

Lemeier

Bosch

Dunker

Unten Gerät

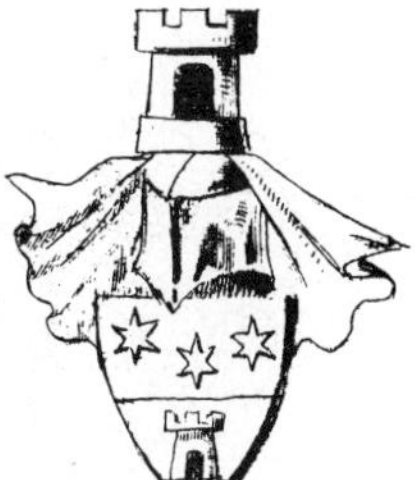

Sandholz

Beil

Mangoldt

Brauneisen

Schmidt

Stöckel

Stöckel

Ditthorn

Steurnagel

Philipps

Zeugherr

Kriebel

Reutter

Sallentien

Wincler

Schwake

Ellrod

Walter zu Loewenau

Oben mehrere Sterne

Eunike

Eunike

Hueber

Schulz

Münter

Hagert

Oben Landschaft

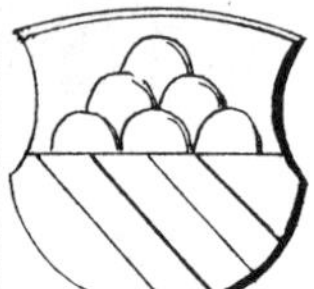

Kopp

Zeuger

Wüstefeld

Jahn

Mayenschein

Kruse

Oben Mensch

Bernius

Cnopf

Renner

Crusius

Oben halber Mensch

Hilbrand

Hener

Pfeiffer

Schweickher

Pfeiffer

Paulus

Lotter gen. Kuechlin

Schmauss

Sörgel

Feigele

Kraus

Kraus

Kindt

Galgenmayer

Rabus

Hofmaister

Bach

Mohr

Siegner

Cnopf

Cnoix

Schwartz

Kandel

Khobaldt

Blazer

Cunow

Klein

Warmuth

Hofmann

Freyhammerer

Bader

Lang

Lang

Gögl

Dreuer

Wöhrlin

Mackh

Oberschneider

Freudemann

Stegmeier

Cuno

Reschke

Mayr

Matheiß

Habermann

Dressler

Meyer

Rollenhagen

Mayr

Wagenseil

Lamprecht

Pütner

Reizner

Nacke

Altmann

Maack

Selnecker

Wurfbain

Wurfbein

Mack

Häckhl

Haid

Heyd

Freudel

Saur

Wiskemann

Zierer

Pencz

Streidl

Bittner

Kaiser

Schibler

Wedekindt

Hosennestel

Geyler

Manowitzer

Heidenreich

Kurtz

Schiller

Hartmann

Frank

Borgemeister

Schulze

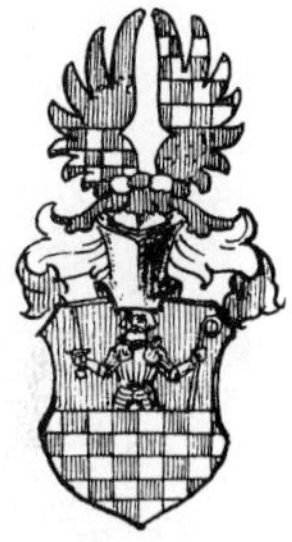
Schulze

Herr

Döbstel

Mosegkher

Mayr

Streitter

Pröbst

Holzhalb

Mohrenhofer

Grunau

Leiblinger

Wern

Barth

Holzhalb

Petzoldt

Bezold

Bezold

Götz

Tafinger

Brasche

Ammon

Rieger

Mayr

Mayer

von Morgenbach

Köler

Kiener

Ziegler

Riss

Riss

Karl

Schütz

Wittmann

Grau

Hunger

Kreyl

Böckhing

Jales

Buchholtz

Kobald

Welhamer

Ferber

Bussmann

Spaney

Graumann

Bauder

Fries

Martius

Hübner

Walter

Meule

Brasch

Lederlin

Kruse

Lochmann

Fabricius

Wieser

Merz

Wiedenmann

Mohrstetten

Mendler

Schiffmann

Schmitthenner

Knapp

Schmidt

Müller

Ofner

Cordes

Molitor

Müller

Eckarth

Rader

Hartmann

Doppelmeier

Schultze

Küttner

Koenigsdorffer

Klingmann

Scheifler

Eble

Pauer

Polmann

Rahn

Kramer

Welsch

Wagenmeir

Heuss

Mohr

Hodel

Mohr

Herbst

Herbst

Erdinger

Scholtz

Hochreutiner

Mörl

Ludovici

Purgold

Kopp

Wilhelm

Güldenmund

Fischer

Hegel

Pardatscher

Hagedorn

Liebmann

Kuneke

Fevre

Hancke

Kage

Metter

Wolf

Ehlerding

Draing

Jockhell

Matthiae

Kiesling

Kiessling

Fertsch

Schmid

Happertz

Schnarenperger

Saurerer

Reichert

Allmer

Cypraeus

Schdenz

Horst

Stuckenschmidt

Kayser

Hieber

Meussing

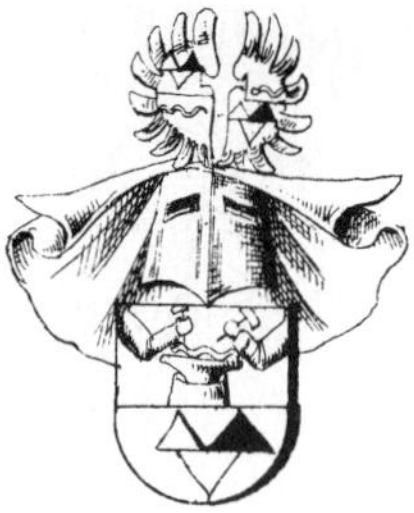

Schmidt

Trautner

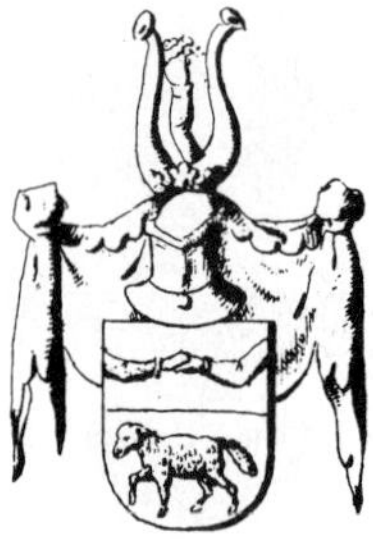

Gütler

Colberg

Schultz

Weiß

Wirtig

Schlaweck

Oben Löwe

Mederl

Bauhof

Sachse

von Hütlein

Lehmann

Leyh

Niklas

Kerner

Eßlinger

Agricola

Burghardt

Strom

Weynert

Fürstenfelder

Müller

Stupanus

Ciglerus

Kerscher

Höfler

Rupp

Brihl

Breithaupt

Breithaupt

Breithaupt

Herz

Kröner

Bauer

Deschler

Haag

Walther

Krannöst

Partenhauser

Goetz

Nuber

Reidnütz

Albert

Heys

Bechstein

Erdinger

Benckiser

Emart

Helmuth

Schönsleder

Wickl

Wickl

Gosswin

Gehring

Kühn

Knuth

Heidler

Lentz

Berchtoldt

Burger

Wichmann

Baldenhover

Meubrink

Cupers

Löw

Huhn

Wichmann

Wiechmann

Wiechmann

Wichmann

Geuss

Muge

Dunzinger

Hedl

Humperdinck

Kradte

Kratt

Gerhardt

Nissl

Freyberger

Peukert

Peukert

Reitzeck

Friedl

Nebel

Mayr

Schwunghammer

Heintzmann

Hueber

Vollandt

Volandt

Kaffenberger

Grimm

Koppenhöfer

Höckhenstaller

Ruger

Rieger

Fischer

Fischer

Floscher

Ludwig

Ludwig

Leveling

Schmidtauer

Ladwig

Marx

Sotch

Wullenwever

Kellinghausen

Kellinckhusen

Kellinghusen

Walther

Waltter

Harrer

Hueter

Sattelpoger

Müller

Khrön

Meyer

Syroth

Stengler

Kurtz

Kammerer

Scheller

Scheller

Schärdinger

Hetzel

Heczel

Neffzer

Honrichinger

Hofmann

Hansemann

Zallinger

Herzog

Flicker

Hansemann

Ade

Gessner

Schober

Bitt

Wetzel

Sträler

Nussberger

Aleman

Hueter

Hager

Kronemann

Flügge

Mayr

Hermann

Siligmüller

Müller

Müller

Miller

Miller

Kueffmüller

Müller

Sträler

Ortlieb

Langbein

Wagner

Schweytzer, gen. Schenckh

Schneider

Schrott

Nussberger

Hartl

Demler

Moritz

Knierim

Halber Löwe

Halb

Debler

Lebler

Zyth

Leu

Hueder

Panzer

Drexel

Ferrari

Gisze

Giese

von den Heesackeren

Seyler

Schröder

Pfeffer

Aicher

Brauer

Effelberger

Behem

Kechelin

Link

Link

Köpfl

Schmetter

von Löwen

Ensgraber

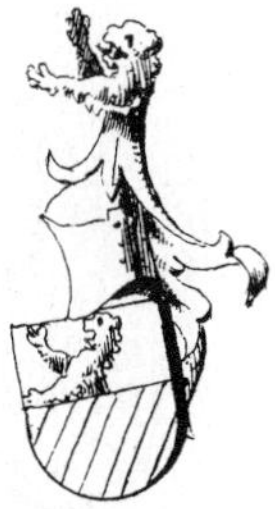
Müller

Wirth

Vüllers

Menet

Mayner

Badell

Hademer

Momesser

Tiessler

Tiesler

Nebel

Nebel

Alberti

Schott

Rühelius

Hoeckh

Zuleger

Treutler

Grote

Marci

Schörli

Cölln

Nittenauer

Hell

Grob

Bobligk

Hartmuet

Schmidt

Fritz

Lüneburger

Grimmel

Wichmann

Gleichberger

Hessenberg

Fontane

Ruoff

Fleischer

Sabon

Söltel

Sedlmair

Kilian

Nollier

Weiss

Mayr

Böhme

Tellert

v. Husen

Diegier

von Dieck

Henning

Löël

Kimmerlin

Bomhover

Baumhauer

Wirth

Buder

Vettiner

Engel

Gerke

Schneider

Degler

Wiser

Gericke

Guerike

Neumarck

Syvers

Beil

Rebinger

de Herre

Lechner

Hainzmann

Queng

Schmidlein

Kränzer

Tittel

Kiferlin

Schiller

Khöss

Neumarck

Dickhl

Geiger

Vegesack

Gerlach

Henning

Hendrichs

Popp

Popp

Firnhaber

Fleischer

Schroer

Wetzel

Hoffmann

Hoffmann

Jahn

Raitweiler

Hartman

Müller

Kühn

Braun

Ruoff

Neppert

Zölchner

Gäbelein

Wagner

Schüssler

Neumann

Sailer

Laelius

Streitl

Halbleib

Schoapp

Napp

Moritz

Moritz

Moritz

Schütz

Schännis

Oben Pferd

Frank

Rossbach

Oberste-Lehn

Hepke

Engensberger

Roß

Busch

Schultze

Pagenstecher

Schönfeld

Strube

Ryff

Oben Einhorn

Lentz

Forst

Eisenwagen

Weitler

Weidler

Weitler

Pruckmann

Lauer

Egghart

Hofmaister

Lindinner

Girisch

Hofherr

Rosskamm

Oben Panther

Lauchinger

Oben Bär

Berry

Husel

Huselius

Püchler

Hofer

Oben Wolf

Scholtz

Hueber

Wolf

Wolfram

Reinhardt

Dempwolff

Schirrer

Schröder

Schmidt (Cochstedt)

Schmidt-Kochstedt

Oben Hund

Nüssler

Steub

Roth

Hezel

Steup

Canisius

Ludwigs

Ludwig

Verius

Merkh

van Bredt

Baudouin

Treger

Frick

Göding

Steifensand

Colart

Oben Hirsch

Winkler

Fürstenow

Freundt

Hirsching

Hiersching

Wilhelmi

Reimbold

Hirschfeld

Oben Lamm

Hölscher

Schaffnitzel

Scheffer

Bezzel

Schieffer

Osterried

Felix

Hauck

Holste

Oben Bock

Gaissecker

Knepflein

Elbs

Hermanutig

Vianden

Müller

Memminger

Neander

Oben Rind

Baling

Waider

Mayr

Mayr

Baumann

Oben Hase

Has

Haas

Wecker

Haase

Hass

Oben Biber u. ä.

Suenzelius

Hintze

Vischer

Wiese

Oben halbes Pferd

Schied

Reuss

Domstorff

Schultz

Schultz

Maklott

Schreder

Schröder

Coschwitz

Reuth

Schöner

Reuße

Schnurpfeil

Liss

Reisch

Goldberg

Oben halbes Einhorn

Fleck

Schickl

Mörtl

Mörtel

Frey

Frey

Fürst

Horn

Thönniker

Zillich

Pruckmann

Mertens

Schrempf

Preuße

Dhym

Linss

Menzinger

Beck

Tuntzen

Fickler

Gerueg

Woothke

Richter

Retter

Kornemann

Krapp

Hornbach

Butz

Schönherr

Schemel

Retter

Haider

Fritze

Miller

Wagner

Schilling

Oben halber Panther

Böttinger

Oben halber Bär

Petz

Panzer

Barteldes

Boismann

Forster

v. Hulderen

Köpfersberger

Beer

Wehl

Sachsinger

Zölchner

Cornax

Schorp

Oben halber Eber

Schweinsburg

Eberhardt

Hannoldt

Haunold

Everling

Haunold

Oben halber Wolf

Walschpeck

Wolff

Hruszeck

Althammer

Wagner

Ungericht

Sänger

Wolf

Oben halber Hund

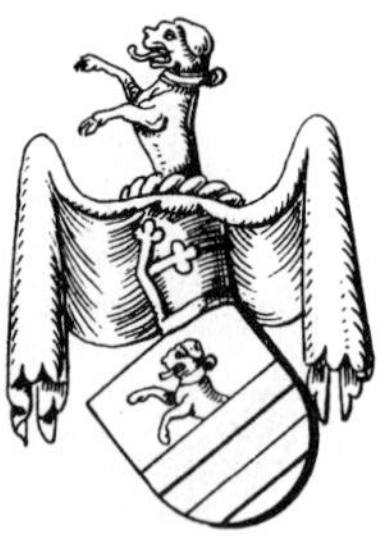
Wachau

Friedel

Hund

Wagner

Oben halber Hirsch

Breitenberger

Grünwalder

Ellinger

Friess

Hirschdörfer

Hirschdorfer

Spatz

Spatz

Offeney

Rehfeld

Rehefeld

Schmerold

Siebzehnriebel

Förster

Oben halber Bock

Hartmann

Hartmann

Weisspeckh

Eifler

Georgesohn

Andler

Pusch

Margadant

Kribl

Bernards

Heustein

Stein

Gietten

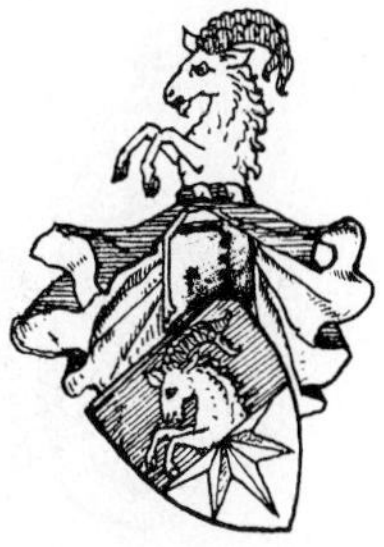

Naundorf

Jahn

Brüll

Steinböck

Ulrici

Coler

Sieber

Ziebert

Borisch

Abeken

Wagner

Oben halbes Rind

Wohnau

Mockel

Ebmer

Hönn

Kapf

Verdunk

Ochs

Ochs

Heiber

Kurz

Kurz

Oben Tierkopf

Jamnitzer

Stanner

Ramm

Sturtz

Laporte

Kadgien

Kühne

Bockmair

Mees

Schredl

Oben Geweih

Blaufelder

Dimpker

Völcker

Fickert

Sitz

Bosse

Schumacher

Gütt

Oben Horn

Doll

Oben Pranke

Dettmer

Becker

Simmersbach

Oben Fisch

Egli

Loofs

Lowig

Bölkow

Sell

Loofs

Fischer

Blender

Rörer

Heckner

Bunk

Meisser

Schubert

Fischer-Ottleben

Rötzer

Fischer

Kerp

Oben Schlange

Scheffler

Aelmans

Dufour-Feronce

Jenisch

Borsche

Borsche

Oben Krebs

Büttner

Oben Muschel

Schwerdtfeger

Kopf

Büter

Ballüder

Bosse

Oben Insekt

Trehou

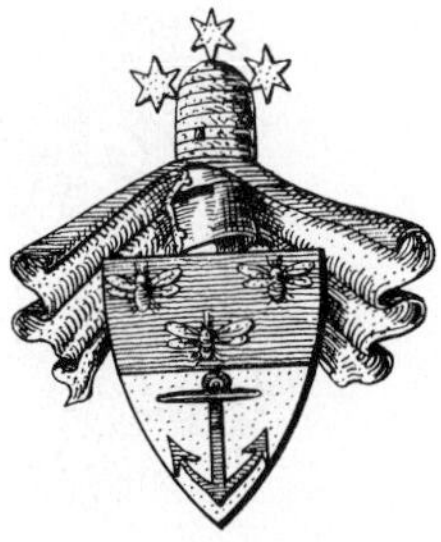

Müser

Schrek

Oben Drache

Schwarzenthaler

Oben Mischwesen

Viltherus

Kling

Bodenstab

Oben Adler

Eggers

Dettweiler

Guaita

Klette

Adler

Albertin

Schwegerle

Boniat-Rica

Schwägerl

Bollacher

Hochwart

Koch

Mainone

Rheinboldt

Agricola

Mauthe

Albini

Mahr

Pfetter

Bolongaro

Herold

Steinheimer

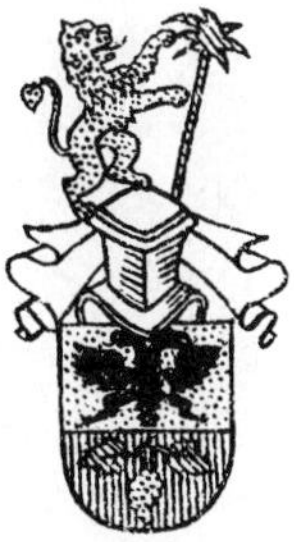
Raisin

Eymers

Szeiring

Lutz

Buschbaum

Blondel

Trichtler

Bell

Fuchs

Brentano

Romen

Tschugguel

Oppermann

Conrad-Rho

Mitzlaff

Oben halber Adler

Han

Ammann

Ammon

Reich

Stoffacher

Gentner

Schwaiger

Adler

Kraner

Jung

Gabrüqve

Huepk

Zickh

Wyszomirski

Arnold

Eggl

Glast

Dresden

Uhde

Merckh

Zianelli

Thorwart

Jung

Wiener

Frickh

Jorg

Herman

Schütz

Maierhofer

Hofer

Hag

Hagen

Engels

Sedelmair

Holtzhay

Ulrich

Ulrich

Steinheimer

Holdtfilter

Warnecke

Fraisda

Bolsinger

Schmitt

Schmitt

Gurlitt

Sachse

Höchster

Dudy

Rabius

Vaschang

Corvini

Knüttel

Schmidt

Raber

Dumoisy

Spatz

Grafer

Röting

Röting

Raebiger

Tauber

Hülss

Rendwickh

Rab

Finn

Krebner

Mourier

Vorbrugg

Müller

Brockwitz

Casteren

Raizner

Wernitzer

Hopfgartner

Römer

Ruchamer

Deminger

Corvinus

Brentz

Jaeger

Storer

Grossschupf

Alvermann

Drost

Jackett

Carolus

Bleidenstedt

Dietrich

Fynn

Kutter

Scheve

Kruse

Oben zwei Vögel

Lombarts

Oben drei Vögel

Henn

Leveling

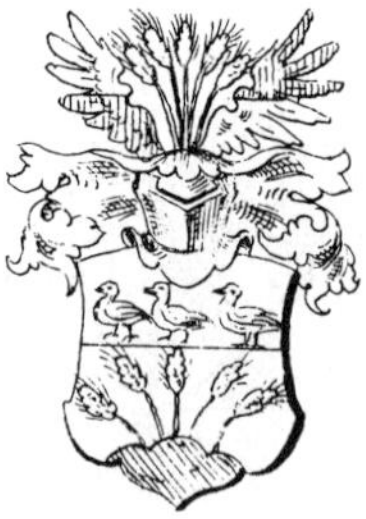
Velden

Oben Schwan

Strobl

Schwan

Brülow

Six

Seyboth

Schwaiger

Golla

Schröder

Oben Pelikan

Schüler

Gessner

Busch

Chemnitius

Schröder

Oben Stelzvogel

Buff

Stammer

Schindler

Oben Hahn

Gall

Hanmann

Zech

Zacharias

Riegler

Wann

Ringler

Gäzin

Reutter

Oben Pfau

Schenich

Prantl

Oben Eule

Früeauff

Oben Eule

Thienelt

Paul

Oben Flügel

Hering

Anselm

Stresow

Dictes

Dictes

Günther

Göttling

Lederer

Wefers

Becker

Oben Vogelbein

Asper

Oben Feder

Schreiber

Oben Vogelkopf

Oberkamp

Haubtvogel

Haubtvogel

Oberkamp

Grommes

Metzger

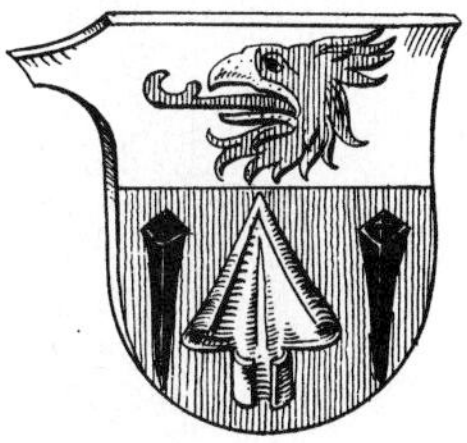
Schmidt

Langermann

Eisser

Adler

Barll

Mentz

Mentz

Oben Engel

Fritsch

Engelhard

Stöberlein

Stöberlein

Stöberlein

Mühlberg

Pauli

Vietor

Studer

Oben Engelskopf

Fritsch

Engeling

Gadegast

Spelter

Englisch

Heydenreich

Oben Pegasus

Gecholdt

Pagenstecher

Bree

Endorffer

Oben Melusine

Caspart

Egen

Oben Greif

Stier

Sengmiller

Steier

Keibel

de Ridder

Gässler

Finckh

Weltz

Friderich

Grieben

Grieben

Rieger

Fuger

Föschl

Mayrhofer

Mayerhofer

Vincenz

Spaney

Syroth

Dreysser

Gschray

Röhl

Reiffel

Hörndl

Drach

Stahl

Oben zwei Greifen

Wöhrlin

Oben halber Greif

Puechmayr

Zägkhler

Fischer

Hofer

Mayr

Wollenhaupt

Pfeil

Gruber

Hueber

Mörder

Gepp

Wurtzer

Grib

Schlegl

Zoller

Zoller

Schreiber

Bolan

Koeppen

Panswang

Mangold

Mangold

Kujath-Dobberlin

Staml

Beckher

Schuemacher

Stintzel

Freißmuth

Mayl

Bulligh

Hartman

Neubegk

Leisentritt

Butzbach

Bobinger

Müller

Müller

Oben Baum

Wittern

Kruse

Loesing

Forster

Juenn

Lang-Lungean

Oben Bäume

Fichte

Teuscher

Nastowe

Oben drei Bäume

Dieckhoff

Maevius

von Diecke

vom Dieck

Bawr

Paul

Collenbusch

Oben mehrere Bäume

Pointner

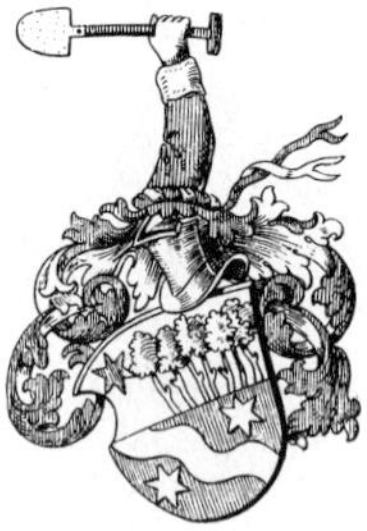

Grabenhorst

Oben Baumstamm

Rychiner

Kienberger

Schilling

Weynmaister

Xylander

Leikauf

Oben Eichenast

Förster

Eckardt

Nicolai

Nicolai

Schröder

Oben Einchenzweig

Künsberg

Vogt

Eickhorn

Wullenweber

Oben Zweig

Schwartz

Görges

Loitz

Oben Blatt

Seifert

Enger

Knappertsbusch

Eckebrecht

Müller

Rouchli

Clement

Geiges

Oben Klee

Herdel

Klastadt

Klastadt

Berndt

Würker

Oben Klee

Siber

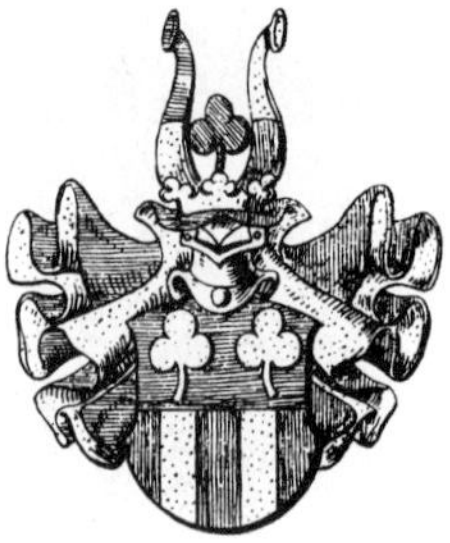
Gieppner

Kern

Pöpping

Rothmayr

Reinstorf

Bacmeister

Bacmeister

Brandt

Brandt

Brandt

Duske

Schwartz

Graff

Pieper

Feltzin

Oben Rose

Bingold

Koch

Rösler

Deininger

Deininger

Osiander

Osiander

Weissenborn

Buff

Buff

Dickschas

Jörger

Knust

Rump

Rose

Schliephake

Billeb

Ebentheuer

Arnold

Hoffmann

Wamosin

Müller

Grossmann

Tiling

Pitroldt

Schwaigkhofer

Bonnie

Göldi

Fassy

Cellius

Gail

Tielke

Schuler

Carstens

Masson

Scharf

Denkmann

Dedeken

Oben drei Rosen

Wittke

Halle

Leimberger

Schardt

Leuchs

Schäffer

Dieckhoff

Oben drei Rosen

Hähnlein

Hahn

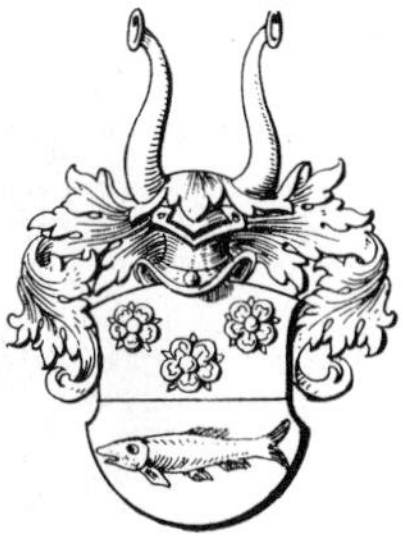

Stoer

Stoer

Siebs

Hinrichs

Lange

Butz

Lesse

Lange

Ellrod

Agst

Rosenmüller

Oben halbe Lilie

Nueber

Schweighauser

Peyer

Peyer

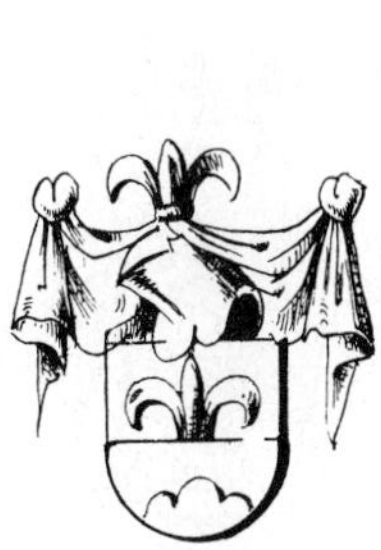

Lill

Glaser

Möller

Gilg

Haymhofer

Scherl

Scherl

Mühlholz

Steinmetz

Messmer

Finster

Staudner

Rorer

Hartmann

Schulze

Sattler

Sattler

Höllisch

Guyer

Ebeling

Schön

Florich

Schmidt

Schmidt

Stückelberg

Seelos

Oben zwei Lilien

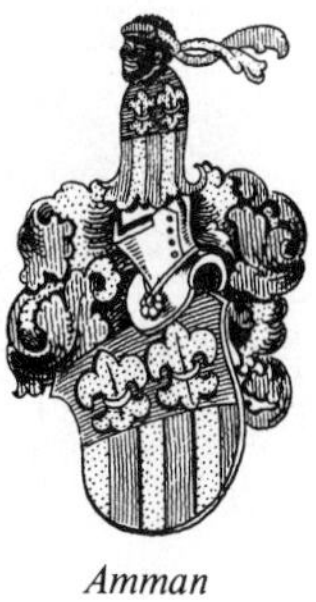

Amman

Cuttat

Kröpelin

Messmer

Mechler

Poppe

Pauer

Bauer

Walrab

Lerch

Finke

Kühnemann

Vilinger

Wissell

Mair

Schmülts

Oben drei Lilien

Goller

Oben drei Lilien

Mannd

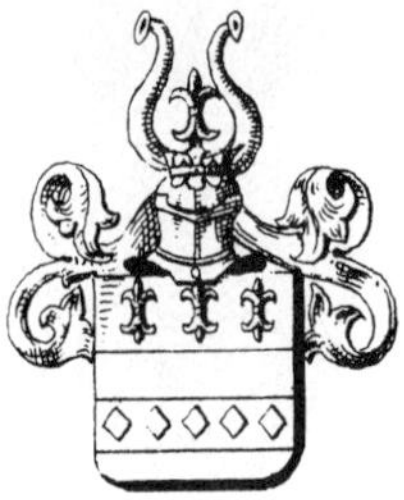

Zenetti

Momme

Momme

Köppen

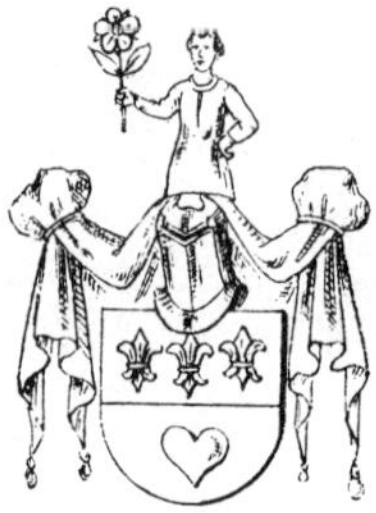

Carl

Erttell

Dupuis

Steinmetz

Bardili

Hetzler

Hildebrandt

Oben mehrere Lilien

Friz

Oben Blumenzweige

Sochtl

Bluemblacher

Deterding

Preisegger

Zimmermann

Ronbühel

Jocher

Iven

Anthes

Kleiber

Rosenbach

Feyll

Behnke

Behnke

Taaks

Heiner

Preisegger

Orlop

Dankwerts

Oben Kranz

Gerdes

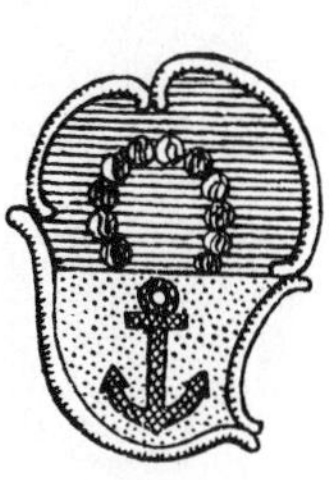
Duttenhofer

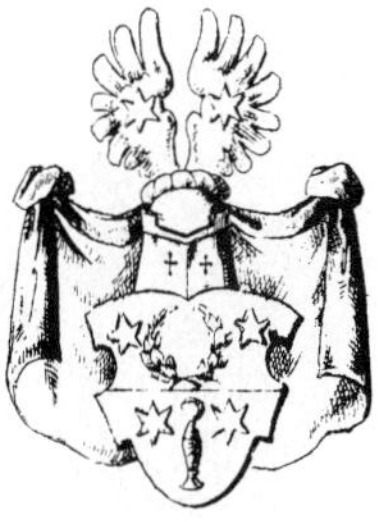
Gerle

Nolte

Geteilt, oben Früchte

Hollburg

Gugeltz

Gugolz

Gugolz

Oben Wein

Weinert

Wörner

Grube

Oben Getreide

Grefe

Kern

Schwarz-Jacobine

Graner

Ruth

Erdmann

Herde

Rehfeldt

Backhaus

Wilckens

Bouthillier

Koch

Räder

Strohanner

von Felden

Oben Mooskolben

Tantzer

Mayer

Brooks

Carpzow

Oben Anker

Krüll

Ammerbacher

Schaefer

Janck

Gmelich

Gmelichius

Oben Bauwerk

Stadtler

Kölliker

von der Borch

Buff

Borcholte

Broggia

Stirmlin

Hoeffgen

Haussmann

Rottenheussler

Scheuermeier

Asmus

Spalding

Oben Kirche

Clostermayr

Hoffkircher

Kirchrath

Oben Brücke

Brückmann

Bolbrügge

Oben Herd

Höll

Oben Schiff

Heyl

Fraude

Fahrer

Kneib

Schmidt

Tolsdorff

Oben Bienenkorb

Vetter

Renger

Renger

Oben Beil

Kettembeil

Bieler

Koch

Koch

Oben Beil

Brügmann

Leschen

Brecht

Grüthling

Schröder

de Meyere

Oben Bogen

Lembs

Oben Hut

Busch

Rothut

Jude

Feicht

Huth

Oben Schuh

Schömmel

Oben Buch

Wunder

Rohde

Hasse

Oben Egge

Ebart

Eckers

Oben Gabel

Gerlach

Oben Gefäß

Jahn

Oben Gefäß

Glaser

Kohlbrenner

Wernicke

Breyhahn

Lutz

Junge

Oben Glocke

Glogner

Oben Hammer

Lüntzel

Ossent

Knapp

Müller

Oben Helm

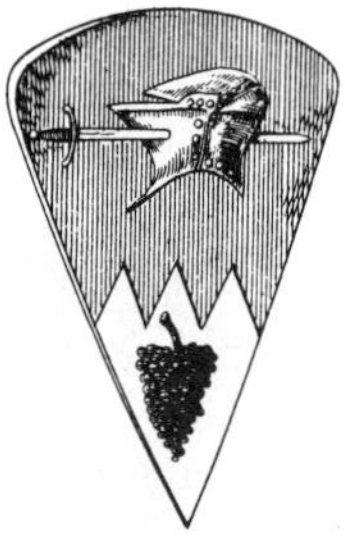

Pfeiffer

von Tamberg

Oben Hobel

Stolle

Oben Hufeisen

Moser

Junckher

Leonhardt

Herda

Koschnitzke

Schänzer

Oben Horn

Jeger

Jeger

Kuhlmann

Horn

Berendts

Hornschuch

Herr

Wolf

Holland

Steinbauer

Simon

König

Merckh

Mercker

Haubensack

Hornschuch

Hornschuch

Hornschuch

Hornschuch

Hornschuch

Oben Horn

Hornschuch

Kentzler

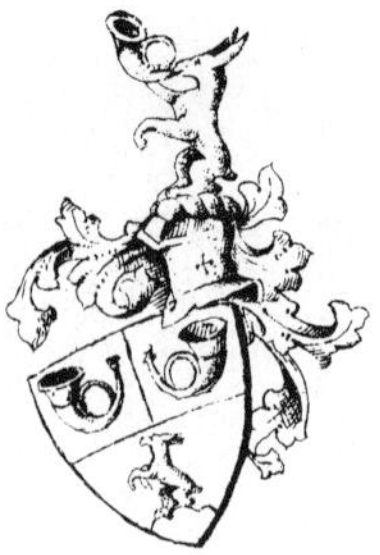

Haass

Oben Kanone

Bening

Oben Kegel

Kögl

Oben Kolben

Kolb

Oben Krone

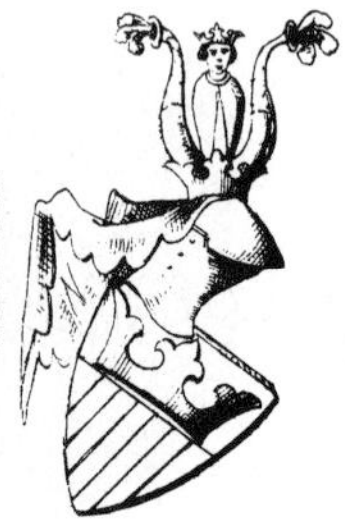

Amsorge

Holliger

Anter

Kaiser

Kopka

Külp

Bodenmüller

Kayser

Sossenheim

Behrens

Kheyser

Gunstätter

Meyer

Kagelmann

Oben Krone

Schlinkmann

Koggeler

Krüger

Laurentius

Keyserling

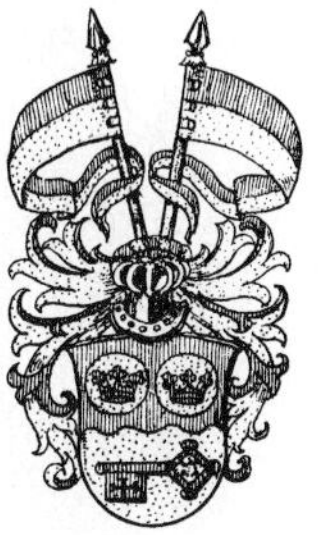

Mahlström

Gundlach

Ohlf

Schneider

Oben Messer

Rechberger

Kuntz

Oben Mühleisen

Müller

Müller

Pestner

Bungardts

Oben Mühlrad

Angermüller

Mosmiller

Oben halbes Rad

Röder

Wagner

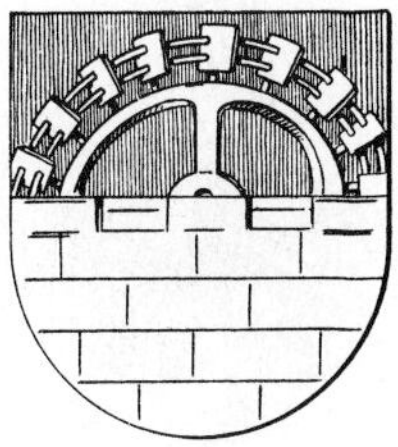

Maurmiller

Schachner

Schachner

Mülberger

Conradi

Carstens

Konrad

Krohmer

Beham

Freudweiler

Hahn

Oben Mühlstein

Müller-Schönau

Oben Nägel

Fenniger

Oben Pfeil

Burger

Wigershop

Fritz

Oben Pflugschar

Kaneider

Mangold

Thieme

Schaare-Schlüterhof

Siersleben

Oben Pflugscharen

Kempen

Beismann

Siebke

Raithel

Schröder

Oben Pflug

Hensel

Oben Rad

Schoch

Silberrad

Radewald

Oben Schere und Zange

Schrotzberg

Hanke

Symmer

Volckmann

Rentrop

Scherenbarch

Burkhardt

Oben Schildchen

Schildhauer

Gottschalk

Werner

Ide

Münger

Scherm

Haag

Haag

Schindelmeiser

Oben Schwert

Dankenbring

Rühe

Eyssen

Steuer

Durrieu

Rudolph

Muyschel

Fabricius

Oben zwei Schwerter

Wollmershausen

Fürste

Trummer

Hehn

Gericke

Woytasch

Schützler

Oben drei Schwerter

Tessmar

Oben Scheibe oder Ring

Seppich

Nieberg

Winkhaus

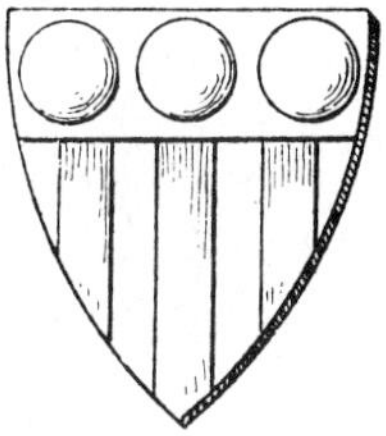

van Loeven

Bodmer

Bodmer

Jäger

Pockrandt

Ullrich

Klinkhardt

Habich

Lorinser

Ruhmer

Oesterring

Löwe

Kehrhahn

Pulvermann

Bentheim

Oben Schlüssel

Harloff

Oben Schlüssel

Brehme

Tutein

Kappert

Aulfes

Dürrschmidt

Tümmler

Oben Stab

Gerken

Schneider

Schmidt

Angelmacher

Angelmacher

Meyer

Ehinger

Hußwedel

Huswedel

Zimmermann

Bauer

Krupp

Orfgen

Pohlmann

Frauendorf

Oben Sichel

Wirth

Obenauer

Hepp

Sichla

Oben Sense

Jositz

Oben Waage

Hausen

Merkel

Steinhardt

Schöner

Oben Würfel

Spielmann

Spielmann

Loose

Oben Riegel

Gontard

Schulze-Veltrup

Riegel

Oben Weberschiffchen

Kufmüller

Pintsch

Oben Winkelmaß

Winckler

Rechtern

Oben Werkzeug

Dorl

Oben Doppelhaken

Sauer

Karl

Fischer

Spalting

Rademacher

Saltzmann

Dietrich

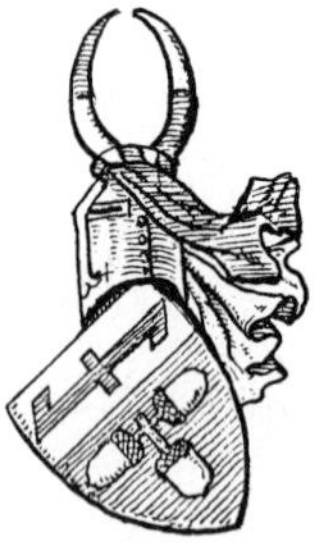

Riggert

Riggert

Schofer

Burckhart

Burgkhartt

Staud

Lauckhard

Raw

Speicher

Hardessheim

Böninger

Oben Buchstabe

Adeler

Kamper

Heydorn

Krieger

Kirsch

Ludwiger

Rhiem

Junge

Rechts Heroldsbild

Schönberg

Ridenstein

Brandt

Tabor

Rothe

Lassmathauser

Fuchs

Beckh

Willer

Schuler

Kröpelin

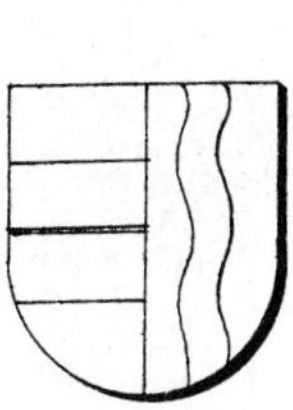
Huskummer

Klippel

Quergestreift

Nolbeck

Schmidtmayer

Wieser

Vall

Dieterichs

Hunne

Hunnius

Tabor

van Emersen

Dorguth

Huss

Bruning

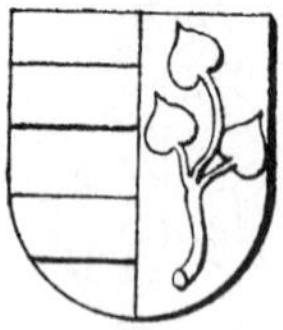
Asper

Grünberg

von der Molen

Schlüter

Grabener

Krahnstöver

Längsgestreift

Kölliker

Kölliker

Seitlich geschacht

Borseckh

Mitscher

Osthus

Rechts Schrägbalken

Dudith

Sagmeister

Frey

Hohenkircher

Linck

Buesser

Goltze

Hafenbauer

Merseburg

Wiesbaden

Wiesbaden

Heidelbach

Rechts schräggestreift

Fridberger

Engelhard

Engelhard

Engelhard

Praun

Braun

Enkelmann

Lheman

Nellessen

Keyser

Riediger

Weydacher

Willer

Plähn

Hupfauer

Walperstetten

Ebelt

Freyssgemuet

Strobandt

Oder

Kissling

Hafner

Kradl

Böthner

Sachs

Schenk

Kreel

Vossen

Hildenhagen

Leesenberg

Meininger

Köster

Bolzenberg

Arnold

Schönermark

Rechts gesparrt

Richler

Döring

Luntzer

Suevus

Strobel

Münning

Rechts Raute

Behrla

Rechts geräutet

Mauser

Luttner

Rechts Rauten

Oldesloe

Dumoisy

Byschopstaf

Rechts Spickel

Obermayr

Meynig

Rechts Spitzenteilung

Bächer

Rechts geständert

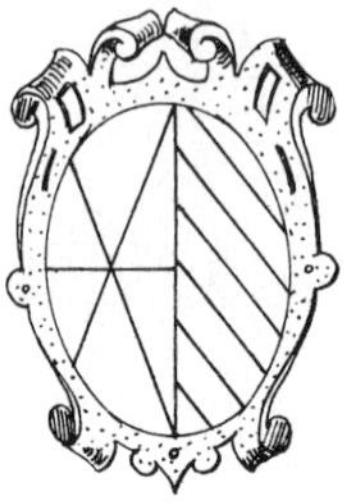

Nadler

Schendel

Rechts Kreuz

Bienizewski

Kirchhoff

von Recklinghausen

von Recklinghausen

von Recklinghausen

Tabbert

Boettcher

Albrecht

Scherer

Scherer

Grunwaldt

Grunwaldt

Kersten

Kölle

Oestler

Mair

Rechts Sonne

Serge

Jochum

Duncker

Rechts Mond

Man

Westermann

Schaubode

Zimmer

Meinel

Meinel

Meindel

Denicke

Lütkens

Froichen

Usteri

Mönhorn

Menhorn

Blondel

Aly

Tarnowski

Rechts Stern

Möller

Gröning

Strauß

Hockels

Schwindt

Kriesche

Sottil

Puhlmayr

Neugebauer

Zabler

Gütschow

Feige

Rechts zwei Sterne

Kayser

Clement

Lafferdes

Hausen

Opitz

Michaeli

Zeiterlein

Zeyderle

Mannsfeldt

Möller

Schulze

Rechts drei Sterne

Lippius

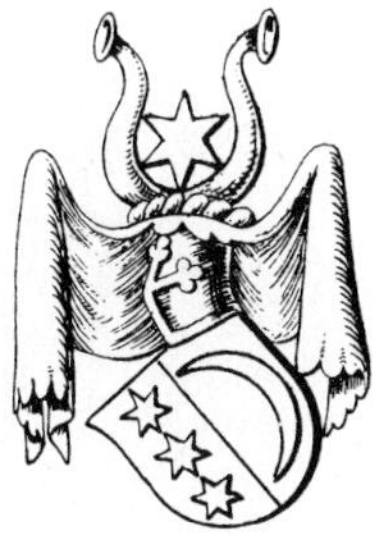
Tramel

Will

Meißner

Praunschober

von der Hart

Donauer

Lübbes

Wolff

Rühle

Remschel

Beyssel

Boden

Vilter

Göldener

Rechts vier Sterne

Gerlach

Rechts Flammen

Lohbauer

Niebur

Rechts Mensch

Verbezius

Maidpurg

Forster

Amperg

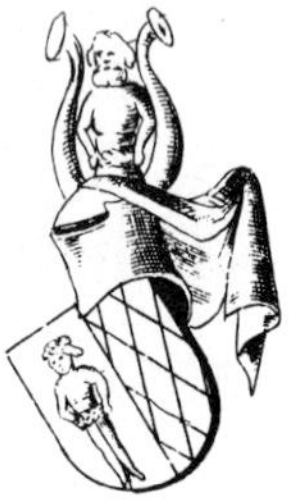

Baierlacher

Grintler

Reischl

Krogmann

Krogmann

Erdmann

Hainzelmann

Bartels

Werner

Piepersberg

Dose

von Thaden

Angelus

Oetzmann

Rechts Mensch

Warnecke

Gahde

Moeller

Moller

Koldorp

Münchhoff

Hebenstreit

Baur

Hartken

Köhlmann

Gravenstein

Rechts Mensch, links Gerät

Behrmann

Boden

Felgenhauer

Leutel

Nehring

Nehring

Bever

Großmann

Hepner

Meyer

Rechts halber Mensch

Funckh

Gag

Mörleth

Zipper

Haydenhofer

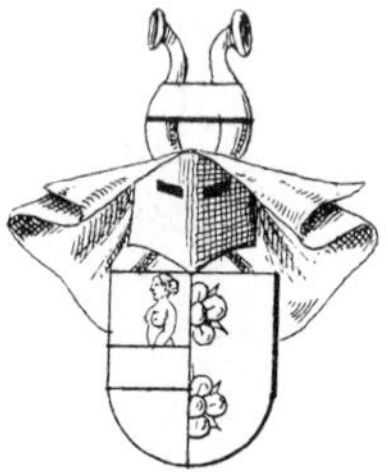
Grimholz

Rechts Kopf

Köpping

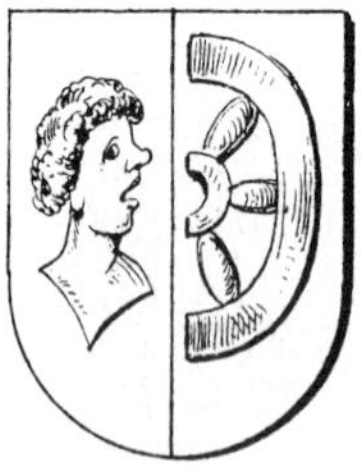
Müldorfer

Rechts Auge

Schramm

Rechts Arm

Hammerschmidt

Hauinschild

Hueber

Löber

Löber

Hessenmüller

Altrichter

Neugebauer

Blume

Klein

Rechts Arm

Finger

Distelhofer

Distelhofer

Flauder

Saugefinger

Weber

Dorndorf

Goetz

Leitgeb

Kröger

Rechts Hand

Satow

Rechts Füße

Most

Glandorp

Rechts Herz

Ramsey

Wernich

Wernich

Hertzberger

Brantten

Urban

Schacht

Links Balken

Rasp

von Elpen (v. Lennepen)

Links quergestreift

Gastinger

Gstatter

Purkstaller

Hofer

von Verden

Links längsgestreift

Überreyter

Links Schrägbalken

Hörmann

Toll

Links schräggestreift

Henssler

Eisenkrämer

Weindl

Haller

Lorber

Wagner

Aichner

Griessauer

Griessauer

Weidacher

Links schräggestreift

Wurschenhofer

Amanger

Eckenfelder

Gerwaldt

Högler

Rothenburger

Links Sparren

Deschenmacher

Schmeling

Leb, gen. Layb

Links Kreuz

Bose

Cordua

Links Sterne

Viebig

Kulnigg

Dersch

Links Mensch

Hetsch

Mödlmayer

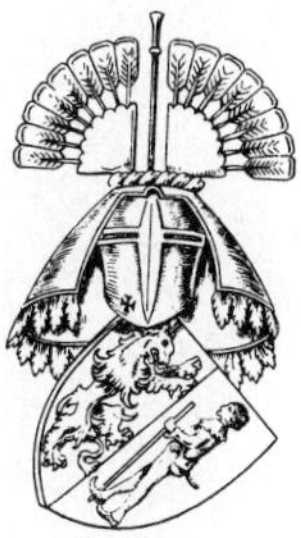

Froelich

Links Arm

Lebitsch

Links Vierbeiner

Heczer

Schulz

Links Vogel

Kauffmann

Kramer

Links Fisch

Muffel

Links Pflanzenreich

May

Borsdorf

Klain

Osterriedt

Freysich

Links Lilie

Wagner

Attelmayer

Fressel

Geisenhauser

Gassner

Henne

Links Blumen

Aigenler

Stadör

Links Gerät

Harttleben

Gaus

Eltmann

Ertl

Links Mühlrad

Müller

Müller

Links Pfeile

Gessner

Links Rad

Rappoldt

Links Scheiben

Riehm

Rechts Löwe, etwas haltend, links Heroldsbild

Seufferlein

Schultheiss

Edlmüller

Baustetter

Reisner

Brandstetter

Kresser

Richter

Lautter

Hüpschenberg

Links Kosmos

Sayer

Links Menschenteil

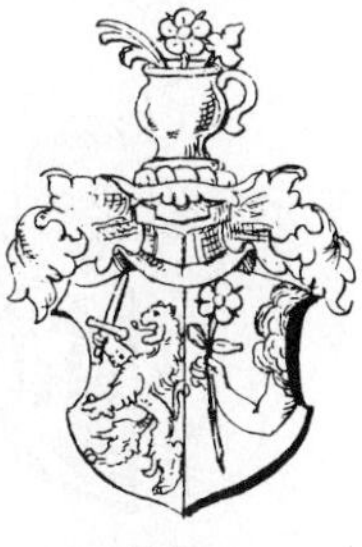

Krüger

Links Vogel

Grill

Dolp

Links Greif

Hechenperger

Osterriedt

Bach

Schmidt

Parrot

Sieber

Richter

Winckhler

Esser

Hagmüller

Gulden

Geld

Rechts Pferd

Fries

Essich

Karner

Völckers

Kühn

Schmalor

Moeller

Schwartz

Recht Esel

Trupenicht

Rechts Einhorn

Kutzer

Graf

Austin

Mathern

Scholio

Gabe

Gabe

Ehlers

Elert

Wagner

Scheller

Rechts Panther

Wildenauer

Rechts Bär

Perleb

Peer

Werdaläs

Penningroth

Rechts Eber

Eberlin

Helmsauer

Rechts Wolf

Wolf

Nenningen

Wolfhart

Rechts Hund

Gotscholl

Piger

Speltz

Stokelef

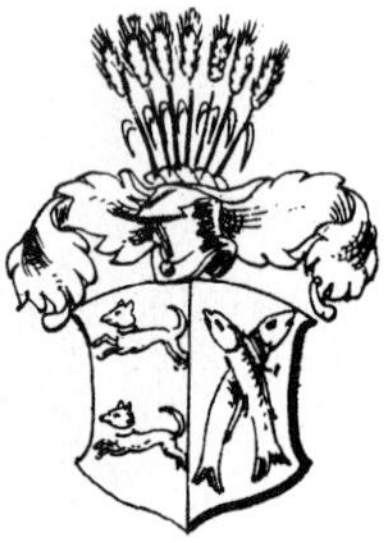

Stegemann

Rechts Hirsch

Günther

Pötsch

Hefele

von der Hardt

Bensel

Iserhardt

Hirsching

Rechts Hund

Sauermann

Rechts Lamm

Blees

Rechts Bock

Steiner

Elsauer

Elsauer

Schöpperlin

Spänsberger

Rechts Bock

Schörkmayer

Seidner

Buck

Buck

Rechts Rind

Claen

Wackebusch

Rechts Affe

Affenzünner

Rechts Katze

Blancheteste

Rechts Maus

Landauer

Rechts Körperteil

Sellmeier

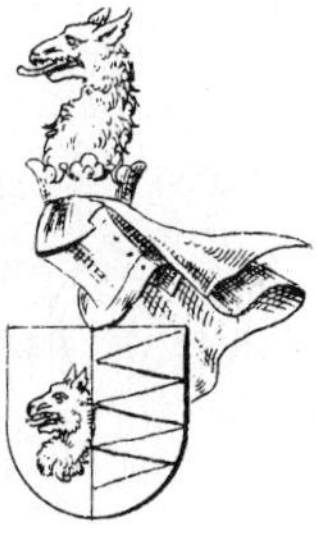

Wulf

Jacobs

Hirsching

Rechts Ochsenkopf

Gelenius

Gelen

Gaelenius

Biermann

Thisen

Katzow

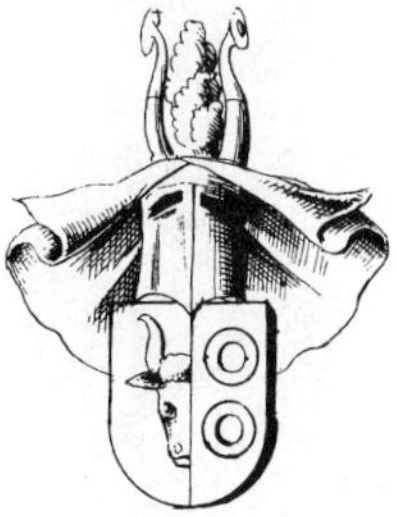

Popp

Rechts Hirschstange

Turski

Hartzwich

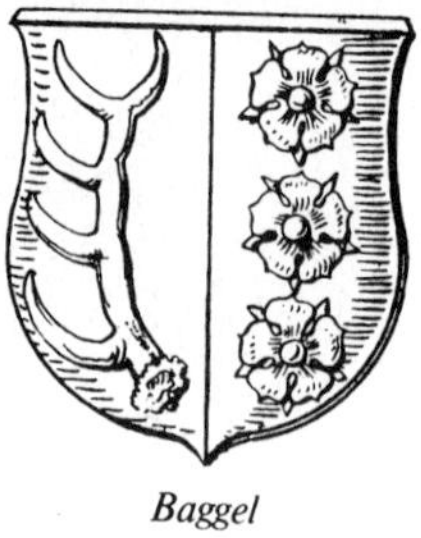

Baggel

Rebwein

Rehbein

Rehbein

Bauder

Gnoth

Volger

Ebelius

Röcker

Rechts Horn

Lenckershaimer

Rentz

Rechts Bärenpranke

Lochner

Rechts Tierbein

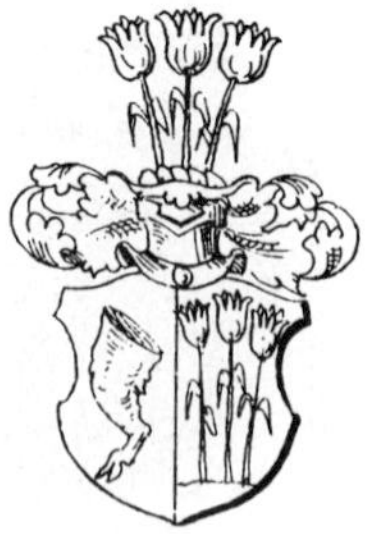

Sander

Rechts Adler

Leutner

Seuter

Schoberl

Rechts halber Adler

Ybl

Kastorp

Wacker

Wacker

von der Au

Ehinger

Linser

Cunitz

Zimmermann

Köster

Wolsching

Neundorfer

Wennser

Wennser

Links Stern

Stern

Stern

Stom

Mayr

Mann

Goetze

Sjats

Steffen

Links Stern

Dalpiaz

Ebes

Links Kosmos

Gall

Meyer

Schultz

Freese

Hofmann

Goetz

Links Mensch

Adlmann

Bumann

Sylvius

Kombst

Baumann

Bumann

Wille

Links Menschenteil

Hars

Links Vierbeiner

Thomas

Veihel

Links Vogel

Truzettel

Links Fisch

Schönbach

Links Fische

Rehnfiesch

Schönfeldt

Links Krebs

Krabler

Links Baum

Hervorde

Wilkens

Broeckmer

Links Baumstamm

Vorwerk

Vorwerk

Links Ast

Lorenz

Links Klee

Bohlen

Groeneveld

Sasse

Eibes

Links Rose

Gerdes

Osten

Osten

Erichs

Keyser

Osten

Lübs

Maul

Links Lilie

Huldenreich

Mayr

Ibbeken

Günther

Schiphower

Hilgemann

Reimers

Links Blume

Bonn

Nessen

Nessen

Ritter

Links Wein

Oldekop

Links Ähre

Saalmann

Klimisch

Nessen

Köhne

Haberl

Adami

Zacher

Uekermann

Schmidt

Links Zelte

Wechsler

Wechsler

Links Hacke

Vogler

Links Krone

Ortl

Links Kugeln

Müller

Links Mühlrad

Radmann

Mundt

Links Reif

Hasse

Schiller

Links Schuh

Must

Links Schwert

George

Links Sichel

Enschede

Links Stab

Lex

Stanger

Links Waage

Cramer

Links Weberschiffchen

Zeiner

Zeiner

Links Marke

Hadeler

Dreyer

Halber Adler

Sierk

Dürls

Popken

Rechts kleiner Vogel

Krabat

Milvius

Raith

Eisner

Trost

Eissvogel

Khull

Guckenberger

Rechts Stelzvogel

Faber

Croon

Schörckhl

Pemsel

Fehr

Schickedantz

Händel

Haendel

Rechts Hahn

Henndel

Hänel

Rechts drei Vögel

Taubmann

Marcus

Rechts Vogelkopf

Rappenberger

Rechts Flügel

Hofstetter

Hofstetter

Strietzel

Hille

Francisci

Francisci

Hitfeld

Derenthal

Sthoer

Stöhr

Froelich von Liechtenperg

Focke

Kone

Wruck

Carl

Rechts Flügel

Mayer

Rechts Vogelbein

Fränckh

Rehner

Rendtorff

Warner

Sander

Rechts Feder

Dittmer

Claus

Doll

Rechts Fisch

Schlein

Warnecke

Hess

Vischer

Volz

Greulich

Burchard

Gmelin

Rechts Lindwurm

Österriches

Rechts Schlange

Hayn

Tischendorf

Aquila

Pfefferkorn

Hambruech

Pemsel

Lang

Scheibe

Putensen

Rechts Frosch

Pader

Rechts Insekt

Melissander

Semmel

Mack

Rechts Mischwesen

Fromherz

Oesteringer

Hübenthal

Rechts Greif

Kundschak

Egger

Altmayr

Freysauff

Rebenickh

Willer

Rechts Greif, links Teufel

Frischeisen

Frischeisen

Links Rose

Streit

Hempel

Links Lilie

Visl

Links Geräte

Wendenschridt

Ganzenmüller

Rechts Baum

Crome

Püchinger

Fichtl

Behaim

Winterfeld

Ewald

Rechts Baum, links Sterne

Dannefeldt

Borsdorf

Weigel

Links Mensch

Hoch

Lindemann

Links Löwe

Lorber

Schweyer

Links Löwe

Svajer

Reiser

Links Pferd

Harmsen

Links Pegasus

Simonius

Simonius

Links Hirsch

Hertzberg

Links Ochsenkopf

Forrer

Links Reiher

Zarnack

Links Eule

Ahlenstiel

Links Fisch

Abels

Links Bauwerk

Schuoler

Schlenker

Links Gerät

Harp

Helmers

Meyer

Buchner

Calmus

Zwei Bäume

Braun

Drei Bäume

Sandthass

Thein

Rechts Baum im Hag

Bönhoff

Bönhoff

Rechts Baumstamm

Lucius

Bischof

Waldast

Ostmann

Hochrüttiner

Kohler

Rümbler

Dumbler

Harsch

Steytz

Rechts Eiche

Hennig

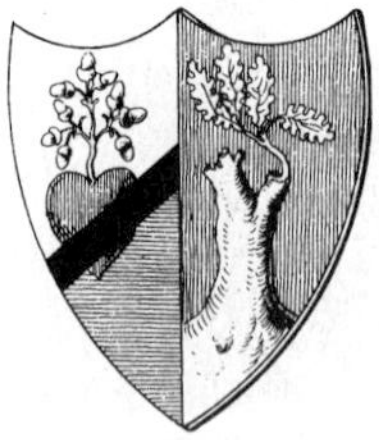

Wernich

Wernich

Itter

Eichenauer

Bouterwek

Rechts Zweig

Schonenberg

Ballendunck

Rechts Zweig

Pansow

Asper

Rechts Blatt

Gerken

Rechts Klee

Schlicht

Schedlich

Buol

Krahmer

Geilmann

Drexel

John

Mayr

Klein

Rust

Rechts Blume

Reuscher

Klemm

Fiedeler

Spörri

Meyer

Lukow

Häring

Rechts Blume

Angerer

Wernich

Volckmar

Hasse

Hasse

Landerhusen

Sohst

Drösemeier

Rechts Früchte

Affelmann

Rechts halbe Rose

Everdes

Schultz

Faber

Borner

Spengler

Möller

Andersen

Egloff

Rechts eine Rose

Willenberg

Schmidt

Rode

Rechts zwei Rosen

Gallhuber

Pühelmair

Zintgraff

Kirchhoff

Kiefer

Kiefer

Kriger

Lantgrave

Rendl

Paungarttner

Gau

Eisen

Eding

Eding

Eding

Eding

Brünning

Luther

Möller

Gerhard

Bohlen

Krüger

Rechts drei Rosen

Küffner

Marsteller

Marstaller

Cloot

Cleve

Schmidt

Artelt

Hesse

Zynner

Prätorius

Willigken

Vielrose

Pansow

Neven-Du Mont

Fauwes

Tamm

Neundörffer

Richey

Rechts drei Rosen

Kley

Berendt

Meier

Bonano

Meyer

Rechts halbe Lilie

Morff

Langerhans

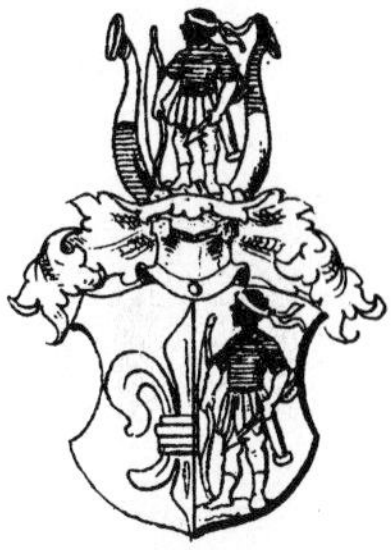

Mohrmann

Schweder

Paullini

Krusemark

Bluhm

Diethmers

Eisen

Kley

Freytag

Faesy

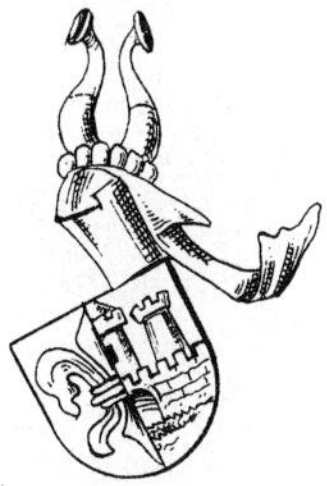

Lange

Trendelenburg

Bielefeld

Rechts halbe Lilie

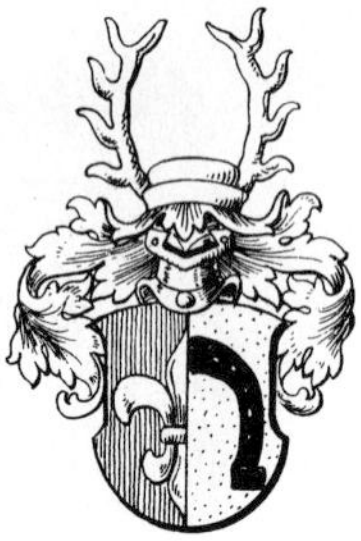

Schmidt

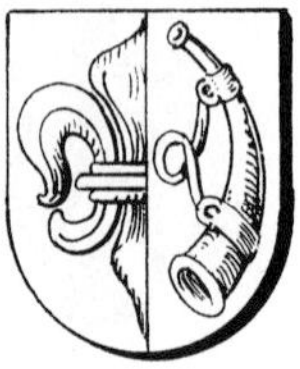

Cesius

Müller

Kirchmann

Ebeling

Koepke

Rechts eine Lilie

Schulz

Brottsorg

Brottsorg

Schönrock

Zösch

Schelbrecht

Höttinger

Riegler

Pintheimer

Zeilmann

Schiller

Prechler

Poppe

Voeg

Rechts zwei Lilien

Hannoteau

Wolff

Schüler

Schuler

Rechts drei Lilien

Maul

Kreiß

Lagus

Castner

Stromer

Freimann

Bausch

Bausch

Rechts Wein

Herbst

Weingartner

Höpfner

Balemann

Rebenschütz

Eggers

Ackermann

Acker

Rechts Wein

Eybe

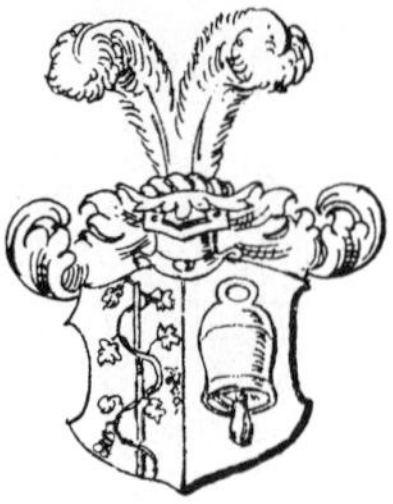

Hoppenstedt

Heymann

Heymann

Fluwerk

Rechts Ähren

Delahon

Hoffmans

Riesel

Walnöfer

Korn

Reichel

Körner

Ehrhardt

Wittkop

Kornzweig

Zorn

Weeger

Möller

Arens

Homeyer

Rechts Ähren

Abenhausen

Arnold

Holst

Hueber

Gerstner

Fäsi

Rechts Bauwerk

Starnberger

Ottmer

Bujard

Berghoff

Holzer

Lange

Hochauf

Kollmann

Burchard

Hofkircher

Rechts Brunnen

Prunner

Rechts Bienenkorb

Prösch

rechts Backwerk

Meyner

Rechts Türme

Köckher

Rechts Arche Noah

Mauritii

Rechts Kugel

Stude

Körner

Rodt

Heinze

Rechts drei Kugeln

Röser

Kiesling

Soltmann

Mitzschke

Kuhn

Bunsow

Bunsow

Rechts Mühlstein

Müller

Rechts Reif

Derenthal

Rappersberger

Rechts Rad

Ratnecker

Wagenbreth

Zöllner

Wagner

Möller

Myleck

Mühleck

Kruse

Wolf

Möller

Meyermann

Rademaker

Müller

Moller

Lütkemüller

Müller

Mülvetz

Mülitz

Müller

Miller

Möller

Rese

Rechts Tropfen

Winterstein

Rechts Kolben

Thain

Rechts Spindeln

ter Meer

Rechts Sanduhr

Schröder

Schroeder

Rechts Mühleisen

Körner

Rechts Rolle

Jäger

Rechts Würfel

Deppermann

Rechts Spaten

Heberling

Rechts Leier

Gruber

rechts Schildchen

Schösser

Rechts ein Stab

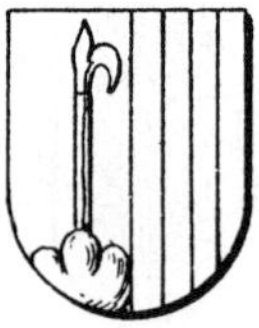

Köliker

Kölliker

Kölliker

Gosau

Kerst

Makowka

Vogeler

Schaal

Gräßer

Hillesheim

Rechts zwei Stäbe

Klüpfel

Zimmermann

Leger

Rössler

Makowsky

Bertschinger

Meyer

Graben

Pahl

Herold

Rechts Leuchter

Krummacher

Stemann

Stemann

Rechts Hammer

Noelle

Hamerl

Meyer

Rechts Beil

Büringer

Kölling

Nöggi

Knoll

Mittermair

Dehnert

Rechts Hellebarde

Saidler

Rechts Hufeisen

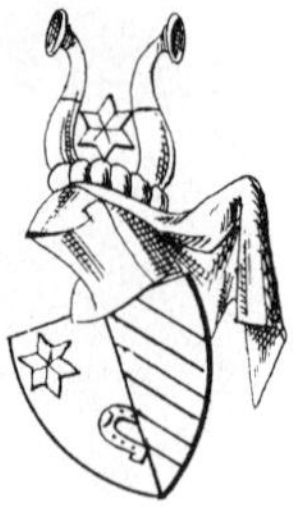

Delmenhorst

Rechts Sporn

Spörl

Rechts Kesselrinken

Kessler

Rechts Schere

Scherleiter

Sauber

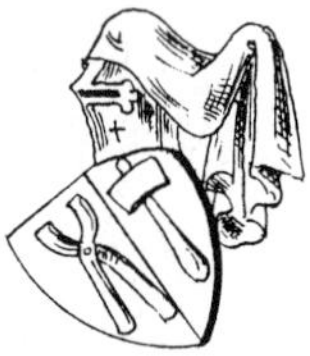

Sporer

Rechts Zirkel

Meier

Rechts Waage

Kramer

Rechts Anker

Graefe

Rechts Bogen

Grünler

Gerdes

Gensche

Fallot

Pögl

Bagewitz

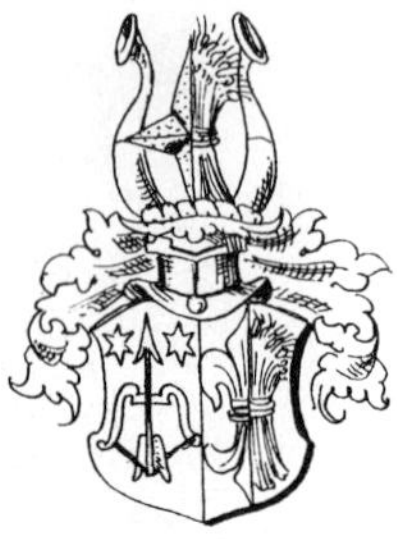

Marthin

Rechts Armbrustschaft

im Apportz

Schütte

Rechts Buch

Endrulath

Rechts Buch

Dommerich

Busse

Rechts Gefäß

Hempel

Thurnknopf

Vollandt

Tollner

Schlicht

Landau

Kreussner

Rechts Glocke

Schaller

Rubens (Robens)

Rechts Helm

Heimlich

Fresenius

Fresenius

Rechts Pfeil

Ermekeil

Deahna

Bausch

Klein

Backes

Schwägermann

Klaue

Boltz

Rechts Pflugschar

Reißner

Mayr

Kelman

Knacke

Zubler

Kraemer

Koppetsch

Rechts Schlüssel

Slutter

Prim

Reinke

Othli

Petersen

Georgy

Leesemann

Rechts Schwert

Haußer

Meder-Eggebert

Drullshagen

Teuche

Sidow

Molkentin

Schulz

Rubens

Rubens

Lutz

Wichers

Hensel

Albertis

Coester

Rechts Sense

Maluche

Krzyminski

Rechts Sichel

Hofmayr

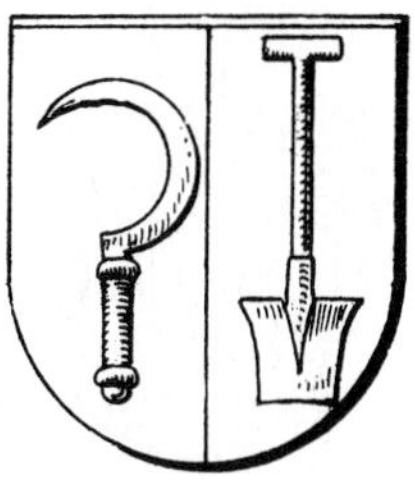

Borman

Rechts Buchstaben

Quaetfaslem

Langenweiler

Glatow

von Wulffradt

Rechts Buchstabe

Westerfeld

Schwebel

Rechts Marke

Hottinger

Eriches

Lehener

Petri

Petri

Frölingk

Bringeman

Meyer

Deetzen

Koch

Kröber

Schlerff

Schienleber

Witte

Erpes

Kaude

Lotley

Clostermann

Neukirchen

Wacker

Holtzgen

Holtzgen

Schwebel

Schunck

Götz

Göze

Schräggeteilt, oben Heroldsstück

Schaff

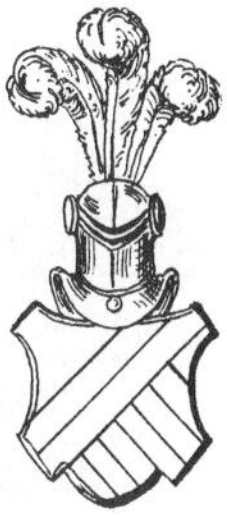

Dammert

Eisenberg

Griessbauer

Seifert

Sitter

Oben Kosmos

Esslingsperger

Hollmayr

Trieb

Schönhauer

Manecke

Krukenberg

Manssfeldt

Meurer

Federlin

Manecke

Zollenkopf

Horst

Sparkuhl

Seitler

Fehr

Merian

Wolffhardt

Zschokke

Schnegg

Wiseker

Niderhuber

Graßhoff

Mündel

Gerkens

Esper

Esper

Oben Mensch

Beyer

Matthias

Matthias

Matthias

Göpmer

Widmann

Schwerting

Scheferling

Lommatzsch

Starke

Klescz

Horst

Lutz

Oben Löwe

Paul

Plebst

Harget

Mayr

Lehlin

Schroeppel

Frantzen

Zieglhuber

Heger

Hainrich

Steer

Holder

Ernst

Obweyser

Gross

Prez

Schauer

Mäsch

Seebaß

Daiser

Dinssl

Schötterlin

Fleischhauer

Weyss

Weccius

Völckel

Mayr

Seyringk

Hueber

Gar

Gar

Kröcz

Waltner

Webler

Weigel

Braun

Rudloff

Khorer

Müller

Müller

Agricola

Rudloff

Denicke

Oben halber Löwe

Gaetke

Götz

Heber

Fick

Fuernpfeil

Slawik

Oben Löwenteil

Gugenheim

Pascharec

Oben Pferd

Socher

Schwaiker

Lenk

Hochreuter

Middeldorf

Faß

Oben Einhorn

Stöger

Hubmayr

Schrimpf

Schweicker

Snoilsky

Moslehner

Rubli

Ehrlich

Schwartz

Glükher

Oben Luchs

Tuchschmid

Oben Bär

Jendl

Oben Fuchs

Fux

Nies

Fuchs

Oben Hund

Schöttl

Schöttl

Schöttl

Oppenrieder

Hetzer

Fleischer

Attaler

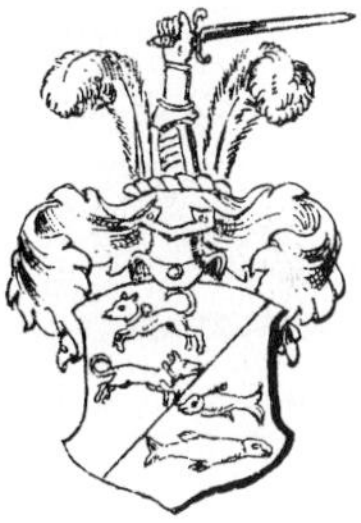
Mayer

Oben Hirsch

Hesselberg

Pentz

Haller

Graurock

Rechhäuser

Schellwitz

Werder

Förster

Stocks

Oben Hirsch

Pohl

Hemerli

Stoll

Stoll

Oben Lamm

Puttrich

Oben Bock

Lingg

Sailer

Pöckhl

Schaengkherl

Pöckhl

Böckhl

Alte

Lothes

Oben Vogel

Haitzinger

Vogel

Eiler

Radauer

Vaternahm

Hauser

Schober

Oben Fisch

Klumpp

Oben Schlange

Vitztumb

Ficthum

Lange

Schulz

Oben Greif

Vogl

Krannöst

Guett

Feilgiebel

Bauseckh

Fleckmayer

Greifeldinger

Hofrichter

Dunker

Gebhard

Fachner

Oben Pegasus

Gottsched

Oben Baum

Eberenz

Oben Zweig

Schloifer

Malbrandt

Oben Zweig

Koch

Esslinger

Esslinger

Hülsebusch

Oben Blatt

Knappertsbusch

Dollenmayer

Oben Wedel

Jonas

Michaelis

Oben Rose

Maaler

Compätscher

Thoma

Schröder

Höland

Oben Lilie

Lange

Lab

Laab

Rühm

Diefenbach

Pfenninger

Dorfner

Oben Blumen

Zehlius

Busch

Oben Ähren

Braune

Oben Ornament

Mair (Meir)

Michelfelder

Krämer

Oben Gerät

Wilisch

Goedecke

Eypöckh

David

Cramer

Thoman

Kirsche

Marr

Moser

Schulze

Lindner

Pirrung

Freylingen

Schwarthoff

Oben Gerät

Rolandt

Schneider-Wernecke

Schlagintweit

Brennecke

Pahl

Wislicenus

Baur

Schüßler

Richter

Steudel

Thomann

Loth

Spangenberg

v. Grest

Gottwald

Modersohn

Balken, oben Heroldsstück

Martens

Oben: Kreuz

Bardenhewer

Zweifel

Grofen

Oben: Kreuze

Eberenz

Zanders

Oben: Kosmos

Lorinser

Mallebrein

Spitzbart

Widt

Jaudt

Cramer

Königs

Virnich

Lucae

Neugebauer

le Fèvre

Deyler

Degler

Belanger

Stieber

tho Westen

Strasser

Straßer

Oben: Kosmos

Vinhagen

Meybusch

Esmarch

Penshorn

Bloch

Bremer

Westede

Westette

Vetters

Emonts

Vallencourt

Lallemand

Beerger

Werner

Ruppel

Kremerius

Plitt

Lempp

Hagert

Fester

Oben: Mensch

Knopf

Weingärtner

Gruner

Lente

Weißkopff

Jamrowski

Karnatz

Oben: Löwe

von Creutznach

Pleinhuber

Schlecker

Schleckher

Stauff

Stauff

Veyhel

Guizetti

Pfützner

Stephan

Oehlckers

Schlüter

Geisslein

Oben: Löwe

Hueber

Schmidt

Henfler

Hilsmann

Ocker

Trippel

Dietel

Kolrym

Reuleaux

Oben: Einhorn

Bartels

Garmers

Gärmers

Codone

Oben: Fuchs

Vossiek

Oben: Hund

Laporte

Oben: Hirsch

Hiersching

Lauprecht

Braun

Reichhardt

Ziemer

Oben: Hirsch

Voges

Oben: Rind

Hentzschel

Oben: Adler

Benedict

Pauckstadt

Prugger

Lipstorp

Oben: Vogel

Raabe

Zimmer

Lazar

Deubner

Dietz

Vogel

Pollich

Flügge

Oben: Fisch

Scheid

Oben: Fabelwesen

Heidenreich

Kulman

Plank

Oben: Bäume

Warnecke

Oben: Zweige

Vogt

Oben: Blätter

Albers

de Grones

Oben: Rose

Cramer

Wiese

Biersack

Rumpf

Lützow

Lang

Mengen

Schröder

Mangler

Humbert

Graf

Gercken

Carstaedt

Becker

Oben: Lilie

Stangen

Verdrieß

Riexinger

Osterbrink

Oben: Lilien

Ohensen

Oben: Blumen

Blesen

Schröder

Geyger

Oben: Bauwerk

Orth

Oben: Gerät

Theil

Pilling

Krohn

Hartmann

Groos

Ripersburg

Kevel

Schleicher

Frost

Riem

Wesenbeck

von der Banck

Nichterlein

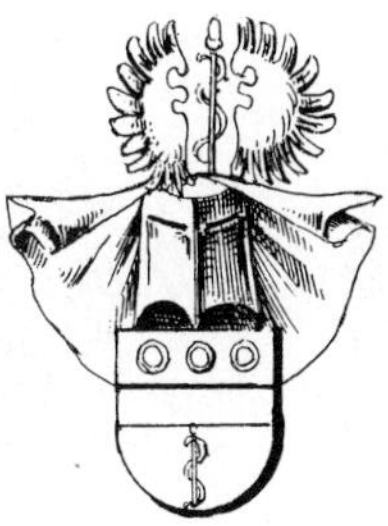

Reißer

Culemann

Krämer

Oben: Gerät

Vasarius

Ebenhöch

Gossmann

Mezen

Brüning

Litzner

Usener

v. Abeelen

Lebe

Jänecke

Oben: Kosmos

Hartzing

Wildhammer

Jordan

Oben: Löwe

Golf

Herissem

Herissem

Zöllner

Oben: Lebewesen

Hoffmann

Koch

Zobel

Oben: Lebewesen

Zobel

Orlin

Oben: Pflanze

Häßl

Bauschen

Oben: Gerät

Seiler

Figuren zwischen Heroldsstücken

Lesemann

Gasser

Venediger

Ortner

Erhardt

Figuren zwischen Kosmos, dupliziert

Crusius

Geyger

Finster

Hensel

Hensel

Rautenberg

Dreyer

Henken

Dorka

Saffe

Zwischen Kosmos

Gottbewahr

Zwahlen

Hemmelmann

Eimbeck

Röllin

Nadler

Calligar

Laves

Dünbacher

Zwischen Lebewesen

Zen

Meins

Hensler

Scholz

Koberger

Spüelvogel

Friese

Grill

Zwischen Pflanzen

Bölckow

Dreyer

Isenbart

Kettler

Dreyer

Zechner

Damann

Nigel

Hoyoul

Meyerkort

Mayer

Koler

Lang

Schele

Schele

Udel

Heick

Jos

Brem

Reich

Seidenschuher

Zwischen Geräten

Ruland

Ruland

Tidemann

Herlin

Weidmann

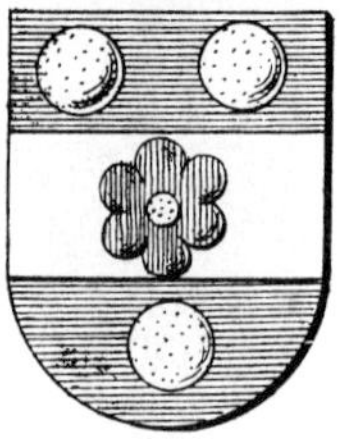
Schwindenhamer

Hatzfeld

Redeken

Hardewig

Wippermann

Feyl

Krumbein

Unterschiedliche Begleitung

Theilinger

Schriever

Hornschuch

Oben: Kosmos

Weiler

Lork

Gruner-Backhaus

Intemann

Intelmann

Zeneggen

Rönnenkamp

Schlachius

Blackhall

Oben: Mensch

Wardermann

Trentini

Streitwieser

Hetzel

Zierlein

Zierlein

Oben: Löwe

Gude

Fricke

Reuter

Gröner

Krug

vom Berg

Priamus

Priamus

Oben: Vierbeiner

Stever

Teltz

Oben: Adler

Pescatore

Homoteus

Oben: Adler

Götz

Rosolin

Söllner

Tosetti

Zubrott

Sahlender

Oben: Vogel

Budan

Lübbes

Lübbes

Oben: Baum

Rimphoff

Oben: Zweige

Pape

Gruwel

Oben: Klee

Meyer

Habich

Oben: Rose

Grell

Müseler

Prew

von Bergen

Scheuer

Steinweg

Bischoff

Müller

Gerlach

Oben: Lilien

Franke

Ahn

Gerhartz

Faber

Hartung

Bettac

Mousson

Oben: Blumen

Walther

Oben: Gerät

Illgner

Hintzpeter

Gärtner

Nave

Meister

Wilhelmi

Balken, überdeckend

Teucke

Hering

Graupner

Bütner

Geulheinrich

Fresenius

Grandte

Hoffendahl

Müller, gen. Snauenberg

Bender

Wiefel

Cantzler

Schneider

Pfendler

Kukains

Aulig

Goebelius

Gobelius

Florian

Bolzau

Paschen

Schwing

Sigl

Schrägbalken, begleitet

Röpke

Langrock

Bollmeier

Geigenberger

Aggermann

Millauer

Groeneveld

Sasse

Drax

Borsch

Forndran

Welshuysen

Schrägbalken, oben begleitet

Labermayer

Poettinger

Körner

Bacharach

Altenburger

Prasch

Schriever

Vogel

Schrägbalken, unten begleitet

Lampartter

Franzius

Bachoffen

Spitze, unten Heroldsstück

Hofer

Kholbenperger

Oppermann

van Biema

Holzmayer

Duffner

Memmesheimer

Unten: Kreuz

Bremi

Caroli

Huebmer

Garelly

Heuschkel

Knaus

Unten: Kosmos

Burzel

Zungzer

Standt

Thümmler

Unten: Kosmos

Pleniß

Stolz

Hirschberger

Birglin

Eggert

Kobesius

Mayr

Hoffmann

Sagmillner

Birglin

Steinlechner

Pagner

Funck

Braunholz

Bauer

Lepper

Lehmann

Gebhart

Hofmann

Haylandt

Unten: Mensch

Grasser

Dittmar

Hartmann

Hartmann

Bock

Ayzinger

Eizinger

Etzinger

Gnant

Jäger

Frieser

Milner

Macco

Hantschwecher

Handschucher

Handschuch

Henkelmann

Schreyer

Hartmann

Dryander

Unten: Herz

Fritsche

Unten: Löwe

Gath

Math

Hueber

Weiland

Hindenlang

Grueber

Grueber

Lutzenberger

Canthon

Canthon

Clemens

Wendler

Taschner

Praller

Pitterstorffer

Weber

Allmair

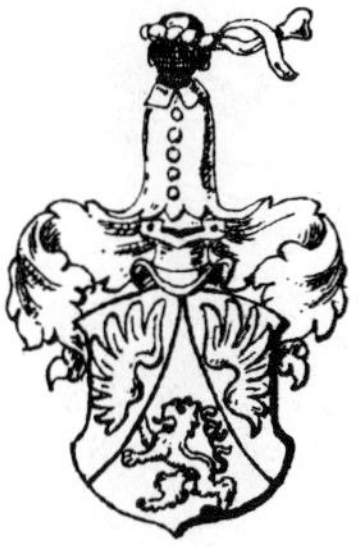

Kneutel

Leindorfer

Unten: Löwe

Reichold

Mühlenfeld

Fichtl

Trüller

Boller

Gapp

Faschinger

Schlillinger

Schillinger

Schöllinger

Leutner

Pichler

Haring

Märolt

Boche

Pinczger

Neugel

Spindler

Prigl

Taler

Unten: Löwe

Kohlhöfer

Hillen

Funkh

Pütz

Henckhl

Gallebehamb

Winsawer

Schmidtbaur

Zyaeus

Haubtmeyer

Großkopf

Gerold

Dimpfl

Dimpfel

Pfuster

Pantaleon

Unten: Pferd

Schüler

Oettel

Schölling

Braun

Unten: Pferd

Plankhenauer

Weydt

Schneider

Kneilmann

Bossin

Bergmaier

Ritter

Unten: Einhorn

Reschke

Erhardt

Unten: Bär

Pfeffer

Pfeffer

Pfeffer

Beyer

Zeidler

Unten: Eber

Aicher

Unten: Hund

Wittig

Arnold

Unten: Bock

Khuen

Meindl

Schifberger

Unten: Rind

Colin

Unten: Hase

Hass

Unten: Adler

Prungraber

Kugler

Rieneckher

Unten: Vogel

Förtner

Rebhan

Finner

Stainer

Prantler

Sulger

Fischer

Vögele

Teibinger

Ebermair

Bihler

Bihler

Schwenninger

Haller

Hochollzer

Unten: Vogel

Madler

Piepgras

Heidenreich

Bartels

Hincklmann

am Ende

Schroer

Sparnecker

Dietl

Martinel

Kränner

Kränner

Stockinger

Fromm

Fischer

Eisele

Bullemer

Hug

Hillebrand

Kautz

Unten: Vogel

Kautz

Kautz

Kupner

Winckelmann

Zäller

Stör

Priewe

Unten: Fabelwesen

Raidl

Unten: Greif

Gilm

Gilm

Weiland

Carl

Fier

Hausleuthner

Heroldt

Spindler

Gasser

Unten: Baum

Sandner

Birkner

Birkner

Unten: Baum

Schwab

Feichtmair

Khobalter

Kobalter

Mirwaldt

Hagenauer

Klenner

Dorn

Briam

Horstmann

Poschen

Röhrer

Frege

Müller

Stupp

Unten: Zweig

Volenweider

Unten: Blatt

Juckher

Escherich

Hazoldt

Hatzold

Unten: Klee

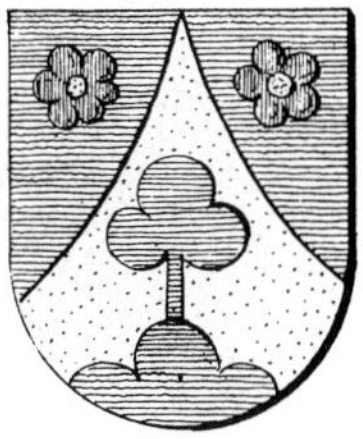

Hatzolt

Unten: Rose

Pfeffer

Ganßoser

Roth

Simon

Unten: Lilie

Schleher

Bütterlin

Aaberli

Haidt

Kern

Sturm

Lederwasch

Hartenstein

Mayer

Hess

Gercken

Roek

Angermair

Heidacher

Herkner

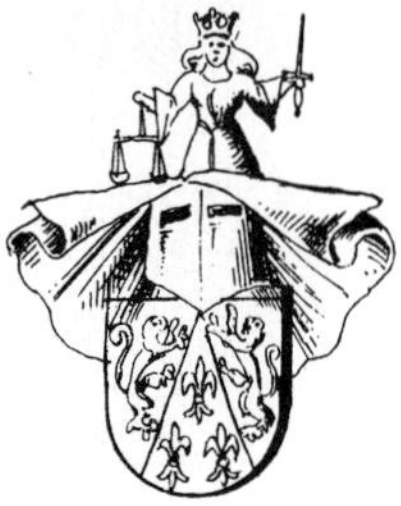

Firle

Mittorpf

Unten: Blume

Gräve

Gilbert

Sameth

Knauer

Tastner

Blum

Blumenthal

Blumenthal

Tulipaner

Roel

Cuseli

Unten: Blätter

Welcker

Unten: Rübe

Rübinger

Unten: Frucht

Riemann

Unten: Wein

Frass

Hummel

Clahsen

Weinbuech

Unten: Ähren

Maier

Rühle

Voigtritter

Wurl

Unten: Bauwerk

Friesacher

Burkhardt

Lahr

Böheimb

Pött

Hauptmann

Unten: Schiff

Vollmer

Vollmer

Unten: Gerät, Anker

Rindelhauser

Ohlmüller

Pezellen

Bartsch

Bartsch

Brixius

Brixius

Romstöck

Runge

Schüechegger

Schwedler

Rintelmann

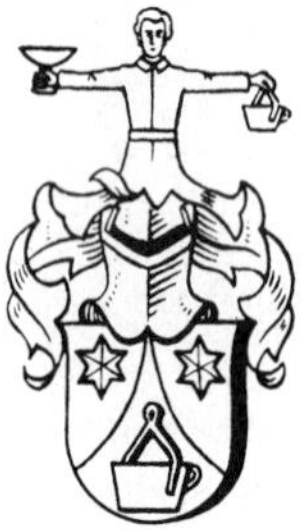

Hafenreff

Eimmart

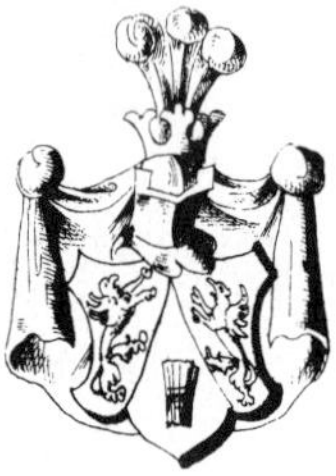

Matz

Krauß

Wehefritz

Kippenhan

Barg

Reinstein

Geiger

Wendt

Maister

Weiß

Fehleisen

Toücher

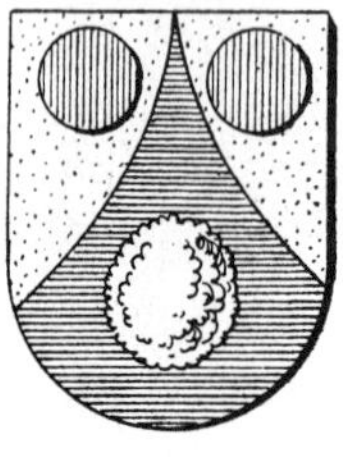

Nietsch

Schede

Unten: Gerät

Kabushaupt

Frankenberger

Seybüchler

Wiesenreiter

Weidlicher

Hawinstein

Tech

Sehmer

Druckmüller

Müller

Bucz

Primavesi

Keilpflug

Paur

Paur

Hueber

Hörnicke

Wagner

Wagner

Linke

Unten: Gerät

Zinser

Rothe

Lübegger

Heiter

Heynisch

Cornian

Stryke

Horster

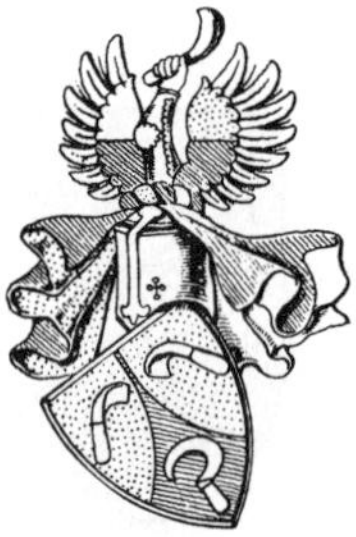

Hilger

Eins

Riehm

Schmidt

Unten: Marke

Micara

Ruedi

Laux

Bäschlin

Faesch

Fesch

Faesch

Seyler

Schnell

Gestürzte Spitze, oben Kosmos

Tausendschön

Urban

Oben: Mensch

Bundesmann

Kießling

Fuhrmann

Dahler

Lenke

Oben: Vierbeiner

Knäpfi

Spitz

Westermair

Bollner

Oben: Adler

Casper

Köhler

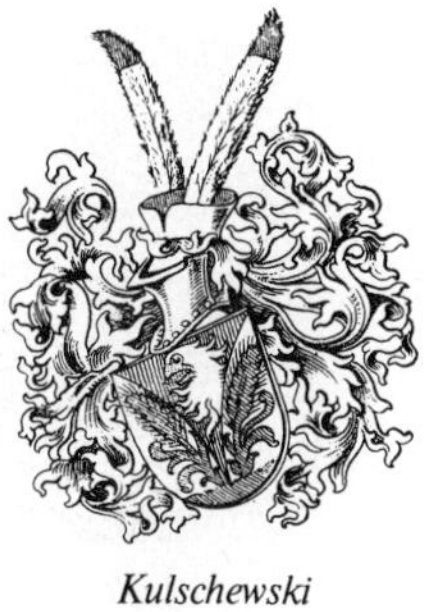
Kulschewski

Oben: Vogel

Stößel

Paehlike

Schroer

Oben: Greif

Mesner

Mohr

Oben: Pflanze

Bühler

Kadow

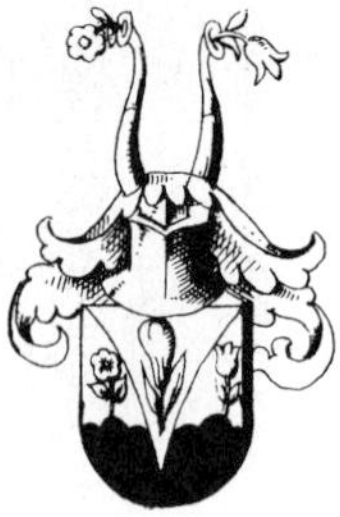

Roglspur

Kröner

Seifert

Oben: Gerät

Padags

Stehelin

Hermsdorf

Weißmann

Althamer

Bötticher

Schmidt

Wegemann

Apelt

Kressin

Liebermann

Deichsel

Schultze

Göpelschnitt

William

Geteilt und halbgespalten, oben leer

Vogel

Hobrecker

Geteilt und halbgespalten, oben leer

Rogalli

Oben: Heroldsstück

Flechtner

Kramann

Oben: Kreuz

Riehm

Ritter

Oben: Kosmos

Stohl

Etzensberger

Oben: Mensch

Martius

Dittmann

Willing

Oben: Löwe

Metzberger

Maus

Uslob

Metzberger

Sundheim

Oben: Vierbeiner

Schmidt

Puller

Sperrfelt

Leemann

Oben: Adler

Froben

Oben: Adler

Schreck

Müller-Brand

Frosch

Oben: Vogel

Seifridus

Groetsche

Wirth

Oben: Fabelwesen

Manger

Klesch

Oben: Pflanze

Reber

Oben: Schiff

Everke

Oben: Gerät

Stenger

Wetzel

Küneth

Krapp

Haller

Mayer

Mahler

In 2: Heroldsstück

Guggemoss

Voglsanger

Saleborch

In 2: Heroldsstück

Dragun

Balemann

Wilms

Papin

In 2: Mensch

Herrfurth

Wenser

In 2: Löwe

Waldmüller

Scheffer

Scheffler

Bortfeldt

Schmidt

In 2: Vierbeiner

Lootz

Behrendt

In 2: Adler

Icken

Syassen

Syassen

Amya

In 2: Greif

Esl

In 2: Baum

Santa

Delling

Rathkamp

Wallaser

In 2: Zweige

Sutor-Wernich

Wernich

Wernich

In 2: Garbe

Ahrendt

In 2: Gerät

Luthmer

Ohlenschlager

Kröger

Rudolph

Hochstrasser

Müller

Eddelbüttel

Voigtländer

Hoffmair

Ispert

In 1: leer

Moretto

Chüden

In 1: Heroldsstück

Ebel

Weidner

In 1: Kreuz

Liefländer

In 1: Kosmos

Lübbes

In 1: Mensch

Krochmann

Wagner

Holscher

Waldmann

In 1: Löwe

Brauers

Burkardt

In 1: Adler

Gildehusen

Neumann

Lubinus

Zeder

Koopmann

Arensen

Nassal

Goldberger

Ebes

Eibes

Hilpert

Ludukas

In 1: Adler

Wildefeur

Dürls

In 1: Vogel

de Kayper

Schmidt-Neuhaus

In 1: Greif

Esl

In 1: Pflanzen

Lüttgen

Heckenstaller

Jorck

Amya

Genest

Knoche

In 1: Bauwerk

Haussdorfer

In 1: Gerät

Sibeth

Knebel

Steyrnagel

Müller

Miller

Mueller

Pouchenius

Sallbach

In 1: Gerät

Halcour

In 1: Marke

Lübbes

Wacker

Pfaff

Unten: leer

Stumpff

Unten: Heroldsstück

Schönling

Lehmann

Sessler

Unten: Kreuz

Weiland

Halbespalten und geteilt
Unten: Kosmos

Haisch

Lometsch

Maass

Kittel

Soy

Liesenberg

Unten: Mensch

Usener

Holzheimer

Stahl

Dietrich

Lamprecht

Burggraef

Unten: Löwe

Becker

Pauli

Nippraschk

Unten: Vierbeiner

Ahrenhold

Kniepert

Gregory

Muskulus

Unten: Vogel

Bothmann

Usener

Bartoldi

Kruel

Fick

Kees

Werdenhagen

Unten: Fisch

Fischer

Wenskus

Unten: Baum

Jost

Laurentius

Laurentius

Grote

Unten: Zweig

Jessen

Unten: Rose

Richels

Richels

Unten: Lilie

Danckwertz

Unten: Ähren

Rellensmann

Colshorn

Unten: Bauwerk

Lauer

Funke

Boeddinghaus

Grüttner

vom Berg

Weberstaedt

Unten: Schiff

Schwarzmüller

Fehrmann

Becker

Unten: Gerät

Overbeck

Hörhammer

Mollinnus

Müller

Kombinationen

Appuhn

Schulte-Vieting

Messerknecht

Lustfeld

Paterok

Schröder

Nabholz

Balken, verschieden belegt

Lutichius

Balken, Teilungen überdeckend

Steinbrügge

Wiechert

Benziger

Demuth

Schubert

Pfahl, Teilungen überdeckend

Molsen

Schrägbalken, leer, begleitet

Dürig

Freialdenhoven

Weber

Weber

Röhrig

Hülz

Oben: Kosmos

Staudt

Besel

Spaan

Seebach

Bütschli

Ebert

Schötz

Heiserer

Reinaud

Bode

Oben: Mensch

Schenk

Stehlin

Spangenberg

Schulze

Klostermann

Oben: Löwe

Lingk

Mansfeld Büllner

Küneli

Groddeck

Oben: Vierbeiner

Fritzsche

Gaerthe

Pätz

Wolffrumb

Schäfer

Haselau

Oben: Adler

Böllert

Oben: Vogel

Storcklin

Kaib

Klimannus

Mölling

Bickelstein

Chappuzeau

Beermann

Oben: Pflanze

Auer

Riehm

Riehm

Erich

Taubenstein

Andreae

Franz

Oben: Pflanze

Milfritz

Castendyck

Ihm

Eltze

Stachow

Schnoeder

oben Gerät

Bogner

Beck

Mössinger

Bötel

Polchow

Siry

Wolf

Bachmann

Pistorius

Oppermann

Hertel

Bamberg

Donhaerl

Faßbender

Oben: Gerät

Schlottmann

Hohensee

Fiebig

Purmann-Zwanziger

Schrägbalken, belegt

Ernstmayr

Lampe

Schlick

Schrägbalken, belegt und begleitet von Heroldsstücken

Rosenthal

Straßer

Krossa

Gleser

Rho

Beck

Fuchs

Seuss

Scherhäckel

Balcke

Pimmel

Scherping

Schwofheim

Steuber

Sedelmayer

Cornbart

Begleitet von Kreuzen

Holzer

Kohli

Schauer

Begleitet von Kosmos

Hofmann

Speth

Peierweck

Closmann

Rothe

Löscher

Loescherus

Loescher

Pfanner

Bayer

Nabholz

Nabholz

Pfadenhauer

Hößhamer

Begleitet von Kosmos

Nockher

Mues

Radax

Grubbach

Hoene

Vischer

Vischer

Bächler

Peterssen

Fluri

Hofer

Klee

Dietelmaier

Dietelmair

Rosenlehner

Ploneck

Neuß

Königshofen

Topff

Haug

Begleitet von Kosmos

Stahl

Stahl

Schmidt

Trub

Pistorius

Lautenschlager

Nagel

Hagen

Fries

Schreiber

Ritterbusch

Rothe

Begleitet von Mensch

Geiselmayr I

Begleitet von Löwen

Hülsmann

Braito

Wirrich

Wirre

Zeiler

Bonnie

Bradtel

Begleitet von Löwen

Zimmermann

Schubert

Begleitet von Pferden

Kohllöffel

Potlitz

Begleitet von Adlern

Hoffstetter

Schrevogl

Schedl

Irmer

Begleitet von Vögeln

Kuhlmeyer

Hainricher

Oberdörfer

Hofstetter

Begleitet von Muscheln

Waldherr

Fromme

Begleitet von Greifen

Pieper

Begleitet von Pflanzen

Hiltebrand

Walther

Schleinitz

Stolberg

Klee

Begleitet von Klee

Koch

Loescher

Kiburz

Begleitet von Rosen

Mayr

Krauss

Ziegler

Pfrontner

Thomaset

Metzger

Vischer

Fischer

Körner

Engelschall

Kleusner

Gabler

Neuburg

Mevius

Hoffer

Stockfleth

Stockfleth

Begleitet von Rosen

Zanger

Merolt

Begleitet von Lilien

Priem

Schultze

Grosskurd

Helwig

Parth

Hayne

Schönborn

Weirach

Eberhardt gen. Schwind

Weber

Böckler

Hausen

Hartleitner

Koßmann

Begleitet von Blumen

Negelin

Ginner

Schule

Lutz

Begleitet von Blumen

Dietz

Begleitet von Früchten

Gerlach

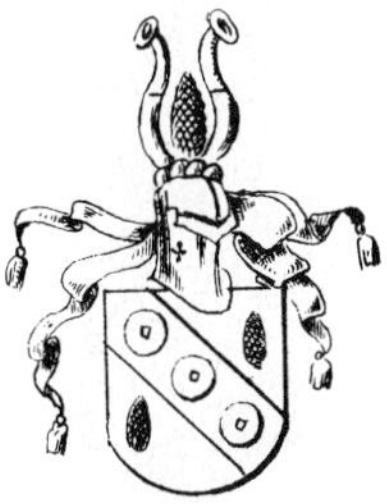

Millet

Begleitet von Getreide

Hännsch

Hämischl

Begleitet von Geräten

Arnold

Mewes

Hafner

Schmitz

Virmond

Horneck

Koyen

Winkler

Schmidtl

Lüdecke

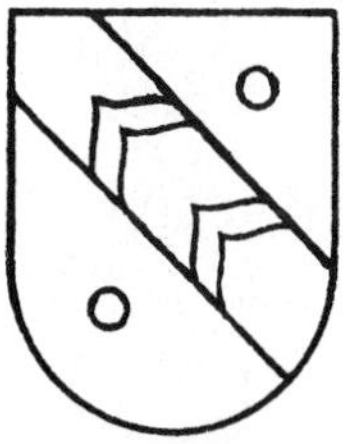

Gorgebe

Scheller

Wenng

Paumgarter

Sagittari

Begleitet von Geräten

Maier

Ullrich

Übelacker

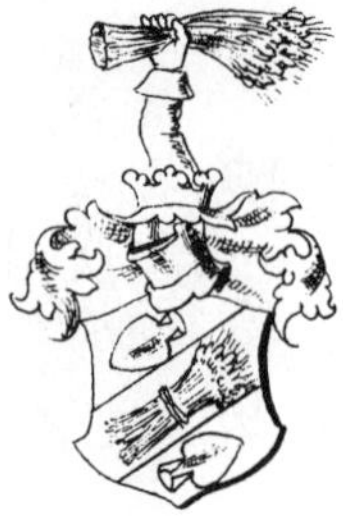

Ackherer

Funfack

Pflüger

Roth

Grigo

Schneider

Scholz

Wischer

Cogmann

Kochmann

Schneider

Begleitet oben von Kreuz

Seifert

Begleitet oben von Kosmos

Michahelles

Meister

Mohr

Maneke

Hoffmann

Begleitet oben von Kosmos

Gasteiger

Aufschneider

Spahn

Sponn

Spaun

Richter

Altasser

Begleitet oben von Mensch

Graalfs

Begleitet oben von Löwe

Wahl

Frehle

Schmölder

Begleitet oben von Rind

Stauber

Werner

Begleitet oben von Vogel

Eilertz

Han

Meyberg

Mariaux

Begleitet oben von Schlange

Züntzel

Begleitet oben von Greif

Hauser

Frentzl

Begleitet oben von Greif

Frenzel

Begleitet oben von Pflanze

Lampa

Landstrass

Landstrass

Rieder

Schechtelin

Ostius

Hecht

Schubert

Plocher

Begleitet oben von Gerät

Pepper

Reinhardten

Carl

Brüggemann

Claus

Meyberg

Schöner

Schüßler

Schrägbalken,
Felder überdeckend

Heller

Heine

Schrägkreuz, Sparren begleitet

Trost

Meyer

Leutschperger

Spieß

Schrägkreuz begleitet

Leplat

Sparren, leer, begleitet

Saar

Sieffert

Weyrich

Seitz

Buchner

Leverkus

Brewer

Rump

Groffy

Groffy

Thyrri

Haller

de Chapeaurouge

Chapuis

Hochholtzer

Eckhart

Bohs

Rödinger

Wachtel

Liebknecht

Heyn

Mayer

Amesmayr

Taymer

Fütterer

Lienau

Korner

Stein

Carl

Senger

Pfister

Wright

Hertig

Nismann

Etienne

Veldner

Gilfeld

Grandidier

Sturzsparren

Weber

Weingärtner

Hoffsess

Denicke

Zwei Sparren, begleitet

Wismann

Egkhstetter

Sparren, leer, begleitet, oben Heroldsstücke

Hueber

Frölich

Trebl

Oben: Kosmos

Pur

Seyler

Drewitz

Bruckner

Dittmer

Mattigkofer

Albon

Hinsche

Oben: Kosmos

Steitz

Meiss

Zeitreg

Fischer

Klapp

Hagenmeyer

Bellaire

Hipp

Riem

Hieber

Debon

Cremers

Schöning

Meyer

Barnstorf

Siebert

Stemmler

Stapler

Schmid

Müller

Kaisker

Schulz

Oben: Lebewesen

Kulpen

Hagedorn

Hoffmann

Hofmann

Clemens

Triller

Oswald

de Beche

Suess

Keffer

Althausen

Oben: Pflanzen

Colins

Beckers

Beckers

Hollmayr

Muthmann

Lorsch

Triller

Reith

Webel

Beyer

Lubenau

Roeck

Hackmann

Born

Moser

Moser

Dimpfel

Kundenreich

Liebrich

Trappentreu

Mosler

Gutzeit

Oben: Geräte

Hänsgen

Glaezel

Pabst

Kugelmann

Kruger

Matthaei

Bohle

Geviert

Appun

Ehmk

Gerl

Furlani

Zander-Walz

Mollwo

Hoffmann

Geviert, 1 u. 4 leer

Drechsel

Kraemer

Geviert, in 1 u. 4: Heroldsstück

Reinthaler

Sutorius

Sutorius

Schultheiss

Schultheiss

Pierer

Lucanus

Khöberl

Krippendorf

Geviert, in 1 u. 4: Heroldsstück

Uhle

Uhle

Friese

Herrlich

Brants

Fröhlich

Ziegler

Arnolt

Seeholzer

Jabst

Hennings

Schneidenbach

Prützmann

Badicke

Karpf

Gleisberg

Mor

Holen

Gruter

v. Ghellen

Eisenmenger

Eisenmenger

Ortthaber

Falkenberg

Valkenburch

Viereckh

Kleinfeld

Hübner

Schachtmeyer

Kuntze

Crauel

Crauel

Appenberger

Zoeller

Arnold

Arnold

Greiner

Schild

Neifeld

Keck

Wasser

Rögner

Schmidt

Wormit

Schild

König

Meyer

Weinländer

Förster

Erlenbach

Eysl

Bausch

Leemann

Leemann

Heister

Carow

Stein

Weckel

Nuber

Köchly

Beyer

Geviert, in 1: Kreuz

Pfisterer

Pfister

Pfisterer

Mantz

Creutz

Hofer

Sariszky

Reuter

Egger

Wallier

Laval

Wenz

Geviert, in 1: Kosmos

Belius

Billmann

Pöpping

Klie

Geiger

Wolff

Neumann

Geviert, in 1: Kosmos

Ruethshamer

Kuchler

Schaedler

Wutke

Wittekind

Brauser

Mayer

Pader

Holstein

Canzler

Canzler

Weber

Seuffer

Beneke

Farenheid

Hoffmann

Schuhmacher

Schumacher

Heinzerling

Ulrich

Geviert, in 1: Kosmos

Billinger

Altorfer

Schaumberg

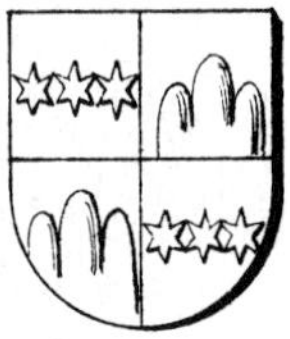
Wipf

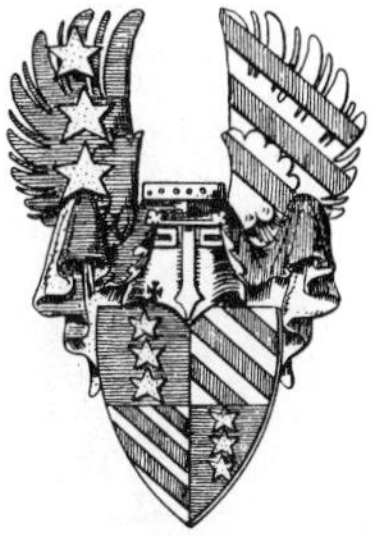
Braun

Suter

Gütschow

Kessler

Mesder

Meissner

Meissner

Glogau

Hoffmann

Müller

Klett

Klett

Molly

Jellinghaus

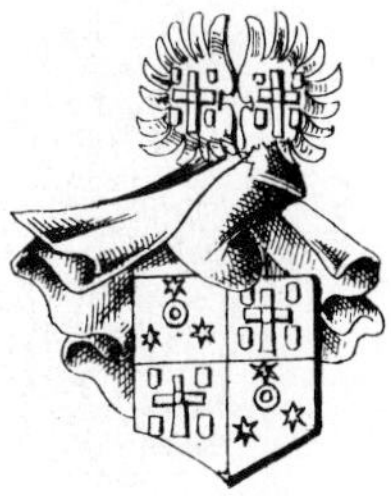
Pistorius

Hercules

Geviert, in 1: Kosmos

Dürnberg

Dürnperger

Flintsch

Donauer

Donauer

Döbel

Gerstl

Reißl

Dilenius

Zabler

Mayer

Freyperger

Stoffler

Funckh

Berg

Buchels

Wülker

Geviert, in 1: Lebewesen, Mensch

Hoffmann

Hassenpflug

Minchner

Geviert, in 1: Lebewesen, Mensch

Himberger

Fuchß

Kholb

Wiedemann

Holsche

Huttendorfer

Mallien

Krauss

Krauss

Burger

Haimb

Haider

Haider

Bader

Faulhaber

Haeckl

Schmidberger

Ingolitsch

Haydt

Zeender

Geviert, in 1: Mensch

Rittmaier

Menks

Schmid

Stainer

Schepper

Auer

Faller

Leucht

Falter

Fabricius

Hoffmann

Miller

Engelschall

Otth

Praun

Streitberger

Höldrich

Sturmb

Preydl

Altmann

Geviert, in 1: Mensch

Lauter

Möhring

Sartor

Morell

Coldewey

Gottschau

Probst

Joachimi

Batschari

Sthamer

Kahles

Battlog

Rahtgens

Meister

Du Fay

Oehmann

Schmidt

Bredtschneider

Hassenstein

Bletzer

Geviert, in 1: Lebewesen

Manz

Walbaum

Raub

Sassenhagen

Badicke

Butzschky

Kayser

Günther

Hering

Schenkel

Geviert, in 1: Löwe

Hindermayr

Del Haes

Kheberlein

Klaffenbacher

Stahel

Khuffner

Graf

Weiss

Lipsius

Will

Geviert, in 1: Löwe

Ott

Vischer

Ronstorff

Tentscher v. Lisfeldt

Koch

Steer

Schiller

Mayr

Schiestl

Partenschlager

Ott

Weiss

Hofmann

Krafft

Wibner

Kick

Nicolai

Sulczer

Nuhan

Aschenhofer

Geviert, in 1: Löwe

Schönthaller

Major

Kindsvatter

Scholz

Jöpner

Becker

Schöniger

Schoenniger

Klein

Trostendorfer

Khain

Meltzner

Fondy

Schimmer

Neipper

Klemayr

Klemair

Stöckl

Schöfmann

Metzger

Geviert, in 1: Löwe

Vogt

Lob

Hoevel

Froschenauer

Bose

Bresmal

Colson

Colson

Silbernagel

Kandelsberger

Freytag

Fränkl

Rentz

Purtscher

Schauer

Heigel

Schlegel

Pureisen

Purtscher

Fitsch

Geviert, in 1: Löwe

Emmermann

Neusinger

Wachtler

Reichardt

Scholtz

Seitz

Schlegel

Störz

Ströber

Kielnprein

Unterhofer

Strobl

Heffter

Schmidthammer

Ludwig-Vallier

Geviert, in 1: Pferd

Peuntner

Meyer-Brüggemann

Janssen

Wildenberg

Diewald

Besler

Verdroß

Honig

In 1: Fuchs/Wolf

Curtius

Fuchs

Meyer-Mesendorf

Meurer

Meurer

In 1: Hund

Braun

Dill

Hund

Feral

Westermann

Göttschi

In 1: Hirsch

Hirschauer

Hirschauer

Schütze

Glintzer

Hartmann

Gaudenz

Hausburg

Meyer

Gruber

Rechl

Ewald

In 1: Lamm, Schaf, Bock

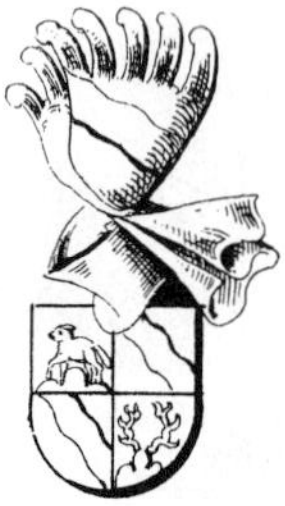

Hoepfner

Meister

Balduin

Lampp

Meister

Herle

Umpfenthaler

Orban

Schwendendorfer

Baur

Du Basc

Gstrein

Becker

In 1: Rind

Kalbhenn

Herde

Kunz

Cavallo

Gosch

Strassfeld

Franke

In 1: Einhorn

Albrecht

Solfleisch

Uebersetzig

Insam

Horning

Spitzel

Bauernfeind

Albrecht

Haas

Bitterich

Schnelkh

Schüssleder

Lönner

Lönner

In 1: Bär

Höltzl

Geviert, in 1: Weitere Lebewesen

Ensslin

In 1: Reh

Vorster

In 1: Hase u. dergl.

Hasl

Ott

Stettner

In 1: Teile

Erdinger

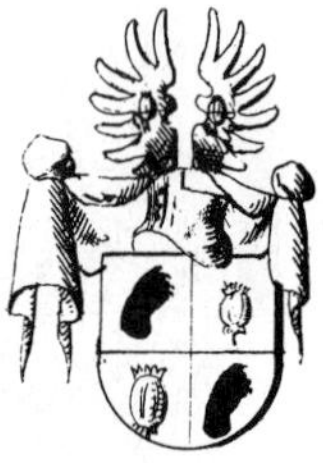

Erdinger

Seehofer

Hörner

Förster

Prechter

In 1: Adler

Bopp

Blanck

Wichelhans

Schraufstetter

Schmitt

Lex

Dannreuther

Teuber

Kapffer

Geviert, in 1: Adler

Schreiber

Rothenfelder

Gessner

Berthold

Erhart

Golser

Strauch

Kolbe

Loretz

Scholz

Adler

Simen

Campe

Schainberger

Engenhagen

Lorenz

Frangk

Jughard

Westermayr

Enderl

Geviert, in 1: Adler

Rehbein

Weinhardt

In 1: Vögel

Scharff

Heine

Beck

Goll

Kessler

Herrschel

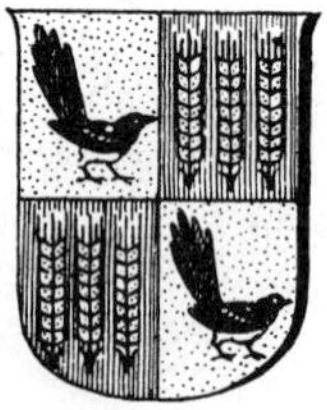

Grosse Extermöring

Grosse-Extermöring

Eysenbergk

Birkell

Benneck

Rhotert

Plato

Wernekink

Leinker

Kranpihler

Wundram

Kirchhoff

Geviert, in 1: Vögel

Moser

Kirschinger

Eysl

Reiger

Supper

Reichert

Fischer

Wiesinger

Gottschalck

Frisch

Vaschang

Löblein

Hänlein

Simon

Uhl

Römer

Weickmann

Weickmann

Cob

Custodis

Geviert, in 1: Vögel

Mahüls

Waidinger

Winkler

Schwabe

Päckinger

Riotte

In 1: Fische

Gessner

Gässner

von Recklinghausen

Fischer

Mantz

Schubert

Rupp

Harenquier

In 1: Schlange

Görlich

Hiller

Mentzel

In 1: Schnecke

Merkel

In 1: Insekten

Heim

Kingenheimer

Geviert, in 1: Greif

Gössnitz

Etter

Reisch

Kremer

Wagner

Jäckl

Häring

Falser

Wacker

Cordes

Stegmüller

Waldt

Stachel

Röhrborn

Zusner

Klotz

Thaler

Müller

Matthesius

Schaub

Geviert, in 1: Fabelwesen

Speidel

Tilger

Schmied

Marquard

Güldner

Vischer

Geviert, in 1: Baum

Baumber

Buchli

Laur

Ahorner

Zängerle

Meibonn

Baumkircher

Zahn

Baumgarten

Sibenpöm

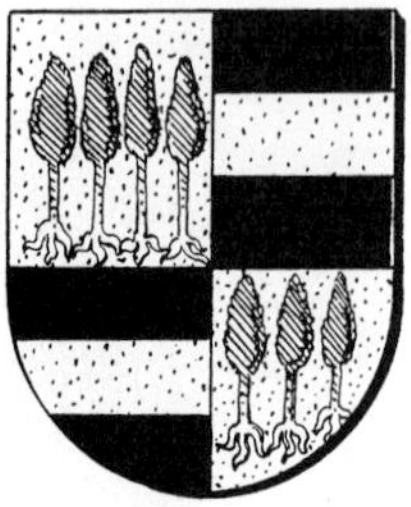

Siebenpaum

Vos

Geviert, in 1: Äste

Präntl

Haunold

Geviert, in 1: Pflanzen

Schaffhausen

Ebersberger

Entzlin

Geilfus

Lauffer

Kirchdorfer

Müller

Vorsteher

Khleehuhler

Munzinger

Seitz

Juvemann

Braun

Beyer

Sickh

Giengl

Peucer

Cammerer

Carl

Reynhardt

Rohrmann

Troll

Queschwitz

Kammerer

Burchardt

Tegtmeyer

Amthor

Waltberger

Rohrmann

Jörger

Döbstl

Bühler

Faust

Fischer

Wappäus

Dahm

Eggers

Ehinger

Klotten

Moller

Geviert, in 1: Lilie

Seyler

Beringuier

Bayer

Niederhofer

Oberpaur

Khaiser

Poschinger

Volker

Mertens

Schleuppner

Gundtndorffer

Thoman

Domann

Gerischer

Mayer

Kreutzer

Söning

Jenisch

Hillmann

Gilitzer

Geviert, in 1: Pflanzen

Weidtinger

Herttig

Godet

Gropp

Oberseither

In 1: Zweige

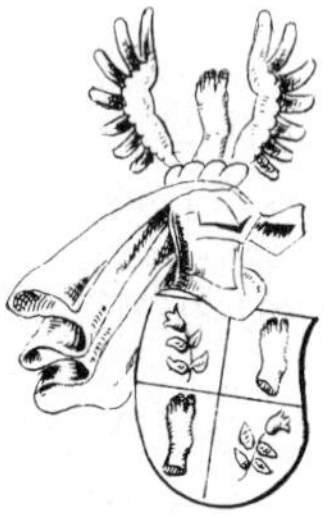

Erdinger

Hugo

Genet

Boelmans

Großkopf

Dimler

Senser

Dotter

Haase

Boosfeld

Moser

Dümmler

Dümmler

Schlisselmair

Bollmann

Geviert, in 1: Pflanzen

Floeckner

Alardus

Müller

In 1: Wurzeln

Rettig

Rübsam

In 1: Früchte

Kürbiss

Mayr

Winkler

Winkler

Winkler

In 1: Wein

Leist

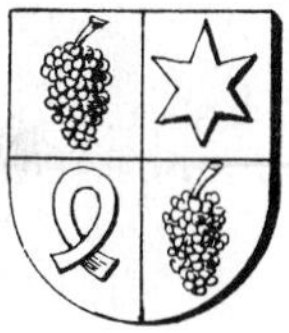

Tugginer

Richter

Rind

Stolle

Höpfner

In 1: Ähren

Körner

Kündig

Häberlein

Weizenbeck

Geviert, in 1: Ähren

Froschamer

Heinke

Körner

Corcilius

Formansky

Drost

Dorsch

Gerber

In 1: Bauwerk

Schachtmeyer

Mayr

Nicolai

Thurneyssen

Thurnes

Alvera

Haidegger

Gaudelius

Nell

Flöckher

Langen

Thurneysser

Statthalter

Täumer

Sonntag

Strasskircher

Prickel

Wopfner

von Heck

Oberhäuser

Steinhaus

Zeyringer

In 1: Schiff

Thomsen

Krüger

In 1: Gerät

Kuhn

Schmidt

Gwinner

Schaefer

Plamsch

Anschütz

Cruse

Kessler

Poth

Kraus(z)

Sailer

Knöhr

Seemann

Röschel

von Belkhaven

Iwan

Bleuler

Bleuler

Janssen

Pregel

Pardigol

Kintl

Bellinger

Amya

Ihlefeld

Mummy

Kohlstock

Köberl

Geviert, in 1: Gerät

Hoyson

Wachs

Kolb

Kahlo

Goeldel

Rothhut

Holdschuer

Günther

Kronbiegel

Meeser

Uphagen

Ballstock

Körner

Noder

Siebel

Winkler

Schlumpberger

Götz

Groth

Schrat

Geviert, in 1: Gerät

Müller

Schmelzle

Laquiant

Muntz

Brockhausen

Sauter

Helbig

Joachim

Troost

Görte

Egger

Reitsberger

Reitsperger

Pfeil

Larühe

Brodersen

Manz

Mantz

Langer

Heller

Geviert, in 1: Gerät

Teske

Meyer

Kutscher

Wagenbauer

Grillparzer

Mügge

Volland

Brandt

Schmidt

Foltz

Prosch

Sänger

Petersen

Petersen

Heck

Jaenicke

Hübner-Brandenburg

Bormet-Marsal

Nebel

Koopmann

Geviert, in 1: Gerät

Kohle

Clüsserath

Krubbe

Zwickel

Schulin

Krause-Reymer

Böttger

Schmied

Strigel

Kettman

Sandel

Beeler

Wilms

Harms

Lühr

Lühr

Schräggeviert

Bergkhmayer

Prüschenk

Weyh

Serturner

Schräggeviert

Werner

Baggenreuter

Jügel

Beyer

Beyer

Stübel

Bunt

Siess

Koppitsch

Panili

Waltrumb

Scherrer

Scheel

Geviert, von Balken überdeckt

Benziger

Benzinger

Bake

Mehr als vier Felder

Bader

Pockh

Schneider

Cornand

Greffenreuter

Wetzel

Schweinfurter

Grünradt

Wolff

Toegel

Eggers

Witte

Weckell

Weber

Riem

Richelm

Häberlein

Flandersen

Sailer

Fleischmann

Westarff

Dorschel

Mader

Register

Name	WBL	Bgl.	Siebm.
		Abtlg.	Tf.
Aaberli	1003	3	61
Aaberli	68	7	61
Aach	48	8	94
Abeelen, v.	982	4	81
Abegg	731	9	41
Abegg	731	10	21
Abegg	645	12	1
Abeken	699	7	21
Abeken	699	6	41
Abeken	486	6	41
Abeken	343	6	41
Abeken	343	6	41
Abeken	343	9	81
Abeken	868	12	55
Abel	273	1	21
Abels	474	11	55
Abels	943	11	55
Abendroth	10	3	21
Abendroth	10	10	1
Abenhausen	953	13	36
Aberlin	354	5	1
Aberlin	275	5	1
Abl	273	1	21
Ableitner	533	4	1
Abštorský	393	6	81
Abstreiter	398	14	25
Abt	153	2	21
Abt	186	3	1
Ach, von	384	9	21
Achenbach	631	11	35
Achenbach	631	12	50
Achermann	600	5	21
Achtermann	462	10	41
Achtziger	304	15	1
Acker	543	1	41
Acker	951	4	61
Ackere, v.	512	4	81
Ackermann	26	2	81
Ackermann	951	4	61
Ackermann	245	8	61
Ackermann	245	13	52
Ackermann	524	11	55
Ackherer	1032	5	1
Adach	320	4	1
Adam	139	1	1
Adam	434	5	81
Adam	814	7	81
Adam	591	9	61
Adami	936	5	1
Adams	435	4	81
Adamy	489	3	61
Ade	848	2	81
Adelbulner	520	1	21
Adeler	910	2	61
Adelgayr	451	5	1
Adelmann	391	11	55
Adenau	690	6	61
Adler	355	1	81
Adler	356	9	41
Adler	356	9	81
Adler	874	10	21
Adler	881	10	21
Adler	1061	11	37
Adler	356	11	55
Adler	872	13	52
Adler	356	2	1
Adler	355	2	41
Adlmann	934	1	61
Adolff	206	5	1
Adolff	377	5	1
Aegeri, von	79	7	61
Aelmans	871	5	2
Aeppli	522	3	61
Aernlin	314	8	41
Aeschpacher	114	5	61
Aettinger	188	2	1
Aff	343	5	61
Aff	343	9	41
Affelmann	946	4	61
Affenzünner	931	3	81

Name	WBL	Bgl.	Siebm.
		Abtlg.	Tf.
Agatz	570	2	81
Agendorffer	506	9	81
Agerius	449	1	21
Agger	449	1	21
Aggermann	991	11	55
Agkli	748	3	61
Agricola	732	1	1
Agricola	709	3	41
Agricola	216	4	61
Agricola	113	5	1
Agricola	967	5	1
Agricola	872	8	41
Agricola	733	9	21
Agricola	213	11	1
Agricola	544	2	1
Agricola	842	5	1
Agricola	674	5	1
Agst	891	9	41
Agstein	48	13	33
Agte	304	10	41
Ahagen	259	10	61
Ahamer	340	8	41
Ahlenstiel	943	8	21
Ahlers	379	5	81
Ahn	989	11	55
Ahorner	6	5	1
Ahorner	1066	9	21
Ahrendt	1014	5	81
Ahrenhold	1018	15	1
Ahrens	377	5	1
Aichberger	220	3	81
Aichelin	509	1	61
Aicher	998	2	1
Aicher	510	3	41
Aicher	851	8	41
Aichholzer	117	4	1
Aichinger	511	6	21
Aichinger	210	9	61
Aichinger	511	10	1
Aichle	220	3	81
Aichler	477	1	41
Aichler	136	4	1
Aichner	294	4	1
Aichner	924	8	21
Aichstetter	509	8	41
Aigenler	926	9	1
Aigl	464	1	1
Aiglspeck	306	3	41
Aign	505	3	41
Aigner	242	3	41
Aineder	153	3	81
Ainhofer	624	4	1
Aischendorfer	454	2	81
Aitinger	320	6	21
Alardus	1071	4	1
Albeck	413	3	61
Alber	705	4	1
Albers	469	2	21
Albers	174	5	61
Albers	484	5	81
Albers	980	12	74
Albert	512	2	41
Albert	844	2	81
Alberti	294	1	1
Alberti	852	3	41
Alberti	10	5	1
Alberti	294	3	21
Alberti	175	3	81
Alberti	193	5	14
Albertin	872	7	1
Albertis	961	4	1
Albertus	127	5	1
Albini	872	8	21
Albinus	550	5	1
Albon	263	10	41
Albon	1037	10	61
Alborn	628	10	41
Albrecht	1059	1	21
Albrecht	57	2	61
Albrecht	265	7	1

Name	WBL	Bgl.	Siebm.
		Abtlg.	Tf.
Albrecht	169	10	41
Albrecht	916	10	81
Albrecht	1059	11	55
Albrecht	294	12	55
Albrecht	210	3	41
Albrecht	82	5	1
Albrecht	135	8	1
Albrecht	229	5	1
Albrecht	676	8	1
Albrecht	552	5	1
Albrecht	306	3	61
Albrecht	156	9	41
Albrecht	654	9	41
Albrechts	643	9	61
Alckens	76	11	55
Aldenhofen	235	3	21
Aldenhofen, v.	234	4	81
Aldorfer	534	2	1
Aleman	849	8	21
Alexandri	312	3	21
Algesheim	596	3	41
Algöwer	63	8	94
Alker	183	14	41
Alkover	286	2	1
Alkover	105	2	1
Allandsee	421	1	41
Allart	358	11	55
Allcon	451	2	21
Allen, von	17	9	61
Allinger	462	8	41
Allmacher	695	8	1
Allmair	995	1	41
Allmend, an der	470	9	21
Allmend, von der	475	7	61
Allmer	841	10	81
Alreleye	541	11	56
Alt	423	3	41
Altasser	1033	2	61
Alte	970	8	61
Altenburger	991	3	41
Altendorffer	522	6	21
Altentaller	781	7	1
Altenweger	425	3	61
Alter	525	6	41
Altermann	421	8	21
Althamer	1010	4	1
Althammer	866	5	2
Althammer	143	1	21
Althaus	621	5	2
Althausen	1039	3	41
Altikar	690	9	61
Altinger	320	8	41
Altkover	105	2	1
Altman	325	6	81
Altmann	1050	1	61
Altmann	18	2	41
Altmann	834	5	2
Altmann	113	13	52
Altmann	101	8	21
Altmann	102	8	41
Altmayr	941	2	81
Altorfer	30	5	2
Altorfer	1047	7	61
Altorffer	534	5	2
Altrichter	922	12	74
Altrogge	601	5	41
Altzinger	359	1	41
Alvera	1072	1	81
Alvermann	877	5	21
Alwich	506	2	41
Aly	917	8	21
Alynga	731	5	2
Amanger	925	2	21
Amany	670	3	1
Ambach	98	2	81
Amberger	652	1	61
Amberger	618	5	81
Amberger	302	7	61
Amberger	652	7	81
Amberger	302	8	61

Name	WBL	Bgl. Siebm. Abtlg.	Tf.
Ambrosii	508	3	1
Ambrosius	565	3	1
Ambsing	520	3	1
Ambts	35	3	61
Ameldung	167	9	81
Amelinck	794	7	81
Amesmayr	1036	8	41
Amhauser	214	3	41
Amman	533	2	41
Amman	154	3	41
Amman	486	4	1
Amman	778	7	61
Amman	334	8	41
Amman	815	12	55
Amman	684	11	19
Amman	893	12	55
Amman	873	9	21
Ammann	873	3	61
Ammann	82	3	61
Ammann	666	10	61
Ammerbacher	897	1	21
Ammon	836	1	61
Ammon	278	4	1
Ammon	149	5	61
Ammon	873	9	21
Amort	35	14	45
Amperg	920	9	21
Ams	811	12	92
Amsinck	520	3	21
Amsinck	520	10	1
Amsler	366	1	41
Amthor	1068	12	92
Amya	1016	11	56
Amya	1013	11	56
Amya	1074	11	56
Anckelmann	700	3	1
Andares	629	7	61
Andaress	616	3	61
Andersen	946	9	81
Anderson	122	4	1
Andler	867	8	41
Andreae	549	1	61
Andreae	549	2	21
Andreae	116	5	2
Andreae	549	9	21
Andreae	1022	3	1
Andreae	549	3	21
Andreas	798	10	81
Andresen	823	7	41
Anekoms	722	4	81
Anesorge	902	1	81
Angele	226	3	61
Angelmacher	908	4	81
Angelmacher	908	9	41
Angelus	920	5	2
Angelus	443	11	1
Anger	325	3	81
Anger	711	1	81
Anger	209	4	1
Anger	774	1	21
Anger	209	1	81
Angerer	640	5	2
Angerer	131	7	1
Angerer	946	14	17
Angerer	131	1	41
Angerer	531	1	61
Angermair	1003	9	18
Angermondt	583	4	81
Angermüller	903	9	21
Angermüller	715	3	41
Angermüller	663	3	41
Angil	705	4	1
Angst	788	7	78
Anklam	661	12	55
Anlauf	148	14	33
Anrater	249	2	81
Ansbach	233	1	61
Anschütz	1073	7	1
Anselm	880	14	9
Anss	41	5	2
Anstett	612	5	81
Anter	902	8	1
Anthes	895	2	21
Anthony	392	10	61
Anthony	245	11	56
Anton	646	13	17
Antoni	765	2	61
Antoni	785	8	94
Antze	408	7	1
Anwandter	708	8	94
Apel	30	2	81
Apel	244	8	41
Apel	592	9	21
Apelt	1010	13	2
Apfel	435	2	61
Apinus	440	1	21
Apinus	440	3	21
Apotegker	294	8	41
Appel	123	1	1
Appel	496	10	21
Appel	628	2	1
Appel	590	2	21
Appenberger	1043	1	41
Appold	551	1	21
Apportz, im	958	3	81
Appuhn	1020	9	61
Appun	1041	10	21
April	798	8	81
Aps	415	3	1
Aquila	941	3	21
Ar, de	535	8	94
Arbeisl	355	1	21
Arberg	601	5	2
Ardomedes s. Artomedes	386	3	81
Ardüser	778	7	61
Aren	684	10	81
Aren, vom	588	4	81
Arend	777	10	1
Arends	573	8	41
Arens	952	5	2
Arens	170	13	2
Arens	601	12	92
Arensen	1015	5	41
Arents	603	5	81
Aretz	535	14	41
Arianus s. Avianus	387	3	81
Arira	724	13	36
Armand	182	5	2
Armbruster	224	5	81
Armher	171	2	61
Arms v.	183	3	61
Arndes	410	4	1
Arndes	293	4	61
Arndt	411	12	74
Arnhold	602	2	21
Arning	76	3	21
Arnold	915	2	61
Arnold	272	5	81
Arnold	202	6	21
Arnold	303	6	41
Arnold	672	6	61
Arnold	460	7	61
Arnold	953	11	1
Arnold	303	11	56
Arnold	874	11	73
Arnold	889	12	74
Arnold	174	13	36
Arnold	174	12	19
Arnold	998	14	1
Arnold	439	14	17
Arnold	1043	1	81
Arnold	602	5	21
Arnold	1031	3	81
Arnold	1043	3	21
Arnold	235	1	61
Arnold	235	13	36
Arnold	236	5	2
Arnold	164	5	21
Arnoldi	35	9	21
Arnoldi	407	10	61
Arnoldt	533	2	61
Arnolt	1042	8	41
Arnschwanger	417	6	81
Arnsperger	496	13	27
Arntzen	762	5	2
Arny	361	7	1
Arny	361	8	61
Arpe	412	4	1
Arras	484	12	55
Arrets	30	11	56
Artelt	948	9	81
Arter	424	7	81
Arts, des	43	10	21
Artmann	456	2	61
Artomedes	386	3	81
Artopoeus	35	9	61
Artopoeus	191	10	61
Artus	772	11	73
Asam	83	5	2
Aschauer	747	7	1
Aschenbrenner	541	5	2
Aschenhamer	423	4	1
Aschenhofer	1053	1	41
Aschl	422	12	50
Aschwanden	424	13	2
Asinger	311	4	1
Asmus	897	10	81
Aspelt	337	1	21
Asper	880	7	61
Asper	912	7	61
Asper	945	9	21
Asseburg	621	10	41
Assmann	500	6	1
Aster	60	3	81
Astfalckh	498	2	41
Astfalckh	498	5	2
Attaler	969	1	21
Attelmayer	926	5	2
Attlmayr	245	9	21
Atzenheim	195	9	61
Atzenholtz	356	3	81
Au, von der	933	12	74
Aue, von	39	4	81
Auer	1050	2	61
Auer	522	1	81
Auer	374	1	21
Auer	1022	1	81
Auer	22	3	81
Aufleger	19	6	41
Aufschlager	225	1	21
Aufschneider	1033	1	1
Augenlitsch	415	3	61
Auggenthaler	278	4	61
Augsburger	247	1	61
Augspurg	616	5	2
Augustin	116	9	81
Auherer	125	3	61
Aulfes	908	13	36
Aulig	680	12	74
Aulig	990	13	27
Aumayer	103	1	81
Aumüller	637	12	74
Aurnhammer	399	1	21
Aurnheimer	399	2	81
Aussem	655	4	81
Aussem, van	781	7	81
Aussem, von	4	11	56
Austin	929	8	21
Avemann	120	3	21
Avemann	154	8	94
Avenarius	104	5	41
Avianus	387	3	81
Axen	695	7	21
Axen	122	5	3
Axen, von	122	5	81
Axt	647	9	41
Axt	646	11	1
Axt	644	11	1
Axter	719	5	3
Aycke	220	9	61
Ayermann	149	1	21
Ayerschöttel	750	1	1
Ayrer	309	1	1
Ayzinger	994	2	1
Azelt	361	1	1
Baag	642	7	61
Babock	256	11	56
Babst	74	6	41
Bach	832	1	41
Bach	12	2	41
Bach	36	4	81
Bach	576	5	81
Bach	928	6	41
Bach	331	7	61
Bach	797	9	41
Bach	796	8	81
Bach	808	8	81
Bach	422	4	1
Bacharach	991	4	81
Bacher	421	3	41
Bachhausen	619	4	81
Bachmair	239	9	17
Bachmann	11	1	1
Bachmann	134	6	61
Bachmann	48	7	61
Bachmann	72	9	61
Bachmann	1023	9	81
Bachmann	1023	10	21
Bachmann	300	13	2
Bachmann	107	3	1
Bachmann	111	3	1
Bachofen	628	10	61
Bachoffen	628	3	61
Bachoffen	992	9	21
Back	690	5	61
Back	658	10	21
Backenburg	614	5	61
Backes	959	4	81
Backhaus	363	5	3
Backhaus	896	6	81
Backhaus	394	5	3
Backhaus, vom	639	11	19
Bacmeister	888	5	3
Bacmeister	888	13	17
Bade	494	3	81
Badell	851	5	3
Bader	832	1	1
Bader	543	5	3
Bader	61	6	61
Bader	130	2	61
Bader	1049	2	61
Bader	268	8	41
Bader	1079	8	61
Bader	79	2	81
Bader	79	7	61
Badicke	1042	5	21
Badicke	1052	5	21
Badicke	10	5	21
Badisch	61	13	36
Bächer	916	14	17
Bächlen	451	8	41
Bächler	1026	1	1
Bächtold	52	7	61
Baedecker	175	7	21
Bährecke	271	11	19
Bährecke	271	12	92
Baelen	549	4	81
Bänninger	440	7	61
Bär	719	8	41
Bärbinger	763	2	41
Baersch, gt. Olichschläger	430	4	81
Bärthold	268	4	82
Bärtsch	268	9	1
Baerwart	272	7	1
Bäschlin	1008	10	61
Baetech s. Baelen	549	4	81
Bäumer	84	11	19
Bäumlein	576	10	1
Bäumler	101	1	21
Bäumler	478	14	41
Bäurlin	147	1	41
Bagewitz	958	3	1
Baggel	932	8	61
Baggenreuter	1079	3	21
Baggenstoss	704	12	55
Bahl	83	3	41
Bahls	83	8	21
Bahre	350	5	21
Baier	148	1	81

Name	WBL	Bgl. Siebm. Abtlg.	Tf.
Baier	268	1	81
Baierlacher	920	2	81
Bair	380	1	81
Baisch	242	5	3
Baisch	242	8	42
Baiz	561	3	61
Bajol	294	7	61
Bake	1079	5	21
Balber	799	3	61
Balck	171	6	1
Balcke	1024	6	81
Balcke	5	5	41
Baldenhover	845	8	41
Baldenius	716	5	3
Balder	596	5	3
Balder	596	6	21
Balderslob	199	3	61
Baldersteiner	612	3	41
Baldinger	288	7	1
Baldrian	354	10	1
Balduin	1058	3	21
Balduwin	513	4	81
Balemann	595	4	2
Balemann	1013	4	2
Balemann s. Ballmann	951	3	41
Balen	230	4	81
Baliffke	546	8	83
Baling	861	5	3
Baling	709	10	61
Balke	271	11	37
Ball	717	13	2
Ball, de	725	4	61
Ballendunck	944	4	81
Ballmann	951	3	41
Ballmer	212	5	3
Ballstock	1075	3	42
Ballüder	871	10	41
Ballweg	610	14	33
Balmer	488	10	1
Balmer	489	10	1
Balthasar	716	5	3
Balthaschwyer	698	7	61
Balthassar	732	7	81
Baltzer	31	2	61
Balve	760	4	61
Bam	58	3	61
Bamberg	1023	14	17
Bamberger	281	1	61
Bamberger	727	2	41
Baner	412	8	94
Bangemann	107	11	1
Bank, von der	981	11	56
Bannir	356	4	81
Bansa r.	434	2	21
Bansa	434	6	21
Bansau	586	5	81
Bansovius	580	5	3
Bantli	735	7	62
Bantlin	220	6	41
Bapst gt. Sittard	35	4	82
Barall	749	12	56
Barbierer	30	11	56
Barbisch	117	3	42
Barchmann	92	5	61
Barchtfelde	174	5	41
Bardenheuer	24	11	21
Bardenhewer	974	11	57
Bardili	894	3	21
Bardtmann	196	5	41
Bardtmann	749	5	41
Baresys	416	11	56
Barg	1006	12	75
Barisys	666	11	56
Barkey	349	3	62
Barkhausen	477	6	41
Barkhausen	620	10	61
Barkhausen	631	5	3
Barkhausen	631	7	21
Barkow	406	7	1
Barll	881	4	82
Barm	519	10	41
Barnisike	48	3	42
Barnstorf	1038	12	75
Baron	606	9	21
Barre	271	10	22
Barreau	749	5	81
Barschuch	701	5	41
Barschuch	682	9	20
Barssen	730	9	61
Barssen	730	9	61
Barssen	730	9	61
Bart	682	11	56
Bart	644	14	25
Bartel	156	1	1
Barteldes	865	5	81
Bartels	95	2	61
Bartels	1000	12	19
Bartels-Bartelshof	62	12	1
Bartels	760	3	81
Bartels	481	3	1
Bartels	482	4	2
Bartels	167	5	21
Bartels	920	4	2
Bartels	574	5	21
Bartels	646	5	21
Bartels	978	5	21
Bartenbach	642	14	17
Bartenstein	396	1	21
Barter	646	10	61
Barth	836	1	21
Barth	159	5	81
Barth	133	7	41
Barth	679	10	1
Barth	681	10	22
Barth	251	14	17
Barth	753	15	1
Barthe	647	11	1
Barthels	821	1	41
Barthmann	37	10	61
Barthold	107	3	1
Bartholomäus	140	1	61
Bartl	702	14	41
Bartl	156	1	1
Bartman	110	4	82
Bartoldi	1018	2	21
Bartsch	1005	1	81
Bartsch	1005	12	75
Barttels	273	5	3
Bartter	98	4	2
Basc, du s. du Bosc	1058	10	4
Baschnagel	686	14	41
Basler	433	6	41
Basler	641	7	62
Basse	660	12	56
Basse	767	12	56
Basse	768	12	56
Bassow	202	8	21
Bastgen	693	7	81
Bastineller	222	3	21
Batschari	1051	5	81
Battlog	1051	3	42
Batzner	720	13	52
Bau	103	13	2
Bauder	837	1	22
Bauder	932	2	81
Baudouin	860	8	42
Bauer	113	5	3
Bauer	843	6	41
Bauer	108	7	1
Bauer	262	7	1
Bauer	893	7	1
Bauer	100	7	1
Bauer	100	7	1
Bauer	779	7	78
Bauer	778	7	81
Bauer	829	2	21
Bauer	993	8	42
Bauer	107	9	21
Bauer	147	10	1
Bauer	908	14	25
Bauer	703	1	81
Bauer	791	12	71
Bauer	792	12	71
Bauer	716	12	75
Bauer	736	12	75
Bauer	100	2	21
Bauer	104	2	81
Bauer	147	1	61
Bauernfeind	1059	3	42
Bauhin	178	9	41
Bauhof	842	6	61
Bauhofer	732	1	41
Bauhofer	316	1	61
Baum	475	9	61
Baum	467	10	22
Baumann	27	1	22
Baumann	133	4	2
Baumann	50	5	3
Baumann	246	6	41
Baumann	816	7	81
Baumann	934	8	21
Baumann	861	13	36
Baumann	701	3	1
Baumann	573	3	21
Baumber	1066	1	61
Baumberger	475	7	81
Baumeister	340	2	81
Baumeister	656	4	82
Baumeister	269	8	1
Baumeister	611	8	1
Baumeister	734	8	42
Baumeister	34	8	81
Baumgart	482	8	21
Baumgarten	482	1	81
Baumgarten	478	2	1
Baumgarten	483	3	21
Baumgarten	479	8	1
Baumgarten	482	8	81
Baumgarten	482	8	61
Baumgarten-Crusius	323	9	81
Baumgarten, von	482	8	61
Baumgarten, von	61	8	61
Baumgarter	1066	5	3
Baumgartner	482	4	2
Baumgartner	482	7	1
Baumgartner	486	10	22
Baumgartner	468	5	81
Baumgartner	478	3	81
Baumhauer	96	3	21
Baumhauer	854	11	57
Baumkircher	1066	9	41
Baur	454	2	61
Baur	493	11	57
Baur	1058	7	62
Baur	107	13	36
Baur	974	13	17
Baur	921	1	81
Baur	817	1	61
Baur	113	1	22
Bauradt	659	5	4
Bauradt	659	8	42
Baus	454	5	61
Bausch	951	3	81
Bausch	1044	4	2
Bausch	771	5	4
Bausch	84	5	4
Bausch	84	8	21
Bausch	582	12	56
Bausch	959	12	56
Bausch	951	3	21
Bauschen	983	4	82
Bauseckh	971	4	61
Baustetter	927	3	1
Bautz	811	7	81
Bautze	53	4	82
Bauwhoff	733	5	4
Bauwr	736	5	3
Bavemann	347	3	1
Bavier	264	8	1
Bawr	559	11	57
Bawr	886	9	41
Bayer	1069	2	1
Bayer	1025	3	42
Bayer	27	6	81
Bayer	404	5	4
Bayer	504	5	4
Bayer	699	5	4
Bayr	447	5	4
Bayr	322	6	41
Bayr	451	1	81
Bayr	84	1	81
Bayr	271	1	81
Beaudrier	10	7	62
Beber	735	14	17
Bebie	467	7	81
Becceler	369	3	1
Beche, de	1039	4	82
Becher	228	1	41
Becherer	754	13	33
Bechler	75	2	81
Bechmann	383	8	42
Bechstein	844	1	1
Becht	384	1	22
Bechtel	686	13	52
Bechtelsamer	633	5	4
Bechtholt	109	2	21
Bechtl	422	1	41
Bechtold	638	11	73
Bechtolt	993	1	81
Beck	136	2	1
Beck	729	9	20
Beck	729	1	82
Beck	35	4	82
Beck	382	5	4
Beck	1023	5	81
Beck	3	8	94
Beck	729	9	41
Beck	729	10	22
Beck	70	11	57
Beck	1062	11	57
Beck	703	13	33
Beck	136	1	82
Beck	463	1	82
Beck	729	5	41
Beck	327	6	41
Beck	797	8	81
Beck	729	5	41
Beck	532	6	41
Beck	756	8	81
Beck	864	6	41
Beck	1024	6	41
Beck	550	1	82
Beck	753	6	41
Becken, von der	722	9	61
Beckendorf	374	3	1
Beckendorp	374	5	21
Becker	880	4	2
Becker	602	4	82
Becker	870	8	1
Becker	730	10	41
Becker	754	10	41
Becker	1058	10	61
Becker	587	10	81
Becker	1019	12	92
Becker	1018	13	2
Becker	85	14	1
Becker	666	2	21
Becker	320	2	61
Becker	818	3	1
Becker	174	5	41
Becker	1054	5	41
Becker	352	9	6
Becker	544	9	61
Becker	106	11	57
Becker	481	5	41
Becker	733	9	61
Becker	575	11	57
Becker	497	3	42
Becker	84	1	82
Becker	980	1	82
Beckering	755	5	81
Beckers	1039	11	57
Beckers	1039	11	57
Beckh	911	2	81
Beckh, von	528	5	4
Beckh	136	3	42
Beckher	884	6	42
Beckher	381	5	4
Beckhern	345	5	4
Beckhern	345	11	21

Name	WBL	Bgl. Siebm. Abtlg.	Tf.
Beckhoff	483	3	21
Beckmann	131	3	21
Beckmann	131	5	21
Beckmann	93	5	21
Beckmann	92	5	21
Beckmann	390	9	61
Beckstein	582	5	61
Beckstein	590	5	61
Bedau	736	12	57
Beeck, von	8	11	57
Beegius	480	5	4
Beeler	1078	5	41
Beeli	745	8	61
Beelitz	669	13	27
Beer	269	1	1
Beer	865	11	19
Beer	270	5	4
Beer	270	9	17
Beer	267	7	41
Beer	271	11	57
Beer	541	12	55
Beerenberg	268	4	2
Beerger	976	10	81
Beermann	267	3	1
Beermann	1022	10	81
Beerschamp	293	3	2
Behaghel	64	11	73
Behaim	942	3	81
Beham	150	1	82
Beham	154	5	4
Beham	646	5	4
Beham	302	6	42
Beham	527	7	1
Beham	150	7	1
Beham	262	7	1
Beham	904	9	41
Behamb	144	1	61
Beheim	310	6	42
Behem	150	1	61
Behem	851	5	41
Behlau	644	11	37
Behling	507	14	9
Behn	611	3	2
Behn	775	5	21
Behn	775	5	21
Behn	775	5	21
Behn	168	5	22
Behn	580	5	22
Behn	639	5	22
Behnecke	1062	4	2
Behnisch	743	11	58
Behnisch	743	11	73
Behnke	895	5	4
Behnke	895	5	22
Behr	267	4	82
Behr	660	5	81
Behr	272	7	2
Behr	267	11	73
Behrenbach	272	4	82
Behrends	268	2	21
Behrendt	1013	5	22
Behrens	902	12	19
Behrens	473	5	22
Behrens	270	5	22
Behrenston	350	5	82
Behrla	915	12	75
Behrle	266	14	1
Behrmann	270	1	82
Behrmann	129	4	2
Behrmann	921	5	22
Beier	633	6	21
Beil	855	1	1
Beil	829	2	21
Beiler	642	6	21
Bein	430	2	21
Beinhauer	642	13	2
Beirer	216	6	81
Beirlin	735	6	42
Beirlin	802	8	81
Beismann	905	12	75
Beismann	736	12	75
Beissel	674	11	58
Beisweil	364	5	4
Beitzke	668	8	42
Beitzman s. Reitzman	393	2	35
Belanger	975	5	4
Belau	42	13	2
Beler	275	4	2
Belitz	677	9	61
Belius	1045	3	22
Belkhaven, von	1074	5	22
Belkow	12	5	5
Bell	484	3	62
Bellaire	1038	9	41
Bellardi	324	8	1
Beller	238	6	81
Belli	873	2	21
Bellinger	1074	13	2
Below	199	3	2
Belss	397	4	2
Beltzinger	559	7	81
Beltzinger	777	9	81
Belzer	367	5	82
Bemeleit	680	13	52
Bemelini s. Remmel	446	1	11
Bemmel, von	768	4	82
Benckendorff	538	10	81
Benckiser	844	10	41
Bendecke	116	5	22
Bendel	748	10	22

Name	WBL	Bgl. Siebm. Abtlg.	Tf.
Bendeler	479	5	5
Bender	447	1	41
Bender	665	7	62
Bender	990	7	62
Bender	805	7	81
Bender	448	8	42
Bender	445	11	1
Bender	445	11	1
Bender	84	5	22
Bender	511	5	22
Benedict	979	3	62
Beneke	774	5	41
Beneke	1046	10	1
Benem	265	5	5
Bengel	414	3	22
Bengerad	370	10	1
Bening	607	5	22
Bening	902	9	81
Benkhner	609	2	41
Benndorf	633	7	41
Benneck s. Behnecke	1062	4	2
Bensel	930	14	1
Benser	181	4	2
Bensle	291	1	61
Benter	388	7	2
Benthe	83	5	5
Benthe	256	5	5
Benthe	256	11	58
Benthem	907	3	22
Benthin	648	12	57
Bentouns	265	6	61
Bentzmann	123	9	61
Benz	816	3	62
Benziger	1079	8	1
Benziger	1020	8	62
Benziger	1079	9	44
Benzler	730	7	62
Berbom	497	9	61
Berbstorff	188	4	2
Berchem, von	761	11	58
Berchem, von	707	9	1
Berchmair	150	6	42
Berchmann	599	3	2
Berchtoldt	844	5	5
Berchtoldt	211	6	42
Berchtoldt	420	6	42
Berck	517	3	22
Berckenmeir	810	8	81
Berckens	350	5	22
Bercker	87	3	62
Berckhamer	242	6	61
Berckmüller	625	6	61
Bere	351	5	41
Beren	167	3	62
Berendes	268	9	61
Berendshuser	620	5	61
Berendt	949	3	62
Berendt	300	9	61
Berendts	901	11	19
Berens	577	10	41
Berensbach	115	5	5
Berg	416	3	22
Berg	379	10	22
Berg	1048	10	61
Berg	812	12	71
Berg, vom	1019	12	57
Berg, vom	987	13	44
Berg, von	405	8	81
Bergdolt	211	11	19
Bergdolt	211	11	73
Berge, vom	252	12	57
Bergen, von	363	4	82
Bergen, von	988	13	2
Bergen, von	370	5	82
Bergen. von	511	4	82
Berge, op dem	638	11	19
Berge, op dem	638	11	19
Berger	295	4	2
Berger	809	10	22
Berger	173	10	41
Berger	512	11	1
Berger	87	12	50
Berger	325	3	62
Berger	319	8	21
Berger	206	8	42
Berger	267	8	61
Berger	475	3	42
Berger	494	3	62
Berghammer	458	2	61
Berghan	401	5	5
Bergheim, v.	540	4	82
Berghofer	402	1	1
Berghoff	953	6	42
Bergholz	734	14	25
Bergius	416	3	62
Bergius	416	10	2
Bergk	62	15	1
Bergkhausen	1	6	1
Bergkhmayer	1078	9	41
Bergmaier	998	12	19
Bergmann	820	13	2
Bergmann	86	5	5
Bergmann	114	5	5
Bergmann	152	5	5
Bergner	88	1	82
Bering	723	8	21
Beringer	339	1	1
Beringer	268	5	5
Beringer	269	5	5
Beringer	269	5	5

Name	WBL	Bgl. Siebm. Abtlg.	Tf.
Beringer	536	5	5
Beringius	269	8	21
Beringuier	1069	4	2
Berkefeld	482	10	61
Berkenvelt	475	11	58
Berkermann	467	9	62
Berkey-Berken	471	14	9
Berkhan	409	11	58
Berkmayr	132	1	82
Berkmiller	741	8	81
Berkmüller	744	9	41
Berkmüller	150	11	58
Berlich	396	3	22
Berlin	271	1	41
Berlin	771	2	61
Berlin	455	9	62
Berlingius	366	8	21
Berlower	571	10	1
Bermann	780	9	62
Bermutter	95	3	62
Bern	268	1	41
Bernard	15	2	41
Bernard	56	13	33
Bernards	867	3	22
Bernau	270	5	5
Bernbach	429	9	41
Bernbeck	273	1	61
Bernd	634	2	1
Berndt	887	7	2
Bernekolt	539	2	21
Bernet	349	10	22
Berngruber	272	3	81
Bernhard	262	1	62
Bernhard	271	8	22
Bernhardt	267	4	2
Bernhardt	315	12	19
Bernhart	266	7	62
Bernhart	700	8	94
Bernhart	262	9	21
Berniger	718	13	33
Bernius	831	8	94
Bernius	662	9	81
Bernkopf	271	7	2
Bernoully	503	2	22
Bernstein	229	4	2
Bernstorff	622	5	82
Bernus	270	2	22
Bernus	270	10	1
Beron	266	3	22
Beron	266	3	42
Berrevin	270	11	58
Berry	858	7	62
Berschamp	293	3	2
Bertanis	285	2	81
Bertel	510	13	3
Bertelkin	349	11	58
Bertelkyn	581	11	58
Bertelsmann	538	7	41
Berth	714	1	41
Berth	187	11	58
Berth	187	11	58
Berthold	1061	3	42
Berthold	271	5	61
Berthold	107	10	61
Bertlin	326	3	42
Bertling	428	15	1
Bertram	522	1	1
Bertram	223	8	42
Bertram	266	10	81
Bertram	818	13	17
Bertram	522	3	22
Bertram	579	3	22
Bertsch	817	1	22
Bertsche	740	13	3
Bertschinger	957	3	62
Bertschinger	705	7	81
Bertschlin	349	5	5
Bertzner	102	1	41
Berwartter	269	5	5
Berwyn	270	11	58
Besch	547	8	1
Besch	547	8	22
Beschilling	164	5	5
Beschorn	161	7	2
Besecke	630	5	5
Besel	1021	5	61
Besler	1057	7	62
Besold	361	1	22
Besold	390	5	6
Besolt	212	1	62
Besselich, von	541	9	21
Besselich, von	542	9	21
Besselich, von	542	9	21
Bessel	351	5	6
Besser	642	3	81
Bessler	443	1	19
Best	541	5	6
Bestelmayer	481	1	22
Bestenbostel	633	4	3
Bestholtz	80	11	59
Bestler	491	9	42
Bethe	502	9	62
Bethe	27	13	3
Bethge	49	6	42
Bethge	599	13	27
Bethke	822	12	75
Bettac	989	7	41
Betthaus	626	9	1
Bettmann	115	5	82
Betz	310	1	42

Name	WBL	Bgl. Siebm. Abtlg.	Tf.
Betz	311	6	42
Betz	778	8	82
Betzold	311	2	81
Beudener	222	8	22
Beumler	469	7	62
Beurer	222	1	1
Beurer	220	3	22
Beurlin	104	5	6
Beurlin	309	6	61
Beuss	32	11	59
Beußer	556	6	42
Beust	758	5	61
Beuth	531	12	57
Beuthel	97	2	1
Beutler	220	9	42
Beuttenmüller	664	5	82
Beutterich	7	2	22
Bever	921	5	22
Bex	35	11	59
Beybam	184	5	6
Beyel	116	7	81
Beyell	646	5	6
Beyer	26	3	2
Beyer	1040	5	41
Beyer	1067	6	42
Beyer	964	8	42
Beyer	1045	9	1
Beyer	1079	11	2
Beyer	1079	11	2
Beyer	435	11	37
Beyer	998	11	73
Beyer	574	3	82
Beyrer	93	4	3
Beyrer	280	5	6
Beyschlag	152	1	2
Beyschlag	50	5	6
Beyschlag	509	5	6
Beyssel	919	1	22
Beyther	56	5	6
Bezold	836	1	22
Bezold	836	3	22
Bezzel	861	1	2
Biagosch	360	9	42
Biccius	245	3	82
Bichner	451	4	82
Bickel	666	3	42
Bickel	611	14	9
Bickelstein	1022	11	9
Bickhel	141	5	6
Bidekapff	771	11	73
Bidermann	156	1	22
Bieber	549	2	41
Bieberacher	538	1	42
Bieckh	457	9	22
Biedermann	678	7	2
Biedermann	807	7	62
Bieger	727	13	44
Biehl	268	5	6
Biel	175	5	22
Biel	643	5	22
Biel	534	6	21
Bielau	646	7	79
Bielefeld, von	811	4	82
Bielefeld	949	10	61
Bieler	898	12	56
Bielitz	391	9	1
Biema, van	752	11	20
Biema, van	922	11	20
Bieneck	665	10	1
Bieneck	665	11	59
Bienert	630	9	81
Bieniszewski	916	10	41
Bienz	645	9	42
Bierbaum	475	10	2
Biermann	523	5	6
Biermann	931	10	1
Biersack	980	2	22
Bierstättl	749	5	6
Bies	525	4	82
Bieß	786	9	62
Bihler	999	1	2
Bihler	999	3	22
Bilderbeck	447	4	3
Biler	74	5	6
Bileter	788	7	62
Bilger	685	8	1
Billeb	745	10	62
Billeb	889	12	58
Billerbeck	86	3	22
Billerbeck	121	10	41
Billeter	364	3	62
Billing	364	1	82
Billing	645	12	50
Billinger	1047	2	61
Billmann	1045	5	82
Billung	691	10	41
Bilrinck	531	3	62
Bilse	767	12	1
Biltstein	9	4	82
Biltstein	819	4	82
Binder	47	3	62
Binder	602	4	3
Binder	649	5	6
Binder	810	8	82
Binder	823	1	2
Binder	602	10	2
Binder	649	10	2
Binding	126	2	22
Bindschedler	445	7	62
Binfelt	809	10	21

Name	WBL	Bgl. Siebm. Abtlg.	Tf.
Bing	65	11	74
Bingen, von	172	4	83
Bingert	393	8	42
Bingesser	624	10	81
Binggeli	735	11	19
Bingold	888	10	81
Biningus	521	6	42
Binninger	77	5	6
Binswanger	608	7	2
Bippen, von	2	10	2
Birch	500	3	62
Bircher	467	8	22
Birck	214	6	81
Birckel, von	71	4	83
Birckholz	589	9	22
Birckholz	589	4	83
Birckicht	267	5	6
Birckmann	485	4	83
Birglin	993	9	42
Birglin s. Bechtholt	993	1	81
Birglin	993	9	83
Birkell	1062	3	42
Birkenholz	589	9	22
Birkhammer	372	9	62
Birkner	1001	2	81
Birkner	1001	5	61
Birkner	533	14	17
Birlen	766	3	62
Birnbaum	475	3	22
Birnbaum	201	4	83
Bischel	778	8	82
Bischof	676	2	82
Bischof	944	11	21
Bischoff	116	3	62
Bischoff	678	5	41
Bischoff	989	8	42
Bischoff	652	9	42
Bischoff	680	12	92
Bischoff	281	13	44
Bischoff	684	14	33
Bischoff	679	11	37
Bischoff	679	11	37
Bischoff	451	5	6
Bischoffsstarffer	266	2	62
Biskamp	543	9	81
Bismark	586	12	75
Bissenbeck	562	3	2
Bissinger	291	6	42
Bissinger	291	6	42
Bissinger	291	6	61
Bisterfeld	510	4	83
Bitelmar	17	2	61
Bitt	848	9	22
Bittelmaier	17	3	22
Bitter	33	5	6
Bitterich	1059	5	82
Bittner	834	1	82
Blackhall	987	5	41
Blaemendael	795	4	83
Bläsy	248	8	1
Blancheteste	216	11	59
Blancheteste	931	11	59
Blanck	615	5	82
Blanck	1060	9	42
Blanckenberg	480	4	83
Blanckenheim	62	5	61
Blanckh	623	5	7
Blanckh	295	6	42
Blancus	623	5	7
Blank	664	1	2
Blankenberg	678	2	62
Blankenheim	651	2	62
Blankenheim	200	3	2
Blaschro	548	11	59
Blass	314	3	62
Blate	502	3	42
Blatman	516	7	62
Blatman	808	11	19
Blattenhart	138	2	1
Blatter	54	8	61
Blau	610	14	9
Blaufelder	869	14	25
Blawen	72	4	83
Blazer	832	1	42
Blech	689	11	37
Blechen, von	751	9	82
Blechmann	4	10	61
Bleckmann	4	4	83
Blees	130	11	60
Blees	930	11	60
Bleibtreu	199	9	42
Bleicher	148	1	2
Bleidenstedt	878	3	62
Blendefisch	421	9	62
Blender	870	13	52
Blesen	981	4	83
Blessing	93	5	7
Bletscher	23	3	63
Bletzer	1051	5	82
Bletzger	264	5	7
Bleuenheuft	409	11	60
Bleul	242	1	2
Bleuler	1074	3	63
Bleuler	1074	10	2
Bley	429	6	42
Blezger	545	2	22
Blezger	576	9	62
Blickhlin	221	8	42
Bliderhäuser	416	5	7
Blieml	581	9	18

Name	WBL	Bgl. Siebm. Abtlg.	Tf.
Blindhammer	340	4	3
Blobel	325	13	3
Bloch	976	5	7
Bloch	491	8	62
Block	491	8	22
Block	811	11	60
Block	811	11	60
Blodau	80	9	1
Blöd	214	1	42
Blohm	173	4	3
Blohm	574	5	22
Blohm	173	10	22
Blome	533	3	2
Blome	550	5	7
Blomenbarch, von	574	5	22
Blomendal	795	4	83
Blondel	873	11	60
Blondel	917	11	60
Blosfeld	654	3	82
Bloss	401	6	42
Bluemblacher	894	8	42
Blümener	486	13	17
Blümner	193	7	81
Blughen	308	11	60
Bluhm	949	5	7
Blum	298	2	62
Blum	1004	2	62
Blum	642	2	1
Blum	187	9	42
Blume	497	3	42
Blume	173	5	22
Blume	540	8	42
Blume	196	5	7
Blume	922	5	7
Blumenau	674	5	7
Blumenau	197	11	19
Blumenstein	572	5	7
Blumenthal	1004	5	42
Blumenthal	1004	10	2
Blumert	582	1	22
Blunschli	825	1	2
Bluntschli	291	3	63
Blussing	340	6	42
Boberger	507	8	94
Bobinger	885	6	42
Bobligk	852	4	3
Bocer	438	6	43
Bochart	51	3	22
Boche	996	8	42
Bocholtz	474	3	2
Bock	322	2	22
Bock	546	5	7
Bock	300	5	23
Bock	327	10	62
Bock	994	1	42
Bock	325	1	62
Bock in Pont	743	11	63
Bockelius	246	9	42
Bockell, von	87	4	83
Bocken, von	321	5	82
Bockh	320	5	7
Bockmair s. Bockmühl	869	10	22
Bockmühl	869	10	22
Bocksilber	327	10	62
Bocksilber	327	10	81
Bockx	816	8	1
Bockx	816	8	62
Bodden	518	11	60
Bodden	517	11	60
Bode	1021	5	7
Bode	602	6	21
Bode	436	10	62
Bodel	31	3	22
Boden	919	4	61
Boden	921	13	3
Bodenmüller	902	2	82
Bodenschatz	602	6	81
Bodenstab	871	5	7
Bodenstede	264	5	82
Bodenstein	54	1	2
Bodenstein	124	11	73
Bodmer	517	3	63
Bodmer	907	5	7
Bodmer	907	5	61
Bodmer	37	8	22
Böck	320	1	2
Böck	686	3	63
Boeck	648	5	23
Boeck	474	7	2
Boeck	176	10	81
Boeck	471	10	81
Böcker	114	5	42
Böcker	171	7	21
Böckh	66	3	42
Böckh	331	5	7
Boeckh	454	6	43
Böckhing	837	5	7
Böckhl	970	5	7
Boeckholt	471	5	23
Böcking	427	10	2
Böcking	427	10	62
Böcking	427	12	19
Böcking	429	10	2
Böcklen	320	12	58
Böckler	1030	1	22
Böckmann	467	3	63
Böckmann	467	5	82
Böckmann s. Bessel	351	5	5
Boeddinghaus	387	7	81
Boeddinghaus	1019	11	21

Name	WBL	Bgl. Siebm. Abtlg.	Tf.
Boegenmecher	641	11	59
Böheimb	1005	4	3
Böhm	144	13	52
Böhme	50	5	52
Böhme	853	8	94
Böhme	489	11	74
Böhmer	371	2	22
Böhmer	501	9	62
Boehmer	120	13	3
Böhringer	548	5	82
Böke	432	3	2
Bölckow	984	7	2
Bölkow	870	3	2
Boell	389	3	22
Böllert	1022	13	52
Bölmann	289	2	22
Boelmans	1070	11	61
Bölsterli	209	7	81
Bönhoff	482	5	42
Bönhoff	944	5	42
Bönhoff	34	5	23
Bönhoff	713	5	23
Boenhoff	624	5	23
Bönhoff	944	6	1
Böni	690	10	2
Böning	816	9	62
Böning	788	9	62
Böning	488	5	83
Böning	817	9	62
Böning	817	9	62
Böning	817	9	62
Böninger	910	10	22
Bönl	279	7	2
Börding	21	3	23
Boere	276	4	83
Böringer	584	5	8
Börner	627	8	22
Boës	719	1	22
Böschen	578	3	23
Böschlin	30	13	33
Boese gen. Halteren	515	4	83
Boesner	823	5	23
Bössecker	143	2	22
Bötcher	223	12	19
Bötefür	403	3	2
Bötel	1023	13	52
Böthe s. Bothe	630	8	62
Böthner	914	6	43
Bötker	732	5	23
Böttcher	570	12	76
Boettcher	916	12	92
Boettcher	572	13	3
Böttger	1078	13	52
Bötticher	1010	6	21
Böttinger	865	6	43
Bogacki	610	11	2
Bogen	642	1	42
Bogner	1023	10	82
Bohd	463	9	42
Bohl	69	5	23
Bohle	1041	11	20
Bohlen	935	10	62
Bohlen	948	10	62
Bohls	231	5	82
Bohm	475	12	58
Bohn	593	14	33
Bohnen	576	11	60
Bohnen	640	11	60
Bohner	491	1	42
Bohner	585	3	82
Bohnstedt	757	3	22
Bohrer	678	3	82
Bohs s. Boss	1036	7	2
Bohwinkel	309	13	36
Boichem	470	4	83
Boismann	865	3	82
Boisselier	559	10	81
Bokelmann	583	6	43
Bolan	884	9	22
Bolbrügge	898	14	9
Boldick	464	6	43
Boldt	245	6	43
Bolen	695	7	41
Boler	374	7	62
Bolicken	872	9	1
Bollacher	872	9	1
Bollbach	819	8	1
Boller	383	3	63
Boller	996	6	43
Bollinger	20	7	81
Bollmann	624	5	82
Bollmann	1070	13	3
Bollmeier	991	10	2
Bollmeyer	122	5	23
Bollner	1009	6	43
Bolongaro	872	2	22
Bolsinger	875	14	9
Bolte	180	5	61
Bolten	192	7	2
Boltz	960	9	1
Boltze	73	10	82
Bolzau	990	8	95
Bolzenberg	915	2	22
Bomgarten	259	3	63
Bomhouwer	96	3	63
Bomhover	854	3	82
Bommelmann	602	3	2
Bomnüter	63	8	62
Bon	808	7	78
Bonacher	605	9	82
Bonano	949	2	62
Bone	353	5	23
Bonenberg	471	10	82
Boner	791	10	2
Bongarts	471	11	61
Bonhöffer	220	6	1
Bonhorst	480	4	3
Boniat-Rica	872	8	43
Boning s. Bening	55	2	21
Bonitz	405	15	1
Bonkowski	454	10	2
Bonn	936	2	22
Bonn	587	3	22
Bonn, von	72	4	83
Bonnet	368	6	61
Bonnet	368	10	62
Bonnet	703	13	17
Bonnie	890	13	36
Bonnie	1027	13	36
Bonnier	685	4	83
Bonrieder	53	5	8
Bonz	219	8	22
Boock	353	5	61
Boogarts	475	4	83
Boon	539	3	2
Boonen	504	4	83
Boos	813	9	42
Boosfeld	1070	4	83
Boot	827	3	42
Boots	85	11	74
Bopp	260	6	43
Bopp	1060	7	62
Borch, von der	897	5	23
Borchers	620	5	8
Borchmann	610	8	43
Borchold	618	3	23
Borcholte	897	13	17
Borcken	796	4	84
Borckhardt	7	5	8
Borckhardt	318	5	8
Borckmann	611	9	62
Bordensloe	22	5	61
Bordt	290	6	43
Borgelin	161	3	63
Borgemeister	835	8	22
Borght, van der	27	7	21
Borisch	868	6	43
Borman	961	11	60
Bormet-Marsal	1077	10	2
Born	457	2	41
Born	4	4	84
Born	613	5	8
Born	440	10	62
Born	626	3	23
Born	1040	3	23
Bornehusen	568	3	42
Bornemann	788	9	62
Bornemann	3	10	42
Borner	946	4	3
Bornhauser	621	13	27
Bornhusen	85	3	42
Borowski	652	10	2
Borowski	653	10	2
Borowski	785	10	82
Borsch	991	7	82
Borsche	871	8	95
Borsche	871	10	3
Borsdorf	942	8	62
Borsdorf	926	11	61
Borseckh	913	5	8
Borstelmann	130	5	23
Borsteld	238	4	3
Bortfeldt	1013	13	17
Borutzky	469	14	25
Bosc, du	1058	10	4
Bosch	267	1	22
Bosch	525	3	43
Bosch	763	4	84
Bosch	27	5	8
Bosch	829	6	43
Bose	1055	2	82
Bose	925	14	9
Boss	718	6	43
Boss s. Bohs	1036	7	2
Bosse	871	6	81
Bosse	869	13	52
Bosseck	6	3	23
Bosseler	539	4	84
Bossert	663	9	1
Bossert	759	9	1
Bosset	571	8	1
Bosshart	715	3	63
Bossin	998	12	19
Bossler	234	5	8
Bostelmann	196	5	83
Both	605	8	62
Bothe	630	8	62
Bothmann	1018	5	8
Botter	564	4	84
Bottiger	570	8	2
Boucke	475	14	9
Bourel	719	4	84
Bourgeois	771	7	2
Bourgreeff	427	4	85
Boursen	777	5	62
Bouterwek	944	11	21
Bouthillier	896	2	82
Bowey	411	8	1
Boye	208	5	62
Boye	509	5	83
Boye	823	5	8
Boye	774	5	8
Boyn	37	13	3
Boys	40	4	85
Boysen	23	12	92
Boysen	698	13	37
Boysen	787	13	37
Brachmann	100	11	1
Bracht	808	10	2
Brackenhöffer	290	1	22
Brackhenhofer	610	1	2
Bracklow	351	13	17
Bracksieck	680	13	27
Bradtel	1027	6	43
Brähler	29	14	1
Bräm	679	3	63
Brämer	383	9	63
Brändler	493	1	22
Braetfisch	421	4	84
Bräuning	41	7	62
Bräuning	41	13	3
Bräutigam	587	14	45
Brahe	411	4	3
Brait	418	2	62
Braitenloher	506	3	63
Braito	1027	9	1
Braittenstein	237	5	8
Brakow	294	8	43
Brambeer	572	3	2
Brammerts	592	11	61
Brammerts	598	11	61
Brand	491	3	2
Brand	688	13	53
Brand	688	14	1
Brand	123	5	62
Brand	493	7	62
Brand	433	9	82
Brand	389	11	62
Brand	687	13	53
Brand	687	14	1
Brand	78	2	22
Brand	402	2	82
Brandenburg	123	3	2
Brandenburg	618	5	62
Brandenburg	618	5	62
Brandes	498	3	63
Brandes	85	10	42
Brandis	499	12	76
Brandl	759	14	45
Brandmiller	225	11	74
Brandstetter	927	3	63
Brandt	89	2	22
Brandt	68	3	43
Brandt	911	5	8
Brandt	1077	5	8
Brandt	628	6	43
Brandt	491	7	2
Brandt	492	7	2
Brandt	687	8	95
Brandt	888	10	42
Brandt	888	11	61
Brandt	702	11	61
Brandt	210	11	74
Brandt	668	13	3
Brandt	648	14	41
Brandt	89	5	23
Brandt	702	11	20
Brandt	680	4	84
Brandt	492	5	23
Brandt	888	11	20
Brandt	687	4	84
Brandten	191	11	62
Brandtmüller	724	5	8
Branner s. Bronner	163	2	41
Branstetter	219	1	82
Brants	1042	6	61
Brantscheit	565	11	61
Brantten	169	11	62
Brantten	923	11	62
Brasch	838	5	83
Brasch	194	7	2
Brasch	550	10	62
Brasche	583	5	23
Brasche	836	7	21
Brase	92	5	62
Brassart	34	7	82
Brassican	505	5	8
Brastberger	227	5	8
Brattler	646	1	82
Brauch	26	1	42
Brauer	210	4	3
Brauer	851	4	61
Brauers	1015	11	61
Braumann	93	11	61
Braun	200	1	62
Braun	967	1	62
Braun	193	2	22
Braun	978	5	8
Braun	230	5	62
Braun	777	5	83
Braun	659	10	42
Braun	1047	9	42
Braun	659	10	62
Braun	914	10	82
Braun	735	13	53
Braun	943	13	53
Braun	511	14	25
Braun	720	14	33
Braun	261	1	62
Braun	502	1	62

Name	WBL	Bgl. Siebm. Abtlg.	Tf.
Braun	1057	3	23
Braun	503	1	62
Braun	84	4	84
Braun	577	6	81
Braun	997	4	84
Braun	1067	6	81
Braun	856	6	43
Braun	856	9	22
Braun	251	3	43
Braunbaum	471	5	8
Braunbehrens	267	11	62
Braunbehrens	602	11	62
Braunbehrens	693	11	62
Braune	973	8	22
Braune	605	12	20
Braune	251	12	50
Braune	746	14	33
Brauneck	793	2	62
Brauneisen	829	2	62
Brauner	70	10	62
Braunholz	993	1	62
Brauns	62	5	9
Braunsbach	82	1	42
Braunsbacher	9	2	1
Braunwald	479	4	61
Brauser	1046	5	9
Brauweiler	591	4	84
Brechenmacher	745	1	42
Brecht	899	8	43
Brechtel	551	1	2
Brechtel	694	9	19
Brechtell	522	5	9
Brechtl	556	2	82
Breckwolt	486	5	83
Brederkow	464	5	83
Bredt	82	6	21
Bredt, van	860	11	74
Bretschneider	1051	8	43
Bree	531	4	84
Bree	882	10	23
Bregler	79	3	63
Brehme	908	12	20
Brehmer	121	14	1
Brehmer	502	9	62
Breidenstein	709	3	63
Breidenstein	731	12	20
Breiding	450	1	22
Breidner	74	5	9
Breier	531	5	83
Breitenbach	13	14	33
Breitenberger	866	1	2
Breiter	683	3	2
Breithaupt	843	1	82
Breithaupt	843	6	61
Breithaupt	163	7	41
Breithaupt	178	7	41
Breithaupt	160	7	41
Breithaupt	177	8	95
Breithaupt	843	10	3
Breitholz	263	3	82
Breitingen	20	2	22
Breitinger	166	3	63
Breitinger	167	9	1
Breitmoser	104	4	3
Breitstain	247	10	82
Breittenhiller	262	3	43
Brekewolt	479	5	42
Brekwald	292	3	23
Brem	295	1	2
Brem	222	1	82
Brem	985	1	42
Bremen	667	3	82
Bremer	688	5	9
Bremer	536	5	23
Bremer	601	5	42
Bremer	662	9	63
Bremer	501	3	2
Bremer	976	3	63
Bremi	992	7	82
Bremm	810	10	21
Brendel	225	1	22
Brendel	648	4	61
Brendel	526	8	43
Brendell	456	5	9
Brener	452	5	42
Brengler	465	5	9
Brennecke	351	5	9
Brennecke	974	13	53
Brennen, von den	492	3	63
Brenner	88	5	83
Brenner	90	12	76
Brenner-Joos	703	10	42
Brenneysen	696	4	3
Brenninger	234	13	37
Brennwald	493	3	64
Brennwald	479	7	82
Brentano	873	2	22
Brentz	877	5	9
Brentz	277	6	61
Brescius	471	11	74
Brese	651	8	62
Bresges	245	11	63
Bresmal	1055	2	22
Bressler	70	1	82
Breßer	460	3	82
Bretnüz	637	3	23
Bretzius	809	10	62
Breudtigam	288	2	23
Breuning	335	6	43
Breuning	126	10	42
Breunlin	247	5	9
Breunlin	550	5	9
Breuwer	176	11	62
Breuwer	185	11	62
Brewer	708	11	62
Brewer	239	4	84
Brewer	60	4	84
Brewer	437	4	84
Brewer	1035	4	84
Breyding	826	8	95
Breyer	529	13	17
Breyhahn	900	11	62
Breynich	750	4	84
Briam	1002	7	62
Brickenstein	828	13	17
Brieff	737	2	82
Briegleb	640	5	9
Brihl	843	2	62
Brill	411	13	27
Brinckmann	821	5	42
Bringeman	962	5	42
Brink, van	88	11	74
Brinkmann	569	1	2
Brinkmann	637	6	1
Brisacher	770	3	64
Brixius	1005	12	58
Brixius	1005	12	92
Brock	563	7	82
Brock	563	8	2
Brocke, vam	492	4	3
Brockhaus	619	13	37
Brockhaus	619	13	37
Brockhausen	1076	3	82
Brockhusen	278	9	63
Brockmann	344	2	62
Brockmann	111	9	82
Brockmann	704	13	3
Brockmayer	393	1	82
Brockmöller	625	5	83
Brockwitz	877	13	53
Brode	768	11	63
Brodersen	1076	13	4
Bröckel	506	5	9
Broecker	554	9	63
Bröckhell	133	5	9
Broeckmer	935	5	23
Broelmann	560	5	9
Brönner	89	2	23
Bröseke	202	5	23
Broggia	897	4	85
Brogsitter	213	8	95
Broher	193	6	21
Brohmann	427	13	44
Broilmann	560	4	85
Broling	275	4	3
Broll	267	5	9
Broll	218	7	2
Broll	267	7	82
Bronner s. Branner	163	2	41
Bronnhöfer	627	2	1
Brookmann	507	5	42
Brooks	897	3	23
Brosius	583	5	42
Brosius	426	10	3
Brosum	155	5	9
Brotthagen	333	5	9
Brottsorg	950	1	42
Brottsorg	950	8	43
Bruchli	349	10	3
Bruck	24	4	85
Brucker	656	3	23
Bruckner	1037	3	23
Bruckner	402	5	9
Bruder	88	3	43
Brück	248	3	43
Brueck, von	24	10	42
Brücke	4	12	76
Brückmann	618	6	44
Brückmann	130	6	44
Brückmann	898	6	44
Brückner	618	2	23
Brückner	155	3	82
Brückner	618	12	76
Brückner	618	3	64
Brueder	684	1	42
Brüel	506	5	10
Brügel	32	3	43
Brüggemann	1034	5	83
Brüggler	661	3	64
Brüglinger	823	10	42
Brügmann	899	12	77
Brühschwein	663	14	41
Bruel	639	4	85
Bruel	580	5	9
Brüll	777	11	63
Brüll	868	5	24
Brülow	878	3	82
Brüngger	778	7	63
Brüning	450	4	3
Brüning	434	5	62
Brüning	982	11	2
Brünnemann	627	4	3
Brünning	947	5	10
Brünninghausen	338	4	85
Brünninghausen	712	4	85
Bruere	344	5	62
Brüser	445	5	24
Brug	520	3	82
Bruggen	35	4	85
Bruhm	762	5	25
Bruhn	200	5	10
Bruhns	152	5	62
Brukmann	811	11	19
Brumby	260	10	3
Brumm	627	5	83
Brun	90	4	85
Brun	59	8	1
Brun, le	1	4	85
Bruning	198	3	43
Bruning	198	3	49
Brunjohann	42	5	10
Brunn	786	11	63
Brunne	37	10	42
Bruneckh	27	5	10
Brunnemann	725	8	43
Brunnenhofer	627	5	10
Brunner	627	1	22
Brunner	627	5	10
Brunner	563	8	22
Brunner	627	3	64
Brunner	641	3	64
Brunner	627	5	10
Brunner	34	8	22
Brunner	626	3	82
Brunner	627	8	22
Bruno	461	2	1
Bruns	454	3	64
Bruns/Bruhns	597	4	4
Bruns	563	9	63
Brunstermann	667	11	20
Brunswig	432	3	3
Bruppacher	262	7	82
Bruy	774	10	82
Bruynleder	624	11	63
Bschor	208	4	4
Bub	356	14	41
Bubbel	377	14	33
Bube	97	1	2
Bubenleber	98	1	23
Buc v. Brubach	6	11	63
Buch	264	3	82
Buch	56	5	10
Buch	473	5	62
Buch	473	12	59
Buch	84	4	4
Buch	311	4	4
Buch, zur	469	11	74
Buchbach	678	9	42
Buchels	1048	11	64
Buchenegger	480	3	64
Buchennas	704	3	64
Bucher	474	1	23
Bucher	474	10	23
Bucherer	470	12	20
Buchholtz	526	2	23
Buchholtz	837	8	43
Buchholtzer	290	11	2
Buchholz	469	13	44
Buchholz	515	3	3
Buchholz	648	5	10
Buchholz	471	12	59
Buchhorn	227	7	63
Buchli	1066	7	82
Buchmann	95	5	10
Buchman	396	8	43
Buchner	109	2	82
Buchner	500	3	64
Buchner	1035	4	61
Buchner	319	10	42
Buchner	943	10	42
Bucholz	523	8	95
Buckrucker	401	10	82
Buck	321	2	23
Buck	129	4	4
Buck	354	5	62
Buck	743	7	63
Buck	746	11	2
Buck	931	14	25
Buck	325	3	3
Buck	931	3	3
Buck, van den	320	11	64
Buckel	156	1	42
Buckendahl	471	12	77
Buckinck	657	11	63
Bucz	1007	10	42
Buczkowski	815	11	2
Bud	368	12	1
Budan	988	4	4
Budde	184	5	10
Buder	854	3	23
Budiger	323	6	43
Budjuhn	560	10	42
Budwein s. Rüdwein	199	2	15
Büchi	483	10	23
Buechner	470	2	23
Büchner	673	1	82
Büchner	673	1	62
Bueck	504	5	62
Bücking	428	11	75
Bücking	428	11	75
Bückling	431	8	43
Bückmann	208	11	2
Bückmann	208	11	21
Büdeler	663	5	24
Büdtner	209	6	43
Büel, am	336	3	64
Büeler	535	3	64
Bügler	712	2	62
Bühel	328	7	2
Bühler	284	5	62

Name	WBL	Bgl. Siebm. Abtlg.	Tf.
Buehler	25	7	63
Bühler	1068	7	63
Bühler	465	9	42
Bühler	764	11	75
Bühler	36	3	82
Bühler	1010	6	44
Bühler	558	3	82
Bühler	799	6	61
Bühler	534	7	63
Bühnemann	810	12	92
Bühner	69	13	17
Bührer	733	10	62
Bühring	28	12	50
Buek	354	5	62
Buel	455	4	4
Büler	68	5	42
Bünemann	387	10	62
Buenger	129	11	64
Bünny	696	13	1
Bünte	582	11	2
Büntz	607	5	10
Buer	4	4	85
Bürckli	16	3	64
Buerdorp	623	5	24
Bürger	469	11	64
Bürger	312	13	44
Bürgers	324	4	85
Bürgi	615	7	82
Büring	598	4	4
Büringer	957	5	11
Bürkel	470	3	43
Bürkhammer	27	1	23
Bürkli	318	9	1
Bürkli	645	9	1
Bürkner	470	1	82
Bürow	17	3	3
Bürser	89	3	43
Bürstli	702	11	2
Bues	175	5	62
Büsch	478	4	4
Büsch	479	5	24
Büsch	799	10	21
Büsching	103	5	11
Büsgen	531	11	37
Büsing	194	5	11
Buesser	913	9	42
Büter	871	4	85
Bütner s. Butner	650	2	41
Bütner	990	4	4
Bütschli	1021	7	63
Büttelmayer	17	9	1
Büttelmayer	17	3	92
Bütterlin	1003	8	43
Büttner	779	1	42
Büttner	264	8	44
Büttner	73	9	63
Büttner	696	9	82
Büttner	871	13	27
Büttner	367	14	17
Bützslin	69	5	11
Buezerin	585	3	43
Buff	889	3	43
Buff	879	2	62
Buff	889	2	62
Buff	897	2	62
Bugs	637	13	18
Buhlert	450	4	61
Buhr, de	599	13	53
Bujard	953	6	1
Bulderen	517	4	85
Buley	366	12	77
Bulle	337	12	92
Bulligh	885	1	2
Bullemer	1000	9	42
Bulling	447	2	82
Bullinger	657	3	64
Bullinger	657	7	82
Bullinger	658	7	82
Bullion	242	1	42
Buloth	734	7	63
Bumann	934	3	64
Bumann	934	11	20
Bunck	580	5	62
Bund, in der	582	3	82
Bundesmann	1009	14	1
Bundis	629	14	41
Bungardts	903	4	85
Bunk	870	10	82
Bunnemann	131	12	50
Bunsch	776	8	43
Bunsch gen. Lewen	814	11	64
Bunsow	68	3	3
Bunsow	954	6	1
Bunsow	954	3	3
Bunt	1079	2	62
Bunting	496	5	10
Buntz	220	2	62
Buntz	143	2	82
Buochmann	80	9	63
Buol	527	6	21
Buol	945	6	21
Buol	813	8	62
Burchard	953	7	41
Burchard	940	10	3
Burchardi	612	3	3
Burchardt	1068	5	42
Burckart	612	3	64
Burckhardt	782	7	82
Burckhardt	782	8	62
Burckhardt	782	11	37

Name	WBL	Bgl. Siebm. Abtlg.	Tf.
Burckhardt	286	5	10
Burckhardt	799	8	62
Burckhardt	612	5	10
Burckhart	910	8	43
Burger	615	1	2
Burger	844	3	43
Burger	547	4	4
Burger	904	5	10
Burger	1049	8	44
Burggraef	1018	14	1
Burggraf	540	5	10
Burggraf	722	7	63
Burghardi	616	5	11
Burghardi	616	5	42
Burghardt	842	13	18
Burgkhartt	910	5	11
Burgtor, ze	22	3	82
Burgtor, ze	22	10	23
Burgwedel	622	5	62
Burk	617	8	2
Burkardt	1015	13	18
Burkhard	333	8	43
Burkhard	504	3	23
Burkhard	616	7	82
Burkhard	617	7	63
Burkhard	616	7	82
Burkhard	332	8	43
Burkhard	364	10	62
Burkhard	132	1	82
Burkhardt	422	1	42
Burkhardt	669	14	1
Burkhardt	905	14	45
Burkhardt	661	14	45
Burkhardt	1005	5	83
Burkhardt	504	1	2
Burkhart	282	3	43
Burkhart	796	8	82
Burkhart	796	8	82
Burkmaister	816	5	10
Burmann	108	4	85
Burmann	783	9	63
Burmeister	170	10	23
Burmester	525	3	3
Burnel	309	6	61
Burret	543	3	43
Burri	615	7	82
Burri	615	10	3
Burri	615	11	20
Burrowes	494	5	11
Bursgen	752	11	64
Burtenbach	615	6	61
Burzel	992	2	62
Busch	519	5	24
Busch	485	6	44
Busch	330	7	2
Busch	689	8	2
Busch	489	9	1
Busch	857	11	2
Busch, aus dem	171	3	3
Busch	973	1	42
Busch	899	2	23
Busch	879	2	41
Busch	80	3	3
Busch	421	2	62
Busch	240	1	83
Busch	544	3	3
Buschbaum	873	13	44
Buschdorf	732	4	85
Buschler	704	1	23
Buschler	509	2	41
Buschmann	471	3	3
Buschofstave, von den	28	11	59
Busenreut	530	3	83
Buser	468	5	11
Busereut	230	1	23
Busereut	230	11	74
Buske	479	3	64
Buske	471	5	42
Busmann	796	2	41
Busmann	610	5	24
Busse	537	4	85
Busse	959	5	11
Busse	236	5	83
Busse	359	10	82
Busse	14	11	2
Bussi	163	12	92
Bussmann	837	3	64
Bussmann	471	9	82
Bustorff s. Buschdorf	732	4	85
Butner, Bütner	650	2	41
Butscher	114	3	43
Butschkow	776	11	64
Butt	432	5	62
Butz	178	2	23
Butz	891	6	61
Butz	864	7	2
Butzbach	885	8	62
Butzeriner	325	10	82
Butzmann	492	5	11
Butzschky	1052	3	23
Buwenau	280	9	19
Buyschoff	652	11	64
Byli	330	12	92
Byschopstaf	916	11	59
Byss	413	3	64
Caball	248	6	1
Cabes	540	4	85
Cadus	521	2	82
Caesar	77	5	11

Name	WBL	Bgl. Siebm. Abtlg.	Tf.
Caesar	77	12	77
Calenborn	627	4	85
Calenius	543	4	85
Calff	246	4	86
Calixt	182	3	23
Call, von	540	9	22
Calligar	984	9	1
Callwer	207	5	11
Calms	489	5	24
Calmüntzer	25	2	41
Calmus	943	5	24
Calue	804	10	82
Calue	804	10	82
Calue	805	10	82
Calue	804	10	82
Calvin	169	10	42
Camelus	339	1	23
Camenzind	641	12	59
Camenzind	797	12	59
Camenzind	35	12	59
Camenzind	364	12	59
Camenzind	33	12	59
Camerarius	407	1	2
Camerarius	112	5	11
Camerarius	408	13	1
Camerarius	523	5	11
Cammann	501	5	11
Cammann	508	10	63
Cammerer	16	1	23
Cammerer	1067	5	11
Cammerer	339	5	62
Cammerer	112	8	44
Cammerer	244	8	44
Camp, de la	119	10	23
Campe	566	3	23
Campe	250	9	82
Campe	615	9	82
Campe	487	10	63
Campe	1061	11	3
Campe, vom	477	5	24
Campe, von	481	4	4
Campe, von	477	5	24
Campmann	93	5	24
Camrer	642	4	4
Canisius	859	4	86
Canthon	995	2	82
Canthon	995	9	22
Canto	356	4	86
Cantzler	990	2	41
Cantzler	36	8	2
Canzler	1046	1	23
Canzler	1046	6	61
Capmeyer	773	4	61
Cappel	731	3	3
Cappel	731	9	22
Cappelbec	414	6	21
Carben	335	2	23
Carblom	772	9	2
Carchesius	751	3	64
Cariot	193	5	11
Carl	894	3	23
Carl	235	6	44
Carl	1036	8	23
Carl	1001	9	22
Carl	71	11	64
Carl	1034	12	59
Carl	144	4	4
Carl	233	5	11
Carl	939	4	4
Carl	1067	5	11
Caroli	992	9	42
Carolus	878	5	11
Carow	1044	11	3
Carpentier	9	7	63
Carpzow	897	3	23
Carpzow	425	5	24
Carstaedt	980	10	23
Carstanyen	640	7	63
Carstens	680	3	43
Carstens	904	4	4
Carstens	890	5	24
Carstens	113	5	83
Carstens	440	8	23
Caspar	813	9	42
Caspari	566	6	44
Caspari	808	7	82
Caspari	809	7	82
Caspari	603	10	63
Caspari	738	10	63
Caspart	882	9	82
Casper	1009	10	23
Caspers	625	4	86
Caspers	566	12	77
Casteller	617	2	62
Castendyck	1023	10	3
Castenholz	515	4	86
Casteren	877	4	86
Castner	71	4	4
Castner	77	5	12
Castner	244	5	12
Castner	742	12	93
Castner	141	6	44
Castner	951	6	44
Catz	442	2	82
Cauer	532	5	42
Caul	252	5	12
Caumont	74	7	63
Cavallo	251	3	43
Cavallo	1059	3	43
Cellius	890	5	12

Name	WBL	Bgl. Abtlg.	Siebm. Tf.
Cesius	950	10	83
Chapeaurouge, de	543	10	23
Chapeaurouge, de	1035	10	23
Chapel	626	13	33
Chappuzeau	1022	3	43
Chapuis	1035	7	63
Charisius	430	10	43
Châtel	617	13	33
Chelius	529	11	75
Chemnitius	587	5	12
Chemnitius	879	5	12
Chemnitz	548	10	83
Chemnitz	567	10	83
Chemnitz	567	10	83
Chörner	532	3	44
Christ	539	1	43
Christ	31	2	23
Christ	170	7	63
Christ	596	14	9
Christa	598	7	3
Christen	197	5	24
Christen	197	5	24
Christen	197	5	24
Christian	682	10	83
Christiani	295	5	83
Christiani	84	8	2
Christiani	719	8	2
Christius	191	3	83
Christlmüller	42	2	82
Christmann	119	1	3
Christmann	141	5	12
Christmann	30	10	63
Christoffel	11	10	83
Christophels	571	4	86
Chrumer	47	2	82
Chrzanowski	531	10	83
Chrzescinski	155	13	18
Chuden	420	1	23
Chüden	1014	10	63
Churficzer	751	9	82
Cichino	715	4	4
Ciglerus	843	5	80
Clacius	479	11	3
Claen	931	3	3
Claesen	513	5	42
Clahsen	1004	14	25
Clamer	571	4	4
Claner	690	3	44
Clar	72	8	43
Clarenbach	755	10	23
Clarner	122	1	83
Clarus	30	2	23
Clasen	181	5	42
Clasen	686	7	82
Clasius	816	5	12
Clauberg	116	10	63
Clauder	436	5	12
Clauer	333	8	2
Claus	940	7	79
Claus	1034	14	25
Claus	789	9	82
Claus	669	14	41
Claus	333	9	43
Claus	789	9	43
Clausen	244	1	42
Clauser	229	9	22
Clauser	285	9	22
Clauser	285	10	23
Clausing	513	6	1
Clauss	333	2	42
Clauss	332	8	44
Clauß	779	8	44
Claussen	332	8	23
Claussen	680	13	4
Claussen	806	10	43
Claussen	807	10	43
Clayhills	821	3	83
Cleer	235	1	23
Cleiner	724	3	44
Cleinow	580	8	62
Clemens	995	5	12
Clemens	197	5	42
Clemens	1039	12	78
Clement	887	1	62
Clement	918	7	3
Clement	780	8	82
Clementz	196	8	23
Cleminius	556	5	12
Clericus	776	5	83
Clerike	776	3	3
Clesz	528	2	82
Cleve	948	3	44
Cleve, v.	357	4	86
Clingenstein	672	1	23
Clingshiern	671	9	63
Clockener	809	9	63
Clockner	809	9	63
Cloetta	658	7	83
Cloodt	718	4	86
Cloot	948	4	86
Closmann	1025	9	22
Closner	116	3	44
Clostermair	6	5	12
Clostermann	962	10	43
Clostermayer	255	4	4
Clostermayr	898	8	3
Clottenus	518	4	86
Clotz	497	13	4
Cludius	376	5	42
Clüsserath	1078	14	1

Name	WBL	Bgl. Abtlg.	Siebm. Tf.
Clüver	349	1	42
Clyppinck	325	7	83
Cnoix	832	5	12
Cnopf	832	1	23
Cnopf	831	6	81
Cnyrim	285	2	63
Cob	1063	4	86
Cober	207	1	83
Coblenzer	772	9	22
Coccius	379	5	12
Coccyus	392	2	1
Coch	65	3	3
Cochs	299	10	63
Coci	90	4	86
Codomann	149	10	63
Codone	978	4	86
Cöler	181	9	63
Coelestinus	43	11	3
Coelestinus	43	11	64
Cölln	852	1	43
Coester	481	2	23
Coester	961	9	2
Cogmann	1032	1	62
Cohpe	181	5	83
Colart	860	5	12
Colberg	842	3	24
Cold	160	12	77
Coldewey	1051	3	65
Coler	868	3	65
Coler	159	9	63
Colin	999	5	24
Colins	1039	5	24
Collen, von	747	5	25
Collen, von	747	5	25
Collen, von	781	5	25
Collenbusch	886	9	72
Collmann	175	4	5
Colmann	252	2	63
Colmann	565	4	61
Colmann	262	8	3
Colshorn	1019	6	81
Colsmann	98	5	43
Colson	1055	10	43
Colson	1055	10	63
Columbanus	374	5	12
Commeter	337	5	12
Compätscher	972	3	83
Conovius	640	5	43
Conrad	543	3	65
Conrad	379	12	78
Conrad-Rho	873	14	33
Conradi	809	10	63
Conradi	752	9	63
Conradi	904	1	23
Conradi	662	10	63
Conradi	212	1	83
Conradt	106	5	12
Conradt	529	5	12
Conradt	755	10	43
Conradty	200	7	21
Conratter	77	4	5
Contzen	437	4	86
Conzet	25	3	44
Coppelow	795	8	2
Coppertz	162	4	86
Corcilius	1072	13	53
Cordemann	435	5	12
Cordes	604	3	3
Cordes	817	4	5
Cordes	838	5	13
Cordes	1065	12	78
Cordes	582	5	63
Cordes	601	5	63
Cordier	713	2	82
Cords	632	13	4
Cordua	925	5	13
Corell	211	12	59
Cornand	1079	4	5
Cornax	865	10	83
Cornbart	1025	10	63
Corneli	740	4	86
Corneli	652	4	86
Cornian	1008	2	82
Cornills	263	9	82
Coronilliessen	764	5	25
Corput, von die	401	5	25
Corradin	295	8	44
Corthum	576	5	25
Cortüm	576	3	3
Corvini	876	6	44
Corvinus	407	3	83
Corvinus	877	9	22
Coschwitz	862	5	13
Cosmar	53	11	64
Coster	795	13	33
Costert	766	2	23
Cottenhagen	306	3	65
Cox	442	4	86
Crabathen	112	1	62
Cracow	565	3	24
Crafft	380	2	2
Crafft s. Grafft	547	2	42
Cramer	937	4	61
Cramer	719	4	86
Cramer	623	7	63
Cramer	973	8	23
Cramer	980	12	20
Cramer	975	1	62
Cramer	108	1	62
Cramer	187	1	62

Name	WBL	Bgl. Abtlg.	Siebm. Tf.
Cramer	452	2	63
Cramer	811	2	63
Cranach	465	1	62
Cranach	384	5	13
Crantz s. Grantz	544	4	87
Crantz	586	3	24
Crantz	240	5	13
Crantz	589	9	43
Crantz	587	9	63
Cranz	587	8	95
Crasemann	187	10	3
Crato	55	5	43
Cratz	353	5	43
Crauch	98	6	81
Crauel	1043	3	24
Crauel	1043	7	3
Crause	413	8	23
Crauser	372	3	24
Credé	168	10	3
Crell	414	3	24
Cremers	1038	10	83
Cresdorffer s. Gesdorffer	241	4	5
Cretschmar	312	1	62
Creusen	606	4	87
Creutz	791	7	83
Creutz	1045	12	1
Creutz	155	1	3
Creutznach, von	977	8	44
Creutzer	549	4	87
Cridell	2	546	82
Crispus	52	5	13
Croll	471	5	25
Croll	213	10	43
Crome	942	10	63
Cron	772	5	13
Cronberger	88	2	23
Cronenberger	772	2	23
Cronenburgh	245	4	87
Cronewitz	772	11	3
Croon	938	8	2
Cropacius	385	3	83
Crotus	179	3	44
Crowel	743	3	83
Crudener	295	9	43
Cruciger	364	1	83
Crüwell	681	13	44
Crullius	77	9	63
Crummel	435	5	63
Cruse	1073	10	63
Cruser	758	8	23
Crusius	552	1	83
Crusius	52	5	13
Crusius	752	5	13
Crusius	831	6	21
Crusius	983	11	65
Cucuel	442	13	33
Culemann	981	4	61
Culman	47	8	23
Cunitz	933	10	3
Cuno	298	1	3
Cuno	183	5	25
Cuno	833	10	83
Cunow	832	10	63
Cuntz	510	3	24
Cuntzler	561	4	5
Cupers	845	5	13
Curadi	183	3	44
Curdes	496	5	63
Curion	83	2	23
Curter	136	1	62
Curter	101	9	2
Curth	387	1	83
Curtius	127	9	2
Curtius	1057	9	22
Curtmann	77	11	75
Cusani	410	6	44
Cusanus	438	9	22
Cuseli	1004	2	63
Cusig	189	11	3
Custodis	407	9	22
Custodis	1063	9	22
Cuttat	893	9	2
Cuvier	412	13	33
Cybulski	610	11	3
Cypraeus	841	7	83
Cyrus	12	9	2
Cysat	416	7	83
Dacher	429	10	63
Dächser	344	3	44
Däffinger	224	1	43
Daege	821	10	43
Dägen	669	11	20
Dägger	180	5	83
Dägischer	303	9	63
Dämel	344	2	2
Daemen	557	4	87
Dänicke	650	11	21
Däniker	741	7	83
Daenke	469	5	84
Daes	274	4	87
Daford	581	8	44
Dahinden	253	12	59
Dahl	77	8	40
Dahlem	700	7	79
Dahlem	24	9	2
Dahlen	18	4	87
Dahler	105	1	43
Dahler	1009	11	3
Dahlheim	133	5	43

Name	WBL	Bgl. Siebm. Abtlg.	Tf.
Dahm	1068	5	25
Daiser	966	3	44
Dalchetti	458	2	63
Dale	170	5	25
Daler	149	4	61
Dalfinger	455	8	23
Dalhamer	329	4	5
Dallem, v.	272	4	87
Dallmer	668	8	23
Dalmer	210	7	79
Dalner	72	1	23
Dalner	366	4	62
Dalpiaz	934	5	63
Dam, van, s. von Dom	351	13	18
Damann	985	6	21
Damb, von	760	5	25
Damb, von	785	5	25
Damerony	712	5	43
Damerow	92	12	59
Damke	471	5	25
Damm	464	5	83
Dammann	620	14	1
Damme, von	127	5	43
Dammert	963	4	5
Damus	196	11	3
Danbeck	800	8	82
Danckert	635	5	63
Danckwertz	1019	4	5
Daniels	215	8	44
Danjes	614	9	63
Dankenbring	906	10	23
Dankwert	895	6	1
Dankwerth	371	3	3
Dann	487	14	17
Dannefeldt	942	10	43
Dannemann	487	5	84
Danner	487	1	3
Danner	487	11	20
Danner s. Tanner	487	3	78
Dannhäuser	620	2	23
Dannreuther	1060	1	3
Dannreutter	128	1	3
Dantzer	97	6	1
Danzel	451	4	5
Dapping	433	2	23
Darr	509	2	42
Daser	67	11	75
Daser	67	13	37
Dassow	436	3	65
Datt	624	2	63
Daucher	381	2	82
Daucher	721	2	42
Dauenstein	558	7	63
Dauenstein	557	9	2
Daum	17	2	63
Daumiller	102	11	65
Daumiller	103	12	20
Daumüller	135	2	23
Daur	431	1	23
Daur	61	4	62
Dautzenberg	559	8	95
David	973	7	3
Davids	634	5	63
Davidsen	767	9	43
Davin	182	13	18
Daxenbacher	103	1	23
Deahna	959	8	44
Deber	740	6	59
Deber	811	8	82
Debler	850	10	24
Debon	1038	11	21
Dechandt	279	4	5
Decherheimer	598	2	2
Deck	644	8	23
Deckher	412	5	84
Deckmann	241	9	82
Declaris	544	2	83
Dedeken	890	5	63
Dedekind	389	5	13
Deens	587	5	43
Deetjen s. Deetzen	962	5	43
Deetzen	962	5	43
Deffner	646	1	3
Deg	672	4	62
Degen	670	6	81
Degenfeld	668	1	43
Degenhardt	182	1	83
Degg	644	12	1
Deggeler	252	10	64
Degler	975	7	3
Degler	854	1	23
Degler	89	1	43
Degner	184	3	24
Dehler	150	1	23
Dehmar	534	1	83
Dehn	753	2	23
Dehnert	957	14	45
Deich	614	5	13
Deichmann	559	2	83
Deichmann	91	5	84
Deichsler	20	1	43
Deichsler	20	3	65
Deigendesch	667	7	79
Deinhardt	295	2	83
Deinhardt	36	2	24
Deininger	888	1	83
Deininger	889	14	33
Del Ayo	224	2	83
Delahon	952	9	43
Delbrück	631	11	65

Name	WBL	Bgl. Siebm. Abtlg.	Tf.
Delff	423	5	63
Delffes	479	5	63
Delius	534	11	65
Delius	534	12	21
Delius	31	13	4
Deller	691	4	62
Delling	1013	13	18
Dellinghausen	611	3	83
Dellinghausen	628	3	83
Delmenhorst	958	3	4
Delniczer	23	4	5
Demer	260	4	62
Demiani	759	9	82
Deminger	877	5	13
Demleitner	694	14	33
Demler	168	4	62
Demler	850	2	63
Dempwolff	859	5	13
Dempwolff	351	5	84
Demuth	1020	10	4
Dencker	473	13	18
Deneke	635	5	25
Deneke	389	5	63
Denicke	1037	5	13
Denicke	967	15	1
Denicke	917	6	21
Denkmann	890	13	27
Denner	646	1	43
Denner	646	2	83
Dennler	488	13	1
Dennstedt	326	12	78
Dens	58	4	87
Dentzer	97	6	1
Denzler	187	7	83
Deppermann	956	12	60
Deppisch	768	1	83
Derenthal	939	9	82
Derenthal	954	9	82
Derrer	562	4	5
Derrie	486	2	24
Dersch	925	4	5
Derschau	320	12	93
Deschenmacher	925	3	83
Deschler	445	1	3
Deschler	843	6	44
Deschner	572	4	5
Deßloch	832	2	63
Dessler	752	2	63
Deter	586	12	79
Deterding	894	10	64
Determeyer	478	14	1
Detert	289	5	25
Detert	579	6	44
Detert	507	10	83
Dethmarus	778	10	64
Detjen	38	14	2
Detmering	170	3	44
Dettloff	569	1	83
Dettmer	870	10	83
Dettweiler	872	13	1
Deubner	979	6	44
Deucke	633	11	75
Deumeland	620	10	4
Deußen	541	13	4
Deutinger	67	15	1
Deutsch	377	3	24
Deutschmann	115	3	24
Deutz	786	7	83
Deutz	300	4	87
Deutz	640	4	87
Devrient	753	13	27
Dexbach	569	3	4
Deyle	676	2	42
Deyler	975	1	83
Dezelski	361	13	4
Dhym	863	6	44
Dibbern	829	5	43
Dick	27	4	80
Dickel	580	10	24
Dickemann	708	7	63
Dickhl	855	5	13
Dickschas	818	11	3
Dickschas	889	11	3
Dicktes	419	6	44
Dictes	880	4	87
Dictes	880	6	44
Diderichs	664	9	64
Dieck, von	886	5	13
Dieck, von	854	5	84
Diecke, von	886	5	43
Dieckhoff	483	8	23
Dieckhoff s. Wieckhoff	483	10	43
Dieckhoff	483	12	19
Dieckhoff	483	12	20
Dieckhoff	483	12	19
Dieckhoff	346	12	21
Dieckhoff	630	12	21
Diechhoff	630	12	12
Dieckhoff	886	12	21
Dieckhoff	890	12	21
Diefenbach	972	13	4
Dieffenbach	270	1	63
Dieffenbach	13	5	13
Dieffenbach	13	5	13
Dieffenbach	270	7	3
Diegier	854	7	3
Diehl	76	2	24
Diehl	41	6	81
Diehl	17	2	24
Diehle	717	5	13

Name	WBL	Bgl. Siebm. Abtlg.	Tf.
Diehm	536	2	42
Diek s. Dick	27	4	87
Diel	322	6	44
Diemair	260	2	83
Diemand	683	14	41
Diemand	683	14	45
Diemer	698	1	43
Diemer	256	2	2
Diemer	217	8	44
Diemer	260	9	23
Dieminger	396	5	14
Diener	472	13	4
Dienken	245	8	95
Dienst	710	9	43
Diepenbeck	713	4	87
Dieringer	485	10	24
Dierna	524	4	87
Diersdorff	725	4	87
Dietbold	692	7	63
Dietbold	692	11	21
Dietel	978	14	17
Dietelmaier	1026	1	3
Dietelmair	1026	3	24
Dietenhauser	693	3	83
Dieter	289	10	83
Dieteren, v.	181	4	87
Dieterich	76	2	63
Dieterich	664	3	44
Dieterich	526	4	5
Dieterich	666	10	83
Dieterich	526	6	81
Dieterich	526	3	4
Dieterichs	912	9	83
Dieterle	100	5	84
Diethmar	746	11	75
Diethmers	949	5	14
Dietl	1000	2	24
Dietmair	224	7	3
Dietrich	878	1	3
Dietrich	295	4	5
Dietrich	34	10	43
Dietrich	115	10	43
Dietrich	1017	11	75
Dietrich	532	13	33
Dietrich	910	14	2
Dietrich	522	14	41
Dietrich	462	6	44
Dietrich	664	8	44
Dietrich	38	8	45
Dietschi	772	3	65
Dietschi	641	9	63
Dietschi	787	11	21
Diettel	169	6	62
Diettel	779	8	82
Dietter	289	5	14
Dietter	274	5	14
Dietterich	145	7	3
Dietterich	573	5	14
Dietterlin	538	2	2
Diettmann	144	5	14
Diettmann	825	5	14
Diettrich	765	1	23
Dietz	588	5	14
Dietz	979	5	63
Dietz	736	7	3
Dietz	455	7	3
Dietz	145	7	3
Dietz	1031	15	1
Dietzel	191	1	43
Diewald	1056	11	65
Dieze	717	6	81
Diezein	654	6	44
Diggelmann	759	12	1
Dignauer	825	3	65
Dilenius	1048	3	83
Dill	1057	13	53
Diller	248	2	83
Dillier	52	5	43
Dillier	52	5	43
Dillier	722	5	43
Dillner	215	4	5
Dilthey	367	2	24
Dilzer	696	5	84
Dimant	723	3	65
Dimler	1070	3	24
Dimpfel	997	3	24
Dimpfel	1040	4	5
Dimpfl	997	2	2
Dimpker	869	11	21
Dinckel	443	3	83
Dingeldey	820	9	43
Dingerdissen	253	12	79
Dingnauer s. Dignauer	825	3	65
Dinnendahl	748	13	44
Dinner	640	5	14
Dinnies	519	3	4
Dinsbeckh	48	2	2
Dinssl	966	2	83
Dinst	710	2	83
Dintner	18	1	83
Dinzel	202	1	43
Dirks	256	5	43
Disseni	126	5	63
Distelbacher	584	6	45
Distelfink	222	9	23
Distelhofer	923	5	14
Distelhofer	923	6	45
Distelmeier	112	8	44
Dithmar	746	11	75
Dithmer	506	3	65

Name	WBL	Bgl. Siebm. Abtlg.	Tf.
Dithmers	197	3	24
Dittenberger	687	9	43
Ditthorn	830	13	27
Dittmann	652	12	79
Dittmann	1011	13	37
Dittmar	221	8	62
Dittmar	994	13	37
Dittmer	1037	5	43
Dittmer	940	13	18
Dittrich	573	7	21
Dittrich	666	8	44
Ditz	299	6	45
Divelius	612	11	65
Divissen	405	3	65
Dobel s. Döbel	1048	3	44
Dobereiner	561	9	17
Dobereiner	561	4	5
Docken, von	125	5	63
Dockweiler	805	7	78
Döbel	1048	3	44
Doebner	412	8	95
Döbstel	835	4	6
Döbstl	1068	4	6
Döderlein	457	1	3
Dögker	180	8	45
Dölderlein	154	1	63
Dölker	488	14	9
Döllel	275	14	25
Döller	465	3	44
Döner	346	10	64
Dörell	182	7	79
Doerell	182	12	79
Dörffler	110	1	3
Dörffler	694	2	24
Dörffner	324	7	3
Döring	193	1	83
Döring	497	3	24
Döring	915	8	45
Döring	370	9	64
Doering	370	12	79
Dörner	680	8	45
Dörnlein s. Dürnlein	18	3	44
Dötsch	138	8	2
Dötsch-Benziger	138	9	44
Dolitsch	591	1	43
Doll	940	3	83
Doll	869	10	24
Dollenmayer	972	6	45
Dollmetsch	109	7	63
Dolmätsch	456	1	3
Dolmetsch	452	1	63
Dolnhofer	697	3	44
Dolp	927	3	65
Dolscius	569	11	75
Dom, van, s. Dam	351	13	18
Domann	571	9	63
Domann	1069	9	83
Domarus	53	10	84
Domeier	328	4	62
Domeier	329	9	64
Domeyer	421	1	23
Dommerich	959	3	24
Dommes	583	5	14
Domstorff	862	9	64
Donald	817	2	63
Donapaur	779	1	43
Donat	260	6	45
Donath-Franke	419	13	53
Donauer	1048	1	3
Donauer	1048	3	24
Donauer	919	6	21
Donauwer	493	5	14
Donhaerl	1023	12	79
Donndorff	812	8	95
Donstein	593	9	64
Doormann	96	4	6
Dopfer	148	8	3
Dopheide	19	14	9
Dopler	818	2	42
Doppelmeier	839	1	3
Dorendorf	574	12	79
Dorfel	262	4	6
Dorffner	789	1	43
Dorfner	679	8	45
Dorfner	972	2	83
Dorguth	912	4	6
Dorka	983	12	80
Dorl	910	13	53
Dorls	715	12	79
Dormann	730	9	64
Dorn	572	5	14
Dorn	1002	6	82
Dorn	486	9	2
Dorn	490	11	76
Dorn	770	12	20
Dorndorf	923	6	1
Dornedden	10	5	14
Dorner	485	3	44
Dorner	486	5	25
Dornigk	237	6	45
Dornkreil/Dornkrell	6	3	24
Dornkrell	576	6	1
Dornuff	486	6	45
Dornuff	486	7	83
Dorpen	521	3	4
Dorpen	775	3	4
Dorpen	682	3	4
Dorr	259	6	45
Dorr	260	12	60
Dorrer	214	6	45

Name	WBL	Bgl. Siebm. Abtlg.	Tf.
Dorrer	457	6	45
Dorsch	138	1	3
Dorsch	728	3	83
Dorsch	1072	12	60
Dort, von	290	5	63
Dose	920	11	22
Dotter	1070	11	76
Dotzler	539	2	83
Dotzler	38	4	6
Douven	365	4	87
Doven, v.	256	4	87
Drach	321	5	14
Drach	883	4	87
Drach	272	4	88
Dräger	611	12	50
Draep	659	5	63
Dräxl	8	6	45
Dragosch	287	2	42
Dragun	1013	4	6
Draing	176	4	6
Draing	841	5	25
Dramiller	458	8	23
Dransfeld	541	12	80
Draudt	369	10	64
Drax	991	7	3
Dräxl	8	6	45
Drechsel	150	3	44
Drechsel	1041	3	44
Drechsler	547	4	6
Dreher	102	1	3
Dreher	816	5	14
Dreher	269	5	14
Dreier	465	5	14
Drejer	593	7	3
Dremel	144	3	65
Dremel	665	8	23
Drenbeck	253	4	62
Drenkhahn	419	8	3
Dresch	204	2	42
Drescher	216	9	43
Drescher	174	10	84
Dresden	874	2	42
Dresel	408	8	45
Dresen	393	5	14
Dresky	554	4	6
Dresky	552	5	63
Dressenberger	21	4	6
Dressler	833	2	63
Dressler	188	10	24
Dretsch	689	5	14
Dreuer	833	6	45
Drewes	533	13	37
Drewes	533	14	9
Drewitz	1037	12	51
Drews	751	6	1
Drexel	706	9	44
Drexel	850	2	24
Drexel	945	5	15
Dreyer	985	4	6
Dreyer	983	5	43
Dreyer	652	7	79
Dreyer	478	9	44
Dreyer	685	10	24
Dreyer	938	10	64
Dreyer	479	14	25
Dreyer	434	5	15
Dreyer	20	6	45
Dreyer	984	5	15
Dreyer	347	6	45
Dreyer	716	6	45
Dreyer	295	6	45
Dreykorn	602	1	3
Dreysen	809	8	95
Dreyspring	581	9	43
Dreysser	883	6	45
Drezel	69	1	43
Driesch	35	4	88
Drisch	709	11	37
Drönewulf	281	12	60
Drösemeier	946	5	25
Dröxner	134	8	23
Drommer	764	3	24
Drosihn	8	5	25
Drost	749	1	43
Drost	877	5	15
Drost	1072	12	61
Droysen	471	10	84
Druchlaub	521	5	15
Drucker	731	6	45
Druckl	140	12	2
Druckmüller	1007	2	63
Drück	229	14	26
Drümmer	522	2	83
Drümmer	339	5	43
Drullshagen	960	3	4
Drusina, de	12	4	6
Dryander	994	5	15
Dubbe	126	5	43
Dubbruner	709	7	64
Duborg	586	3	83
Duckhs	230	6	45
Dudy	876	12	93
Dudith	913	3	25
Düggeli	788	7	83
Dülmen, van	74	4	6
Dümmler	1070	1	3
Dümmler	1070	1	24
Düms	638	12	80
Dünbacher	984	2	2
Dünkel	602	1	24

Name	WBL	Bgl. Siebm. Abtlg.	Tf.
Düren	714	2	42
Dürer	621	1	3
Dürig	616	7	64
Dürig	1020	2	83
Düring	821	8	45
Dürls	938	10	64
Dürls	1016	10	64
Dürnberg	1048	2	2
Dürnizl	146	5	15
Dürnlein s. Dörnlein	18	3	44
Dürnperger	1048	2	63
Dürr	468	5	15
Dürr	751	7	64
Dürr	802	7	83
Dürr	639	13	53
Dürr	499	1	63
Duerr	135	2	2
Dürr	692	7	83
Dürr	700	7	83
Dürr	103	11	38
Dürr	639	11	38
Dürr	40	1	83
Dürr	150	2	83
Dürrschmidt	908	13	27
Dürsteler	32	7	64
Düsselius	493	5	63
Düten, von	175	4	6
Düttel	451	1	24
Duffner	992	6	45
Dufour-Feronce	871	9	83
Duissbergh	813	7	83
Duitz	717	4	88
Dulinger	320	4	6
Dulliker	708	7	83
Dulmann	570	4	88
Dulner	340	5	15
Dultzer s. Sultzer	526	6	19
Dumbler	944	9	23
Dumoisy	876	2	2
Dumoisy	916	2	2
Dumrath	370	12	21
Duncker	57	9	64
Duncker	56	5	63
Duncker	86	5	63
Duncker	917	10	4
Dunker	971	10	64
Dunker	829	13	44
Dunker	732	7	41
Dunterstetter	217	2	2
Duntzl	557	2	2
Dunzinger	845	5	15
Duotenhefer	576	13	28
Dupuis	894	10	24
Durège	822	7	64
Durham	59	8	45
Durheim	693	7	64
Duria	232	2	24
Durigl	322	2	42
Durnperger	280	5	15
Durr	486	7	3
Durrer	56	10	64
Durrieu	441	5	64
Durrieu	906	5	64
Durst	694	9	2
Duschl	686	2	83
Duske	888	7	79
Dussel	492	4	88
Dustenhefer	83	2	42
Dutkowski	666	9	64
Duttenhofer	264	13	28
Duttenhofer	895	13	28
Duve	485	5	15
Duve	366	11	65
Duve	470	11	65
Dux	63	4	88
Dwerhagen	483	10	64
Dyck, op den	567	5	15
Dyckerhoff	620	14	2
Dyckerhoff	620	15	1
Dyckhoff	544	12	21
Ebart	899	3	83
Ebel	1014	2	63
Ebeling	46	3	44
Ebeling	516	4	62
Ebeling	892	5	15
Ebeling	950	5	25
Ebeling	554	5	25
Ebeling	173	8	23
Ebeling	542	9	83
Ebelius	932	5	84
Ebell	44	5	84
Ebelt	914	10	43
Ebenhöch	982	2	2
Ebentheuer	889	4	88
Eber	274	5	15
Eber	15	2	2
Eber	274	2	2
Eber	15	2	42
Eberbach	273	2	42
Eberbach	273	3	45
Eberbach	274	12	80
Eberenz	975	11	4
Eberenz	971	11	22
Eberhard	538	3	65
Eberhard	273	7	64
Eberhard	728	8	3
Eberhard	666	9	23
Eberhardi	275	10	64
Eberhardt	275	6	1

Name	WBL	Bgl. Siebm. Abtlg.	Tf.
Eberhardt gen. Schwind	1030	3	83
Eberhardt	266	8	45
Eberhardt	865	8	45
Eberhart	275	2	83
Eberhart	532	3	45
Eberle	274	7	64
Eberle	273	13	54
Eberlin	929	1	3
Ebermayer	273	1	24
Ebermair	999	1	83
Ebermayr	103	1	83
Ebersberger	320	4	6
Ebersberger	1067	1	83
Ebersberger	826	1	4
Ebersheimer	63	8	45
Eberstaller	208	1	63
Ebert	274	1	24
Ebert	641	3	25
Ebert	1021	5	15
Ebertz	275	3	4
Eberwein	275	7	3
Ebes	934	10	64
Ebes	1015	10	64
Ebhardt	472	2	2
Eble	839	6	1
Ebmer	868	6	46
Ebner	77	2	2
Ebner	22	14	2
Ebner	89	6	46
Eccard	777	5	15
Eccard	510	11	66
Echaust	51	9	64
Echenhauser	280	7	3
Echte	85	4	62
Echzeller	488	5	15
Eck	185	2	83
Eck	180	3	65
Eck	425	6	46
Eck	179	7	3
Eckardt	886	8	45
Eckardt	26	10	43
Eckart	23	9	43
Eckart	194	12	80
Eckarth	839	2	42
Ecke	602	6	46
Ecke	525	7	41
Ecke	667	11	38
Eckebrecht	887	1	24
Eckelspach	86	5	16
Eckenfelder	925	7	64
Eckenhausers.Echenhauser	280	7	3
Eckenstein	62	11	38
Eckentaler	423	8	3
Ecker	742	9	23
Eckers	741	7	3
Eckers	899	7	84
Eckers	899	8	3
Eckers	741	8	63
Eckers	741	8	95
Eckert	276	12	60
Eckhard	777	11	76
Eckhardt	491	5	15
Eckhardt	26	10	43
Eckhart	706	3	65
Eckhart	1036	9	83
Eckher	28	5	16
Eckhoff	508	3	4
Eckhoff	483	4	6
Eckhoff	354	5	64
Eckhoff	484	5	64
Eckhold	638	3	25
Eckhold s. Holtzgen	963	5	64
Eckholtz	494	3	83
Eckhost	359	3	25
Ecklin	540	1	24
Eckmeyer	616	5	84
Eckolt	359	13	28
Eckstein	27	2	63
Eddelbüttel	1014	13	4
Edel	392	1	4
Edelmann	754	5	43
Edelmann	754	10	20
Edelstein	746	8	82
Eden	434	5	84
Eder	696	1	63
Eder	512	1	83
Edessem	769	3	45
Eding	947	10	43
Eding	947	5	26
Eding	947	5	26
Eding	947	5	26
Edinger	640	8	95
Edler	693	5	16
Edlmüller	927	2	24
Effelberger	851	8	45
Egarter	452	6	46
Egarter	222	9	2
Egckhl	56	8	45
Egelius	359	6	1
Egen	741	3	65
Egen	244	6	1
Egen	882	6	2
Egen	741	6	2
Egenolphus	362	6	2
Eger	76	2	83
Eger	217	6	46
Egerer	736	4	6
Egerer	820	7	4
Egg	663	7	64
Eggaldt	362	2	83
Eggebrecht	412	8	3
Eggel	27	10	84
Eggelberger	653	6	62
Egger	941	1	63
Egger	717	2	2
Egger	1045	3	45
Egger	425	5	16
Egger	1076	10	24
Egger	741	14	26
Eggers	518	5	16
Eggers	951	3	83
Eggers	264	5	26
Eggers	871	11	66
Eggers	543	3	45
Eggers	1068	3	45
Eggerss	741	3	45
Eggert	512	9	2
Eggert	315	9	23
Eggert	742	9	64
Eggert	315	13	18
Eggert	993	8	95
Eggert	742	8	96
Egges	542	10	64
Egghart	858	5	16
Eggl	874	9	23
Egkhstetter	1037	9	17
Eglauer	258	9	64
Egli	424	3	65
Egli	870	6	22
Egli	425	7	64
Egli	783	7	64
Egli	422	7	83
Eglinger	742	10	4
Eglinger	741	11	38
Eglinger	741	6	2
Egloff	946	4	6
Egri, von	79	3	65
Ehingen	216	6	46
Ehinger	908	1	24
Ehinger	547	3	84
Ehinger	1068	3	84
Ehinger	408	5	16
Ehinger	933	6	46
Ehinger	784	11	21
Ehinger	25	4	7
Ehlens	220	6	46
Ehlerding	841	7	4
Ehlers	180	2	3
Ehlers	929	3	4
Ehlers	263	7	4
Ehlich	593	13	28
Ehmbsen	256	9	83
Ehmbsen	439	12	60
Ehmk	1041	12	81
Ehrb	645	9	44
Ehrendreich	128	1	43
Ehrentraut	192	11	4
Ehrer	291	1	24
Ehrgott	115	1	4
Ehrhardt	952	6	22
Ehrhardt	477	10	4
Ehrich	475	12	22
Ehrlich	804	11	76
Ehrlich	968	12	2
Ehrmans	32	4	88
Ehwald	498	10	4
Eibes	1015	10	64
Eibes	935	10	64
Eibhardt	467	1	84
Eich, zur	36	3	65
Eichacker	511	10	4
Eichele	723	14	26
Eichenauer	944	14	10
Eichholtz	511	3	66
Eichholtzer	461	7	64
Eichhorn	336	6	46
Eichhorn	347	12	62
Eichinger	510	1	84
Eichler	511	9	83
Eichler	136	12	80
Eichler	477	13	4
Eichmann	475	9	64
Eichner	478	9	64
Eichstedt	477	7	83
Eick	162	4	88
Eick	510	4	88
Eickemeyer	509	1	84
Eicker	478	14	17
Eickhorn	887	7	42
Eidurff	740	7	92
Eifert	812	7	64
Eiffe	506	10	44
Eifler	867	6	46
Eigenbrodt	719	6	46
Eiler	970	8	63
Eilertz	1033	2	63
Eilhardt	404	1	84
Eill	597	7	4
Eimbeck	984	3	45
Eimbker	560	5	16
Eimmart	1006	1	4
Einfaltig	335	11	38
Einkopf	246	12	61
Eins	1008	12	51
Einwaldt	484	8	23
Einweg	678	2	24
Eisele	1000	1	84
Eisele	610	6	46
Eisele	324	7	64
Eiseler	655	1	24
Eisen	671	1	4
Eisen	949	2	63
Eisen	346	10	44
Eisen	712	8	3
Eisen	947	8	3
Eisenbach	654	9	23
Eisenbart	396	5	84
Eisenbart	396	9	44
Eisenberg	963	5	84
Eisenberg	87	8	45
Eisenberger	652	10	64
Eisengrein	82	1	43
Eisenhard	27	1	43
Eisenhard	27	1	24
Eisenhauer	120	12	22
Eisenhofer	700	8	83
Eisenkrämer	924	5	16
Eisenmann	143	2	3
Eisenmann	154	9	23
Eisenmann	12	10	44
Eisenmenger	1043	3	84
Eisenmenger	493	5	16
Eisenmenger	1043	10	84
Eisenwagen	858	6	46
Eisenwanger	367	1	84
Eisenwanger	170	3	84
Eisermann	118	3	4
Eisfeld	104	8	4
Eisfogel	360	7	4
Eisinger	361	2	64
Eisner	938	6	46
Eisselin	153	2	83
Eisser	881	1	24
Eissler	782	5	16
Eissler	694	7	4
Eissler	694	7	4
Eisslinger	469	1	43
Eissner	62	5	16
Eissner	655	6	46
Eissvogel	938	5	16
Eisvogel	374	1	24
Eitensheimer	697	3	45
Eites	214	10	65
Eitinger	384	9	2
Eitzen, von	29	4	7
Eizinger	994	5	16
Elbers	585	11	22
Elbring	702	10	64
Elbs	861	1	84
Elbs	326	7	4
Elchinger	306	6	62
Elebeck	535	5	26
Elerd	387	10	84
Elers	353	5	84
Elert	929	6	22
Eller	346	8	4
Ellinger	80	3	4
Ellinger s. Ettlinger	866	3	66
Ellingerot	779	3	45
Ellper	747	3	66
Ellrod	891	8	23
Ellrod	830	12	51
Elmbeckh	410	2	42
Elmhoff	614	5	64
Elmpeckh	320	4	7
Elpen, von	924	4	7
Elsauer	930	2	42
Elsesser	815	8	82
Elsinger	660	12	1
Elsler	268	6	46
Elsner	472	10	84
Elsperger	151	2	3
Elspp, von	585	4	7
Elstermann	374	5	16
Eltmann	926	4	88
Eltze	1023	9	64
Eltzen	595	6	2
Eltzhum	302	2	84
Elveke	317	9	64
Elveren, von	412	4	7
Elverfeld	5	9	83
Elverfeld	6	9	83
Elwert	27	2	64
Elze	519	8	3
Emans	588	4	88
Emart	844	7	4
Embd	799	11	22
Emberg	262	9	64
Embs	438	5	16
Emeke	632	5	44
Emersen,van	912	4	7
Emert	736	10	4
Emert	807	10	4
Emmelius	393	6	22
Emmenegger	64	13	1
Emmerling	366	2	24
Emmermann	1056	5	44
Emmert	228	5	84
Emmich	76	7	84
Emonts	976	6	46
Emser	322	13	4
Enckrich	166	4	88
End	215	10	65
Ende, am	1000	9	23
Endegeve	61	9	64
Endelshauser	241	3	45
Endemann	599	9	64
Enderiss	212	8	45
Enderl	1061	2	24
Enderlin	716	2	24

Name	WBL	Bgl. Siebm. Abtlg.	Tf.
Enderlin	270	5	16
Enders	271	3	45
Enders	376	8	63
Endewat	664	3	66
Endorffer	882	9	17
Endres	750	1	24
Endris	796	8	83
Endrulat(h)	958	14	33
Endter	381	1	4
Engel	854	4	7
Engel	444	5	16
Engel	195	5	26
Engel	381	7	4
Engel	443	8	45
Engel	820	14	26
Engel	444	1	44
Engel	417	1	84
Engel	445	1	24
Engeland	547	2	24
Engelbart	668	14	2
Engelbrecht	443	5	16
Engelbrecht	443	9	64
Engelbrecht	466	10	84
Engelfrid	681	7	64
Engelhard	913	1	63
Engelhard	550	2	3
Engelhard	69	3	4
Engelhard	881	5	16
Engelhard	191	5	44
Engelhard	546	6	82
Engelhard	815	9	65
Engelhard	913	2	64
Engelhard	913	8	4
Engelhardt	589	10	84
Engelhardt	550	5	84
Engelhardt	63	8	3
Engelhardt	528	3	66
Engelhardt	442	5	84
Engelhardt	442	5	84
Engelhardt	607	8	23
Engelhart	444	7	4
Engelhart	445	10	65
Engelhart	445	3	66
Engelhartshofer	761	4	7
Engeling	881	7	83
Engeller	443	7	64
Engelmann	68	5	64
Engels	166	5	26
Engels	443	9	83
Engels	443	10	4
Engels	443	10	24
Engels	875	14	18
Engels	577	4	88
Engels	716	4	88
Engels	442	4	88
Engelschall	1050	1	44
Engelschall	1029	11	38
Engelsperger	444	11	76
Engenhagen	483	3	66
Engenhagen	1061	4	62
Engensberger	857	6	46
Enger	887	12	61
Engesser	391	2	84
Engler	170	11	38
Englert	443	2	42
Englert	443	3	25
Englhardt	491	2	64
Englhart	444	1	63
Englhart	746	1	63
Englisch	882	6	46
Englmayr	59	2	43
Englmeier	675	15	2
Enikl	125	9	44
Enkelmann	914	3	66
Enschede	937	11	76
Ensgraber	851	10	65
Ensinger	777	2	3
Ensinger	777	10	4
Enslin	361	2	3
Enssen, von	201	4	88
Ensslin	1060	8	46
Enthofer	373	2	84
Entmooser	381	1	84
Entzinger	171	3	45
Entzlin	1067	9	44
Epner	517	5	64
Epner	517	9	23
Epp	323	5	84
Epp	422	6	22
Eppelman	137	9	44
Eppich	406	5	85
Eppinger	54	2	3
Eppinger	54	5	85
Eppinger	54	8	4
Eppinger	54	9	44
Epplen	823	5	26
Epplin	209	1	4
Epter	180	5	85
Erasmi	284	8	24
Erasmus	262	2	84
Erb	139	1	24
Erber	623	4	7
Erberhard	710	2	64
Erbermann	791	6	2
Erckelens	618	4	88
Erdinger	602	7	4
Erdinger	591	10	44
Erdinger	1070	2	84
Erdinger	840	4	7
Erdinger	844	4	7
Erdinger	1060	2	3
Erdinger	1060	2	43
Erdmann	920	5	85
Erdmann	896	12	2
Erdwin	439	7	4
Erensberger	727	7	64
Erfurt	726	4	62
Erhard	557	1	84
Erhard	562	1	63
Erhardt	418	1	4
Erhardt	998	4	7
Erhardt	983	6	82
Erhart	1061	1	44
Erhart	291	2	64
Erhart	238	6	47
Erich	1022	1	44
Eriches	962	10	65
Erichs	935	10	65
Erichson	38	3	4
Erickes	336	5	64
Erickes	355	5	64
Erishaubt	765	3	66
Erismann	233	7	64
Erkel	704	1	24
Erkert	91	2	84
Erkert	121	2	43
Erkinger	821	9	24
Erlabeck	19	2	64
Erlbeck	552	2	3
Erlenbach	774	5	64
Erlenbach	1044	5	64
Erlenbach	492	12	22
Erler	157	7	4
Erlisholz	70	3	66
Erlmiller	660	1	24
Erlpeck	327	6	47
Ermekeil	959	11	22
Ermeler	263	5	17
Ernest	112	10	65
Ernesti	637	3	66
Ernesti	634	1	4
Ernesti	637	1	84
Erni	572	9	23
Ernst	375	3	84
Ernst	158	4	62
Ernst	644	5	17
Ernst	319	7	64
Ernst	52	7	84
Ernst	54	8	4
Ernst	966	9	44
Ernst	167	11	4
Ernst	732	14	34
Ernst	694	1	63
Ernst	795	1	63
Ernst	234	1	84
Ernstmayr	1024	2	64
Erp-Brockhausen	620	9	83
Erpes	962	5	26
Erpf	364	9	23
Ertinger	681	2	64
Ertl	461	8	45
Ertt	108	6	2
Erttell	894	5	17
Erttl	926	8	45
Ertzli	500	7	65
Ervesen	5	3	66
Erxleben	673	12	81
Erythraeus	38	1	4
Erythraeus	722	3	84
Erythraeus	684	5	17
Erythropel	160	5	17
Esbach	573	6	22
Esch	679	3	66
Esch	518	4	88
Esch	218	6	47
Esch	431	13	5
Eschbacher	496	1	24
Eschbacher	502	7	4
Eschelauer	770	1	44
Eschell	431	8	45
Eschenbach	34	1	4
Eschenberger	438	5	44
Eschenbrenner	524	4	88
Eschenburg	617	5	17
Eschenburg	617	5	44
Eschenmayer	793	6	2
Escher	480	5	26
Escherich	1002	13	37
Eschlingsberger	42	1	63
Eschmann	720	9	23
Eschmann	713	9	23
Esebeck	441	9	65
Esebeck	643	9	65
Esel	427	6	62
Esel gen. Grünnagel	458	4	7
Eseller	256	1	44
Esenbeck	542	6	82
Esich	585	3	4
Esich	586	5	44
Eskens	370	4	89
Esl	1013	1	63
Esl	1016	8	46
Esmarch	976	3	45
Esmarch	826	6	47
Esper	964	2	3
Esper	964	5	44
Espermüller	141	14	42
Esselborn	699	12	81
Esselborn	699	13	54
Essen, von	595	7	84
Essen, von	586	9	83
Essenwein	600	5	85
Esser	658	4	89
Esser	782	6	82
Esser	408	11	38
Esser	928	13	37
Essich	928	5	17
Essich	268	5	26
Essken	68	5	17
Esslinger	81	1	44
Esslinger	972	3	66
Esslinger	435	5	17
Esslinger	972	7	4
Eßlinger	754	8	83
Eßlinger	842	9	24
Esslingsperger	963	6	2
Esthius	293	13	37
Etienne	1036	9	83
Etlinsberger	493	1	24
Etter	1065	13	18
Ettling	86	2	24
Ettlinger	866	3	66
Ettlinger	104	9	23
Ettmüller	333	3	84
Ettspuler	546	3	66
Etzensberger	1011	9	23
Etzinger	994	7	21
Eule	403	11	66
Eule	404	12	22
Eulenhauck	770	13	38
Euler	308	6	82
Eulner	403	2	24
Eunike	830	8	24
Eunike	830	9	83
Euringer	427	5	17
Everards	665	4	89
Everdes	946	5	85
Everke	1012	13	18
Everken	274	9	44
Everling	865	13	44
Evernhusen	643	9	65
Evers	371	3	66
Evers	275	5	17
Evers	351	5	64
Evers	295	10	24
Everts	275	10	25
Ewald	942	9	2
Ewald	1058	12	93
Ewanhauser	24	2	24
Ewerbeck	295	11	22
Ewig	658	13	5
Exborn	86	2	64
Ey	421	5	44
Eyb	512	1	44
Eybe	952	4	7
Eygner	770	4	7
Eymers	873	3	66
Eypöckh	973	8	4
Eysemburger	327	4	7
Eysenbergk	1062	8	3
Eysenhover	289	3	66
Eysl	1044	7	21
Eysl	1063	7	21
Eyssen	906	2	24
Eyssler	817	2	25
Eystätter	283	2	3
Faber	142	1	44
Faber	655	4	7
Faber	946	5	17
Faber	938	6	62
Faber	9	7	84
Faber	633	8	46
Faber	195	10	65
Faber	648	11	4
Faber	315	3	4
Faber	110	5	85
Faber	989	5	85
Faber	178	5	85
Faber	255	5	85
Faber	136	3	45
Faber	531	5	85
Fabers	190	4	89
Fabri	72	2	25
Fabri	462	3	66
Fabri	510	4	89
Fabri	719	8	24
Fabri	655	3	45
Fabri	230	5	85
Fabri	811	5	85
Fabri	462	5	85
Fabricius	906	1	84
Fabricius	166	4	62
Fabricius	1050	6	47
Fabricius	286	3	84
Fabricius	111	4	7
Fabricius	222	5	85
Fabricius	633	5	85
Fabricius	838	5	85
Fabricius	178	3	4
Fabritii	818	4	89
Fabritius	747	4	89
Fabritius	655	4	89
Fachner	971	5	17
Fachner	971	9	24
Facundus	56	5	26
Fademrecht	186	11	22
Faeckenstedt	53	12	51
Fähndrich	632	13	5
Fänner	785	3	67

Name	WBL	Bgl. Abtlg.	Siebm. Tf.
Färber	61	12	22
Faesch	1008	8	24
Faesch	1008	11	38
Fäsi	953	3	67
Fäsi	665	10	4
Faesy	949	7	84
Fagt	778	7	42
Fahrenbruch	648	13	54
Fahrer	898	2	64
Faistenauer	604	14	26
Falb	679	10	4
Falch	800	8	83
Falck	359	5	17
Falck	687	9	65
Falck	586	5	17
Falck	376	11	23
Falck	19	11	66
Falck	692	8	95
Falck	828	8	96
Falcke	372	10	44
Falckenberg	363	8	46
Falckh	406	6	62
Falk	374	5	85
Falke	364	3	66
Falke	372	10	25
Falke	815	10	44
Falkeisen	653	5	44
Falkenberg	1043	4	89
Falkenstein	368	8	24
Falkensteiner	368	3	67
Falkh	373	2	3
Falkner	374	1	44
Falkner	376	1	25
Falkner	374	3	25
Falkysen	653	9	20
Fallen	384	9	83
Fallenberger	692	7	65
Faller	1050	2	64
Faller	533	3	4
Faller	786	7	78
Faller	533	9	44
Faller	658	8	63
Faller	1050	8	4
Fallot	958	13	28
Falser	1065	2	25
Falterer	8	2	43
Farenheid	1046	10	25
Farnbacher	2	1	44
Farner	513	7	65
Faschinger	996	5	17
Fasold	402	3	45
Fasold	362	9	24
Faß	968	14	2
Faßbender	1023	8	4
Fassbind	722	3	84
Fassbind	66	5	44
Fassbind	722	5	44
Fassbind	66	12	93
Fassnacht	370	6	62
Fassnacht	374	6	62
Fassy	890	2	25
Fattly	313	6	2
Faul	225	1	44
Faulhaber	602	2	64
Faulhaber	1049	8	24
Faulhaber	230	6	62
Faulhaber	348	6	62
Faulhaber	602	6	62
Faulwetter	403	5	17
Fauschütz	394	1	44
Fauss	493	3	84
Faust	168	2	84
Faust	188	4	89
Faust	1068	12	62
Faustgen	783	4	89
Fauth	177	10	25
Fauwes	357	10	65
Fauwes	948	10	65
Fay, Du	1051	2	24
Fecht	670	3	25
Fechte, von der	331	3	67
Fechter	670	1	44
Fechter	671	3	67
Fedder, von der	420	5	26
Federangler	711	3	67
Federer	418	5	85
Federkiel	657	1	84
Federlin	134	3	67
Federlin	964	5	85
Fedlmayer	264	2	3
Fehen	452	2	3
Fehleisen	1006	5	17
Fehling	254	5	17
Fehling	538	5	26
Fehr	492	5	17
Fehr	452	6	22
Fehr	166	8	4
Fehr	114	8	4
Fehr	964	8	24
Fehr	938	8	46
Fehrmann	1019	6	2
Feicht	899	2	43
Feichtinger	232	2	84
Feichtmair	488	1	25
Feichtmair	1002	5	18
Feichtner	505	2	43
Feickelmann	141	5	18
Feierabend	254	2	43
Feig	474	2	84
Feige	918	10	84

Name	WBL	Bgl. Abtlg.	Siebm. Tf.
Feigele	831	5	18
Feilgiebel	971	2	64
Feind	79	14	10
Feissler	89	9	3
Feist	697	4	89
Feist	773	5	18
Feistlin	89	9	65
Felber	494	3	67
Felbner	188	1	84
Feldbausch	807	13	5
Felden, von	896	9	44
Felderhoff	619	10	4
Feldhaus	612	10	65
Feldhun	360	10	65
Feldhusen	212	3	67
Feldmann	94	5	44
Feldt	352	5	64
Felgenhauer	921	3	25
Felgenhauer	107	6	62
Felix	861	10	84
Feller	293	2	25
Fellner	82	2	25
Fels	6	2	84
Fels	270	7	65
Felsberg	62	12	2
Felsch	669	9	65
Felss	88	1	84
Felss	322	5	18
Felss	88	10	44
Feltenhamer s. Teltenhamer	264	2	57
Feltens	657	9	3
Feltens	656	9	3
Feltens-Baerlag	657	9	45
Feltmann	801	9	65
Feltzin	888	6	47
Felwinger	128	1	63
Femmel	502	3	45
Fencher	552	1	44
Fend	273	3	67
Fendt	273	9	16
Fenitzer	461	2	64
Fenkner	30	13	5
Fenner	687	11	66
Fenniger s. Jennig	904	2	29
Fennitzer	672	1	4
Fentzel	1	6	62
Fentzel	796	7	4
Fentzmair	247	6	62
Feral, ô	1057	11	76
Ferber	35	1	25
Ferber	837	4	8
Ferber	394	8	46
Ferber	276	9	65
Ferber	193	13	38
Ferber	757	6	47
Ferber	318	6	62
Ferber	327	6	62
Ferber	327	10	22
Ferdinand	546	6	62
Ferg	811	1	25
Ferg	356	3	67
Fergen	640	3	84
Ferkmaister	411	1	44
Fernberger	458	3	67
Ferrari	850	5	64
Fertsch	841	2	43
Fesch	1008	9	3
Fessler	246	5	18
Fester	976	2	25
Fetscher	294	5	18
Fette	347	5	26
Fette	635	5	26
Fettenhennen	190	4	89
Fettich	416	1	25
Fettich	416	10	85
Fetzer	10	1	4
Fetzingk	359	9	65
Feuchter	13	1	44
Feuchter	448	6	2
Feuchtweck	730	1	25
Feuer	256	2	43
Feuer	487	13	33
Feuerlein	10	1	63
Feuerlein	269	2	64
Feuerlein	269	3	25
Feulner	575	2	84
Feurbom	467	8	24
Feustt	146	2	64
Feustel	610	13	19
Feustking	172	3	84
Fevre	840	1	44
Fèvre, le	975	4	8
Feyerabendt	238	5	18
Feyl	986	12	93
Feyll	895	8	24
Feyrabend	204	2	64
Feyrtag	259	4	8
Fiant	587	3	84
Fibus	81	4	89
Fichte	885	8	96
Fichtel	189	6	62
Fichtel	793	8	83
Fichtel	135	9	65
Fichter	464	1	4
Fichtl	996	1	44
Fichtl	942	6	62
Fichtperger	487	2	3
Fick	967	2	25
Fick	826	5	44
Fick	632	5	64

Name	WBL	Bgl. Abtlg.	Siebm. Tf.
Fick	1018	12	22
Ficker	469	14	10
Fickert	869	13	5
Fickhinger	184	12	62
Fickler	60	1	63
Fickler	864	8	46
Ficthum	971	7	65
Fidler	381	1	84
Fidler	377	3	25
Fiebig	1024	12	93
Fiecht	771	2	84
Fiechter	343	4	8
Fiedler	945	10	44
Fiedler	315	8	46
Fiel	108	3	45
Fielitz	17	12	81
Fielitz	18	13	5
Fielitz	18	14	34
Fier	1001	9	83
Fierer	347	1	84
Fiess	775	5	86
Fietz	53	7	65
Filter	84	6	22
Filtz	798	8	96
Filzhofer s. Klastadt	887	1	25
Fimel	495	10	25
Finckelhäuser	384	5	18
Finckh	365	12	51
Finckh	463	5	18
Finckh	362	6	62
Finckh	777	5	18
Finckh	409	6	63
Finckh	409	11	76
Finckh	556	6	63
Finckh	882	6	63
Finckhelthusius	702	5	18
Findeisen	732	14	45
Findsinger	217	8	24
Finger	923	6	22
Finger	169	9	84
Fingerlin	169	3	4
Fingerlin	169	2	3
Fingerlein	133	11	4
Fingerlin	169	11	4
Fingerlin	187	11	5
Fingerlin	169	11	4
Finhagen	826	3	84
Finis	629	10	84
Fink	372	2	64
Fink	820	12	93
Fink	134	1	64
Fink	409	1	63
Fink	409	1	63
Finkbeiner	412	13	19
Finke	893	8	4
Finkler	767	1	25
Finn	877	2	25
Finner	999	13	38
Finoldt	422	1	44
Finster	983	7	4
Finster	892	9	45
Finstermacher	56	8	46
Fintelmann	734	14	10
Firle	1004	2	64
Firnhaber	856	1	25
Fisch	692	3	25
Fisch	423	6	63
Fischbach	423	7	4
Fischbeck	429	5	64
Fischbeck	430	13	5
Fischer	910	4	62
Fischer	428	4	89
Fischer	190	5	86
Fischer	431	7	65
Fischer	809	7	78
Fischer	135	8	55
Fischer	427	9	24
Fischer	425	9	65
Fischer	1063	9	84
Fischer	640	10	21
Fischer	437	11	22
Fischer	424	12	2
Fischer	421	12	51
Fischer	840	12	63
Fischer	1068	12	81
Fischer	422	13	33
Fischer	870	14	18
Fischer	599	14	26
Fischer	426	14	34
Fischer	245	1	64
Fischer	345	1	64
Fischer	846	4	8
Fischer	426	5	18
Fischer	999	5	18
Fischer	423	6	63
Fischer	883	6	63
Fischer	428	7	84
Fischer	424	8	4
Fischer	424	8	4
Fischer	422	10	65
Fischer	431	11	76
Fischer	108	5	18
Fischer	846	6	63
Fischer	870	7	84
Fischer	1038	8	25
Fischer	426	10	65
Fischer	1018	11	76
Fischer	431	5	18
Fischer	1000	8	46
Fischer	705	3	46

Name	WBL	Bgl. Siebm. Abtlg.	Tf.
Fischer	448	5	18
Fischer	1029	8	96
Fischer	431	3	67
Fischer	1064	3	45
Fischer-Ottleben	870	7	79
Fischer	391	5	86
Fischer	422	5	86
Fischer	426	5	86
Fischer	428	5	86
Fischet	169	6	63
Fischle	828	6	63
Fitsch	1055	3	46
Fitschen	728	13	44
Fitzihäuser	148	5	18
Fitzmann	512	7	84
Flaccus	385	5	64
Flach	816	10	25
Fladen	12	4	89
Fladt	728	8	46
Fläming	282	6	63
Flaigg	231	7	65
Flaiser	706	1	45
Flamand	89	13	33
Flamm	703	14	34
Flander	216	9	65
Flandin	590	1	45
Flaschen	754	1	84
Flauder	923	6	47
Flax	378	1	45
Flechte	335	5	18
Flechtner	1011	13	38
Fleck	863	1	4
Fleck	73	9	45
Fleck	73	9	71
Fleck	385	11	5
Fleckhamer	346	5	18
Fleckmayer	971	6	63
Flegel	542	9	65
Flegel	544	9	84
Fleiner	212	5	19
Fleiner	385	5	19
Fleischbein	310	1	45
Fleischbein	310	3	25
Fleischberger	281	5	64
Fleischelt	216	6	63
Fleischer	333	2	65
Fleischer	853	9	45
Fleischer	638	1	84
Fleischer	79	1	85
Fleischer	969	1	85
Fleischer	856	9	65
Fleischhauer	82	4	62
Fleischhauer	966	6	82
Fleischhauer	82	12	82
Fleischlin	334	8	24
Fleißig	592	14	10
Flemickh	613	5	19
Flemming	168	3	5
Flentz	145	7	4
Flenz	147	1	45
Flesch	244	6	63
Flesch	751	6	63
Flesche	641	3	25
Flicker	848	6	63
Fliecher	417	5	19
Fliesen	573	11	77
Flintsch	1048	2	65
Flochtner	447	3	5
Flockh	122	1	4
Flöckher	1072	6	47
Floeckner	1071	7	84
Flörke	681	11	22
Flösser	651	7	5
Flor	240	3	25
Florian	990	1	85
Florich	892	5	19
Florin	548	12	22
Florwy	376	5	64
Floscher	846	6	63
Fluck	773	5	19
Fluckh	416	5	19
Flügge	979	5	19
Flügge	849	9	84
Flügge	378	10	25
Flügl	415	6	63
Flurer	143	1	25
Fluri	1026	6	47
Fluwerk	952	5	86
Fobbe	808	9	66
Foch	685	8	83
Focke	185	4	8
Focke	939	6	63
Focke	69	9	45
Focking	756	8	96
Föhlin	538	4	62
Fölkel	727	8	24
Förg	525	1	85
Förster	308	1	45
Förster	1044	5	19
Förster	969	9	84
Förster	1060	14	10
Förster	867	14	45
Förster	360	8	96
Förster	251	8	96
Förster	886	3	84
Förstl	274	2	43
Förstlin	274	5	19
Förtner s. Fortner	999	2	65
Föschl	883	8	46
Fötzer	730	10	4

Name	WBL	Bgl. Siebm. Abtlg.	Tf.
Foget	781	6	2
Folchamer	242	4	8
Folckershofer	60	6	2
Folk	362	12	82
Folkmer	84	5	26
Foltz	1077	5	26
Foltz-Eberle	745	2	25
Fondy	1054	13	5
Fonne	54	3	84
Fontaine	627	5	44
Fontane	853	10	85
Forbach s. Bernhardt	267	4	2
Forcher	224	9	3
Forchtl	18	1	45
Forchunt	285	8	96
Forckenbeck	373	8	96
Forer s. Fover	486	9	66
Forke	351	6	2
Formansky	1072	12	23
Forndran	991	12	81
Forrer	943	2	43
Forsbeck	480	8	24
Forsboom	243	2	25
Forst	858	1	25
Forstenheuser	762	2	43
Forster s. Förster	308	1	45
Forster	761	2	84
Forster	151	3	25
Forster	480	7	65
Forster	151	9	45
Forster	920	11	77
Forster	499	6	63
Forster	477	6	63
Forster	301	6	64
Forster	865	6	64
Forster	885	6	64
Forsthuber	620	14	18
Fortdran	464	7	65
Forter	323	1	45
Fortner s. Förtner	999	5	65
Fortsch	137	9	24
Fostier	338	4	89
Fover s. Forer	486	9	66
Fränckh	940	2	43
Frängl	498	4	8
Fränkl	1055	1	64
Fraid	630	1	64
Fraidt	630	3	46
Fraidt	630	8	63
Fraisda	875	1	25
Fraisl	265	9	3
Fraislich	334	9	45
Francisci	939	1	25
Francisci	939	10	44
Franck	373	4	62
Franck	594	9	66
Franck	222	6	64
Franck	259	6	64
Francke	385	3	25
Francke	634	10	44
Francke	594	10	44
Francke	820	10	44
Francke	386	11	77
Francken	788	9	66
Francott	3	4	89
Frandorff	79	10	65
Frangk	1061	6	64
Frank	835	1	45
Frank	679	1	85
Frank	596	2	84
Frank	98	3	46
Frank	409	4	8
Frank	150	7	5
Frank	790	10	65
Frank	252	14	26
Frank	64	8	46
Frank	857	6	2
Frank	344	8	24
Frank	596	6	82
Frank	814	8	83
Franke	107	7	5
Franke	1059	9	84
Franke	83	11	4
Franke	989	13	45
Franke	184	8	24
Franke	594	8	24
Franken	786	4	89
Frankenberger	1007	9	24
Frankenstein	499	10	65
Frankh	277	2	3
Frantz	563	9	66
Frantz	186	11	77
Frantzen	965	6	64
Frantzki	186	3	25
Franz	722	1	85
Franz	807	7	84
Franz	202	9	45
Franz	1022	15	1
Franzius	992	6	47
Frass	1004	5	44
Fraude	898	13	19
Frauen, ter	337	3	84
Frauendorf	909	14	18
Frauenpreiss	155	6	22
Fraydinger	450	6	64
Frayslich	334	4	8
Frech	452	2	43
Frech	197	2	65
Frech	26	6	47
Frech	723	6	64

Name	WBL	Bgl. Siebm. Abtlg.	Tf.
Frechard	824	13	45
Fredebeil	635	13	19
Fredenhagen	406	4	8
Frederich	718	5	86
Frederich	420	7	5
Freese	70	4	62
Freese	934	6	47
Frege	1002	9	84
Freher	413	1	4
Frehle	1033	13	54
Frei	332	7	65
Frei	645	7	65
Freialdenhoven	1020	4	89
Freiberger	59	3	84
Freiberger	717	2	65
Freiberger	715	2	84
Freiburger	567	4	8
Freiburger	626	9	45
Freidel	18	1	25
Freidehamer	177	5	19
Freier	205	10	85
Freier	205	11	5
Freihaimer	64	4	8
Freiheldt	5	6	64
Freimann	951	3	46
Freimann	128	7	5
Freimuth	803	2	25
Freiseisen	260	3	84
Freiseisen	260	5	65
Freissleben	149	6	64
Freissem	186	4	90
Freißmuth	885	11	77
Freitag	318	7	65
Freitag	597	11	77
Freitag	763	12	82
Freneau	257	2	25
Frenching	370	8	4
Frentzel	573	5	86
Frentzl	1033	2	3
Frenz	196	2	25
Frenzel	779	9	24
Frenzel	1034	12	82
Frese	241	1	25
Frese	488	5	86
Frese	768	3	5
Frese	159	8	63
Frese	101	3	84
Frese	570	8	96
Frese	302	3	85
Fresenius	959	2	25
Fresenius	489	3	25
Fresenius	990	4	62
Fresenius	489	11	5
Fresenius	959	11	5
Fressel	926	5	19
Freudel	834	6	64
Freudemann	833	10	44
Freudenberg	248	10	25
Freudenthal	89	7	5
Freudweiler	904	7	84
Freuler	125	10	65
Freund	78	1	85
Freundt	208	8	96
Freundt	290	6	64
Freundt	860	6	64
Frey	143	1	4
Frey	863	3	46
Frey	205	5	19
Frey	140	5	19
Frey	252	5	19
Frey	348	6	64
Frey	134	5	26
Frey	263	7	5
Frey	358	7	42
Frey	42	7	65
Frey	42	7	65
Frey	307	14	2
Frey	137	4	8
Frey	40	6	64
Frey	43	7	84
Frey	705	4	8
Frey	134	6	64
Frey	509	7	84
Frey	207	6	64
Frey	700	7	84
Frey	348	6	64
Frey	913	2	43
Frey	143	2	65
Frey	95	6	64
Frey	243	6	65
Frey	863	6	65
Freybe	671	11	23
Freyberger	845	1	64
Freyberger	143	6	65
Freyberger	240	6	65
Freyburger	154	1	64
Freydenreich	86	4	8
Freyen, v.	524	4	90
Freyer	205	6	82
Freyer	232	13	19
Freyermut	557	7	65
Freyermut	734	11	22
Freyhammerer	832	2	43
Freyhart	202	2	84
Freyheimer	64	6	65
Freyhofer	266	6	65
Freylingen	973	4	90
Freylingshausen	620	3	85
Freyperger	1048	6	65
Freysam	433	1	64

Name	WBL	Bgl. Siebm. Abtlg.	Tf.
Freysam	433	11	77
Freysauff	941	4	8
Freysich	926	1	25
Freysinger	485	2	3
Freysleben	241	5	19
Freyssgemuet	914	6	65
Freytag	949	4	8
Freytag	1055	5	19
Freytag	387	5	44
Freytag	350	9	3
Frick	57	3	85
Frick	35	10	25
Frick	860	13	5
Fricke	987	9	84
Fricke	752	13	45
Frickh	706	5	19
Frickh	717	6	65
Frickh	875	6	65
Frickinger	516	2	84
Frickinger	516	3	25
Fricko	688	5	19
Fridach	302	4	8
Fridag-Wellenkamp	51	6	47
Fridberger	789	8	84
Fridberger	2	1	4
Fridberger	913	1	64
Fridereich	237	6	65
Friderich	169	7	5
Friderich	311	7	5
Friderich	310	8	63
Friderich	310	6	65
Friderich	882	6	65
Friderichs	524	9	66
Fridli	698	11	5
Friebel	828	11	77
Friebel	828	12	82
Friedach	484	5	44
Friedebach	3	5	86
Friedel	429	12	82
Friedel	172	3	85
Friedel	405	1	45
Friedel	866	1	85
Friedel	692	3	85
Friederich	31	1	25
Friederich	459	4	9
Friederich	78	10	4
Friederich	405	12	23
Friederici	590	9	84
Friederici	698	10	66
Friedl	117	1	64
Friedl	846	5	19
Friedlieb	630	9	66
Friedlieb	87	3	5
Friedlieb	87	3	25
Friedrich	471	13	28
Friedrich	16	15	1
Friedrich	124	1	85
Friedrich	172	1	85
Friedrich	110	1	64
Friedrich	718	14	10
Friedrichsen	513	11	6
Friedrigs	497	5	26
Friedsam	585	12	23
Frielinghaus	727	7	42
Fries	1027	3	46
Fries	812	7	78
Fries	780	7	84
Fries	253	9	45
Fries	379	13	5
Fries	928	14	18
Fries	837	2	43
Fries	773	2	25
Fries s. Friesl	213	2	65
Friesacher	1005	8	46
Friese	192	5	20
Friese	984	12	82
Friese	432	9	66
Friese	1042	9	66
Frieser	994	1	45
Frieshaimer	142	1	85
Friesl	213	2	65
Friess	866	4	9
Friess	341	5	20
Friess	306	6	65
Frieß	559	2	84
Friess	1	2	25
Friess	252	2	65
Friesslich	28	4	9
Frigk	578	4	9
Frisch	1063	14	18
Frischeisen	942	2	65
Frischeisen	942	2	3
Frisching	318	8	25
Frischlin	436	6	22
Frisner	386	4	9
Frisshammer	18	2	43
Frister	263	4	9
Fritsch	881	1	85
Fritsch	512	3	67
Fritsch	881	6	65
Fritschal	658	11	5
Fritschal	732	11	5
Fritsche	995	1	85
Fritz	257	1	45
Fritz	406	3	46
Fritz	904	8	5
Fritz	612	6	65
Fritz	853	6	65
Fritz	459	6	65
Fritze	265	3	26

Name	WBL	Bgl. Siebm. Abtlg.	Tf.
Fritze	192	5	27
Fritze	864	6	47
Fritzen	665	7	84
Fritzer	572	10	65
Fritzsche	1021	3	26
Friz	894	14	26
Froben	1011	3	26
Froböse	582	5	44
Frölich	196	3	5
Fröhlich	310	4	9
Fröhlich	1042	2	65
Fröhlich	202	2	4
Fröhlich	210	10	65
Fröhofen	538	4	90
Frölich	579	5	27
Froelich	925	9	45
Frölich	403	10	25
Frölich	310	1	45
Froelich	11	1	64
Frölich	99	1	64
Frölich	457	6	65
Frölich	1037	6	65
Frölich	11	6	66
Frölich	206	6	66
Froelich von Liechtenperg	939	6	66
Frölingk	962	5	65
Frömberg	34	11	38
Frönhoven	54	2	2
Frörenteig	58	2	25
Fröschel	827	2	65
Fröschl	437	7	5
Fröschlin	827	9	45
Fröschlin	437	9	45
Froichen	917	5	65
Froitzem	3	4	90
Froling	502	11	5
Fromart	591	4	90
Fromherz	941	5	86
Fromm	136	1	45
Fromm	1000	6	82
Frommann	710	8	46
Fromann	116	9	84
Frommel	1028	5	20
Frommold	158	1	25
Fronbaß	547	1	64
Fronhoven	54	2	2
Froriep	483	9	84
Frosch	1012	5	20
Frosch	437	6	66
Froschamer	1072	1	25
Froschauer	437	6	66
Froschauer	437	7	65
Froschauer	437	4	9
Froschenauer	1055	8	47
Frost	981	5	20
Frowein	595	3	5
Früauf	188	6	66
Früauff	879	6	66
Frumolt	60	9	46
Fruyo	524	12	62
Frymann	20	7	84
Fuchs	276	2	43
Fuchs	351	5	20
Fuchs	640	7	78
Fuchs	760	7	84
Fuchs	873	9	84
Fuchs	761	10	5
Fuchs	277	10	25
Fuchs	639	11	5
Fuchs	277	11	23
Fuchs	277	11	66
Fuchs	1057	11	77
Fuchs	276	12	23
Fuchs	278	13	5
Fuchs	279	1	64
Fuchs	276	1	64
Fuchs	277	6	66
Fuchs	278	6	66
Fuchs	278	6	66
Fuchs	278	6	66
Fuchs	1024	6	82
Fuchs	280	6	66
Fuchs	535	6	66
Fuchs	969	6	66
Fuchs	911	6	66
Fuchsart	278	1	45
Fuchser	276	3	46
Fuchß	1049	2	4
Fudickar	580	10	25
Füchting	353	4	9
Füger	669	14	18
Fuehrmann	143	2	84
Füll	249	5	20
Fülman	252	6	66
Fünfer	409	4	9
Fuermunt	39	13	33
Fuernpfeil	967	9	24
Fürst	168	1	25
Fürst	452	2	65
Fürst	784	8	83
Fürst	647	13	45
Fürst	282	6	66
Fürst	452	6	66
Fürst	863	6	67
Fürste	906	11	23
Fürstenauer	158	1	85
Fürstenauer	37	4	9
Fürstenberg	247	4	90
Fürstenberg	644	9	66
Fürstenberg	509	12	23

Name	WBL	Bgl. Siebm. Abtlg.	Tf.
Fürstenberg	411	13	6
Fürstenfelder	843	3	46
Fürstenhauer	37	2	25
Fürstenhauer	191	8	4
Fürstenow	860	4	9
Fürster	501	6	2
Fürtenbach	13	3	5
Fürter	323	2	4
Fürter	324	7	5
Fürth	111	4	90
Fuertner	283	6	66
Fürtter	89	2	44
Fues	15	8	47
Fues	15	9	20
Fues	166	2	65
Fues	165	2	25
Fuess	775	5	20
Füssel	460	1	4
Füssel	461	5	65
Füssel	414	6	67
Füssli	766	4	9
Fueßstettner	112	8	25
Fütterer	1036	1	5
Fuger	883	4	9
Fuhrmann	1009	12	93
Funck	629	4	90
Funck	993	7	42
Funckh	89	2	65
Funckh	2	2	4
Funckh	201	5	20
Funckh	922	5	86
Funckh	1048	6	66
Funfack	1032	13	45
Funk	204	5	86
Funke	634	1	85
Funke	1019	9	84
Funkh	997	2	4
Furkel	393	1	26
Furlani	1041	8	46
Furno, de	135	2	65
Furnriet	264	9	46
Furrer	774	7	65
Furster	457	6	67
Fux I	25	6	67
Fux II	969	6	67
Fynn	878	6	67
Gabe	929	4	9
Gabe	929	10	25
Gabeshaupt	589	7	5
Gabl	587	4	9
Gabl	225	6	67
Gabler	1029	1	64
Gabler	708	5	20
Gabler	708	5	20
Gabler	708	7	5
Gabler	708	13	34
Gabrüqve	874	9	84
Gackenholtz	507	12	82
Gade	189	5	20
Gadebusch	480	3	26
Gadegast	881	12	93
Gadient	487	8	5
Gäbelein	856	13	28
Gaedechens	575	3	26
Gaedecke	737	5	44
Gaelenius	931	8	63
Gämperl	250	1	45
Gänsler	380	10	85
Gärmers	978	5	45
Gaerthe	1022	13	45
Gärtner	768	1	45
Gärtner	989	10	4
Gässler	75	4	9
Gässler	882	9	24
Gaessner	1064	4	10
Gaetke	967	6	82
Gättens	632	5	45
Gäzin	879	1	45
Gag	221	6	67
Gag	922	6	67
Gahde	921	5	44
Gail	890	5	20
Gailhard	168	7	65
Gailing	399	6	2
Gailkirchner	726	3	46
Gainbach	356	8	63
Gaishover	325	6	67
Gaissecker	861	6	67
Gaissert	322	9	25
Galandi	447	5	20
Galati	332	5	20
Galgenmayer	832	5	20
Gall	397	1	26
Gall	399	6	67
Gall	934	6	67
Gall	879	1	64
Gallebehamb	997	4	9
Gallhuber	947	9	24
Gallus	399	2	44
Gallus	133	5	20
Gallus	398	6	2
Galow	210	13	6
Galow	315	13	6
Galuschka	85	1	45
Galuschke	86	3	26
Gambs	328	1	26
Gamersfelder	508	1	26
Gamper	322	9	24
Gamper	298	6	67

Name	WBL	Bgl. Siebm. Abtlg.	Tf.
Gamper gen. Stauffenecker	562	6	67
Gamßer	328	8	5
Gamßer	328	8	5
Ganal	814	3	46
Ganaper	777	8	83
Gandert	380	13	6
Ganitzer	714	3	46
Gans	374	6	67
Ganser	380	2	44
Ganser	380	3	46
Ganser	381	7	5
Ganser	376	6	67
Ganser	380	6	67
Ganser	381	6	67
Ganser	380	8	46
Ganßloser	1003	8	96
Ganter	681	3	46
Gantner	139	1	85
Gantzeberch	408	5	27
Ganz	380	10	25
Ganzenmüller	942	1	46
Ganzhorn	331	3	46
Ganzmann	100	9	66
Gapler	239	6	67
Gapp	996	3	46
Gar	967	4	9
Gar	967	6	68
Gardt	174	11	6
Garelly	992	7	5
Garhamer	558	8	63
Garkoch	105	2	26
Garleder	325	6	68
Garlefstorp	350	4	8
Garlepow	690	3	5
Garlieb	72	5	45
Garmers	978	3	26
Garnutsch	265	3	46
Garsee	245	6	68
Gartenschläger	481	11	6
Gartner	482	2	4
Gartzweiler	718	4	90
Garven	607	5	86
Garze	667	10	5
Gaspar	386	5	20
Gassenfaidt	459	5	20
Gassenhart	605	6	68
Gassenhart	606	6	68
Gasser	205	2	4
Gasser	33	5	45
Gasser	211	6	68
Gasser	234	9	45
Gasser	983	8	47
Gasser	1001	8	63
Gassner	926	2	84
Gassner	67	3	46
Gassner	571	4	10
Gassner	67	6	68
Gassner	404	13	19
Gast	514	2	44
Gasteiger	1033	2	85
Gastel	423	11	78
Gastinger	924	6	68
Gath	995	3	46
Gatterer	623	2	85
Gattiker	633	7	85
Gatzen	593	13	54
Gau	947	1	85
Gau	118	3	47
Gaudelius	1072	2	65
Gaudenz	1057	6	68
Gaudoel	180	5	27
Gauger	564	5	20
Gauger	382	6	68
Gaugler	564	6	22
Gaugus	205	11	78
Gauler	757	3	5
Gaupp	670	1	5
Gaupp	670	4	63
Gaupp	701	6	47
Gaupp	670	6	82
Gaus	926	5	86
Gause	380	8	46
Gautinger	346	1	46
Gautschi	660	13	1
Gautzland	484	4	10
Gay	158	1	26
Gay	205	6	68
Gay	58	8	25
Gayling	524	6	68
Gebel	349	3	26
Gebel	349	3	67
Gebel	502	9	46
Gebert	364	9	84
Gebeschus	631	13	28
Gebhard	79	3	47
Gebhard	77	1	64
Gebhard	670	1	64
Gebhard	971	6	68
Gebhardt	444	2	4
Gebhardt	589	4	63
Gebhardt	299	9	46
Gebhardt	173	11	78
Gebhardt	173	11	78
Gebhart	303	4	10
Gebhart	272	4	63
Gebhart	670	7	5
Gebhart	670	10	26
Gebhart	993	6	68
Gebhart	551	6	68
Gebwiller	290	5	45

Name	WBL	Bgl. Siebm. Abtlg.	Tf.
Gecholdt	882	6	68
Gedersen	586	4	10
Geelen	742	7	42
Geerssen	756	4	90
Gehlhaar	574	3	26
Gehmiller	61	6	68
Gehrckens	632	13	45
Gehrich	539	10	66
Gehring	824	8	4
Gehring	648	12	93
Gehring	844	1	65
Gehring	136	1	5
Gehwolff	278	6	68
Geibel	552	10	26
Geidemann	96	5	27
Geider	553	1	65
Geider	73	11	78
Geier	361	1	85
Geier	373	3	47
Geier	461	4	10
Geier	359	4	63
Geier	379	11	78
Geigenberger	991	2	85
Geiger	768	3	47
Geiger	1045	4	10
Geiger	767	4	63
Geiger	767	4	63
Geiger	572	7	85
Geiger	58	10	85
Geiger	1006	1	26
Geiger	337	1	65
Geiger	767	6	68
Geiger	753	1	65
Geiger	207	7	65
Geiger	804	8	84
Geiger	767	10	45
Geiger	768	6	68
Geiger	355	7	66
Geiger	801	8	84
Geiger	768	10	45
Geiger	207	6	69
Geiger	243	6	69
Geiger	767	1	65
Geiger	855	1	69
Geiges	887	8	63
Geigy	376	7	66
Geihoch	76	4	10
Geilenkirchen	360	4	90
Geilfus	1067	10	66
Geilmann	945	3	5
Geirhoss	413	6	69
Geiselmayr	1027	6	69
Geisenfelder	17	3	47
Geisenhauser	926	2	4
Geisenheyner	354	11	23
Geisselmayer	70	6	69
Geisshardt	331	10	5
Geisslein	977	6	69
Geissler	258	2	85
Geissler	818	6	69
Geistert	410	12	82
Geitel	353	6	47
Geld	928	6	69
Geldeke	672	3	5
Gelder	2	7	79
Gelder	585	6	22
Gelder	704	6	47
Geldersen	87	3	5
Gelen	931	8	63
Gelenius	931	4	90
Gelinck	699	10	26
Geling	458	6	69
Geller	520	4	90
Geller	722	10	45
Gellert	542	3	85
Gellert	569	3	85
Gellert	786	3	85
Gelnaur	257	1	46
Gelterking	288	11	5
Gelterkinger	288	11	5
Geltmann	423	2	26
Geltner	757	1	26
Geltner s. Gentner	758	3	67
Geltzer	425	2	44
Gelzer	554	10	26
Gembling	827	6	69
Gembsensteiner	328	4	10
Gemelich	330	6	69
Gemlich	326	3	47
Gemminger	69	4	10
Gemperlein	328	6	22
Gemperlin	328	1	65
Genckhinger	678	4	63
Genest	1016	9	3
Genet	1070	12	82
Gengler	312	2	65
Gensche	958	9	85
Gensel	359	1	85
Gensterer	360	4	63
Gentner s. Geltner	874	1	46
Genzel s. Genzler	475	10	45
Geörg	39	7	66
Georg	779	4	63
Georg	810	7	85
George	937	8	47
Georgesohn	867	10	85
Georgi	703	6	47
Georgi	728	11	24
Georgy	960	10	85
Gepp	884	6	69

Name	WBL	Bgl. Siebm. Abtlg.	Tf.
Gerads	2	7	85
Geratswol	541	7	5
Gerbelius	512	4	63
Gerber	606	3	5
Gerber	1072	14	10
Gerbers	606	5	86
Gerbl	217	1	5
Gerbrecht	243	3	5
Gercken	980	8	63
Gercken	1003	9	66
Gercken	814	9	66
Gerdes	572	3	5
Gerdes	958	4	63
Gerdes	895	9	66
Gerdes	176	9	85
Gerdes	935	13	19
Gerdsen	488	5	65
Gerdtmann	449	7	85
Gerdts	281	4	63
Gerer	76	4	63
Gerer	76	6	69
Gerhard	947	1	85
Gerhard	789	3	26
Gerhard	789	13	6
Gerhard	701	9	85
Gerhard	801	7	42
Gerhard	802	7	85
Gerhard	810	7	78
Gerhard	799	3	85
Gerhardt	792	3	47
Gerhardt	563	12	2
Gerhardt	845	6	69
Gerhardt	463	6	69
Gerhartz	989	12	83
Gerich	582	9	46
Gericke	854	12	63
Gericke	60	4	63
Gericke	363	4	63
Gericke	906	4	63
Gering	269	2	44
Gering	723	3	67
Gering	136	6	69
Gering	141	9	16
Gerischer	1069	9	85
Gerke	854	5	86
Gerken	945	4	10
Gerken	908	13	38
Gerkens	964	5	27
Gerl	1041	1	65
Gerlach	855	1	5
Gerlach	298	6	69
Gerlach	899	11	6
Gerlach	989	12	63
Gerlach	989	14	2
Gerlach	1031	3	85
Gerlach	919	3	85
Gerlach	575	3	85
Gerland	700	4	63
Gerle	768	1	65
Gerle	895	1	65
Gerloch	566	3	85
Germainer	287	2	44
Germainer	287	6	69
Germann	799	9	66
Gernet	633	3	85
Gernet	633	10	5
Gerning	726	4	63
Gerold	997	1	86
Gerold	439	3	5
Geroltzpeckh	65	6	70
Gerresheim	651	4	90
Gerschow	264	9	66
Gerstäcker	130	4	63
Gerstel	97	1	86
Gerstenbrand	42	13	45
Gerstenbrandt	356	2	26
Gerstenbrandt	356	14	34
Gerstenkorn	825	5	87
Gerster	604	9	85
Gerstl	1048	11	78
Gerstlacher	104	10	45
Gerstlacher	104	10	66
Gerstmann	174	10	26
Gerstnecker	599	6	70
Gerstner	953	2	85
Gerstner	557	11	78
Gerten	180	3	85
Gerth	687	10	45
Gertner	113	1	86
Gertner	101	3	26
Gerueg	864	2	4
Gerwaldt	925	6	70
Geschke	372	9	85
Gesdorffer s. Cresdorfer	241	4	5
Gesenius	605	11	6
Geser	493	2	44
Gess	247	6	70
Gessel	766	1	46
Gesselberger	455	6	70
Gessl	452	6	70
Gessner	848	2	4
Gessner	927	3	47
Gessner	1061	9	85
Gessner	1064	1	5
Gessner	879	1	46
Gesterding	195	3	5
Geswindubel	702	10	45
Gethmann	629	14	26
Getsch	262	6	70
Gettel	127	5	65

Name	WBL	Bgl. Abtlg.	Siebm. Tf.
Geuder	553	6	70
Geulheinrich s. Geylheinrich	990	9	19
Geuschel	644	7	66
Geuss	845	8	83
Geuss	499	9	3
Gevekot	430	11	67
Gevelsdorff	683	4	64
Geverdes	164	4	10
Gevers	760	5	27
Gewald	85	3	47
Gewrsperger	9	6	70
Geyer	372	2	4
Geyerhalter	134	4	63
Geyger	981	2	26
Geyger	983	2	26
Geylen, v.	285	4	90
Geyler	835	1	26
Geylheinrich	990	9	19
Geys	460	8	47
Geysmer	4	5	65
Geyss	464	1	26
Gfeller	646	13	1
Ghellen, v.	1042	4	90
Gibel	45	7	66
Gichtl	513	2	4
Giebner	772	14	34
Giengenbach	306	9	25
Giengl	1067	3	47
Gieppner	888	11	78
Gier	358	14	34
Gierlach	408	6	70
Gierstein	290	4	10
Giese	165	5	87
Giese	850	8	5
Giesecke	12	12	83
Giesecke	12	11	66
Gieseke	621	13	28
Gieseler	197	9	66
Gieselmann	687	5	87
Gieser	285	4	63
Giesker	251	7	66
Gießperger	753	2	4
Gietten	867	6	70
Giffende	307	4	64
Gihnt	200	4	90
Gilbert	575	1	86
Gilbert	1004	11	67
Gildehusen	1015	3	5
Gildemeister	528	1	5
Gildemeister	528	10	45
Gildemeister	538	10	85
Gilfeld	1037	8	96
Gilg	553	1	26
Gilg	892	2	44
Gilg	337	4	64
Gilg	337	8	63
Gilg	554	7	5
Gilhausen	790	4	64
Gilitzer	1069	11	39
Gilm	1001	3	5
Gilm	1001	3	47
Gilman	101	9	25
Gilow	50	5	27
Gimmel	307	7	66
Gimper	241	7	66
Gindlmair	100	4	10
Ginheimer	418	2	44
Ginner	1030	9	25
Ginser	333	4	64
Girard	334	3	85
Girisch	858	6	70
Girsberg	88	10	45
Girsberger	215	9	25
Girtanner	485	1	5
Gise	547	8	63
Giseke	67	11	66
Giseke	69	12	83
Gisler	667	5	45
Gisler	745	10	5
Gissinger	526	12	63
Gisterle	132	2	44
Gisze	850	4	64
Glacian	161	3	26
Gladbach	385	4	90
Gladbach	807	7	85
Gladebeck	38	9	66
Gladebeck	791	9	66
Gläser	51	4	64
Gläser	225	14	10
Gläser s. Glaser	900	2	26
Glättli	720	9	25
Glaezel	1040	4	64
Glambeck	531	5	45
Glandorp	923	3	26
Glandorp	81	4	10
Glandorph	506	2	85
Glanner	578	1	26
Glarner	541	4	10
Glas	780	1	26
Glase	442	7	42
Glaser	303	7	5
Glaser	891	9	25
Glaser	900	2	26
Glasow	584	13	45
Glasser	419	4	90
Glaßmann	740	12	71
Glast	874	6	70
Glatow	961	13	54
Glattfeder	308	4	10
Glattfelder	773	7	66

Name	WBL	Bgl. Abtlg.	Siebm. Tf.
Glatz	161	1	46
Glatz	445	4	10
Glatzl	159	3	47
Glatznapf	749	1	86
Glebe	568	10	45
Glehn	826	3	85
Gleichberger	853	6	70
Gleichmann	629	1	86
Gleim	416	4	64
Gleim	563	4	64
Gleis	202	2	85
Gleisberg	1042	12	23
Gleiß	72	8	5
Gleist	38	1	26
Glemser	790	13	19
Glender	751	9	85
Glenner	757	5	65
Glenter	744	4	10
Gleser	1024	6	70
Glestin	442	1	46
Glesting	48	7	85
Gletig	554	11	38
Gletzelmann	543	1	46
Glim	721	7	5
Glimmann	656	4	64
Glinicke	266	9	66
Glintzer	1057	11	24
Glitzenhirn	470	10	45
Glitzenhirn	470	10	66
Glitzenhirn	689	10	66
Glitzmann	40	6	70
Glockengießer	765	1	65
Glocker	765	2	44
Glockh	765	4	64
Glocknitzer	225	6	70
Glöckler	248	2	26
Gloede	338	5	65
Glötzener	708	13	34
Glogau	1047	2	26
Glogner	900	4	10
Gloor	56	13	6
Gloseisen	147	6	47
Gloxin	390	4	11
Gloy	75	10	5
Gluck	715	11	67
Glück	55	3	47
Glückh	145	1	26
Glückh	55	6	70
Glückh	146	8	5
Glükher	968	13	19
Glum	61	11	6
Gmainer	22	4	11
Gmeiner	452	2	26
Gmelich	897	2	85
Gmelichius	897	8	25
Gmelin	940	1	5
Gnätz	219	1	26
Gnam	110	14	18
Gnant	994	4	11
Gnepenberg	87	10	5
Gneuss	45	9	25
Gnoth	932	13	54
Gobelius	990	4	91
Gockel	399	1	5
Gockel	399	3	26
Godeffroy	170	3	26
Godefroy	764	8	96
Godeffroy	364	10	45
Godelmann	240	4	64
Godenau	557	4	91
Godeschalk	532	9	67
Godet	1070	12	83
Godickh	474	6	70
Goebel	50	4	64
Goebel	32	12	62
Goebel	521	14	34
Göbel	420	2	85
Göbel	431	2	85
Goebelius	990	4	64
Göbl	420	6	70
Göckel	568	3	26
Goede	31	8	5
Goedecke	973	7	66
Gödelman	370	9	46
Gödemann	385	3	67
Gödemann	384	5	87
Göding	860	6	71
Goedtkens	465	5	87
Gögginger	399	1	26
Gögl	833	7	21
Göhring	185	14	26
Goeldel	1075	13	6
Göldener	919	5	27
Göldi	890	10	66
Göldner	59	14	45
Gölgel	578	3	26
Gölgl	578	2	4
Gölz	182	10	26
Gönner	753	5	87
Gönner	378	10	26
Göpffhardt	574	6	3
Göpmer	965	1	46
Görges	887	12	93
Göringer	664	1	46
Göritz	354	5	65
Görlich	1064	12	63
Görlich	449	14	26
Görlin	801	10	5
Görte	1076	6	48
Goertz	356	2	4

Name	WBL	Bgl. Abtlg.	Siebm. Tf.
Görzhain	643	11	78
Goeschel	786	6	82
Göschl s. Goschl	97	2	4
Gösling	380	12	24
Gössier	413	3	26
Gössnitz	1065	2	85
Goesswein	14	1	46
Gösswein	14	10	46
Gösswein	14	2	26
Gösz	491	3	47
Götten	192	5	27
Göttling	880	1	46
Göttling	613	1	26
Göttschi	1057	7	66
Götz	1075	2	44
Goetz	42	4	64
Goetz	934	7	80
Goetz	384	8	64
Götz	988	1	86
Goetz	923	4	2
Götz	836	1	65
Götz	963	1	65
Goetz	844	6	71
Götz	967	6	71
Goetze	933	4	64
Götzke	721	8	47
Göze	963	9	85
Gogel	425	2	44
Gogel	425	3	47
Goggl	286	2	65
Gohgreve	639	5	45
Gohr	762	4	91
Gohren, von	588	11	67
Golcke	531	10	45
Goldast	504	2	85
Goldast	498	3	47
Goldast	501	9	67
Goldbach	721	6	48
Goldberg	863	3	85
Goldberg	246	8	5
Goldberger	1015	2	65
Goldemann	118	7	66
Goldewitz	526	3	5
Goldinen, v.	24	4	11
Goldkofer	821	14	18
Goldkuhl	748	5	87
Goldkuhl s. Merck	748	5	71
Goldschmid s. Goman	324	4	11
Goldschmid	51	7	66
Goldschmid	784	13	6
Goldschmidt	226	10	45
Goldstein	563	4	11
Goldwurm	433	2	85
Goley	786	8	83
Golf	982	2	65
Goll	362	1	46
Goll	1062	2	26
Goll	56	7	85
Golla	878	1	26
Gollenhofer	720	4	11
Goller	893	6	2
Gollhuter	743	3	47
Golling	575	1	65
Gollinger	518	4	11
Gollmann	636	10	66
Goltter	300	4	11
Gollwitzer	628	13	38
Golser	1061	8	64
Golter s. Goltzer	425	6	3
Golter	457	6	71
Goltmann	295	2	66
Goltze	913	8	47
Goman s. Goldschmid	324	4	11
Goltzer s. Golter	425	6	3
Gombracht	63	3	26
Gomer	228	6	3
Gontard	909	2	26
Gontzen	689	6	71
Gonzanus	85	6	3
Goor, von	794	10	46
Gorck	435	8	24
Gordon	771	10	45
Gordon	417	10	45
Gordon	741	10	45
Gorgebe	1031	13	34
Gorian	447	10	45
Gorian	447	10	45
Gormann	127	11	78
Gosau	956	12	24
Gosch	635	4	64
Goschl s. Göschl	97	2	4
Gosch	1059	6	71
Gosch	635	10	46
Gosecke	808	11	67
Goslinowski	317	9	46
Gossastat	614	3	67
Gossastat	614	9	46
Gossler	412	3	26
Gossler	420	3	27
Gossmann	982	6	71
Gossmann	91	8	24
Gossmann s. Großmann	889	11	68
Gosswein s. Gösswein	14	2	26
Gosswiller	411	4	11
Gosswin	844	6	71
Gotfroid	237	6	71
Gothofredus	378	1	86
Gotscholl	930	6	71
Gotsperger	320	6	71
Gottbewahr	984	6	71

Name	WBL	Bgl. Siebm. Abtlg.	Tf.
Gottfried	517	2	66
Gottfried	172	9	85
Gottschalch	810	12	22
Gottschalck	393	11	79
Gottschalck	1063	11	79
Gottschalck	394	11	79
Gottschalk	18	3	6
Gottschalk	85	4	11
Gottschalk	905	11	6
Gottschall	799	7	66
Gottschau	1051	8	64
Gottsched	971	4	64
Gottschildt	181	3	85
Gottwald	974	10	5
Gotzen	542	5	45
Gotzen, die	542	9	20
Goverts	27	10	26
Goygrave	639	6	71
Graalfs	1033	12	2
Grab, von	44	6	3
Grabe	635	6	22
Graben	957	5	45
Grabener	912	5	45
Grabenhorst	886	11	67
Grabmann	34	1	26
Grabmayr	132	2	4
Grabner	6	1	26
Gradenigi	657	2	66
Gradl	432	2	26
Gräfe	187	10	85
Graefe	958	13	6
Gräffe	522	7	66
Grändl	344	8	64
Gräpel s. Grapel	603	4	11
Graepel	600	13	19
Gräser	602	11	79
Gräslin	557	9	46
Gräss	11	3	47
Gräßer	956	13	54
Grässl	310	2	44
Grässl	310	1	27
Grässl	526	6	72
Grätl	283	6	72
Grätl	432	6	72
Grätter	170	5	87
Grätter	447	5	87
Grätz	562	5	87
Graetz	563	5	87
Graetz	564	5	87
Gräve	1004	3	86
Graf	1052	3	47
Graf	294	4	11
Graf	647	7	66
Graf	295	8	64
Graf	980	10	5
Graf	405	10	5
Graf	735	13	1
Graf	420	2	85
Graf	929	14	10
Graf	822	2	66
Graf	5	6	71
Graf	257	6	71
Graf	263	6	71
Graf	452	6	71
Graf	221	2	85
Graf von Greffenberg	456	6	71
Grafer	876	9	3
Graff	452	2	66
Graff	61	3	27
Graff	76	4	91
Graff	566	1	65
Graff	888	11	67
Graff	261	1	65
Graff	253	3	85
Graff	378	1	65
Graffen, von	353	5	27
Grafft s. Crafft	547	2	42
Gragans	360	4	91
Gralath	566	8	64
Gralath	566	9	67
Gralock	158	7	6
Grambeke	415	4	11
Grambow	21	5	27
Grambs	760	2	85
Gramer	234	6	71
Gramm	190	9	67
Grammdorf	60	4	64
Grammendorp	524	4	11
Grandidier	1037	4	65
Grandke	990	13	45
Grandte s. Grandke	990	13	45
Graner	896	2	4
Granetel	71	1	65
Granner	201	2	44
Grantz s. Crantz	544	4	87
Grapel	603	4	11
Grapengießer	757	8	64
Graseck	407	6	3
Graser	676	1	46
Grashoff-Cäcispeja	824	6	82
Grasmann	103	1	86
Grasmann	465	3	86
Graß	526	2	26
Grass	437	3	27
Grass	477	10	26
Grassenauer	259	2	85
Grasser	511	6	71
Grasser	994	4	11
Grasser	592	6	72
Graßhof	603	12	3

Name	WBL	Bgl. Siebm. Abtlg.	Tf.
Graßhoff	964	11	24
Grassmann	676	6	22
Grat	432	6	72
Gratl	432	5	87
Gratter	292	3	47
Gratz	449	7	6
Grau	837	4	65
Grau	684	6	22
Grau	684	13	6
Graumann	93	5	27
Graumann	837	11	7
Graumeister	786	7	85
Graumiller	216	3	48
Graupner	989	14	26
Graurock	969	5	87
Grauwer	282	6	3
Grave	371	3	27
Grave	544	4	11
Grave	422	10	46
Grave	227	3	86
Gravenstein	921	5	45
Gravius	684	4	65
Gravius	684	9	3
Graw	281	8	25
Grebenitz	671	3	27
Grebmayer	460	6	3
Grebner	16	6	72
Greding	10	2	44
Green	370	5	45
Gref	456	6	72
Grefe	896	12	64
Greffenreuter	1080	2	85
Greflinger	79	10	66
Gregk	145	8	64
Gregorii	393	3	27
Gregorovius	654	8	25
Gregory	1018	13	6
Gregory	393	10	26
Greibswalder	454	6	72
Greif	459	2	66
Greif	455	3	48
Greifeldinger	971	4	65
Greiff	461	6	3
Greiff	461	8	48
Greimolt	621	4	11
Greiner	1043	3	27
Greiner	117	6	3
Greiner	785	8	84
Greiner	13	2	85
Greiner	452	2	66
Greis	105	2	26
Greis	106	6	3
Greisselhamer	226	6	72
Grell	988	7	6
Grell	638	8	96
Grell	810	10	46
Grelling	243	1	46
Grembsl	457	6	72
Gremenstetter	557	6	72
Gremlach	295	6	72
Grems	330	1	46
Grener	75	4	11
Grenicher	521	9	46
Grenicher	527	9	46
Greninger	649	2	44
Gressingk	188	3	48
Grest, v.	974	3	86
Gretter	447	2	44
Greudner	449	11	24
Greulich	940	1	46
Greussing	136	3	48
Greuter	515	7	66
Greve	91	4	11
Greve s. Colins	1039	5	27
Grevel	344	7	6
Greven	788	9	67
Grevener	791	9	67
Grevener	791	9	67
Greverade	588	4	12
Greverade	588	4	12
Greverade	735	4	12
Greverode	533	3	6
Grewlich	413	1	86
Grewsler	288	10	46
Grib	884	6	72
Grichtmaier	125	14	27
Gridell s. Cridell	546	2	82
Grieben	882	4	65
Grieben	882	8	47
Griecz s. Gremlach	295	6	72
Grief	462	14	18
Grien	518	9	67
Grieninger	155	1	27
Grieninger	135	6	72
Grieninger II	287	6	72
Grienörbl	172	4	65
Grienpacher	12	70	72
Grienpacher	12	6	72
Grienschneider	112	6	3
Gries	115	4	12
Griesbach	534	1	27
Griesbacher	298	6	72
Grieshaber	606	10	26
Griesinger	363	4	12
Griess	380	8	96
Grießl s. Griess	562	6	70
Griessauer	924	6	73
Griessauer	924	5	65
Griessbauer	963	6	73
Griessenpöck	331	9	25

Name	WBL	Bgl. Siebm. Abtlg.	Tf.
Griesser	302	11	68
Griessmayer	670	1	86
Grigo	1032	13	6
Grill	984	1	27
Grill	192	3	27
Grill	927	6	73
Grillinger	439	1	46
Grillparzer	1077	10	85
Grim	221	1	27
Grim	550	5	87
Grim	321	6	73
Grimb	230	4	12
Grimholz	922	3	6
Grimm	202	5	45
Grimm	573	8	25
Grimm	92	9	47
Grimm	846	10	66
Grimm	231	14	18
Grimm	769	15	2
Grimm	414	4	12
Grimm	219	8	96
Grimm	441	4	12
Grimm	648	8	96
Grimmel	853	3	6
Grimmen	446	5	87
Grimsehl	216	6	22
Grindl	215	1	46
Grinigl	344	2	45
Grintler	920	1	47
Griot	492	7	85
Grisebach	121	5	27
Gristede	634	6	22
Gritzner	427	3	6
Grob	852	7	85
Grob	33	10	85
Grobecker	643	10	46
Grochert	410	5	45
Grochert	410	10	18
Groddeck	1021	9	67
Gröbel	681	1	86
Grölein s. Strölein	113	1	39
Grön	352	5	45
Grönberger	96	1	65
Gröner	987	14	2
Groeneveld	935	8	25
Groeneveld	991	8	25
Grönhagen	505	3	67
Gröning	57	5	65
Gröning	918	8	84
Grösche	315	8	97
Gröser	185	4	65
Grösse	553	2	45
Grötsch	683	8	64
Groetsche	1012	8	5
Grötzler	290	4	12
Grofen	974	4	91
Groffy	1035	14	10
Groffy	1035	14	10
Grolms, von	391	10	26
Grommes	880	10	66
Gromnica	610	12	2
Grones, de	980	8	64
Groneveld	798	9	85
Gronewold	114	3	48
Gronow	545	6	3
Groos	981	3	48
Groot	583	4	12
Groote	468	5	65
Groothom	214	5	87
Gropp	1070	3	27
Gropper	554	4	91
Grosch	402	13	19
Groshauser	83	4	12
Grosholz	219	5	87
Groskopff	163	6	48
Gross	480	2	66
Gross	463	7	6
Groß	112	9	25
Gross	185	4	12
Gross	132	6	73
Gross	966	6	73
Gross	511	4	12
Gross	463	6	73
Gross	209	6	73
Gross	691	6	73
Gross	458	6	73
Gross s. Gräss	11	3	47
Grosse	168	2	45
Grosse	526	3	27
Grosse	617	6	48
Grosse-Dresselhaus	675	12	83
Grosse-Extermöring	1062	14	2
Grosse-Extermöring	1062	14	42
Grosselfinger	685	1	86
Großheim	512	1	86
Grossheim	390	8	47
Grossheim	254	12	94
Großkopf	1070	12	94
Großkopf	997	13	7
Grosskurd	1030	3	6
Grossmann	49	2	85
Grossmann	827	4	12
Grossmann	322	7	66
Grossmann	532	10	5
Grossmann	49	11	7
Grossmann s. Gossmann	889	11	68
Großmann	921	14	2
Grosspeundtner	223	9	25
Großschupf	877	3	68
Grote	521	3	6

Name	WBL	Bgl. Abtlg.	Siebm. Tf.
Grote	1019	3	6
Grote	414	3	27
Grote	503	4	12
Grote	37	9	67
Grote	800	9	67
Grote	803	9	67
Grote	555	9	67
Grote	593	3	6
Grote	4	9	85
Grote	521	13	45
Grote	188	4	65
Grote	852	4	65
Groth	1075	10	27
Groth	511	12	83
Grotteheimb	691	6	3
Grotz	499	4	12
Groull	391	6	73
Grove	666	4	12
Groz	65	2	4
Grubbach	1026	1	86
Grubbe	426	3	6
Grube	22	4	12
Grube	896	10	85
Gruber	23	2	5
Gruber	540	4	65
Gruber	188	4	65
Gruber	288	3	48
Gruber	956	7	80
Gruber	1058	9	3
Gruber	17	1	65
Gruber	884	1	27
Gruber	284	1	65
Grueber	109	1	47
Grueber	995	2	66
Grueber	283	4	65
Grueber	254	6	3
Grueber	17	8	64
Grueber	539	4	65
Grueber	562	6	3
Grueber	283	8	64
Grueber	254	6	73
Grueber	995	8	64
Grueber	410	6	73
Gruen	49	1	47
Grüen	43	4	12
Grün	678	6	73
Grün	476	8	5
Grünauer	344	4	12
Grünberg	912	10	5
Grünenwaldt	261	2	5
Grüner	44	1	86
Grüner	44	4	13
Gruener	44	6	82
Grünewald	770	4	13
Grünewaldt	470	3	86
Grünhofer	410	7	6
Grüninger	361	6	73
Grünler	958	10	5
Grünradt	1080	6	48
Grünwald	352	5	45
Grünwald	653	9	46
Grünwald	480	11	24
Grünwald	593	1	27
Grünwald	490	1	86
Grünwald	519	1	86
Grünwalder	866	6	73
Grüter	407	2	26
Grüter	515	7	66
Grüter	559	10	5
Grüthling	899	8	25
Grüttner	1019	14	11
Gruevel	191	6	3
Grulich	820	12	94
Grulich	820	13	19
Grumprunner	257	1	47
Grunau	836	7	66
Grunau	199	8	5
Grundgreifer	72	6	3
Grundlacher	81	4	13
Grunelius	488	2	26
Grunelius	490	10	6
Gruner	44	7	6
Gruner	505	8	25
Gruner	387	10	26
Gruner	977	14	2
Gruner	576	4	65
Gruner-Backhaus	986	4	65
Grunewald	450	12	24
Grunewald	261	3	27
Grunner	44	2	5
Gruntmann	506	5	27
Grunwaldt	916	10	46
Grunwaldt	916	11	24
Gruober	429	9	3
Gruppenbach	423	6	3
Grusell	409	6	83
Gruson	397	6	22
Grussendorf	614	11	68
Gruter	559	4	13
Gruter	1042	2	26
Grutter	414	6	82
Gruwel	988	5	45
Grymeysse	397	4	65
Grynaeus	639	7	85
Gschbander	385	4	13
Gschlendt	452	6	82
Gschlössl	616	1	86
Gschray	883	6	82
Gsel	558	5	45
Gsell	134	6	82

Name	WBL	Bgl. Abtlg.	Siebm. Tf.
Gstatter	924	6	83
Gstrein	1058	8	65
Guaita	872	10	6
Guckenberger	938	3	68
Gude	987	4	65
Guden	777	9	67
Guder	633	14	18
Guderian	121	8	65
Gudlin	195	7	6
Gühlich	195	5	65
Gueinzius	301	7	6
Gülcher	805	7	85
Gülcher	253	10	66
Güldenmund	840	5	87
Güldner	1066	8	65
Gülich	631	11	23
Gülle	78	1	47
Günter	476	9	4
Günther	1075	10	6
Günther	636	10	85
Günther	30	13	7
Günther	304	14	34
Günther	930	8	25
Günther	936	6	23
Günther	880	6	83
Günther	1052	8	26
Günther s. Gloxin	390	4	11
Güntter	649	6	4
Güntzburger	754	2	86
Güntzlein	574	6	4
Günzer	333	1	47
Günzler	136	1	86
Gürchner	673	6	4
Guerike	854	1	5
Güsmer s. Gusmer	315	13	7
Güssfeld	380	8	25
Guestbeen	130	4	13
Guet	17	8	25
Güth	36	11	68
Güthlein	758	12	94
Guetkorn	174	6	83
Guetl	65	4	13
Guetl	330	4	13
Guetl	65	4	13
Gütler	842	1	87
Guetmann	7	6	83
Guetprot	346	11	79
Gütschow	918	4	65
Gütschow	1047	9	47
Guett	607	6	4
Guett	971	6	4
Gütt	869	13	7
Guettinger	815	8	84
Guettratt	73	4	13
Guetwill	224	6	83
Gugeltz	895	4	13
Gugelweith	162	6	83
Gugenheim	968	12	83
Guggemoss	1012	4	13
Guggenbühl	376	14	27
Gugger	370	2	86
Gugger	371	3	86
Gugler	234	9	47
Gugolz	895	7	85
Gugolz	895	10	6
Guhl	249	5	65
Guhl	251	7	85
Guhren, v.	361	4	13
Guilbert	368	2	45
Guizetti	977	5	87
Gulden	725	3	27
Gulden	71	4	13
Gulden	928	8	65
Gull	399	8	25
Gullmann	156	1	5
Gullmann	156	9	46
Gumbrecht	189	4	13
Guminski	669	10	27
Gumpell	363	6	83
Gumpeltsheimer	457	6	3
Gumpert	468	13	19
Gumpolt	420	13	34
Gumpolzhaimer	797	8	84
Gumpost	9	3	86
Gumprecht	29	2	45
Gundel	711	3	68
Gunderraun	610	6	83
Gundersheimer	28	3	6
Gundlach	138	1	87
Gundlach	551	4	13
Gundlach	903	5	45
Gundlach Rothenburg	7	3	68
Gundlach	551	3	68
Gundlacher	747	7	6
Gundling	7	3	86
Gundtndorffer	1069	6	83
Gunetzhrainer	78	8	65
Gunstätter	902	6	83
Guntlichs	746	9	67
Guntz	303	10	46
Gunzenhauser	625	14	11
Gunzler	204	9	25
Gurlitt	876	10	27
Gurr	771	3	48
Gusmer	315	13	7
Gussmann	134	5	46
Gussmann	692	13	38
Gussmann	379	5	46
Gutbier	158	12	64
Gutbier	158	13	7

Name	WBL	Bgl. Abtlg.	Siebm. Tf.
Gutbrod	346	2	5
Gutbublin	442	5	46
Gutekunst	682	14	27
Guter	136	2	66
Gutermann	100	2	86
Gutermann	100	4	13
Guterman	282	6	73
Gutke	568	10	86
Gutkind	819	6	83
Gutkindt	819	1	66
Gutmann	339	2	26
Gutmann	339	6	83
Gutmann	672	7	67
Gutt	607	3	6
Gutthäter	152	1	47
Guttknecht	141	6	83
Guttzeit	11	10	27
Gutwasser	125	6	4
Gutwein	750	11	79
Gutzeit	1040	13	7
Guyer	550	7	85
Guyer	892	7	85
Gwandschneider	298	1	47
Gwerb	512	4	13
Gwerb	508	7	67
Gwinner	1073	2	26
Gyger	572	4	13
Gyger	572	9	47
Gylcher	646	2	44
Gymnicus	463	4	91
Gymnicus	465	11	24
Gyr	372	10	85
Gyr	374	10	86
Gysi	19	7	85
Gyssling	663	7	67
Haack	689	4	91
Haack	706	5	27
Haak s. Hanck	142	1	66
Haag	843	6	4
Haag	906	2	45
Haag	906	2	27
Haagg	139	6	4
Haak s. Haack	706	7	22
Haan	397	4	13
Haan	398	4	91
Haan	398	9	47
Haan	397	5	88
Haan (Hahne)	397	10	86
Haanwinkel	123	5	88
Haanwinkel	401	5	88
Haar	43	7	67
Haarhaus	680	11	24
Haas	862	1	66
Haas	902	1	66
Haas	139	6	83
Haas	341	9	4
Haas	340	7	85
Haas	139	2	5
Haas	341	2	27
Haas	1059	11	79
Haas	341	11	79
Haas	342	2	66
Haase	1070	1	87
Haase	862	6	4
Haase	342	7	21
Haaß	341	1	87
Habbich	364	4	91
Habelkofer	282	4	14
Haberer	301	7	86
Haberes	294	6	48
Haberkorn	769	10	6
Haberkorn	602	12	24
Haberl	936	6	83
Habermann	833	6	83
Habersot	665	7	67
Haberstroh	164	9	67
Habich	375	2	66
Habich	375	5	27
Habich	988	7	67
Habich	907	11	6
Habicht	362	10	27
Hablitz	327	2	66
Hablizel	322	9	25
Habroder	209	6	83
Haccius	820	6	4
Hach	336	2	66
Hach	8	12	66
Hachenreiner	530	4	14
Hachtmann	190	3	6
Hack	785	1	66
Hack	257	4	91
Hackel s. Haekel	696	1	47
Hacken	790	9	48
Hacker	707	5	88
Hackher	9	4	14
Hackhl	140	6	4
Hackhenmüller	570	6	83
Hackmann	1040	3	6
Hackmann	711	6	48
Hacks	689	4	65
Hackstein	566	4	91
Haddenbrock	441	5	27
Hadeler	937	5	27
Hademer	852	6	84
Haderschlieff	405	9	67
Hadewerk	656	3	27
Häbelkofer	282	9	47
Häbelkofer	36	1	27
Häberle	599	12	24

Name	WBL	Bgl. Siebm. Abtlg.	Tf.
Häberle	599	12	52
Häberle	603	13	54
Häberlein	606	9	47
Häberlein	1071	4	65
Häberl(e)in	1071	4	65
Häberlein	634	10	66
Häckhl	834	6	83
Haeckl	1049	1	66
Haecks	552	3	86
Haedrich	322	11	39
Häfeli	759	7	86
Häfeli	754	10	66
Häfelin	754	3	48
Haefelin	569	12	2
Häffeli	568	4	14
Häfliger	754	11	24
Haehnel	418	1	27
Hähnlein	891	8	5
Haekel s. Hackel	646	1	47
Haken	707	11	25
Hämer	650	7	67
Hämerlein	67	3	86
Hämischl	1031	9	26
Hämmelmann	319	3	27
Händel	938	3	27
Händel	938	4	66
Haendel	938	5	65
Händel	659	14	45
Händler	293	1	27
Händler	293	3	27
Händler	539	9	48
Hänel	399	2	45
Hänel	399	3	27
Haenel	400	8	65
Hänel	939	14	11
Hänisch	605	7	80
Hänlein	400	6	86
Hänlein	1063	6	86
Hänni	56	7	67
Hännsch	1031	1	66
Hänselmeier	102	3	48
Hänsgen	1040	13	54
Hänsler	744	7	67
Hänsler	797	9	3
Haerbach	265	6	4
Härbinger	261	6	86
Häring	1065	1	5
Häring	945	6	86
Häring	429	11	80
Haertel	580	12	25
Härtl s. Hartl	850	2	66
Haes	747	4	91
Haes, del	1052	9	43
Häsle	341	4	15
Hässi	558	3	86
Häßl	983	2	5
Häuptlein	95	1	27
Häussler	619	3	7
Hävesche	484	5	66
Hafenbauer	913	6	84
Hafenberger	551	6	4
Hafendorffer	391	6	84
Hafenreff	1006	13	38
Haff	228	1	27
Haffner	452	2	66
Haffner	228	6	4
Haffner	789	8	84
Hafner	758	1	5
Hafner	914	4	65
Hafner	788	7	86
Hafner	452	6	84
Hafner	461	6	84
Hafner	1031	6	84
Hag	875	6	84
Hag	813	8	84
Hagdorn	199	4	91
Hagedorn	34	2	86
Hagedorn	588	3	6
Hagedorn	840	8	5
Hagedorn	1039	8	5
Hagemann	621	10	6
Hagemann	482	10	27
Hagemann	164	12	64
Hagemeyer	114	4	66
Hagemeyer	97	5	28
Hagen s. Hager	71	2	27
Hagen	764	3	48
Hagen	472	1	27
Hagen	498	4	14
Hagen	702	4	66
Hagen	440	4	91
Hagen	174	6	84
Hagen	875	8	65
Hagen	358	9	67
Hagen	7	11	6
Hagen	1027	13	38
Hagen	185	3	86
Hagen, von	205	6	84
Hagenauer	333	7	6
Hagenauer	1002	8	65
Hagenbecke	567	3	86
Hagenbuch	350	5	46
Hagenbuch	219	6	84
Hagenbuch	482	7	86
Hagendorn	333	1	27
Hagenlocher	155	6	4
Hagenmeyer	1038	5	27
Hagenwyler	156	6	84
Hager	416	1	66
Hager s. Hagen	71	2	27

Name	WBL	Bgl. Siebm. Abtlg.	Tf.
Hager	146	7	6
Hager	663	11	39
Hager	849	7	42
Hager	662	11	39
Hager	623	7	67
Hager	663	11	39
Hager	661	11	39
Hager	241	6	84
Hager	448	6	84
Hagert	830	13	20
Hagert	976	13	20
Hagg	789	8	84
Hagk	681	11	79
Hagmüller	928	6	84
Hagnauer	441	4	14
Hagnauer	825	10	27
Hahn	397	3	6
Hahn	399	5	88
Hahn	398	11	24
Hahn	891	12	84
Hahn	904	13	20
Hahn	397	3	86
Hahn	399	2	27
Hahn	398	2	66
Hahn	401	3	86
Hahne	397	10	86
Haible	375	6	4
Haid	147	3	86
Haid	788	1	87
Haid	834	6	84
Haid	1003	6	84
Haidegger	1072	8	65
Haidenreich	734	11	80
Haidenreich	735	11	80
Haider	1049	1	66
Haider	864	6	74
Haider	1049	8	65
Haidinger	447	8	66
Haidt	561	1	87
Hail	451	1	66
Haim	406	7	6
Haim	52	8	5
Haimb	1049	9	25
Hain	298	1	66
Hain	207	2	86
Hain	398	10	86
Haine	565	8	26
Hainickhe	400	6	84
Hainler	280	8	26
Hainoldt	459	1	27
Hainrich	105	6	84
Hainrich	966	6	84
Hainricher	1028	8	65
Hainspeckh	10	2	27
Haintz	143	2	27
Hainz	336	6	84
Hainz	79	6	85
Hainz	78	6	85
Hainzelmann	920	6	85
Hainzmann	855	6	85
Haisch	1017	13	54
Haisermann	96	1	27
Haitzinger	970	4	66
Hajen	685	12	64
Hake	545	9	47
Hake	689	9	47
Haken	1080	11	25
Haken	707	11	25
Halb s. Kalb	850	2	29
Halbernaren	355	4	91
Halbert	48	7	6
Halbeysen	652	4	14
Halbisen	652	10	19
Halbleib	857	12	24
Halbritter	677	6	85
Halbrugker	44	6	85
Halcour	1017	12	84
Halden, an der	54	3	86
Halden, in der	567	3	86
Haldenberger	240	4	14
Haldenstein	332	7	67
Haldolf	685	2	5
Haleholtscho	284	4	14
Halffer	354	4	91
Halfius	711	4	91
Halfpaap	629	13	45
Haliz	452	6	85
Halle	548	6	48
Halle, von	416	9	67
Halle, von	417	9	67
Halle	890	13	7
Haller	1012	3	27
Haller	230	6	85
Haller	969	8	26
Haller	168	4	14
Haller	500	4	14
Haller	298	6	85
Haller	1035	4	14
Haller	999	6	85
Haller	404	2	5
Haller	924	2	86
Haltenhoff	110	11	68
Haltermann	814	4	92
Halven, van	805	7	86
Halveren	158	4	92
Halveren	355	6	85
Hama	348	4	14
Hamächer	558	4	92
Haman	348	1	27
Hamann	412	2	45

Name	WBL	Bgl. Siebm. Abtlg.	Tf.
Hamann	348	9	26
Hamberger	191	14	19
Hamberger	399	6	48
Hamberger	456	6	85
Hambloch	198	12	52
Hambloch	364	12	52
Hambloch	427	4	92
Hambloch	436	4	92
Hamborch	316	4	66
Hambruech	941	5	28
Hamelmann	316	5	88
Hamerer	67	6	85
Hamerl	957	6	85
Hamershamer	591	4	14
Hamm	506	4	92
Hamm	161	5	46
Hammacher	476	11	25
Hammelmann	319	3	27
Hammels	177	11	25
Hammen	348	6	85
Hammer	650	1	47
Hammer	207	2	66
Hammer	177	2	27
Hammer	651	5	88
Hammer	177	6	48
Hammer	226	6	85
Hammer	34	10	27
Hammerbacher	651	1	27
Hammerbacher	651	2	86
Hammerbeck	649	7	6
Hammerer	31	8	6
Hammerer	651	9	47
Hammerle	651	10	27
Hammerlin	152	1	5
Hammerschmidt	142	6	4
Hammerschmidt	922	7	42
Hammerstein	650	12	84
Hammerthaler	579	1	47
Hammes	744	10	66
Hammesfahr	379	13	20
Han	399	5	88
Han	400	6	85
Han	405	6	85
Han	873	6	85
Han	1033	6	85
Han	401	6	86
Hanakamm	130	1	66
Hanck s. Haack	142	1	66
Hancke	840	9	3
Hancker	635	4	14
Handloss	186	3	86
Handrack	173	7	6
Handrich	683	7	67
Handrock	22	9	85
Handschuch	994	1	47
Handschucher	994	6	5
Handtmann	545	3	6
Handtmann	118	3	48
Hane, de	400	4	14
Haneberger	399	4	14
Haneberger	399	9	48
Hanewald	485	12	84
Hanewinkel	398	5	88
Haniel	400	9	26
Hanitzsch	398	11	80
Hanke	905	14	19
Hankrat	399	9	26
Hanmann	879	4	14
Hanmayr	134	2	66
Hann	99	6	86
Hannoldt	865	4	66
Hannoldt	865	8	65
Hanne	628	10	27
Hanneken	43	5	46
Hannes	73	7	86
Hannoldt	400	9	16
Hannolt s. Haunolt	865	8	65
Hannolt s. Haunolt	273	8	65
Hannolt s. Haunolt	865	8	65
Hannolt s. Haunolt	1066	8	66
Hannoteau	951	9	67
Hanntlosz	179	4	14
Hans-Buol	813	8	62
Hansemann	848	2	45
Hansemann	848	3	27
Hansen	636	4	92
Hansen	392	5	65
Hansen	721	6	73
Hansen	721	7	21
Hansen	661	12	84
Hansen s. Hausen	909	5	46
Hansen s. Hausen	918	5	46
Hanses	595	3	6
Hanses	595	5	28
Hanss	811	7	86
Hanstein	49	5	65
Hantelmann	246	8	66
Hantschuecher	994	4	14
Happ	278	1	47
Happach	796	6	4
Happe	251	9	85
Happe	250	11	80
Happel	173	11	80
Happel	313	11	80
Happertz	841	4	92
Harbart	302	3	28
Hardegen	779	9	68
Hardegsen	798	9	68
Harder	468	3	86
Harder	343	4	14

Name	WBL	Bgl. Abtlg.	Siebm. Tf.
Harder	603	9	48
Harder	219	10	46
Harder	420	10	27
Harder	52	10	27
Hardessheim	910	1	27
Hardewig	986	6	4
Hardmeier	644	7	86
Hardt	200	12	64
Hardt, von der	930	8	84
Hardtwigk	452	1	27
Haren	14	3	6
Harenquier	1064	6	86
Hargen, von	467	5	65
Harget	965	6	86
Haring	996	6	48
Haring	398	14	27
Harkort	76	2	5
Harkort	83	2	27
Harkstroh	644	3	7
Harlaken	408	5	28
Harlandter	232	8	66
Harlesen, von	747	6	4
Harloff	907	12	84
Harmader	238	4	66
Harmens	116	5	65
Harmes	314	5	66
Harms	525	4	14
Harms	525	8	97
Harms	525	11	25
Harms	1078	11	39
Harms zum Spreckel	669	10	46
Harms zum Spreckel	29	11	25
Harms zum Spreckel	1078	11	39
Harmsen	406	5	66
Harmsen	943	11	25
Harneckh	168	2	5
Harnisch	768	8	26
Harnister	713	5	46
Harnister	721	5	46
Harp	943	9	68
Harpertz	566	4	92
Harpprecht	81	2	27
Harrer	847	9	85
Harrer	204	1	66
Harrer	591	1	66
Harrer	89	1	66
Hars	539	10	66
Hars	934	10	67
Harsch	944	8	66
Harscher	298	1	5
Harscher	454	6	48
Harsleben	449	6	86
Hart, von der	919	4	15
Harteger	34	3	7
Hartenstein	1003	11	68
Harthung	748	8	66
Hartiges	295	3	7
Harting	670	8	26
Hartken	921	3	28
Hartken	544	4	15
Hartl s. Härtl	850	2	66
Hartlaub	508	2	86
Hartleitner	1030	6	86
Hartlieb	282	4	15
Hartlieb	386	6	86
Hartmann	155	1	66
Hartmann	839	3	28
Hartmann	415	3	48
Hartmann	994	3	68
Hartmann	748	4	15
Hartmann	175	4	92
Hartmann	129	5	28
Hartmann	118	7	67
Hartmann	892	9	68
Hartmann	62	9	68
Hartmann	835	10	6
Hartmann	759	10	46
Hartmann	117	10	86
Hartmann	108	11	7
Hartmann	92	11	25
Hartmann	177	11	80
Hartmann	1057	12	3
Hartmann	177	14	3
Hartmann	456	1	66
Hartmann	190	2	66
Hartmann	92	2	27
Hartmann	994	2	86
Hartmann	528	3	68
Hartmann	981	6	5
Hartmann	415	8	47
Hartmann	536	6	48
Hartmann	789	8	85
Hartmann	237	6	86
Hartmann	856	6	86
Hartmann	994	1	66
Hartmann	867	6	86
Hartmann	885	6	86
Hartmann	867	3	48
Hartmann	378	11	25
Hartmann	496	9	68
Hartmann	823	2	27
Hartmuet	853	6	86
Hartner	55	14	3
Hartprunner	238	5	66
Hartter	378	4	15
Harttleben	926	6	23
Harttober	91	4	15
Harttung	65	6	5
Harttung	110	6	5
Hartung	358	4	15
Hartung	989	6	48
Hartweck	237	10	67
Hartwig	197	8	85
Hartz	295	5	66
Hartzer	207	9	26
Hartzheim	29	4	92
Hartzing	982	5	66
Hartzwich	932	3	7
Haruda s. Horuda	748	2	28
Has	342	4	15
Has	320	11	25
Has	341	6	86
Has	861	6	86
Hasche	353	5	28
Hase	340	1	87
Haselau	1022	6	86
Haselberger	588	6	86
Haselpeckh	342	4	15
Haselpeckh	342	6	87
Hasenbalg	593	7	6
Hasenbalg	23	13	20
Hasenberg	341	2	27
Hasenclever	209	5	28
Hasenclever	343	8	26
Hasenhart	341	4	66
Hasenjäger	342	8	66
Hasenkrogh	342	4	66
Hasenmüller	693	4	66
Hasentin	123	9	86
Hasenwinkel	341	4	15
Hasert	342	3	7
Hasl	1060	3	48
Haslach	340	9	26
Hass	862	2	5
Hass	340	6	87
Hass	342	6	87
Hass	342	6	87
Hass	342	6	87
Hass	999	6	87
Hasse	946	4	66
Hasse	6	7	67
Hasse	899	9	48
Hasse	648	9	68
Hasse	584	9	86
Hasse	340	4	15
Hasse	183	8	26
Hasse	946	4	15
Hasse	33	8	66
Hasse	937	8	85
Hasse s. Steneberg	899	9	79
Hassel	376	1	5
Hassel	813	2	5
Hassel	542	4	92
Hasselbeck	8	2	5
Hasseldt	658	4	92
Hasselt	778	8	66
Hassenpflug	1048	5	88
Hassenstein	1051	13	20
Hasserodt	465	11	80
Hassfurter	340	4	15
Haßkerll	79	1	87
Hassl	341	6	87
Hasslach	232	6	87
Hassler	488	2	5
Hatoff s. Hotoff	129	5	28
Hatteisen	397	11	68
Hattingen, v.	246	4	92
Hattorff	190	10	46
Hattorffs	190	6	23
Hatzfeld	986	2	27
Hatzold	1002	1	87
Hatzold	1002	1	28
Hatzolt	1003	7	6
Hauben	769	2	27
Haubensack	901	6	5
Haubentaller	771	7	6
Haubt	162	5	28
Haubtmeyer	997	6	87
Haubtvogel	880	3	28
Haubtvogel	880	6	87
Hauck	861	7	67
Hauckh	226	6	5
Haue	184	8	6
Hauenschild	9	3	28
Hauer	551	1	47
Hauer	151	4	66
Hauf	153	1	87
Haug	343	3	87
Haug	1026	6	5
Haug	238	6	5
Haug	58	10	66
Haug	26	1	66
Haug	132	1	66
Haug	44	2	5
Haug	182	2	5
Haugk	1	3	48
Hauinschild	922	9	48
Haun	733	7	6
Haun	733	13	28
Haunolt	461	1	28
Haunolt s. Hannolt	865	8	65
Haunolt s. Hannolt	273	8	65
Haunolt s. Hannolt	865	8	65
Haunolt s. Hannolt	1066	8	66
Haunolt	340	10	46
Haunreuter	129	9	17
Haunreuter	128	9	17
Haunschild	184	8	6
Haupt	162	5	28
Haupt	159	7	7
Haupt	165	9	48
Hauptlaub	445	6	5
Hauptmann	743	4	92
Hauptman	148	6	87
Hauptmann	1005	10	67
Hausburg	1058	8	6
Hausen	725	4	15
Hausen	1030	8	67
Hausen	909	5	46
Hausen	695	7	68
Hausen	918	5	46
Hauser	619	1	87
Hauser	265	3	7
Hauser	970	4	15
Hauser	620	6	87
Hauser	1033	3	87
Hausheer	238	7	86
Hausheer	238	7	86
Haushofer	621	14	34
Hausin	255	5	88
Hauslaib	717	9	48
Hausleuthner	1001	6	87
Hausmaner	3	8	6
Hausmann	619	4	15
Hausmann	543	5	88
Hausmann	543	9	86
Haussdorfer	1016	6	87
Haußer	960	2	67
Haussieren	70	4	92
Haussleib	717	2	5
Haussmann	897	13	54
Haussner	423	8	66
Haut	347	3	87
Hauth	779	7	86
Hautsch	275	2	27
Haux	787	14	3
Haveland	638	11	7
Haveland	638	11	7
Havelland	160	5	46
Havemann	198	3	68
Havemann	49	4	15
Havemann	95	5	46
Havemeister	246	5	28
Haver	34	12	25
Haverlandt	178	5	46
Havers	599	10	86
Haverung	591	11	7
Havol	399	6	87
Hawinstein	1007	6	87
Hawlitschke	653	10	86
Hawyser	671	4	92
Hayd	156	2	86
Hayden	109	6	87
Haydenhofer	922	6	87
Hayder	261	6	87
Haydrich	578	4	92
Haydt	1049	8	66
Hayer	254	6	87
Hayessen	175	10	6
Hayl	248	6	48
Haylandt	993	4	15
Haylandt	386	6	23
Haym	128	5	88
Haymhofer	892	6	88
Hayn	553	6	5
Hayn	940	6	5
Hayn	709	2	47
Hayn	400	13	38
Hayne	1030	6	88
Hayner	470	5	88
Haynoldt	242	6	5
Hazi	755	1	47
Hazoldt	1002	1	28
Hebenstreit	130	1	67
Hebenstreit	154	1	47
Hebenstreit	691	2	86
Hebenstreit	696	2	67
Hebenstreit	921	2	86
Heber	967	6	88
Heberer	386	3	28
Heberer	383	6	88
Heberer	387	8	6
Heberl	447	2	45
Heberlein	634	2	27
Heberlein	447	3	28
Heberling	956	1	28
Heberrer	387	8	66
Heberrer	387	8	26
Hebich	372	3	87
Hechenperger	927	8	66
Hechler	65	12	65
Hecht	1034	1	28
Hecht	422	4	15
Hecht	427	4	66
Hecht	749	5	88
Hecht	422	5	88
Hecht	431	5	88
Hecht	422	6	88
Hecht	428	8	26
Hecht	568	5	88
Hecht	556	10	6
Hecht	423	13	46
Hecht	134	5	46
Hecht	134	6	88
Hecht	567	5	46
Hecht	421	11	80
Hecht	675	11	80
Heck	1077	5	88
Heck, von	1073	4	92
Heckl	67	4	16

Name	WBL	Bgl. Siebm. Abtlg.	Tf.
Heckel	725	4	66
Heckel	67	7	7
Heckel	376	9	48
Hecken, zur	718	4	92
Heckenstaller	1016	4	66
Heckert	562	8	26
Heckher	690	13	34
Heckmann	44	8	66
Heckner	870	14	34
Hecksch	648	7	86
Heczel	848	6	88
Heczer	925	6	88
Hedenus	255	8	26
Hedenus	327	8	26
Hedinger	705	7	67
Hedl	845	6	88
Heel	82	6	88
Heel	68	10	46
Heerbrandt	141	6	23
Heerde, von	130	11	68
Heerdegen	154	1	28
Heerdel	363	6	88
Heeren	130	10	67
Heermann	119	3	28
Heermann	154	10	27
Heermann	92	6	23
Heermann	92	10	6
Heerman	120	6	88
Heesackeren, von den	850	4	93
Heese-Golm	683	15	2
Hefele	930	6	88
Heffner	4	2	86
Heffner	122	2	45
Heffner	758	2	67
Heffter	1056	11	81
Hefinger	4	2	5
Hefinger	5	2	67
Hefner	4	9	26
Hegel	840	6	48
Hegel s. Hezel	859	1	28
Hegemann	803	9	48
Heger	965	6	88
Heger	805	9	48
Heger	365	9	48
Heger	365	9	48
Hegi	572	10	86
Hegi	583	10	86
Heginer	643	7	67
Hegner	692	4	66
Hehel	67	1	87
Heher	407	1	5
Hehla	723	2	27
Hehn	906	14	3
Heiber	868	1	47
Heiberg	629	12	94
Heibler	382	4	16
Heick	985	7	42
Heidacher	1003	1	47
Heidborn	627	5	66
Heidegger	710	4	16
Heidelbach	913	11	81
Heidelberger	578	9	48
Heideloff	230	4	66
Heidenreich	979	3	28
Heidenreich	1000	8	67
Heidenreich	808	10	67
Heidenreich	835	2	86
Heiderich	795	9	85
Heidfelt	805	11	68
Heidichen	61	1	5
Heidkamp	621	14	34
Heidler	844	11	81
Heidler	218	14	3
Heidrich	500	6	5
Heidsieck	471	11	26
Heidt	162	6	5
Heigel	647	2	27
Heigel	1055	1	67
Heigel	706	1	48
Heigl	624	1	28
Heigl	336	2	67
Heiglin	138	1	87
Heiland	492	3	87
Heiland	492	9	48
Heilbronner	424	1	5
Heilbrunner	627	2	6
Heilbrunner	628	3	28
Heilger	257	1	47
Heiligenthal	88	5	88
Heilmann	146	6	5
Heilwagen	291	4	66
Heim	677	4	66
Heim	1064	7	86
Heimbach, von	775	4	93
Heimlich	959	15	2
Heimpel	545	2	27
Hein	299	6	88
Hein	209	7	7
Heinckein	515	10	67
Heinckhell	248	6	6
Heindl	405	6	88
Heine	1034	6	48
Heine	421	6	6
Heine	747	14	19
Heine	479	9	86
Heine	479	10	41
Heine	1062	9	86
Heinemann	685	13	46
Heiner	895	6	6
Heinichen	673	10	6
Heinicke	41	1	28
Heiniger	292	6	6
Heinke	1072	13	20
Heinlein	398	1	87
Heinlein	410	2	67
Heinrich	445	6	88
Heinrich	183	8	6
Heinrich	76	10	27
Heinrich	812	12	94
Heinricher	321	2	5
Heinricher	759	9	68
Heinrichs	302	3	68
Heinrichsen	432	2	67
Heins	600	5	28
Heinserlin	712	7	86
Heinsius	59	6	48
Heinszen	29	10	67
Heintz	424	4	16
Heintz	722	4	93
Heintz	383	6	88
Heintze	394	1	87
Heintze	388	9	86
Heintzenberger	824	6	6
Heintzmann	846	13	46
Heinz	713	8	97
Heinz	810	12	71
Heinze	954	15	2
Heinzelmann	134	11	81
Heinzerling	1046	14	19
Heiring	496	11	69
Heise	198	4	16
Heise	12	6	48
Heise	815	9	68
Heise	823	10	7
Heiserer	1021	2	86
Heiss	638	3	7
Heiß, Heyss	434	5	66
Heiss, Heyss	270	5	66
Heiss	89	9	48
Heister	1044	1	6
Heister	620	2	45
Heisterman	175	7	86
Heistermann	176	4	93
Heistermann	186	9	68
Heisters s. Voelberg	311	7	99
Heiter	1008	14	19
Heitmann	186	5	66
Heittler	236	6	6
Heitz	672	7	86
Heitzig	358	14	27
Heitzig	666	14	27
Heiz	424	7	86
Helbich	2	3	48
Helbig	404	3	28
Helbig	1076	13	38
Helbig	404	1	67
Helbling	48	7	67
Helchner	245	2	6
Held	515	5	28
Held	515	3	7
Held	691	10	28
Held	174	10	47
Held (Hellt)	741	11	69
Held	95	1	67
Held	201	1	67
Held	183	6	48
Held	118	6	88
Heldberg	120	5	88
Heldenberg	157	2	27
Helder	290	6	5
Helding	816	3	48
Heldt	813	7	7
Helffen	339	3	48
Helffenstein	567	5	66
Helfreich	150	2	45
Helfrich	339	1	6
Helgers	330	3	48
Helgers	20	14	19
Helis, de	456	6	89
Hell	36	1	6
Hell	783	3	49
Hell	81	6	89
Hell	852	6	89
Hell	69	6	89
Helle	812	2	47
Helle	820	13	46
Helle, von der	26	6	89
Heller	369	3	68
Heller	718	9	4
Heller	557	4	16
Heller	718	9	4
Heller	1034	6	6
Heller	212	6	6
Heller	438	9	4
Heller	66	12	3
Helling	718	4	93
Helling	656	10	86
Helling	815	8	6
Helling	77	11	26
Hellmuth	69	2	67
Hellmuth	827	5	46
Hellmuth	131	6	6
Helltaler	711	4	16
Hellwag	785	10	67
Hellwanger	481	1	47
Hellweg	75	8	97
Hellwerth	431	7	67
Hellwig	124	1	87
Hellwig	387	2	28
Hellwig	388	8	47
Hellwinkel	621	14	34
Helm	232	6	89
Helm	227	7	42
Helm	642	7	67
Helm	163	8	6
Helmaier	114	2	86
Helman	246	4	93
Helmann	246	7	7
Helmbrecht	769	9	68
Helmbrecht	785	9	68
Helmer	769	6	49
Helmer	227	6	89
Helmers	943	5	28
Helmholtz	769	4	66
Helmkampff	184	11	81
Helmlin	769	7	68
Helmreich	295	2	28
Helmreich	163	4	67
Helmreich	680	10	47
Helms	227	4	67
Helms, von	227	10	28
Helmsauer	929	2	45
Helmsauer	274	6	89
Helmschmid	400	6	74
Helmuth	844	10	86
Helt	118	10	67
Helt	804	10	67
Helt	814	10	67
Helvesius	576	8	66
Helwig	320	6	49
Helwig	389	10	47
Helwig	1030	10	47
Hembeck	476	14	11
Hemerl	67	11	69
Hemerli	970	4	16
Hemman	699	10	18
Hemmann	699	5	46
Hemme	727	4	67
Hemmelmann	984	5	46
Hemmerlein	143	9	68
Hemmi	51	8	6
Hemmi	52	8	6
Hemminger	586	6	5
Hempel	942	6	89
Hempel	174	11	81
Hempel	959	13	54
Hempell	787	11	81
Henckhl	997	6	89
Hendel	401	2	86
Hendrichs	855	14	19
Henenforer	797	9	68
Hener	831	2	28
Hener	402	6	89
Henfler	978	2	6
Henin	400	4	67
Henke	587	6	89
Henkel	635	5	66
Henkel	809	8	68
Henkel	802	9	68
Henkel	806	9	68
Henkel	604	12	65
Henkelmann	994	13	28
Henken	983	4	67
Henle	94	9	86
Henlin	400	6	89
Henn	878	4	93
Henndel	939	2	28
Henne	926	6	89
Henne	691	10	28
Henneberg	402	12	65
Hennemann	407	8	67
Hennenberg	402	11	69
Hennenberger	401	6	5
Henner	172	9	48
Henner	398	9	48
Hennies	402	12	94
Hennig	944	13	38
Hennig	401	12	85
Hennike	489	1	87
Henning	855	1	6
Henning	389	3	28
Henning	854	4	16
Henning	369	8	6
Henning	486	14	34
Henning	528	3	68
Henniges	806	10	47
Hennings	1042	6	49
Henrici	19	3	28
Henrici	172	3	28
Hensel	983	4	16
Hensel	961	8	26
Hensel	983	12	94
Hensel	905	13	39
Henseler	552	4	93
Hensle	86	13	7
Hensler	984	6	49
Henssler	924	6	5
Hentsch	373	11	81
Hentschel	756	2	86
Hentschel	188	3	28
Hentz	557	6	89
Hentzschel	38	6	89
Hentzschel	979	6	89
Henz	557	1	87
Hepke	857	6	49
Hepner	921	8	6
Hepp	677	14	11
Hepp	677	14	27
Hepp	909	14	27
Hepp	676	14	35

Name	WBL	Bgl. Siebm. Abtlg.	Tf.
Hepp	155	14	42
Hepperger	243	4	16
Heppelius	74	13	39
Heppermann	201	8	97
Heppner	185	6	89
Heptner	259	6	89
Herbart	771	4	16
Herber	678	5	89
Herber	714	5	89
Herbertz	239	4	93
Herbling	598	8	6
Herbrot	210	6	73
Herbst	212	4	16
Herbst	840	5	47
Herbst	840	4	67
Herbst	951	5	47
Herbst	212	6	90
Herbst	756	2	28
Herbst	756	2	86
Herbst	224	4	16
Herbst	257	4	16
Herbsteiner	238	2	67
Herbster	215	5	47
Hercules	1047	3	7
Herckenrath	302	4	93
Herda	900	14	27
Herde	896	8	67
Herde	1058	12	85
Herdegen	668	1	87
Herdegen	151	2	86
Herdegen	183	6	90
Herdegen	182	10	28
Herdel	887	9	68
Herden	11	10	47
Herder	628	6	90
Herder	738	7	86
Herdigg	204	6	90
Herdtmann	504	13	7
Here	412	5	28
Herer	267	6	9
Hereszeller	159	1	67
Hergert	201	8	7
Hering	431	5	28
Hering	421	7	86
Hering	880	6	5
Hering	989	6	90
Hering	1052	4	16
Herissem	982	10	47
Herissem	982	10	67
Herkner	1003	14	35
Herle	206	1	67
Herle	1058	4	16
Herliberger	574	4	16
Herlin	986	6	6
Herlitz	197	9	69
Herman	316	6	90
Herman	319	6	74
Herman	319	6	90
Herman	875	6	90
Hermann	193	7	68
Hermann	82	4	16
Hermann	225	1	6
Hermann	266	6	9
Hermann	225	3	28
Hermann	849	14	3
Hermann	232	3	28
Hermann	118	6	90
Hermann	179	6	90
Hermann	317	6	90
Hermann	119	3	87
Hermanni	93	11	69
Hermanni	325	11	81
Hermanns	514	3	7
Hermans	123	5	66
Hermanuting	861	4	17
Hermeking	820	12	85
Hermsdorf	1010	13	55
Hermund	507	10	67
Hern, von	24	10	6
Herold	872	1	28
Herold	685	2	87
Herold	273	3	68
Herold	497	9	49
Herold	105	10	28
Herold	105	12	94
Herold	105	14	45
Herold	568	10	87
Herold	710	14	45
Herold	957	15	2
Heroldt	1001	4	17
Herpe	792	3	87
Herpel	537	11	81
Herpertz	239	4	93
Herpfer	226	1	6
Herpfer	767	3	28
Herpfer	767	10	7
Herpffer	767	8	97
Herport	798	7	86
Herr	1	5	89
Herr	184	7	7
Herr	901	7	7
Herr	835	8	67
Herr	648	10	47
Herr	24	10	67
Herre, de	855	6	90
Herrfurth	1013	6	49
Herring	3	8	6
Herrliberger	575	7	87
Herrlich	1042	9	49
Herrlin	764	8	7

Name	WBL	Bgl. Siebm. Abtlg.	Tf.
Herrmann	748	8	47
Herrmann	721	11	26
Herrmann	117	12	94
Herrmuth	129	13	28
Herrnbauer	494	1	48
Herrnbeck	799	7	7
Herrnschmid	142	3	28
Herrschel	1062	2	67
Hersint s. Hertint	317	6	90
Hertel	244	1	87
Hertel	131	3	28
Hertel	86	5	66
Hertel	244	9	4
Hertel	692	6	90
Hertel	1023	6	90
Hertell	222	4	67
Herten, von	583	4	93
Herten, von	582	13	20
Herter	64	7	68
Hertig	1036	10	47
Hertint s. Hersint	317	6	90
Hertl	329	6	90
Hertlin	695	6	74
Herttig	1070	6	90
Hertting	429	8	67
Hertz	199	5	66
Hertz	199	5	66
Hertzbach	299	4	93
Hertzberg	352	8	68
Hertzberg	943	8	68
Hertzberg	553	12	24
Hertzberg	352	4	67
Hertzberger	923	8	6
Hertzel	199	6	74
Hertzig	525	4	93
Hertzog	604	2	28
Hertzog	372	6	23
Hertzog	68	10	67
Hervorde	935	4	17
Herwagen	47	10	87
Herwagen	47	5	47
Herwardt	612	8	97
Herz	199	1	48
Herz	200	2	67
Herz	250	5	66
Herz	355	6	90
Herz	843	6	90
Herzberg	303	11	25
Herzberg	304	11	39
Herzog	196	2	28
Herzog	709	9	49
Herzog	227	9	86
Herzog	848	1	67
Herzog	78	1	48
Herzog	148	6	49
Herzog	295	6	49
Herzog	709	6	91
Herzogenrath	576	2	6
Hesch	546	1	67
Hesel	67	1	48
Heseler	341	7	87
Heseler	341	4	93
Hesenthaler	448	3	29
Hess	146	5	47
Hess	219	9	4
Hess	687	6	91
Hess	551	4	17
Hess	214	7	7
Hess	800	8	85
Hess	508	6	91
Hess	146	7	7
Hess	1080	7	7
Hess	173	8	27
Hess	940	6	91
Hess	1003	6	91
Hesse	352	3	68
Hesse	550	9	86
Hesse	42	10	7
Hesse	699	10	47
Hesse	352	5	47
Hesse	948	5	47
Hessel	343	1	88
Hesselbarth	190	8	27
Hesselberg	969	9	49
Hessenberg	853	2	28
Hessenmüller	922	6	49
Hessus	503	5	47
Hessus	384	12	85
Hesterberg	479	3	7
Hetling	6	3	87
Hetsch	925	1	6
Hettinger	139	4	17
Hettler	331	6	91
Hettling	6	11	82
Hettling	354	10	67
Hettlinger	325	10	7
Hetzel	316	2	45
Hetzel	225	9	86
Hetzel	987	6	91
Hetzel	848	6	6
Hetzenpichler	287	6	6
Hetzer	130	1	28
Hetzer	285	2	6
Hetzer	299	6	6
Hetzler	287	2	28
Hetzler	894	6	6
Hetzler	969	7	7
Heubült	807	8	67
Heuchelin	5	6	6
Heuckenroth	541	5	89

Name	WBL	Bgl. Siebm. Abtlg.	Tf.
Heudörffer	549	1	28
Heuer	638	5	66
Heuffler	608	7	7
Heugell	529	6	6
Heune	119	3	7
Heunisch	593	3	29
Heuptlein	101	2	6
Heuschkel	32	4	67
Heuschkel	992	6	6
Heuser	76	5	28
Heusgen	614	4	93
Heusinger	465	8	7
Heuss	839	1	28
Heuss	779	7	7
Heussel	818	6	91
Heussler	260	6	91
Heustein	867	2	28
Hevelke	393	10	28
Heverling	643	9	69
Hewring	428	9	26
Hey	632	5	66
Heyd	819	14	27
Heyd	834	3	29
Heyde	370	8	27
Heydenreich	882	2	45
Heydenreich	140	4	17
Heydenreich	599	12	85
Heyder	449	2	45
Heyder	752	9	49
Heyder	518	9	86
Heydermarck	522	5	66
Heydorn	911	12	51
Heye	131	3	7
Heyer	496	1	48
Heyer	535	7	68
Heyer	105	8	67
Heyl	898	6	49
Heyl	541	6	49
Heyles	686	8	97
Heyles	633	9	26
Heymann	319	5	46
Heymann	952	4	93
Heymann	952	9	68
Heyn	1036	6	6
Heyn	400	6	91
Heyne	672	6	49
Heynisch	1008	13	55
Heypke	794	6	49
Heys	844	6	88
Heysinger	398	2	45
Heyss s. Heiß	434	5	66
Heyss s. Heiss	270	5	66
Hezel	316	2	87
Hezel s. Hegel	859	1	28
Hezelsdoerfer	22	1	28
Hickmann	703	9	86
Hidden	497	4	67
Hieber	180	1	6
Hieber	1038	2	87
Hieber	56	4	17
Hieber	842	10	7
Hienlein	401	1	48
Hienlen	400	12	3
Hienlin	401	3	7
Hienlin	400	6	91
Hienlin	402	6	91
Hiepe	593	2	28
Hieronymus	369	5	67
Hiersching	978	1	48
Hiersching	299	6	91
Hiersching	860	6	91
Hiersching	715	6	91
Hierschman	352	6	91
Hilbrand	831	1	6
Hilbrandt	336	5	67
Hilbrandt	393	5	67
Hilbrandt	581	5	67
Hilchen	732	3	7
Hildebrand	403	2	45
Hildebrand	220	6	91
Hildebrandt	326	5	47
Hildebrandt	434	5	47
Hildebrandt	894	5	47
Hildebrandt	758	9	86
Hildenhagen	915	6	49
Hildeprandt	96	6	91
Hildesheim	702	10	86
Hileprant	117	7	7
Hilgemann	936	3	7
Hilger	270	6	91
Hilger	270	8	27
Hilger	1008	12	65
Hill	649	7	87
Hill	806	8	27
Hill	792	9	69
Hill	176	11	82
Hille	939	3	7
Hille	706	3	29
Hillebrand	1000	6	6
Hillebrandt	108	11	69
Hillebrant	192	2	45
Hillebrecht	523	13	46
Hillen	997	10	68
Hillensperg	7	8	97
Hiller	1064	3	29
Hiller	716	4	17
Hiller	764	8	27
Hiller	66	6	91
Hiller	308	6	92
Hiller	535	6	92

Name	WBL	Bgl. Abtlg.	Siebm. Tf.
Hiller	303	4	67
Hillesem	276	3	29
Hillesheim	792	10	21
Hillesheim	956	14	11
Hillinger	30	10	47
Hillmann	1069	9	4
Hilpert	767	7	68
Hilpert	1015	12	85
Hilsmann	978	8	97
Hilspach	736	6	6
Hiltbrandt	797	5	67
Hiltebrand	1028	3	49
Hiltner	523	2	87
Hiltner	523	3	29
Hiltner	523	9	49
Hiltprandt	205	2	46
Hilty	550	8	27
Hilz	262	1	6
Himberger	1049	2	67
Himblperger	828	6	92
Himelstein	302	8	67
Himmelreich	824	1	67
Himmelreich	59	2	46
Himstedt	516	14	19
Hincklmann	1000	6	92
Hindenlang	995	3	87
Hindenlang	243	5	67
Hindenlang	229	9	26
Hinderhöfer	612	2	87
Hindermayr	1052	6	92
Hindermeister	710	7	68
Hinderniss	413	3	29
Hindersin	672	6	49
Hindersin	512	11	82
Hinkeldey	350	5	28
Hinklmann	119	3	49
Hinnen	783	7	87
Hinrichs	581	5	67
Hinrichs	891	6	73
Hinrichsen	432	5	47
Hinricking	703	4	67
Hinsche	1037	4	17
Hinselmann	108	11	26
Hinterburger	330	3	87
Hintertor	746	9	69
Hintertor	805	9	69
Hinträger	280	6	92
Hintze	862	3	87
Hintzpeter	989	13	20
Hipler	429	1	28
Hipmann s. Hibschmann	41	6	7
Hipp	1038	2	46
Hippius	450	3	87
Hipsch	45	1	6
Hipschmann s. Hibmann	41	6	7
Hirdt	558	11	25
Hirnpain	149	2	6
Hirnpas	258	6	92
Hirnstein	759	4	17
Hirsch	293	9	26
Hirsch	300	9	49
Hirsch	611	11	82
Hirsch	293	13	46
Hirsch	307	1	6
Hirsch	295	1	67
Hirsch	69	6	92
Hirsch	295	6	92
Hirsch	300	4	17
Hirsch von Hirschau	299	6	92
Hirschauer	1057	3	49
Hirschauer	1057	9	26
Hirschberger	993	6	92
Hirschberger	300	11	69
Hirschdörfer	866	1	67
Hirschdorfer	866	6	7
Hirschfeld	860	8	27
Hirschfogel	411	10	47
Hirschgartner	302	7	87
Hirsching	931	3	68
Hirsching	930	10	67
Hirsching	860	4	67
Hirschler	299	7	68
Hirschmann	293	4	17
Hirschmann	293	3	49
Hirschvogel	375	1	6
Hirspeckius	305	4	67
Hirss	300	10	28
Hirt	152	4	17
Hirt	106	7	68
Hirt	682	9	69
Hirte	186	12	25
Hirth	201	2	46
Hirthes	151	11	69
Hirthes	151	11	82
Hirtzl	306	2	67
Hirze	296	8	7
Hirzel	630	2	87
Hirzel	301	7	87
Hirzel	302	4	17
Hirzenberger	218	11	82
Hisman	686	7	7
Hitfeld	939	4	17
Hitterolt	322	7	7
Hittorf	566	4	93
Hitz	615	14	35
Hitzler	428	5	89
Hitzler	246	6	92
Hjarup	15	13	29
Hobbie	529	12	65
Hobrecker	1010	12	85

Name	WBL	Bgl. Abtlg.	Siebm. Tf.
Hobsinger	594	4	17
Hoburg	617	3	29
Hoch	942	2	28
Hochauf	953	8	67
Hocher	65	3	29
Hochfelder	704	13	34
Hochgürtel	414	9	86
Hochhauss	619	6	92
Hochheimer	818	6	7
Hochherz	209	10	47
Hochholtzer	1035	7	68
Hochholzer	493	1	28
Hochmann	500	6	92
Hochollzer	999	2	46
Hochradt	756	6	7
Hochreuter	968	6	92
Hochreutiner	840	6	92
Hochrüttiner	944	4	17
Hochscheid	791	10	21
Hochst	65	6	92
Hochstätter	744	2	6
Hochstockner	526	10	68
Hochstrasser	1014	9	27
Hochwart	872	4	17
Hock	582	4	17
Hocke	770	14	3
Hockels	918	5	47
Hocker	190	10	86
Hockh	176	6	49
Hockmeyer	600	5	89
Hockmeyer	602	5	89
Hodel	839	5	67
Hodtfilter	875	4	67
Höbermann	188	5	89
Höchberg	62	2	67
Höchel	740	9	49
Höchster	876	9	69
Höchstetter	555	4	17
Höcker	637	5	67
Hoeckh	852	7	7
Höckhenstaller	846	4	18
Höckelshoven	549	3	87
Hoeckl	149	4	18
Höenstein	463	6	7
Höfel	173	3	29
Hoefeld	84	12	87
Höfer	53	1	67
Höffer	729	1	28
Hoeffgen	897	13	7
Höfflich	509	2	28
Höffter	280	8	68
Höfischmann	778	2	6
Höfl	253	14	19
Höfl	253	14	27
Höfl	622	14	19
Höfleiner s. Hoffleiner	587	1	28
Höfleiner	588	10	68
Höfler	843	7	8
Höfler	559	7	8
Hoefmann	100	9	69
Hoeftmann	119	4	18
Högenstaller	84	2	87
Höger	114	11	82
Höger	469	1	28
Höger	307	1	6
Höger	167	3	68
Högg	296	1	48
Högger	558	4	18
Högl	149	7	10
Högler	925	7	10
Högling	668	1	67
Höhne	15	10	47
Höhnraidt	505	6	93
Höhenkamp	354	5	67
Höhr	764	7	68
Höker	575	5	67
Höland	972	11	69
Höldrich	1050	7	10
Höling	519	4	18
Höll	898	13	46
Höllisch	892	7	10
Höllischer	137	5	90
Hölscher	860	11	7
Höltzel	493	1	28
Höltzl	394	9	27
Höltzl	827	7	10
Höltzl	1059	7	10
Höltzlin	472	6	23
Hoen	399	2	28
Hönauer	401	2	46
Hoene	1026	6	7
Hoenemann	398	9	87
Hönn	401	3	87
Hoenn	401	5	67
Hönn	868	7	10
Hönne	401	1	88
Höntsch	604	14	35
Hoepfner	1058	2	67
Höpfner	1071	9	49
Höpfner	951	11	7
Höpfner	505	11	26
Höppener	594	5	28
Hörauf	773	7	11
Hörauf	808	7	11
Hörauf	773	14	35
Hörhammer	1019	14	27
Hörmann	145	1	28
Hörmann	924	7	11
Hörndl	883	7	11
Hörnecke	764	14	35

Name	WBL	Bgl. Abtlg.	Siebm. Tf.
Hörner	308	3	49
Hörner	1060	4	67
Hörner	257	2	67
Hörner	308	2	28
Hörner	306	4	94
Hörnicke	1007	14	3
Hörning	260	7	68
Hörrler	749	7	12
Hörtinger	329	1	67
Hörtnit	329	4	19
Hörung	410	2	20
Hörwarter	458	7	12
Höss	214	1	48
Hößhamer	1025	141	42
Höttinger	950	4	19
Hoevel	1055	4	93
Hoeven, von	483	5	48
Höw	788	9	70
Höwer	709	3	87
Höwer	708	10	7
Hoeyer	415	8	85
Hof, Im	625	5	29
Hofbauer	192	2	87
Hofe, im	511	11	84
Hofer	284	7	8
Hofer	883	3	49
Hofer	725	2	6
Hofer	226	7	8
Hofer	331	7	8
Hofer	144	7	68
Hofer	434	7	8
Hofer	1045	8	68
Hofer	452	7	8
Hofer	609	13	20
Hofer	859	7	8
Hofer	924	1	29
Hofer	144	1	6
Hofer	992	7	8
Hofer	875	7	8
Hofer	553	7	7
Hofer	1026	7	8
Hofer	509	7	7
Hofer	18	4	18
Hofer	109	2	6
Hoff	262	7	8
Hoffendahl	990	13	7
Hoffer	391	7	8
Hoffer	1029	7	8
Hoffkircher	898	7	8
Hoffleiner s. Höfleiner	587	1	28
Hoffmair	1014	4	18
Hoffmann	67	4	18
Hoffmann	636	3	49
Hoffmann	993	6	23
Hoffmann	590	2	28
Hoffmann	639	10	67
Hoffmann	378	12	65
Hoffmann	1041	13	20
Hoffmann	749	1	68
Hoffmann	636	1	67
Hoffmann	124	1	88
Hoffmann	369	3	29
Hoffmann	1047	1	67
Hoffmann	749	2	87
Hoffmann	64	2	28
Hoffmann	12	5	89
Hoffmann	195	9	49
Hoffmann	250	5	89
Hoffmann	636	8	47
Hoffmann	749	9	49
Hoffmann	343	5	89
Hoffmann	982	8	67
Hoffmann	357	5	89
Hoffmann	805	8	97
Hoffmann	523	5	89
Hoffmann	595	3	29
Hoffmann	472	2	6
Hoffmann	636	3	29
Hoffmann	685	5	89
Hoffmann	856	5	89
Hoffmann	548	5	89
Hoffmann	1032	5	89
Hoffmann	482	5	89
Hoffmann	153	7	9
Hoffmann	160	1	88
Hoffmann	530	7	9
Hoffmann	856	3	29
Hoffmann	1046	2	6
Hoffmann	1050	7	9
Hoffmann	889	7	9
Hoffmann	1048	7	9
Hoffmann	1039	8	27
Hoffmann	590	2	28
Hoffmans	952	14	3
Hoffmeister	412	5	28
Hoffmeister	424	4	18
Hoffmeister	682	9	16
Hoffrogge	198	5	47
Hoffsess	1037	4	67
Hoffstetter	1028	6	7
Hoffstetter	207	6	7
Hoffstetter	9	4	18
Hofherr	144	8	7
Hofherr	858	7	8
Hofkircher	953	7	8
Hofkircher	500	4	18
Hofmair	151	1	29
Hofmaister	832	7	8
Hofmaister	858	7	8
Hofmaister	106	4	18

Name	WBL	Bgl. Siebm. Abtlg.	Tf.
Hofman	113	7	9
Hofmann	832	1	68
Hofmann	67	7	68
Hofmann	596	1	67
Hofmann	33	7	87
Hofmann	272	7	9
Hofmann	141	7	9
Hofmann	225	11	7
Hofmann	661	4	18
Hofmann	477	14	35
Hofmann	848	7	9
Hofmann	239	2	6
Hofmann	239	6	7
Hofmann	137	2	67
Hofmann	48	7	9
Hofmann	15	7	9
Hofmann	1039	7	9
Hofmann	934	7	8
Hofmann Imhof	14	7	9
Hofmann	993	3	49
Hofmann	1025	3	49
Hofmann	1053	3	87
Hofmann	369	3	29
Hofmayr	961	14	28
Hofmener	394	7	9
Hofrichter	971	7	9
Hofsess	191	2	67
Hofstetter	257	7	9
Hofstetter	405	7	9
Hofstetter	337	7	9
Hofstetter	939	7	9
Hofstetter	939	7	10
Hofstetter	1028	7	9
Hogeherten	32	3	68
Hogenvelt	498	4	67
Hohenaicher	481	2	87
Hohenauer	258	2	6
Hohenawer	633	6	92
Hohenberger	138	1	29
Hohenberger	137	2	46
Hohenberger	139	6	92
Hohenbuch	583	1	29
Hohenbuech	87	7	10
Hohenbuch	593	9	27
Hohenkirchen	913	6	92
Hohensee	1024	12	25
Hohentanner	24	1	48
Hohenwarter	304	6	93
Hohenzweig	186	9	69
Hohmann	538	4	93
Hohnberg	535	12	65
Hohner	45	11	26
Hohnhorst	504	9	49
Hohusen	282	3	7
Hoier	415	5	47
Holborn	811	9	69
Holdener	480	5	47
Holdener	487	5	47
Holdener	495	5	47
Holdenried	451	7	10
Holder	966	9	27
Holderbaum	171	7	78
Holderbaum	815	10	68
Holderbusch	481	1	29
Holdermeyer	733	7	87
Holdorff	758	5	89
Holdorff	463	7	10
Holdschuer	1075	9	86
Holdtfilter	875	4	67
Holdthusen	166	3	8
Holekamp	616	6	49
Holen	1042	3	49
Holer	140	10	48
Holl	279	1	88
Holl	26	12	3
Holl	107	12	3
Holland	901	7	10
Hollatz	694	11	7
Hollburg	895	12	94
Holle	279	3	29
Hollender	631	1	88
Holler	261	7	10
Hollerauer	338	7	10
Hollermayr	322	2	6
Holliger	902	6	93
Hollinck	519	5	47
Hollmann	528	7	87
Hollmann	528	9	86
Hollmayr	963	6	93
Hollmayr	1039	15	2
Holloger	168	8	68
Hollweg	11	12	94
Hollweg	164	10	7
Holmann	46	6	93
Holpöckh	470	2	6
Holpökh	514	8	7
Holsche	1049	8	48
Holscher	1015	5	90
Holscher	643	9	69
Holst	953	6	49
Holste	861	5	48
Holste	171	5	90
Holste	171	10	7
Holste	171	10	28
Holste	171	10	48
Holste	171	11	39
Holstein	1046	13	20
Holte	479	4	18
Holten	480	9	69
Holthausen	559	6	23
Holthoff	481	4	93
Holthusen	558	3	7
Holthusen	644	9	69
Holtz	479	3	49
Holtz	477	10	86
Holtzapfel	469	8	7
Holtzapfel	496	2	46
Holtzberger	304	2	87
Holtzemius	369	4	94
Holtzendorff	436	8	48
Holtzer	796	3	8
Holtzermann	300	10	68
Holtzgen s. Eckhold	963	5	64
Holtzgen	963	8	68
Holtzhay	875	7	10
Holtzkampff	483	5	67
Holtzkampff	483	5	67
Holtzmann	101	1	48
Holtzmann	487	3	87
Holtzmann	110	11	26
Holtzschuch	774	6	23
Holveder	486	10	68
Holzapfel	476	3	8
Holzer	1025	7	10
Holzer	953	7	10
Holzer	404	4	18
Holzhalb	836	9	4
Holzhalb	835	4	18
Holzhammer	226	5	67
Holzhauser	19	7	10
Holzheimer	177	7	10
Holzheimer	1017	12	3
Holzinger	147	1	29
Holzinger	453	7	10
Holzkamp	482	11	26
Holzmayer	992	1	48
Homann	253	1	88
Homann	600	8	27
Homberger	797	7	68
Homeyer	952	8	97
Homoteus	987	8	7
Homuth	371	13	7
Honauer s. Hönauer	401	2	6
Honig	1057	12	87
Honisen	811	4	18
Honold	172	8	27
Honold	400	4	18
Honrichinger	848	8	68
Honstede	378	5	47
Hoogklimmer	516	6	49
Hopfer	103	1	29
Hopfer	96	10	48
Hopff	689	4	67
Hopfgartner	877	7	11
Hopp	365	7	11
Hopp	594	7	11
Hoppe	594	2	28
Hoppe	224	3	29
Hoppe	595	3	49
Hoppe	594	7	11
Hoppe	597	3	29
Hoppen	775	9	69
Hoppenbichler	227	1	29
Hoppener	814	9	69
Hoppenhaus	598	12	87
Hoppenstedt	952	6	49
Hopper	226	4	18
Hor	257	7	11
Horbach	257	1	6
Horbalt	713	4	94
Horburg	617	3	8
Hordleder	323	6	23
Horen	257	2	46
Horger	338	7	11
Horlacher	761	1	68
Horlacher	748	7	68
Horlemann	548	9	69
Horlemann	506	4	67
Horn	763	1	48
Horn	761	6	50
Horn	901	4	19
Horn	502	9	49
Horn	763	10	48
Horn	761	2	28
Horn	332	7	11
Horn	863	7	11
Horn	763	7	11
Horn	763	7	11
Horn	763	3	87
Horn	761	2	46
Hornbach	864	7	11
Hornbach	777	7	11
Hornberg	763	12	87
Hornberg	763	14	3
Hornberg	723	4	18
Hornberger	304	7	11
Horne	761	13	20
Horneck	168	2	87
Horneck	168	7	12
Horneck	1031	7	12
Horneck	738	14	42
Horner	737	11	26
Horner	737	11	26
Horner	307	7	87
Horner	305	7	87
Horngacher	392	9	27
Horngawer	392	4	68
Hornig	265	3	29
Horning	1059	8	68
Hornlius	260	6	23
Hornschuch	620	12	86
Hornschuch	682	14	11
Hornschuch	521	12	86
Hornschuch	102	14	11
Hornschuch	102	12	86
Hornschuch	261	12	86
Hornschuch	760	14	11
Hornschuch	756	12	86
Hornschuch	901	12	86
Hornschuch	901	12	86
Hornschuch	901	12	86
Hornschuch	901	14	11
Hornschuch	901	12	86
Hornschuch	901	12	86
Hornschuch	986	12	86
Hornschuch	902	14	11
Hornung	763	3	87
Hornung	581	1	88
Hornung	260	7	12
Hornung	763	1	88
Hornung	761	7	12
Hornung	256	1	48
Hornung	263	4	68
Horst	964	1	29
Horst	841	10	48
Horst	371	11	70
Horst	965	4	68
Horst	376	14	3
Horsten	354	5	90
Horster	1008	12	66
Horstmann	284	4	68
Horstmann	1002	13	46
Horuda s. Haruda	748	2	28
Hos	774	5	48
Hos	774	8	27
Hos	774	9	4
Hosemann	240	13	46
Hosennestel	835	2	87
Hosentauer	126	10	68
Hoser	116	1	48
Hoser	23	6	23
Hosius	409	8	97
Hospitahl, von	266	7	68
Hosstrup	170	3	30
Hostauer	212	7	12
Hostauer	233	7	12
Hostmann	92	5	67
Hotoff s. Hatoff	129	5	28
Hottermann	163	10	48
Hottewitz	490	9	87
Hottinger	962	4	19
Hotz	221	6	50
Hotz	73	5	90
Hotz	57	7	68
Hotz	739	9	27
Hotz	787	11	26
Houpline	357	8	97
Hove, de	537	4	19
Hovekost	417	5	48
Hovet	161	9	69
Hovet	161	9	69
Hoy	508	9	27
Hoya, von	420	6	74
Hoye, v. d.	702	4	19
Hoyer	415	3	8
Hoyer	574	4	68
Hoyer	167	3	68
Hoyoul	985	6	23
Hoyson	1075	1	29
Hruszek	866	14	35
Hub, in der	558	4	19
Hubel	310	1	68
Hubel	310	8	7
Hubenschmid	686	4	19
Huber	170	5	90
Huber	66	7	12
Huber	36	6	74
Huber	303	7	12
Huber	704	7	68
Huber	792	8	85
Huber	111	11	39
Huber	16	4	19
Huber	31	12	66
Huber	433	7	12
Hubert	202	2	87
Hubert	827	11	82
Hubert	307	14	11
Hubmayr	968	1	29
Huchbar	426	13	39
Hucker	110	2	29
Hudesem	22	3	8
Hudemann	771	7	80
Hudler	528	3	49
Hudtwalker	106	3	30
Hübens	407	5	48
Hübens	407	4	19
Hübens	408	5	48
Hübenthal	941	11	7
Hueber	111	4	19
Hueber	243	7	13
Hueber	329	7	12
Hueber	329	7	12
Hueber	329	7	12
Hueber	332	7	13
Hueber	385	4	68
Hueber	453	7	13
Hueber	733	2	7
Hueber	978	3	49
Hueber	884	7	12
Hueber	966	7	13

Name	WBL	Bgl. Siebm. Abtlg.	Tf.
Hueber	922	7	12
Hueber	1007	7	13
Hueber	1037	7	13
Hueber	19	7	12
Hueber	119	7	13
Hueber	19	7	12
Hueber	201	7	13
Hueber	953	1	68
Hueber	229	9	4
Hueber	597	2	7
Hueber	247	9	27
Hueber	597	7	13
Hueber	223	1	68
Hueber	233	1	68
Hueber	117	1	68
Hueber	172	5	90
Hueber	179	6	74
Hueber	392	8	7
Hueber	830	7	13
Hueber	846	7	12
Hueber	859	7	12
Hueber	790	8	85
Hueber	378	2	7
Hueber	995	2	7
Hueber	212	7	13
Hübmer	454	2	29
Huebmer	328	7	13
Huebmer	261	7	13
Huebmer	992	7	13
Hübner	655	1	29
Hübner	66	2	46
Hübner	603	3	30
Hübner	547	11	8
Hübner	1043	11	70
Hübner	668	14	3
Hübner-Brandenburg	1077	12	66
Hübner	837	7	13
Hübner	506	4	19
Huebner	405	4	68
Hübsch	458	1	68
Hübschenberg	927	7	14
Huebscher	66	13	1
Hübscher	724	13	21
Hübschlin	421	13	34
Hübschmann	40	7	13
Huech	218	7	13
Hueck	504	3	87
Hueck	792	11	39
Hücke	636	5	28
Hueder	850	2	46
Hüetlin	771	3	88
Hüffer	369	8	97
Huefnagel	687	7	13
Hügi	779	9	49
Hügli	54	11	26
Hülpe	713	3	8
Hülsberg	519	11	8
Hülsebusch	972	12	52
Hülsemann	519	3	30
Hülsemann	96	5	48
Hülsen	365	8	27
Hülsenbeck	520	8	86
Hülsmann	1027	13	21
Hülss	876	1	29
Hülst	519	8	97
Hültenschmidt	669	14	35
Hülz	1020	1	48
Hünder	430	1	29
Hünenberger	316	4	19
Hünerjäger	410	3	88
Hünerjäger	641	14	45
Huenerwolf	301	11	82
Huenfelder	402	7	13
Hünicke	399	8	48
Hünlin	400	7	14
Hünnes	621	13	46
Hünten	288	4	94
Huepe	366	4	19
Hüpeden	417	2	67
Hüpeden	417	5	29
Hüpeden	417	5	29
Hüping	404	5	29
Hueph	874	7	13
Hürlimann	424	7	14
Hürlimann	522	7	14
Hürlimann (Horolanus)	820	7	14
Hürlimann	797	7	14
Hürlimann	815	8	27
Hürlimann	746	6	93
Hürlimann	823	6	93
Hürning	347	1	29
Hüser	630	12	25
Hüser	622	6	50
Huesgen	418	10	48
Huesgen	418	10	68
Hüsli	616	7	69
Hüssli	619	4	19
Huet	497	11	70
Hueter	847	7	14
Hueter	849	7	14
Huethofer	265	2	7
Hütlein, von	842	4	19
Hüetlin	771	3	88
Huetmacher	121	7	87
Hüttenschmid	634	7	69
Hütter	799	3	8
Hütter	688	6	50
Huetter	612	1	48
Hütter	771	6	74
Hüttfeld	412	8	7

Name	WBL	Bgl. Siebm. Abtlg.	Tf.
Hützler	141	1	6
Hüvelmann	746	4	20
Huffziger	826	13	39
Hug	285	4	19
Hug	1000	7	14
Hug	649	7	69
Hug	86	7	87
Huge	503	3	8
Huge	506	5	67
Huge	503	5	90
Hugelius	349	8	27
Hugershoff	484	13	21
Hughen	265	9	27
Hugo	1070	6	50
Hugo	826	6	50
Huhn	845	13	7
Huisken	418	4	94
Huldenreich	936	9	87
Hulderen, v.	865	3	88
Humbaur	332	14	42
Humbert	980	6	50
Humborch	321	5	29
Humell	820	7	14
Humler	296	9	27
Hummel	440	1	6
Hummel	585	3	49
Hummel	366	6	93
Hummel	496	7	14
Hummel	1004	8	68
Hummen	502	9	69
Hummen	795	9	69
Humperdinck	210	11	8
Humperdinck	845	11	8
Hund	866	11	69
Hund	1057	12	26
Hundertpfund	720	10	48
Hundertpfund	739	4	19
Hundertschocker	263	7	14
Hundseder	288	1	68
Hundthaimer	287	7	14
Hunecker	212	4	19
Hunecker	212	7	14
Hungar	46	9	87
Hunger	568	2	29
Hunger	837	7	14
Hunger	232	7	14
Hunger	813	8	85
Hunger	139	4	68
Hungrighausen	536	2	29
Hungrighausen	198	2	29
Hunicke	602	6	50
Hunne	912	3	30
Hunnius	285	6	23
Hunnius	912	6	50
Hunoldt	363	1	88
Hunsinger	290	10	68
Huntheim	290	7	14
Hunthum	287	4	94
Huober, Huber	66	5	90
Hupfauer	914	3	49
Hupka	196	4	68
Hupper	301	5	48
Hurck	510	14	19
Hurlimann	110	7	14
Hurlin	276	12	94
Hurnus	754	9	20
Hurnuss	754	5	48
Hurrle	63	14	28
Hurter	638	10	68
Husel	858	1	48
Huselius	859	8	27
Husen, v.	854	3	88
Huser	777	7	68
Huskummer	911	4	19
Huss	912	8	68
Huss	912	9	4
Hussong	722	12	52
Hußwedel	908	1	29
Husung	732	10	7
Huswedel	908	3	30
Hutawa	430	7	87
Hutfeld	388	8	27
Huth	899	2	46
Huth	769	11	83
Hutt	770	14	12
Huth s. Ruth	770	6	50
Huttendorfer	1049	2	29
Huttenloch	144	6	23
Hutter gen. Schreckeisen	325	7	14
Hutterock	246	5	48
Huttler	43	5	48
Hutz	465	12	3
Hutzin	783	5	48
Hutzin	37	10	19
Hutzmann	100	11	7
Huwendiek s. Bracksieck	680	13	27
Huy	285	4	19
Hyen	29	7	14
Hygendorffer	322	1	88
Hylmair	444	2	6
Hyltprandt	439	4	20
Hyrner	156	1	88
Ibach s. Hach	8	12	66
Ibbeken	936	6	7
Icken	1013	10	68
Ide	905	11	83
Idenstein	1	6	7
Idershusen	811	9	70
Iffland	688	4	68

Name	WBL	Bgl. Siebm. Abtlg.	Tf.
Iflinger	514	1	88
Igenhauser	789	8	85
Igl	745	2	46
Iglberger	344	11	83
Igler	344	1	88
Igler	344	7	15
Ihering	303	4	68
Ihering	303	4	68
Ihlefeld	1074	13	8
Ihm	1023	2	29
Ihring	287	8	48
Ike	496	10	87
Ilg	555	13	1
Illgner	989	13	55
Illies	477	10	7
Illikusen	382	3	88
Illinger	691	13	34
Imbsen	808	9	70
Imbsen	801	9	70
Imendorf	778	7	87
Imfeld	783	7	88
Imgarten	645	1	68
Imhoff	5	4	94
Imme	651	11	40
Immel	440	13	8
Immich	311	7	78
Immlin	440	1	29
Immlin	440	8	8
Imwald	779	10	87
Indagine, de	536	3	88
Inderstorffer	390	9	18
Inderthal	235	13	21
Ingeram	74	8	28
Ingolitsch	1049	8	68
Ingolstetter	24	2	46
Ingolstetter	798	8	85
Ingram	248	3	88
Ingram	223	6	93
Inpolt	653	13	34
Insinger	255	10	68
Insam	1059	14	28
Instöcken	726	4	20
Intelmann	986	9	5
Intelmann	190	11	27
Intelmann	190	6	93
Intemann	986	5	29
Iphofen s. Rohde	706	12	35
Iphofen	706	1	88
Iritz	771	8	86
Irmer	1028	7	88
Irnsinger	60	1	88
Irnsinger	61	4	20
Isenbart	984	6	50
Isenbeckh	28	2	7
Isenhut	769	2	7
Iserhardt	930	6	24
Ismair	43	5	90
Isnabach	261	1	88
Ispert	1014	8	98
Isselhorst	580	6	50
Isselhorst	582	4	20
Issler	229	7	15
Iszing	316	5	49
Ithen	738	7	69
Ithen	739	7	69
Itter	508	3	8
Itter	944	3	8
Ive	91	9	87
Iven	895	7	42
Iversen	215	9	50
Iwan	1074	12	87
Iwinger	224	2	87
Jabach	188	11	27
Jablonsky	664	8	48
Jablonowsky	664	9	4
Jabst s. Jobst	1042	2	87
Jacke	768	11	70
Jackett	878	1	88
Jacob	441	1	29
Jacob	556	6	74
Jacob	441	7	15
Jacob	287	7	15
Jacob	118	6	23
Jacobs	193	6	23
Jacobs	807	8	48
Jacobs	807	10	48
Jacobs	807	12	26
Jacobs	807	12	26
Jacobs	684	12	26
Jacobs	931	13	21
Jacobsen	441	9	87
Jacobsen	93	5	29
Jacobsen	371	5	29
Jäckel	262	1	6
Jäckel	824	11	27
Jäckl	1065	1	68
Jäde	575	5	67
Jäger	762	4	20
Jaeger	36	3	49
Jäger	956	8	68
Jäger	144	10	7
Jaeger	877	10	48
Jäger	515	10	68
Jäger	762	10	87
Jäger	179	12	87
Jäger	907	13	8
Jäger	300	13	46
Jäger	140	1	68
Jäger	464	1	68

Name	WBL	Bgl. Abtlg.	Siebm. Tf.
Jäger	110	1	68
Jaeger	763	9	27
Jäger	994	9	27
Jäger	760	2	7
Jaeger	761	2	46
Jägerschmidt	144	6	24
Jägkli	19	4	20
Jael s. Joel	533	4	94
Jänecke	982	8	28
Jänefeldt s. Janefeldt	580	5	48
Jaenicke	1077	7	21
Jänicke	395	7	69
Jänisch	201	4	20
Jännicke	19	2	46
Jagehase s. Schinkel-J.	351	3	94
Jageis	761	10	28
Jagenberg	739	10	68
Jaghafft	711	11	83
Jahn	458	1	29
Jahn s. John	831	9	4
Jahn	856	2	67
Jahn	868	11	40
Jahn	899	14	12
Jahns	160	5	48
Jahr	650	8	7
Jaist	231	3	49
Jakob	256	9	70
Jakoby	5	10	87
Jales	837	5	67
Jamnitzer	555	1	6
Jamnitzer	869	10	48
Jamrowski	977	9	87
Janck	897	4	20
Janefeldt	580	5	48
Janicki	674	10	7
Jankowski	631	10	87
Janni	757	6	59
Janni	757	7	87
Jans	695	9	70
Jansen	381	7	87
Jansen	381	4	94
Jansenius	696	7	87
Janssen	127	5	90
Janssen	191	13	21
Janssen	1056	13	46
Janssen	1074	13	47
Janssen	129	14	46
Janus	160	5	48
Januszkiewicz	653	9	70
Jappe	262	5	48
Jaranowski	643	10	28
Jarck	310	5	67
Jarre	714	5	29
Jarre	604	5	29
Jauch	814	12	94
Jaudt	975	2	87
Jaworsky	692	9	4
Jeckel	314	2	29
Jeckel	71	10	87
Jeger	784	8	85
Jeger	901	1	68
Jeger	901	1	68
Jeger	762	6	74
Jehle	43	7	69
Jellinghaus	1047	11	70
Jencquel	122	10	28
Jencquel	122	5	29
Jendl	292	4	20
Jendl	968	8	68
Jenefeldt	606	3	8
Jenichen	77	9	49
Jenisch	871	8	28
Jenisch	1069	4	20
Jennig	904	2	29
Jenny	207	3	49
Jentsch	124	10	29
Jentzsch	369	3	50
Jerger	32	5	48
Jerger	32	10	19
Jerusalem	32	5	48
Jesinger	223	1	48
Jess	434	5	90
Jesse	116	11	83
Jessen	171	7	21
Jessen	1019	10	48
Jesslin	116	1	29
Jestel	233	5	48
Jestell	234	10	18
Jeuchdenhammer	397	7	87
Jitschin	406	12	94
Joachim	1076	9	87
Joachimi	1051	4	20
Jobst	22	4	68
Jobst	261	8	68
Jobst s. Jabst	1042	2	87
Joch	236	6	7
Jocher	894	8	68
Jochmus	244	6	50
Jochum	917	3	50
Jockhell	841	6	7
Jodoci	69	4	94
Jökel	824	11	27
Joel s. Jael	533	4	94
Jöpner	1054	8	28
Joerg	31	7	88
Jörger	673	1	49
Jörger	117	5	48
Jörger	1068	5	90
Jörger	889	8	97
Jörissen	35	9	50

Name	WBL	Bgl. Abtlg.	Siebm. Tf.
Jörk	300	13	47
Jössel	49	2	87
Johann	400	7	15
Johannes	440	1	49
Johannes, von S.	258	9	9
Johannsen	632	5	49
John s. Jahn	831	9	4
John	105	6	24
John	465	4	20
John	945	13	55
Jon	328	3	50
Jonas	316	1	30
Jonas	465	3	50
Jonas	972	10	87
Jonasun	670	9	70
Joncheere, de	275	8	8
Jons	805	10	48
Joost	27	10	7
Jorck	1016	8	48
Jordan	982	5	29
Jordan	70	7	15
Jordan	183	2	68
Jordan	184	8	28
Jordan	764	8	28
Jordan	70	2	46
Jordan	13	4	20
Jordans	69	14	35
Jordis	711	3	50
Jorewitz	819	12	87
Jorg	875	7	15
Joris	588	4	20
Jornow	651	2	46
Jos	985	3	50
Jositz	909	14	19
Joss	242	6	24
Jost	1018	2	29
Jost	795	7	78
Jost	795	7	78
Josty	49	8	97
Juckher	1002	4	20
Jude	899	3	68
Jue	597	9	87
Jügel s. Zügel	1079	13	26
Juenn	885	5	29
Jürgens	80	5	49
Jürgorth	230	5	29
Jürß	431	5	49
Jugert	346	9	27
Jugett	736	5	49
Jugett	736	9	20
Jughard	1061	2	46
Jugler	712	4	68
Jullius	223	4	68
Juncker	344	1	49
Juncker	570	1	49
Juncker	574	10	68
Juncker, s. Juner	391	6	68
Junckersdorf	274	8	28
Junckerstorff	655	4	94
Junckher	900	6	24
Junckherr	194	11	70
Junckherr	195	11	70
Juner	391	6	68
Jung	67	4	68
Jung	296	2	7
Jung	433	3	50
Jung	44	4	20
Jung	44	1	30
Jung	874	1	49
Jung	874	3	68
Jungclaus	427	11	27
Junge	11	3	8
Junge	900	7	42
Junge	911	11	40
Junge	24	13	21
Jungen S. Junghen	8	3	30
Jungendress	119	1	30
Jungermann	155	6	24
Jungfinckh	409	6	7
Junghänel	662	14	35
Junghans	403	12	26
Junghans	403	12	26
Junghanß	377	14	4
Junghen	8	3	30
Jungherr	194	6	24
Jungkenn	167	12	66
Jungklaus	110	11	27
Jungmake	529	5	68
Jungschultz	299	9	70
Junius	605	2	87
Junker	564	7	15
Junker	117	14	20
Junker	117	14	28
Just	513	9	87
Juvemann	1067	2	68
Kabes	224	7	22
Kabitzsch	604	8	48
Kabushaupt	1007	2	7
Kadgien	869	10	7
Kadig	663	8	68
Kadow	1010	10	87
Kägi	706	7	69
Kähler	512	5	69
Kämauf	403	2	7
Kaemmerer	111	10	49
Kaenel	45	5	29
Kaenel	519	5	49
Kärgl	342	9	50
Kaes	705	8	98

Name	WBL	Bgl. Abtlg.	Siebm. Tf.
Kaess, zu	800	7	88
Käselau	236	5	49
Käser	185	12	3
Käserer	221	8	69
Kässpair	270	2	7
Kätzi	801	12	95
Kaff	575	4	94
Kaffenberger	846	5	90
Kage	841	12	87
Kagelmann	902	12	88
Kah	344	5	90
Kahl	377	3	88
Kahl	314	13	39
Kahler	31	11	8
Kahles	1051	2	47
Kahlke	296	10	28
Kahlke	301	10	28
Kahlo	1075	13	8
Kahnler	274	6	24
Kaib	1022	7	22
Kaich	38	2	29
Kaimer	460	7	22
Kaintz	357	9	27
Kaiser	188	2	47
Kaiser	590	7	22
Kaiser	177	7	22
Kaiser	834	7	22
Kaiser	236	7	22
Kaiser	902	12	27
Kaiser	162	1	68
Kaiser	145	1	88
Kaiser s. Raiser	797	8	90
Kaiserling	783	7	15
Kaisker	1039	11	8
Kalass	690	12	4
Kalb s. Halb	850	2	21
Kalbhenn	1058	12	88
Kalchschmidt	98	2	68
Kaldenberg	795	4	94
Kaler	64	1	7
Kaler	64	10	49
Kalert	57	1	88
Kalhardt	202	6	24
Kalhart	23	10	29
Kalies	511	12	27
Kall	170	5	49
Kallinger	29	7	22
Kalt	22	4	20
Kalt	13	5	49
Kaltenbach	62	7	22
Kaltenhauser	684	7	22
Kaltenhauser	651	2	7
Kaltenhauser	102	2	87
Kaltenhausser	647	1	89
Kaltner	100	1	49
Kaltofen	442	4	20
Kaltschmidt	453	7	22
Kamb	388	1	89
Kambli	655	4	20
Kamer	362	5	49
Kamerer	362	9	50
Kamferbeck	214	4	21
Kamlah	504	10	68
Kamlah	392	10	87
Kamann	507	5	49
Kamm	227	5	90
Kammerer	848	2	88
Kammerer	1068	14	35
Kammerknecht	621	11	40
Kamp	621	14	12
Kamper	911	14	20
Kampfert	189	12	94
Kampff	91	7	22
Kamphus	723	5	68
Kandel	151	1	30
Kandel	832	4	68
Kandelsberger	1055	2	88
Kandler	275	7	22
Kandler	753	15	2
Kaneider	904	8	69
Kanndler	461	2	7
Kannegiesser	558	3	8
Kannemaker	816	3	8
Kannenberg	753	12	66
Kannengeiter	753	9	87
Kannengiesser	24	9	70
Kannengiesser	796	9	70
Kanntz	255	6	24
Kantengiesser	190	9	87
Kanther	573	11	70
Kanzler	695	10	68
Kapf	868	2	7
Kapfenberger	614	1	7
Kapfer	109	1	30
Kapffer	1060	1	22
Kapffmann	751	4	68
Kappel	520	4	94
Kappeler	626	7	88
Kappeller	228	2	88
Kappenfueß	324	1	7
Kappert	647	12	27
Kappert	908	12	94
Karadi	213	7	69
Karbow	325	3	68
Karcher	78	1	30
Kardolinski	48	9	87
Karg	14	2	47
Karg	798	8	85
Karkhof	50	8	8
Karl	372	3	50

Name	WBL	Bgl. Abtlg.	Siebm. Tf.
Karl	29	7	22
Karl	82	9	28
Karl	910	15	2
Karl	837	1	68
Karl	202	1	69
Karl	106	1	89
Karlstadt	376	12	88
Karnatz	977	6	7
Karner	928	1	49
Karp	427	7	88
Karp	428	7	88
Karpe	431	11	83
Karpf	1042	15	2
Karrer	247	11	83
Karstener	276	1	30
Karte	785	9	87
Kartlow	244	8	98
Kast	240	6	93
Kasten	252	10	88
Kastenbain	228	7	22
Kastner	306	1	30
Kastner	415	2	47
Kastnmayr	284	2	7
Kastorp	932	3	30
Katzenberger	729	9	50
Katzensteiner	343	4	21
Katzmair	343	7	22
Katzmair	343	2	22
Katzow	931	8	69
Katzpeck	416	6	7
Kaub	455	7	22
Kaude	962	7	43
Kauer	338	3	88
Kauffmann	124	5	90
Kauffmann	550	7	22
Kauffmann	926	10	49
Kauffmann	727	11	84
Kaufholz	488	14	4
Kaufmann	453	2	88
Kaufmann	733	3	8
Kaufmann	238	4	21
Kaufmann	385	9	27
Kaulfuß	121	11	84
Kaulisch	306	1	89
Kaulparsch	425	11	71
Kaumann	426	12	4
Kausemann	701	4	94
Kautz	404	6	24
Kautz	1001	6	93
Kautz	1001	6	24
Kautz	404	9	27
Kautz	665	8	8
Kautz	1000	12	52
Kauz	404	8	28
Kaym	460	1	49
Kayn s. Hayn	709	2	47
Kayper, de	1016	5	29
Kayser	1052	1	68
Kayser	229	6	24
Kayser	236	6	24
Kayser	446	8	28
Kayser	902	10	8
Kayser	918	10	8
Kayser	841	12	4
Kayser	618	13	8
Kayser	53	10	29
Kaz	343	10	49
Kaz	344	10	49
Keber	395	7	88
Kechelin	851	6	74
Keck	1043	1	7
Keck	213	2	68
Keck	455	3	88
Keck	456	4	21
Keck	797	8	86
Keck	797	10	29
Kedd	802	4	94
Keding	549	3	8
Keerer	232	4	21
Kees	1018	1	89
Keess	756	6	24
Keetmann	801	10	29
Keetmann s. Kettmann	1078	10	29
Keferl	566	3	50
Keferlein	12	3	69
Keffer	1039	7	23
Kegel	254	1	89
Kegel	708	8	98
Kegel	707	8	98
Kegel	417	9	70
Kegel	751	11	27
Kegeler	817	3	88
Kegell	763	6	24
Kegler	437	4	21
Kehr	376	3	8
Kehr	780	7	88
Kehrhahn	907	11	27
Keibel	882	5	90
Keidel	697	2	29
Keil	687	2	7
Keil	687	3	8
Keil	179	9	70
Keilbach	818	10	88
Keilhauer	140	2	7
Keilhauer	142	7	23
Keilholz	130	11	70
Keilholz	312	11	70
Keilpflug	1007	1	89
Keirlin	357	6	24
Keiser	316	5	49

Name	WBL	Bgl. Abtlg.	Siebm. Tf.
Kelblin	566	9	50
Kelch	755	7	15
Kelheimer	60	7	23
Kelischowsky	654	13	55
Kell	489	2	68
Kell	489	6	50
Kell	634	6	50
Kell	217	7	23
Kelle s. Helle	812	2	47
Kellenberg s. Krellenberg	635	5	50
Keller	231	4	21
Keller	181	6	50
Keller	665	7	69
Keller	664	8	69
Keller	656	4	94
Keller	175	8	98
Keller	367	10	68
Keller	513	4	21
Keller	327	10	87
Keller	63	12	3
Keller	664	12	27
Keller	205	1	69
Keller	411	1	69
Kellerhoff	27	4	21
Kellermann	57	5	68
Kellermann	649	13	8
Kellinckhusen	847	5	68
Kellinghausen	847	3	8
Kellinghusen	847	10	29
Kellner	754	3	88
Kellner	451	6	93
Kellner	664	2	29
Kellner	450	2	29
Kellner	450	2	29
Kellner	361	4	21
Kelman	960	6	93
Kelner	801	1	89
Kelner	707	7	23
Kelterborn	801	9	70
Kembelein	227	7	23
Kembter	339	7	23
Kemenater	628	5	68
Kemmerer	47	1	30
Kemmerer	47	2	88
Kemmerer	666	7	15
Kemmerer	729	9	50
Kemmerich	232	6	50
Kemnitz	517	9	87
Kempe	312	3	9
Kempe	351	5	90
Kempen	905	14	12
Kempfer	38	1	30
Kempff	151	7	23
Kempff s. Kumpf	807	2	29
Kempff	190	10	8
Kempin	118	7	69
Kenckel	200	9	50
Kenlin	562	6	25
Kentman	446	9	28
Kentz	249	1	30
Kentz	257	7	23
Kentzler	902	3	30
Keppel	230	6	93
Keppeler	230	6	74
Keppeler s. Keppel	230	8	28
Keppler, alt	690	6	93
Keppler	682	11	84
Kerenstock	253	7	23
Keretz	723	4	21
Kerig	31	4	94
Kerl	131	7	23
Kerl	156	12	4
Kerling	660	7	23
Kern	1003	2	29
Kern	137	6	25
Kern	888	6	25
Kern	149	7	23
Kern	896	7	69
Kern	489	9	27
Kern	604	10	68
Kerner	220	1	7
Kerner	842	7	23
Kerp	870	4	94
Kerpen, v.	554	4	94
Kerres	73	4	95
Kerschbaumer	472	1	69
Kerschbaumer	472	3	88
Kerschdorffer	684	2	47
Kerscher	843	2	7
Kerst	956	12	5
Kersten	916	7	88
Kersten	794	9	70
Kesel	460	2	88
Kesel	790	10	69
Kesler	321	6	50
Kessel	750	1	7
Kessel	10	5	49
Kessel	750	1	30
Kessel	750	8	8
Kessel	750	4	95
Kessel	10	10	20
Kessel	28	11	27
Kesselboden	283	6	24
Kesselring	236	7	69
Kessler	1073	1	69
Kessler	1062	3	30
Kessler	228	3	50
Kessler	269	3	50
Kessler	750	6	25
Kessler	450	4	21

Name	WBL	Bgl. Abtlg.	Siebm. Tf.
Kessler	958	7	23
Kessler	650	6	24
Kessler	752	4	21
Kessler	712	6	24
Kessler	228	7	23
Kessler	236	9	27
Kessler	656	12	88
Keßler	750	13	39
Kessler	162	3	88
Keßler	750	2	7
Kessler	1047	2	29
Kessler	228	3	88
Kestel	612	2	88
Kestner	742	2	68
Kestner	742	3	50
Kestner	591	9	50
Ketel	541	3	9
Kettembeil	898	12	88
Ketten, v. d.	43	4	95
Ketterle	713	2	68
Ketterlin	472	1	49
Kettermann	793	7	78
Kettler	85	4	95
Kettler	985	4	68
Kettmann s. Keetmann	1078	10	29
Ketwiche	800	9	70
Ketzer	343	8	86
Ketzmann	433	7	23
Ketzmann	434	10	29
Keuchen	571	2	47
Keufeler	736	7	69
Keul	681	10	49
Keulen	682	10	8
Keurleber	758	6	25
Kevel	981	11	40
Keylhau	705	9	50
Keyser	935	1	89
Keyser	800	2	68
Keyser	358	5	90
Keyser	162	6	7
Keyser	914	6	7
Keyser	800	7	.23
Keyserling	903	12	27
Khain	1054	11	84
Khaiser	1069	2	68
Kham	704	4	95
Khapff	793	4	21
Kheberlein	1052	2	68
Kherer	259	4	69
Kheyser	902	7	15
Khleehuhler	1067	2	8
Khobaldt	832	1	69
Khobalter	1002	1	69
Khobler	575	7	15
Khobler	575	9	50
Khoch	235	1	49
Khöberl	1041	2	68
Khöen	164	10	49
Khöss	855	3	50
Khol	499	2	8
Khol	514	3	30
Kholb	1049	10	8
Kholbenperger	992	1	69
Khorer	967	4	21
Khrön	847	3	50
Khuen	410	2	47
Khuen	530	3	50
Khuen	998	3	88
Khuffner	1052	2	29
Khull	938	7	80
Khun	296	2	88
Kiburz	1029	9	50
Kick	1053	4	21
Kickh	257	11	84
Kickler	775	11	8
Kieckebusch	675	12	67
Kiederlin	467	1	7
Kiefer	307	2	88
Kiefer	539	10	29
Kiefer	947	10	29
Kiefer	947	10	69
Kiefer s. Kieser	699	14	36
Kiefer-Feuerbach	307	9	28
Kiehn	108	14	4
Kiehn	107	1	69
Kielmann	93	5	68
Kielnprein	1056	8	69
Kielsmus	780	8	86
Kien	765	1	69
Kienast	498	7	69
Kienast s. Kierast	498	4	21
Kienberger	886	1	30
Kiendl	312	1	49
Kiener	836	2	88
Kienhofer	493	2	68
Kiening	532	3	50
Kienle	449	7	69
Kienlen	231	8	28
Kienlin	342	6	25
Kienzle	134	13	21
Kierast s. Kienast	498	4	21
Kierer	256	3	50
Kiesel	733	2	47
Kieser	351	11	85
Kieser	169	14	4
Kieser s. Kiefer	699	14	36
Kiesewetter	394	6	50
Kiesling	841	5	68
Kiesling	954	5	68
Kiesling	54	11	84

Name	WBL	Bgl. Abtlg.	Siebm. Tf.
Kiesling	732	12	88
Kiess	180	6	25
Kießling	1009	1	69
Kiessling	841	14	46
Kiferlin	855	4	21
Kiffhaber	138	1	49
Kilchberger	626	8	28
Kilchen	625	5	49
Kilchen, von	626	10	19
Kilchen, zer	517	4	21
Kilchhamer	552	7	23
Kilchherr	398	3	88
Kilchmeyer	65	4	21
Kilchsperger	318	4	22
Kilchsperger	318	9	5
Kilian	362	7	24
Kilian	853	7	24
Kilianstein	724	1	69
Kille	721	13	55
Killinger	341	1	7
Kimmel	243	2	30
Kimmen	814	10	49
Kimmerle	91	9	17
Kimmerlin	854	6	74
Kind	700	11	71
Kind	91	12	95
Kindeken	126	10	49
Kinden, zer	125	4	22
Kinden, zer	13	4	22
Kindermann	20	13	8
Kindler	729	4	22
Kindler	389	7	88
Kindler	388	4	22
Kindlimann	125	7	69
Kindsvater	126	4	22
Kindsvatter	1054	6	25
Kindt	832	7	24
Kingenheimer	1064	2	30
Kinkel	200	4	69
Kinkel	200	4	22
Kinnicher	457	3	50
Kinross	395	9	5
Kinsele	533	2	88
Kintl	1074	5	29
Kinzel	251	7	88
Kinzler	134	1	49
Kipp	509	4	69
Kippe	765	1	30
Kippenberg	369	6	7
Kippenhan	1006	4	22
Kipper	249	1	30
Kips	503	1	30
Kirchdorfer	1067	1	30
Kircheisen	626	8	48
Kirchhofer	626	9	28
Kirchhofer	626	10	29
Kirchhoff	916	6	51
Kirchhoff	947	6	51
Kirchhoff	1062	10	29
Kirchhoff	625	4	22
Kirchmair	318	3	89
Kirchmair	592	7	24
Kirchmann	950	3	30
Kirchmayer	625	1	30
Kirchmayer	556	4	22
Kirchmayr	59	1	89
Kirchmayr	700	6	25
Kirchmayr	625	7	24
Kirchmüller	357	1	49
Kirchner	625	2	30
Kirchner	625	9	28
Kirchoff	626	5	29
Kirchrath	898	4	95
Kirmair	591	1	49
Kirmayr	261	4	22
Kirmeyr	134	7	24
Kirmse	625	11	28
Kirsch	911	9	28
Kirsche	973	13	8
Kirschinger	1063	2	30
Kirschstein	322	6	25
Kirsinger	262	5	49
Kirsten	185	5	91
Kirsten	445	9	87
Kirsten	820	14	12
Kisling	796	8	86
Kiss	701	10	88
Kissendorfer	214	7	24
Kißling	557	1	69
Kißling	573	2	68
Kissling	914	5	91
Kissling	89	6	93
Kissling	735	13	8
Kissling	735	13	21
Kistmacher	194	7	15
Kistner	544	14	4
Kitt	32	5	29
Kittel	1017	13	8
Kittelin	756	6	93
Kittlinger	591	2	88
Kitzerow	587	9	87
Klaffenbacher	1052	1	30
Klaffschenkel	509	8	98
Klagk	501	9	70
Klaholt	507	4	22
Klaiber	528	13	47
Klain	926	7	24
Klamer	210	2	88
Klamroth	807	8	69
Klapp	1038	10	30

Name	WBL	Bgl. Abtlg.	Siebm. Tf.
Klapperodt	74	6	7
Klapproth	30	8	69
Klar	335	2	30
Klarner	122	7	24
Klastadt	887	6	93
Klastadt s. Filzhofer	887	1	25
Klatte	315	10	8
Klauder	437	8	98
Klauder	437	11	40
Klauder	370	12	89
Klauder	435	13	29
Klaue	960	13	55
Klauen	547	4	95
Klauser	228	4	22
Klauser	683	9	88
Klawitter	28	12	67
Klebe	525	2	30
Kleberger	528	10	69
Klebert	424	2	30
Klee	1028	5	91
Klee	1026	7	24
Kleeberger	126	1	7
Kleeberger	529	11	84
Kleeblatt	135	1	49
Kleemann	692	6	94
Kleemann	522	7	15
Kleemann	389	11	84
Kleewein	595	1	89
Kleewein	595	1	30
Klefecker	467	4	22
Kleffel	681	11	28
Kleger	527	11	27
Kleger	527	11	40
Klehenz	5	3	50
Kleiber	895	9	50
Kleidorfer	237	3	50
Klein	268	2	68
Klein	520	4	22
Klein	832	5	91
Klein	268	7	69
Klein	49	8	28
Klein	528	8	29
Klein	959	10	88
Klein	614	12	67
Klein	632	13	39
Klein	7	14	36
Klein	226	1	69
Klein	945	1	69
Klein	1054	1	69
Klein	922	8	69
Kleinau	748	11	28
Kleindienst	133	14	42
Kleine	693	2	68
Kleinfeld	1043	12	28
Kleinhans	40	6	51
Kleinhaus	40	3	9
Kleinholtz	172	4	95
Kleinmayer	825	3	51
Kleinschrot	642	10	69
Klemair	1054	8	69
Klemayr	1054	1	69
Klemm	945	14	12
Klemm	433	1	89
Klemm	526	1	89
Klemm	107	2	8
Klemm	185	2	8
Klemme	462	14	28
Klenbarg	216	3	51
Klenk	538	2	30
Klenner	1002	7	80
Kleperger	529	9	16
Klepper	585	14	36
Klerck, de	8	4	95
Klesch	1012	1	49
Klescz	965	13	8
Klesheimer	22	11	71
Klessen	55	10	49
Klett	1047	1	7
Klett	1047	6	94
Klett	584	14	36
Klett	584	14	42
Klette	584	3	30
Klette	872	4	22
Kletten	584	5	49
Kletten	584	10	20
Kleusner	1029	4	69
Klever	429	3	69
Kley	949	8	98
Kley	949	8	98
Kley v. Herwegh	525	4	95
Kliber	498	1	31
Klie	1045	13	34
Klieber	322	4	22
Kliem	245	12	28
Klimannus	1022	6	94
Klimisch	936	5	68
Klincke	765	9	88
Klincke	643	3	51
Klinckebeil	587	9	70
Klincksieck	148	6	94
Kling	144	6	25
Kling	871	14	28
Klingebiel	798	9	70
Klingebiel	798	14	12
Klingel	675	1	7
Klingehöffer	765	2	30
Klingelhöffer	766	2	68
Klingelin	766	6	25
Klingenbeck	787	3	51
Klingenfus	325	4	22

Name	WBL	Bgl. Abtlg.	Siebm. Tf.
Klinger	766	3	69
Klinger	667	14	12
Klingler	671	7	69
Klingler	672	11	28
Klingler	672	7	69
Klingler	672	4	22
Klingmann	839	6	51
Klinkhardt	907	7	15
Klippe	88	6	51
Klippel	911	6	51
Klipstein	325	14	4
Klitscher	393	5	68
Klock	510	3	30
Klocke	766	7	24
Klocke	766	10	8
Klockenbring	176	5	91
Klocker	78	9	50
Kloeben	718	4	95
Klöcker	766	4	95
Klötzl	687	2	68
Klövekorn	657	9	88
Klövekorn	719	9	88
Klonk	754	13	21
Klopfer	215	14	46
Klopp	267	12	95
Klose	462	10	88
Kloß	388	2	30
Klostermann	43	9	88
Klostermann	1021	13	29
Klot	781	9	71
Klot	813	9	71
Klot	794	9	71
Klot	785	9	71
Kloter	591	7	70
Klotten	729	10	8
Klotten	1068	13	39
Klotz	491	2	30
Klotz	499	7	24
Klotz	1065	8	69
Klotzsch	61	1	89
Klüfer	348	5	29
Klügel	434	1	89
Klügel	18	14	42
Klügmann	175	5	30
Klüpfel	956	2	68
Klüpfel	786	10	49
Klug	467	5	49
Kluge	699	13	21
Klumpp	971	2	8
Kluntz	644	4	22
Klussmann	382	6	25
Klutsch	456	4	95
Knab	731	7	24
Knab	102	8	28
Knab	102	8	69
Knab	23	9	28
Knabenschuh	111	3	30
Knacke	960	11	41
Knackfuß	79	8	98
Knäpfl	1009	8	69
Knäppeler	703	11	40
Knapen	569	9	70
Knapp	838	7	15
Knapp	900	8	69
Knappertsbusch	972	14	4
Knappertsbusch	887	14	12
Knauer	241	7	43
Knauer	1004	8	69
Knauff	667	13	21
Knaupp	590	7	70
Knaus	105	7	24
Knaus	992	8	70
Knaus	261	8	8
Knauss	261	4	23
Knauß	346	7	24
Knauß	346	7	24
Knebel	463	1	89
Knebel	695	3	88
Knebel	1016	13	39
Knecht	226	2	68
Kneib	898	13	8
Kneilmann	998	14	46
Kneißl	762	7	24
Kneitz	579	14	42
Kneizl	269	7	24
Kneller	138	1	31
Knepflein	861	7	24
Knetsch	785	7	15
Knetz	449	1	90
Kneul	424	7	70
Kneußel	762	1	31
Kneutel	995	7	24
Kneutzel	269	1	49
Kneutzel	268	2	69
Knevel	685	4	23
Kneyssl	677	4	23
Knibbe	215	6	51
Knibbe	671	9	50
Kniepert	1018	13	9
Knieps	712	1	89
Knierim	850	13	9
Knilling	770	1	31
Kniper	826	3	88
Kniper	189	13	1
Kniphoff	483	10	88
Knippius	160	6	25
Knippius	160	8	48
Knoblauch	105	2	30
Knoblauch	513	10	69
Knobloch	580	9	50

Name	WBL	Bgl. Siebm. Abtlg.	Tf.
Knobloch	814	10	88
Knoche	1016	8	69
Knochenhauer	804	7	15
Knocker	546	4	69
Knod	492	8	8
Knod	657	10	8
Knod	657	10	8
Knod	711	7	43
Knoderer	446	6	25
Knodt	711	6	51
Knodt	515	7	43
Knodt	197	10	69
Knodt	197	10	30
Knöbel	696	1	49
Knöhr	1074	10	49
Knöll	208	7	25
Knöller	171	10	69
Knoff	611	6	25
Knoll	179	6	7
Knoll	957	14	36
Knoodt	711	10	49
Knopaeus	476	10	49
Knopaeus	476	10	69
Knopf	977	2	88
Knopff	133	7	25
Knopff	120	11	40
Knorr	430	1	31
Knorr	565	7	25
Knorr	507	5	91
Knorr	430	7	25
Knorr	2	7	25
Knorr	430	7	25
Knorreus	714	9	50
Knost	562	11	41
Knott	531	10	69
Knuesel	37	8	48
Knüsli	732	6	8
Knüsli	605	6	94
Knüsli	252	7	43
Knüsli	254	7	43
Knüsli	813	8	8
Knüsli	254	10	88
Knüttel	876	8	29
Knupp	488	8	8
Knus	813	8	8
Knus	738	9	71
Knuser	612	8	48
Knusert	175	9	71
Knust	889	5	68
Knuth	844	13	55
Knuttel	681	11	85
Knyp	505	9	71
Kob s. Kober	570	1	89
Kobald	837	8	70
Kobalter	1002	8	70
Kobbe	599	6	94
Kobbe	600	6	94
Kobbeus	513	6	94
Kobelt	459	4	69
Kobenhaupt	262	7	88
Kober	806	9	29
Kober s. Kob	162	1	89
Koberger	715	2	30
Koberger	984	7	25
Kobesius	993	4	69
Kobligk	829	7	16
Koblt	205	1	89
Koburger	617	1	7
Koch	71	2	47
Koch	179	3	30
Koch	898	4	69
Koch	99	3	51
Koch	218	4	69
Koch	216	5	30
Koch	557	4	69
Koch	698	5	49
Koch	631	5	30
Koch	179	5	91
Koch	962	5	30
Koch	688	7	16
Koch	118	7	25
Koch	322	7	25
Koch	583	7	25
Koch	151	8	8
Koch	538	7	25
Koch	707	8	9
Koch	677	7	25
Koch	672	8	29
Koch	688	8	48
Koch	896	9	51
Koch	797	9	71
Koch	789	9	71
Koch	1029	9	71
Koch	982	10	69
Koch	583	9	71
Koch	773	10	20
Koch	750	10	30
Koch	888	10	69
Koch	751	11	71
Koch	753	11	85
Koch	416	11	85
Koch	872	13	39
Koch	972	13	39
Koch	972	14	12
Koch	469	14	28
Koch	111	1	69
Koch	898	1	69
Koch	1053	1	69
Koch	688	1	90
Koch	565	3	9
Koch	427	3	9
Koch	825	3	51
Koch	791	3	51
Koch	78	3	88
Koch	380	4	23
Koch	633	5	68
Kochl	137	1	31
Kochl	138	9	5
Kochmann	1032	6	25
Kochs	508	4	95
Kock	603	5	68
Kock	633	5	68
Kockh	590	5	68
Kockerols	704	12	52
Koderwitz	412	1	70
Koebel	404	2	8
Koebel	485	5	49
Köberer	228	11	85
Köberl	1074	7	25
Köbl	328	1	70
Köbl	328	9	17
Köblin	608	5	91
Köchelt	338	2	88
Köchli	597	4	23
Köchli	750	7	70
Köchlin	597	7	88
Köchly	1044	7	70
Köckher	953	6	25
Köcklin	541	13	34
Kögl	902	8	69
Köhler	192	1	90
Köhler	512	5	69
Köhler	498	6	51
Köhler	589	6	94
Köhler	646	7	88
Köhler	89	8	28
Köhler	683	10	30
Köhler	683	10	69
Köhler	648	11	41
Köhler	1009	12	89
Köhler	25	3	89
Köhler	404	3	9
Köhlmann	921	3	69
Köhn	119	5	30
Köhn	292	9	50
Köhn	615	5	30
Köhne	936	5	30
Köhten	770	5	68
Kölbl	334	2	69
Kölbl	607	7	25
Koelbrandt	492	5	68
Köler	1145	5	69
Köler	529	5	69
Köler	836	7	25
Köliker	956	11	28
Kölle	917	2	8
Köllein	72	6	8
Köller	656	1	70
Köller	733	2	88
Kölliker	912	8	8
Kölliker	912	8	8
Kölliker	897	8	8
Kölliker	956	11	28
Kölliker	956	11	41
Kölling	957	11	9
Köllner	182	11	8
Kölmann	93	10	50
Kölner	590	2	47
Kölpin	603	4	69
Kölsch	773	7	43
Koeltgen	356	4	95
Köneke	192	5	91
König	771	2	47
König	1044	4	69
König	97	3	9
König	122	5	69
König	772	5	69
König	315	5	69
König	735	4	69
König	826	6	51
König	167	7	16
König	365	7	26
König	773	7	26
König	804	7	70
König	612	7	70
König	349	8	70
König	901	8	99
König	707	5	1
König	613	1	70
König	773	1	70
Königer	106	2	69
Königs	975	4	95
Königsbach	70	2	8
Königsdorffer	839	2	47
Königsfelder	588	3	51
Königshofen	1026	4	95
Königsmann	172	6	51
Köninger	829	1	49
Könnecke	758	12	4
Koep	804	9	88
Köper	373	3	31
Köpfersberger	865	1	49
Köpffl	327	4	23
Köpfs	320	3	89
Köpke	757	5	30
Koepke	950	5	30
Köppen	894	3	9
Köppen	161	5	50
Koeppen	884	10	30
Köpper	34	4	95
Köpping	922	3	69
Körner	605	4	23
Körner	991	6	51
Koerner	991	8	29
Körner	606	6	94
Körner	1029	6	94
Koerner	1029	8	29
Körner	416	8	98
Körner	1071	8	98
Körner	954	10	30
Körner	265	10	50
Körner	1072	10	50
Körner	688	10	50
Körner	645	8	98
Körner	1075	11	28
Körner	315	11	86
Körner	604	11	86
Körner	956	14	46
Körner	601	2	88
Körner	952	2	30
Körner	718	2	47
Körner	601	10	50
Körner	633	11	86
Körnichen	105	11	9
Körnli	796	9	71
Köster	128	5	69
Köster	175	5	50
Köster	915	13	55
Köster	823	2	30
Köster	933	2	47
Köster	647	5	50
Köting	658	3	9
Köttel	716	2	30
Koetter	621	10	50
Kofeler	375	3	89
Kofler	749	2	69
Kogel	771	9	71
Kogel	788	9	71
Koggel	553	11	86
Koggeler	903	11	85
Kohl	506	1	90
Kohl	514	2	30
Kohl	342	3	9
Kohl	330	10	88
Kohlbrenner	900	3	30
Kohle	1078	13	55
Kohler	944	2	69
Kohler	12	8	9
Kohlhöfer	997	4	23
Kohli	1025	11	28
Kohllöffel	1028	1	31
Kohlmann	93	3	69
Kohlreuter	527	12	5
Kohlstock	1074	14	12
Kohmann	335	5	68
Kohn	60	5	50
Koix	361	4	95
Kojacht	123	9	88
Kol	624	1	70
Kol	303	7	25
Kol	742	11	86
Kolb	1075	3	30
Kolb	607	4	23
Kolb	110	5	68
Kolb	608	5	68
Kolb	92	4	23
Kolb	139	5	68
Kolb	701	5	91
Kolb	709	10	30
Kolb	653	6	25
Kolb	701	7	43
Kolb	118	8	29
Kolb	682	10	8
Kolb	902	1	70
Kolb	701	1	70
Kolb	702	1	70
Kolbe	608	3	9
Kolbe	520	8	70
Kolbe	1061	13	55
Kolbenstainer	334	7	25
Kolbinhueber	118	6	8
Kolck	305	4	69
Koldorp	921	3	30
Koler	149	6	75
Koler	985	7	25
Koler	628	8	9
Koler	499	4	23
Koler	248	9	51
Koless	366	6	8
Koll	742	14	4
Kollach	143	2	47
Koller	132	2	47
Koller	175	3	9
Koller	645	7	70
Koller	575	10	88
Koller	46	10	88
Kolligs	369	5	91
Kollmann	953	10	30
Kolmann	548	3	30
Kolmer	72	8	9
Kolreuter	728	6	51
Kolreuther	728	1	90
Kolrym	978	4	69
Koltmann	438	5	91
Koltz	358	9	51
Kolvenrott	142	11	65
Kombst	934	8	29
Komig	120	6	8
Kommel	795	11	29
Komorowski	635	8	48

Name	WBL	Bgl. Siebm. Abtlg.	Tf.
Kon	426	8	86
Konberg	169	6	8
Kone	939	3	31
Konerding	769	4	69
Koning, de	242	5	30
Konopatzki	616	14	4
Konrad	904	1	31
Koocken	126	7	88
Koop	355	5	69
Koopmann	1015	8	99
Koopmann	1077	13	9
Kopen	763	4	95
Kopf	871	4	23
Kopka	902	8	70
Kopman	432	5	69
Kopmann	791	8	70
Kopmann	166	8	70
Kopp	456	1	90
Kopp	830	4	69
Kopp	745	7	16
Kopp	840	4	69
Kopp	367	10	30
Koppen	191	3	9
Koppenhöfer	846	14	20
Koppensteiner	362	14	12
Koppetsch	960	13	9
Koppitsch	1079	8	70
Koppler	549	4	23
Korb s. Burger	1049	8	48
Korbmacher	749	3	89
Korenmann	348	10	89
Korff	483	10	69
Kormann	802	8	86
Korn	164	6	94
Korn	952	6	8
Korn	952	6	8
Korn	223	8	9
Korn	121	8	48
Korn	292	9	28
Korn	292	9	28
Korn	601	10	30
Korn	222	2	69
Korn	276	2	88
Kornemann	600	11	86
Kornemann	864	11	86
Korner	1036	6	94
Kornmesser	386	8	49
Kornmesser	44	11	85
Kornzweig	952	8	99
Korte	563	10	69
Korten	716	10	69
Korth	74	6	94
Kortholt	202	3	31
Koschnitzke	900	14	20
Koschwanez	468	15	2
Kosinski	751	10	89
Kossagk	182	13	9
Kossen	600	4	69
Koßmann	1030	12	67
Kosswig	66	13	22
Kothen	154	8	29
Kother	643	9	71
Kother	809	9	71
Koven	58	4	69
Kox	420	11	28
Koxen	719	4	96
Koyen	763	6	94
Koyen	1031	6	94
Koyne	681	2	47
Kra	785	7	78
Krabat	938	3	51
Krabler	437	1	7
Krabler	935	10	50
Kradl	914	6	8
Kradolfer	367	12	28
Kradte	845	2	69
Kraemer	1041	2	30
Krämer	349	6	8
Krämer	740	7	89
Krämer	981	10	8
Kraemer	960	13	55
Krämer	973	14	4
Kränkl	396	1	7
Kränner	1000	2	8
Kränner	1000	4	23
Kränzer	855	5	91
Krafft	96	5	69
Krafft	1053	5	69
Krafft	96	8	29
Krafft	559	10	50
Krafft	554	11	71
Krafft	545	14	46
Krafft	145	1	70
Krafft	603	1	70
Krafft	551	2	8
Krafft	160	2	30
Kraffter	230	10	69
Krafftshofer	304	2	8
Kraft	239	2	88
Kraft	234	3	51
Kraft	175	7	26
Kraft	239	10	69
Kraft	285	10	88
Kraft	668	14	36
Krag	362	14	28
Krage	569	3	89
Krahmer	945	5	50
Krahnke	807	8	70
Krahnstöver	912	6	8
Krajewski	434	9	4

Name	WBL	Bgl. Siebm. Abtlg.	Tf.
Krajewski	537	9	4
Krakau	369	7	89
Krakau	27	9	71
Krakow	301	3	9
Krakowski	764	10	31
Krall	299	2	8
Kralowitzky	369	1	90
Kramann	1011	14	36
Kramauer	376	7	26
Kramer	14	1	70
Kramer	319	2	89
Kramer	233	5	30
Kramer	398	6	8
Kramer	167	7	16
Kramer	238	7	26
Kramer	839	7	26
Kramer	249	7	26
Kramer	697	8	86
Kramer	34	9	71
Kramer	325	10	50
Kramer	289	11	86
Kramer	28	12	89
Kramer	812	12	89
Kramer	111	13	29
Kramer	958	14	4
Kramer	14	4	23
Kramer	214	4	23
Kramer	926	4	23
Kramer v. Dottelen	406	4	96
Krampff	58	6	8
Kraner	874	10	50
Krannöst	455	7	27
Krannöst	843	7	27
Krannöst	971	3	31
Kranold	390	9	88
Kranpihler	1062	2	69
Krantz	586	1	70
Krantz	26	2	89
Krantz	588	3	51
Kranz	588	9	16
Kranz	587	13	47
Krapff	149	6	8
Krapff	564	6	94
Krapp	864	8	48
Krapp	1012	14	13
Krassel	413	2	30
Kratt	845	5	91
Kratz	290	13	9
Kratzer	349	7	89
Krauer	56	7	89
Kraus	831	2	69
Kraus	831	1	70
Kraus	227	1	70
Krause	397	3	51
Krause	397	8	49
Krause	497	3	89
Krause	752	5	69
Krause	397	6	51
Krause	757	8	70
Krause	758	10	8
Krause	624	10	70
Krause	636	11	86
Krause	511	14	4
Krause s. Crusius	52	8	49
Krause-Reymer	1078	12	53
Krausenick	515	10	8
Krauser	228	6	8
Krauss	1049	2	69
Krauss	1029	6	51
Krauss	1029	7	26
Krauß	757	7	26
Krauss	39	10	31
Krauß	753	11	86
Krauß	751	12	28
Krauß	751	12	28
Krauß	143	13	9
Krauß	1006	7	26
Krauß	1074	14	28
Krauss	1049	7	70
Kraut	589	5	91
Kraut	589	5	91
Krauth	827	14	42
Krauthausen	206	14	46
Krautt	589	6	94
Krawel	682	10	50
Krawell	702	6	8
Kray	409	7	26
Krayenried	370	5	69
Krazer	296	10	70
Krazer	296	10	89
Krebel	780	8	87
Krebner	371	2	69
Krebner	877	7	26
Krebs	197	3	9
Krebs	6	1	7
Krebs	438	1	90
Krebs	438	2	47
Krebser	438	2	8
Krebser	438	9	29
Krechter	75	3	89
Krecke	637	14	5
Kreel	915	5	69
Kreel	413	7	26
Kreel	405	10	50
Kreglinger	16	2	8
Krehmke	266	13	9
Kreichel	440	4	96
Kreidenweis	207	6	8
Kreis	721	2	69
Kreiß	951	7	26

Name	WBL	Bgl. Siebm. Abtlg.	Tf.
Kreitz	593	5	91
Kreitzenbeck	27	4	96
Kreitzer	243	2	69
Krel	75	10	69
Krell	405	2	8
Krell	259	7	26
Krell	414	10	50
Krell	138	12	67
Krellenberg s. Kellenberg	635	5	50
Kremer	1065	1	7
Kremer	534	4	23
Kremer	403	6	8
Kremer	787	9	71
Kremerius	976	4	96
Kremser	336	3	51
Kreplin	2	10	89
Kreppner	380	2	69
Kreps	438	2	31
Kresiment	558	10	30
Kress	430	2	8
Kress	180	6	25
Kresser	927	9	29
Kressin	1010	9	71
Kretschmann	44	1	7
Krettler	417	5	30
Kretzer	218	12	5
Kretzer	759	12	5
Kretzschmer	797	1	90
Kreussner	959	2	31
Kreutzer	46	1	50
Kreutzer	313	2	48
Kreutzer	408	4	96
Kreutzer	154	6	8
Kreutzer	35	7	78
Kreutzer	1069	3	89
Kreuzweger	217	9	5
Krey	375	4	96
Krey	388	9	51
Kreyl	837	4	70
Kreys	640	1	90
Krezer	709	1	31
Kribl	867	7	26
Krick	671	12	89
Kriebel	830	10	8
Kriechbaum	274	1	7
Krieg	760	5	91
Krieg	678	13	29
Krieger	254	3	89
Krieger	435	4	23
Krieger	805	7	78
Krieger	911	10	8
Kriegseisen	459	8	70
Krienen	254	14	36
Kriesche	918	9	51
Kriger	752	4	24
Kriger	947	5	50
Krimer	254	9	29
Krimmel	698	15	2
Kripp	743	4	24
Krippendorf	1041	8	29
Krippendorf	672	10	89
Kristan	694	7	26
Kristan	762	7	26
Krochmann	1015	2	69
Kroeber	191	7	89
Kroeber	807	7	89
Kröber	807	8	70
Kröber	962	11	9
Kröcz	967	9	5
Kröger	1014	5	30
Kröger	923	5	91
Krögher	357	3	69
Krögher	752	4	24
Kröl	131	3	31
Kröll	74	4	24
Kröll	371	9	5
Kröner	843	1	31
Kröner	1010	14	5
Kröpelin	799	3	31
Kröpelin	893	8	70
Kröpelin	911	3	31
Kroes	196	5	69
Kröttlin	439	6	8
Krötzsch	77	13	39
Kroghe, vam	728	4	24
Krogmann	93	5	30
Krogmann	920	5	30
Krogmann	920	5	30
Krohmer	904	14	13
Krohn	394	4	24
Krohn	155	5	69
Krohn	981	6	26
Krohn	571	9	71
Krohn	394	5	69
Kroll	303	13	22
Kron	229	6	75
Kronbiegel g. Collenbusch	712	9	51
Kronbiegel	1075	9	72
Kronemann	849	1	31
Kroninger	773	2	69
Kronner	361	4	24
Kroon	385	5	69
Kropff	244	10	31
Krossa	1024	9	51
Kroth	781	10	21
Kroth	781	10	21
Krottendorfer	437	6	8
Krubbe	1078	5	50
Kruckenberg	55	5	92
Krüdener	432	3	9

Name	WBL	Bgl. Siebm. Abtlg.	Tf.
Krueg	752	1	70
Krüger	179	5	30
Krüger	757	5	30
Krüger	927	5	30
Krüger	1073	5	31
Krüger	752	5	31
Krüger	597	5	30
Krüger	825	5	31
Krüger	598	5	91
Krüger	208	5	92
Krüger	790	8	9
Krüger	780	8	29
Krüger	263	8	71
Krüger	822	10	8
Krüger	567	10	89
Krüger	948	12	67
Krüger	903	12	95
Kruel	1018	13	56
Krüll	159	7	27
Krüll	897	7	27
Krümlin	30	13	34
Krüne	815	9	71
Krüntungen	522	4	96
Krüppel	680	10	70
Krüppel	682	10	70
Krütli	510	4	24
Krufft	188	8	70
Krug	757	2	31
Krug	751	3	9
Krug	293	4	70
Krug	520	5	50
Krug	753	6	75
Krug	241	7	27
Krug	759	7	27
Krug	987	7	27
Krug	751	8	70
Kruger	1040	6	94
Krukenberg	963	3	69
Krull	92	3	9
Krull	167	4	24
Krumbein	986	12	89
Krumbhaar	659	12	5
Krumbholz	17	3	89
Krumbtingen	783	5	50
Krummacher	957	4	70
Krumstroh	607	5	50
Kruog	692	5	50
Krupp	908	4	96
Kruse	831	3	69
Kruse	580	4	24
Kruse	350	5	31
Kruse	955	5	31
Kruse	838	5	92
Kruse	472	6	9
Kruse	167	8	71
Kruse	885	12	95
Kruse	878	14	20
Kruse s. Krux	98	8	29
Kruselmann	158	3	69
Krusemark	949	3	31
Kruss	292	4	24
Krussen	306	5	50
Krust	455	5	92
Kruth	138	7	70
Krux s. Kruse	98	8	29
Kryck	187	5	92
Kryger	418	11	9
Krzyminski	961	9	51
Kubisch	78	13	9
Kuchenbecker	740	4	96
Kuchler	1046	2	31
Kucher	145	2	69
Kudorff	335	10	89
Kübel	417	13	56
Kübler	331	3	51
Kübler	62	10	70
Küchenmeister	798	3	31
Küechlin	601	1	70
Küchlin	800	8	86
Küchlperger	101	8	71
Küentzler	620	11	8
Küffer	725	1	90
Küffer	651	13	34
Kueffmüller	849	2	8
Kueffmüller	214	7	27
Kueffner	9	1	31
Küffner	948	3	89
Kügler	717	1	31
Kühll	511	4	70
Kühll	511	10	50
Kühlwein	816	1	31
Kühn	844	2	31
Kühn	463	3	31
Kühn	928	4	24
Kühn	664	5	50
Kühn	856	13	47
Kühnast	504	12	95
Kühne	715	1	31
Kühne	304	2	69
Kühne	304	8	29
Kühne	869	8	29
Kühnemann	893	8	9
Kühnle	202	2	48
Kühnlein	629	5	69
Kühns	509	5	31
Kühnzell	395	1	90
Külaw	504	6	95
Külp	902	4	24
Külper	794	5	70
Külssner	206	6	9

Name	WBL	Bgl. Siebm. Abtlg.	Tf.
Külwein	752	8	29
Kümmell	102	11	29
Kümmell	579	11	29
Kümmell	580	11	29
Kün	299	1	90
Kündig	605	7	89
Kündig	1071	7	89
Kündiger	169	6	95
Kuenel	319	5	49
Küneli	1021	4	24
Künell	693	8	29
Küneth	1012	2	48
Küng	772	4	24
Küng	555	6	75
Küng	805	9	71
Küng	772	11	41
Künher	720	1	50
Künhofer	272	1	90
Künig	53	12	5
Kuenlin	341	8	86
Künn s. Kühn	664	5	50
Künne	353	11	87
Küns	784	9	51
Künsberg	887	2	69
Küntzel	575	8	29
Küntzler	253	11	8
Künzel	40	1	31
Künzel	193	13	39
Küper	178	5	31
Küpfer	537	10	70
Kürbiss	1071	11	87
Kürn	552	1	90
Kürrmann	736	6	9
Kürwang	154	1	70
Küsel	592	10	89
Küster	550	2	89
Küster	55	4	70
Küster	225	13	9
Küster	421	13	34
Küster	664	13	47
Küster	664	13	56
Küster	729	13	34
Kuettel	36	10	70
Küttel	794	12	68
Küttner	839	14	37
Kufmüller	909	14	36
Kufner	748	15	3
Kugelmann	1040	6	9
Kugler	446	1	31
Kugler	999	7	27
Kugler	299	11	40
Kugler	630	2	31
Kugler	446	2	69
Kuhen	436	3	51
Kuhlmann	683	9	5
Kuhlmann	901	9	5
Kuhlmann	669	14	36
Kuhlmeyer	1028	6	94
Kuhn	227	5	31
Kuhn	410	6	9
Kuhn	954	6	9
Kuhn	432	8	29
Kuhn	672	10	9
Kuhn	494	10	9
Kuhn	551	10	9
Kuhn	85	10	9
Kuhn	216	12	67
Kuhn	1073	13	47
Kuhns	508	7	80
Kuickhoven, von	647	4	96
Kujath-Dobberlin	884	6	51
Kukains	990	6	95
Kukchinger	90	4	24
Kule	701	3	31
Kulemann	701	5	92
Kulemann	105	11	41
Kulenkamp	54	4	70
Kulman	979	7	27
Kulmann	58	9	29
Kulmich	443	3	89
Kulmus	116	11	28
Kulnigg	925	2	70
Kulpen	1039	3	9
Kulschewski	1009	12	68
Kulver	780	6	26
Kumerell	175	2	48
Kumerell	175	4	70
Kumler	275	7	27
Kummel	577	11	29
Kummerow	255	3	10
Kumpf	755	1	70
Kumpf	755	8	9
Kumpff s. Kempff	807	2	29
Kumphoff	591	4	96
Kunad	31	3	31
Kunau	640	14	5
Kundenreich	1040	4	24
Kundig	287	5	50
Kundschak	941	11	85
Kuneke	840	3	89
Kunhardt	190	3	31
Kunherr	720	10	50
Kunhoffer	241	1	50
Kunn	695	7	27
Kunn	301	10	50
Kunn	296	10	51
Kunowski	776	8	49
Kunss	73	4	24
Kunst	526	4	70
Kunstmann	20	1	50

Name	WBL	Bgl. Siebm. Abtlg.	Tf.
Kunth	182	5	31
Kuntz	903	12	68
Kuntze	1043	6	51
Kuntzen	792	4	70
Kunz	1059	7	70
Kupfermann	367	10	70
Kupferschmied	43	9	88
Kupner	1001	10	89
Kurbin	141	6	9
Kurella	123	8	71
Kurower	158	5	31
Kurrer	242	6	26
Kurtz	451	6	9
Kurtz	128	8	71
Kurtz	848	6	9
Kurtz	835	7	27
Kurtzahn	432	10	90
Kurtzhals	114	6	51
Kurz	274	1	90
Kurz	632	7	43
Kurz	632	7	89
Kurz	632	14	28
Kurz	869	14	36
Kurz	868	14	36
Kusch	57	5	50
Kuschel	131	10	89
Kuse	769	9	71
Kuser	655	7	89
Kuser	655	7	89
Kuskopff	634	5	92
Kussler	654	2	31
Kussnagel	669	5	50
Kussnagel	669	9	20
Kutscher	1077	11	87
Kuttenfelder	592	7	27
Kutter	878	4	24
Kutzer	328	1	71
Kutzer	929	4	24
Kuysten	659	4	96
Kyesel	194	4	25
Kynast	33	2	48
Kysel	89	6	93
Kytwaldus	811	6	95
Kyven, Kyver	771	4	96
Laab	972	12	95
Laaser	585	13	29
Lab	972	3	89
Labandt	73	8	71
Labenwolff	800	6	75
Laber	429	2	70
Laber	248	6	9
Labermayer	991	6	9
Labhardt	673	6	51
Labhart	681	10	9
Labhart	794	10	9
Lach	41	7	89
Lachenbeck	446	6	75
Lacher	449	4	70
Lacher	600	7	89
Lacher	600	10	89
Lachmann	714	10	51
Lachmund	592	14	13
Lachmund/Lachemundt	593	14	5
Lachner	419	5	50
Lachner	419	10	18
Lachsfenger	430	5	31
Lackemacher	411	6	9
Lackhner	448	4	25
Lackner	395	1	31
Lackner	386	9	51
Lackner	13	10	31
Lad	710	8	86
Ladebach	450	8	9
Ladehoff	483	5	31
Lademann	393	6	9
Ladewich	562	5	31
Ladingk	179	9	88
Ladwig	847	2	70
Lächele	72	4	25
Lädebur	468	5	31
Lädebur	805	5	31
Laelius	857	10	70
Laëhn	296	4	25
Laer	62	6	9
Lafferder	918	4	25
Lafontaine	28	7	16
Lagelberger	749	1	71
Lageman	718	8	71
Lagemann	497	8	49
Lagemann	718	8	49
Lagowitz	639	10	89
Lagus	951	10	89
Lahr	387	10	9
Lahr	1005	10	89
Lahr, von der	771	11	87
Laitz	294	1	71
Lallberg	210	7	16
Lallemand	976	4	96
Lamberg	450	8	30
Lamberg	450	8	99
Lamberz	366	4	96
Lamboy	310	6	51
Lambrecht	313	5	92
Lambrecht	529	8	49
Lamersdorf	629	13	22
Lamm	313	4	25
Lamme, zum	648	9	29
Lammers	310	5	31
Lammers	316	5	92

Lammert	311	2	70
Lammeshaupt	316	8	9
Lampa	1034	15	3
Lampadius	703	9	72
Lampartter	992	6	95
Lampe	179	3	69
Lampe	1024	6	52
Lampe	703	7	70
Lampe	492	9	72
Lampp	1058	8	71
Lamprecht	312	5	92
Lamprecht	311	6	52
Lamprecht	466	6	52
Lamprecht	833	8	71
Lamprecht	1017	9	88
Lanckhals	381	5	31
Land Im	150	10	48
Land, Im	150	10	49
Landau	959	2	89
Landauer	931	1	7
Landauer	517	1	31
Landauer	517	2	70
Landauer	716	7	27
Landenberger	499	7	70
Landerhusen	946	5	31
Landersperger	571	4	25
Landholz	500	2	8
Landmann	400	2	70
Landolt	375	4	25
Landrer	457	6	9
Landsberg	278	12	68
Landshuter	769	1	71
Landshutter	277	6	9
Landsmann	725	7	70
Landstrass	1034	1	31
Landstrass	1034	9	5
Lanemann	523	9	88
Lanfer	615	13	9
Lang	267	6	9
Lang	832	1	71
Lang	803	6	75
Lang	658	6	95
Lang	941	7	16
Lang	587	7	27
Lang	612	7	28
Lang	674	7	28
Lang	573	7	43
Lang	833	7	28
Lang	787	7	78
Lang	824	7	89
Lang	734	9	51
Lang	734	9	51
Lang	980	9	88
Lang	342	12	89
Lang	137	1	71
Lang	168	1	71
Lang	107	2	89
Lang	985	2	89
Lang	550	2	31
Lang	284	2	48
Lang	587	2	70
Lang	180	4	70
Lang	560	4	70
Lang-Lungean	824	14	37
Lang-Lungean	885	14	37
Lang	536	2	48
Lang	283	1	71
Lang	257	2	89
Langbein	849	6	95
Lange	972	2	89
Lange	446	1	32
Lange	173	3	31
Lange	891	3	51
Lange	5	4	25
Lange	59	4	25
Lange	891	4	70
Lange	216	5	31
Lange	96	5	32
Lange	595	5	50
Lange	564	5	50
Lange	585	5	92
Lange	613	5	92
Lange	9	9	72
Lange	409	5	32
Lange	202	10	51
Lange	953	10	90
Lange	703	11	87
Lange	183	13	9
Lange	183	13	22
Lange	421	3	10
Lange	949	3	10
Lange	665	3	10
Lange	971	3	31
Langelotz	531	10	70
Langemak	395	4	70
Langen	549	2	48
Langen	266	3	69
Langen	1072	6	52
Langen	583	8	71
Langen	360	10	9
Langen	235	10	90
Langenbeck	3	2	89
Langenbeck	3	3	10
Langenbeck	432	12	5
Langenberg	364	4	96
Langenberger	69	1	50
Langenberger	68	9	29
Langendorf	95	4	96
Langenweiler	961	7	28
Langer	1076	13	40
Langerfeldt	744	8	9
Langerhans	949	11	41
Langerhanß	552	10	70
Langermann	540	3	10
Langermann s. Langhans	881	3	10
Langermann	540	9	5
Langeysen	655	4	25
Langforth	743	9	72
Langgruber	397	1	7
Langguth	524	7	89
Langguth	196	10	70
Langhans s. Langermann	881	3	10
Langhans	772	6	9
Langhans	798	9	6
Langjahr	224	6	9
Langjan	794	9	72
Langjan	795	9	72
Langmann	16	2	89
Langritius	574	4	96
Langrock	991	11	87
Langschmidt	433	3	31
Langsdorff	206	10	70
Lanies s. Loennies	75	10	51
Lanius	213	7	16
Lanner	597	5	70
Lanssenstill	701	1	32
Lantgrave	947	5	31
Lanting	304	3	89
Lantzing	98	3	51
Lantzinger	147	2	70
Lanzl	463	14	20
Laporte	978	6	52
Laporte	869	9	88
Lappe	523	6	9
Lappenberg	758	5	51
Lappenberg	584	10	9
Laquiant	1076	3	89
Larühe	1076	5	51
Lasan	794	9	51
Lasan	685	9	88
Lasowski	51	9	72
Lassan	70	8	99
Lasser	526	10	9
Laßleben	614	14	46
Lassmathauser	911	7	28
Lastrop	91	4	25
Latomus	178	4	96
Lau	200	5	32
Lau	480	10	51
Laub	514	2	48
Laub	296	3	31
Laub	514	3	89
Laub	296	5	70
Laubenberger	519	3	89
Lauber	518	2	48
Lauber	518	5	51
Lauber	518	10	70
Laubereau	372	14	13
Laubi	517	7	70
Laubi	516	4	27
Laubmann	103	13	40
Laubmayr	503	6	95
Lauchenberger	87	7	89
Lauchinger	858	7	28
Laucker	108	2	70
Lauckhard	910	11	9
Laudenberger	733	7	89
Laudert	798	7	79
Laudert	800	7	79
Lauenburg	355	4	97
Lauenstein	214	6	52
Lauer	71	1	50
Lauer	147	2	31
Lauer	60	4	25
Lauer	805	7	89
Lauer	858	8	49
Lauer	824	10	9
Lauer	72	11	87
Lauer	1019	14	37
Lauerer	117	2	48
Lauff	792	7	43
Lauffer	1067	7	28
Lauffer	644	7	70
Lauk	535	12	68
Lauppe	288	9	51
Lauprecht	978	10	90
Laur	1066	4	70
Laurentin	296	9	51
Laurentius	116	2	8
Laurentius	1018	3	31
Laurentius	578	5	51
Laurentius	903	5	51
Laurentius	1018	9	72
Laurentius	476	9	88
Laurenz	742	4	25
Lauriga	243	1	71
Lauten	767	4	97
Lautenboich	596	4	97
Lautensack	756	1	8
Lautenschlager	1027	6	10
Lauter	1051	2	70
Lauterbach	114	3	31
Lauther	453	9	29
Lautter	927	8	71
Laux	1008	13	47
Laval	1045	13	56
Lavater	15	4	25
Laves	984	10	70
Law	18	2	8
Lawer	71	10	51
Lay	127	1	71
Lay	211	3	31
Lay	333	7	27
Lay	130	7	27
Layriz s. Leyriz	767	11	29
Layman	161	6	75
Laymann	778	8	87
Laymann	793	8	87
Layritz	55	3	90
Lazar	979	9	89
Leb	925	4	25
Lebe	982	2	48
Lebender	503	1	90
Lebendiger	338	2	48
Lebenter	45	7	28
Lebenter	573	7	28
Lebherz	655	14	28
Lebitsch	925	8	71
Lebkucher	274	4	25
Lebler	850	6	10
Lebzelter	321	2	89
Lechelmair	802	8	87
Lechler	330	7	28
Lechler	338	9	88
Lechler	338	12	68
Lechler	330	12	68
Lechler	378	13	40
Lechmair	133	6	75
Lechmüller	70	4	25
Lechner	206	5	70
Lechner	157	5	70
Lechner	462	5	70
Lechner	524	2	9
Lechner	213	7	28
Lechner	556	2	9
Lechner	243	8	71
Lechner	559	5	70
Lechner	696	14	28
Lechner	855	2	70
Lechner	855	4	25
Lechner	244	2	9
Lechner	13	2	89
Lechner	202	2	89
Lede	719	6	95
Lederer	744	1	90
Lederer	450	4	25
Lederer	239	7	28
Lederer	143	7	28
Lederer	744	14	5
Lederer	143	2	89
Lederer	880	2	9
Lederlein	204	1	32
Lederlin	838	8	71
Lederwasch	1003	8	71
Leeb	207	8	30
Leeb	207	9	29
Leege	670	8	30
Leemann	314	7	89
Leemann	1011	9	6
Leemann	1044	9	6
Leemann	1044	10	10
Leer, von	664	4	25
Leers	817	4	97
Leesemann	960	7	90
Leesenberg	915	5	92
Leewaldt	408	8	9
Lefelad	16	7	28
Legat	246	10	90
Leger	957	4	70
Lehener	962	8	30
Lehenmann	449	7	28
Leher	553	7	28
Leher	821	12	5
Lehlin	965	6	10
Lehmann	842	4	70
Lehmann	666	5	51
Lehmann	1017	5	70
Lehmann	239	5	70
Lehmann	377	9	72
Lehmann	825	10	9
Lehmann	236	10	51
Lehmann	677	11	41
Lehmann	677	12	6
Lehmann	677	12	28
Lehmann	159	12	89
Lehmann	477	14	37
Lehmann	387	1	91
Lehmann	993	1	91
Lehmitz	676	12	69
Lehmkuhl	824	6	26
Lehmus	720	1	32
Lehner	339	2	9
Lehner	244	4	26
Leiber	62	5	51
Leibfriedt	156	6	10
Leibhaimer	142	6	10
Leiblinger	836	1	8
Leich	5	13	1
Leichtl	258	6	10
Leickker	244	4	26
Leidel	293	14	46
Leidner	730	9	52
Leidner	730	10	51
Leikauf	886	2	89
Leimbacher	734	7	70
Leimberger	890	6	95
Leimer	637	1	32
Leinacher	517	1	32
Leinacher	800	7	28
Leindorfer	995	6	10

Name	WBL	Bgl. Siebm. Abtlg.	Tf.
Leinker	1062	6	95
Leins	74	2	89
Leins	75	14	20
Leinsperger	255	1	91
Leipoldt	758	2	9
Leisentritt	885	3	32
Leisewitz	434	8	9
Leisner	80	1	32
Leiß	396	9	29
Leist	1071	1	71
Leistmayer	774	2	70
Leitenrot	32	12	6
Leiter	285	2	89
Leitgeb	923	12	28
Leitmann	662	2	9
Lekebusch	240	10	90
Lemaistre	355	2	9
Lembcke	310	14	13
Lembke	314	4	26
Lembl	316	4	26
Lembs	899	5	32
Lemeier	829	3	10
Lemke	354	5	51
Lemke	190	8	30
Lemkes	29	11	29
Lemm	313	3	10
Lemme	186	2	31
Lemme	102	12	28
Lemmé	120	12	53
Lemmlein	310	32	9
Lemmermann	313	3	32
Lemmlein	310	1	32
Lemp	218	1	8
Lempp	976	6	95
Lencker	701	1	32
Lencker	701	3	90
Lenckershaimer	932	1	50
Lenen	730	9	72
Lenerder	37	8	71
Lenertsen	352	7	90
Lengefelder	288	7	28
Lengfelder	524	2	48
Lengelern	621	9	72
Lengerke, von	371	9	89
Lengfelder	26	7	28
Lengnich	209	9	52
Lenk	968	13	40
Lenke	1009	14	42
Lenker	579	7	29
Lenker	681	7	29
Lenker	681	9	52
Lenkher	323	1	50
Lenne	669	14	5
Lente	977	5	92
Lentilius	135	1	50
Lentz	858	3	90
Lentz	41	6	10
Lentz	844	6	10
Lentz	685	8	71
Lentz	685	10	31
Lentzen	744	9	72
Lentzer	808	6	75
Lenz	446	3	32
Lenz	104	3	51
Leo	202	1	8
Leo	214	2	9
Leonbösk	323	3	89
Leonhard	77	1	8
Leonhard	428	2	31
Leonhard	349	7	29
Leonhardi	389	1	91
Leonhardi	191	9	89
Leonhardt	49	3	69
Leonhardt	598	6	52
Leonhardt	900	9	52
Leonhardt	611	14	42
Leonhardy	216	13	10
Leonis	210	3	51
Leonpacher	229	8	72
Leopold	222	4	70
Leopold	202	5	92
Leopoldi	222	5	92
Leplat	1035	4	26
Lepper	37	12	95
Lepper	993	12	95
Leppin	354	5	70
Lerberger	358	1	32
Lerch	296	2	48
Lerch	893	5	70
Lerchenfelder	374	2	89
Lerender	716	7	29
Lergetbohrer	481	7	29
Lersch	165	1	8
Lesch	176	7	29
Leschen	899	3	10
Leschenbrand	498	7	29
Leschenbrandt	498	6	10
Lescher	220	7	29
Leschke	311	12	6
Lesemann	568	3	10
Lesemann	983	9	89
Leser	116	3	90
Leser	789	8	87
Lesmeister	7	7	29
Lesse	822	5	70
Lesse	436	8	30
Lesse	891	11	87
Lessel	90	2	31
Lessenich	518	13	47
Lessing	723	6	52
Lestinck	447	5	51
Letscher	658	2	89
Lettenbaur	418	2	48
Letter	780	12	95
Letz von Grab	573	12	6
Letzkau	551	10	9
Letzner	438	6	95
Leu	850	3	51
Leu	202	7	70
Leuchs	890	7	29
Leuchs	108	13	40
Leuchsner	108	6	10
Leucht	1050	1	50
Leuchtl	258	9	29
Leuchtweis	59	7	90
Leuffer	611	3	52
Leuffer	106	5	92
Leupold	576	1	91
Leuprecht	236	8	72
Leurer	767	6	10
Leußler	146	12	6
Leutel	921	3	52
Leuth	419	7	29
Leuthold	765	7	90
Leutner	220	7	29
Leutner	932	6	10
Leutner	395	1	8
Leutner	996	1	71
Leutschperger	1035	12	6
Leuttner	765	2	70
Leve	478	3	10
Leveling	878	3	10
Leveling	847	8	99
Leverkus	1035	7	16
Levin	786	12	6
Lewparter	205	7	29
Lex	1060	9	72
Lex	937	12	95
Leybold	392	2	9
Leygebe	231	1	32
Leyh	842	11	29
Leykauf	697	2	48
Leypold	694	1	32
Leypold	694	3	69
Leyriz s. Layriz	767	11	29
Leyser	48	1	50
Leyss	80	1	91
Lheman	914	8	30
Libbach	198	13	56
Licher	383	9	17
Licht	703	5	32
Licht, de	714	5	32
Lichtenberger	683	1	32
Lichtenberger	87	4	26
Lichtenegger	147	1	32
Lichtenstein	8	4	26
Lidbergh	530	4	97
Lidl	268	7	29
Liebenaicher	366	7	48
Liebenzeller	823	9	52
Liebermann	1010	14	28
Liebknecht	529	2	70
Liebknecht	1036	3	32
Liebl	194	1	91
Liebl	369	2	48
Liebler	388	6	26
Liebmann	840	6	10
Liebold	672	14	5
Lieboldt	512	4	70
Liebrich	1040	7	29
Liebsdorf	81	5	32
Liechtenberger	698	13	34
Liechti	83	7	70
Liedel	203	2	90
Liedert	181	10	51
Lieff	229	7	90
Liefländer	1015	12	29
Liel	267	9	73
Liemke	625	13	29
Lienau	81	4	26
Lienau	1036	5	51
Lienhart	559	4	26
Liephart	340	7	29
Liermann	622	5	70
Liernur	784	7	43
Liese	611	8	10
Liesenberg	1017	13	29
Liessmayr	699	2	48
Liet	347	9	89
Lietsmann	587	9	89
Lietzmann	822	8	49
Lilienthal	551	3	32
Lilienthal	551	11	29
Lill	891	2	70
Limberg	495	10	70
Limberger	158	1	32
Limberger	64	7	70
Limburgkh	320	6	95
Limmbrunner	626	1	91
Limmer	8	5	51
Limmer	456	5	51
Linck	25	1	71
Linck	913	6	10
Lind	371	3	90
Lind	805	7	78
Linde	497	9	6
Linde, von der	501	9	52
Lindebohm	472	5	70
Lindeman	151	2	70
Lindemann	469	3	90
Lindemann	514	8	72
Lindemann	46	8	99
Lindemann	171	8	99
Lindemann	502	9	73
Lindemann	476	9	73
Lindemann	94	9	89
Lindemann	94	10	51
Lindemann	942	10	70
Linden	792	4	97
Linden, zu der	87	5	51
Linden, zur	501	4	26
Linden, zur	663	4	26
Lindenberg	474	6	10
Lindenberg	471	7	43
Lindenberg	171	9	89
Lindener	470	1	91
Lindenlaube	516	9	30
Lindenmair	288	6	75
Lindenspier	221	6	10
Linder	72	1	50
Linder	503	4	70
Linder	503	6	10
Linder	518	6	10
Linder	518	7	29
Linder	476	13	1
Lindheimer	314	2	31
Lindheimer	433	2	31
Lindholtz	476	11	9
Lindholtz	355	12	6
Lindiner	263	4	26
Lindinger	445	1	8
Lindinner	858	7	90
Lindinner	502	7	90
Lindlin	514	6	10
Lindner	803	1	71
Lindner	505	4	26
Lindner	474	6	95
Lindner	285	7	29
Lindner	476	7	29
Lindner	513	4	70
Lindner	514	8	9
Lindner	506	12	95
Lindner	567	13	47
Lindner	973	13	47
Lindstedt	689	10	10
Lindtbergk	528	10	90
Lindtmayer	155	10	31
Lindtmayr	486	2	70
Lindwurm	576	10	70
Linecke	168	9	52
Ling	25	1	50
Lingelsheim	533	2	31
Linger	441	7	30
Linger	259	3	90
Lingg	970	13	10
Lingk	1021	9	29
Lingler	744	7	79
Lingler	639	12	68
Link	242	1	32
Link	347	7	30
Link	412	7	30
Link	168	2	90
Link	169	7	30
Link	851	7	30
Link	851	14	13
Link	428	14	43
Link	272	7	30
Linke	1007	12	69
Linnenbecker	512	7	16
Linprunner	459	4	26
Linsenmann	223	11	30
Linser	933	3	52
Linss	863	6	11
Linssi	804	7	71
Lint	472	5	70
Lintz	48	6	95
Lippacher	829	1	32
Lippe	544	3	10
Lippe	764	10	71
Lippe, thor	598	5	32
Lipperdt	235	4	26
Lippert	235	3	52
Lippert	363	8	72
Lippius	919	5	51
Lips	137	7	90
Lipsius	1052	3	90
Lipstorp	979	4	26
Lisfeldt s. Teutscher	1053	10	39
Liss	863	10	31
Liss	496	12	29
List	828	2	31
List	276	10	71
Listemann	556	3	52
Litzner	982	3	52
Lo, vam	418	4	26
Lob	1055	13	56
Lobeck	620	8	30
Lobelich	225	10	10
Lobenhoffer	238	1	32
Lobenschrot	260	4	26
Lobes	378	3	10
Lobhartzberger	235	3	32
Lobstein	739	9	52
Lobwasser	309	6	95
Lobwasser	309	9	52
Lochau	167	3	10
Locher	681	4	26
Locher	717	4	27
Lochmair	158	7	30
Lochmair	418	7	30

Name	WBL	Bgl. Siebm. Abtlg.	Tf.
Lochmann	838	2	31
Lochmann	305	4	27
Lochner	211	1	8
Lochner	932	7	30
Lochte	296	12	7
Lockermann	659	12	69
Lodders	126	5	92
Lodemann	94	9	89
Lodewiges	598	9	73
Lodter	537	7	30
Lodtmann	98	12	70
Löbell	243	1	91
Löber	922	8	30
Löber	922	9	89
Löber	815	12	7
Löblein	1063	1	32
Löchell	639	12	7
Löchner	211	14	43
Loeckell	553	12	95
Lödl	451	12	7
Löfferer	773	4	27
Löffler	3	7	90
Löher	686	10	70
Loehle	9	5	51
Löhne	676	10	51
Loël	854	3	32
Lönner	1059	7	30
Lönner	1059	2	70
Loennies	75	10	51
Löpelmann	685	12	53
Loeper	285	7	16
Loeschenbrandt	499	8	30
Löschenprandt	171	12	29
Löscher	534	1	8
Löscher	1025	2	90
Löscher	772	6	11
Löscher	534	9	72
Loescher	1029	9	73
Loescher	1025	9	73
Loescherus	1025	8	30
Lösecke	581	10	10
Löser	109	5	51
Loesing	885	8	10
Lößler s. Vößler	450	1	34
Löuw	203	4	27
Löuwenberg	204	4	27
Loeven, van	907	12	7
Löw	845	2	70
Löw	206	7	30
Loew	203	14	20
Löwe	907	2	9
Löwen, von	851	7	30
Löwenberg	212	9	73
Loff	769	4	27
Loffsen	508	8	10
Logs	17	6	95
Lohbauer	920	12	29
Loheisen	411	1	91
Lohet	276	6	11
Lohmann	586	3	90
Lohmann	634	5	92
Lohmann	103	12	95
Lohmeyer	571	11	87
Lohn	354	3	90
Lohner	710	6	52
Lohnhardt	352	10	31
Lohr	555	7	30
Lohrer	539	3	52
Lohs	797	9	52
Lohse	417	11	10
Lohstöter	338	10	71
Loibl	503	4	27
Loitz	887	9	73
Lombarts	878	7	16
Lomberg	88	13	56
Lometsch	1017	8	30
Lommatzsch	965	14	43
Lommertzem	806	7	90
Long	211	12	29
Lonicer	43	13	10
Lonicerus	71	6	11
Loofs	870	6	52
Loofs	870	11	71
Loos	749	2	70
Loose	909	12	95
Lootz	1013	7	16
Lopau	114	5	93
Lopow	293	3	10
Lorbeer	156	5	93
Lorbeer	8	3	10
Lorber	924	5	70
Lorber	942	8	72
Lorch	371	6	11
Lorch	371	6	11
Lorentz	296	6	52
Lorentz	637	11	9
Lorentzen	485	5	70
Lorentzen	470	12	95
Lorenz	1061	5	93
Lorenz	799	10	21
Lorenz	935	10	71
Lorenz	247	13	29
Lorenz	742	14	5
Lorette	126	1	91
Loretz	1061	3	52
Lorich	766	2	31
Lorich s. Lüdemann	577	2	31
Lorinser	43	1	50
Lorinser	907	3	52
Lorinser	775	3	52

Name	WBL	Bgl. Siebm. Abtlg.	Tf.
Lork	986	9	89
Lorsch	1039	1	8
Lory	752	13	40
Losan	48	2	49
Losch	780	8	87
Loser	33	5	51
Loser	739	5	51
Loskant	758	7	16
Loskart	758	2	31
Loß	183	14	37
Lossius	50	9	73
Loth	974	12	7
Loth	51	14	28
Lothes	970	2	71
Lotley	962	7	43
Lotten	395	7	30
Lotter	500	1	91
Lotter	137	2	9
Lotter gen. Kuechlin	831	5	92
Lotter	80	7	30
Lotter	814	8	87
Lotz	698	8	72
Lotze	564	3	10
Loubi s. Laubi	516	4	27
Louis	615	5	93
Lowe	239	3	10
Lowig	870	2	71
Loy	247	2	9
Loytved	320	14	5
Loz	521	3	11
Lubbersted	623	5	70
Lubenau	1040	9	52
Lubinus	1015	9	6
Lubkowitz	641	14	5
Lubler	670	7	30
Lucae	975	4	71
Lucan	306	9	29
Lucanus	1041	9	29
Lucas	451	1	91
Lucas	332	7	30
Luchner	341	6	95
Lucht	539	13	47
Lucius	944	1	91
Lucius	748	4	71
Lucius	748	6	11
Lucius	422	10	71
Luckan	5	13	40
Lude, von	338	6	11
Ludemann s. Lüdemann	577	2	31
Ludendorff	622	4	27
Luder	379	7	30
Ludolff	237	1	91
Ludolff	728	8	10
Ludolph	552	3	11
Ludolph	522	3	32
Ludovici	840	7	30
Ludovicus	637	8	72
Ludukas	1015	10	71
Ludwell	823	1	91
Ludwig	846	2	71
Ludwig	551	4	71
Ludwig	516	4	27
Ludwig	369	5	93
Ludwig	204	8	10
Ludwig	859	8	99
Ludwig	827	9	73
Ludwig	634	10	51
Ludwig	212	11	42
Ludwig	212	12	90
Ludwig	246	12	30
Ludwig	738	13	1
Ludwig	557	14	43
Ludwig	847	12	90
Ludwig-Fallier	212	12	90
Ludwig-Vallier	1056	14	43
Ludwiger	911	4	27
Ludwiger	40	6	95
Ludwigs	859	4	97
Lübbecke	504	9	73
Lübbers	350	5	32
Lübbes	919	10	71
Lübbes	988	10	71
Lübbes	988	10	71
Lübbes	1015	10	71
Lübbes	1017	10	71
Lübbing	416	12	69
Lübegger	1008	4	27
Lübs	935	10	71
Lüdecke	790	9	73
Lüdecke	1031	12	53
Lüdecking	16	6	52
Lüdemann	766	5	51
Lüdemann s. Ludemann, Lorich	577	2	31
Lüdemann	624	5	51
Lüden	579	10	90
Lüder	83	3	90
Lueder	506	6	52
Lüderitz	635	10	71
Lüders	484	5	52
Lüders	529	5	52
Lüders	70	12	96
Lüders	824	12	96
Lüders	676	13	10
Lüdinghausen, v.	565	4	27
Lüdtke	47	9	90
Luegel	305	11	9
Lueger	254	1	32
Lüher	410	11	30
Lühr	1078	12	30

Name	WBL	Bgl. Siebm. Abtlg.	Tf.
Lühr	1078	12	30
Lührs	756	5	93
Lülf-Ludewolding	276	13	56
Lüncker	315	12	7
Lüneborch	613	6	11
Lüneburg	776	3	11
Lüneburger	853	6	96
Lüntzel	900	10	71
Lüthi	226	8	30
Lüti	765	9	52
Lütje	813	10	51
Lütjens	489	4	27
Lütke	1	3	11
Lütke	393	8	49
Lütkemann	174	3	32
Lütkemüller	955	9	90
Lütkens	917	3	11
Lütkens	484	5	70
Lütmann	639	5	52
Lütsch	760	4	27
Lüttgen	1016	12	90
Lützow	980	6	52
Lufft, zum	743	5	52
Lugendorffer	342	2	49
Luis	514	4	27
Luis	514	4	71
Luitten	745	2	9
Luiz	288	2	90
Lukow	945	8	88
Lukowski	654	10	10
Lumparter	471	5	52
Lumpartter	486	9	20
Lunde	496	6	11
Lunte	357	4	27
Luntsch	800	8	87
Luntzer	915	2	32
Lupolt	653	4	27
Luspeck	3	7	31
Lussi	314	5	52
Lustfeld	1020	10	31
Lustig	501	5	70
Lustnauer	443	7	31
Lustnawer	443	3	90
Luther	534	1	50
Luther	530	3	90
Luther	947	3	90
Luther	533	3	90
Luther	534	3	90
Luther	591	3	90
Lutherus	116	6	11
Luthmer	1014	6	52
Lutichius	1020	3	69
Lutichius	560	5	93
Luttelheine	301	9	73
Luttenwang	628	4	27
Luttermann	385	8	30
Lutterodt	695	3	11
Lutteroth	695	6	26
Lutteroth	695	9	90
Luttner	915	14	29
Lutz	427	3	69
Lutz	900	4	27
Lutz	194	6	76
Lutz	961	6	76
Lutz	217	7	31
Lutz	1030	7	31
Lutz	785	8	87
Lutz	791	8	87
Lutz	873	10	31
Lutz	198	1	71
Lutz	282	1	71
Lutz	785	2	90
Lutz	965	2	90
Lutzenberger	995	14	29
Luwarth	215	4	28
Lux	336	1	33
Luxstein	47	9	52
Luz	340	1	71
Luz	712	2	90
Lynsi	21	4	26
Lype	690	3	11
Lyrer	330	3	90
Maack	834	5	71
Maack, von	631	9	6
Maag	57	4	28
Maagh	658	4	97
Maaler	972	4	28
Maass	824	5	93
Maass	1017	14	5
Macco	994	3	90
Machenau	581	12	7
Machenau	581	12	90
Machtolff	341	6	11
Machtolf	341	10	10
Machtolff	357	6	11
Machtolff	595	6	11
Mack	766	4	28
Mack	403	6	75
Mack	605	10	51
Mack	577	14	20
Mack	834	2	90
Mack	667	2	32
Mack	941	2	32
Mackh	833	2	32
Mackh	20	5	71
Mader	233	6	11
Mader	1080	1	33
Madler	1000	2	71
Madlung	541	11	87

Name	WBL	Bgl. Siebm. Abtlg.	Tf.
Madsperger	3	1	50
Mäder	674	3	90
Mäleskircher	141	4	28
Mändli	569	8	10
Maennel	585	14	29
Mär	802	9	29
Märckh	539	7	44
Märkel	793	1	8
Märki	566	13	1
Märolt	996	4	28
Mäsch	966	2	90
Mässlin	689	3	91
Mästlin	139	6	53
Mättig	660	8	73
Mätzler	155	8	30
Maevius	886	6	12
Magania	112	2	71
Magdeburg	757	2	49
Magelsen	166	5	71
Magelsen	582	5	71
Magen	509	1	91
Mager	459	2	71
Magercurdt	815	9	73
Magerl	554	7	43
Magerl	240	13	10
Magyrus	708	6	26
Mahler	1012	4	71
Mahler	52	7	90
Mahling	614	14	29
Mahlmann	471	9	52
Mahlström	903	12	90
Mahr	872	2	71
Mahncke	97	10	31
Mahüls	1064	6	11
Mai	583	2	71
Mai	474	3	11
Maickler	125	6	11
Maidpurg	920	2	32
Maier	578	1	71
Maier	9	14	13
Maier	97	3	52
Maier	162	1	72
Maier	210	3	52
Maier	14	3	52
Maier	1005	14	20
Maier	1032	14	29
Maier	696	6	96
Maier	283	3	52
Maierhofer	875	3	52
Maile	570	6	11
Mainberger	203	1	33
Mainhofer	254	3	52
Mainone	872	4	71
Mainone	187	4	97
Maintzer	45	7	43
Mair	917	2	90
Mair	132	3	91
Mair	166	4	28
Mair	893	4	28
Mair	158	6	75
Mair	166	6	75
Mair	235	7	44
Mair	324	6	76
Mair	464	6	76
Mair	255	7	43
Mair	229	7	44
Mair	104	8	72
Mair	812	8	88
Mair	810	8	88
Mair	798	8	88
Mair	801	8	87
Mair	794	8	88
Mair	784	8	88
Mair	332	9	6
Mair	160	1	71
Mair (Meir)	973	15	3
Mair	208	1	71
Mair	549	1	91
Maire	817	7	80
Mairlin	633	6	76
Maisenberger	364	6	76
Maisser	229	7	44
Maister	1006	2	32
Maister	154	6	96
Maisteter	649	6	76
Maiweg	583	8	30
Maje	472	3	91
Majinger	322	1	8
Major	1054	1	91
Maklott	862	3	52
Makowka	956	11	88
Makowsky	957	15	3
Malbrandt	971	6	26
Malchin	392	6	52
Malchin	392	7	90
Malchin	356	8	72
Maler	738	2	90
Maler	800	9	73
Maler	696	12	7
Malinowski	654	9	90
Mallebrein	975	5	93
Mallein, de	481	5	32
Mallien	1049	14	20
Mallmann	667	6	96
Mallmann	32	9	52
Malsch	493	2	9
Maluche	961	13	48
Mamhofer	457	9	53
Mammen	669	13	48
Mammitsch	703	13	56

Name	WBL	Bgl. Siebm. Abtlg.	Tf.
Man	917	7	44
Manasser	803	8	88
Manasser	780	8	88
Mancinus	285	6	11
Mandelius	607	9	6
Manderscheidt	106	1	33
Mandt	699	4	97
Manecke	963	4	28
Manecke	964	6	12
Maneke	1032	5	71
Manger	362	7	31
Manger	1012	13	22
Manger	547	2	9
Manger	576	2	32
Mangler	980	9	52
Mangold	884	5	71
Mangold	884	11	42
Mangold	904	14	29
Mangold	8	3	11
Mangoldt	829	2	32
Manitius	77	4	28
Mann	116	2	90
Mann	95	5	32
Mann	133	7	44
Mann	146	7	44
Mann	933	12	90
Mannd s. Manuel	894	7	90
Manuel s. Mannd	894	7	90
Mannel	24	12	53
Mannert	101	1	33
Mannheimer	309	9	19
Mannschardt	291	2	71
Mannsfeldt	919	5	93
Mannskopf	162	2	32
Manowitzer	835	2	9
Manrieder	822	1	50
Mansfeld-Büllner	1021	6	12
Mansfeldt	963	1	8
Manske	381	10	90
Mantel	157	7	71
Mantel	768	13	10
Manthey	56	9	73
Mantz	1045	2	9
Mantz	735	4	28
Mantz s. Muntz	1076	4	28
Mantz	257	7	44
Mantz	1064	7	71
Mantz	1076	9	30
Mantzel	353	8	73
Manz	136	1	8
Manz	1052	7	44
Manz	1076	7	71
Manzeneder	211	7	44
Manzini	74	9	53
Mar	740	2	32
Mar	94	3	52
Maratz	459	7	44
Marauer	132	1	50
Marb	289	1	50
Marb	286	7	44
Marb	814	8	88
Marb	289	10	51
Marbeck	362	1	33
Marburg	644	7	44
Marcard	560	5	32
March, de	121	10	52
Marchthaler	394	3	11
Marci	852	3	32
Marci	217	6	12
Marcinkowski	453	11	10
Marck	455	7	45
Marcus	206	5	71
Marcus	939	5	71
Marees des	447	12	8
Margadant	867	8	73
Marggraf	776	4	28
Marggraff	75	6	26
Marheinecke	675	6	52
Mariaux	1033	12	70
Maritz	111	7	44
Maritz	211	7	44
Mark	221	9	29
Mark	218	9	30
Mark	355	9	30
Markees	616	13	1
Marker	244	3	52
Markh	325	3	52
Markhaus	4	2	9
Markloff	592	2	32
Markwalder	487	7	71
Marmann	349	10	10
Marperger	553	1	8
Marquard	272	4	28
Marquard	1066	4	28
Marquard	416	8	49
Marquardi	561	4	28
Marquardt	98	3	53
Marquardt	715	3	53
Marquardt	788	9	73
Marquart	147	6	76
Marquart	711	7	45
Marr	92	1	33
Marr	110	2	9
Marr	96	7	45
Marr	973	11	10
Marschall	448	7	31
Marschall	9	8	31
Marsilius	579	7	16
Marstaller	36	1	8
Marstaller	948	7	45

Name	WBL	Bgl. Siebm. Abtlg.	Tf.
Marstaller	560	7	45
Marsteller	948	6	26
Marten	384	5	93
Martens	239	1	50
Martens	66	4	28
Martens	386	5	93
Martens	974	5	93
Martens	453	5	93
Martens	460	12	70
Martens	184	7	45
Martens	641	9	53
Marthi	331	4	28
Marthin	958	4	71
Marti	784	9	30
Marti	975	11	10
Martin	153	1	92
Martin	60	6	52
Martin	224	7	45
Martin	251	9	90
Martin	810	12	7
Martin	810	12	29
Martin	791	13	35
Martinel	1000	8	72
Martini	371	2	90
Martini	130	3	32
Martini	214	9	90
Martini	387	3	32
Martinsen	346	5	32
Martinssen	116	5	32
Martitz	502	8	49
Martius	837	4	28
Martius	1011	6	52
Martius	613	10	10
Marx	817	5	71
Marx	614	14	5
Marx	159	2	90
Marx	847	2	32
Marxhausen	360	13	22
Marxhausen	360	13	40
Masch	368	1	92
Masch	365	5	32
Mascher	118	6	52
Mascher	803	9	73
Maschke	143	6	53
Maskowsky	642	13	29
Massdorf	351	5	52
Masser	491	4	29
Masser	233	6	26
Massmann	12	5	52
Masson	890	1	33
Massow	680	12	90
Mastinger	679	4	29
Matern	625	10	90
Matfeld	524	3	11
Matfeld	525	5	32
Math	995	3	53
Matheiß	833	7	45
Mathern	929	6	26
Mathesius	464	10	52
Mathesius	172	11	10
Mathie	755	10	90
Mathis	225	3	53
Mathys	425	4	28
Matsch	456	7	45
Matscherneeks	680	8	72
Matsen	321	4	29
Matt	562	1	33
Matte	21	14	29
Mattenkofer	179	4	29
Matter	663	9	53
Matter	663	9	53
Mattfeld	613	13	10
Matth	537	1	51
Matthaei	394	5	93
Matthaei	1041	9	6
Matthaei	489	9	90
Matthäi	513	1	92
Mattheis	740	12	8
Matthes	740	1	33
Matthesius	1065	11	10
Matthews	579	3	11
Matthey	448	14	43
Matthiae	841	6	26
Matthias	964	4	29
Matthias	965	8	49
Matthias	360	10	52
Matthias	965	11	10
Matthiessen	293	3	11
Matthiessen	293	5	32
Mattigkofer	1037	2	71
Mattseer	752	1	33
Matz	1006	2	49
Matz	316	5	32
Matz	442	10	52
Matzberger	812	1	51
Matzdorff	176	10	71
Mauch	51	2	10
Maucher	237	7	45
Mauer s. Maurer	9	5	71
Mauerer s. Meurl	505	1	72
Mauerkirchen	654	1	51
Maul	936	2	32
Maul	579	7	45
Maul	951	7	45
Maul s. Mayl	885	4	29
Maurer	264	3	32
Maurer	556	3	53
Maurer	567	4	29
Maurer	144	7	31
Maurer	238	7	45

Name	WBL	Bgl. Siebm. Abtlg.	Tf.
Maurer	708	7	45
Maurer	152	8	73
Maurer	513	9	53
Maurer	226	10	32
Maurer	609	2	32
Maurer	736	2	71
Maurer	538	1	92
Maurer	177	1	72
Maurer	609	2	90
Maurer s. Mauer	9	5	71
Mauritii	954	6	26
Mauritius	170	1	51
Maurmans	167	7	90
Maurmiller	796	6	76
Maurmiller	903	6	76
Maus	520	2	71
Maus	1011	7	45
Mauser	915	9	53
Maußer	551	2	10
Mauthe	872	13	22
Max	347	7	45
Maxheimer	621	9	53
May	926	6	96
May	468	12	30
Mayburger	458	7	45
Mayenschein	831	1	92
Mayenschein	474	6	12
Mayer	1003	3	11
Mayer	1036	3	32
Mayer	136	5	32
Mayer	675	5	32
Mayer	735	5	33
Mayer	121	5	33
Mayer	735	5	33
Mayer	551	5	93
Mayer	509	5	33
Mayer	969	6	53
Mayer	825	7	46
Mayer	217	7	46
Mayer	940	7	46
Mayer	445	7	46
Mayer	985	8	31
Mayer	561	7	46
Mayer	491	5	33
Mayer	1012	13	56
Mayer	593	14	13
Mayer	391	14	13
Mayer	829	5	33
Mayer	120	1	72
Mayer	896	1	72
Mayer	389	3	91
Mayer	1046	3	91
Mayer	481	3	91
Mayer	1069	3	91
Mayer	337	1	72
Mayer	551	2	71
Mayer	1048	2	71
Mayer	111	4	71
Mayer	135	5	33
Mayer	257	7	46
Mayer	269	7	46
Mayer	220	2	10
Mayer	836	3	69
Mayer	135	2	10
Mayerhofer	883	4	29
Mayl s. Maul	885	4	29
Mayland	582	5	33
Mayner	851	7	46
Maynerius	264	6	26
Mayr	853	7	31
Mayr	861	7	46
Mayr	153	4	29
Mayr	328	4	29
Mayr	474	4	71
Mayr	441	1	72
Mayr	960	6	53
Mayr	512	4	29
Mayr	133	7	31
Mayr	849	1	72
Mayr	99	7	46
Mayr	600	7	46
Mayr	157	7	46
Mayr	449	7	46
Mayr	120	7	47
Mayr	460	7	47
Mayr	14	8	72
Mayr	696	1	72
Mayr	846	9	6
Mayr	833	7	46
Mayr	468	9	74
Mayr	835	7	46
Mayr	1071	12	8
Mayr	965	7	46
Mayr	966	7	46
Mayr	945	7	47
Mayr	883	7	47
Mayr	936	7	47
Mayr	1053	8	72
Mayr	1029	7	47
Mayr	933	9	6
Mayr	796	8	88
Mayr	993	1	72
Mayr	1072	1	72
Mayr	272	1	72
Mayr	78	1	72
Mayr	221	1	72
Mayr	121	1	72
Mayr	836	2	71
Mayr	222	1	72
Mayr	861	2	71

Name	WBL	Bgl. Siebm. Abtlg.	Tf.
Mayr	825	2	10
Mayr	223	1	72
Mayr	329	1	92
Mayr	833	2	10
Mayr	133	7	31
Mayr	152	7	47
Mayr	162	4	29
Mayr	222	7	46
Mayrhauser	240	7	47
Mayrhofer	229	2	71
Mayrhofer	18	7	31
Mayrhofer	47	7	47
Mayrhofer	883	9	6
Mayrs	98	4	29
Maystetter	234	3	32
Maystetter	235	7	46
Mechler	893	7	90
Meckelburg	617	5	71
Meckh	502	7	31
Mecklenburg	639	5	71
Mecz	336	4	30
Medeborch	790	9	73
Meder	673	1	33
Meder	1	2	90
Meder	673	3	69
Meder	460	7	47
Meder	744	8	10
Meder	125	10	71
Meder-Eggebert	960	12	91
Mederl	842	7	47
Medicus	678	2	71
Medinck	760	5	52
Meefuß	165	4	29
Meelboum	472	4	97
Meer, Ter	731	12	31
Meer, Ter	955	12	31
Meermann	685	12	96
Mees	869	10	10
Meeser	1075	5	93
Megenhardt	280	6	26
Megerlin	136	6	26
Meggel	505	7	16
Megger	660	4	29
Megkart	324	7	47
Mehlem	636	4	97
Mehlis	630	5	52
Mehlis	270	5	52
Meibonn	1066	6	53
Meichl	301	6	26
Meichlbeck	632	7	31
Meichsner	378	6	26
Meichsner	584	6	26
Meichsner	265	7	31
Meicksner	698	1	33
Meienberg	479	6	53
Meienberg	584	10	71
Meier	586	3	32
Meier	547	3	91
Meier	949	4	29
Meier	519	4	71
Meier	321	5	33
Meier	507	5	93
Meier	795	9	73
Meier	515	9	74
Meier	413	9	74
Meier	644	10	52
Meier	675	10	72
Meier	420	11	30
Meier	958	14	29
Meig	222	7	47
Meili	241	7	71
Meili	774	9	30
Mein	62	2	10
Meinboldt	746	9	74
Meinck	489	12	8
Meindel	917	7	31
Meindl	998	7	48
Meinecke	787	12	91
Meineking	127	5	33
Meinel	917	6	12
Meinel	917	7	80
Meinell	210	2	32
Meiner	390	13	35
Meiners	709	10	72
Meinert s. Weinert	442	14	46
Meinhart	523	1	72
Meinert s. Weinert	442	14	46
Meinhold	669	13	56
Meininger	915	6	96
Meininghaus	44	11	30
Meins	984	5	52
Meise	360	6	12
Meise	365	6	12
Meisel	610	9	90
Meisinger	616	2	49
Meisnthaler	812	1	72
Meiss	1038	12	8
Meiss	370	13	40
Meißel	185	8	73
Meisser	870	4	29
Meißner	574	1	92
Meissner	724	3	69
Meissner	1047	9	90
Meißner	919	14	46
Meissner	1047	2	32
Meißner	523	2	49
Meister	335	4	29
Meister	570	4	30
Meister	81	4	71
Meister	1058	5	52

Name	WBL	Bgl. Siebm. Abtlg.	Tf.
Meister	1058	5	52
Meister	1032	6	96
Meister	335	9	6
Meister	79	9	74
Meister	1051	10	72
Meister	989	14	29
Meisterzeichen von Gmünd	652	12	29
Meisterzeichen von Gmünd	787	12	29
Meiszahn	356	3	53
Meitner	41	7	31
Meixner	203	2	32
Mejer	112	5	93
Mejer	97	6	53
Mejerski	510	14	29
Melas	609	6	27
Melb	803	1	73
Melbach	64	4	30
Melbaum	472	8	99
Melbeck	607	3	69
Melbeck	608	5	93
Melber	611	2	32
Melber	267	7	47
Melber	532	10	52
Melber	100	1	33
Melber	142	1	73
Melber	532	1	73
Melchers	717	5	33
Melchior	552	2	71
Melchior	184	10	10
Melfürer	806	10	52
Melissander	941	4	29
Mellemann	115	4	71
Meller s. Miller	23	2	32
Mellmann	125	8	49
Mello	630	5	71
Meloner	690	4	71
Melonius	590	4	30
Melthammer	281	7	48
Meltinger s. Mettinger	188	5	52
Meltzer	180	6	27
Meltzner	1054	3	91
Memberger	535	7	48
Memhardt	530	4	30
Memhardt	530	6	12
Memhardt	530	7	48
Memmersdörfer	553	2	32
Memmert	804	14	43
Memmert	804	14	46
Memmesheimer	992	11	10
Memminger	38	1	33
Memminger	223	6	53
Memminger	861	7	48
Menck	361	5	71
Mende	302	11	30
Mendel	11	1	33
Mendl	158	1	92
Mendler	838	10	52
Mendlin	96	6	53
Mener	388	4	71
Mener	338	8	73
Menet	851	7	48
Mengel	404	12	70
Mengelberg	68	4	97
Mengen	980	11	30
Mengershusen	239	3	53
Menges	339	5	71
Menhart	250	12	8
Menhorn	917	7	48
Menig	782	12	96
Menk	345	14	20
Menken	309	3	32
Menks	1050	2	90
Menle	186	7	48
Menne	127	4	71
Mensch	437	8	10
Mensching	789	12	91
Menshausen	622	6	53
Mente	296	4	30
Mentel	205	7	48
Mentelberger	504	4	30
Mentele	407	7	48
Mentelin	555	7	48
Mentz	881	4	30
Mentz	881	7	48
Mentze	94	5	52
Mentzel	1064	3	32
Mentzel	124	9	74
Mentzel	63	10	31
Mentzen	802	9	74
Mentzer	50	7	48
Mentzer	303	7	48
Mentzinger	458	7	48
Mentzius	388	8	31
Menzel	381	12	96
Menzer	435	2	10
Menzer	612	2	71
Menzinger	864	7	32
Menzinger	690	7	90
Menzl	561	3	53
Merck	776	3	11
Merck	159	5	71
Merck s. Goldkuhl	748	5	7
Merck s. Goldkuhl	749	5	71
Merck	776	9	90
Mercker	335	4	71
Mercker	901	7	32
Merckh	901	5	71
Merckh	874	7	32

Name	WBL	Bgl. Siebm. Abtlg.	Tf.
Merckhl	613	6	27
Merckhlin	449	6	27
Mercklin	765	6	96
Mere, vam	542	4	29
Mere, von	407	7	48
Mereell	59	12	8
Merheim	657	4	97
Merian	964	10	72
Merk	776	1	33
Merk	641	7	48
Merk	699	7	48
Merk	699	7	48
Merk	428	7	49
Merkel	210	1	33
Merkel	135	2	72
Merkel	520	3	32
Merkel	613	4	30
Merkel	909	6	96
Merkel	1064	13	10
Merkh	860	2	90
Merkh	345	4	30
Merkle	47	7	49
Merklein	75	2	72
Merklin	765	3	32
Merklin	566	7	49
Merklin	781	8	89
Merlich	96	3	53
Merlin	216	6	76
Merolt	1030	4	71
Merseburg	913	12	70
Mersweiler	523	4	97
Mertel	57	3	53
Mertelius	57	6	12
Mertens	1069	9	53
Mertens	863	12	71
Mertin	158	9	30
Mertz	151	2	10
Mertz	340	4	30
Mertz	222	4	71
Mertz	151	7	49
Mertz	222	7	49
Mertz	151	9	30
Mertzhuser s. Metzhuber	317	4	30
Merwart	32	7	49
Merwart	448	7	49
Merxmüller	79	3	53
Merz	838	1	8
Merz	214	2	10
Merzbach	137	8	30
Meschger	403	1	51
Meschmann	456	12	9
Mesder	1047	7	49
Mesner	1009	1	33
Messerer	459	4	30
Messerer	459	7	49
Messerknecht	1020	12	96
Messerschmid	707	2	10
Messerschmid	744	2	49
Messerschmidt	670	12	30
Messinger	331	6	96
Meßkow	538	7	17
Meßmann	773	4	30
Messmer	893	4	71
Messmer	892	5	94
Messmer	819	5	94
Mestern	54	11	10
Mestern	817	11	10
Methner	604	13	10
Metius	812	12	8
Mettenius	783	2	33
Metter	841	2	72
Mettinger s. Meltinger	188	5	52
Metz	37	4	97
Metzberger	1011	6	27
Metzberger	1011	4	30
Metzel	184	1	33
Metzener	554	8	31
Metzger	316	4	30
Metzger	1029	4	30
Metzger	140	6	27
Metzger	296	7	49
Metzger	880	7	49
Metzger	334	7	49
Metzger	778	8	89
Metzger	335	1	51
Metzger	218	1	73
Metzger	1054	1	73
Metzger	175	1	92
Metzges	555	13	1
Metzhuber s. Mertzhuser	317	4	30
Metzinger	668	14	21
Metzler	140	1	51
Metzler	596	2	33
Metzner	197	2	33
Metzner	197	10	72
Meubrink	845	9	90
Meuderlin	530	2	49
Meule	838	5	94
Meulndorfer	692	7	32
Meurer	1057	1	73
Meurer	611	3	11
Meurer	177	3	33
Meurer	25	7	49
Meurer	1057	7	49
Meurer gen. Frahs	284	7	49
Meurer	963	12	71
Meurl s. Mauerer	505	4	30
Meus	787	8	99
Meuschen	423	9	90
Meusel	68	1	8
Meussel	347	7	49
Meussing	842	7	49
Mevius	1029	1	34
Mewes	1030	11	88
Mey	474	10	52
Meyberg	1033	11	11
Meyberg	1034	11	11
Meybusch	976	2	49
Meyenberg	472	1	73
Meyer	541	1	73
Meyer	675	5	33
Meyer	93	3	11
Meyer	468	3	11
Meyer	155	4	30
Meyer	515	4	30
Meyer	436	4	31
Meyer	530	4	30
Meyer	114	5	33
Meyer	430	5	33
Meyer	185	5	34
Meyer	600	5	34
Meyer	524	5	34
Meyer	756	5	34
Meyer	962	5	34
Meyer	922	5	34
Meyer	213	5	94
Meyer	661	4	31
Meyer	988	5	34
Meyer	957	5	94
Meyer	674	5	94
Meyer	1077	5	34
Meyer	1035	5	94
Meyer	674	5	33
Meyer	943	7	17
Meyer	674	5	33
Meyer	510	7	49
Meyer	674	5	33
Meyer	56	7	71
Meyer	757	7	71
Meyer	570	7	71
Meyer	178	7	71
Meyer	583	7	71
Meyer	945	7	71
Meyer	83	7	90
Meyer	662	7	71
Meyer	784	7	90
Meyer	833	7	91
Meyer	674	5	33
Meyer	934	7	91
Meyer	37	8	10
Meyer	674	5	94
Meyer	1038	8	73
Meyer	674	5	94
Meyer	673	8	87
Meyer	674	5	94
Meyer	38	9	7
Meyer	38	9	7
Meyer	957	9	30
Meyer	675	5	34
Meyer	197	9	91
Meyer	468	10	10
Meyer	669	10	52
Meyer	55	10	52
Meyer	527	10	72
Meyer	185	10	72
Meyer	787	10	72
Meyer	949	10	72
Meyer	669	10	72
Meyer	120	5	33
Meyer	123	3	11
Meyer	847	1	73
Meyer	1058	11	42
Meyer	675	5	34
Mayer	146	12	91
Meyer	708	10	10
Meyer	739	7	71
Meyer	615	13	22
Meyer	790	13	22
Meyer	741	7	71
Meyer	757	13	29
Meyer	819	11	10
Meyer	128	14	37
Meyer	770	14	43
Meyer	770	14	37
Meyer	675	12	96
Meyer-Brüggemann	1056	12	96
Meyer	902	2	72
Meyer-Mesendorf	1057	12	9
Meyer	675	3	70
Meyer	395	3	91
Meyer	908	2	72
Meyer	1044	2	72
Meyer zu Spielbrink	477	10	90
Meyer zum Vorwalde	511	12	53
		und	91
Meyere	899	5	33
Meyerhencke	515	9	74
Meyerkort	985	9	74
Meyermann	955	6	53
Meyers	443	8	88
Meyli	654	7	71
Meyllinger	565	2	10
Meymers	472	5	34
Meynau	239	7	49
Meyner	953	1	92
Meynig	916	13	22
Meynig	916	13	29
Meynn	193	7	17
Meysl	347	7	50
Mezen	982	4	97
Mezger	218	3	70
Micara	1008	10	52
Michael	444	2	72
Michael	609	3	33
Michaeli	918	6	12
Michaelis	711	2	90
Michaelis	972	8	31
Michaelis	31	8	73
Michaelis	444	11	42
Michahelles	1032	8	10
Michel	444	4	71
Michel	799	7	71
Michel	737	11	30
Michel	813	11	30
Michel	737	11	30
Michelfelder	973	14	21
Michelmann	444	11	30
Michelsen	2	1	8
Michelsen	751	9	91
Michesperger	680	4	31
Micyllus s. Mycillus	411	8	31
Middeldorf	968	10	10
Middeldorp	623	5	34
Middendag	587	5	52
Middendorpf s. Mildendorpf	507	3	70
Mielck	548	11	43
Mielck	548	11	71
Mielich	554	1	73
Mielka	535	13	10
Miesinger	570	7	50
Milagius	506	2	33
Milbinger	610	6	27
Mildebrath	42	13	10
Mildendorpf s. Middendorpf	507	3	70
Miler	659	6	53
Milewski	653	10	31
Milfritz	1023	7	50
Millauer	991	14	29
Miller	864	6	53
Miller	61	6	76
Miller	139	6	76
Miller	229	6	77
Miller	658	6	77
Miller	849	8	31
Miller	660	6	76
Miller	800	8	89
Miller	803	8	89
Miller	661	8	99
Miller	660	8	99
Miller	134	9	6
Miller	221	10	52
Miller	134	1	51
Miller	955	1	51
Miller	659	1	73
Miller	1016	1	73
Miller	849	2	91
Miller	661	1	51
Miller	1050	2	90
Miller s. Meller	23	2	32
Millet	1031	2	91
Millies	574	5	52
Milliges	1	9	74
Milner	994	2	72
Milot	513	2	72
Milot	474	7	50
Miltenberg	160	2	33
Miltenberg	122	2	49
Miltert	811	10	52
Miltz	688	6	53
Miltz	794	7	91
Milvius	938	10	52
Milz	794	12	96
Minchner	1048	4	31
Mindl	232	3	53
Minn	200	12	9
Minner	188	4	31
Minola	187	10	52
Minsleben, von	780	10	53
Minsterer	537	1	51
Mioduski	710	10	10
Mirow	670	4	72
Mirus	578	1	92
Mirus	35	13	22
Mirwaldt	1002	7	50
Mischke	31	12	32
Misler	530	10	53
Misner	502	11	11
Missing	570	10	11
Missing	570	14	13
Missinger	572	2	72
Mithoff	640	4	72
Mitscher	913	8	31
Mittag	61	11	11
Mittauer	166	4	31
Mittell	305	6	27
Mittelsdorff	623	5	34
Mittermair	957	4	72
Mitterndorfer	268	7	50
Mittorpf	1004	2	72
Mittweg	800	8	49
Mitzlaff	873	13	48
Mitzschke	954	8	73
Moch	705	13	29
Mochinger	769	4	31
Mockel	868	3	33
Model	647	12	9
Model	647	12	96
Modelmayer	332	1	73

Name	WBL	Bgl. Siebm. Abtlg.	Tf.
Modelmayer	332	4	72
Modelmayr	127	12	9
Modersohn	974	12	90
Mödlmayer	925	1	51
Möckermann	119	7	50
Mödlhammer	278	2	49
Möger s. Mögler	341	7	50
Mögler s. Möger	341	7	50
Moeglin	277	10	72
Mögling	311	6	27
Möhlen, von der	115	5	71
Möhner	248	5	71
Möhring	1051	13	10
Möhringer	161	3	53
Möler	250	2	33
Möller	954	2	10
Möller	549	3	12
Möller	946	3	12
Möller	918	3	12
Möller	661	3	12
Möller	659	4	31
Möller	557	5	34
Möller	919	5	34
Möller	952	5	34
Möller	947	5	34
Möller	955	3	12
Möller	955	5	34
Möller	826	5	35
Moeller	3	7	50
Moeller	921	8	49
Moeller	928	9	74
Moeller	536	10	53
Möller	661	10	53
Moeller	536	10	72
Möller	891	12	9
Möller	678	3	33
Möllerhoff	624	4	72
Mölling	1022	6	53
Mölsch	15	2	10
Mönch	153	10	72
Möncheberg	115	3	33
Mönck	296	5	94
Mönckmeyer	127	5	35
Mönhorn	917	1	34
Mönkeberg	115	10	53
Mörckh	42	9	6
Mörder	884	1	51
Mörike	76	1	9
Möring	161	10	11
Möringer	132	2	10
Möringer	155	7	32
Möringer	157	9	53
Mörkhl	291	4	31
Mörl	840	1	9
Mörl	383	2	33
Mörleth	922	6	27
Mörte	514	1	51
Mörtel	863	7	32
Mörtl	863	4	72
Mörwaldt	263	4	31
Mösch	53	4	31
Möser	759	7	17
Möser	759	9	91
Möser	603	12	96
Möser	758	12	96
Moessinger	1023	13	48
Moessner	71	2	33
Mötzger	334	1	73
Mohebanus	591	6	96
Mohlen	159	3	11
Mohr	166	1	73
Mohr	839	2	72
Mohr	161	6	27
Mohr	832	6	27
Mohr	163	6	96
Mohr	797	7	91
Mohr	840	8	10
Mohr	1023	10	53
Mohr	1009	10	91
Mohr	99	12	96
Mohrdorff	99	5	72
Mohrenhofer	835	2	72
Mohrenweiser	160	10	32
Mohrmann	949	5	34
Moiban	818	9	6
Molen, von der	912	3	91
Molitor	659	4	31
Molitor	838	4	72
Molitor	662	10	53
Molitor	662	10	72
Molitor	314	2	33
Molitor	721	2	33
Molkentin	961	12	91
Moll	603	1	34
Moll	80	6	53
Moll	433	8	49
Moll	387	8	49
Mollenbeck	542	2	72
Moller	1068	1	92
Moller	625	3	33
Moller	625	4	31
Moller	569	7	32
Moller	738	7	50
Moller	724	8	31
Moller	921	9	6
Moller	955	9	91
Mollin	311	8	49
Mollinger	437	6	27
Mollinnus	1019	13	30
Mollwo	1041	4	31

Name	WBL	Bgl. Siebm. Abtlg.	Tf.
Molly	1047	8	10
Molsen	1020	11	42
Moltz	406	7	50
Momenson	365	4	31
Momesser	852	6	27
Momme	894	6	96
Momme	894	9	75
Monachus	115	6	27
Mondbach	338	3	70
Mondschein	47	2	72
Monetarius	441	10	53
Monhaupt	590	2	49
Moni	434	6	96
Moninger	223	13	30
Monnick	775	9	74
Monse	513	6	80
Mont, Du	1080	12	10
Mont, Du	113	12	10
Montans	186	5	94
Monte, de	239	4	31
Moog	337	7	91
Moog	806	7	91
Moors	166	4	72
Mooz	224	1	9
Mor	166	4	31
Mor	1042	7	50
Mor	160	7	50
Mor	160	12	32
Morand	672	2	33
Morasch	98	1	9
Morath	84	6	12
Morch	162	10	72
Morel	161	13	35
Morell	1051	1	92
Moretto	1014	2	72
Morff	949	4	31
Morgen	59	12	9
Morgenbach, von	836	7	50
Morgenstern	419	10	32
Morhard	610	10	32
Morhardt	169	2	91
Morhardt	131	2	49
Moringer	162	4	31
Moringer	164	12	10
Moritz	850	8	50
Moritz	857	8	50
Moritz	857	9	30
Moritz	755	12	96
Moritz	857	6	53
Moritzen	161	9	91
Morneweck	743	3	70
Moroldt	150	6	27
Morsdorf	795	6	96
Morstadt	622	5	35
Morstett	299	1	34
Mohrstetten	838	5	52
Morus	57	3	33
Moscoph	37	4	97
Mosegkher	835	7	50
Moser	1063	1	51
Moser	30	4	32
Moser	608	4	32
Moser	1040	6	27
Moser	1040	9	30
Moser	1040	7	50
Moser	553	7	50
Moser	565	7	50
Moser	360	7	51
Moser	607	7	51
Moser	608	8	73
Moser	1070	12	31
Moser	973	12	31
Moser	900	2	72
Moser	321	2	10
Moses	242	1	51
Moslehner	968	1	92
Mosler	1040	8	73
Mosmar	54	2	91
Mosmiller	903	4	32
Mossau	419	7	51
Mossegger	88	2	33
Mosser	457	8	73
Mossmüller s. Noßmüller	662	1	34
Moßpacher	184	6	27
Most	923	4	32
Mostelius	104	3	91
Moterer	739	6	53
Mothes	473	5	72
Mothes	249	8	73
Motschi	545	9	30
Mottler	555	1	34
Mourier	877	11	11
Mousson	989	10	10
Moyelke	507	5	35
Mrongovius	676	12	97
Muckh	564	2	10
Muding	500	7	51
Muechel	36	13	11
Müe	752	7	71
Müelbach	561	7	51
Mügge	1077	12	32
Müglich	62	4	32
Mühl	485	1	9
Mühlberg	881	6	96
Mühle	625	6	96
Mühle	350	5	35
Mühleck	771	2	91
Mühleck	955	3	70
Mühleisen	658	2	91
Mühleisen	657	12	54

Name	WBL	Bgl. Siebm. Abtlg.	Tf.
Mühlen, zur	296	3	91
Mühlen, zur	304	3	91
Mühlenfeld	996	10	72
Mühlholz	892	1	52
Mühling	686	13	48
Mühlrath	661	9	91
Mühry	618	10	72
Muel, von der	724	7	51
Mülbacher	418	4	32
Mülberger	904	12	71
Müldorfer	922	7	32
Müleisen	658	7	32
Muelhofer	40	7	51
Muelich	383	7	51
Mülitz	955	6	27
Müllegg	770	2	72
Müllensteiner	724	1	52
Müller	150	2	10
Müller	564	7	51
Müller	657	10	73
Müller	660	5	71
Müller	660	1	51
Müller	657	3	12
Müller	955	3	12
Müller	231	4	32
Mueller	724	4	72
Müller	661	4	32
Müller	955	5	35
Müller	501	5	94
Müller	209	5	94
Müller	501	5	94
Müller	903	5	94
Müller	855	6	27
Müller	234	6	28
Müller	889	6	28
Müller	242	6	28
Müller	662	6	28
Müller	937	6	53
Müller	658	7	32
Müller	229	7	51
Müller	203	7	51
Müller	967	7	51
Müller	767	7	71
Müller	849	7	51
Müller	647	7	72
Müller	903	8	11
Müller	847	7	51
Müller	887	8	50
Müller	849	4	32
Müller	877	8	73
Müller	660	9	30
Müller	229	9	30
Müller	724	9	74
Müller	638	10	11
Müller	1047	10	11
Müller	1071	10	32
Müller	719	10	11
Müller	1067	10	53
Müller	838	7	51
Müller	1002	10	72
Müller	636	10	73
Müller	625	10	73
Müller	927	10	73
Müller	472	10	91
Müller	357	11	30
Müller	660	11	43
Müller	575	10	91
Müller	2	12	10
Müller	861	4	32
Müller	643	13	22
Müller	885	13	23
Müller	843	7	72
Müller	663	13	40
Müller	662	7	72
Müller	1016	13	40
Müller	1007	13	56
Müller	662	10	11
Müller	1019	14	6
Müller	839	1	51
Müller-Brand	1012	14	29
Müller	955	2	33
Müller	1076	3	53
Müller	658	1	52
Müller	927	1	52
Müller	806	1	51
Müller	242	1	51
Müller	849	1	52
Müller	257	2	72
Müller	950	2	33
Müller	1065	2	49
Müller	867	8	11
Müller	989	6	53
Müller, gen. Snauenberg	990	10	58
Müller	1016	13	23
Müller	1038	8	50
Müller	662	10	11
Müller-Freiberg	724	10	11
Müller-Funk	660	12	10
Müller	689	3	33
Müller	557	2	73
Müller	657	3	91
Müller	954	3	91
Müller	661	3	91
Müller	851	2	72
Müller	139	2	10
Müller	900	2	10
Müller	1014	2	33
Müller	659	1	92
Müller	885	1	92
Müller-Schönau	904	14	6

Name	WBL	Bgl. Siebm. Abtlg.	Tf.
Müller	132	2	91
Mülliman	659	4	32
Müllner	357	7	32
Müllner	446	1	52
Müllner	724	8	50
Müllner	660	1	52
Mülvetz	569	3	53
Mülvetz	955	3	53
Münch	158	1	52
Münch	73	4	32
Münch	153	10	73
Münch	705	4	32
Münchhoff	921	9	91
Münchmeyer	493	5	94
Münchmeyer	544	6	54
Mündel	964	8	99
Mündemann	791	9	74
Mündemann	791	9	74
Mündemann	521	9	75
Münden	58	3	12
Münder	58	7	91
Münger	906	7	91
Münnich	746	6	54
Münnich	746	9	91
Münning	915	14	46
Münter	830	4	32
Münzer	182	4	32
Münzer	182	5	94
Münzinger	149	1	52
Münzmeister	44	2	49
Münzmeister	44	11	88
Mürmester	484	3	12
Mues	1026	3	70
Müseler	988	12	97
Müser	871	10	32
Müsgen	347	10	32
Müssiggang	532	9	75
Müssinger	516	2	49
Mütesgleicher	291	2	11
Mütschelin	346	6	28
Mützel	313	2	11
Muetzel	287	12	32
Mützler	536	4	32
Muffel	926	3	53
Muge	845	4	32
Muggler	597	4	32
Muheim	440	5	35
Muhle s. Mühle	350	5	35
Muldorffer	521	10	32
Mulich	99	7	32
Mulich	555	7	32
Mullner	663	5	53
Mulner	301	7	32
Mulnfritz	497	4	32
Multz	258	2	33
Mumeldter	346	8	74
Mumelter	346	2	91
Mummi	318	6	28
Mummy	1074	12	32
Mumprecht	287	6	12
Mundbach	711	1	9
Mundius s. Mundinus	40	5	53
Mundt	761	5	72
Mundt	762	5	72
Mundt	937	5	72
Munter	111	9	91
Muntz s. Mantz	1076	4	28
Munzinger	1067	14	6
Mur, uf der	332	5	53
Mur, uf der	609	5	53
Murari, de	30	6	28
Murer	25	4	32
Murer	199	9	6
Murer	718	10	11
Murer	715	10	11
Murer	716	10	11
Murhaimer	143	3	53
Murner s. Murrer	646	2	33
Murr	276	7	51
Murr	276	9	30
Murray	81	6	54
Murrer s. Murner	646	2	33
Musaeus	164	3	91
Muscay	206	6	28
Muschler	440	6	28
Musehold	211	13	57
Musculus	315	12	31
Muskulus	1018	12	33
Mussinann	43	2	91
Mussinano	43	2	91
Mussmann	38	6	28
Mussmann	165	9	53
Mußweiler	31	14	38
Must	937	7	72
Mustetter	464	1	52
Muswieck	556	12	97
Mut	533	12	90
Muthmann	1039	7	51
Muthmann	1039	8	31
Muthmann	1039	8	74
Muthmann	1039	8	85
Mutke	231	14	30
Mutter	87	3	12
Mutter	87	3	53
Mutzbauer	147	1	92
Mutzeltin	464	3	70
Mutzenbecher	495	3	12
Muuss	347	5	53
Muyschel	906	11	30
Muyschel	906	11	43

Name	WBL	Bgl. Siebm. Abtlg.	Tf.
Muzell	828	8	50
Mykonius	496	5	52
Mylaurus	664	8	50
Myle, von der	294	5	35
Myleck	955	1	34
Mylius	663	2	33
Mylius	458	3	33
Mylius	100	4	33
Mylius	663	4	33
Mylius	566	11	31
Myller	706	6	54
Mynten	569	11	11
Myslenta	673	3	33
Nabholz	1025	2	49
Nabholz	1020	4	33
Nabholz	1025	10	32
Nachtrueb	590	6	28
Nacke	563	1	92
Nacke	834	2	91
Nadeldorfer	770	4	33
Nadler	984	2	91
Nadler	916	3	33
Nadler	24	6	77
Nadler	797	8	89
Näf	52	7	91
Näf	53	7	91
Nägeli	577	4	33
Nägeli	101	7	72
Nägeli	577	7	91
Nägeli	580	7	91
Naeher	698	10	32
Nähler	665	12	97
Nagel	686	4	33
Nagel	640	5	94
Nagel	686	6	54
Nagel	1027	7	17
Nagel	234	7	52
Nagel	686	7	72
Nagel	686	7	91
Nagel	686	13	23
Nagel	650	1	52
Nagel	193	1	92
Nagelius	197	9	75
Nahde	524	12	91
Nahmmacher	829	10	32
Naimer	769	2	49
Nanne	1	3	12
Napp	857	6	12
Nardin	74	13	30
Nasal	332	4	33
Nassal	1015	3	53
Nast	502	10	73
Nastowe	885	5	94
Nath	748	7	80
Nathan	706	6	77
Nather	97	6	28
Natter	436	6	28
Natzke	329	10	91
Naub	382	2	91
Nauer	781	2	11
Nauer	245	7	92
Naufletzer	81	7	52
Nauflezer	81	1	34
Nauheim	373	8	31
Naumann	55	6	12
Naumann	156	10	33
Naumann	439	11	11
Naundorf	867	12	97
Naurath	394	2	33
Nave	989	8	10
Neander	53	1	92
Neander	861	9	7
Neander	313	10	91
Nebel	1077	1	93
Nebel	846	2	73
Nebel	852	4	72
Nebel	852	7	52
Nebel	62	7	52
Nebel	240	7	52
Nechelin	200	3	54
Nedden, zur	435	7	17
Neeb	194	2	91
Neefe	414	3	33
Neffzer	848	7	52
Negele	686	2	11
Negelein	578	1	52
Negelein	174	8	74
Negelein	751	2	11
Negelein	101	2	11
Negelin	1030	2	91
Negl	687	4	33
Negrioli	163	2	91
Nehmitz	123	8	50
Nehring	364	10	53
Nehring	405	10	53
Nehring	921	10	91
Nehring	921	12	97
Nehrmann	93	5	72
Neibecker	79	2	73
Neide	496	10	73
Neidecken	781	7	91
Neidhart	103	2	11
Neidhart	103	14	21
Neifeld	1043	3	33
Neipper	1054	5	95
Neithart	545	7	52
Neiz	381	5	72
Nell	1072	11	31
Nelles	781	10	11

Name	WBL	Bgl. Siebm. Abtlg.	Tf.
Nellessen	914	9	30
Nellinger	342	7	52
Nennecke	465	6	54
Nenneken	439	6	80
Nenningen	929	2	11
Nentwich	549	10	73
Nentwich	382	10	91
Neperschmid	811	8	89
Neppert	856	7	17
Nerrer	453	4	72
Nerreter	803	2	34
Neru, de	447	8	31
Nese	73	9	75
Neseke	311	3	33
Nesenus	680	9	53
Neser	496	1	73
Nessen	936	7	91
Nessen	936	8	32
Nessen	936	8	74
Nessler	516	4	72
Nestle	367	2	33
Nestler	388	1	93
Nestler	713	1	93
Neth	665	13	23
Nettesheim	527	7	52
Netzer	568	3	54
Neu	46	4	72
Neubauer	525	5	53
Neubauer	107	8	50
Neubegk	885	7	52
Neuber	257	8	74
Neuber	260	13	48
Neuburg	1029	2	34
Neudörffer	80	3	54
Neudörffer s. Neundorfer	933	1	34
Neuffer	781	3	33
Neuffer	781	6	28
Neugebauer	918	3	12
Neugebauer	975	9	91
Neugebauer	922	13	57
Neugel	996	6	12
Neugenhofer	383	6	12
Neuhäuser	619	6	96
Neuhäuser	619	6	96
Neuhaus	584	3	33
Neuhaus	619	5	72
Neuhof	637	10	33
Neuhold	386	3	54
Neukam	86	7	32
Neukhircher	626	4	33
Neukirchen	962	8	50
Neumair	790	1	52
Neumair	419	2	49
Neumair	157	6	77
Neumair	253	6	77
Neumair	789	8	89
Neumair	445	9	31
Neumair	253	10	53
Neuman	151	2	73
Neumann	636	3	33
Neumann	109	4	33
Neumann	1045	4	72
Neumann	856	5	53
Neumann	51	7	91
Neumann	476	7	91
Neumann	109	9	31
Neumann	1015	10	11
Neumann	475	12	33
Neumann	636	12	54
Neumann	215	14	6
Neumann	50	2	11
Neumarck	854	9	75
Neumarck	855	3	91
Neumayer	252	1	93
Neumayer	129	1	73
Neumayr	50	2	73
Neumeyer	455	5	72
Neunburg, von der	617	5	95
Neundörffer	948	2	73
Neundorfer s. Neudorfer	933	1	34
Neuner	437	7	32
Neupeckh	291	7	52
Neurodt	15	1	52
Neusinger	1056	4	72
Neuß	1026	6	28
Neuss, von	806	7	92
Neutschmann	505	11	88
Neuwaldt	480	4	72
Neuwer	444	7	91
Neuwürth	571	2	11
Neven-Du Mont	948	12	10
New	732	4	72
Ney	49	12	97
Neydeck	391	7	17
Neydung	751	3	92
Neyffer	460	4	72
Neymann	352	5	72
Niball	716	6	12
Nicol	352	11	31
Nichterlein	981	12	97
Nickel	201	5	95
Nicolai	886	3	33
Nicolai	1053	3	54
Nicolai	634	12	32
Nicolai	1072	7	92
Nicolai	886	12	72
Niderhuber	964	6	54
Nieberg	907	5	72
Niebuhr	409	5	35
Niebur	372	3	12

Name	WBL	Bgl. Siebm. Abtlg.	Tf.
Niebur	372	4	33
Niebur	920	4	33
Niederhofer	1069	7	52
Niederländer	428	2	73
Niedermair	45	1	73
Niedermayr	794	1	73
Nieding	162	4	33
Niedner	259	4	72
Niemand	137	5	95
Niemann	494	5	53
Niemann	635	6	54
Niemann	432	7	91
Niemayer	174	1	9
Niemeyer	185	4	72
Niemeyer	338	5	72
Niemeyer	826	8	31
Niemeyer	826	8	31
Niemitz	18	13	11
Nieper	86	5	95
Niermberger	530	1	93
Nierott	413	9	75
Nies	413	2	34
Nies	969	7	52
Niescher	714	14	6
Niesen	795	4	97
Niesen	795	8	99
Niesli	58	7	72
Niessli	800	7	72
Niethe	389	7	17
Nietsch	1006	7	32
Nigel	985	3	12
Niklas	842	1	9
Nikolaus	256	12	97
Nikutowski	121	10	33
Nimptsch	823	2	91
Nindl	206	1	9
Nipage	812	8	31
Nippraschk	1018	8	11
Nismann	1036	4	97
Nissl	673	1	52
Nissl	845	9	7
Nithart	237	4	33
Nitsch	396	1	93
Nitsch	509	12	54
Nittenauer	852	7	52
Nittl	721	6	12
Nitzsche	315	13	11
Nobel	360	9	91
Nobiling s. Hockmeyer	603	5	89
Nockendahl	811	10	73
Nockher	1026	6	12
Noder	1075	1	52
Noder	102	8	74
Nöggi	957	4	33
Nöldecke	15	4	72
Nölle	708	5	72
Noelle	957	10	54
Nölting	580	3	33
Nölting	439	4	73
Nölting	582	10	12
Nördlinger	556	2	11
Nördlinger	468	6	12
Nößler s. Lößler	450	1	34
Nöttel	717	1	52
Nötterle	527	7	32
Nötzli	676	7	92
Nolbeck	912	11	30
Nolda	359	8	10
Nollier	853	7	17
Nolte	895	3	33
Noos	193	5	72
Nopitsch	394	9	7
Noppe	430	10	33
Nordanus	379	5	53
Nordanus	379	4	73
Nordbeck	75	6	54
Nordeck	570	9	30
Norden	803	10	12
Nordheim, von	825	10	12
Nordhoff	450	5	72
Nordicon	777	4	33
Norten, von	563	9	75
Norten, von	563	9	75
North	494	7	17
Nossmüller s. Mossmüller	662	1	34
Nothlieb	1	7	17
Nottebohm	476	2	34
Nottinger	558	4	33
Notz	88	7	92
Notz	88	7	92
Nozli	68	4	33
Nuber	819	14	37
Nuber	819	14	37
Nuber	844	14	37
Nuber	1044	14	37
Nueber	891	4	73
Nüffer	80	1	52
Nürenberger	326	4	33
Nürnberg	582	3	12
Nürnberger	132	3	34
Nürnberger	739	4	73
Nürnberger	321	2	11
Nürnberger	328	2	34
Nüscheler	58	4	33
Nüsser	221	6	13
Nüssler	859	2	11
Nüttinger	173	6	13
Nützel	564	6	13
Nuhan	1053	2	34
Nuiss, von	781	7	92
Nunner	702	7	52
Nusall	618	5	53
Nusch	400	1	34
Nussbaum	467	14	38
Nussberger	849	4	34
Nussberger	850	7	72
Nusspaumer	474	5	72
Nutz	259	3	54
Nuwyler	83	4	34
Nybe	73	3	12
Nydeggen	725	4	98
Nyerode	517	9	75
Obenauer	909	8	99
Oberdörfer	1028	9	7
Oberhäuser	1073	10	12
Oberhuser	33	4	34
Oberkamp	81	3	34
Oberkamp	81	3	70
Oberkamp	880	7	52
Oberkamp	880	11	71
Oberkan	805	7	72
Oberkircher	743	2	73
Oberlachner	101	1	52
Obermair	63	4	73
Obermair	808	8	89
Obermair	239	1	52
Obermair	755	1	73
Obermayr	916	7	52
Obermiller	563	4	34
Oberndorfer	436	14	13
Oberndorffer	221	3	92
Oberndorffer	345	7	53
Obernheimer	63	7	53
Oberpach	288	3	54
Oberpaur	1069	14	43
Oberrauch	105	2	91
Oberrauch	151	2	91
Oberschneider	833	3	92
Oberseither	1070	14	6
Obersols	519	4	98
Oberst	77	5	95
Oberste-Lehn	857	13	57
Oblacher	235	3	54
Obrist	654	4	34
Obrist	323	7	53
Obweyser	966	3	54
Ochinger	381	1	34
Ochs	332	1	9
Ochs	868	2	34
Ochs	868	3	12
Ochs	814	12	71
Ochsenfelder	66	2	11
Ochsenkuen	336	7	53
Ochsner	334	4	34
Ockel	429	3	34
Ocker	978	3	12
Ocker	978	5	72
Ockerseel, von	198	6	28
Odendall	784	7	92
Oder	914	1	53
Oder	337	1	34
Odontius	339	1	53
Oeberl	311	8	74
Oechsler	336	1	93
Oechslin	334	10	33
Oechsner	337	7	17
Oedenkoven	825	6	54
Oeder	646	10	53
Öfelin	628	9	31
Oeffelein	203	10	73
Oeffinger	230	5	95
Oefner	329	7	53
Oehlckers	977	9	7
Oehler	532	13	40
Oehmann	1051	15	3
Öhmchen	123	9	53
Oehme	50	3	34
Öhme	221	6	96
Oehmke	11	12	10
Oeler	390	6	13
Oelhafen	203	4	34
Öller	258	2	11
Öllinger	453	1	93
Öllinger	453	6	97
Oelmen	778	9	53
Ölper	266	2	91
Oelrichs	516	8	50
Oeltze	377	10	53
Oelze	181	9	8
Oeri	167	4	34
Oertel	554	4	34
Oertel	796	8	90
Oertel s. Schütz	806	7	37
Örttel	326	7	53
Oeschey	720	12	10
Oesenbrei	144	7	72
Oest	733	11	31
Oeste	380	12	97
Oestereicher	553	2	11
Oesteringer	941	9	54
Österreicher	21	1	53
Oesterreicher	592	7	53
Oesterreicher	384	8	74
Österreicher	725	9	31
Österreicher	725	9	31
Österreicher	21	2	11
Österriches	940	9	91
Oesterring	907	3	70
Oestler	917	2	91
Oettel	997	2	73
Ötterich	253	1	93
Öttinger	189	2	92
Oettinger	513	5	95
Öttinger	645	8	90
Oetzmann	920	4	35
Oexle	334	2	92
Offenbeckh	516	2	50
Offenberg	39	10	73
Offeney	510	8	50
Offeney	867	8	74
Offenstetter	296	6	13
Offenstetter	296	7	53
Offerkamp	645	11	31
Offerl	66	1	9
Official	127	6	13
Ofner	838	1	53
Ofner	662	10	73
Oheimb	638	1	53
Ohensen	981	6	13
Ohlendorf	622	9	7
Ohlenschlager	1014	2	34
Ohlf	903	11	11
Ohlmüller	1005	10	33
Ohnesorge	446	8	50
Ohrlein	105	2	73
Ohswaldt	488	8	32
Olber	411	3	92
Olber	4	8	74
Olbricht	577	1	93
Oldehorst	4	3	12
Oldekop	936	4	73
Oldenborch	240	5	53
Oldenbourg	626	13	48
Oldenburg	616	6	54
Oldenburg	489	9	91
Oldendorp, von	64	9	75
Oldenhof	240	5	53
Oldesloe	915	5	35
Olearius	472	1	74
Olemann	819	3	34
Olemann	819	4	34
Olhamer	264	2	11
Olken	505	9	75
Ollandt	589	5	53
Ollinger	455	7	32
Olnhausen	713	1	34
Oloff	631	9	8
Olszewski	367	9	91
Olthof	481	3	13
Omborn, von	796	9	75
Onselt	417	7	53
Onsorg	777	8	89
Oom	193	3	92
Opala	499	6	13
Opitz	918	1	9
Opitz	373	3	34
Opmann	775	3	34
Oppenrieder	969	1	34
Oppenrieder	826	2	73
Oppenrieder	826	9	54
Oppermann	338	4	34
Oppermann	116	6	13
Oppermann	1023	6	13
Oppermann	253	6	13
Oppermann	497	6	13
Oppermann	540	6	97
Oppermann	873	8	32
Oppermann	253	8	100
Oppermann	992	12	33
Oppler	668	8	74
Orban	1058	1	93
Orff	423	1	9
Orfgen	908	13	48
Orlin	983	7	53
Orlop	895	6	13
Orlovius	653	12	97
Orstner	211	1	93
Ort	441	7	79
Ortel	592	2	73
Ortelius	821	1	93
Orth	230	4	34
Orth	505	5	35
Orth	688	9	7
Orth	503	12	10
Orth	981	14	47
Orth ab Hagen	803	4	91
Orthegrell	465	6	13
Ortl	937	7	53
Ortlieb	849	1	34
Ortlob	758	1	53
Ortmann	98	4	34
Ortner	983	7	53
Ortner	463	1	34
Ortner	324	1	9
Ortolf	561	1	53
Ortt	230	6	28
Ortt	813	10	73
Ortten	228	2	11
Ortthaber	1043	2	50
Osburch	781	8	99
Oschwaldt	383	6	13
Oschwalt	19	2	11
Osen, van	209	12	32
Osiander	889	1	9
Osiander	889	3	34
Osmers	337	12	33
Osnabrügge	93	4	73
Ossendorf	718	6	54
Ossent	900	12	97

Name	WBL	Bgl. Siebm. Abtlg.	Tf.
Osswald	71	6	54
Osten	935	10	73
Osten	935	10	73
Osten	935	10	73
Osterbindt	313	5	72
Osterbrink	980	6	54
Osterdorff	622	5	72
Osterkamp	127	9	91
Ostermair	814	8	90
Ostermann	787	9	75
Ostermann	710	2	92
Ostermann	99	2	73
Ostermeier	674	5	35
Ostermeyer	105	4	34
Ostermeyer	759	5	53
Ostermeyer	674	5	35
Ostermeyr	156	1	93
Osternberger	638	2	50
Osternperger	638	8	74
Osterriederer	305	6	77
Osterried	861	2	73
Osterriedt	926	9	31
Osterriedt	928	9	31
Ostertag	313	1	9
Ostertag	316	7	72
Ostertag	315	7	92
Ostertag	313	8	11
Osthaus	605	12	97
Osthus	913	12	97
Ostius	1034	3	92
Ostmann	944	3	13
Oswald	481	4	34
Oswald	490	7	17
Oswald	490	8	32
Oswald	1039	11	11
Oswald	19	11	31
Oswald	508	12	98
Oth	49	6	77
Othanii	639	6	13
Othli	960	7	72
Ott	159	1	53
Ott	1053	2	92
Ott	1060	3	92
Ott	345	4	34
Ott	345	4	34
Ott	1053	4	34
Ott	345	4	34
Ott	81	7	32
Ott	522	7	33
Ott	278	7	53
Ott	345	10	73
Otte	346	3	13
Ottebernhusen	272	4	34
Ottenbach	457	7	53
Ottenwalder	172	3	54
Ottera, von	345	6	13
Otth	1050	7	17
Ottiker	801	10	11
Ottl	453	4	73
Ottlin	650	6	13
Ottmann	446	10	91
Ottmer	953	4	35
Ottnandt	319	2	12
Otto	419	1	93
Otto	332	12	10
Otto	189	3	54
Otto	509	5	95
Otto	443	5	95
Otto	345	6	54
Otto	324	8	32
Otto	73	8	50
Otto	73	9	75
Otto	422	10	53
Otto	124	10	53
Otto	120	2	92
Otto	345	2	12
Otzen	728	9	54
Overbeck	1019	6	54
Overweg	251	7	53
Paal	806	8	10
Paal	806	8	10
Pabinger	527	11	43
Pabst	420	4	73
Pabst	1040	14	30
Paccot	592	6	13
Pacher	542	5	72
Pachmair	12	2	92
Pachmann	517	4	35
Packbusch s. Parkbusch	570	3	92
Packebusch	15	4	35
Packenius	717	4	98
Packübel	803	1	93
Padags	1010	10	91
Pader	1046	2	12
Pader	941	8	74
Padewet	291	2	73
Pächler	297	3	54
Päczinger s. Päckinger	1064	9	17
Paederus	545	4	73
Paehlike	1009	12	34
Pätz	1022	10	33
Pätzelt	370	12	54
Pagell	601	8	32
Pagenstecher	882	4	35
Pagenstecher	882	9	7
Pagenstecher	857	9	91
Pagner s. Pogner	993	4	37
Pahl	490	10	54
Pahl	668	10	91

Name	WBL	Bgl. Siebm. Abtlg.	Tf.
Pahl	779	10	54
Pahl	668	11	12
Pahl	957	10	54
Pahl	974	12	11
Pahle	687	5	35
Paindtkopfer	279	7	53
Paintl	302	7	53
Pair	568	4	35
Pair	380	7	33
Paix	767	4	35
Pal	7	4	73
Palm	132	10	54
Palm	135	2	92
Palm	489	2	12
Palm	355	14	13
Palmer	23	13	57
Palmpichler	473	9	92
Palmreuter	65	7	54
Paltinger	258	7	54
Pambstl	609	6	13
Paminger	470	2	73
Pampelius	617	7	17
Pancovius	315	10	91
Pancow	451	3	34
Pand	639	5	95
Panili	1079	9	7
Paninger	470	7	54
Panning	541	5	95
Pansow	945	3	13
Pansow	948	9	75
Panswang	884	7	92
Pantaleon	997	11	43
Pantl	215	2	50
Pantzer	591	2	92
Pantzer	723	6	14
Pantzerbiter	153	2	73
Panwolf	211	3	92
Panzer	865	2	34
Panzer	850	7	17
Pape	366	5	95
Pape	371	9	75
Pape	529	12	34
Pape	370	5	72
Pape	988	5	73
Papenburger	307	6	14
Papendorf	30	3	34
Papendorf	293	3	13
Papenhagen	28	3	13
Papin	1013	11	12
Papst	229	2	92
Papst	229	10	54
Paracelsus	718	1	9
Parcham	586	4	35
Parchsteiner	113	6	28
Pardatscher	840	2	92
Pardigol	1074	12	91
Pardigol	819	14	13
Pardt	227	7	54
Paris	297	1	93
Paris	297	2	34
Parisey	53	8	74
Parisius	637	4	35
Parisius	639	4	73
Parkbusch	570	3	92
Parrot	928	13	35
Parseval	426	4	35
Parstorffer	80	7	17
Parstorffer	80	9	92
Partenhauser	843	7	54
Partenschlager	1053	1	34
Parth	144	2	12
Parth	1030	7	54
Partzner	564	7	54
Parys	297	7	54
Pascha	313	1	9
Paschare:	968	9	76
Pasche	312	10	92
Pasche	312	8	51
Paschen	990	4	35
Paschen	567	12	54
Paschke	474	12	98
Paschke	474	12	98
Passarin	612	11	88
Passavant	151	2	50
Passavant	142	10	12
Pastoir	524	4	73
Pastoir	525	10	12
Pastoir	525	4	73
Pastorius	311	8	11
Paterok	1020	13	11
Patge	708	11	71
Patow	478	4	73
Patrick	208	10	54
Patrick	208	10	73
Patscheider	329	10	33
Pattun	532	8	74
Pauckher	206	4	73
Pauckstadt	979	11	72
Pauer	450	9	54
Pauer	893	2	12
Pauer	839	2	50
Paugartner	481	4	35
Pauhinger	331	4	35
Paul	171	1	34
Paul	965	2	12
Paul	886	7	33
Paul	880	12	98
Pauli	393	3	13
Pauli	1018	6	28
Pauli	881	9	7

Name	WBL	Bgl. Siebm. Abtlg.	Tf.
Pauli	172	12	98
Paulini	245	8	74
Paullini	949	3	92
Paullini	124	9	7
Pauls	802	8	90
Paulsen	297	3	34
Paulsen	353	4	73
Paulsen	41	5	35
Paulsen	586	3	92
Paulus	650	14	6
Paulus	831	14	43
Paulus	459	14	43
Paumann	50	4	35
Paumgartner	491	2	12
Paumgarttner	46	2	12
Paumfelder	473	1	34
Paumfelder	476	3	54
Paumfelder	473	8	32
Paumgarten	351	2	12
Paumgarter	1031	9	8
Paumgartner	474	4	35
Paumgartner	482	2	12
Paunberger	412	4	35
Paungarttner	947	6	28
Paur	112	1	74
Paur	556	4	35
Paur	649	4	35
Paur	1007	9	18
Paur	1007	4	35
Paur	476	10	12
Paurs	13	6	29
Pawer	659	7	54
Pawes	420	3	70
Pawher	482	7	54
Paxmann	284	6	29
Pazagl	205	2	50
Pechler	76	7	33
Pechstein	558	14	21
Peck	700	3	13
Peckh	135	7	33
Peckh	730	7	33
Pecstein	516	6	29
Peer	266	4	35
Peer	929	7	54
Peer	267	9	31
Peer	268	1	74
Peer	271	1	53
Peetz	271	11	88
Peetz	272	12	98
Peffenhauser	768	3	54
Pegelau	204	9	54
Pegnitzer	10	2	92
Pegnitzer	697	7	33
Pehmöller	389	4	36
Peierweck	1025	12	98
Peinemann	723	5	53
Peisl	225	8	75
Peißel	780	7	17
Peisser	518	3	54
Peitan	185	7	18
Pelargus	392	4	73
Pelican	388	3	54
Pellicanus s. Wolfhart	75	6	40
Pelkover	797	2	12
Pell	388	3	13
Pelloutier	636	4	73
Pemer	219	2	92
Pemsel	941	5	53
Pemsel	938	7	18
Pencz	834	4	36
Pendner	579	1	74
Penkuhn	3	7	92
Penningroth	929	12	54
Penser	518	6	29
Penserot	615	12	54
Penshorn	976	3	13
Penther	20	3	34
Pentz	969	4	36
Pepersack	262	4	36
Pepper	634	5	95
Pepper	1034	5	95
Perchtner	143	7	33
Perckhamber	458	7	54
Perde, up en	64	4	36
Perdrix	364	13	35
Pergauer	279	7	33
Pergenstörffer	288	1	53
Perger	260	5	73
Perger	326	6	97
Perger	463	2	12
Perger	260	2	50
Perger	463	2	50
Pergkmüller	625	6	29
Pergner	272	3	54
Pericht	271	9	31
Peringer	273	3	54
Peringer	271	4	36
Perleb	929	4	36
Perlensreuter	15	7	54
Perlett	441	1	93
Perlocher	271	4	36
Perndl	272	8	11
Pernegger	271	4	36
Pernwert	273	4	36
Perret	174	7	92
Person	29	8	11
Perthes	197	4	73
Pertsch	428	3	34
Perzlinger	359	1	93
Pescatore	987	9	8

Name	WBL	Bgl. Siebm. Abtlg.	Tf.
Pesch	480	11	31
Pessler	412	1	9
Pestner	903	14	47
Peter	721	4	36
Peter	664	5	95
Peter-Zinum	270	7	54
Petermann	70	1	93
Petermann	705	3	92
Peters	566	7	18
Peters	319	14	14
Petersen	293	3	13
Petersen	430	5	35
Petersen	469	5	35
Petersen	588	5	35
Petersen	599	4	36
Petersen	352	4	36
Petersen	406	5	35
Petersen	485	5	35
Petersen	374	5	53
Petersen	960	6	97
Petersen	1077	7	54
Petersen	1077	7	54
Petersen	543	7	92
Petersen	80	8	32
Petersen	34	10	12
Petersen	728	12	54
Petersen	21	14	6
Petersen	88	3	34
Petershagen	263	4	74
Petersheimer	367	7	54
Peterssen	1026	6	29
Petiscus	313	7	55
Petri	962	5	95
Petri	962	6	29
Petri	420	14	44
Petsch	640	2	73
Petter	269	2	92
Petter	714	13	23
Petz	865	9	32
Petzer	269	5	73
Petzold	311	7	33
Petzoldt	836	2	73
Peucer	1067	1	94
Peuchel s. Peuschel	817	6	39
Peuchel	781	7	33
Peuerbeck	28	12	98
Peukert	845	10	54
Peukert	846	10	73
Peuntner	1056	1	35
Peuntner	166	11	43
Peuntner	166	12	11
Peurbeck	28	4	36
Peurl	822	3	92
Peuschel s. Peuchel	817	6	29
Peuschen	757	13	11
Peutelschmidt	260	2	12
Peutlhauser	273	2	12
Peyer	891	4	36
Peyer	891	7	72
Peyr	726	2	92
Pezellen	1005	8	74
Pfadenhauer	1025	7	55
Pfänder	679	13	57
Pfänder	679	14	6
Pfaff	55	1	35
Pfaff	58	2	12
Pfaff	58	3	92
Pfaff	771	5	53
Pfaff	1017	6	29
Pfaff	115	7	55
Pfaff	115	8	32
Pfaff	150	12	11
Pfaffenberger	461	2	50
Pfaffreuter	128	4	74
Pfafstaller	250	4	74
Pfann	180	1	53
Pfann	707	7	33
Pfannenschmidt	148	2	50
Pfannenstiel	708	4	74
Pfanner	281	2	50
Pfanner	1025	9	8
Pfannmus	180	9	31
Pfannmuss	335	1	94
Pfannmuss	335	2	12
Pfantzer	71	2	73
Pfarkircher	189	5	73
Pfau	402	2	34
Pfau	402	10	33
Pfau	762	14	21
Pfaudtner	402	9	75
Pfaut	413	1	35
Pfeffel	708	3	54
Pfeffer	851	1	53
Pfeffer	1003	2	74
Pfeffer	998	4	36
Pfeffer	998	6	14
Pfeffer	419	7	55
Pfeffer	998	7	55
Pfeffer	717	10	74
Pfefferbalg	14	2	17
Pfefferkorn	941	2	74
Pfefferle	441	9	31
Pfefferlin	102	6	29
Pfefferlin	431	6	77
Pfehringer	255	1	9
Pfeifer	144	11	31
Pfeifer	635	1	10
Pfeiffelmann	106	6	29
Pfeiffelmann	810	6	77
Pfeiffer	831	2	92

Name	WBL	Bgl. Siebm. Abtlg.	Tf.
Pfeiffer	597	3	34
Pfeiffer	597	3	54
Pfeiffer	831	5	95
Pfeiffer	764	6	14
Pfeiffer	539	7	72
Pfeiffer	597	9	31
Pfeiffer	900	9	76
Pfeiffer	635	13	40
Pfeiffer	635	13	48
Pfeiffer	520	14	38
Pfeiffle	723	13	23
Pfeil	1076	1	35
Pfeil	884	12	98
Pfeil	189	13	41
Pfeilschmidt	697	5	95
Pfeilschmidt	290	7	92
Pfeissinger	224	9	8
Pfender	125	7	92
Pfender	294	8	75
Pfender	124	10	74
Pfendler	990	3	92
Pfendler	128	7	18
Pfennigsack	215	4	74
Pfenning	462	3	55
Pfenning	49	6	29
Pfenninger	972	4	36
Pfenninger	663	10	12
Pferger	775	3	55
Pfetter	872	1	53
Pfister	494	2	92
Pfister	1045	3	70
Pfister	207	6	29
Pfister	494	8	32
Pfister	1036	9	54
Pfister	677	9	92
Pfister	688	10	12
Pfister	728	10	73
Pfister	743	1	74
Pfister	417	1	35
Pfister	677	2	12
Pfisterer	1045	1	74
Pfisterer	1045	10	73
Pfitzius	565	8	75
Pflaum	155	1	53
Pflaum	592	3	92
Pflaum	592	8	90
Pflaumbaum	473	6	14
Pfleghart	441	4	36
Pfleiderer	357	13	48
Pflüger	1032	1	10
Pfnor	76	13	41
Pföstl	492	2	92
Pforr	626	12	98
Pfoteknecht	677	9	54
Pfottel	414	10	74
Pfreundt	265	4	36
Pfrontner	1029	1	35
Pfützner	977	13	11
Pfuhle	525	7	80
Pfundtner	144	3	70
Pfuster	997	2	50
Pfyffer	292	3	92
Pfyffer	107	4	36
Philgus	297	3	55
Philipp	630	5	73
Philippe	339	3	34
Philippi	44	9	76
Philipps	695	11	44
Philipps	830	11	44
Phyrgion	57	6	29
Picart	530	1	53
Pichl s. Piehl	690	8	32
Pichler	996	4	37
Pichlmayer	99	2	92
Picht	159	3	13
Picht	163	9	54
Pickart	530	3	34
Pickel	458	6	97
Pickher	649	2	12
Piderit	700	8	32
Piechl	751	1	94
Piekenbrock	74	14	21
Pieper	1028	6	14
Pieper	888	9	92
Pieper	773	13	48
Piepersberg	920	5	53
Piepgras	1000	12	11
Pierer	313	12	34
Pierer	1041	12	98
Piernbaumer	521	2	50
Piernpöck	590	2	34
Pießer	459	1	94
Piger	930	2	50
Pilgram	442	2	13
Pilgram	681	2	13
Pilgrum	685	9	54
Pilling	458	9	8
Pilling	981	13	11
Pilsacher	650	2	13
Pimmel	1024	1	35
Pimpfinger	169	1	94
Pinczger	996	4	37
Pineker	541	3	92
Pintheimer	950	2	74
Pintsch	909	8	50
Pirander	85	7	55
Pirani	350	11	31
Pirbaum	521	6	97
Pirchach	514	4	37
Pirchinger	95	7	55

Name	WBL	Bgl. Siebm. Abtlg.	Tf.
Pirher	345	4	37
Pirkhamer	372	4	37
Pirkhamer	375	4	37
Pirkl	514	9	31
Pirrss	503	10	74
Pirrung	973	14	47
Pischl	420	2	92
Pisswanger	747	2	13
Pistorius	587	2	50
Pistorius	1047	2	50
Pistorius	1023	3	34
Pistorius	1027	6	29
Pistorius	130	3	92
Pitlmeyer	17	3	92
Pitroldt	890	3	55
Pitterlin	526	1	94
Pitterstorffer	995	4	37
Pitzsch	191	1	94
Placiola	203	2	92
Plähn	914	10	33
Pläss	250	2	50
Plaghal	687	1	94
Plaichner	456	6	29
Plamauer	153	2	50
Plamsch	647	7	55
Plamsch	1073	8	2
Planck	205	1	94
Planckh	203	10	54
Planer	214	7	55
Planer	238	7	55
Plank	565	3	55
Plank	564	1	74
Plank	979	1	74
Plankhenauer	998	1	35
Planz	519	12	11
Plast	712	3	70
Plate	583	3	13
Plathner	595	10	12
Plathner	595	10	12
Plathner	629	10	12
Platner	218	3	93
Plato	1062	5	73
Plattenhart	138	4	74
Plattenhart	584	4	74
Plattner	806	1	35
Platz	531	4	37
Platz, vom	613	4	37
Platzer	578	1	10
Platzmann	370	5	53
Plebst	965	6	54
Plech	146	7	18
Plech	689	9	32
Plechschmidt	33	2	13
Pleckenwegner	561	7	55
Pleel	803	8	90
Pleier	591	2	50
Pleinhuber	977	1	10
Pleitner	349	1	10
Pleninger	387	8	11
Pleniß	993	10	33
Plenk	678	1	74
Plenndel	109	2	34
Plenninger	387	2	13
Plenske	195	10	74
Plenzke	195	11	44
Plesmann	788	9	75
Plessing	489	4	37
Plessinger	292	2	51
Pletz	442	7	55
Plewkiewicz	453	9	92
Pleytuess s. Pleyfueß	213	7	55
Plickenberger	790	6	77
Pliemel	213	6	97
Pliemel	213	8	75
Plinthammer	206	4	3
Plitt	976	5	36
Plitz	826	8	32
Ploch	498	7	55
Plocher	1034	14	14
Plock	507	2	74
Plöhn	122	10	54
Plöntzig	263	9	54
Plötze	430	3	13
Ploneck	1026	2	51
Ploß	548	7	55
Pluderhauser	612	2	51
Plümel	571	3	55
Plümicke	470	14	21
Plümicke	470	8	32
Plümicke	470	8	51
Pobantz	465	11	43
Pobantz	465	12	12
Pobay	217	3	55
Pochlaner	456	2	93
Pockh	321	2	51
Pockh	1079	4	74
Pockrandt	907	6	54
Pockrandt	232	9	54
Pocksberger	327	7	33
Pöck	324	7	18
Pöckel	318	7	56
Pöckhl	970	2	13
Pöckhl	970	9	32
Pögl	958	1	53
Pögl	642	7	55
Pögnitz	289	10	54
Poelchau	176	10	54
Pölde, von	29	9	76
Pöler	172	4	37
Poensgen	385	12	34

Name	WBL	Bgl. Siebm. Abtlg.	Tf.
Pöpping	888	4	37
Pöpping	1045	4	37
Pörl	538	2	13
Pösch	697	7	33
Poesch	291	7	93
Pötinger	147	9	17
Pötsch	930	4	38
Poettinger	991	10	54
Pött	1005	8	51
Pogner	641	1	35
Pogner	263	4	37
Pohl	970	7	92
Pohlmann	908	8	75
Pohlmann	163	3	13
Pointner	886	8	75
Poland	462	2	93
Polch	71	9	8
Polchow	1023	13	48
Polchow	794	13	57
Polemann	515	4	37
Polke	85	11	12
Poll	275	2	13
Pollart	210	12	98
Polle	719	11	12
Pollene	557	9	76
Pollich	979	5	54
Pollmann	488	6	54
Polmann	839	5	82
Polster	395	4	37
Polster	743	4	37
Pomer	460	7	56
Pommer	281	1	10
Pommer	281	8	11
Ponacker	128	2	34
Poner	555	7	33
Ponholzer	556	1	35
Popillon	543	10	33
Popken	938	13	48
Popp	299	3	55
Popp	382	4	37
Popp	856	6	97
Popp	142	9	76
Popp	855	2	74
Popp	382	2	51
Popp	931	2	51
Poppe	950	4	37
Poppe	893	13	11
Poppelow	220	7	18
Poppenberger	638	2	13
Poppermüller	209	4	38
Porsch	40	9	32
Porss	450	2	93
Porst	531	3	34
Porst	539	3	55
Porter	817	5	73
Porten, zo der	622	11	31
Portenpurger	615	8	12
Posch	282	2	34
Poschen	1002	3	55
Poschendorfer	472	2	13
Poschinger	1069	1	35
Posewitz	480	3	34
Posler	49	4	38
Poss	545	1	53
Poss	500	4	38
Poss	65	6	54
Poss	718	7	56
Post	627	9	54
Post	129	1	74
Posth s. Potsch	584	7	72
Poten	348	6	55
Poth	1074	8	11
Potlitz	1028	14	44
Potner	443	1	35
Pototschnig	737	11	31
Pott	754	11	72
Potsch s. Posth	152	5	73
Pouchenius	1016	5	54
Prabudzki	654	10	12
Prackenhauser	287	4	74
Prackenheimer	287	4	74
Praecht	26	10	33
Praedel	24	10	12
Präntl	1066	1	74
Praesent	42	6	55
Präst	456	3	93
Präst	456	8	75
Prätorius	948	1	94
Praetorius	495	5	95
Praetorius	502	9	54
Prahl	165	5	36
Prale	497	2	74
Praller	995	1	10
Prandlin	499	6	29
Prandstetter	683	2	13
Prandstetter	151	4	38
Prandt	176	2	13
Prandtner	580	1	35
Prange	600	5	73
Pranger	451	9	16
Pranisser	657	2	13
Prantl	879	4	38
Prantler	999	9	8
Prantner	99	5	73
Prasch	991	3	93
Prass	506	2	51
Praun	347	4	38
Praun	556	2	13
Praun	168	2	34
Praun	913	1	74

Name	WBL	Bgl. Siebm. Abtlg.	Tf.
Praun	1050	2	74
Praunisch	324	4	38
Praunschober	919	1	94
Praunskorn	606	7	33
Praunsmännl	98	2	13
Prawest	303	3	70
Prechler	950	4	74
Precht	772	2	34
Prechter	1060	1	53
Prechtl	182	2	13
Prefenhueber	114	2	51
Pregel	675	1	53
Pregel	1074	4	74
Pregizer	725	4	74
Pregler	79	2	93
Preininger	138	2	51
Preininger	139	8	75
Preis	100	9	92
Preisegger	895	2	51
Preisegger	894	10	34
Preiss	54	9	54
Prell	607	2	13
Prell	705	9	92
Prell	607	12	98
Prem	219	7	33
Prem	440	7	33
Prem	440	9	32
Prendler	493	4	38
Prennberger	90	4	38
Prenner	141	1	53
Prenner	702	2	93
Prenner	141	10	54
Prenner	794	10	74
Prenninger	265	1	94
Prentl	51	4	38
Presch	475	13	23
Pretfeld	208	8	32
Pretterschnegger	205	2	51
Pretz	213	2	93
Pretzner	530	4	38
Preu	817	2	74
Preu	178	3	35
Preu	340	4	38
Preu	817	4	38
Preu	258	9	76
Preu	178	1	74
Preu	221	1	74
Preul	728	2	13
Preuschel	553	4	38
Preuss	678	7	33
Preuß	673	8	11
Preuß	863	7	18
Preusser	216	2	51
Prew	988	7	56
Preydl	1050	2	34
Preyer	228	2	51
Preyninger	143	2	51
Prez	966	5	73
Priamus	987	5	73
Priamus	987	8	33
Price	821	15	3
Prickel	1073	1	74
Prieffer	244	2	51
Priem	1030	2	13
Pries	728	13	49
Priestaff	185	5	73
Priester	34	2	14
Priester	33	10	74
Priester	798	10	74
Priewe	1001	13	11
Prigge	505	3	70
Prigl	996	9	32
Prim	960	3	93
Primavesi	3	11	32
Primavesi	3	13	1
Primavesi	1007	13	1
Prinz	657	14	6
Pritz	367	3	93
Probst	1051	4	74
Probst	240	6	29
Probst	688	6	29
Probst	153	9	76
Probst	522	2	14
Probst	153	2	93
Procer	292	6	29
Proch	673	1	10
Prochaska	187	10	92
Prochaska	187	11	12
Prochnow	659	13	11
Prock	753	2	34
Prock	531	3	93
Pröbst	835	7	33
Pröbster	201	8	75
Pröbstl	138	1	35
Pröbstl	347	3	55
Pröll	224	1	35
Pröll	704	1	54
Prösch	953	4	38
Prolis	788	2	51
Prombach	561	7	56
Promis	187	12	98
Promoli	453	2	74
Pronner	626	5	73
Propp	635	5	96
Prosch	1077	2	93
Prost	786	6	55
Protzer	292	1	94
Protzer	292	7	34
Pruckmann	858	10	92
Pruckmann	863	10	92

Name	WBL	Bgl. Siebm. Abtlg.	Tf.
Prügel	241	1	10
Prügel	290	2	51
Prueller	491	4	74
Prueller	491	9	55
Prüschenk	1078	9	54
Prütze	579	3	13
Prützmann	1042	12	34
Prützmann	1042	12	72
Prugger	152	2	51
Prugger	618	10	55
Prugger	979	12	98
Prugger	618	12	98
Prugkher	623	4	38
Prume	477	3	70
Prunengel	417	7	34
Pruner	627	7	56
Prungraber	999	3	93
Prunner	228	1	54
Prunner	627	2	51
Prunner	564	10	54
Prunner	953	2	51
Prunss	533	4	38
Prutze	514	7	18
Pruy	204	4	38
Pryol	559	4	18
Przyborowski	776	13	30
Pschor	157	4	39
Pschorr	610	8	11
Puchelberger	219	4	39
Pucher	59	10	55
Puchinger	71	7	56
Puchsbaum	221	2	52
Puchstein	215	9	92
Puck	720	1	35
Puckhmann	822	2	14
Puecher	201	1	54
Puechhofer	562	6	30
Püchinger	942	7	56
Püchler	444	1	10
Püchler	560	4	39
Püchler	859	8	75
Puechmayr	883	8	76
Pühelmaier	536	6	30
Pühelmair	947	2	52
Puehinger	71	8	33
Pühler	406	1	74
Pühler	348	2	52
Pühler	177	4	39
Pühler	307	6	30
Pühler	815	8	90
Pürckl	537	7	34
Pürkauer	363	1	35
Pürker	581	12	99
Pütken, von	434	5	36
Pütner	651	4	39
Pütner	833	7	56
Pütter	628	4	74
Pütter	739	8	75
Pütz	997	8	33
Puffen	555	10	92
Puhlmayr	918	2	14
Puits, Du	408	10	92
Puller	1011	6	55
Pulmer	178	4	39
Pulvermann	907	12	99
Punschel	83	3	93
Pur	1037	4	39
Pureisen	1055	1	74
Purer	774	7	34
Purgleuttner	553	6	30
Purgold	840	12	12
Purkstaller	924	12	71
Purmann-Zwanziger	1024	4	74
Purtscher	1055	5	73
Purtscher	1055	8	76
Pusch	170	2	14
Pusch	353	4	39
Pusch	6	5	73
Pusch	867	8	12
Puschler	704	4	39
Pustau	671	10	13
Putensen	941	5	73
Putte, von dem	628	11	31
Puttrich	970	8	76
Putz	234	2	93
Putz	628	10	34
Pyl	738	3	13
Pyrbach	232	4	39
Quaetfaslem	961	7	92
Quast	702	8	76
Queng	855	6	30
Quentin	808	9	76
Queschwitz	1068	9	8
Quickelberger	272	7	34
Quieser	804	3	55
Quistorp	588	12	12
Quitt	675	14	38
Raab	411	1	54
Raab	363	14	38
Raabe	979	4	39
Raadt	726	4	39
Rab	378	7	93
Rab	876	9	8
Rabbow	825	14	6
Rabe	76	8	33
Raben	379	1	74
Rabeneckher	375	2	14
Raber	876	12	72

Name	WBL	Bgl. Siebm. Abtlg.	Tf.
Rabius	876	10	74
Rabner	365	3	55
Rabus	832	9	32
Radauer	970	1	35
Radax	1026	3	55
Radax	347	7	93
Radecke	176	5	96
Radefeld	705	10	74
Radeleff	503	3	13
Rademacher	910	5	54
Rademaker	955	3	13
Rademann	156	3	35
Rademin	588	3	13
Rader	839	6	55
Raderius	513	9	8
Radermacher	727	7	18
Radermacher	225	7	93
Radewald	905	7	93
Radmann	937	1	10
Radmann	727	13	11
Radnecker	728	7	34
Radomski	546	10	13
Raebel	21	3	93
Raebel	363	14	14
Raebiger	876	7	56
Raecke	387	13	49
Räder	896	13	49
Raehmel	827	8	51
Rätich	589	7	93
Rättlin	347	6	30
Raff	276	14	21
Rafunk	475	5	96
Rager	390	2	52
Ragkel	23	4	39
Rahn	839	4	39
Rahn	579	6	30
Raht s. Rath	549	6	30
Rahtgeb	186	5	54
Rahtgens	1051	5	36
Raid	392	7	93
Raidl	727	12	11
Raidl	1001	12	11
Raidt	798	13	30
Raiffinger	459	7	93
Raimon	441	13	35
Rainer	16	2	52
Rainer	565	3	55
Rainhardt	384	5	54
Raiser	548	6	78
Raiser	235	7	34
Raiser	234	8	32
Raiser	234	10	92
Raiser s. Kaiser	797	8	90
Raisin	873	13	30
Raith	938	1	10
Raithel	905	14	14
Raitweiler	856	3	55
Raizner	877	14	38
Rakow	493	4	74
Rakowski	694	10	34
Ralfs	266	12	99
Rambach	446	9	32
Rambsbeckh	108	2	52
Rambskopff	337	6	14
Ramensperg	516	10	12
Ramer	7	1	94
Ramer	7	2	14
Ramm	255	7	93
Ramm	869	10	55
Ramme	754	9	76
Ramming	237	7	34
Ramminger	373	1	35
Ramminger	316	6	30
Rammlmayr	294	2	93
Rampf	564	3	55
Rampp	726	10	34
Ramsauer	368	7	72
Ramsbeck	146	1	36
Ramsenthaler	545	6	30
Ramsey	923	6	55
Ramsler	317	6	30
Ramsower	368	6	30
Ramspeck	596	12	12
Ramsperger	158	6	30
Ramstedt	193	14	6
Randinger	493	2	52
Rangner	148	2	52
Ranniger	394	6	55
Ranninger	359	14	47
Ransleben	674	8	51
Ranstl	822	2	14
Rantzen	321	5	73
Raparlier, de la	344	2	34
Rape	823	6	30
Rapp	249	12	99
Rappard	249	8	76
Rappenberger	939	10	18
Rappersberger	954	5	54
Rappli	410	11	12
Rappold	16	1	94
Rappoldt	927	6	30
Rappolt	690	4	39
Rasander	494	3	70
Rasch	352	5	36
Rasch	300	10	74
Raschig	122	9	92
Raschig	419	9	92
Raschke	458	7	93
Raschke	416	12	12
Raschke	189	13	41
Rasor	683	2	35
Rasp	924	9	32
Raspe	188	1	10
Raspe	617	11	32
Rasper	567	3	93
Rassler	20	3	35
Rast	759	1	54
Rastett	414	6	30
Ratabot	29	9	54
Ratenberger	273	4	39
Ratgeb	45	5	54
Ratgeben	45	10	19
Rath	415	1	10
Rath	549	6	30
Rath, vom	668	14	44
Rathel	37	2	35
Rathgeb	392	7	93
Rathgeb	391	2	52
Rathgeb	186	2	74
Rathkamp	1014	13	41
Ratmannsperger	581	4	39
Ratnecker	954	1	36
Ratschiller	297	9	32
Ratzenberger	191	9	32
Rau	428	4	74
Rau	390	14	6
Raub	1052	10	34
Rauchbain	691	7	93
Rauchbar	579	1	36
Rauchbar	584	9	77
Rauchdorn	485	2	52
Rauchmair s. Rauschmair	330	2	93
Rauchschnabel	446	3	55
Raue	97	10	92
Rauh	333	3	93
Rauh	718	4	39
Rauh	358	9	77
Rauhenberger	626	4	39
Raumair	34	2	74
Rauneckher	375	2	14
Rauner	794	6	77
Raup	8	1	54
Rausch	10	5	96
Rausch	81	7	34
Rausch	406	10	35
Rauschenbach	52	10	35
Rauscher	696	1	36
Rauscher	446	2	14
Rauscher	289	4	39
Rauscher	546	6	55
Rauscher	705	7	34
Rauschmair	330	2	93
Rauschmayr	323	7	93
Rauss	624	6	97
Rautenberg	983	6	55
Rautenbergk	28	11	12
Rauw	495	9	76
Raven	623	9	76
Raven	36	4	74
Ravens	359	5	73
Ravensburg	615	4	74
Ravensburg	615	10	55
Ravenschlag	364	11	72
Raves	13	4	98
Raw	910	7	34
Rawissa	614	1	94
Rawschnabel	446	7	34
Rayser	548	6	30
Rayssmann	95	6	30
Rebeck	10	2	74
Rebenickh	941	4	75
Rebenschütz	951	13	41
Reber	341	4	40
Reber	1012	5	73
Reber	707	4	40
Reber	595	10	74
Rebhan	361	3	35
Rebhan	999	4	75
Rebinger	855	6	97
Reblin	596	6	30
Rebolt	81	6	77
Rebstain	342	2	74
Rebstein	342	1	10
Rebwein	932	6	30
Rech	709	2	14
Rechauer	299	2	14
Rechberger	903	1	54
Rechberger	297	7	93
Rechhäuser	969	3	55
Rechl	1058	13	57
Rechlinger	535	3	55
Rechseisen	396	2	93
Rechtern	909	6	55
Rechtern	706	10	74
Rechthaler	308	1	54
Reck	274	1	74
Reckenschink	101	9	18
Recklinghausen, von	916	10	34
Recklinghausen, von	916	10	55
Recklinghausen, von	916	10	74
Recklinghausen, von	1064	10	75
Redeker (Redeke)	529	9	77
Redeken	986	6	31
Redelffsen	389	5	74
Redlich	124	9	8
Reepen	714	6	55
Reetz	53	10	55
Refart	304	5	96
Regel	425	7	72
Regenfuß	147	7	34
Regenfuß	679	7	34
Regnat	14	8	12
Regner	148	1	10
Regulein	71	6	31
Rehbein	308	1	10
Rehbein	932	4	40
Rehbein	932	5	36
Rehbein	1062	11	12
Rehders	352	5	74
Rehders	352	5	74
Rehefeld	867	6	31
Rehefeld	309	10	34
Reheis	308	1	94
Rehfeld	867	6	31
Rehfeldt	308	6	31
Rehfeldt	896	6	31
Rehfeldt	309	6	31
Rehfeldt	600	6	31
Rehkopf	309	12	99
Rehlein	303	7	34
Rehlein	309	7	34
Rehlen	308	1	10
Rehlen	308	6	14
Rehm	393	7	18
Rehm	694	11	88
Rehner	940	7	93
Rehnfiesch	935	8	12
Rehwald	294	3	70
Rehwold	478	5	74
Reibel	727	1	94
Reibenstein	724	4	75
Reich	985	4	40
Reich	617	6	31
Reich	326	6	55
Reich	873	9	32
Reich	777	2	14
Reich	562	2	52
Reichard	414	4	40
Reichard	644	8	33
Reichard	710	13	1
Reichard	824	2	35
Reichard	709	12	71
Reichard	643	12	71
Reichard	645	12	71
Reichardt	426	3	35
Reichardt	1056	6	14
Reichardt	690	6	31
Reichardt	709	6	31
Reichardt	467	8	51
Reichart	676	9	32
Reiche	501	4	75
Reiche	508	5	74
Reiche	251	6	55
Reiche	249	13	49
Reichel	303	2	52
Reichel	490	2	52
Reichel	629	4	40
Reichel	233	4	75
Reichel	395	10	13
Reichel	952	14	30
Reichenbach	34	4	40
Reichenbach	64	4	40
Reichenbacher	12	4	40
Reichenberg	414	8	12
Reichensperger	536	2	52
Reicherseder	241	1	74
Reichert	1063	5	96
Reichert	841	11	88
Reichhart	978	2	14
Reichhelm	605	6	97
Reichhelm (Richelm)	605	9	77
Reichl	455	6	31
Reichnau	570	4	40
Reichold	996	2	93
Reichold	455	3	56
Reichshofer	655	1	36
Reichswirdt	297	1	94
Reidemeister	297	13	49
Reidenbach	21	12	12
Reidenhausen	39	3	14
Reidnütz	844	9	32
Reidter	128	1	75
Reiffel	883	1	36
Reiffensberger	537	3	56
Reiffenstein	465	7	94
Reiffenstuel	203	1	10
Reiffli	720	4	40
Reifschneider	721	12	12
Reiger	1063	1	11
Reijde, van	556	11	88
Reimann	460	6	80
Raimar	813	9	77
Reimbold	860	3	35
Reimboldt	294	5	96
Reimboth	413	3	56
Reimer	335	1	54
Reimerdes	49	11	43
Reimers	936	4	75
Reimers	192	5	74
Reimers	439	5	96
Reinaud	1021	4	98
Reincke	279	10	55
Reine	13	3	35
Reineke	697	3	56
Reineri	665	6	97
Reiners	495	12	12
Reiners	780	13	57
Reinesius	782	3	93
Reinewald	816	8	76
Reinfart	825	6	55

Name	WBL	Bgl. Siebm. Abtlg.	Tf.
Reinhard	511	4	75
Reinhard	281	9	92
Reinhard	387	11	72
Reinhard	276	2	74
Reinhardt	78	2	52
Reinhardt	87	12	99
Reinhardt	301	2	35
Reinhardt	573	2	14
Reinhardt	331	5	54
Reinhardt	550	5	54
Reinhardt	859	5	54
Reinhardt	422	9	32
Reinhardten	1034	2	52
Reinhart	281	4	40
Reinhart	2	5	54
Reinhart	521	9	77
Reinhartt	436	7	56
Reinhold	590	9	33
Reinicke	282	10	55
Reinicke	277	12	99
Reinke	960	11	88
Reinking	760	6	55
Reinking	469	13	30
Reinmann	59	4	40
Reinsdorff	762	5	36
Reinsperger	255	3	93
Reinstein	1006	14	21
Reinstorf	888	9	8
Reinstorp	762	6	14
Reinthaler	1041	1	54
Reis	154	9	77
Reisacher	82	1	11
Reisch	1065	1	36
Reisch	863	6	14
Reisch	36	6	78
Reisch	815	8	90
Reischl	920	6	55
Reiseisen	652	1	36
Reisenleitter	641	6	31
Reiser	167	1	75
Reiser	216	3	56
Reiser	7	7	94
Reiser	943	8	33
Reiser	235	1	94
Reishauer	756	7	72
Reisiger	457	2	14
Reisner	927	1	54
Reisner	291	6	97
Reisser	398	1	95
Reißer	981	2	74
Reißl	1048	2	14
Reißner	960	7	80
Reiter	129	15	3
Reith	1040	2	93
Reitnauer	721	4	40
Reitsberger	1076	2	14
Reitsperger	1076	2	74
Reitter	109	3	70
Reitter	453	3	93
Reitz	220	13	30
Reitz	402	13	30
Reitzel	352	8	76
Reitzman s. Beitzman	393	1	35
Reitzeck	846	8	76
Reizner	834	3	56
Reizner	782	3	56
Rellensmann	1019	9	92
Relstab	759	7	72
Relstab	53	7	73
Rembert	734	3	56
Remboldt	45	5	96
Remboldt	294	5	96
Remedi	244	2	14
Remelini s. Bemelini	446	1	11
Remme	366	11	32
Remmer	259	2	52
Remmerson	453	9	55
Remmlein	60	2	74
Remschel	919	11	12
Remstede	194	4	40
Remy	700	13	1
Remy gen. Paillet	565	11	89
Remy gen. Paillet	565	4	75
Rendelmann	184	12	34
Rendl	947	1	11
Rendtorff	940	7	56
Rendwickh	876	6	31
Renger	149	1	54
Renger	898	14	30
Renger	898	14	38
Renhart	404	6	77
Renker	451	7	73
Renn	652	7	94
Renner	831	8	76
Renner	348	10	55
Renner	200	2	93
Renner	768	2	52
Renninger	128	1	74
Renninsfeldt	622	9	93
Rensing s. Reusing	815	8	100
Rentrop	905	8	89
Rentsch	124	3	93
Rentz	553	6	31
Rentz	932	9	33
Rentz	1055	2	52
Rentz	255	2	74
Rentzel	419	3	14
Rentzler	607	2	14
Rep	230	6	31
Rentzsch	128	9	93
Rentzsch	85	9	93
Rephuen	362	7	94
Repp s. Renn	652	7	94
Resch	135	1	75
Resch	259	2	74
Resch	290	3	56
Resch	8	4	75
Resch	742	6	78
Resch	374	7	34
Resch	259	8	12
Resch	697	13	35
Reschius	823	4	75
Reschke	833	2	52
Reschke	998	14	30
Reschke	106	2	14
Reschlin	259	1	11
Reschlin	259	8	12
Rese	759	3	71
Rese	955	5	36
Rese	702	9	77
Resenberger	457	2	93
Resl	530	12	12
Respetino	24	7	18
Ressach	136	3	71
Resse	782	10	74
Reteke	392	5	74
Rethem	548	3	14
Rether	243	5	74
Retter	864	1	11
Retter	864	5	74
Rettich	590	4	40
Rettig	1071	4	75
Rettig	589	7	73
Rettstadt	525	6	55
Retzlow	322	8	51
Reuber	828	2	75
Reuchlin	759	4	75
Reuehalter	394	8	76
Reuert	392	10	74
Reuland	523	9	8
Reuleaux	978	4	75
Reumann	26	7	94
Reunert	281	6	55
Reuning	722	8	33
Reusch	629	3	56
Reusch	489	6	14
Reuscher	945	10	13
Reuser	377	2	53
Reusing s. Rensing	815	7	56
Reusing s. Rensing	815	8	76
Reusner	179	4	75
Reuss	862	1	75
Reuß	751	2	35
Reuße	862	6	31
Reuter	706	1	75
Reuter	247	3	14
Reuter	987	7	18
Reuter	769	7	73
Reuter	108	8	51
Reuter	256	10	34
Reuuter	54	11	12
Reuter	705	14	14
Reuter	247	3	71
Reuter	247	1	95
Reuter	1045	3	71
Reuth	862	4	75
Reuther	632	9	8
Reutter	128	3	71
Reutter	55	2	15
Reutter	688	6	31
Reutter	879	7	34
Reutter	830	8	33
Reutter	251	10	55
Reuttlinger	318	6	31
Reuttmayer	250	8	76
Reux	203	4	98
Revelmann	145	2	75
Rey	432	4	40
Reyger	391	9	55
Reyhing	717	6	31
Reyman	790	9	55
Reymann	693	9	55
Reymann s. Reumann	26	7	94
Reyndes	643	9	77
Reynhardt	1067	3	56
Reysenleutter	641	1	75
Reyser	219	6	14
Reyser	377	6	14
Reysoldt	609	5	74
Reyttmair	154	3	71
Rezer	515	2	75
Rhaw	589	7	94
Rhaw	806	10	34
Rhebinder	351	5	96
Rheinbay	792	9	55
Rheinboldt	872	5	96
Rheiner	3	2	53
Rheiner	818	2	75
Rheinländer	688	12	72
Rhelin	308	6	14
Rhenius	48	10	13
Rhenius	48	10	55
Rhese	313	3	71
Rheude	30	11	89
Rhiem	911	11	89
Rho	1024	6	32
Rhoden	577	6	55
Rhodius	63	12	99
Rhodt	355	1	11
Rhost	8	1	95
Rhotert	1062	6	55
Rhüde	705	6	14
Rhyn, Am	55	8	94
Rhyne, Vam	598	4	40
Ribeisen	708	3	93
Ribook	353	5	96
Riccius	347	9	9
Richard	73	13	35
Richart	808	2	93
Richart	203	9	92
Richelm s. Reichhelm	1080	9	77
Richels	1019	5	74
Richels	1019	5	74
Richers	187	5	36
Richertz	119	6	56
Richey	948	3	35
Richey	948	5	75
Richler	915	1	54
Richner	52	10	20
Richter	163	3	71
Richter	634	1	95
Richter	557	6	56
Richter	648	6	80
Richter	196	7	18
Richter	698	7	94
Richter	864	8	12
Richter	557	8	51
Richter	124	9	55
Richter	124	9	93
Richter	125	1	95
Richter	125	9	55
Richter	312	9	93
Richter	680	10	34
Richter	783	11	44
Richter	1033	12	13
Richter	776	12	34
Richter	974	12	34
Richter	596	13	41
Richter	1071	14	7
Richter	928	14	30
Richter	927	1	11
Richter	781	1	95
Richter	118	1	95
Richthauser	790	7	34
Rickmann	299	9	77
Ricvillerus	594	6	32
Ridder	73	5	36
Ridder	543	9	77
Ridder	801	9	77
Ridder	801	9	77
Ridder, de	882	4	98
Ridenstein	911	5	36
Ridt	289	7	18
Rieck	85	12	99
Riecke	292	4	40
Riecke	368	4	75
Riecke	369	5	74
Riecke	326	8	51
Ried	287	6	32
Ried	690	14	38
Riedbaum	475	11	32
Riedel	50	3	71
Rieder	772	7	73
Rieder	1034	2	93
Rieder	231	2	15
Riederer	297	8	76
Riederer	789	8	91
Riederer	297	1	54
Riederer	308	1	75
Riediger	914	8	72
Riediger	312	8	51
Riedinus	552	7	18
Riedl	235	2	35
Riedlin	692	3	93
Riedmüller	565	6	32
Riedtmayer	67	2	75
Riedty	552	6	32
Riegel	909	14	38
Riegelhofer	664	1	95
Rieger	836	1	54
Rieger	594	1	75
Rieger	846	1	75
Rieger	311	2	93
Rieger	608	2	75
Rieger	882	2	53
Rieger	390	2	93
Riegler	879	6	32
Riegler	950	2	94
Riehl	622	6	32
Riehl	733	8	12
Riehm	1022	11	44
Riehm	1022	11	89
Riehm	1008	11	89
Riehm	1011	11	90
Riehm	927	14	30
Rieken	655	13	11
Riel	58	11	89
Riem	981	11	89
Riem	127	11	89
Riem	209	11	89
Riem	46	11	90
Riem	569	11	90
Riem	26	12	13
Riem	711	11	89
Riem	676	12	34
Riem	770	11	90
Riem	1038	11	90
Riem	391	12	13
Riem	386	12	34
Riemann	1004	12	99

Name	WBL	Bgl. Siebm. Abtlg.	Tf.
Riemann	781	13	57
Rieme	634	11	90
Riemelin	500	6	97
Riemenschneider	793	9	77
Riemo	22	12	13
Riempp	590	11	90
Riemschneider	744	10	55
Rieneckher	999	9	33
Riepe	807	9	55
Riepel	590	1	36
Riepenhausen	373	5	96
Riepp	589	6	32
Ries	39	1	11
Ries	286	2	94
Ries	30	10	13
Ries	30	10	34
Riesch	509	14	30
Riescher	402	1	75
Riese	74	13	23
Riesel	952	6	14
Riessenbrand	297	2	53
Rieser	340	1	75
Rieß	407	1	95
Riess	120	6	32
Riess	120	6	32
Riester	819	11	12
Rietberger	120	2	53
Riete	560	4	41
Rietmann	231	7	73
Riexinger	980	14	30
Riffenschael	712	6	32
Riggert	910	12	99
Riggert	910	14	14
Rigler	424	3	71
Rike	126	5	74
Rike	742	5	74
Rim	729	12	34
Rimann	95	14	14
Rimpau	507	5	36
Rimphoff	988	5	96
Rinck	378	3	93
Rinck	227	5	74
Rinck	814	10	74
Rinck	181	11	90
Rinck, von	378	9	77
Rind	1071	13	12
Rindelhauser	1005	1	36
Rinder	338	6	56
Rinderknecht	333	7	73
Rindler	429	2	94
Ringelstein	723	7	94
Ringelstorffer	723	8	76
Ringger	754	7	94
Ringger	753	9	33
Ringger	741	11	32
Ringholz	721	7	94
Ringer	722	9	55
Ringier s. Ringer	722	9	55
Ringler	379	1	36
Ringler	721	5	54
Ringler	722	5	54
Ringler	722	6	32
Ringler	879	6	32
Ringler	696	8	91
Ringler	466	2	94
Ringler	720	2	94
Ringli	776	3	71
Ringmacher	214	7	35
Rinmann	614	4	40
Rinshofer	645	3	56
Rintelen	821	5	36
Rintelmann	1006	12	35
Riotte	1064	5	96
Ripenhausen	712	9	78
Ripenhausen	801	9	78
Ripersburg	981	6	32
Riphahn	401	10	55
Ripsch	273	7	94
Rischauner	745	1	11
Rischmann	121	13	49
Risius	198	9	75
Rislom s. Rissom	659	10	34
Riss	836	1	95
Riss	837	3	35
Riss	796	8	91
Rissacher	810	9	77
Rissbach	256	5	54
Rissleber	380	3	56
Rissom s. Rislom	659	10	34
Rist	183	2	75
Rist	179	5	54
Risten, die	179	10	20
Ritgen	568	8	33
Rittberger	128	1	11
Rittel	722	9	33
Rittell	462	9	33
Ritter	85	3	14
Ritter	129	3	71
Ritter	232	8	76
Ritter	496	8	76
Ritter	745	9	93
Ritter	561	13	12
Ritter	1011	13	12
Ritter	998	14	38
Ritter	60	3	71
Ritter	415	3	14
Ritter	561	3	71
Ritter	936	3	71
Ritterbusch	1027	7	18
Rittershusius	172	7	19
Rittershusius	172	2	94
Rittershusius	171	2	15
Rittmaier	1050	3	71
Rittscher	5	5	36
Ritzart	805	13	1
Ritzer	473	3	14
Rittzscher	350	5	36
Rive	406	5	74
Rivinus	150	3	71
Rixner	534	3	35
Robele	292	3	71
Roch	426	7	35
Roch	374	9	33
Rochau	422	5	74
Rockenbach	105	6	32
Rockenstihl	600	6	32
Rodde	289	3	71
Rode	650	3	14
Rode	560	5	54
Rode	946	7	56
Rode	351	8	33
Rodekohr	383	4	41
Rodel	649	7	73
Rodemann	508	6	32
Rodemann	631	10	35
Rodenborg	614	3	71
Rodinghusen	513	3	14
Rodler	306	1	11
Rodt	714	3	72
Rodt	954	5	36
Rodt	10	9	33
Röbbelen	488	4	41
Röbbelen	479	6	56
Röber	828	9	33
Roeck	1040	5	36
Röcker	932	14	30
Röder	726	2	35
Röder	903	6	56
Röder	812	9	9
Röder	812	9	9
Roeder	548	9	55
Roeder	57	12	13
Röder	568	12	99
Rödinger	1036	13	41
Röffel	291	3	72
Rögner	1044	1	11
Roehl	528	4	41
Röhl	297	5	36
Röhl	883	7	19
Röhland	545	10	92
Röhling	569	1	54
Röhmer	755	11	32
Röhr	608	3	14
Röhr	628	7	94
Röhrborn	1065	3	72
Röhrer	1002	2	53
Röhricht	390	8	33
Röhrig	77	6	80
Röhrig	77	7	35
Röhrig	1020	8	12
Roek	1003	3	72
Roel	1004	2	75
Roele	546	7	94
Röll	759	3	72
Röllich/Röllig	735	14	21
Röllin	984	6	32
Römer	1063	1	36
Römer	755	4	41
Römer	247	5	54
Römer	755	5	75
Römer	559	6	32
Roemer	170	6	56
Römer	117	9	33
Römer	818	9	33
Römer	724	10	75
Römer	877	10	75
Römer	546	11	32
Römheld	119	10	75
Roenagel	145	1	54
Rönkendorf	620	5	75
Rönnecke	469	13	12
Rönnenkamp	986	5	96
Röper	432	5	75
Roepke	182	5	36
Röpke	991	14	47
Rörer	870	2	94
Rörer	40	7	35
Rörl	148	6	33
Roerup	175	5	97
Rösch	248	3	72
Rösch	292	6	15
Roesch	148	6	97
Rösch	105	7	35
Rösch	61	8	33
Rösch	254	14	7
Rösch	253	14	44
Rösch	254	14	44
Rösch	141	1	11
Rösch	435	1	36
Röschel	1074	2	35
Roeschen	576	7	35
Roese	93	11	32
Röser	571	1	54
Röser	954	2	75
Roeser	568	6	15
Röser	570	6	97
Rösgen	536	4	98
Rösingk	542	4	75
Rösler	888	3	72
Rösner	535	6	97
Rösner	497	7	35
Rösner	124	10	55
Rösser	249	1	11
Rössing	248	2	35
Rössle	250	5	75
Rössler	250	1	54
Rössler	560	5	75
Rössler	249	5	97
Rößler	546	7	19
Rößler	540	7	95
Roessler	248	10	75
Rössler	957	14	47
Rösslin	249	5	75
Rösslin	252	5	75
Rößner	774	14	30
Roet	44	1	11
Roetenbeccius	26	3	93
Rötenbeck	26	6	15
Rötgers	428	5	37
Röthlin	58	13	1
Röting	876	3	35
Röting	122	1	95
Röting	876	1	11
Rötinger	102	1	54
Röttenberger	417	6	33
Röttinger	102	7	73
Rötzer	870	14	21
Röver	215	3	14
Roever	599	7	56
Roffel	203	3	72
Roffsack	776	5	96
Rogalli	1011	9	9
Rogand	785	7	56
Roggenbruck	126	9	93
Roggenkneder	789	9	78
Roglspur	1010	2	53
Rohde	899	12	35
Rohde s. Iphofen	706	12	35
Rohdmann	110	12	100
Rohleder	308	1	11
Rohner	656	6	14
Rohr	607	10	35
Rohrbach	608	6	14
Rohrbeck	608	10	75
Rohrer	608	6	14
Rohrmann	743	1	36
Rohrmann	1068	2	15
Rohrmann	1068	2	75
Rohrmann	200	3	72
Roht	222	5	97
Roht	335	5	97
Rohtlieb s. Rothlieb	127	5	96
Roick	738	10	35
Rolandt	974	3	72
Rolffsen	489	5	96
Rollenbutz	123	3	72
Rollenbutz	123	7	94
Rollenhagen	833	9	33
Rollfink	377	11	90
Rollwag	592	1	55
Roloff	629	5	74
Roloff	820	7	19
Roloves	730	9	78
Rom	66	2	75
Rom	229	8	33
Romal s. Romul	283	1	36
Roman	361	1	11
Romanus	521	3	93
Romen	873	5	74
Roming	237	6	32
Roming	237	12	40
Rommler	611	6	14
Romstöck	1005	14	21
Romswinkel	715	1	36
Romul s. Romal	283	1	36
Ronborch	353	5	36
Ronbühel	894	6	33
Ronnegreve	606	3	14
Ronner	453	3	56
Ronstorff	1053	10	75
Rood	437	7	94
Roosen	539	9	93
Roosen	539	10	13
Ropnack	709	4	75
Rorat	337	4	98
Rorbach	607	4	41
Rorer	326	3	72
Rorer	892	7	35
Rorschacher	415	2	53
Rosa	540	2	75
Rosa	543	6	15
Rosa	540	6	15
Roscher	603	7	94
Roschmann	761	2	75
Rose	532	1	12
Rose	889	8	33
Rose	572	9	93
Rose	544	11	12
Rose	570	2	94
Rose	544	2	94
Rosenbach	536	3	72
Rosenbach	574	9	33
Rosenbach	895	11	32
Rosenbaum	196	1	55
Rosenberg	570	10	13
Rosenberger	535	1	75
Rosenberger	540	1	75
Rosenbergh	822	8	12
Rosendaller	545	1	36
Rosenegger	541	10	13

Name	WBL	Bgl. Siebm. Abtlg.	Tf.
Rosenhain	548	3	72
Rosenhain	548	9	33
Rosenlehner	1026	2	75
Rosenmüller	891	3	72
Rosenmund	574	7	73
Rosenmund	541	9	33
Rosenow	829	9	93
Rosenritter	569	7	35
Rosenstock	644	7	73
Rosenthal	575	2	94
Rosenthal	1024	9	9
Rosenwürth	547	2	35
Rosenzweid	449	10	55
Rosey, du	740	8	76
Rosier s. Berger	173	10	55
Rosinus	249	3	35
Rosner	543	12	100
Rosnovius	531	9	9
Rosolin	988	7	73
Roß	534	1	11
Roß	857	14	38
Roßnagel s. Heinckhell	248	5	75
Rossbach	857	3	72
Rossbecher	256	1	75
Rossberg	1	2	53
Rossel	555	13	35
Rosshirt	255	2	35
Rosskamm	858	2	75
Rosskopff	256	10	13
Rossle	252	2	15
Rossner	547	6	15
Rossow	249	11	12
Rosst	508	6	15
Rosst	531	3	72
Rossteuscher	248	1	12
Rossteuscher	292	10	55
Roßwurm	440	2	15
Rost	281	3	72
Rost	169	1	12
Rost	656	12	72
Rost	656	12	72
Rostenzweid	323	1	95
Rotenberg	614	5	37
Rotenberger	380	3	14
Rotenflüe	88	9	34
Rotengatter	29	1	36
Rotenpeck	7	1	55
Rotermund	368	5	75
Roth	859	2	35
Roth	674	10	55
Roth	568	5	97
Roth	1003	6	56
Roth	507	7	95
Roth	423	8	12
Roth	674	10	55
Roth	698	12	13
Roth	546	12	100
Roth	545	1	95
Roth	1032	13	57
Roth	205	1	75
Roth	546	1	75
Roth	359	1	95
Roth-Scholz	191	1	12
Rothbein	165	6	15
Rothe	911	2	15
Rothe	1025	4	41
Rothe	1027	5	54
Rothe	327	9	93
Rothe	672	10	92
Rothe	1008	15	3
Rothenberg	325	13	23
Rothenburger	925	13	23
Rothenfelder	2	14	22
Rothenfelder	1061	14	22
Rothenfelder	740	14	22
Rothenfelder (Ratvelder)	740	14	22
Rothenfelder (Ratvelder)	740	14	22
Rothenhofer	611	2	15
Rothenhofer	611	7	35
Rothfuchs	573	6	15
Rothhan	398	2	35
Rothhut	1075	6	15
Rothutt	1075	8	91
Rothlieb	127	5	96
Rothmaler	691	9	93
Rothmann	546	3	72
Rothmayr	888	2	53
Rothmund	243	1	75
Rothmundt	359	6	15
Rothmundt	243	10	56
Rothmundt	243	10	56
Rothschild	213	7	95
Rothut	899	10	35
Rotscheub	716	7	35
Rott	426	1	12
Rott	125	5	97
Rott	319	5	97
Rott	537	7	35
Rottaler	809	1	12
Rottaler	527	3	72
Rottenburger	140	7	35
Rottengatter	29	3	94
Rottengatter	29	10	56
Rottenheussler	897	8	77
Rottenhofer s. Rothenhofer	611	7	35
Rottenpuecher	516	2	94
Rotterdamm	5	4	41
Rottmar	26	7	95
Rottok	41	9	34
Rouchli	887	3	73
Rouwe	95	9	93
Rowehlt	480	5	97
Rozynski	654	8	77
Rubens	85	6	97
Rubens	961	9	93
Rubens	961	10	13
Rubens (Robens)	959	13	12
Rubli	968	3	73
Ruch	584	6	15
Ruch	91	7	73
Ruchamer	877	7	35
Ruchti	64	3	73
Ruck	595	4	75
Ruckenhauser	566	3	73
Ruckher	827	7	95
Rudeloff	145	10	56
Ruden	795	9	78
Rudloff	967	5	55
Rudloff	967	5	55
Rudolf	543	3	94
Rudolf	251	9	55
Rudolff	713	11	90
Rudolph	1014	6	56
Rudolph	49	10	56
Rudolph	906	14	22
Rudolphi	279	6	56
Rudolphi	279	7	19
Rudorff	175	6	56
Rudorff	280	6	56
Rüb	589	8	12
Rübel	19	2	15
Rübel	676	10	35
Rueben	590	7	57
Rüber	589	6	97
Rübinger	1004	1	55
Rübsam	1071	9	55
Rübsamen	108	12	33
Rückel	698	8	77
Rücker	57	1	55
Rücker	123	3	73
Rücker	123	10	56
Rückert	355	2	94
Rückert	356	11	44
Rückhenpäumb	580	9	55
Rüd	289	10	13
Rüd	289	12	54
Rüdel	501	2	53
Ruedi	1008	7	73
Rüdiger	83	10	35
Rüdinger	726	1	12
Rüdinger	633	1	36
Rüdinger	153	3	35
Rüdt	287	2	15
Rüdwein s. Budwein	199	2	15
Rüffer	776	1	36
Rüffer	776	9	93
Rueger	448	7	35
Ruegg	209	9	34
Ruegg	697	9	34
Ruegg	466	9	34
Rügistorfer	789	7	73
Rühe	906	12	35
Rühelius	852	6	33
Rühle	578	6	56
Rühle	919	7	19
Rühle	1005	13	30
Rühm	972	12	13
Rüll	328	1	95
Rümbeli	420	7	73
Rümbler	944	3	73
Rümeli	517	3	73
Rümeli	563	7	73
Rümmelin	235	6	33
Rüoff	336	5	75
Ruepprecht	142	12	13
Ruessegger	29	3	73
Ruethshammer	1046	3	73
Rütimann	308	7	73
Rütling	192	9	94
Rütschi	390	7	73
Rüttimann	54	7	95
Rüttlinger	318	3	73
Rüttschy	438	9	34
Rütz	274	2	15
Rützer	208	1	55
Ruff	462	3	73
Ruff	589	6	78
Ruffler	802	8	13
Ruffmann	49	12	100
Ruger	846	6	33
Rugger	264	6	33
Rughe	92	3	14
Ruhm	429	11	90
Ruhmer	907	11	90
Ruhr, von der	22	12	13
Ruidius	778	7	78
Rukop	811	9	78
Ruland	91	3	94
Ruland	985	1	37
Ruland	119	1	95
Ruland	985	3	14
Rulandt	131	6	15
Rulf	734	13	12
Rumann	823	9	78
Rumann	823	9	78
Rumer s. Steiner	329	12	36
Rumler	528	8	13
Rummel	307	9	55
Rummel	324	1	75
Rump	889	3	14
Rump	889	5	37
Rump	1035	10	35
Rumpel	259	1	12
Rumpel	68	4	75
Rumpf	980	2	35
Rumpold	632	11	32
Rumpp	192	5	37
Runge	265	4	76
Runge	495	5	37
Runge	1006	10	92
Runkel	127	12	35
Runshorn	48	6	15
Runzler	115	1	12
Ruoff	853	5	75
Ruoff	856	5	75
Ruoff	336	2	53
Ruoff	212	5	75
Ruoff	336	5	75
Ruperti	536	10	35
Rupp	152	1	37
Rupp	1064	3	56
Rupp	712	8	91
Rupp	843	12	100
Rupp	21	3	73
Ruppel	84	2	35
Ruppel	976	4	76
Ruprecht	435	3	73
Ruprecht	132	4	76
Ruprecht	748	8	91
Ruprecht	337	9	78
Rupstein	498	6	56
Rusackh	588	6	15
Rusch	608	12	72
Ruschenbusch	199	4	41
Rusdorffer	518	1	12
Russ	531	1	75
Russ	118	2	15
Russ	615	12	100
Russe	429	2	75
Russe	167	3	73
Rust	601	5	55
Rust	945	5	55
Ruta	509	6	15
Rutger	750	1	37
Rutger	684	9	34
Ruth s. Huth	770	6	50
Ruth	896	9	94
Ruthinger	102	5	97
Ruttlandt	563	6	15
Ruward	542	11	43
Rychelberg	234	3	56
Rychiner	886	7	73
Rychmut	453	3	73
Rychner	52	5	54
Ryff	858	5	54
Ryher	333	3	73
Ryke	321	4	76
Rymann	761	9	55
Rynacher	33	7	74
Rynns	545	9	78
Rynow	90	1	95
Ryss	750	6	56
Ryss s. Russ	118	2	15
Rzepecki	653	10	13
Saalefeldt	572	7	19
Saalmann	936	8	52
Saar	1035	14	44
Sabon	853	8	52
Sachs	914	1	12
Sachs	29	2	94
Sachs	527	4	76
Sachs	4	8	77
Sachse	842	9	94
Sachse	637	10	56
Sachse	876	11	33
Sachse	605	12	100
Sachsinger	865	3	73
Sachtleben	43	7	19
Sachtleven	318	3	73
Sack	28	3	35
Sackh	776	7	35
Sackreuter	297	2	35
Sader	331	2	94
Sadler	297	2	53
Saedt	566	4	98
Sälzlin	236	6	33
Sänger	1077	1	95
Sänger	866	7	19
Saffe	983	5	55
Saffran	578	2	15
Sager	122	8	13
Sager	745	9	34
Sagerbeckh	420	2	15
Sagittari	1031	9	34
Sagmeister	913	2	94
Sagmillner	993	2	53
Sahlender	988	10	36
Sahlender	731	10	75
Sahler	469	13	30
Sahr s. Suhr	126	9	13
Saidler	958	3	56
Sailer	703	1	12
Sailer	857	7	95
Sailer	231	9	34
Sailer	970	9	34
Sailer	1074	12	36
Sailer	1080	10	75
Sailler	38	1	55
Sak	613	8	33

Name	WBL	Bgl. Siebm. Abtlg.	Tf.
Salbach	635	1	95
Saleborch	1012	3	14
Salenbach	46	3	73
Saler	490	3	94
Salfeld	38	3	14
Salfelder	70	1	12
Saliger	480	3	73
Sallbach	1016	9	9
Sallentien	830	11	90
Salm	421	2	75
Salm	543	4	98
Salomon = Buol	813	8	62
Salomon	120	10	56
Salomon	404	11	33
Salpeter	714	13	30
Saltzer	749	7	95
Saltzmann	910	1	12
Saltzmann	20	2	94
Salzburger	86	3	74
Salzer	326	5	97
Salzinger	749	9	16
Salzmann	151	1	95
Salzmann	445	5	55
Salzmann	152	7	35
Salzmann	215	11	33
Salzwedel	41	3	35
Sambucus	405	2	53
Sameth	1004	1	12
Sammet	550	4	41
Sanctor	251	6	78
Sandberger	109	2	35
Sandberger	109	13	49
Sande, zum	581	7	95
Sandel	1078	2	53
Sander	932	5	37
Sander	940	5	37
Sander	288	6	33
Sander	819	6	56
Sander	534	6	56
Sander	762	9	78
Sander	584	12	14
Sander	748	12	72
Sander s. Sandner	601	10	56
Sandholz	829	2	75
Sandmann	581	4	76
Sandner s. Sander	601	10	56
Sandner	1001	1	37
Sandrart	598	1	37
Sandreitter	127	4	76
Sandrock	33	13	57
Sandrock	33	14	7
Sandthass	943	3	94
Sandvoss	818	6	56
Sandvoss	279	12	100
Sankt Johannes, von	258	8	9
Sanne	711	12	100
Santa	1013	2	94
Santini	533	2	94
Sanzenbach	211	1	12
Sapio s. Scipio	173	2	77
Sapper	145	7	95
Sarasin	593	2	35
Sarathet	227	1	76
Sarburg	799	7	79
Sariszky	1045	6	97
Sarninghausen	389	6	33
Sarpe	824	7	74
Sartor	1051	4	76
Sartorius	532	1	12
Sartorius	548	3	35
Sartorius	78	4	76
Sartorius	314	9	78
Sartorius	195	2	75
Sartorius	218	2	75
Sartorius	707	2	35
Sartorius	547	3	94
Sass	594	5	97
Sasse	935	3	14
Sasse	200	3	56
Sasse	504	6	15
Sasse	90	8	13
Sasse	195	10	36
Sasse	792	10	56
Sasse	991	13	57
Sassenhagen	1052	5	55
Saßnick	561	7	19
Sastrow	382	3	14
Satler	192	7	74
Satler	410	6	78
Satler	338	8	91
Satloder s. Scheichel	812	3	74
Satloder	812	12	14
Satow	923	3	56
Sattelpoger	847	2	76
Sattler	129	8	77
Sattler	297	3	94
Sattler	382	6	15
Sattler	382	9	55
Sattler	382	8	33
Sattler	892	6	15
Sattler	892	13	35
Sattler	49	1	96
Sattler	297	1	12
Sauber	538	1	55
Sauber	958	7	95
Saubert	174	1	12
Saubert	181	3	35
Saubert	181	5	75
Saudler	57	2	53
Sauer	184	1	12

Name	WBL	Bgl. Siebm. Abtlg.	Tf.
Sauer	203	2	36
Sauer	521	4	98
Sauer	639	7	57
Sauer	729	10	13
Sauer	757	11	12
Sauer	184	13	31
Sauer	910	14	22
Sauermann	930	1	13
Saugefinger	923	1	13
Saur	834	4	41
Saur	457	6	16
Saur	564	7	95
Saurerer	841	6	16
Sauselm	163	6	16
Sausi, de	56	7	74
Sauter	223	3	94
Sauter	1076	4	41
Sautter	69	6	16
Sautter	75	6	16
Sawall	25	11	13
Sawilski	539	9	94
Saxo	404	6	16
Sayer	927	2	53
Sayler	650	3	56
Schaal	956	14	38
Schaare	119	10	92
Schaare	669	11	72
Scha(a)re	734	11	72
Schaare-Schlüterhof	904	12	36
Schabbel	623	5	55
Schaber	215	6	16
Schabert	609	9	56
Schabrock	696	12	13
Schacher	704	3	94
Schachner	742	2	94
Schachner	742	9	56
Schachner	904	10	92
Schachner	904	12	37
Schacht	804	3	57
Schacht	616	4	41
Schacht	923	8	13
Schacht	172	3	74
Schacht	363	3	74
Schachtmeyer	1072	8	33
Schachtmeyer	1043	10	93
Schachtrupp	312	5	55
Schad	232	6	56
Schad	56	7	74
Schäbel	139	1	37
Schäbel	605	10	76
Schädler	84	7	74
Schaedler	1046	10	75
Schäfer	309	4	98
Schäfer	106	5	97
Schäfer	312	5	97
Schaefer	314	5	97
Schäfer	828	10	75
Schäfer	1022	10	36
Schäfer	312	10	75
Schaefer	897	10	75
Schaefer	1073	12	37
Schäfer	684	13	12
Schäfer	679	13	23
Schäffer	309	1	55
Schäffer	890	2	15
Schäffer	118	3	94
Schäffer	311	6	56
Schäffer	311	1	13
Schäfler	319	9	34
Schäfler	311	1	13
Schäl	719	1	37
Schael	719	3	35
Schaengkherl	970	4	41
Schännis	857	3	74
Schänzer	900	10	36
Schaepmann	314	9	9
Schaer	393	6	56
Schärdinger	848	10	36
Schärling	438	2	94
Schätzel	208	13	41
Schätzle	37	13	58
Schäublin	174	4	76
Schäufelin	703	1	13
Schafelitzky	177	2	76
Schaff	444	1	37
Schaff	963	12	72
Schaffenrath	74	12	13
Schaffer	828	8	13
Schaffhausen	619	3	74
Schaffhausen	1067	3	15
Schaffhirt	130	12	100
Schaffitz	313	1	96
Schaffner	442	5	55
Schaffner	442	10	19
Schaffnitzel	860	12	100
Schafner	319	2	53
Schaiblein	36	1	76
Schaiblin	174	6	33
Schaiblin	680	6	33
Schaidenreißer	130	1	55
Schainberger	1061	8	77
Schalautz s. Schalutzer	398	2	36
Schalckh	567	6	16
Schalhamer	110	2	53
Schalhardt	652	12	37
Schalhardt	652	12	37
Schalk	809	2	36
Schalk	567	8	33
Schallehn	816	13	23
Schallenauer	344	4	41

Name	WBL	Bgl. Siebm. Abtlg.	Tf.
Schaller	641	1	13
Schaller	233	2	95
Schaller	761	3	57
Schaller	569	3	74
Schaller	383	6	78
Schaller	822	7	35
Schaller	276	7	95
Schaller	800	8	91
Schaller	959	12	100
Schaller	537	13	12
Schaller	28	2	95
Schalmoser	146	1	55
Schaltenbrand	822	2	95
Schalutzer s. Schalautz	398	2	36
Schambach	11	2	36
Schambeck	429	3	57
Schamberger	444	8	34
Schambogen	140	2	15
Schambogen	131	3	35
Schamel	23	3	35
Schamroth	585	6	16
Schander	762	9	78
Schantze	40	5	75
Schancz	371	2	15
Schanz	297	3	74
Schaper	319	5	97
Schaper	646	13	49
Schapp	428	9	9
Schapranz	702	9	35
Schardt	890	4	98
Schare	438	10	92
Schare	365	11	72
Scharer	163	3	15
Scharf	671	3	15
Scharf	667	14	7
Scharf	890	14	31
Scharf	389	2	36
Scharfenberg	87	6	16
Scharfenberger	329	2	54
Scharfenschwerdt	775	4	41
Scharff	1062	3	36
Scharff	693	2	76
Scharffenberg	676	12	36
Scharlapaur	703	13	35
Scharmann	703	1	76
Scharnstetten	332	2	15
Schattauer	688	12	100
Schatz	9	1	13
Schatz	553	3	36
Schaub	606	2	15
Schaub	47	6	57
Schaub	787	11	13
Schaub	1065	11	33
Schauberg	107	7	74
Schaubode	917	6	33
Schauer	1055	1	37
Schauer	966	7	96
Schauer	1025	14	7
Schaum	697	12	14
Schaumann	757	4	76
Schaumann	765	7	96
Schaumann	765	12	14
Schaumberg	1047	3	36
Schaup	765	6	57
Schaur	658	6	78
Schaur	814	8	91
Schaurmayr	242	1	55
Schbeigkl	532	3	74
Schdenz	841	1	96
Schechtelin	1034	1	76
Scheck	10	6	33
Scheckenburlin	310	5	55
Scheckenburlin	309	10	18
Scheckh	250	6	16
Schede	1006	1	96
Schedel	159	1	76
Schedel	195	4	76
Schedl	1028	6	33
Schedler	556	4	41
Schedler	691	4	76
Schedlich	945	9	94
Schedner	322	7	35
Scheel	44	1	55
Scheel	1079	8	77
Scheele	72	3	15
Scheele	487	4	76
Scheele	442	11	44
Scheele	494	12	35
Scheeres	746	12	100
Scheferling	965	8	13
Scheffel	749	8	13
Scheffelenz s. Laudenbg.	734	7	89
Scheffer	1013	8	33
Scheffer	59	3	15
Scheffer	283	3	36
Scheffer	809	7	79
Scheffer	860	8	33
Scheffer	439	3	94
Scheffler	796	8	91
Scheffler	1013	11	33
Scheffler	871	12	35
Schefflmaier	101	3	57
Schefler	754	1	96
Scheibe	715	3	74
Scheibe	941	9	94
Scheibe	715	12	101
Scheibl	302	1	37
Scheibler	303	7	74
Scheibler	316	7	96
Scheibli	724	7	96

Name	WBL	Bgl. Siebm. Abtlg.	Tf.
Scheichel	206	12	14
Scheichel s. Satloder	812	12	14
Scheid	731	1	13
Scheid	542	3	36
Scheid	731	6	57
Scheid	979	13	58
Scheidegger	21	5	55
Scheidemandel	468	9	94
Scheiffele	704	3	74
Scheifler	839	1	13
Scheiner	187	2	36
Scheirer	803	1	76
Scheirlin	737	8	92
Scheittenberger	707	6	78
Scheitterberg	493	5	75
Schel	220	1	96
Schelbrecht	950	7	96
Scheldorfer	24	1	13
Schele	985	3	15
Schele	985	5	37
Schele	744	9	78
Schelhase	343	1	37
Schelhase	343	3	36
Schelhorn	75	3	36
Schelhss s. Schelwig	286	2	54
Scheling	168	3	36
Schell	221	7	35
Schell	766	12	14
Schellart	705	11	33
Schelldorfer	13	8	34
Schellenberg	766	3	74
Schellenberg	766	10	75
Schellenberg	719	13	12
Schellenberg	372	13	41
Schellepeper	267	4	41
Scheller	848	2	36
Scheller	642	3	15
Scheller	111	4	41
Scheller	1031	6	16
Scheller	790	7	96
Scheller	605	7	96
Scheller	790	7	96
Scheller	929	10	76
Scheller	848	13	42
Schellhaas	343	9	34
Schellhammer	178	3	15
Schelling	766	6	78
Schellwitz	969	9	94
Schelnberger	575	6	16
Schelwig s. Scheling	168	3	36
Schemel	51	1	13
Schemel	864	1	96
Schemberger	309	5	75
Schenck	56	6	78
Schenck	227	10	76
Schenckius	753	4	41
Schenckius	753	8	13
Schendel	916	9	34
Schenich	879	8	77
Schenk	144	1	37
Schenk	1021	4	42
Schenk	755	6	33
Schenk	756	7	36
Schenk	915	7	36
Schenk	400	9	78
Schenk	228	13	42
Schenk	752	14	44
Schenk	755	8	77
Schenkel	165	10	75
Schenkel	91	4	42
Schenkel	1052	9	94
Schenteling	695	9	55
Scheny	42	5	55
Scheny	42	9	20
Schepeler	119	9	9
Scheplitz	646	10	92
Schepper	1050	5	75
Schepperlin	87	6	78
Scheppler	585	13	24
Scheppler	503	13	31
Scherb	381	2	16
Scherb	264	3	94
Scherb	381	6	33
Scherbius	53	2	36
Scherenbarch	905	5	37
Scherenhagen	354	7	96
Scherer	916	1	13
Scherer	916	3	36
Scherer	679	4	76
Scherer	746	8	34
Scherer	623	9	9
Scherer	814	10	13
Scherer	528	1	55
Scherer	206	1	76
Scherff	198	1	96
Scherff s. Schlerff	962	6	33
Scherger	237	7	36
Scherhäckel	1024	2	54
Scherholzer	501	1	37
Scherl	892	1	55
Scherl	892	10	56
Scherleiter	958	9	55
Scherling	800	10	75
Scherm	906	7	19
Schermbach	561	13	31
Schernberger	775	6	33
Schernstainer	65	4	42
Scherping	1024	6	16
Scherrer	783	3	57
Scherrer	1079	7	74
Scherringer	726	1	13
Schertel	667	4	76
Scherz, von	62	10	76
Schetter	239	4	98
Schetter	240	7	96
Schetter	294	7	96
Schetter	294	10	76
Schettmer	348	6	33
Schetzer	790	8	92
Scheu	681	1	13
Scheuchzer	721	3	74
Scheuer	988	13	50
Scheuer	355	13	24
Scheuermann	109	2	95
Scheuermeier	897	10	36
Scheuffele	461	5	75
Scheuffelein	111	4	76
Scheuffelhut	704	1	37
Scheufferer	677	7	19
Scheufler	704	9	94
Scheuring	211	4	76
Scheurl	544	6	34
Scheuwig	575	7	74
Schevastes	519	9	55
Scheve	878	5	55
Scheyt	438	12	14
Scheyt	438	3	74
Scheyt	761	3	74
Scheytt	98	14	23
Schgraffer	518	7	36
Schibel	304	7	74
Schibler	834	6	34
Schick	205	1	13
Schick	778	3	57
Schicke	588	10	36
Schickedantz	938	5	55
Schickedanz	178	14	47
Schickenberg	665	9	78
Schicker	290	4	42
Schickhardt	572	2	36
Schickhardt	230	6	34
Schickl	863	2	54
Schidinger	292	6	98
Schidle	330	3	94
Schied	862	1	37
Schiedt	537	3	94
Schieeg	535	3	74
Schieffer	861	4	98
Schieg	535	7	74
Schielbock	354	8	34
Schiele	31	11	34
Schienbein	217	4	98
Schienleber	962	2	95
Schierholz	638	11	33
Schiermann	619	6	57
Schiessl	241	3	57
Schiestl	1053	1	55
Schifberger	998	8	77
Schiffer	631	13	50
Schiffli	631	5	55
Schifflin	631	4	42
Schiffmann	838	2	54
Schiffmann	631	3	36
Schiffmann	631	5	55
Schild	1043	2	36
Schild	731	12	101
Schild	1044	12	101
Schilde	738	9	94
Schilder	461	6	98
Schildhauer	905	8	34
Schildknecht	738	3	74
Schildl	738	8	34
Schildt	766	4	98
Schildt	738	6	34
Schildt	756	12	101
Schilebeckh	317	2	54
Schiler	75	2	76
Schilher	445	10	93
Schilher	679	10	93
Schille	680	12	41
Schiler	181	2	36
Schiller	950	4	76
Schiller	647	10	93
Schiller	835	7	36
Schiller	562	10	93
Schiller	181	7	96
Schiller	203	10	93
Schiller	14	10	93
Schiller	234	10	93
Schiller	436	10	93
Schiller	436	10	93
Schiller	1053	10	93
Schiller	937	1	96
Schiller	855	1	55
Schilling	537	3	15
Schilling	806	3	36
Schilling	495	7	19
Schilling	795	9	78
Schilling	434	1	76
Schilling	505	1	76
Schilling	537	2	95
Schilling	864	3	94
Schilling	733	2	95
Schilling	886	3	74
Schilling	527	2	54
Schilling	330	1	37
Schillinger	996	8	77
Schillinger	996	2	54
Schillmayr	453	6	34
Schilt	737	3	74
Schilter	536	3	36
Schilter	31	5	55
Schiltl	738	2	54
Schimmelpfeng	156	14	39
Schimmer	1054	10	56
Schimmler	251	14	31
Schimpf	522	13	42
Schinckel	601	5	97
Schindeli	424	3	94
Schindelmeiser	906	12	15
Schindewit	789	9	78
Schindler	879	4	76
Schindler	307	5	55
Schindler	326	7	96
Schindler	307	9	35
Schindler	368	13	12
Schindler	647	13	31
Schinep	715	3	94
Schinhut	779	8	92
Schinkel-Jagehase	351	3	94
Schinnagel	234	2	36
Schinnagl	208	1	37
Schinpein	406	10	56
Schinz	420	3	74
Schinz	53	11	33
Schiphower	936	3	15
Schipper	207	14	44
Schirlinger	375	2	16
Schirmbeckh	321	2	54
Schirmer	119	2	76
Schirmer	161	7	36
Schirmer	671	8	51
Schirrer	859	6	16
Schissler	461	1	13
Schissler	338	6	78
Schive	474	8	90
Schlabart	203	9	9
Schlaberg	178	6	57
Schlachius	987	8	78
Schlackhwein	733	6	98
Schlägel	220	5	37
Schlaepf	595	5	37
Schläpfer	486	7	74
Schlagintweit	974	11	91
Schlanhoff	804	12	37
Schlankoff	797	12	37
Schlapp	203	2	16
Schlapp	458	6	34
Schlarffius	68	6	16
Schlatter	367	3	75
Schlatter	715	7	74
Schlatter	715	8	77
Schlaudersbach	356	1	13
Schlaweck	842	2	36
Schleber	681	14	31
Schlebusch	494	5	37
Schlebusch	479	3	15
Schlech	525	1	76
Schlecht	298	2	95
Schlecht	793	8	92
Schlechter	112	4	42
Schlechtigen	252	10	76
Schlecker	977	12	101
Schleckher	977	6	16
Schlee	224	11	34
Schleenried	135	8	78
Schlegel	651	1	13
Schlegel	177	3	36
Schlegel	1055	4	42
Schlegel	1056	10	76
Schlegelberger	685	11	91
Schlegl	884	2	54
Schlegtendal	191	5	55
Schleher	1003	6	16
Schleich	543	1	13
Schleicher	181	2	76
Schleicher	981	3	94
Schleiermacher	657	2	36
Schleiermacher	730	12	13
Schleifenbaum	797	13	58
Schleifenheimer	259	14	14
Schleiffius	192	7	19
Schlein	940	2	54
Schleinitz	1028	8	78
Schlemiller	220	2	54
Schlemm	508	3	36
Schlemm	693	4	77
Schlemm	693	10	76
Schlenk	488	2	76
Schlenker	943	13	24
Schlenker	719	14	14
Schlerff s. Scherff	962	6	33
Schleuppner	1069	3	57
Schleußner	534	2	36
Schlewitzer	562	2	16
Schleyer	651	11	34
Schlicht	959	2	76
Schlicht	945	8	52
Schlick	1024	4	42
Schliemann	427	5	56
Schliepe	609	14	23
Schliephake	889	10	13
Schlillinger	996	2	54
Schlinkmann	903	2	36
Schlisselmair	1070	1	76
Schloemer	126	10	93
Schloesgen	745	9	78
Schlötel	181	5	56
Schloifer	971	7	96
Schloßberger s. Schossb	618	8	34

Name	WBL	Bgl. Siebm. Abtlg.	Tf.
Schlosser	665	2	36
Schlosser	807	10	36
Schlosser	665	10	76
Schlosser	443	2	54
Schloterbeck	233	2	95
Schloterpöckh	233	3	94
Schlottmann	1024	5	97
Schloyer	170	5	37
Schlüsselberger	666	1	55
Schlüterberg	666	5	97
Schlüter	181	3	15
Schlüter	231	4	77
Schlüter	194	5	37
Schlüter	977	8	51
Schlüter	181	9	94
Schlüter	231	10	76
Schlüter	182	10	93
Schlüter	912	10	93
Schlüter	665	11	34
Schlüter	181	11	45
Schlüter	787	13	58
Schlüter	438	3	95
Schlüter	666	12	15
Schlumpberger	1075	2	16
Schlumpff	764	2	16
Schlumpff	764	7	97
Schlund	68	6	98
Schlutius	386	8	78
Schlutius	713	10	93
Schluttig	615	13	31
Schluttig	615	14	7
Schlyninger	23	3	75
Schmalenbach	13	10	76
Schmalholz	390	6	16
Schmalor	928	14	31
Schmalor	928	14	44
Schmalstieg	826	10	76
Schmalz	368	2	36
Schmalzer	730	1	13
Schmalzer	730	8	13
Schmauss	72	3	36
Schmauss	73	3	57
Schmauss	831	2	54
Schmauss	72	2	76
Schmautzenberger	102	3	95
Schmedding	177	7	19
Schmeidler	725	9	56
Schmeißer	113	12	37
Schmeißer	113	14	14
Schmeling	925	9	35
Schmelz	286	3	36
Schmelzer	663	13	58
Schmelzle	1076	11	34
Schmelzlein	563	1	14
Schmerold	867	7	36
Schmetter s. Schnetter	851	2	95
Schmid	157	6	79
Schmid	269	1	56
Schmid	42	2	36
Schmid	278	1	56
Schmid	688	5	56
Schmid	195	7	74
Schmid	36	6	79
Schmid	189	7	74
Schmid	504	7	74
Schmid	682	8	34
Schmid	741	8	92
Schmid	793	8	92
Schmid	217	9	9
Schmid	804	8	92
Schmid	814	8	92
Schmid	725	9	35
Schmid	802	9	94
Schmid	725	10	14
Schmid	436	10	76
Schmid	1038	11	34
Schmid	142	1	56
Schmid	142	1	55
Schmid	978	1	56
Schmid	1050	1	55
Schmid	650	1	96
Schmid	178	7	19
Schmid	841	7	36
Schmid	226	1	56
Schmid	237	1	56
Schmid	529	3	95
Schmidbauer	435	1	96
Schmidberger	1049	5	56
Schmidel	334	10	14
Schmidell (Schmidl)	624	8	13
Schmidhauser	747	7	74
Schmidhuser	747	3	75
Schmidläder	654	3	75
Schmidlein	655	2	54
Schmidlein	855	6	17
Schmidli	305	3	75
Schmidlin	153	5	56
Schmidlin	190	11	34
Schmidmair	290	3	95
Schmidt	649	3	57
Schmidt	226	4	42
Schmidt	9	4	42
Schmidt	946	4	42
Schmidt	528	4	42
Schmidt	227	4	43
Schmidt	893	4	43
Schmidt	552	4	42
Schmidt	1073	5	56
Schmidt	655	5	76
Schmidt	312	5	76

Name	WBL	Bgl. Siebm. Abtlg.	Tf.
Schmidt	1011	5	97
Schmidt	655	5	97
Schmidt	609	5	98
Schmidt	651	6	34
Schmidt	654	6	57
Schmidt	178	6	57
Schmidt	154	7	19
Schmdit	793	7	79
Schmidt	199	7	96
Schmidt	1008	7	96
Schmidt	194	4	42
Schmidt	143	4	42
Schmidt	146	4	42
Schmidt	178	4	42
Schmidt	198	10	76
Schmidt	167	10	56
Schmidt	177	8	78
Schmidt	308	4	42
Schmidt	318	4	42
Schmidt	40	8	13
Schmidt	379	8	34
Schmidt	123	8	51
Schmidt	622	8	89
Schmidt	668	9	56
Schmidt	853	9	9
Schmidt	217	9	56
Schmidt	132	9	56
Schmidt	838	9	56
Schmidt	124	9	78
Schmidt	458	9	78
Schmidt	881	10	14
Schmidt	97	10	56
Schmidt	666	10	93
Schmidt	950	11	13
Schmidt	366	11	34
Schmidt	876	11	44
Schmidt	633	12	38
Schmidt	600	12	38
Schmidt	177	12	101
Schmidt	631	12	101
Schmidt	898	13	24
Schmidt	654	12	101
Schmidt	1010	13	24
Schmidt	821	13	42
Schmidt	1013	13	24
Schmidt	937	13	50
Schmidt	655	14	7
Schmidt	908	14	7
Schmidt	1027	4	42
Schmidt	1044	13	50
Schmidt	1077	4	43
Schmidt	400	14	39
Schmidt	653	15	3
Schmidt	747	1	14
Schmidt	649	2	16
Schmidt	928	1	56
Schmidt	407	2	76
Schmidt	201	2	36
Schmidt	822	2	37
Schmidt	830	2	16
Schmidt	123	3	95
Schmidt	142	3	36
Schmidt	201	1	96
Schmidt	842	2	54
Schmidt	828	2	76
Schmidt	1051	3	95
Schmidt	773	2	54
Schmidt	785	2	54
Schmidt	948	1	56
Schmidt	892	1	76
Schmidt (Cochstedt)	859	5	76
Schmidt-Kochstedt	859	9	9
Schmidt-Kufeke	607	12	15
Schmidt-Neuhaus	1016	5	56
Schmidt-Ramsin	61	13	24
Schmidt, Willer u. Reuber	828	9	56
Schmidtauer	847	2	37
Schmidtbaur	997	1	76
Schmidthammer	1056	7	57
Schmidtl	1031	9	9
Schmidtmayer	912	3	57
Schmidts	782	9	9
Schmied	1066	1	96
Schmied	654	10	36
Schmied	1078	10	94
Schmieden	123	12	15
Schmiedknecht	110	1	96
Schmiedt	572	1	96
Schmiedt	501	8	34
Schmiedtmann	645	12	101
Schmiedtmann	645	12	101
Schmirer	639	4	77
Schmit	460	7	36
Schmit	532	8	13
Schmitmann	643	9	94
Schmitt	791	10	36
Schmitt	653	12	15
Schmitt	875	12	15
Schmitt	875	12	36
Schmitt	1060	13	31
Schmitthenner	838	1	37
Schmittner	414	2	55
Schmitz	648	4	98
Schmitz	1031	8	13
Schmitz	631	12	101
Schmod	408	6	98
Schmölder	1033	5	56
Schmolck	464	3	36
Schmolk	464	1	14
Schmoll	92	2	54

Name	WBL	Bgl. Siebm. Abtlg.	Tf.
Schmuckh	270	5	76
Schmülts	893	10	77
Schmuggenhoffer	17	2	16
Schmula	579	5	37
Schmutterer	106	6	34
Schmutz	305	3	75
Schmutz	305	7	74
Schnabel	162	1	37
Schnabel	118	2	37
Schnabel	407	7	36
Schnabel	523	7	36
Schnabel	524	8	51
Schnabel	783	12	38
Schnall	678	1	37
Schnarke	25	12	101
Schnarenperger	841	2	76
Schnauer	129	9	94
Schneckh	439	2	55
Schned	439	1	76
Schnee	553	1	96
Schnee	562	2	55
Schneegans	381	10	77
Schnegg	964	13	1
Schnehagen	582	4	98
Schneid	232	1	14
Schneid	180	3	75
Schneidenbach	1042	2	16
Schneider	488	1	76
Schneider	677	3	36
Schneider	677	3	36
Schneider	678	11	34
Schneider	713	5	76
Schneider	908	5	37
Schneider	348	5	56
Schneider	114	5	76
Schneider	659	5	98
Schneider	741	7	74
Schneider	348	9	35
Schneider	745	9	95
Schneider	796	10	77
Schneider	990	11	13
Schneider	1032	11	13
Schneider	256	11	34
Schneider	786	11	45
Schneider	745	11	72
Schneider	726	12	15
Schneider	1032	13	24
Schneider	746	13	58
Schneider	903	14	15
Schneider	1079	14	15
Schneider	522	14	39
Schneider	744	14	39
Schneider	850	9	56
Schneider	746	14	47
Schneider	998	15	3
Schneider	854	2	55
Schneider	113	2	16
Schneider-Linow	675	12	36
Schneider-Wernecke	974	14	15
Schneidewein	137	4	43
Schneidewind	182	4	77
Schnelkh	1059	2	95
Schnell	1009	11	45
Schnell	261	3	75
Schnell	265	3	75
Schnell	560	3	75
Schnellmann	46	3	75
Schnellmüller	661	1	14
Schnellmüller	771	3	57
Schnepf	373	1	14
Schnepf	18	3	95
Schnepf	390	9	35
Schnepff	375	6	34
Schnepff	375	6	34
Schnerrer	660	6	17
Schnetter s. Schmetter	851	2	95
Schnetzer	44	3	75
Schneytters	217	8	13
Schnider	741	11	34
Schnitter	190	1	14
Schnitter	190	5	56
Schnitzer	744	2	95
Schnitzer	318	7	36
Schnoch	306	2	37
Schnoeck	429	5	37
Schnoeder	1023	13	13
Schnook	429	5	76
Schnorff	236	3	75
Schnotzius	547	4	43
Schnurer	233	2	37
Schnurpfeil	863	14	7
Schoapp	857	2	76
Schober	970	8	34
Schober	627	9	35
Schober	848	13	42
Schoberl	932	2	76
Schobert	566	5	56
Schobert	388	10	14
Schoch	460	6	34
Schoch	719	7	96
Schoch	598	14	23
Schoch	905	14	23
Schochner	141	1	70
Schoderl	4	4	43
Schöber	154	1	38
Schoechli	668	12	38
Schöckh	248	5	98
Schöckh	768	5	98
Schoefferlin	409	2	95
Schöfmann	1054	3	57

Name	WBL	Bgl. Siebm. Abtlg.	Tf.
Schölerz	9	4	99
Schöllkopf	159	13	12
Schöllkopf	159	13	24
Schoeller	5	12	38
Schöller	651	14	31
Schöllhammer	117	1	38
Schölling	997	3	95
Schöllinger	996	13	12
Schöltraub	597	8	34
Schömmel	899	13	58
Schön	155	2	76
Schön	773	2	95
Schön	495	5	56
Schön	720	7	75
Schön	892	7	97
Schön	252	10	57
Schön	747	13	50
Schönau	433	2	76
Schönauer	782	8	92
Schönbach	934	4	77
Schönbach	212	7	36
Schönbach	89	9	57
Schönberg	911	8	78
Schönberger	208	3	75
Schönbergius	167	4	43
Schönborn	627	1	96
Schönborn	782	7	36
Schönborn	1030	9	57
Schönbucher	473	1	14
Schoene	327	7	97
Schöne	822	10	77
Schoenebeck	536	10	57
Schoeneberger	207	13	42
Schöneberger	356	13	50
Schöneke	798	3	37
Schoenemann	411	3	57
Schöner	756	7	97
Schöner	909	9	35
Schöner	862	1	56
Schöner	1034	1	76
Schöner s. Schönherr	864	7	36
Schönermark	496	7	97
Schönermark	338	12	102
Schönermark	915	12	102
Schönermark	495	12	102
Schönfeld	74	3	57
Schönfeld	194	10	94
Schönfeld	858	13	50
Schönfelder	294	6	57
Schönfelder	606	1	14
Schönfelder	113	1	56
Schönfeldt	935	8	78
Schönhals	568	9	10
Schönhauer	963	2	76
Schönherr s. Schöner	864	7	36
Schönian	822	7	97
Schönian	821	6	57
Schönich	121	7	36
Schöniger	1054	13	31
Schöniger	1054	2	95
Schöninck	599	6	57
Schöning	1038	6	57
Schönkindt	125	9	56
Schönleben	276	2	76
Schönleben	501	4	43
Schönlein	248	3	95
Schönling	1017	2	76
Schoenniger	1054	13	31
Schönrock	950	11	45
Schönrock	930	12	15
Schönsleder	844	2	55
Schönsperger	772	3	75
Schönstein	339	1	76
Schoenstetter	273	1	14
Schöntale	514	9	18
Schönthaller	1054	8	78
Schöpper	592	1	56
Schöpperle	87	7	36
Schöpperlin	930	8	14
Schöppler	149	3	95
Schörckhl	938	6	34
Schörkmayer	931	13	13
Schörli	852	3	75
Schösser	956	9	57
Schößler	811	12	71
Schötterlin	966	6	34
Schoettke	577	10	93
Schöttl	969	3	57
Schöttl	518	6	17
Schöttl	969	9	17
Schöttl	969	3	95
Schöttler	716	5	56
Schötz	1021	9	10
Schofer	910	13	50
Scholio	929	6	17
Scholl	704	1	76
Scholl	88	4	77
Scholl	673	6	34
Scholl	425	6	34
Scholler	430	2	16
Scholtz	840	6	34
Scholtz	859	6	80
Scholtz	619	6	98
Scholtz	1056	8	13
Scholz	1054	6	34
Scholz	984	12	37
Scholz	1032	14	31
Scholz	1061	15	3
Scholze	604	9	9
Schomann	729	9	78

Name	WBL	Bgl. Siebm. Abtlg.	Tf.
Schomerus	510	3	95
Schonenberg	944	4	43
Schoof	96	5	37
Schopen	11	4	99
Schopenhauer	70	4	77
Schopf	6	12	16
Schopp	643	10	77
Schoppe	6	8	34
Schopper	713	1	38
Schorebach	555	7	36
Schorer	157	2	55
Schorer	746	4	99
Schorey	428	2	37
Schorn	718	4	99
Schorp	865	1	56
Schorren	298	10	77
Schortmann	524	14	47
Schossberger	618	6	16
Schoten	240	3	95
Schott	473	3	15
Schott	201	3	95
Schott	852	6	34
Schott	183	3	95
Schotte	778	3	37
Schouwshusen	501	5	37
Schrader	245	5	98
Schrader	467	6	57
Schrader	486	7	57
Schrader	821	11	91
Schrader	482	12	38
Schrader	604	14	23
Schradin	18	1	56
Schräfl	321	2	55
Schrämli	70	7	97
Schraffer	526	2	95
Schrafl	409	8	13
Schrag	54	1	14
Schrag	437	1	96
Schrage	18	1	96
Schragmüller	663	1	38
Schragmüller	662	3	37
Schram	377	2	76
Schramm	922	6	17
Schramm	636	6	57
Schramm	693	7	19
Schramm	350	9	95
Schramm	389	9	95
Schranner	684	14	23
Schrat	1075	1	76
Schraufstetter	1060	10	36
Schravogel s. Schreivogel	362	2	77
Schreck	1012	4	77
Schreder	862	4	43
Schredl	869	14	31
Schregin	226	6	34
Schreiber	884	3	95
Schreiber	500	4	77
Schreiber	683	5	56
Schreiber	880	7	36
Schreiber	35	7	97
Schreiber	519	10	56
Schreiber	799	10	56
Schreiber	1061	13	24
Schreiber	706	2	55
Schreiber	1027	2	55
Schreier	239	3	57
Schreiner	453	9	35
Schreivogel	362	2	77
Schrek	871	8	51
Schrempf	863	8	90
Schreve	769	3	95
Schrevogl	1028	2	77
Schrey	360	4	77
Schrey	397	4	99
Schrey	360	9	94
Schrey	360	10	36
Schreye	775	3	15
Schreyer	994	1	38
Schriber	780	5	37
Schriber	683	5	56
Schriber	684	5	56
Schriber	683	5	56
Schrick	658	4	99
Schriever	991	14	31
Schriever	986	6	57
Schrimpf	968	4	43
Schrimpf	195	10	77
Schriver	554	5	37
Schrodt	553	7	97
Schröck	305	1	14
Schröck	305	1	96
Schröckh	305	3	15
Schröder	439	1	14
Schröder	176	3	15
Schröder	956	3	15
Schröder	365	3	16
Schröder	439	3	37
Schröder	981	3	37
Schröder	791	3	57
Schröder	886	4	43
Schröder	66	5	56
Schröder	192	5	56
Schröder	314	5	56
Schröder	1020	5	76
Schröder	879	5	76
Schröder	313	5	76
Schröder	91	5	76
Schröder	825	5	98
Schröder	851	7	19
Schröder	859	7	97

Name	WBL	Bgl. Siebm. Abtlg.	Tf.
Schröder	862	8	51
Schröder	583	8	78
Schröder	485	9	94
Schröder	313	10	36
Schröder	980	10	36
Schröder	956	10	57
Schröder	469	12	15
Schröder	905	12	102
Schröder	905	13	24
Schröder	972	12	102
Schröder	899	14	32
Schröder	293	3	15
Schröder	216	3	95
Schröder	385	3	15
Schröder	878	3	15
Schroeppel	965	9	57
Schroer	856	12	102
Schroer	1000	9	10
Schroer	1009	13	13
Schröter	216	1	38
Schröter	440	12	39
Schröttel	772	6	35
Schröttel	82	1	14
Schröttering	484	3	16
Schropp	328	4	43
Schrott	850	6	35
Schrott	439	6	34
Schrottberger	439	6	35
Schrotzberg	905	2	16
Schuback	633	3	95
Schuback	633	10	37
Schubart	160	1	38
Schubarth	637	1	97
Schubert	1028	6	57
Schubert	1064	7	57
Schubert	245	7	97
Schubert	1020	10	37
Schubert	1034	10	94
Schubert	870	13	31
Schubinski	727	12	39
Schuch	145	8	78
Schuch	36	12	71
Schuchart	59	8	78
Schuchart	371	2	37
Schuchmacher	154	5	76
Schuckmann	131	4	43
Schudt	593	4	43
Schudt	504	4	77
Schue	748	9	10
Schübler	392	1	14
Schüechegger	1006	8	78
Schüsstl	544	8	78
Schüler	997	1	38
Schüler	683	2	95
Schüler	951	3	37
Schüler	220	3	57
Schüler	784	6	98
Schüler	879	8	13
Schüler	684	10	57
Schüler	684	10	77
Schuemacher	884	8	13
Schünemann	622	14	39
Schürer	579	2	55
Schürer	804	9	79
Schürmeyer	515	3	76
Schürpff	656	10	94
Schüssleder	1059	6	35
Schüssler	856	13	50
Schüßler	974	14	39
Schüßler	1034	14	44
Schüting	416	3	16
Schütte	193	7	57
Schütte	641	9	95
Schütte	958	7	57
Schütte	284	12	102
Schütter	402	3	96
Schütz	641	2	77
Schütz (Oertel)	837	7	37
Schütz	705	7	57
Schütz	698	8	14
Schütz	875	8	14
Schütz	642	8	79
Schütz	777	9	10
Schütz	642	10	57
Schütz	857	10	77
Schütz	516	11	13
Schütz	642	1	14
Schütz	459	1	77
Schütz	641	3	76
Schütz	698	3	76
Schütz	822	1	77
Schütze	1057	4	43
Schützenberg	62	11	13
Schützinger	114	3	96
Schützler	906	9	95
Schüz	106	14	23
Schuffelberger	559	3	75
Schuh	462	1	14
Schuhmacher	1046	2	95
Schuhmacher	563	5	38
Schuhmacher	463	7	75
Schuhmacher	676	7	97
Schul	810	10	21
Schul	810	10	21
Schuldorp	115	3	16
Schuldts	158	8	90
Schule	1030	7	75
Schulenburg	413	8	51
Schuler	225	1	56
Schuler	890	2	37

Name	WBL	Bgl. Siebm. Abtlg.	Tf.
Schuler	225	8	14
Schuler	911	9	35
Schuler	951	3	75
Schulin	1078	2	37
Schulle	183	6	57
Schullmann	588	8	34
Schulte	496	3	16
Schulte	524	3	16
Schulte	524	5	38
Schulte	540	5	38
Schulte	411	10	14
Schulte	432	11	34
Schulte-Hiltrop	32	13	13
Schulte-Hiltrop	32	13	42
Schulte to Ostrop	603	12	72
Schulte-Vieting	1020	10	37
Schulte-Witten	524	9	57
Schulten	500	12	73
Schulter	384	6	35
Schultess	329	6	35
Schultheis	211	10	37
Schultheis	249	10	77
Schultheiss	682	1	14
Schultheiss	337	3	75
Schultheiss	61	4	43
Schultheiss	927	6	35
Schultheiss	68	14	47
Schultheiss	68	2	95
Schultheiss	1041	2	16
Schultheiss	1041	2	77
Schultheiß	522	2	17
Schultheiss	679	2	95
Schulthess	327	8	34
Schulthos	112	7	37
Schultz	255	1	14
Schultz	386	5	98
Schultz	842	6	98
Schultz	946	7	57
Schultz	699	7	97
Schultz	637	8	78
Schultz	862	9	78
Schultz	934	9	95
Schultz	164	10	77
Schultz	497	10	77
Schultz	739	10	94
Schultz	164	10	37
Schultz	2	12	102
Schultz	862	14	7
Schultz-Meders	613	12	102
Schultz-Medow	613	13	24
Schultz-Medow	613	14	32
Schultze	369	3	37
Schultze	604	6	57
Schultze	1030	8	34
Schultze	435	9	79
Schultze	857	9	95
Schultze	839	10	57
Schultze	258	10	94
Schultze	1010	11	13
Schultzenstein	142	13	42
Schulz	603	5	57
Schulz	961	5	76
Schulz	1039	6	17
Schulz	830	7	20
Schulz	925	8	34
Schulz	776	9	79
Schulz	250	13	50
Schulz	950	13	50
Schulz	249	13	58
Schulz	971	14	47
Schulze	148	1	14
Schulze	1021	5	38
Schulze	756	7	20
Schulze	195	10	57
Schulze	537	11	35
Schulze	973	11	35
Schulze	892	12	15
Schulze	919	8	34
Schulze	787	12	39
Schulze	835	12	102
Schulze	710	14	15
Schulze	835	12	16
Schulze-Veltrup	909	13	31
Schulzmerlin	446	2	37
Schumacher	720	3	95
Schumacher	273	5	76
Schumacher	792	7	79
Schumacher	869	8	35
Schumacher	1046	13	31
Schumann	683	2	37
Schumann	763	9	57
Schumann	65	14	47
Schumann	69	14	48
Schumann	734	13	32
Schun	142	7	37
Schunck	963	6	98
Schunck	348	9	10
Schunter	154	1	15
Schuoler	943	8	35
Schurer	592	6	35
Schurger	22	3	75
Schurich	132	2	96
Schurman	804	10	14
Schurter	710	7	97
Schurtzfleisch	588	3	37
Schuster	774	2	37
Schuster	27	3	57
Schuster	182	5	76
Schuster	199	6	79
Schuster	670	6	79
Schuster	779	8	92
Schuster	694	9	10
Schutte	284	8	78
Schutte	97	9	10
Schwab	493	3	58
Schwab	131	4	43
Schwab	545	4	43
Schwab	636	4	44
Schwab	383	6	78
Schwab	356	10	57
Schwab	383	12	15
Schwab	1002	13	58
Schwab	258	1	77
Schwab	149	1	15
Schwabbauer	462	2	37
Schwabe	1064	8	35
Schwabe	382	10	77
Schwabe	37	10	94
Schwäbl	132	2	55
Schwäbl	218	4	44
Schwäger	384	1	56
Schwägerl	872	4	44
Schwägermann	959	4	44
Schwaiger	110	2	96
Schwaiger	645	1	77
Schwaiger	523	8	14
Schwaiger	874	8	14
Schwaiger	878	9	10
Schwaiger	391	1	77
Schwaiger	436	1	77
Schwaigkhofer	890	6	98
Schwaigkofer	459	2	96
Schwaiker	968	1	56
Schwake	830	4	44
Schwalb	373	10	57
Schwalb	373	10	77
Schwalbe	825	1	97
Schwalke	373	12	102
Schwaller	820	3	96
Schwamberger	704	5	98
Schwan	697	4	44
Schwan	878	2	77
Schwan	407	2	96
Schwanberg	383	9	36
Schwanberger	385	4	77
Schwand	383	3	58
Schwander	384	13	50
Schwanecke	384	7	57
Schwanckhardt	197	6	98
Schwann	712	12	16
Schwanring	385	10	94
Schwarte	99	5	38
Schwarthoff	973	13	24
Schwartz	99	3	37
Schwartz	504	5	98
Schwartz	149	6	17
Schwartz	888	6	17
Schwartz	495	6	57
Schwartz	578	6	57
Schwartz	157	6	58
Schwartz	542	6	79
Schwartz	2	8	14
Schwartz	968	8	14
Schwartz	46	9	10
Schwartz	928	9	57
Schwartz	127	9	95
Schwartz	131	10	57
Schwartz	162	10	94
Schwartz	167	12	39
Schwartz	887	3	96
Schwartz	99	3	96
Schwartz	529	3	96
Schwartz	204	2	55
Schwartz	527	6	57
Schwartz	832	6	17
Schwartz	157	6	17
Schwartz	286	6	17
Schwartz	303	7	37
Schwartzbach	781	6	37
Schwartzkopf	157	3	16
Schwartzkopf	161	6	35
Schwartzmaier	207	6	35
Schwarz	671	2	37
Schwarz	570	1	57
Schwarz	99	3	58
Schwarz	820	12	39
Schwarz-Jacobine	896	12	102
Schwarz	828	13	24
Schwarz	99	1	56
Schwarz	131	1	57
Schwarz	302	1	57
Schwarz	499	1	57
Schwarz	554	2	96
Schwarze	255	3	16
Schwarzenbach	45	3	76
Schwarzenberg	315	7	75
Schwarzenberger	157	2	16
Schwarzenthaler	871	9	35
Schwarzerd	242	6	58
Schwarzgräber	730	3	76
Schwarzhuber	140	14	23
Schwarzkopf	161	8	34
Schwarzmann	145	1	57
Schwarzmann	99	9	18
Schwarzmüller	660	13	13
Schwarzmüller	1019	14	15
Schwayger	757	6	35
Schwebel	961	7	57
Schwebel	963	10	95
Schwebermair	302	1	56
Schwech	192	10	77
Schweder	949	5	57
Schwedianer	515	2	16
Schwedler	1006	14	7
Schwegerle	872	1	56
Schwegler	330	12	73
Schwehle	383	9	35
Schweicker	968	10	14
Schweickher	831	3	96
Schweickher	647	2	37
Schweickher	647	5	98
Schweinfurter	26	2	16
Schweiger	391	15	3
Schweigert	746	5	98
Schweigger	772	1	77
Schweigger	99	8	34
Schweigger	772	9	36
Schweighartt	160	5	98
Schweighartt	306	5	98
Schweighartt	346	5	98
Schweighauser	891	7	75
Schweigklin	133	8	93
Schweindl	273	2	96
Schweinetzer	274	6	35
Schweinfurter	1080	2	16
Schweinsburg	865	6	98
Schweitzer	376	7	37
Schweitzer	4	9	79
Schweitzer	73	10	57
Schweitzer	628	10	95
Schweizer	747	1	38
Schweizer	682	10	14
Schwelant	371	5	38
Schweling	417	9	10
Schwellengrebel	550	9	79
Schwemmer	804	1	38
Schwenck	427	4	77
Schwend	382	2	16
Schwendell	329	6	35
Schwendendorfer	1058	3	96
Schwender	104	9	57
Schwender	537	9	95
Schwendke	384	9	57
Schwendter	101	2	16
Schwenk	523	2	55
Schwenninger	999	9	35
Schwenter	101	1	97
Schwenter	101	10	57
Schwerdt	813	9	79
Schwerdtfeger	871	3	58
Schwerdtführer	667	10	77
Schwerin	283	14	7
Schwert	670	12	16
Schwerter	668	3	76
Schwertfürer	667	2	16
Schwerting	965	3	16
Schwertt	670	6	35
Schwertzenbach	13	3	76
Schwerzel	16	3	16
Schwerzer	140	7	37
Schweyer	136	1	15
Schweyer	136	10	94
Schweyer	942	1	38
Schweytzer	146	6	35
Schweytzer, gen. Schenckh	850	6	35
Schwieler	637	5	98
Schwind	302	2	37
Schwind	625	10	77
Schwind	382	6	35
Schwindenhamer	986	7	37
Schwindt	309	2	96
Schwindt	918	11	35
Schwindt	918	12	39
Schwindt	358	6	35
Schwing	990	3	16
Schwing	418	6	35
Schwinghammer	538	2	96
Schwob	492	3	96
Schwöller	422	4	44
Schwörer	169	14	23
Schwofheim	1024	2	55
Schwolla	732	10	14
Schwonke	382	13	13
Schworen	4	3	76
Schworm	409	13	25
Schwunghammer	846	2	77
Schwyger	710	3	76
Schwyter	37	3	76
Schwytzer	701	3	76
Schwytzer	649	7	75
Schyterberg	643	3	76
Scipio s. Sapio	173	2	77
Scriver	739	9	79
Scultetus	821	3	96
Sebaldt	16	2	55
Sebaldt	16	8	14
Sebastian	91	2	77
Sechell	435	6	35
Seckel	238	2	17
Secker	631	14	22
Seckhell	317	6	36
Seckhler	330	6	36
Seckler	238	1	97
Sedeler	782	6	36
Sedelmair	875	8	14
Sedelmair	808	8	93
Sedelmayer	1025	6	36
Sedelmayr	462	8	14
Seding	194	7	98
Sedlmair	853	3	96

Name	WBL	Bgl. Siebm. Abtlg.	Tf.
Sedlmayer	235	2	37
Seebach	83	3	76
Seebach	1021	7	75
Seebaß	966	12	103
Seebeck	52	3	96
Seeber	716	11	13
Seefels	119	5	98
Seegel	632	5	98
Seeger	111	2	37
Seeger	745	8	34
Seehofer	1060	3	58
Seeholzer	1042	1	77
Seeholzer	558	3	76
Seel	477	3	96
Seel	129	11	13
Seelemann	104	12	16
Seelhorst	379	10	77
Seeliger	642	10	14
Seelmann	112	8	14
Seelos	893	3	96
Seemann	679	8	79
Seemann	1074	9	10
Segebade	622	9	95
Segebode	605	9	79
Segebode	605	9	79
Seger	745	4	44
Seger	198	7	20
Segerer	745	9	17
Segers	523	12	16
Segmehl	231	3	37
Seher	36	6	36
Seher	821	13	31
Sehler	695	9	79
Sehmer	1007	6	17
Seibert	339	11	35
Seibotten	793	7	37
Seidel	120	4	77
Seidel	46	6	58
Seidel	562	13	58
Seidel	43	8	51
Seidelmeier	90	4	44
Seidendorf	714	1	97
Seidenschuher	985	2	17
Seidensticker	495	7	57
Seidl	82	1	38
Seidl	328	1	57
Seidler	194	6	17
Seidlinger	208	9	10
Seidlitz	819	11	14
Seidner	931	4	77
Seiferheld	17	13	41
Seifert	963	1	97
Seifert	307	13	49
Seifert	1010	13	49
Seifert	887	14	30
Seifert	1032	14	44
Seiffe	696	10	57
Seifridus	1012	7	57
Seifried	119	3	76
Seifried	189	7	37
Seiler	710	10	14
Seiler	50	10	37
Seiler	983	11	14
Seiler	109	12	39
Seiler	76	3	76
Seiler	661	3	76
Seiler	85	9	10
Seiler	524	9	11
Seiler	85	9	10
Seiler	298	9	11
Seiler	299	9	11
Seiler Seyler	50	9	11
Seipel	463	2	77
Seipp	365	2	77
Seippel	184	2	37
Seitler	964	8	35
Seitz	133	1	57
Seitz	591	2	96
Seitz	577	3	58
Seitz	1035	3	58
Seitz	119	4	44
Seitz	23	6	36
Seitz	133	8	14
Seitz	348	13	58
Seitz	1056	14	48
Seitz	1067	1	77
Seiz	571	4	77
Selber	640	7	75
Seldenboten	544	7	98
Seldner	326	7	37
Selfisch	125	3	16
Selig	813	9	95
Seliger	642	9	95
Seligmann	828	3	37
Sell	870	13	25
Sella	743	2	17
Sellder	321	6	36
Sellmann	98	5	38
Sellmeier	931	14	31
Sello	191	8	51
Selmann	92	5	98
Selnecker	834	4	77
Seltzen	734	5	57
Seltzen	734	10	20
Seltzer	745	8	35
Selva	106	2	96
Selve	63	10	37
Selzemann	286	1	57
Sembler	719	1	15
Semler	730	2	77

Name	WBL	Bgl. Siebm. Abtlg.	Tf.
Semler	729	7	57
Semmel	941	4	77
Senden	50	1	77
Seneschal	484	5	38
Senffle	754	9	35
Senfft	412	4	44
Seng s. Sengler	238	6	36
Sengel	223	2	55
Senger	153	1	15
Senger	1036	6	36
Sengle	479	1	57
Sengler s. Seng	238	6	36
Sengli	750	3	76
Sengmiller	882	3	96
Senheim	794	7	20
Senn	33	7	75
Senng	750	7	75
Senning	15	8	52
Senno	25	3	76
Senseschmid	522	4	78
Senser	1070	1	57
Sepökh	505	3	96
Seppich	907	9	11
Serge	917	8	79
Serlo	250	5	57
Serre	53	2	37
Serturner	1078	4	44
Sessa	616	10	57
Sessler	1017	3	76
Sessolzheim	623	6	58
Settegast	165	10	37
Seublin	778	1	77
Seubold	698	10	77
Seütz	423	1	77
Seuffer	1046	13	31
Seufferheld	17	3	37
Seufferlein	927	1	38
Seuss	1024	2	55
Seuter	147	1	57
Seuter	147	2	55
Seuter	147	8	15
Seuter	932	9	35
Severin	476	4	44
Severin	752	9	95
Severini	201	4	99
Seweloh	275	10	77
Sewn, von	527	4	44
Seyboldt	782	1	15
Seyboth	878	1	57
Seybüchler	1007	10	37
Seyda	242	4	44
Seydell s. Sydell	829	6	17
Seydenschwanz	11	4	44
Seydl	515	1	15
Seydl	82	8	14
Seydler	109	8	79
Seydlitz	202	12	39
Seyer	22	7	20
Seyfardt	85	2	55
Seyfferheld	16	1	15
Seyfriedt	193	1	97
Seyfried	21	4	78
Seyfried	707	4	78
Seyler	7	9	10
Seyler	523	9	11
Seyler	300	9	11
Seyler	301	9	11
Seyler	1008	9	11
Seyler	1069	9	36
Seyler	851	9	36
Seyler	710	3	77
Seyler	743	10	37
Seyler	710	9	11
Seyler	523	11	14
Seyler	710	9	11
Seyler	226	11	45
Seyler	723	9	11
Seyler	226	12	39
Seyler	1037	9	11
Seyringk	966	4	77
Seysser	503	6	36
Seytz	223	2	55
Sibberen	671	10	57
Sibenpöm	1066	3	96
Siber	207	1	77
Siber	742	4	44
Siber	742	6	79
Siber	888	9	11
Siberer	113	4	44
Sibeth	1016	4	78
Sibeth	755	11	45
Sibinck	59	9	96
Sibler	755	9	11
Sibmer	460	1	38
Sibrant	188	8	91
Sichardus	394	7	57
Sicherd	585	3	16
Sichla	909	10	95
Sickart	365	10	57
Sickh	1067	10	38
Sideler	787	8	93
Sideler	802	8	93
Sidelmann	706	3	58
Sidelmann	150	7	37
Siderich	812	11	14
Sidler	53	3	96
Sidow	961	13	13
Siebeck	20	14	39
Siebel	1075	4	44
Siebenbeutel	140	2	77

Name	WBL	Bgl. Siebm. Abtlg.	Tf.
Siebenhaar	773	6	17
Siebenhorn	144	2	17
Siebenpaum	1066	7	37
Sieber	653	2	38
Sieber	742	6	58
Sieber	461	8	79
Sieber	461	12	31
Sieber	928	1	77
Sieber	868	1	97
Siebert	1038	2	38
Siebert	520	9	12
Siebke	905	13	49
Siebmacher	742	1	15
Siebs	891	10	77
Siebzehnriebel	867	14	22
Siedelmann	148	1	97
Siedler	821	5	76
Siefert	331	5	98
Sieffert	1035	8	14
Siegen	22	10	37
Siegfried	117	1	97
Siegfried	419	3	16
Siegfried	793	3	58
Siegfried	52	7	98
Siegfried	736	7	98
Sieghardt	768	1	38
Siegner	832	4	44
Siegwein	331	1	97
Siel, tom	529	5	57
Sielentz	32	9	96
Siemers	51	9	96
Siemsen	3	3	37
Sienen, von	363	4	45
Sierk	938	10	77
Siersleben	904	13	13
Siess	239	4	45
Siess	1079	4	45
Siess	346	12	39
Sieveking	68	3	16
Sieveking	517	10	38
Sievers	601	5	76
Sievers	121	5	76
Sievers s. Sivers	72	4	7
Sievert	596	9	57
Sievert	687	13	25
Siewersen	349	9	96
Sigbot	567	3	77
Sigel	141	3	16
Sigersreuter	252	5	76
Siggard	185	4	45
Sighart	366	6	79
Sigl	990	6	58
Signer	46	9	57
Sigward	588	3	37
Sigwein	770	4	45
Silberbortt	722	6	36
Silbernagel	1055	2	96
Silbernagel	234	11	45
Silberrad	905	1	15
Siligmüller	849	2	77
Silm	602	3	16
Simen	1061	4	78
Simeringer	41	1	38
Simler	436	3	77
Simmerl	749	2	77
Simmerl	139	8	15
Simmers	353	9	96
Simmersbach	870	8	79
Simmet	721	1	97
Simold	305	2	77
Simon	723	3	16
Simon	723	4	78
Simon	368	5	57
Simon	901	6	58
Simon	806	7	98
Simon	51	12	16
Simon	745	12	39
Simon	1063	12	103
Simon	50	13	41
Simon	782	14	22
Simon	1003	2	38
Simon	425	2	38
Simon	406	2	56
Simonius	943	9	57
Simonius	943	11	46
Simons	284	4	78
Simons	530	12	16
Sindersberger	253	1	57
Sing	465	6	36
Sing	537	7	75
Singer	153	7	37
Singer	695	8	91
Singer	278	9	36
Sinner	84	12	17
Sinnhuber	397	14	14
Sintz	567	2	96
Sinzel	464	1	15
Siricius	597	3	96
Siry	1023	10	38
Sitter	963	1	77
Sittich	372	1	77
Sittig	359	3	96
Sittl	565	12	16
Sittl	565	13	13
Sitz	869	3	77
Sivers s. Sievers	72	3	37
Six	878	9	16
Sjats	933	10	78
Skompski	548	11	14
Skompski	548	11	35

Name	WBL	Bgl. Siebm. Abtlg.	Tf.
Slawik	967	12	17
Slawik	415	13	49
Slebom	476	5	57
Slebuesch	775	9	11
Sleker	744	11	13
Slicker	559	4	45
Sliem	241	4	45
Slüters	666	4	45
Slierpach s. Stierpach	12	3	97
Slutter	960	6	17
Smalian	500	13	58
Smaller	720	3	97
Smeburg	713	10	95
Smend	254	7	20
Smend	254	8	79
Smid	396	5	38
Smit gen. Dratzieher	449	7	37
Smittermer	70	3	97
Smollenski	25	12	17
Smollenski	511	12	40
Smydel	334	4	45
Snauenberg	520	10	58
Snellmann	822	13	35
Snethlage	453	9	96
Sniegocki	654	10	14
Snippe	788	9	96
Snippe	810	9	96
Snoilsky	968	2	56
Socher	968	9	36
Sochtl	894	6	17
Socius	642	6	36
Sode, vom	534	6	36
Soehnlein	23	1	57
Söhnlein	11	8	35
Söldner	697	1	57
Söllner	988	13	13
Söltel	853	2	38
Söltner	78	10	57
Söncke	300	11	35
Söning	1069	1	15
Sörgel	831	1	77
Soermanns	384	9	57
Soest	292	7	57
Soeter	739	10	58
Sohn	538	2	38
Sohr	402	9	12
Sohst	946	4	45
Sokolowski	611	9	96
Solfleisch	1059	6	36
Solis	41	1	38
Soll	42	4	45
Soll	42	10	95
Soltau	198	5	76
Soltau	608	5	98
Soltau	601	10	15
Soltmann	954	8	79
Soltow	593	3	16
Soltow	685	4	45
Som, van	800	5	38
Som, von	501	4	45
Sommer	41	1	97
Sommer	657	4	45
Sommer	569	9	57
Sommer	121	9	96
Sommerau	532	12	17
Sommerfeld	529	3	16
Sommerfeld	41	7	20
Soncinus	236	6	36
Sonder	40	6	36
Sondermann-Hofmann	26	12	73
Sonkel	17	4	45
Sonneberg	485	3	16
Sonnemann	42	5	57
Sonnenhol	41	11	45
Sonnenmayer	108	4	45
Sonner	42	8	15
Sonntag	41	3	97
Sonntag	1073	12	17
Sorg	336	1	97
Sorg	424	6	36
Sorg	767	6	79
Sorgenfrei	291	2	56
Sorger	643	3	58
Sossenheim	902	4	45
Sotch	847	2	38
Sottil	918	2	96
Sottorf	775	12	103
Souchay	358	2	38
Sowcke	126	5	38
Soy	1017	13	25
Spaan	1021	3	77
Spadenbeck	709	9	96
Spänlein	499	2	96
Spänsberger	930	2	56
Spät	695	2	96
Spät	695	8	35
Spät	650	13	1
Späth	132	1	77
Späth	667	12	103
Spaether	650	14	31
Spahn	1033	1	38
Spahn	676	13	1
Spahr	210	13	1
Spaiser	280	6	79
Spaiser	815	8	93
Spalatinus	514	6	36
Spalding	672	10	78
Spalding	898	12	103
Spalding	820	3	77
Spalckhawer	825	3	17
Spall	218	12	103
Spalter	336	1	38
Spalter	334	10	58
Spalting	910	3	77
Spaney	883	9	36
Spaney	837	9	36
Spanfelder	343	6	36
Spangenberg	617	3	97
Spangenberg	974	10	78
Spangenberg	1021	12	103
Spangenberger	88	1	15
Spanhauer	140	1	57
Sparkuhl	964	6	58
Sparnecker	1000	1	57
Sparr	363	1	38
Sparr	402	10	15
Sparr	363	14	31
Spass	435	2	17
Spass	435	2	56
Spatz	435	12	17
Spatz	876	2	38
Spatz	866	2	17
Spatz	866	2	56
Spaun	1033	8	15
Spechswinkel	199	12	40
Specht	364	6	58
Speck	511	9	96
Speckbötel	792	9	96
Speckbötel	803	9	96
Speckbötel	803	9	96
Specker	433	3	97
Speckl	117	8	91
Specklin	117	3	97
Specovius	696	10	15
Spede	637	11	35
Spede	814	11	35
Speerli	766	7	75
Speicher	910	6	58
Speichert	374	4	45
Speidel	1066	1	15
Speidel	493	2	38
Speidel	29	3	97
Speidel	732	9	58
Speißegger	391	2	96
Spelt	317	3	97
Spelt	317	2	17
Spelt	695	2	96
Spelter	881	10	78
Speltz	930	2	38
Spener	198	8	52
Spengel	508	4	45
Spengler	568	8	15
Spengler	224	10	38
Spengler	315	14	48
Spengler	946	1	15
Spengler	752	1	57
Sperber	134	3	97
Sperrfelt	1011	8	35
Spet	695	8	93
Speth	1025	1	15
Speth	775	6	98
Spethmann	624	10	58
Spickart	686	4	99
Spicker	485	5	38
Spiecker	414	10	38
Spiegelberg	87	12	103
Spiegelberg	87	13	13
Spiegelberger	88	10	15
Spieker	604	9	58
Spielberger	255	2	38
Spieler	412	2	17
Spielmann	909	1	39
Spielmann	909	6	58
Spielvogel	984	13	13
Spier	314	8	15
Spies	227	1	39
Spies	700	6	58
Spieß	118	11	46
Spiess	701	12	103
Spiess	312	2	17
Spieß	1035	2	96
Spiller	731	7	75
Spiller	122	9	96
Spillmann	292	1	15
Spillmann	672	9	12
Spillner	510	11	46
Spilmann	434	8	15
Spilmann	11	10	15
Spindler	1001	2	56
Spindler	996	8	15
Spinner	731	7	98
Spinter	732	8	92
Spiser	209	3	97
Spitler	689	6	58
Spitta	623	6	58
Spitta	621	9	58
Spitta	623	9	58
Spitta	623	11	14
Spitta	621	11	14
Spittler	233	7	75
Spitz	1009	14	7
Spitzbart	975	14	7
Spitzel	1059	1	15
Spitzenberch	353	5	38
Spitzenberch	352	5	38
Spitzer	686	1	97
Spitzmacher	23	3	37
Spitzweck	26	1	39
Spleiss	51	4	78
Spleiss	234	10	78
Splieth	521	3	17
Spölin	500	6	17
Spöndli	693	3	77
Spöndli	694	3	77
Spörel	542	7	37
Spoerer	31	14	31
Spöri	808	3	77
Spöri	809	11	35
Spörl	444	1	57
Spörl	538	4	45
Spörl	958	9	58
Spörnöder	227	8	100
Spörri	945	10	15
Spolich	189	10	78
Sponfelder	269	2	17
Sponn	1033	7	57
Sponrib	236	6	17
Spoor	417	1	39
Sporer	958	3	97
Spornberger	677	11	15
Spreckelsen, von	825	5	38
Spreckelsen, van	501	3	97
Spreng	192	3	77
Spreng	762	3	77
Spreng	449	11	46
Sprengel	668	11	14
Sprengentguet	34	12	16
Spring	353	5	77
Spring	764	6	58
Spring	139	13	13
Spring	139	13	25
Springenzaun	254	4	46
Springer	293	1	57
Springer	301	6	17
Springintgud	1	4	46
Springkorn	260	5	77
Springorum	366	10	38
Sprintz	213	9	96
Spross	645	3	77
Spruck	561	12	17
Sprüngli	51	3	77
Sprüngli	112	7	75
Spüelvogel s. Spielvogel	984	13	13
Spyr	356	3	77
Spyrer	552	5	57
Spyri	355	8	35
Staal	413	10	38
Stab	679	6	98
Stabius	355	9	36
Stabrowski	653	9	58
Stachel	780	5	57
Stachel	780	10	20
Stachel	1065	13	14
Stachow	1023	10	95
Stad, am	68	3	77
Stadell	223	6	18
Stadelmann	106	2	56
Staden	614	1	15
Staden, von	664	9	58
Stadler	82	1	58
Stadler	289	2	96
Stadler	2	4	78
Stadler	34	9	12
Stadler	81	3	97
Stadler	788	3	77
Stadlin	262	7	75
Stadlman	111	9	36
Stadmann	615	1	97
Stadör	926	13	14
Stadtler	897	2	96
Stadtmann	618	6	18
Stadtmüller	231	1	15
Stäbinger	685	3	77
Städel	620	1	16
Städel	619	3	37
Städeli	50	7	75
Städler	648	3	58
Stäheli	641	3	77
Stähelin	179	10	78
Staehelin	179	11	46
Staehle	99	12	41
Staehle	99	12	103
Stählin	264	1	16
Stählin	145	13	32
Stämmler	494	1	39
Stärl	409	4	78
Staffer	693	3	97
Staffler	213	2	97
Stahel	461	8	79
Stahel	413	3	97
Stahel	161	7	75
Stahel	1052	9	12
Stahell	462	6	18
Stahl	687	1	16
Stahl	883	3	97
Stahl	1027	4	78
Stahl	1017	6	98
Stahl	795	7	57
Stahl	693	8	35
Stahl	799	9	79
Stahl	1027	12	103
Stahmer	494	5	77
Staiber	286	1	97
Staiger	793	8	93
Staiger	459	9	36
Stain	23	1	16
Stain	781	3	97
Stain	359	2	56
Stain	323	2	17
Stain	320	2	97

Name	WBL	Bgl. Siebm. Abtlg.	Tf.
Stainau	262	3	58
Stainberger	289	1	58
Staindecker	648	8	15
Stainer	1050	9	37
Stainer	999	2	77
Stainer	322	2	97
Stainhauser	619	1	97
Staininger	376	1	16
Stainkeller	25	3	97
Stainmüller	726	2	56
Stainperger	326	4	46
Stainwerfer	105	13	14
Stake	594	10	58
Stakemann	106	3	58
Stam	457	7	37
Stambach	545	5	99
Stamberg	495	4	99
Stamberger	156	4	46
Stamberger	494	12	41
Staml	884	6	18
Stamler	498	6	18
Stamm	473	4	99
Stamm	491	10	78
Stamm	491	12	40
Stammer	879	12	103
Stamminger	359	1	58
Stammler	492	10	38
Stammler	492	10	38
Stampart	329	1	39
Stampeel	174	3	97
Stampeel	173	5	57
Stampeel	173	5	57
Stampehl	172	3	98
Stampel	173	5	57
Stampf	58	3	77
Standfest	629	12	17
Standt s. Staudt	992	8	15
Stanecke	441	3	17
Stang	492	1	16
Stang	462	2	77
Stange s. Schröder	314	5	56
Stange s. Schröder	314	5	57
Stangen	411	6	98
Stangen	980	6	98
Stanger	937	1	77
Stanglmayr	815	15	4
Stanner	869	14	23
Stapel	435	8	92
Stapelfeld	689	11	91
Stapf	214	8	35
Stapff	801	8	93
Stapler	1038	2	56
Star	362	1	97
Starck	238	10	95
Starcke	182	9	96
Starcke	465	12	17
Starcke	389	8	52
Starenberger	374	4	46
Stark	127	2	38
Stark	235	7	98
Stark	779	8	93
Starke	125	1	97
Starke	142	13	51
Starke	965	14	39
Starnberger	953	3	58
Starosse	253	13	14
Starzhauser	413	3	58
Starzheimer	273	8	35
Statius	74	8	79
Statmüller	237	10	38
Statthalter	1073	11	46
Stattmiller	150	2	77
Stattmüller	231	7	57
Staub	606	2	77
Staub	808	3	77
Staub	812	10	94
Stauber	286	1	16
Stauber	280	4	46
Stauber	1033	14	48
Stauch	671	14	15
Staud	910	4	46
Staudacher	473	1	16
Staudacher	782	1	77
Staude	14	2	77
Staude	14	3	98
Staudigl	344	2	97
Staudner	892	2	38
Staudt	1021	1	16
Staudt	157	4	46
Staudt s. Standt	992	8	15
Stauff	977	4	46
Stauff	977	7	37
Stavenhagen	195	3	37
Stavenhagen	561	10	38
Stavenhager	367	9	79
Stebler	269	1	58
Stecher	701	7	98
Stechlin	332	5	57
Steck	564	6	37
Steckler	694	9	58
Steding	726	5	57
Steding	701	7	58
Steeb	148	6	18
Steer	210	4	46
Steer	966	12	40
Steer	1053	12	40
Steets	580	4	46
Stefensperger	500	4	46
Steffan	288	7	37
Steffan	313	8	15

Name	WBL	Bgl. Siebm. Abtlg.	Tf.
Steffan	687	8	52
Steffanus	197	4	47
Steffen	82	6	18
Steffen	636	7	20
Steffen	933	7	75
Steffen	719	10	95
Steg	195	12	41
Stege, van	819	12	40
Stegemann	930	6	58
Stegemann	112	10	95
Stegemann	114	10	95
Stegemann	25	12	104
Stegemann	408	3	17
Steger	618	5	77
Steger	724	3	98
Steger	460	9	36
Steger	724	9	58
Stegmann	445	4	46
Stegmann	689	11	35
Stegmeier	833	3	58
Stegmüller	1065	13	14
Stehelin	265	1	78
Stehelin	1010	8	15
Stehler s. Strehler	782	7	98
Stehlin	111	4	78
Stehlin	1021	9	36
Stehnmann	126	5	77
Steidel	12	1	16
Steidlin	795	8	93
Steier	882	3	58
Steifensand	860	12	40
Steiger	610	8	79
Steiger	327	10	78
Steigertahl	78	6	37
Steigüber	677	13	14
Steimüllner s. Steinm.	724	4	46
Stein	27	2	38
Stein	579	3	58
Stein	51	4	46
Stein	867	6	18
Stein	407	6	18
Stein	785	7	98
Stein	322	8	36
Stein	299	9	96
Stein	737	10	58
Stein	321	10	58
Stein	60	12	41
Stein	727	12	104
Stein	1044	12	104
Stein	1036	3	98
Stein	740	11	36
Steinacher	324	7	98
Steinau	75	7	98
Steinbauer	901	14	8
Steinbeis	23	11	35
Steinberg	264	4	46
Steinberger	88	2	38
Steinböck	868	2	97
Steinborn	252	10	38
Steinbrüchel	762	3	77
Steinbrüchel	644	9	12
Steinbrück	555	13	42
Steinbrügge	1020	12	104
Steinbusch	611	9	58
Steiner	930	4	78
Steiner	826	6	18
Steiner	717	9	79
Steiner	33	11	46
Steiner	329	12	36
Steinert	395	13	32
Steingötter	817	6	37
Steinhardt	909	12	104
Steinhart	667	14	39
Steinhaus	1073	11	46
Steinhausen	615	12	41
Steinhauser	613	1	58
Steinhauser	617	3	58
Steinheimer	875	8	52
Steinheimer	873	1	78
Steinheimer	401	1	16
Steininger	149	2	78
Steininger	206	3	37
Steinkamm	232	8	79
Steinkop	752	4	99
Steinkopff	245	5	77
Steinkopff	121	7	98
Steinle s. Gull	399	5	99
Steinlechner	993	1	98
Steinmair	478	2	17
Steinmann	758	4	99
Steinmayer	291	2	97
Steinmeister	650	8	79
Steinmetz	737	2	38
Steinmetz	894	6	18
Steinmetz	892	9	58
Steinmetz	164	5	38
Steinmeyer	478	10	95
Steinmeyger	1	13	35
Steinmüller s. Steim.	724	4	46
Steinweg	988	5	57
Steinweg	650	6	18
Steinweg	347	3	17
Steinwender	28	12	41
Steinwich	603	3	17
Steinwig	768	3	17
Steir	498	10	38
Steitz	574	2	38
Steitz	1038	2	38
Steker	744	10	58
Stelling	478	5	77

Name	WBL	Bgl. Siebm. Abtlg.	Tf.
Stellmacher	571	12	40
Stellwag	148	1	16
Stelzmann	661	14	15
Stemann	957	3	59
Stemann	957	10	38
Stemeli	32	3	98
Stemmermann	19	7	37
Stemmler	1038	2	78
Stempel	679	2	97
Stempel	728	9	37
Stemper	219	6	18
Stempfel	106	4	46
Stempfl	232	9	36
Stempher	300	2	56
Stemshorn	761	3	17
Steneberg s. Hasse	899	9	79
Stendal	158	4	46
Stenderen von	323	4	46
Stengel	648	3	59
Stengel	173	5	38
Stengel	782	13	42
Stenger	1012	1	78
Stengler	847	7	20
Stenglin	212	4	46
Stenglin	133	4	47
Stenglin	212	6	79
Stenmann	517	9	97
Stepeck	78	3	98
Stephan	637	1	78
Stephan	748	2	38
Stephan	74	7	58
Stephan	786	8	15
Stephan	786	8	15
Stephan	977	9	97
Stephan	773	13	25
Stephan	773	13	25
Stephani	140	4	47
Stern	933	1	16
Stern	59	2	56
Stern	933	9	37
Stern s. Stom	933	3	59
Sternecker	14	2	78
Sternecker	77	1	16
Sternecker	67	1	98
Sterner	65	2	56
Stetter	102	9	37
Stettner	168	1	16
Stettner	252	7	37
Stettner	348	7	98
Stettner	1060	2	56
Stettner	365	2	97
Steub	859	7	38
Steub	285	12	41
Steuber	344	4	47
Steuber	1025	12	104
Steudel	974	14	39
Steuer	906	8	36
Steuernagel	577	1	98
Steup	859	10	78
Steurer	559	2	56
Steurer	559	9	18
Steurnagel	830	4	47
Steus	41	4	99
Stevelin	775	3	17
Stever	586	12	41
Stever	586	12	104
Stever	987	12	104
Steyerthal	217	6	18
Steyg	189	8	16
Steyger	324	12	42
Steymer	165	6	18
Steyn	376	9	97
Steyrnagel	1016	4	47
Steytz	944	6	37
Sthamer	1051	4	47
Sthoer	939	3	98
Stieber	234	1	16
Stieber	975	2	78
Stiebler	726	9	37
Stiebler	736	9	58
Stieblinger	454	2	17
Stieglitz	366	1	98
Stiehl	717	5	57
Stiehl	437	10	39
Stiehler	80	9	97
Stiell	794	9	79
Stier	333	1	16
Stier	882	2	97
Stierlein	332	4	47
Stierlein	335	4	47
Stierlin	801	8	93
Stiermair	333	1	78
Stierpach s. Slierpach	12	3	97
Stieveleben	120	3	17
Stifft	626	7	98
Stigleder	183	1	98
Stilke	394	9	12
Stilke	386	9	12
Stilke	496	9	12
Stilke	634	9	12
Still	99	1	78
Stillger	827	13	59
Stimler	636	4	47
Stinauer	4	1	78
Stintzel	885	6	18
Stipel	406	3	98
Stirlin	782	8	94
Stirmlin	897	6	58
Stirn	334	1	58
Stirn	334	7	58

Name	WBL	Bgl. Siebm. Abtlg.	Tf.
Stisser	684	2	17
Stisser	549	3	17
Stissner	38	3	98
Stitzl	391	1	39
Stock	268	1	78
Stock	607	8	35
Stock	492	10	95
Stockamer	2	1	58
Stockar	377	3	98
Stockar	377	9	79
Stocker	306	12	104
Stocker	468	5	57
Stockers	468	9	20
Stockfleth	1029	2	17
Stockfleth	386	3	17
Stockfleth	1029	3	37
Stockhausen	506	2	78
Stockher	218	9	12
Stockher	377	9	58
Stocking	243	1	78
Stockinger	1000	7	75
Stockinger	499	1	78
Stockinger	624	1	78
Stockner	491	6	18
Stocks	969	9	97
Stöberl	421	1	58
Stöberlein	881	1	16
Stöberlein	881	6	18
Stöberlein	881	7	58
Stöckel	830	1	98
Stöckel	830	2	97
Stoeckel	802	10	58
Stoecker	779	10	58
Stöcker	572	10	58
Stöckert	671	14	32
Stöckey	542	11	15
Stöckhl	495	3	98
Stöckhle	206	1	98
Stöckl	1054	9	37
Stöckl	219	1	78
Stöckl	461	1	78
Stöckle	691	1	98
Stöcklein	691	2	97
Stöckli	691	3	78
Stöcklin	802	2	17
Stöcklin	240	6	79
Stöcklin	691	6	79
Stoedter	425	5	77
Stoeff	287	5	77
Stöffler	762	10	15
Stöger	968	1	16
Stöger	555	9	18
Stögmair	211	1	78
Stöhr	939	6	18
Stör	1001	1	16
Stör	498	2	17
Stoer	365	7	38
Stoer	891	10	78
Stoer	891	10	78
Stör	421	12	42
Störning	412	4	47
Störtelberg	473	4	47
Störz	1056	4	78
Stössel	1009	14	8
Stoesser	379	14	15
Stofer	68	12	42
Stoffacher	874	3	98
Stoffel	632	4	47
Stoffl	116	4	47
Stoffler	1048	3	59
Stoffregen	720	10	78
Stohl	1011	14	23
Stohler	737	10	58
Stokelef	805	9	97
Stokelef	930	9	97
Stoketo	90	4	47
Stolberg	1028	1	98
Stoll	762	1	98
Stoll	761	3	17
Stoll	970	10	78
Stoll	683	14	15
Stoll	970	3	78
Stolle	233	5	57
Stolle	1071	7	58
Stolle	788	9	97
Stolle	738	14	32
Stolle	900	14	39
Stoller	716	7	76
Stolp	192	7	58
Stolte s. Stotte	604	12	42
Stolterfoth	318	4	47
Stoltley	796	10	58
Stoltz	402	5	99
Stoltzenberg	567	11	35
Stolz	734	3	78
Stolz	993	13	14
Stom s. Stern	933	3	59
Storch	21	2	97
Storck	426	7	98
Storck	426	9	37
Storck	396	10	78
Storck	395	12	42
Storck	808	12	42
Storckh	395	6	18
Storcklin	1022	10	78
Storer	877	10	39
Stork	395	9	97
Storr	485	2	56
Storre	390	5	99
Storre	410	10	58
Storzer	259	2	39
Stosch	516	8	52
Stoss	207	2	17
Stoss	180	4	47
Stote	786	9	97
Stotebrügge	419	4	47
Stotte s. Stolte	604	12	42
Stotz	645	10	78
Stotz	254	13	42
Stoy	798	10	58
Stoy	22	2	39
Stoy	146	2	97
Straaßer	536	7	76
Strach	6	8	15
Strack	161	9	19
Sträler	849	2	56
Sträler	849	9	37
Sträußl	576	14	39
Strahl	388	6	19
Strahl	697	2	78
Strahl	700	2	97
Straißer	579	2	56
Stralen	699	3	17
Stralunger	699	2	18
Strang	410	1	98
Strasburg	20	8	52
Strase	802	9	79
Strass	13	4	78
Strass	793	7	58
Strass	213	8	36
Strasser	14	1	17
Strasser	649	3	98
Strasser	70	8	16
Strasser	298	12	42
Strasser	975	2	56
Strasser	655	2	57
Straßer	975	2	57
Straßer	1024	2	57
Strassfeld	1059	11	91
Strassguet	33	4	47
Strassgut	287	1	17
Strasskircher	1073	1	78
Strassner	25	10	78
Straub	505	7	98
Straub	233	1	98
Straub	396	2	17
Straub	299	2	39
Straub	298	1	39
Straub	156	1	78
Straubenberger	396	6	19
Straubinger	816	2	78
Strauch	571	2	78
Strauch	576	3	38
Strauch	1061	3	38
Strauch	656	11	36
Straus	396	1	78
Strauss	396	1	17
Strauss	396	2	97
Strauss	396	3	17
Strauss	396	4	78
Strauss	199	9	58
Strauß	918	7	38
Strauss	397	10	15
Strebel	145	8	79
Streccius	289	10	78
Strecker	585	6	37
Strecker	585	9	97
Strecker	717	6	37
Strehle	258	2	18
Strehler s. Stehler	782	7	98
Strehlin	135	1	58
Streich von	271	7	20
Streicher	764	1	17
Streidl	834	2	39
Streiff	199	12	104
Streit	942	3	17
Streit	177	7	38
Streit	461	8	16
Streit	255	9	97
Streitberger	1050	4	47
Streitberger	112	4	48
Streitberger	241	11	47
Streitl	857	1	78
Streitmann	117	2	78
Streitt	532	6	19
Streitt	243	1	39
Streitt	610	6	19
Streitter	349	1	78
Streitter	835	1	39
Streitwieser	987	2	18
Streitwolf	281	14	15
Strell	673	13	59
Streng	33	2	18
Stresow	581	6	58
Stresow	581	9	97
Stresow	880	9	97
Streubel	601	14	8
Streuff	358	4	99
Strichler	209	9	97
Strickler	571	7	98
Stridtholt	128	5	38
Striegel	330	6	80
Striegel	450	9	13
Striepe	581	8	52
Strietzel	939	9	98
Strigel	1078	3	98
Strigell	78	6	19
Strigell	449	6	19
Strigler	148	14	40
Stripeus	582	4	48
Stroband	587	4	78
Strobandt	914	8	16
Strobel	915	2	97
Strobel	260	5	77
Strobel	768	15	4
Strobl	448	2	57
Strobl	599	2	57
Strobl	111	4	48
Strobl	490	4	48
Strobl	397	7	38
Strobl	878	9	37
Strobl	1056	9	37
Strobl	111	1	17
Strobel	226	1	58
Strodl	206	2	18
Ströbel	747	1	78
Ströbel	135	4	48
Ströber	228	11	47
Ströber	1056	11	47
Strölein	674	1	79
Strölein s. Grölein	113	1	39
Ströling	205	8	16
Ströling	518	6	19
Stroh	112	2	78
Strohanner	896	4	48
Strohmeyer	139	1	17
Strolitz	699	7	38
Strolz	330	2	97
Strom	843	5	57
Stromer	319	4	48
Stromer	951	4	48
Stromer	6	5	99
Stromeyer	185	9	97
Stroßmann	792	2	57
Stroüwli	606	3	78
Strub	338	4	48
Strube	858	12	42
Struck	494	13	25
Struckmann	95	10	95
Strußnigg	454	13	14
Struth	193	10	15
Struve	442	3	17
Struve	534	3	17
Stryke	1008	4	78
Strymacher	725	7	76
Stubbe	495	3	17
Stuben	704	4	48
Stubenweg	8	4	48
Stublinger	455	4	48
Stublinger	455	7	38
Stubmer	177	1	58
Stuckenschmidt	841	6	58
Stucki	29	3	78
Stucki	760	10	39
Stud	518	5	58
Stude	954	10	78
Studer	502	3	98
Studer	881	6	19
Studer	784	6	19
Studer	574	7	76
Studer	86	10	15
Studer	654	11	35
Studer	38	11	35
Studion	445	6	19
Studler	326	3	78
Studmann	176	5	99
Studt	798	11	72
Studtbeck	117	5	58
Stübel	1079	9	97
Stüber	549	13	32
Stück	728	9	97
Stückelberg	760	7	76
Stückelberg	893	7	76
Stückhs	157	2	18
Stühlinger	743	4	48
Stüler	554	9	98
Stürmer	246	8	36
Stuermer	37	11	36
Stürmer	804	12	105
Stürnlin	89	6	19
Stürzel	228	1	17
Stürzel	233	9	37
Stürzer	252	1	58
Stüver	390	5	99
Stuhr	430	3	17
Stuken	507	7	20
Stuler	9	4	48
Stultz	501	6	19
Stumm	170	1	58
Stumm	577	7	58
Stumpf	346	1	39
Stumpf	729	12	43
Stumpf	498	2	78
Stumpf	491	3	78
Stumpf	676	10	39
Stumpf	499	12	43
Stumpff	1017	7	98
Stuntz	73	4	48
Stupanus	843	11	47
Stupp	1002	13	59
Sturm	563	6	58
Sturm	769	7	38
Sturm	791	7	76
Sturm	1003	10	96
Sturm	792	3	78
Sturm	769	1	58
Sturm	729	1	98
Sturmb	1050	2	57
Sturtz	161	6	19
Sturtz	869	9	37

Name	WBL	Bgl. Siebm. Abtlg.	Tf.
Sturtzenegger	314	10	39
Sturtzkopf	526	6	37
Sturtzkopf	526	12	43
Stutz	326	2	18
Stutz	558	7	76
Stutzel	571	12	43
Suane	382	6	19
Suchodolphus	652	9	58
Suckow	274	12	43
Sudeck	42	5	58
Sudermann	18	2	39
Sudermann	18	7	99
Süchten	510	9	58
Suenzelius	862	6	19
Sünderhauf	240	14	23
Suerborg	618	6	19
Suermann	362	3	18
Suespekh	549	4	78
Suess	1039	4	48
Süss	462	7	38
Süess	365	9	79
Süß	394	13	41
Sützer	33	5	38
Süver	601	9	98
Suevus	915	1	58
Suhl	263	4	48
Suhr	596	10	59
Suhr s. Sahr	126	9	13
Suhre	25	14	14
Suhren	810	12	105
Sulczer	1053	2	57
Suler	59	3	98
Sulger	999	4	48
Sulger	57	8	16
Sulzbeck	26	3	58
Sulzberger	692	8	16
Sulzer	515	7	98
Sulzer	521	10	15
Sulzer	527	10	78
Sulzer s. Dultzer	526	6	19
Sumerer	671	7	38
Sumermann	569	2	39
Sumerauer	358	3	98
Sunderlin	317	4	48
Sundheim	1011	14	14
Supper	1063	2	18
Surland	594	3	18
Sury	533	5	58
Sury	746	11	36
Suse	2	5	38
Suske	611	13	25
Suter	279	2	57
Suter	1047	6	59
Suter	477	9	13
Suter	558	9	58
Sutor	225	9	37
Sutor-Wernich	1014	11	50
Sutorius	1041	1	39
Sutorius	1041	6	59
Sutorius	1041	4	78
Sutter	448	7	38
Svajer	943	4	78
Swalb	767	4	48
Swart	166	6	59
Sweble	132	4	49
Sweder	495	4	49
Swol	520	9	58
Syassen	739	9	98
Syassen	1013	12	18
Syassen	1013	12	43
Sydell	829	11	36
Sydell s. Seydell	829	6	17
Sydella	555	3	98
Sylburg	660	2	57
Sylvius	934	5	99
Symers	54	5	39
Symmer	905	8	16
Symmerl	138	2	18
Symonis	464	4	49
Syntz	140	1	58
Syroth	883	2	18
Syroth	847	3	38
Syvers	854	5	77
Syz	827	10	39
Szeiring	873	8	52
Taaks	895	10	96
Tabbert	916	13	25
Tabor	911	3	98
Tabor	912	13	42
Tabor	912	13	51
Tackmann	100	8	36
Tächer	19	3	78
Taegener	600	9	79
Täger	744	12	105
Täglichsbeck	521	8	36
Täscher	776	3	78
Täschner	821	13	59
Täuber	368	1	17
Täumer	1073	13	14
Tafinger	836	1	17
Taglang	133	1	58
Taig	307	2	97
Talkner	413	11	15
Taler	6	8	16
Taler	996	8	16
Talhamer	691	4	49
Tallmayr	107	8	16
Tamberg, von	900	12	105
Tamm	948	4	49
Tamme	487	5	99
Tampke	369	6	37
Tanke	183	10	58
Tanner	94	4	49
Tanner	473	3	78
Tanner	486	3	78
Tantzer	896	9	59
Tapolet	357	7	76
Tarnaw	471	8	93
Tarnowski	918	14	8
Tartara	19	11	15
Taschner	447	4	49
Taschner	995	4	49
Taschü	813	2	78
Tastner	1004	2	57
Tatsch	792	7	99
Tatsch	392	10	78
Taubenmann	57	3	78
Taubenstein	1022	2	57
Tauber	876	1	17
Tauber	409	2	78
Taubert	409	11	48
Taubinger	363	6	19
Taubmann	939	5	77
Taubner	406	2	78
Taurelius	336	1	17
Tausendschön	1009	9	37
Tauwel s. Hillebrecht	523	3	46
Taymer	1036	8	16
Tech	1007	13	42
Tech	1007	14	8
Techow	568	8	16
Techtermann	733	8	16
Teck	644	3	78
Tedener	196	9	98
Tege	514	7	58
Tegen	66	6	59
Tegerseer	301	2	78
Tegetmeier	669	3	78
Tegge	519	5	39
Tegler	754	10	59
Tegtmeyer	1068	8	36
Teibinger	999	9	38
Teichert	5	13	32
Teichler	381	3	78
Teichmüller	661	5	58
Teichstett	256	8	16
Teilnkes	449	8	100
Teissier	527	3	98
Telge	495	8	80
Telgmann	806	9	58
Teller	691	8	17
Tellert	853	12	43
Teltenhammer s. Feltenh.	264	2	57
Teltz	987	10	59
Temminck	194	4	49
Tempelhoff	298	8	52
Tempelmann	61	4	49
Tenchen	599	8	17
Tenck	696	2	78
Tenge	382	12	105
Tengler	704	1	58
Tenner	487	9	38
Tenner	487	10	79
Tentscher s. Teutscher	1053	10	39
Tentzl	589	8	17
Tentzler	178	3	78
Terberger	760	8	100
Terlahn	32	9	98
Terlow	419	4	49
Terne	631	10	39
Ternes	656	7	99
Teschemacher	776	3	18
Teschemacher	76	10	79
Tesdorpf	298	3	38
Teske	170	10	59
Teske	1077	13	59
Teslow	105	7	58
Tesmer	11	4	49
Tessalän	217	2	57
Tessalan	213	9	38
Tessin	353	3	18
Tessin	353	9	59
Tessmar	793	8	36
Tessmar	907	9	59
Tessmer	194	13	32
Tettelbach	385	4	49
Tettelbach	382	6	37
Tettelbach	385	6	37
Tettenbacher	824	9	38
Tetzlaff	118	10	96
Tetzloff	629	11	15
Teuber	1060	7	99
Teubner	31	1	98
Teubner	370	7	38
Teuche	960	11	15
Teuchnitz	678	9	98
Teucke	989	11	36
Teuerer	339	2	18
Teufelhart	302	4	49
Teuffel	232	2	39
Teurel	271	11	15
Teurkauff	251	12	44
Teuscher	885	13	43
Teutscher s. Tentscher	1053	10	39
Teutschlinder	463	10	59
Tewes	258	7	76
Textor	152	2	39
Textor	539	6	19
Textor	731	10	96
Teyssner	94	2	97
Thaden, von	920	10	15
Thain	955	7	38
Thaler	1065	1	17
Thaler	650	6	19
Thalhammer	301	12	105
Thalhammer	648	15	4
Thanisch	804	9	98
Thanmüller	455	6	20
Thayssen	214	7	76
Theil	981	14	44
Theilinger	986	3	78
Thein	943	1	17
Theis	181	7	99
Theissen	647	14	40
Thelen	820	7	99
Theobald	822	1	39
Theodor	55	1	79
Theopold	160	9	13
Therentianus	377	7	76
These	529	1	98
Thesmar	829	4	49
Theurich	389	3	18
Thiel	255	6	20
Thiel	377	11	48
Thielen	75	4	78
Thielen	364	10	15
Thielke	507	3	38
Thiell	183	4	79
Thiell	100	6	20
Thieme	904	14	15
Thienelt	880	15	4
Thierbach	577	1	98
Thierbach	5	7	58
Thierfelder	684	15	4
Thiergärtner	302	5	99
Thiergärtner	624	12	105
Thiermann	95	9	98
Thiess	298	4	79
Thiessen	606	13	59
Thile	255	1	98
Thilenius	8	4	49
Thilo	621	13	59
Thisen	931	4	99
Thode	495	3	18
Thode	671	5	39
Thöniker	863	3	38
Tholaeus	546	12	44
Tholde	740	2	78
Tholde	357	6	20
Thoma	972	15	4
Thomae	38	4	49
Thomae	568	4	49
Thomae	764	10	79
Thomä	113	14	15
Thoman	272	6	79
Thoman	327	7	38
Thoman	1069	1	98
Thoman	973	3	78
Thomann	117	4	49
Thomann	974	10	39
Thomann	802	10	39
Thomas	192	3	18
Thomas	731	12	71
Thomas	330	6	59
Thomas	934	10	79
Thomas	634	14	16
Thomaset	1029	3	99
Thomasius	115	3	99
Thomsen	1073	11	48
Thomsen	251	13	51
Thomsen	649	14	24
Thondoerfer	15	2	18
Thorbeck	581	5	39
Thorer	622	3	78
Thormann	622	6	59
Thormann	622	8	36
Thorwart	874	8	17
Thost	384	10	39
Thourot	336	13	35
Thümen	519	4	50
Thümmel	649	12	44
Thümmel	649	14	8
Thümmler	992	12	105
Thum	688	6	59
Thumas	47	6	20
Thumb	675	1	98
Thumb	403	4	49
Thumb	110	4	50
Thumb	694	6	79
Thumberger	383	1	17
Thumtaler	727	4	50
Thumus	47	8	36
Thun	824	4	50
Thurm	617	2	97
Thurmann	622	12	18
Thurnes	1072	4	50
Thurneyssen	1072	2	39
Thurneysser	1072	11	48
Thurnknopf	959	2	18
Thurschius	444	6	20
Thut	555	11	36
Thyrri	1035	6	59
Thysius	241	6	20
Tibianus	774	5	39
Tide	583	5	39
Tidemann	986	4	50
Tidemann	443	5	77
Tiede	583	12	105
Tiedemann	93	5	77

Name	WBL	Bgl. Siebm. Abtlg.	Tf.
Tiedemann	101	5	77
Tiefenauer	663	11	47
Tiefenbach	577	6	59
Tiefenbrunn	131	5	77
Tieffbrunn	627	5	77
Tieffenbach	599	4	50
Tieffenbach	581	8	53
Tieffenthal	807	13	1
Tiefstetter	292	6	99
Tiele	535	6	20
Tielke	890	3	18
Tiemendorff	792	11	65
Tiemer	665	13	14
Tierl	327	4	50
Tiesler	852	12	44
Tiessler	852	8	17
Tietgens	484	5	99
Tietz	676	8	17
Tifer	713	10	15
Tihoff	643	9	98
Tilger	1066	2	18
Tilger	619	14	16
Tiling	889	5	39
Tillkes	468	14	32
Tils	367	4	99
Timmermann	405	3	99
Timmermann	247	4	50
Timmermann	97	5	99
Timmermann	312	5	99
Timmermann	95	10	96
Timmermann	267	4	50
Timmermann	185	10	96
Timmerscheidt	544	9	13
Tinne	66	12	44
Tischendorf	940	13	32
Tischer	408	1	98
Tischer	408	9	13
Tison	332	6	20
Titot	543	13	32
Tittel	855	1	99
Tittel	204	3	99
Tober	46	2	57
Tobler	86	7	99
Tochtermann	710	6	99
Tockler	166	1	17
Tod	164	12	106
Töbing	291	4	50
Töbing	476	5	77
Töbing	477	8	36
Tobing	577	4	50
Toegel	1080	13	14
Tödt	706	14	106
Tönig	118	3	78
Tönnsen	25	13	59
Toepfer	510	9	98
Töpffer	502	9	59
Toggenburg	288	7	99
Togweiler	15	7	76
Toll	924	10	96
Tolle	390	9	98
Tolle	801	9	98
Tolle	813	9	98
Tollner	959	4	50
Tolsdorff	898	8	53
Tommer	64	7	20
Top	48	4	50
Topel	700	3	99
Topff	564	3	79
Topff	1026	9	13
Torborch	609	12	106
Torkuhl	63	5	58
Tornow	263	6	20
Tornow	263	9	38
Tosetti	988	4	99
Toss	328	2	18
Toss	328	2	57
Totzler	539	1	99
Toücher	1006	3	79
Trachsel	753	3	79
Trachsler	307	11	36
Trachsler	307	11	36
Tradel	211	2	98
Träber	735	13	59
Träkhl	344	2	18
Trämmel	55	2	98
Trainer	285	2	57
Tramel	55	10	59
Tramel	919	10	59
Trampe	410	7	20
Trapp	390	1	79
Trapp	362	2	57
Trappe	370	3	18
Trappe	361	5	99
Trappendrey	405	8	17
Trappentreu	1040	1	39
Tratz	348	3	99
Traub	593	9	38
Trautenweiler	331	4	50
Trautmann	103	13	43
Trautner	842	1	17
Trautvetter	191	13	32
Traxl	120	2	98
Trebbus	415	4	50
Trebl	1037	7	38
Trechsel	692	4	50
Trechsel gen. Grosskopf	159	8	17
Trechßler	691	7	76
Treeck	820	11	48
Treger	860	8	17
Trehou	871	6	20

Name	WBL	Bgl. Siebm. Abtlg.	Tf.
Treichel	512	10	96
Trendlenburg	613	3	18
Trendelenburg	949	10	96
Trentini	987	3	59
Trescho	774	4	50
Tretter	827	2	78
Treu	188	1	17
Treu	188	3	38
Treubler	103	1	58
Treudel	188	2	98
Treudel	694	2	98
Treudel	694	5	99
Treuer	187	4	50
Treutler	388	10	79
Treutler	852	10	79
Trichtinger	783	7	99
Trichtler	873	9	38
Trieb	963	9	38
Trier	740	2	57
Trier	740	3	99
Trier, von	765	10	39
Triller	1039	3	99
Triller	419	4	50
Triller	1039	3	99
Trinkler	79	4	51
Trinkler	783	4	51
Trippel	978	6	37
Trippel	433	10	39
Tripscher	720	11	15
Triselmann	741	9	98
Tritschler	12	4	79
Trittel	165	11	15
Trittenpreis	376	1	99
Trittermann	819	8	36
Trochtelfinger	827	2	18
Trodel	244	2	78
Tröltzsch	594	4	51
Tröltzsch	596	14	24
Tröndle	487	13	25
Trösch	216	6	80
Trösch	709	13	35
Trötscher	277	4	51
Troffner	237	9	13
Troger	272	4	51
Troger	478	5	39
Trojanowski	46	10	96
Troll	1068	11	49
Troost	1076	5	77
Troschel	362	1	39
Troschel	363	8	53
Trost	261	5	77
Trost	15	6	20
Trost	938	7	20
Trost	750	7	38
Trost	1035	14	32
Trost	388	1	79
Trost	395	1	17
Trostendorfer	1054	6	59
Troyer	206	4	51
Trub	1027	1	39
Truckh	612	8	17
Trüb	733	4	51
Trüb	728	7	76
Trüb	736	7	76
Trüber	629	4	51
Trübsbach	520	9	98
Trüller	996	2	18
Trümler	755	9	80
Trüstedt	193	8	53
Truitwein	162	2	18
Trumer	379	6	99
Trummer	336	1	17
Trummer	906	5	58
Trumppenberger	137	4	51
Trunckel	279	4	51
Trunz	304	5	99
Trupenicht	928	4	51
Trustet	193	8	53
Trutmann	35	5	58
Trutmann	35	10	19
Truzettel	698	8	53
Truzettel	934	10	96
Tschäppi	47	4	51
Tschertte	130	9	38
Tschirschnitz	576	9	13
Tschugguel	873	2	98
Tubenmann	57	7	76
Tubinger	616	9	19
Tucher	461	6	37
Tuchscherer	746	4	51
Tuchscherer	707	9	98
Tuchschmid	968	10	39
Tuchtfeld	69	1	99
Tuckermann	303	10	79
Tücksen	42	9	99
Tüllinger	783	2	18
Tümmler	908	12	73
Tünger	613	4	51
Türing	237	3	59
Türschmann	95	13	59
Tugginer	1071	7	76
Tulchinger	16	4	51
Tulipaner	1004	2	57
Tum	133	7	38
Tumperger	388	4	51
Tumbmuet	691	4	51
Tunder	760	3	99
Tuneysen	558	3	79
Tunner	86	5	78
Tunner	628	5	78

Name	WBL	Bgl. Siebm. Abtlg.	Tf.
Tunte	531	4	51
Tuntzen	864	8	17
Tura	69	3	79
Turber	438	2	98
Turgke	246	4	51
Turner	244	2	98
Turner	612	7	58
Turrian	298	13	14
Turski	932	9	99
Tuschelius	121	6	37
Tutein	908	12	44
Tutzer	117	2	98
Twebom	478	5	39
Twernemann	645	9	99
Twernemann	806	9	99
Twestreng	578	3	18
Tybelius	373	11	48
Tyle	122	2	58
Tymmermann	793	9	99
Tyrmann	77	2	58
Tytenkofer	51	9	38
Tzevena, de	22	4	51
Ubbelohde	573	5	58
Udel	985	6	37
Udorff	623	5	78
Übelacker	1032	1	17
Ueberbau s. Ueberbach	279	8	17
Uerberfeld	354	8	79
Ueberlinger	261	6	37
Ueberreuter	179	8	17
Überreyter	924	8	17
Uebersetzig	1059	3	99
Uekermann	937	8	100
Ühlinger	725	10	96
Üli	414	4	52
Ueßler	301	5	39
Uffelmann	826	3	18
Uffsteiner	414	2	98
Uhde	874	2	58
Uhl	90	2	98
Uhl	1063	4	52
Uhl	84	6	59
Uhl	90	7	38
Uhle	1042	7	58
Uhle	1042	9	13
Uhlherr	321	4	52
Uhlhorn	404	6	20
Uhlich	196	1	99
Uhlmann	4	13	25
Ul	94	6	37
Uldokat	304	12	106
Ulerich	64	7	38
Ulhardt	403	4	52
Ulhart	403	7	99
Ulherr	326	7	38
Ulinger	792	3	79
Ullmann	270	2	98
Ullrich	907	10	39
Ullrich	377	11	36
Ullrich	1032	13	59
Ulmann	38	6	99
Ulmann	141	7	39
Ulmer	422	1	58
Ulmer	183	3	99
Ulner	732	10	96
Ulrich	383	1	79
Ulrich	415	8	18
Ulrich	247	8	17
Ulrich	261	8	17
Ulrich	382	4	52
Ulrich	598	3	59
Ulrich	366	4	52
Ulrich	690	5	58
Ulrich	875	5	58
Ulrich	1046	5	58
Ulrich	875	5	99
Ulrich	286	5	99
Ulrich	637	7	20
Ulrich	46	7	99
Ulrich	69	8	17
Ulrich	401	8	18
Ulrich	743	8	17
Ulrich	377	11	15
Ulrich	682	12	106
Ulrich	678	12	106
Ulrich	82	3	99
Ulrich	71	3	79
Ulrichen	690	9	20
Ulrici	868	5	39
Ulrici	223	9	99
Ulsenheimer	83	2	78
Ulsenheimer	784	8	18
Ulstetter	766	7	39
Umbach	793	6	99
Umbach	391	8	18
Umbescheiden	739	4	99
Umbscheiden	739	3	38
Umbscheiden	406	12	45
Umpfenbach	421	2	39
Umpfenthaler	1058	3	99
Umreuter	250	8	18
Umreuter	250	8	53
Unbehaw	550	7	39
Unbekannt	782	12	44
Unbescheid	280	5	99
Unbescheid	635	10	15
Unbescheiden	739	9	14
Unbescheiden	779	9	14
Underrainer	125	8	18

Name	WBL	Bgl. Siebm. Abtlg.	Tf.
Underrichter	219	8	18
Underweger	397	8	18
Unfueg	55	8	36
Ungebauer	141	1	79
Ungelays	288	4	52
Ungelter	189	6	37
Ungemuet	556	8	18
Ungemuett	556	4	52
Ungenehm	217	2	58
Unger	152	7	39
Unger	701	7	99
Unger	146	8	18
Ungerer	556	8	18
Ungericht	866	3	79
Unholtz	100	7	76
Unold	237	7	99
Unold	93	10	59
Unselt	394	6	37
Unsin	448	8	18
Unsinn	271	5	78
Unterhofer	1056	3	99
Unterholzer	822	3	79
Unterstetter	155	4	52
Untertriefalter	528	3	79
Unverfähr	411	10	96
Upchover	783	4	52
Uphagen	1075	9	59
Upleggher	591	4	52
Uppmann	698	12	106
Urban	923	3	99
Urban	1009	14	32
Urbetz	517	2	39
Urmiller	724	14	24
Urner	337	7	99
Urspringer	241	3	79
Usener	1018	2	39
Usener	982	3	59
Usener	1017	3	59
Uslob	1011	8	18
Ussermann	304	4	52
Ussler	1	6	37
Ussmair	67	1	59
Uster	5	7	99
Usteri	917	11	47
Usteri	52	3	79
Usteri	824	3	79
Utenberg	527	4	52
Utermann	601	13	59
Utermölen	790	9	99
Uterwedde	15	6	20
Utesch	819	11	16
Uthof	484	3	18
Utrecht	386	4	52
Uttendorffer	362	8	18
Uttenhoefer	21	2	98
Uttenhofer	285	2	19
Uttersy	785	7	39
Uttinger	780	4	52
Utzberg	163	3	59
Utzinger	52	7	76
Utzinger	547	8	18
Vackmiller	711	2	19
Vade	249	3	79
Vaerst	358	4	52
Vagelbusch	379	5	78
Vaget	569	5	39
Vagius	678	8	36
Vahlkampf	477	14	40
Vahlkampf	507	14	40
Vaius	823	1	39
Vaius	823	9	14
Valck	373	8	100
Valckenberg	364	8	79
Valentin	123	5	99
Valentiner	593	10	40
Valkenburch	1043	8	19
Vall	912	2	58
Vallencourt	976	1	99
Valwickl	375	8	19
Vanselow	668	9	99
Varemwolt	805	4	52
Varenkamp	503	10	59
Varges	546	6	98
Vasant	640	4	52
Vasarius	982	4	99
Vaschang	876	1	18
Vaschang	200	8	19
Vaschang	1063	8	19
Vasmer	502	3	18
Vassnaler	333	3	99
Vaternahm	970	10	59
Vatzin	121	8	53
Vay	305	3	59
Vay	306	8	53
Vecke, von der	624	5	78
Vegesack	855	3	18
Vehelen, von	250	4	99
Vehmeyer	818	12	45
Veielmann	139	2	98
Veihel	221	8	53
Veihel	934	8	53
Veil	451	1	18
Veirabent	339	8	53
Veit	552	2	79
Veitt	340	4	52
Velckl	738	8	53
Velde, zum	481	3	18
Velden	878	4	100
Velder	716	3	79
Veldner	363	2	98
Veldner	1037	8	53
Velhage	624	5	58
Velhauer	283	10	59
Velme, von	409	11	47
Velser	329	8	53
Velten	44	9	99
Veltmann	599	4	100
Ven, van der	247	9	99
Vendenhammer	823	7	39
Venediger	983	1	39
Verbezius	920	6	37
Verch	32	7	80
Verden, von	924	4	52
Verdrieß	980	2	79
Verdroß	1057	2	98
Verdunk	868	1	99
Vergawer	114	8	53
Verger	821	5	78
Verhoven	66	6	59
Verhoven	66	7	99
Verius	860	1	79
Verken	273	4	100
Verklayrer	454	2	98
Vermehr	208	3	99
Vermehren	603	3	99
Versmann	286	10	15
Vesenbeck	104	9	38
Vessler	247	3	79
Vessler	699	4	53
Vetscher	294	4	79
Vette	650	9	99
Vetter	28	8	53
Vetter	898	5	99
Vetter	716	6	80
Vetter	815	7	58
Vetter	238	8	53
Vetter	156	1	59
Vetter	165	1	18
Vetters	976	6	38
Vettiner	854	8	36
Veygel	576	8	53
Veyhel	977	8	54
Veyhelin	576	2	19
Vezin	544	6	59
Vianden	861	4	100
Viatis	287	1	18
Vibrans	176	8	18
Vibrans	808	8	18
Vicelius	700	6	38
Vichhauser	204	8	54
Vichtinger	693	4	53
Vichtl	513	8	37
Vick	60	2	58
Vickhy	552	6	38
Viebig	925	10	96
Viechter	345	8	54
Viehweider	333	8	54
Vielrose	948	7	58
Viereck	827	12	45
Viereckh	1043	4	53
Vieregkl	231	4	53
Vierkotten	609	13	51
Vierling	378	3	99
Vieth	585	3	18
Viether	677	8	54
Vietor	326	10	79
Vietor	881	12	45
Vietz	236	6	38
Vigelius	538	6	38
Vigitill	393	4	79
Vigl	266	2	98
Vilinger	893	8	54
Villiger	262	8	36
Villinger	691	8	37
Vilmar	703	1	18
Vilsmayer	526	8	54
Vilter	919	3	18
Viltherus	871	8	37
Vincenz	883	8	54
Vindex	183	3	18
Vinhagen	976	4	53
Virmond	1031	8	19
Virnich	49	4	100
Virnich	975	4	100
Virnich	48	8	37
Virnkorn	438	10	97
Visbeck	829	6	59
Visch	415	8	54
Vischer	1066	1	79
Vischer	150	2	58
Vischer	940	2	58
Vischer	448	6	99
Vischer	1026	6	99
Vischer	779	6	100
Vischer	712	6	99
Vischer	421	7	39
Vischer	761	7	39
Vischer	280	7	58
Vischer	709	8	54
Vischer	241	8	54
Vischer	546	8	54
Vischer	1026	8	54
Vischer	218	8	54
Vischer	448	8	54
Vischer	1029	8	54
Vischer	135	8	55
Vischer	428	8	55
Vischer	218	9	39
Vischer	431	8	55
Vischer	1053	9	39
Vischer	426	10	79
Vischer	711	5	86
Vischer	448	11	49
Vischer	862	8	55
Vischer	423	13	35
Vischer	416	8	54
Vischer	425	5	86
Vischer	392	8	54
Vischer	426	4	8
Vischer	426	8	54
Vischer	426	7	39
Vischer	427	8	54
Vischgrätel	517	4	53
Viskulen	430	4	53
Viskulen	430	4	53
Visl	551	10	40
Visl	942	10	40
Vitalis	180	1	99
Vitel	515	4	53
Vitner	231	2	98
Vits	153	13	43
Vittel	689	8	55
Vittler	199	8	37
Vitzdomb	200	8	55
Vitzthamb	200	6	38
Vitztumb	971	4	53
Vleesch	165	3	18
Vlitz	786	8	55
Vlote	790	10	59
Vockelius	360	9	99
Vöelberg s. Heisters	368	4	100
Voeg	950	6	59
Vögele	999	8	55
Vögeler	484	3	19
Vögeli	661	4	53
Vögeli	369	7	100
Vögelin	367	6	80
Voelberg	368	7	99
Voelberg	311	7	99
Völckel	966	10	97
Völcker	869	5	78
Voelcker	533	9	99
Völckers	928	5	78
Völkel	675	13	15
Völker	584	1	18
Völkerling	378	3	38
Völkl	127	1	99
Völschow	124	10	97
Völschow	124	10	97
Völschow	497	3	19
Voelschow	155	9	80
Völschow	586	10	97
Voerste	290	9	59
Voess	774	4	54
Voesz	277	10	40
Vogel	405	2	79
Vogel	359	4	53
Vogel	361	4	53
Vogel	375	4	53
Vogel	378	1	59
Vogel	991	4	53
Vogel	1010	5	58
Vogel	970	5	78
Vogel	680	4	53
Vogel	723	4	53
Vogel	828	7	39
Vogel	367	8	55
Vogel	454	8	55
Vogel	494	9	99
Vogel	801	9	99
Vogel	240	10	39
Vogel	387	10	96
Vogel	979	12	45
Vogel	373	1	59
Vogel	373	1	59
Vogeler	485	5	39
Vogeler	956	5	39
Vogeler	408	6	59
Vogeler	484	7	39
Vogelgesang	469	12	106
Vogelmann	464	1	59
Vogelrieder	367	1	99
Vogels	408	4	100
Vogelsang	358	3	38
Vogelsang	365	4	79
Vogelsanger	358	2	39
Voges	451	10	16
Voges	979	10	59
Voges	673	12	106
Vogl	100	8	55
Vogl	203	1	59
Vogl	418	8	55
Vogl	971	8	55
Vogl	375	8	55
Vogl	396	1	59
Vogler	389	1	99
Vogler	937	6	38
Vogler	373	6	59
Vogler	367	7	100
Vogler	60	8	55
Vogler	101	9	13
Vogler	365	12	45
Voglmair	368	2	79
Voglrecht	250	5	78
Voglsanger	1012	2	58
Vogt	298	1	99
Vogt	1055	2	98
Vogt	267	3	59
Vogt	887	6	59

Name	WBL	Bgl. Siebm. Abtlg.	Tf.
Vogt	979	6	59
Vogt	778	7	58
Vogt	787	8	80
Vogt	686	10	79
Vogt	652	14	16
Vogt	540	3	19
Vogtherr	148	2	58
Vogther	148	8	19
Vogtmann	157	1	18
Voigt	301	3	38
Voigt	636	3	38
Voigt	63	4	53
Voigt	510	4	79
Voigt	63	5	39
Voigt	603	5	100
Voigt	604	12	73
Voigt	598	13	60
Voigtländer	1014	13	51
Voigtritter	1005	8	100
Voit s. Volt	7	2	79
Voitus	544	10	97
Vojter	610	13	32
Volandt	846	7	39
Volbracht	86	8	19
Volbrecht	818	10	40
Volck	806	9	59
Volckart	679	7	39
Volckert	59	6	59
Volckhamer	241	6	38
Volckmann	905	10	16
Volckmann	703	10	59
Volckmar	946	12	106
Volden	431	4	100
Volenweider	1002	7	77
Volet	149	5	78
Volger	932	4	53
Volger	932	5	78
Volgeraht	759	5	78
Volhaupt	760	2	19
Volk s. Voyk	152	2	19
Volkamer	266	4	54
Volkardt	540	2	99
Volkart	662	7	100
Volkart	662	8	19
Volkart	679	8	55
Volkenshagen	555	8	80
Volker	533	2	99
Volker	1069	8	56
Volkhamer	464	8	55
Volkmann	141	2	79
Volkmann	94	4	54
Volkmanns	152	7	39
Volkolt	555	10	97
Voll	144	8	55
Volland	1077	13	51
Volland	824	14	40
Vollandt	204	1	39
Vollandt	755	4	54
Vollandt	959	4	54
Vollandt	846	4	54
Vollbrecht	630	12	106
Vollgnad	559	3	38
Vollimhauß	335	1	99
Vollmann	57	1	59
Vollmann	43	2	79
Vollmar	248	6	38
Vollmer	353	5	77
Vollmer	286	8	80
Vollmer	756	9	14
Vollmer	1005	14	16
Vollmer	1005	14	24
Volmar	825	4	79
Volmer	789	9	99
Volt s. Voit	7	2	79
Voltz	89	6	38
Voltz	714	8	56
Voltz	696	9	14
Volz	31	1	18
Volz	940	6	38
Volz	596	9	59
Voorthuysen, van	624	6	38
Vorant	381	3	100
Vorbrack	289	2	39
Vorbrugg	877	2	19
Vorcher	545	8	56
Vorholtzer	499	2	19
Vormehren	464	5	78
Vorner	398	6	38
Vorsteher	1067	14	40
Vorster	249	8	56
Vorster	346	8	56
Vorster	1060	12	106
Vorsthover	17	4	54
Vorthkamp	168	10	79
Vorwalde, Meyer Zum	511	12	53
Vorwerk	935	3	19
Vorwerk	935	8	19
Vorwerk	620	10	16
Vos	1066	9	99
Voss	503	3	19
Voss	351	5	58
Voss	288	9	99
Voss	283	12	18
Voss	198	8	56
Voß	451	13	15
Voß, De	277	10	16
Vossen	915	8	47
Vossiek	978	14	8
Voyk s. Volk	152	2	19
Vreint	540	10	97

Name	WBL	Bgl. Siebm. Abtlg.	Tf.
Vüllers	851	13	15
Vüllers	851	13	25
Vytler	64	4	53
Waad	784	12	45
Waberer	210	7	39
Wachau	393	1	40
Wachau	866	10	97
Wachowski	303	10	60
Wachs	1075	13	32
Wachschlager	11	8	19
Wachsmuth	196	14	48
Wachtel	1036	8	56
Wachter	155	5	78
Wachtler	1056	2	79
Wachtler	371	6	60
Wachtmann	357	12	45
Wachtschild	662	9	99
Wack	147	1	40
Wackebusch	931	5	39
Wackenroder	579	8	56
Wacker	78	1	79
Wacker	1065	3	59
Wacker	933	6	38
Wacker	536	8	56
Wacker	933	8	56
Wacker	962	10	97
Wacker	1017	10	97
Wacker	415	13	51
Wacker	395	1	79
Wackstein	783	9	59
Wadsack	389	6	20
Wäber	46	4	54
Wächsler	457	8	56
Wäldischwiler	425	4	54
Wädispuil	675	4	54
Waesberghe, van	210	9	60
Wäsch	72	2	99
Wagenbauer	1077	6	60
Wagenbreth	954	10	16
Wagener	186	4	54
Wageningen	726	12	45
Wagenmann	733	3	79
Wagenmeir	839	6	60
Wagenrieder	323	1	18
Wagenseil	833	2	99
Wagenstarch	727	11	16
Wager	678	2	19
Wager	236	4	54
Wager	236	8	56
Wagner	780	3	59
Wagner	954	4	54
Wagner	1007	4	54
Wagner	345	4	54
Wagner	645	4	54
Wagner	1015	4	79
Wagner	662	12	46
Wagner	788	6	100
Wagner	1007	7	20
Wagner	358	7	58
Wagner	793	7	58
Wagner	868	7	58
Wagner	697	7	77
Wagner	818	8	19
Wagner	186	8	37
Wagner	133	8	56
Wagner	136	8	56
Wagner	433	8	56
Wagner	225	8	56
Wagner	459	8	56
Wagner	924	8	56
Wagner	926	8	56
Wagner	864	8	57
Wagner	929	8	57
Wagner	1065	8	57
Wagner	345	9	16
Wagner	385	10	40
Wagner	856	10	97
Wagner	726	12	46
Wagner	107	12	46
Wagner	727	13	43
Wagner	816	14	16
Wagner	750	14	16
Wagner	209	14	24
Wagner	866	1	59
Wagner	314	1	59
Wagner	849	1	79
Wagner	335	1	59
Wagner	903	1	59
Wagner	601	2	99
Wagner	246	3	79
Wagner	728	3	79
Wagner	147	2	58
Wagner	866	2	58
Wagner	726	2	58
Wagner	727	2	58
Wagner	817	2	79
Wagner	231	3	100
Wahl	706	1	99
Wahl	632	6	38
Wahl	266	7	39
Wahl	1033	13	25
Wahler	397	8	57
Wahms	760	5	39
Wahms	760	5	39
Wahn	619	5	39
Wahn	620	5	39
Waibl	108	2	99
Waider	861	2	99
Waidhals	284	8	57

Name	WBL	Bgl. Siebm. Abtlg.	Tf.
Waidinger	1064	3	59
Waitz	604	4	54
Waitz	604	10	97
Waitzhofer	508	4	54
Wal	712	12	46
Walant	653	4	54
Walbaum	609	6	60
Walbaum	1052	8	57
Walbaum	52	9	99
Walch	134	1	59
Walch	196	3	38
Walch	714	6	38
Walch	527	8	57
Walch	71	8	57
Walch	250	9	59
Walcher	809	7	100
Wald, vor dem	488	3	80
Waldast	944	2	79
Waldbach	13	8	57
Walde, vom	479	11	49
Waldeck	647	12	46
Waldeisen	747	1	18
Walden	666	12	107
Waldenberger	473	3	19
Walder	820	3	79
Walder	488	4	79
Walder	487	7	77
Waldheim	163	10	97
Waldherr	478	1	18
Waldherr	1028	8	57
Waldmann	94	4	54
Waldmann	1015	4	79
Waldmann	126	9	60
Waldmann	96	11	16
Waldmann	94	1	79
Waldmann	96	1	79
Waldmüller	1013	5	78
Waldner	360	2	99
Waldner	243	8	57
Waldner	478	9	38
Waldpach	382	8	57
Waldschmidt	659	3	19
Waldschmidt	512	8	57
Waldschmidt	510	10	97
Waldt	1065	2	79
Waldtmann	150	1	79
Waldtmann	94	6	80
Waldtsberger	357	4	55
Walen, von der	723	8	57
Walker	232	1	59
Wall	62	1	99
Wallaser	1014	6	38
Wallasser	102	8	57
Wallenburg	614	3	38
Waller	729	3	38
Wallich	520	5	58
Wallier	1045	7	77
Walliser	92	4	55
Wallner	423	4	55
Wallnöfer	223	2	99
Wallraf	407	14	32
Walluncke	353	9	80
Walmerreutter	65	2	58
Walnöfer	952	8	57
Walpenhofer	145	8	57
Walperstetten	915	8	57
Walpurger	612	3	38
Walrab	893	11	16
Walrave	366	3	19
Walschborn	712	7	20
Walschleb	205	8	57
Walschpeck	866	8	58
Walsleben	763	10	79
Waltberger	1068	1	18
Waltenheim	47	5	58
Waltenheim	47	10	18
Walter	245	1	18
Walter	130	3	38
Walter	838	5	100
Walter	390	7	39
Walter	784	8	19
Walter	790	10	21
Walter zu Loewenau	830	10	97
Walther	122	2	79
Walther	843	8	58
Walther	989	4	55
Walther	847	8	58
Walther	483	5	78
Walther	720	6	99
Walther	170	8	58
Walther	219	8	58
Walther	300	8	58
Walther	306	8	58
Walther	324	8	58
Walther	404	8	58
Walther	329	10	60
Walther	245	10	79
Walther	653	10	98
Walther	681	12	107
Walther	1028	1	59
Walther	219	1	79
Walther	652	1	99
Walther	52	3	80
Waltl	473	1	59
Waltmann	130	9	39
Waltner	967	2	99
Waltrumb	1079	2	79
Waltter	847	4	55
Waltter	219	10	60
Wamosin	889	3	100

Name	WBL	Bgl. Siebm. Abtlg.	Tf.
Wampel	208	2	79
Wanckel	638	12	46
Wann	879	4	55
Wanner	799	6	100
Wanner	560	8	19
Wanner	113	9	38
Wanschka	339	2	39
Wantsch	258	2	58
Wappäus	1068	10	16
Waraus	693	4	55
Wardenberg	415	3	19
Wardermann	987	5	78
Warkentien	737	9	99
Warmböcke	470	3	80
Warmers	485	6	38
Warmuth	832	1	79
Warnaba	463	2	79
Warnberger	403	1	59
Warnecke	405	5	40
Warnecke	979	5	40
Warnecke	406	5	40
Warnecke	875	5	40
Warnecke	546	5	58
Warnecke	617	12	46
Warnecke	497	3	19
Warnecke	921	3	19
Warnecke	616	3	19
Warnecke	940	3	19
Warneken	778	9	99
Warner	940	3	19
Warpeck	584	4	55
Warpeck	601	8	58
Wartenberg	87	11	49
Warth	613	13	26
Waser	705	4	55
Waser	705	11	49
Wasmuth	490	8	37
Wasmuth	133	2	79
Wasmuth	490	11	16
Wasner	554	12	46
Wasser	14	2	58
Wasser	386	4	79
Wasser	1044	4	79
Wasser	423	4	79
Wasser	448	8	58
Wasserbirer	590	6	99
Wasserreich	448	8	58
Wasum	532	10	80
Watsack	774	4	55
Wattenbach	191	7	39
Watzelberger	817	6	38
Waybel	219	3	19
Wayer	372	4	79
Webel	1040	10	80
Weber	545	3	38
Weber	55	3	100
Weber	189	4	55
Weber	21	5	40
Weber	417	4	55
Weber	51	5	100
Weber	440	4	55
Weber	563	5	40
Weber	995	6	38
Weber	440	5	40
Weber	1030	6	80
Weber	786	6	100
Weber	561	4	55
Weber	1020	7	58
Weber	55	7	100
Weber	56	7	100
Weber	689	8	20
Weber	571	5	40
Weber	115	8	37
Weber	629	7	100
Weber	923	5	40
Weber	788	8	94
Weber	1046	5	40
Weber	83	8	100
Weber	1020	7	100
Weber	1020	7	58
Weber	730	10	79
Weber	731	10	97
Weber	541	11	36
Weber	737	11	49
Weber	787	12	46
Weber	1037	12	107
Weber	169	13	60
Weber	300	14	16
Weber	21	14	40
Weber	535	1	59
Weber	51	2	99
Weber	304	3	19
Weber	604	3	19
Weber	573	3	100
Weber	560	2	19
Weber	730	3	19
Weber	223	1	99
Weberstaedt	1019	13	26
Webler	967	2	99
Weccius	442	4	55
Weccius	966	8	37
Wechsler	149	1	18
Wechsler	937	2	58
Wechsler	937	8	58
Wechter	395	1	40
Weck	325	10	80
Weckel	1044	8	58
Weckell	1080	9	59
Weckenesel	256	9	100
Weckenesel	802	9	100
Wecker	862	8	37
Weckerling s. Weckherlin	630	10	80
Weckherlin	289	1	59
Weckherlin	630	9	39
Weddingen	317	3	100
Weddings	692	4	55
Wedege	204	7	59
Wedekind	50	3	19
Wedekind	50	7	59
Wedekindt	835	4	55
Wedekindt	545	4	55
Wedel	176	3	100
Wedel	317	12	46
Wedemann	715	4	55
Wedemeyer	497	8	37
Wedemhoff	482	3	80
Wedig	519	4	55
Wedig	519	9	14
Wedigen	352	8	58
Weeger	189	8	58
Wefers	880	12	107
Wege	442	13	51
Weeger	952	13	15
Wegehausen	758	12	47
Wegele	727	9	59
Wegeler	31	11	36
Wegelin	86	4	56
Wegemann	1010	7	20
Wegener	258	8	58
Wegener	608	9	99
Wegener	307	14	48
Weger	189	8	58
Wegger	698	4	56
Weghorst	350	5	100
Wegmacher	108	4	56
Wegmann	734	3	80
Wegner	186	7	80
Wegner	186	9	99
Wegner	186	10	16
Wegscheider	816	12	18
Wehefritz	1006	6	39
Wehen	520	6	39
Wehl	865	12	107
Wehlandt	350	5	58
Wehn	586	14	8
Wehn	708	14	16
Wehner	727	3	38
Wehr	667	6	60
Wehrkamp	725	9	100
Wehrli	649	7	77
Wehrli	668	7	77
Wehrmann	397	10	16
Weibel	533	7	100
Weichbrodt	478	12	47
Weichelt	149	8	37
Weickersreuter	561	4	56
Weickhman	137	4	79
Weickhmann	610	4	79
Weickmann	1063	9	60
Weickmann	1063	1	79
Weickmann	690	3	39
Weid	495	3	39
Weidacher	489	9	39
Weidacher	924	9	39
Weide	360	10	60
Weide, von der	490	11	49
Weidemann	418	5	100
Weidemann	490	13	1
Weidenbruch	84	2	39
Weidenfeld	279	4	100
Weidenholzer	500	4	79
Weidenkeller	468	11	16
Weidenkeller	490	11	16
Weidenkopf	468	2	58
Weidenkopf	490	8	37
Weidenkopf	468	2	79
Weidheltsch	284	4	56
Weidig	505	2	79
Weidler	264	11	16
Weidler	858	11	16
Weidler	288	11	16
Weidler	316	11	16
Weidlich	388	1	99
Weidlich	538	4	56
Weidlich	306	9	60
Weidlicher	1007	4	56
Weidmann	986	7	59
Weidmann	490	7	77
Weidmann	504	7	77
Weidmann	667	13	1
Weidner	171	1	18
Weidner	1014	8	20
Weidschuch	774	1	99
Weidtinger	1070	2	79
Weier	564	6	99
Weigel	348	4	56
Weigel	942	4	56
Weigel	967	6	60
Weigel	140	4	56
Weigelius	372	3	100
Weigergangk	607	6	39
Weigert	368	9	100
Weigl	33	3	59
Weihe	173	13	60
Weihenmaier	376	3	39
Weihmann	723	12	107
Weiland	1001	2	99
Weiland	1017	8	37
Weiland	995	9	39
Weiler	434	1	79
Weiler	16	2	99
Weiler	986	8	58
Weiler	810	9	14
Weiler	636	10	60
Weilhammer	138	1	18
Wein	45	4	100
Weinberg	596	10	80
Weinberger	594	2	99
Weinbuech	1004	1	19
Weinbüch	748	1	79
Weindl	924	1	18
Weinert s. Meinert	896	7	40
Weinert	442	14	46
Weingärtner	977	2	79
Weingaertner	45	7	59
Weingärtner	1037	6	39
Weingartner	596	3	59
Weingartner	951	9	100
Weinhardt	137	1	79
Weinhardt	1062	10	40
Weinhart	272	5	78
Weinholtz	594	5	59
Weinholtz	597	7	59
Weinländer	1044	12	107
Weinleb	596	11	17
Weinlein	593	1	40
Weinlich	594	5	79
Weinmann	137	2	58
Weinmann	103	3	39
Weinmann	146	8	37
Weinmann	104	8	38
Weinmann	137	9	39
Weinmann	775	10	15
Weinmann	104	1	80
Weinmann	109	1	80
Weinmayr	324	1	18
Weinmayr	139	2	19
Weinmeister	596	3	59
Weinold	594	6	99
Weinperger	458	2	19
Weinpruner	424	2	59
Weinreich	594	3	39
Weinrich	204	2	39
Weinzierl	577	1	99
Weinzierl	651	2	19
Weinzierl	597	4	56
Weinzierl	598	7	40
Weirach	1030	9	14
Weirich	459	4	56
Weis	308	12	47
Weisbach	595	5	79
Weise	146	3	39
Weisland	414	1	40
Weisland	414	3	19
Weiss	215	1	60
Weiss	360	12	47
Weiss	536	3	39
Weiß	460	3	59
Weiss	966	2	19
Weiss	261	4	56
Weiss	853	7	59
Weiss	263	4	56
Weiss	1052	5	100
Weiss	229	6	60
Weiß	540	1	60
Weiß	445	7	59
Weiss	28	7	77
Weiss	233	8	37
Weiß	449	8	38
Weiss	163	8	58
Weiß	112	9	39
Weiss	189	12	47
Weiß	842	14	24
Weiß	1006	15	4
Weiss	78	1	80
Weiß	454	1	60
Weiß	658	2	39
Weiss	65	3	80
Weiss	1053	2	80
Weiss	308	3	80
Weißbach	337	11	51
Weissbach	731	13	51
Weissbrodt	163	8	59
Weisse	160	3	39
Weissenbach, zum	429	3	100
Weissenberger	384	6	39
Weissenborn	889	6	60
Weißenborn	582	7	80
Weissenhorn	305	1	18
Weissenhorn	305	3	59
Weißermel	768	11	17
Weissgerber	809	8	20
Weisskircher	617	4	56
Weisskopf	320	4	56
Weißkopf	977	9	14
Weissmann	580	1	18
Weissmann	580	3	39
Weißmann	552	2	39
Weißmann	1010	8	59
Weissmann	8	8	38
Weissmantel	315	11	17
Weissmayr	212	9	39
Weißner	572	2	80
Weisspeckh	867	4	79
Weiszflog	418	13	15
Weitler	858	11	17
Weitler	858	10	40
Weitschacher	107	2	59
Weitz	457	12	47
Weitzel	700	8	59

Name	WBL	Bgl. Siebm. Abtlg.	Tf.
Weitzke	603	11	17
Weixner	527	1	19
Weizenbeck	1071	4	79
Welcker	736	6	80
Welcker	1004	8	37
Welcker	486	12	47
Welhamer	837	1	80
Well	783	7	100
Welle	798	10	60
Wellemberg	349	3	100
Weller	411	1	19
Weller	507	4	100
Weller	803	7	79
Welli	30	3	80
Welling	784	2	59
Wellser	573	6	39
Welper	726	10	60
Welper	726	10	80
Welsch	750	9	60
Welsch	592	3	100
Welsch	839	3	100
Welse	2	2	19
Welser	340	2	59
Welser	340	9	39
Welshuysen	991	9	60
Weltenburger	686	2	19
Welti	386	7	100
Welti	383	8	38
Weltz	882	2	59
Weltz	423	10	80
Weltz	424	10	80
Weltz	424	10	80
Welzel	2	3	60
Wencker	641	1	40
Wende	810	9	100
Wende	230	12	107
Wendelstein	614	1	80
Wendenschridt	942	2	59
Wendler	266	3	39
Wendler	995	3	39
Wendt	199	5	40
Wendt	1006	5	40
Weng	403	1	40
Weng	403	9	39
Wengatz	433	9	100
Wenig	667	1	19
Wenig	63	2	59
Wenigel	344	13	43
Wenker	638	9	14
Wenkh	239	7	40
Wenng	1031	3	39
Wennser	933	2	99
Wennser	933	3	100
Wenser	1013	11	17
Wenskus	1018	14	24
Went	9	3	39
Wenterich	548	10	60
Wentzel	291	2	39
Wentzel	242	9	100
Wentzel	682	10	60
Wentzel	494	11	51
Wenz	1045	12	18
Wepeiss	334	2	19
Werbe	765	8	20
Werber	722	3	80
Werckmeister	446	10	16
Werd, von	734	7	40
Werdaläs	929	4	80
Werdenhagen	1018	6	39
Werder	560	3	80
Werder	969	4	56
Werder	740	9	100
Werdmüller	48	3	80
Werenberg	115	5	79
Werenberg	376	5	79
Werenfels	562	5	59
Werherr	153	2	59
Weriker	666	7	77
Werlemann	49	3	20
Werlen, von	725	4	56
Werlhof	483	4	56
Werlien	497	3	39
Werlitsch	286	2	59
Werll	63	2	80
Wermuthauser	164	1	100
Wern	836	4	56
Wernberger	439	1	19
Werneburg	473	11	51
Wernecke	463	3	20
Wernecke	337	10	16
Wernecke	528	3	20
Wernekink	1062	1	80
Werner	560	1	19
Werner	366	4	80
Werner	176	5	100
Werner	560	6	60
Werner	905	6	98
Werner	291	7	40
Werner	828	8	38
Werner	573	10	40
Werner	578	10	98
Werner	920	11	17
Werner	395	11	51
Werner	450	11	51
Werner	976	12	107
Werner	976	13	26
Werner	319	13	51
Werner	1033	13	43
Werner	583	13	60
Werner	828	2	19

Name	WBL	Bgl. Siebm. Abtlg.	Tf.
Werner	732	3	100
Werner	582	3	60
Werner	1079	2	59
Werner	488	2	80
Werner	791	3	60
Wernher	560	10	98
Wernher	688	10	98
Wernich	477	11	50
Wernich	923	11	50
Wernich	923	11	50
Wernich	944	11	50
Wernich	944	11	50
Wernich	946	11	50
Wernich	1014	11	50
Wernich	1014	11	50
Wernicke	165	7	59
Wernicke	80	11	72
Wernicke	900	12	108
Wernickh	80	4	57
Wernitzer	877	2	59
Wernle	24	7	40
Wernle	152	7	40
Wernlin	261	4	57
Wernlin	261	14	16
Weron	83	4	57
Werta, von	733	7	40
Werth, aus'm	392	4	80
Werther	784	3	60
Wertsch	221	1	100
Werzinger	10	5	100
Weselin	535	4	57
Weselin	534	6	60
Wesenbeck	981	1	19
Wesenberg	190	9	14
Wesener	444	1	19
Wesent	334	3	20
Weser, von der	818	7	40
Wessel	702	3	20
Wessel	352	4	57
Wesselhoeft	411	3	39
Wesslele	578	6	39
Wesslin	572	6	60
Westede	976	3	20
Westen, tho	975	5	40
Westen, to	618	5	40
Wester	469	13	26
Westerburger	24	10	60
Westerfeld	961	1	19
Westerholt	574	5	59
Westermair	1009	4	57
Westermair	132	6	100
Westermann	529	3	20
Westermann	92	5	100
Westermann	917	12	108
Westermann	1057	13	15
Westermayer	447	1	40
Westermayr	448	1	60
Westermayr	1061	2	59
Westermor	99	4	80
Westernacher	290	7	59
Westette	976	9	80
Westheim	242	1	80
Westhof	81	5	59
Westing	312	11	17
Westken	237	4	57
Westling	312	6	39
Westphal	199	4	57
Westphal	253	9	60
Westphal	76	12	47
Westphal	63	13	32
Westphalen	251	4	57
Westphalen	600	4	57
Weteschwyler	418	3	80
Wethli	735	7	77
Wetken	584	3	20
Wette, de	70	8	38
Wettel	755	9	60
Wetter	86	9	100
Wetter	695	10	16
Wettern, von den	481	5	79
Wettmann	323	8	59
Wetzel	856	1	40
Wetzel	848	12	108
Wetzel	1012	13	60
Wetzel	1080	2	59
Wetzelius	120	4	57
Wetzenhausen	222	6	39
Wetzis	787	4	57
Wetzler	786	8	94
Weydacher	914	1	19
Weydemann	490	8	59
Weydemann	104	12	107
Weyder	516	2	80
Weydmann	667	7	77
Weydmann	56	10	98
Weydt	998	8	59
Weyer	632	1	40
Weyersberg	304	6	39
Weyersberg	304	6	60
Weyersberg	671	13	43
Weyh	1078	8	59
Weyh	359	9	39
Weyh	702	10	17
Weynert	843	10	60
Weynmaister	886	1	40
Weyrich	1035	10	17
Weyrmann	286	1	100
Weyrowitz	195	5	59
Weyss	966	2	19
Wibbeking	375	4	57

Name	WBL	Bgl. Siebm. Abtlg.	Tf.
Wibel	721	3	39
Wibel	721	1	40
Wibner	450	9	39
Wibner	1053	2	59
Wichardes	503	9	100
Wichelhans	1060	3	20
Wichers	961	14	32
Wichert	791	9	100
Wichmann	845	3	39
Wichmann	844	4	57
Wichmann	95	5	59
Wichmann	112	5	59
Wichmann	121	5	59
Wichmann	605	8	80
Wichmann	845	9	100
Wichmann	853	10	60
Wichmann	92	11	49
Wichnand	61	9	100
Wichura	279	11	17
Wick	159	4	57
Wickardt	349	2	59
Wickart	673	10	98
Wickart	673	10	98
Wickauer	792	6	100
Wickelberger	6	1	100
Wickh	60	2	19
Wickh	60	4	57
Wickl	844	4	57
Wickl	844	7	40
Wickmann	690	4	57
Widder	319	1	80
Widder	317	1	60
Wide van der	490	11	49
Widemann	103	4	80
Widemann	737	8	94
Widemann	138	11	51
Widemann	103	7	77
Widen, van der	484	5	59
Widenman	418	6	100
Widenman	318	6	100
Widenman	138	6	80
Widenman	808	6	100
Widenmann	793	6	100
Wider	317	4	57
Widerich	317	8	80
Widerkehr	317	3	80
Widershusen	803	9	100
Widerstein	318	4	80
Widholz	220	8	38
Widmann	145	7	59
Widmann	697	3	39
Widmann	275	4	80
Widmann	965	14	32
Widmann	454	1	60
Widmann	598	1	100
Widmann	697	2	80
Widmann	598	2	19
Widmarkter	317	1	100
Widmer	236	1	80
Widmer	213	3	80
Widmer	307	7	100
Widmer	735	10	98
Widmoser	298	3	100
Widner	455	12	108
Widow	474	3	20
Widt	975	5	79
Wiebe	669	8	38
Wiech	357	6	39
Wiechert	1020	12	108
Wiechmann	845	12	48
Wiechmann	845	12	108
Wieck	606	11	49
Wieckhoff s. Dieckhoff	483	10	43
Wiedemann	94	1	60
Wiedemann	566	3	60
Wiedemann	1049	10	40
Wiedemann	446	2	99
Wiedenmann	838	1	80
Wiedenmann	103	14	24
Wiedenroth	490	13	15
Wieder	405	8	38
Wiederhofer	317	2	59
Wiederhold	318	3	39
Wiedersheim	317	13	60
Wiedmann	7	1	19
Wiedtmann	103	4	100
Wiefel	990	8	38
Wiegelein	13	7	40
Wieger	113	1	60
Wiegner	126	1	100
Wiegner	125	6	39
Wiehl	404	14	16
Wieland	707	2	99
Wieland	239	5	40
Wieland	18	8	38
Wieland	530	9	39
Wieland	444	10	60
Wieland	530	11	51
Wieland	454	2	19
Wielandt	444	1	40
Wielandt	375	5	40
Wielius	368	6	39
Wiemer	829	11	17
Wienczkowsky	531	11	17
Wiener	874	2	40
Wiener	331	2	99
Wienner	2	2	20
Wierlspeck	505	4	57
Wiert	454	4	80
Wierth	218	8	59

Name	WBL	Bgl. Siebm. Abtlg.	Tf.
Wiesbaden	913	11	51
Wiese	980	3	20
Wiese	504	3	39
Wiese	862	5	59
Wiesendanger	741	7	77
Wiesenreiter	1007	1	100
Wieser	345	1	100
Wieser	739	8	38
Wieser	838	2	40
Wieser	912	8	38
Wieseus	635	1	100
Wiesinger	1063	9	100
Wiesinger	1063	13	26
Wiesmair	158	1	100
Wießer	345	2	20
Wiest	454	2	100
Wiest	701	3	60
Wietfeldt	718	5	40
Wietzendorf	709	4	80
Wigand	283	10	16
Wigbers	629	5	79
Wigeringk	722	4	80
Wigershop	904	4	58
Wiggerich	424	5	59
Wigk	498	4	58
Wiland	264	3	60
Wilbrandt	323	8	20
Wilbrandt	109	12	108
Wilbrandt	176	12	108
Wilcken	97	8	38
Wilcken	350	11	52
Wilckens	91	3	40
Wilckens	602	3	40
Wilckens	604	4	80
Wilckens	896	4	80
Wilckens	94	5	79
Wild	11	5	59
Wild	92	7	77
Wild	551	11	36
Wild	3	2	100
Wild	131	2	100
Wild	20	2	20
Wild	156	5	59
Wild	309	2	20
Wild	94	2	59
Wildberg	324	4	58
Wilde	802	3	60
Wilde	309	5	100
Wilde	478	8	59
Wilde	322	8	80
Wilde	44	10	40
Wildeck	93	5	59
Wildefeur	1016	6	39
Wildegans	408	10	17
Wildeisen	98	1	60
Wildeisen	331	12	108
Wildenauer	929	14	40
Wildenberg	1056	13	15
Wilder	95	1	19
Wilder	350	5	59
Wildfanck	354	5	59
Wildhammer	982	2	59
Wildmayster	309	6	39
Wildperger	323	8	59
Wildvogel	218	5	79
Wiler	736	8	38
Wilhelm	110	1	40
Wilhelm	651	7	100
Wilhelm	196	10	60
Wilhelm	178	11	52
Wilhelm	840	11	91
Wilhelmi	606	8	20
Wilhelmi	989	4	100
Wilhelmi	479	5	79
Wilhelmi	860	11	51
Wilhelmy	82	3	60
Wilhelmy	327	6	39
Wilisch	973	8	59
Wilke	577	12	48
Wilke	577	13	26
Wilken	178	4	58
Wilkens	935	10	98
Wilkins	58	11	52
Will	919	1	19
Will	79	9	60
Will	1052	10	60
Will	819	14	24
Willburger	94	5	59
Wille	223	10	17
Wille	934	11	17
Willebacher	252	1	60
Willebrandt	499	5	59
Willecke	20	14	40
Willemer	728	2	40
Willems	657	4	100
Willenberg	946	12	108
Willer	828	7	56
Willer	914	2	80
Willer	941	4	58
Willer	911	5	59
Willer	590	10	18
Willer	1	12	49
Willers	96	5	60
Willers	95	5	40
Willers	3	5	60
William	1010	7	77
Willich	660	7	40
Willich	794	7	40
Willigken	948	3	60
Willigmann	92	10	17
Willing	1011	5	100
Willink	512	10	40
Willmann	560	10	80
Willmerding	170	12	108
Willrich	680	13	60
Wills	403	2	20
Willutzky	784	9	14
Willmertorf	196	12	108
Wilmerstorf	196	12	108
Wilms	666	7	100
Wilms	1013	11	52
Wilms	1078	12	48
Wilsam	94	7	40
Wilsdorf	283	10	80
Wilterer	308	4	58
Wimmer	786	1	100
Wimpheling	219	6	39
Winckel	595	3	20
Winckelmann	1001	11	52
Winckhler	737	4	58
Winckhler	19	8	20
Winckler	928	4	58
Winckler	909	4	58
Winckler	16	12	73
Wincler	830	4	58
Windeberg, von	432	10	40
Windfelder	74	12	108
Windler	807	10	98
Wineken	174	8	38
Wingens	36	4	100
Wingert	594	11	52
Winhart	693	4	58
Winkelblech	407	9	14
Winkelhofer	554	2	20
Winkelhofer	550	10	98
Winkelmann	736	10	17
Winkelmann	737	10	17
Winkelmann	737	10	17
Winkelmann	737	10	17
Winkelmann	98	11	52
Winkhaus	907	13	15
Winkler	1064	3	40
Winkler	172	6	39
Winkler	1071	8	39
Winkler	81	8	39
Winkler	542	9	14
Winkler	1071	9	15
Winkler	187	1	19
Winkler	98	1	80
Winkler	1075	2	60
Winkler	187	2	20
Winkler	860	2	59
Winkler	1031	2	59
Winkler	1071	1	60
Winkler	23	2	80
Winsawer	997	3	100
Winter	331	4	58
Winter	265	5	60
Winter	115	7	59
Winter	677	11	53
Winter	84	12	109
Winter	809	13	51
Winter	593	13	60
Winter	258	1	100
Winter	115	2	40
Winter	809	2	40
Winter	547	1	40
Winter	117	2	99
Winterberger	94	13	15
Winterfeld	942	13	15
Winterfeld	942	13	26
Winters	789	9	100
Winterstein	955	11	18
Wintersteiner	19	2	20
Winthen	722	4	58
Wintzer/Winzer	597	14	8
Wipacher	290	2	60
Wipacher	318	9	40
Wipf	1047	7	77
Wippermann	986	8	39
Wirde	753	6	39
Wirder	157	2	20
Wirre	1027	7	100
Wirrich	1027	2	40
Wirsch	35	6	60
Wirsching	733	8	39
Wirsung	664	4	58
Wirt	726	8	59
Wirtenberger	467	11	53
Wirth	851	3	40
Wirth	53	3	80
Wirth	205	8	59
Wirth	682	10	17
Wirth	640	10	80
Wirth	854	11	18
Wirth	909	11	18
Wirth	1012	11	18
Wirth	598	14	44
Wirtig	842	1	19
Wirttemberg	785	2	20
Wirtz	687	4	58
Wirwatz	764	13	15
Wirz	731	7	100
Wischemann	799	10	17
Wischemann	801	10	17
Wischer	1032	13	16
Wischhaimer	683	4	58
Wischhausen	619	8	39
Wiseker	964	8	39
Wisenhauer	736	1	80
Wiser	854	1	60
Wiser	46	4	58
Wiser	329	9	40
Wiskemann	834	7	77
Wiskott	65	10	80
Wislicenus	974	7	77
Wismann	1037	8	80
Wiss	11	2	100
Wissell	893	6	40
Wisser	201	2	60
Wisshack	142	3	40
Wißhardt	770	2	20
Wißkirchen	626	13	16
Wissler	436	8	39
Wißler	436	8	39
Wiszhar	176	4	58
Witbart	791	9	100
Witick	431	5	60
Witt	803	12	109
Witte	419	4	58
Witte	685	4	58
Witte	375	5	60
Witte	554	5	79
Witte	293	5	79
Witte	758	5	79
Witte	635	5	60
Witte	431	5	60
Witte	431	6	40
Witte	184	8	59
Witte	962	10	17
Witte	385	11	53
Witte	386	5	60
Witteke	777	10	17
Wittekind	1046	10	17
Wittelspeck	827	6	99
Wittenbach	13	7	59
Witteneven	481	4	59
Wittenwiler	327	5	79
Wittern	885	12	109
Wittgenstein	15	6	40
Wittich	361	7	80
Wittich	564	6	100
Wittig	998	7	60
Wittje	79	8	80
Wittke	890	8	80
Wittkop	952	11	18
Wittmair	80	2	100
Wittmann	837	4	100
Wittneben	395	12	109
Wittstruck	640	5	79
Wittwer	122	1	19
Witzendorff	379	13	16
Witzenhusen	222	10	17
Witzenhusen	801	10	17
Witzl	391	2	20
Witzmann	145	8	39
Witzmann	577	8	39
Wlochatius	282	9	14
Wöhning	821	8	20
Wöhrl	316	15	4
Wöhrlin	833	13	16
Wöhrlin	883	1	60
Wöhrlin	833	8	20
Woehrnitz	47	2	40
Woele	93	3	60
Wölfel	129	14	26
Wölfel	314	2	100
Wölfflin	282	2	60
Wölfflim	282	11	53
Wöllner	727	14	32
Woeltgen	573	5	100
Wördenhoff	582	3	40
Wörfel	824	1	100
Wörlin	152	1	19
Wörner	896	13	26
Wörung	410	2	20
Wöttinger	363	4	59
Wohlfahrt	632	9	14
Wohnau	868	2	80
Woieck	737	12	109
Wolder	507	5	80
Woldt	350	5	60
Wolers	480	5	40
Wolf	929	1	80
Wolf	284	3	40
Wolf	284	5	60
Wolf	279	7	40
Wolf	282	7	40
Wolf	799	7	40
Wolf	866	8	20
Wolf	859	9	40
Wolf	278	10	98
Wolf	277	11	53
Wolf	901	12	109
Wolf	211	13	16
Wolf	284	13	60
Wolf	955	14	8
Wolf	1023	14	24
Wolf	841	14	24
Wolf	284	15	4
Wolf	277	10	17
Wolf	277	3	60
Wolff	276	5	79
Wolff	107	10	18
Wolff	277	5	79
Wolff	277	13	51
Wolff	280	5	79
Wolff	283	2	60
Wolff	58	6	40
Wolff	827	6	60

Name	WBL	Bgl. Siebm. Abtlg.	Tf.
Wolff	747	6	100
Wolff	281	7	80
Wolff	280	8	39
Wolff	827	8	39
Wolff	951	8	39
Wolff	447	8	60
Wolff	919	9	15
Wolff	281	9	40
Wolff	866	9	40
Wolff	298	9	80
Wolff	282	9	100
Wolff	278	11	18
Wolff	1045	12	73
Wolff	278	14	48
Wolff	21	10	17
Wolff	282	2	60
Wolff	280	1	80
Wolff	282	2	60
Wolff	168	1	80
Wolff	422	3	80
Wolffaiger	473	1	60
Wolffart	279	9	14
Wolffart	682	1	19
Wolfferts	279	5	100
Wolffhard	280	6	40
Wolffhardt	283	6	40
Wolffhardt	964	6	40
Wolffhardt	280	9	80
Wolffhardt	280	9	80
Wolffhardt	280	11	72
Wolffius	5	5	79
Wolfflin	129	5	79
Wolffrum	314	6	40
Wolffrumb	1022	4	59
Wolfhard	283	3	60
Wolfhart s. Pellicanus	75	6	40
Wolfhart	930	9	80
Wolfhart	644	9	80
Wolfinger	277	6	40
Wolfram	859	13	16
Wolfshammer	281	1	19
Wolfstaig	279	2	40
Wolgemut s. Lehenmann	449	7	28
Wolke	826	12	48
Wollenhaupt	884	12	109
Wollenweber	731	8	80
Woller	408	2	60
Wollersheim	618	4	100
Wollhase	342	3	20
Wollin	815	10	17
Wollmershausen	906	8	39
Wollstein	283	12	18
Wolmaier	716	2	20
Wolpmann	632	5	60
Wolsching	933	1	60
Wolterich	475	6	40
Wolters	632	4	59
Wolters	354	5	80
Wonlich	634	7	77
Wonstorp	599	3	40
Woothke	864	14	16
Wopfner	1073	5	80
Wormit	1044	13	26
Wortmann	550	2	80
Woytasch	906	6	40
Wreen	738	3	20
Wright	1036	10	40
Wruck	939	5	80
Wucherer	153	5	100
Wucherer	151	7	60
Wülfer	314	1	19
Wülfken	351	5	80
Wülfing	278	7	40
Wülfing	278	7	60
Wülker	1048	2	40
Wülschen	418	4	59
Wündorffer	286	13	16
Wuerdinger	14	2	80
Würker	887	14	48
Würzelberger	484	1	100
Wüst	180	1	20
Wüst	21	4	59
Wüst	180	8	39
Wüst	275	9	40
Wüst	618	12	109
Wüstefeld	831	2	40
Wüsthoff	624	5	60
Wulf	931	3	20
Wulfert	277	15	4
Wulff	284	3	40
Wulff	351	5	60
Wulffradt, von	961	7	100
Wulfing	282	2	80
Wulflam	7	3	20
Wullenweber	887	9	15
Wullenwever	847	3	40
Wullhöbt	160	4	59
Wulschleger	744	9	60
Wulst	200	10	18
Wund	759	9	15
Wunder	349	14	40
Wunder	899	1	100
Wunder	10	1	20
Wunderer	158	7	40
Wunderer	600	11	53
Wunderholler	818	1	60
Wunderlich	425	4	59
Wundram	1062	14	48
Wunsch	449	14	48
Wuppermann	448	10	18
Wurfbain	834	1	40
Wurfbein	834	3	40
Wurl	1005	4	80
Wurm	433	2	100
Wurr	215	1	100
Wurschenhofer	925	13	16
Wurst	818	10	98
Wurster	35	1	20
Wurster	33	3	40
Wurster	337	14	16
Wurtzer	884	6	40
Wust	275	1	60
Wutke	1046	7	60
Wuttig	355	13	60
Wuschirn s. Lingler	744	7	79
Wydenbruch	525	11	52
Wydelersen	165	11	52
Wydenmacher	676	4	59
Wydenmann	19	4	59
Wyder	319	2	60
Wydler	201	7	78
Wydler	481	7	78
Wye	375	5	80
Wyl, von	46	4	59
Wyl, von	48	7	78
Wyller	434	5	59
Wyneken	760	5	40
Wyneken	595	5	60
Wyrich	209	6	40
Wyrttener	63	5	60
Wyssenbach	224	7	78
Wyss	551	4	59
Wyss	711	4	59
Wyssling	355	4	59
Wyszomirski	129	10	18
Wyszomirski	874	11	18
Xander	305	14	24
Xilander	433	8	39
Xylander	433	9	15
Xylander	886	9	80
Xylander	886	10	18
Ybel	613	4	80
Yberger	265	4	59
Ybl	932	4	80
Yelen	441	2	60
Yelin	441	8	40
Yrsch	60	3	40
Zabler	918	1	20
Zabler	1048	5	100
Zacha	301	8	39
Zacharias	554	2	100
Zacharias	879	2	40
Zachenperger	585	2	60
Zacher	936	12	109
Zachow	535	13	43
Zaderus	246	4	59
Zäger	673	10	98
Zägkhler	883	8	40
Zäller	1001	3	80
Zaemann	113	1	80
Zängerle	1066	2	40
Zagler	237	4	59
Zaglhamer	565	3	60
Zahn	549	1	40
Zahn	374	5	60
Zahn	1066	9	60
Zai	788	5	60
Zaler	61	4	59
Zalewski	653	10	20
Zaller	591	1	20
Zallinger	499	2	80
Zallinger	848	9	40
Zan	213	4	80
Zander	547	3	40
Zander-Walz	1041	14	40
Zanders	29	7	79
Zanders	975	10	40
Zanders	426	11	18
Zandow	256	8	20
Zandt	90	12	49
Zang	189	4	59
Zanger	1030	3	100
Zangmeister	157	4	59
Zangmeister	157	8	94
Zansebur	415	3	20
Zapalowski	357	10	20
Zapf	693	2	100
Zarnack	485	11	54
Zarnack	943	11	54
Zastrow	599	6	60
Zatzer	285	6	40
Zatzer	289	7	40
Zaubzer	578	1	40
Zauner	104	9	40
Zbinden	606	11	53
Zech	879	3	60
Zech	692	8	40
Zech	487	9	80
Zechenberger	585	11	18
Zechner	575	3	60
Zechner	985	13	16
Zeckher	439	7	60
Zeddies	25	10	98
Zeder	1015	8	60
Zeeb	571	7	78
Zeeman	113	9	40
Zeender	1049	3	80
Zeerleder	173	10	98
Zeggers	586	5	100
Zeggin	464	1	40
Zehedtner	104	8	40
Zehendtner	104	2	20
Zehentgraf	338	2	100
Zeher	575	8	40
Zehlius	973	11	53
Zehnder	696	10	19
Zehnen, von der	283	8	80
Zehrer	646	2	20
Zeibig	45	1	100
Zeiderle	268	7	60
Zeidler	998	1	20
Zeidler	140	2	20
Zeidler	269	3	20
Zeiger	581	5	60
Zeileisen	7	7	60
Zeileisen	8	7	60
Zeiler	1027	2	80
Zeiler	339	6	100
Zeilfelder	262	7	60
Zeilhofer	300	8	40
Zeiller	8	6	40
Zeilmann	950	9	40
Zeiner	937	13	43
Zeiner	937	15	4
Zeinle	152	7	60
Zeisold	436	3	40
Zeiss	715	2	40
Zeissig	367	14	40
Zeissolf	812	8	40
Zeissolf	732	9	40
Zeiterlein	918	3	40
Zeitler	392	8	40
Zeitmann	125	2	40
Zeitner	258	2	40
Zeitreg	1038	1	20
Zeitz	97	5	100
Zelger	334	11	53
Zelger	335	11	53
Zelgers	324	4	80
Zell	80	9	40
Zelle	537	11	54
Zeller	530	3	40
Zeller	630	4	60
Zeller	630	8	40
Zeller	717	2	60
Zeller	592	2	60
Zelter	611	9	15
Zeltner	630	1	20
Zemke	461	13	51
Zen	984	9	15
Zenckh	97	6	40
Zendel	726	9	15
Zendler	69	10	40
Zeneggen	986	2	60
Zenetti	894	1	60
Zenger	747	2	60
Zenger	747	6	40
Zenker	407	14	16
Zenker	647	14	8
Zenndl	339	3	100
Zennefels	610	6	40
Zepff	714	6	60
Zephelius	67	8	40
Zerbst	739	3	40
Zerf, von	783	9	40
Zernecke	195	6	40
Zernecke	195	9	80
Zerreis	234	1	100
Zerreisen	665	6	60
Zerres	10	2	100
Zersch	656	14	8
Zettel	72	1	20
Zettel	204	2	100
Zetzler	75	2	60
Zetzner	378	2	60
Zetzner	540	8	40
Zeug	44	2	20
Zeuger	831	10	80
Zeugherr	830	7	100
Zeume	315	12	49
Zeundl	492	4	60
Zeuner	696	14	48
Zeutner	569	2	80
Zeyderle	919	8	40
Zeygler	567	5	80
Zeygler	567	10	19
Zeyll	97	9	60
Zeyner	24	4	80
Zeyringer	500	3	60
Zeyringer	1073	13	16
Zianelli	874	2	80
Zibol	90	11	54
Zickh	874	2	80
Ziebarth	475	12	49
Ziebert	868	7	20
Ziegel	784	9	15
Ziegenbein	713	12	109
Ziegenweidt	327	4	100
Ziegler	738	3	80
Ziegler	410	5	80
Ziegler	419	5	80
Ziegler	62	6	60
Ziegler	562	5	80
Ziegler	784	6	100
Ziegler	739	5	80
Ziegler	720	7	60
Ziegler	82	8	20

Name	WBL	Bgl. Siebm. Abtlg.	Tf.
Ziegler	19	8	59
Ziegler	45	8	59
Ziegler	738	8	60
Ziegler	1029	8	60
Ziegler	304	11	54
Ziegler	454	12	109
Ziegler	454	13	43
Ziegler	836	1	20
Ziegler	207	2	100
Ziegler	152	2	40
Ziegler	508	2	100
Ziegler	1042	1	60
Ziegler	609	2	100
Zieglhuber	965	2	60
Ziegra	108	5	80
Ziegra	770	5	80
Ziegra	770	5	80
Ziehme	702	7	20
Zielfelder	6	2	80
Ziemer	978	11	18
Ziemermann	729	9	60
Ziemssen	629	8	20
Zierer	565	3	60
Zierer	834	5	80
Ziering	611	13	60
Zieringer	204	8	40
Zierlein	987	1	20
Zierlein	987	3	100
Ziesche	114	14	8
Zilcken	365	10	98
Zillesius	689	11	54
Zillesius	785	11	54
Zillich	258	5	80
Zillich	863	5	80
Zimens	126	12	109
Zimmer	908	5	100
Zimmer	917	5	100
Zimmer	979	2	80
Zimmermann	16	1	100
Zimmermann	1028	3	100
Zimmermann	908	5	100
Zimmermann	224	4	60
Zimmermann	933	4	60
Zimmermann	558	7	100
Zimmermann	175	8	40
Zimmermann	475	8	40
Zimmermann	642	4	60
Zimmermann	656	7	100
Zimmermann	805	8	60
Zimmermann	812	8	60
Zimmermann	894	8	60
Zimmermann	956	8	60
Zimmermann	491	8	60
Zimmermann	656	10	19
Zimmermann	718	11	54
Zimmler	828	2	100
Zincke	305	12	109
Zingel	692	1	20
Zingel	516	9	18
Zingg	764	7	78
Zingg	763	12	49
Zink	306	8	60
Zink	305	9	40
Zink	135	2	40
Zink	194	3	40
Zinkeisen	772	10	60
Zinkgräf	712	9	40
Zinkgräf	712	12	49
Zinner	616	7	60
Zinner	137	2	40
Zinner	537	2	100
Zinser	1008	13	60
Zinsmeister	763	4	80
Zinsstag	148	14	32
Zintgraff	947	10	20
Zipfel	399	1	20
Zipper	922	2	60
Zipperlen	64	10	80
Zirbes	482	12	109
Zirenberg	300	8	60
Zirfus	460	4	60
Zirgle	113	4	60
Zirk	21	2	60
Zirn	226	4	60
Ziselsberger	251	15	4
Zitelmann	109	8	40
Zitschy	606	4	60
Zitzmann	487	2	40
Zmidzinski	652	11	54
Zobel	254	2	80
Zobel	354	3	40
Zobel	982	4	60
Zobel	983	8	20
Zobinger	345	8	60
Zobinger	345	10	40
Zobinger	215	2	20
Zöhran	574	12	49
Zölchner	856	2	20
Zölchner	865	7	60
Zölffel	380	9	15
Zölffel	379	13	16
Zöller	623	3	20
Zoeller	1043	11	54
Zöllner	982	4	60
Zöllner	818	2	60
Zöllner	954	8	80
Zöpfel	456	1	80
Zöpfin	403	2	100
Zöpfl	487	1	20
Zöpfl	799	3	60
Zöpfl	456	3	60
Zörnlein	730	1	20
Zösch	950	2	100
Zohren	689	2	40
Zollenkopf	964	12	18
Zoller	147	1	80
Zoller	671	3	20
Zoller	884	4	60
Zoller	162	4	60
Zoller	597	4	60
Zoller	884	7	100
Zoller	64	9	60
Zollinger	656	7	78
Zollinger	656	9	80
Zollner	605	9	40
Zolner	568	7	60
Zorn	187	4	80
Zorn	285	4	100
Zorn	208	6	60
Zorn	952	8	60
Zorn	286	9	15
Zostitz	142	4	60
Zott	228	4	60
Zott	286	8	60
Zschetzsche	100	7	78
Zschocke	737	12	49
Zschokke	964	12	49
Zubell	319	4	60
Zuber	749	7	78
Zubler	960	4	60
Zubler	734	7	78
Zubrott	694	6	60
Zubrott	988	6	60
Zügel	1079	14	26
Zügel s. Jügel	1079	13	26
Zülich	715	10	19
Zülsdorf	697	10	20
Zündel	333	11	18
Züntzel	1033	5	80
Zuern	20	6	20
Züssel	745	5	80
Zugenmayr	204	9	40
Zuger	711	11	54
Zugkheys	146	8	60
Zulauf	714	13	1
Zuleger	852	10	19
Zumerum	45	1	20
Zundel	90	4	60
Zundel	90	9	60
Zundel	90	9	80
Zunehmer	47	5	60
Zungzer	992	2	100
Zurn	246	4	60
Zusner	1065	1	20
Zwahlen	984	11	54
Zwahlen	326	14	44
Zweckh	455	8	60
Zweckstetter	221	1	40
Zweifel	714	7	60
Zweifel	974	11	54
Zweifel	809	11	54
Zweifel	713	1	20
Zweifel	447	1	60
Zwerger	105	12	49
Zwierlein	513	6	20
Zwilchenbart	163	6	20
Zwilchenbart	163	9	20
Zwingli	720	3	80
Zwinker	700	6	20
Zwithorn	287	8	60
Zyaeus	997	1	80
Zynner	948	9	15
Zypen, van der	247	10	60
Zyplinger	670	1	20
Zyrerrer	277	1	20
Zyth	850	5	40